JN084305

2024
令和6年度版
総合資格学院 編

2級建築施工管理技士

第一次検定 テキスト

総合資格学院

はじめに

本書は建築関係の資格スクールとして、長年高い合格実績を維持してきた総合資格学院のノウハウを結集して作成しました。10年以上の過去問を分析した当社独自のデータに基づき、内容の構成およびボリュームを決定しました。したがって、これまで出題頻度の高い事項や今後の出題が予想される事項が過不足なく盛り込まれており、効率よく合格できる知識を習得できます。
なお、本書発行後の法改正・追録・正誤などの最新情報は当社ホームページ（https://www.shikaku-books.jp/）にてご案内いたします。

本書の特長と使い方

①重要項目

効率的に学べるように重要な語句・文章は赤ゴシック体にしております。本書付録のマジックシートで赤ゴシック体を消せるので、効率よく重要事項を暗記できます。また、黒ゴシック体は赤ゴシック体の次に出題頻度の高い事項になります。

③項目

試験内容を項目別に表記しています。

④科目

試験内容を科目ごとに示しています。

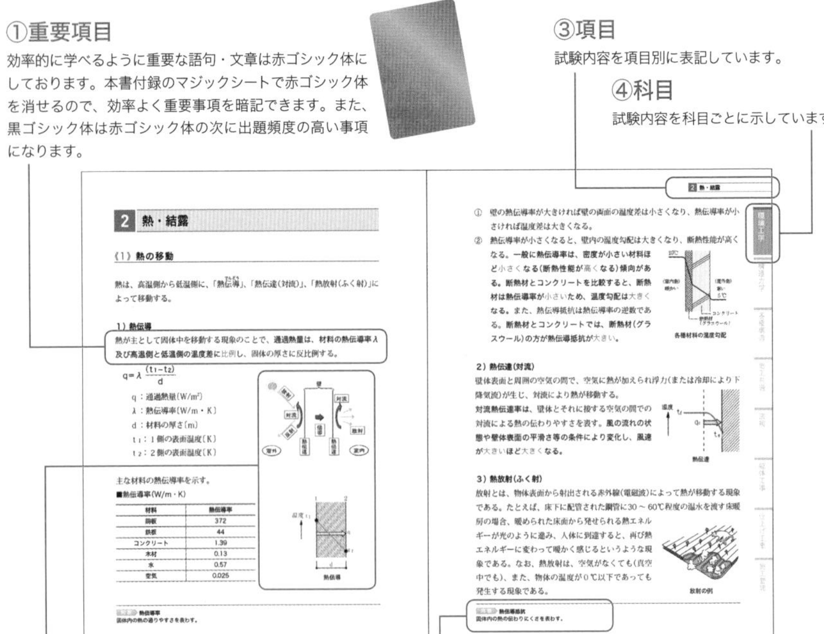

②図版・写真

文章では分かりづらい箇所については、図版や写真を使って解説しています。1見開きにおよそ1点以上と豊富に載せ、理解しやすい構成となっております。

⑤用語

第二次検定（実地試験）の問題2では「用語の説明」が出題されています。本書では対策として、過去出題された用語を中心に、テキスト下段に用語説明を多数掲載しております。そのほか、学習内容のフォローとして、「ポイント」・「補足」といった項目も設けましたので、お役立てください。

※本書挟み込み用紙記載のQRコードよりご応募で、全員に令和6年度向けの実力確認模試の第一次検定問題と解説冊子を進呈いたします

試験ガイド

２級建築施工管理技士とは

２級建築施工管理技士は、建設業法第27条にもとづく国家資格です。資格取得により、ビルや住宅などの工事において施工計画を作成し、工事を管理し、技術的な立場から作業員を指導監督する「主任技術者」になることができます。また、建設業法に定められた「一般建設業」の許可要件である営業所ごとに配置しなければならない「専任技術者」になることができます。さらに公共事業の入札で企業を評価する経営事項審査では、２級建築施工管理技士は２点で評価されます。企業にとっては１人でも多く確保したい人材です。

受検資格　※令和５年度実績

学歴と実務経験年数

最終学歴		実務経験年数
大　学 専門学校の高度専門士	指定学科	卒業後１年以上
	それ以外	卒業後１年６ヶ月以上
短期大学 ５年制高等専門学校 専門学校の専門士	指定学科	卒業後２年以上
	それ以外	卒業後３年以上
高等学校 専門学校の専門過程	指定学科	卒業後３年以上
	それ以外	卒業後４年６ヶ月以上
その他の者		８年以上

※技術検定の受検に必要な実務経験は令和５年７月31日まで（それで受検資格を満たすことができない場合は試験日の前日まで）で計算

※第一次検定のみの受検資格としては試験実施年度において、満17歳以上となる者となっている。

実務経験として認められる受検種別に対する工事

受検種別	工事種別
建　　築	建築一式工事
躯　　体	大工工事（躯体）、型枠工事、とび・土工・コンクリート工事、鋼構造物工事、鉄筋工事、ブロック工事、解体工事
仕 上 げ	造作工事、左官工事、石工事、屋根工事、タイル・レンガ工事、板金工事、ガラス工事、塗装工事、防水工事、内装仕上工事、建具工事、熱絶縁工事

実務経験として認められる「従事した立場」

施工管理	受注者の立場での施工管理業務（現場施工を含む）
設計監理	設計者の立場での工事監理業務
施工監督	発注者の立場での工事監理業務

※受検資格の詳細は、（一財）建設業振興基金までお問い合わせください。

技士補

令和３年度から、施工管理技士の技術検定制度が変わりました。１級・２級とも、施工技術のうち、基礎となる知識能力があるかを判定する「第一次検定」に合格すれば、「技士補」の資格が与えられます。次に施工技術のうち実務経験に基づいた技術管理や指導監督に係る知識や能力があるかを判定する「第二次検定」に合格すれば、「技士」が付与されます。

試験日程

※令和５年度実績

２級建築施工管理技術検定の第一次検定は、年２回実施されました。令和５年においては前期試験（第一次検定のみ）が６月に、後期試験（第一次・第二次検定）が11月に実施されました。

●第一次検定のみ（前期）

申込期間　令和５年１月27日（金）～２月10日（金）
受検票送付　令和５年５月22日（月）
試験　令和５年６月11日（日）
合格発表　令和５年７月14日（金）

●「第一次検定のみ（後期）」、「第一次・第二次検定」、「第二次検定のみ」

申込期間　令和５年７月14日（金）～28日（金）
受検票送付　令和５年10月23日（月）
試験　令和５年11月12日（日）
合格発表　「第一次検定」令和５年12月22日（金）
「第二次検定」令和６年２月２日（金）

※申込用紙は３種類（第一次・第二次検定、第一次検定のみ、第二次検定のみ）に分かれます

※試験日程の詳細は、（一財）建設業振興基金のホームページ（https://www.fcip-shiken.jp/）をご覧ください

試験時間（令和５年度試験の時間割）

午　前 第一次検定	入室時刻	9：45まで
	問題配付説明	10：00～10：15
	試験時間	10：15～12：45
昼　休　み		12：45～14：00
午　後 第二次検定	入室時刻	14：00まで
	問題配付説明	14：00～14：15
	試験時間	14：15～16：15

受験地 ※令和５年度実績

「第一次検定のみ（前期）」では、10地区（札幌・仙台・東京・新潟・名古屋・大阪・広島・高松・福岡・沖縄）で試験を実施。

●「第一次検定のみ（後期）」、「第一次・第二次検定」、「第二次検定のみ」

「第一次・第二次検定」と「第二次検定のみ」は、13地区（札幌・青森・仙台・東京・新潟・金沢・名古屋・大阪・広島・高松・福岡・鹿児島・沖縄）で試験を実施。

「第一次検定のみ（後期）」は、21地区（札幌・帯広・青森・盛岡・秋田・仙台・東京・新潟・金沢・長野・名古屋・大阪・出雲・倉敷・広島・高松・高知・福岡・長崎・鹿児島・沖縄）で試験を実施。

出題内容

平成30年度より、２級建築施工管理技術検定の第一次検定について、受検種別を廃止して共通の試験となりました。一方、第二次検定では、受検種別ごとの専門知識に関する問題（問題５）が加わりました。

※令和５年度実績

第一次検定出題区分と出題数・解答数

問題番号	出題区分	出題内容	解答数／出題数
No.1 ～ 14	建築学一般	環境工学・各種構造・構造力学・建築材料	9／14
No.15 ～ 17	施工共通	機械設備等	3／3
No.18 ～ 28	躯体工事・仕上げ工事	躯体工事全範囲から出題、仕上げ工事全範囲から出題	8／11
No.29 ～ 38	施工管理	施工計画、工程管理、品質管理、安全管理	10／10
No.39 ～ 42	施工管理（応用能力）	施工法（躯体工事、仕上げ工事）	4／4
No.43 ～ 50	法　　規	建築基準法、建設業法、労働基準法、労働安全衛生法など	6／8

※出題はNo.39 ～ 42が四肢二択式、それ以外は四肢一択式

※合格規準は50問中40問解答し、例年24点（6割）得点以上

※令和５年度実績

第二次検定出題内容

問題番号	出題区分	出題内容	出題数	解答数
問題1	経験記述	工程管理	2	2
問題2	用　　語	用語の説明と施工上留意すべきこと	14	5
問題3	工程管理	バーチャート工程表	3	3
問題4	法　　規	建設業法、建築基準法、労働安全衛生法	6	6
問題5	施 工 法	［建　築］：地盤調査、基礎工事、型枠工事、木工事、屋根工事、左官工事、塗装工事、軽量鉄骨工事 ［躯　体］：仮設工事、土工事、コンクリート工事、木工事 ［仕上げ］：防水工事、タイル工事、内装工事、押出成形セメント板工事	8	8

※解答は問題１～３が記述式、問題４～５がマーク式

※５問すべて解答。このうち問題５は、受検種別に従って該当する問題を解答

※合格規準は、例年全体で６割以上の得点

受検者数と合格率

第一次検定（学科試験）

	平成30年度（前期）	平成30年度（後期）	令和元年度（前期）	令和元年度（後期）	令和２年度（後期）	令和３年度（前期）	令和３年度（後期）	令和４年度（前期）	令和４年度（後期）	令和５年度（前期）
受検者数（人）	5,993	28,888	8,341	23,718	32,468	13,074	32,128	13,474	27,004	13,647
合格者数（人）	2,377	7,495	2,781	9,083	11,366	4,952	15,736	6,834	11,421	5,150
合格率（%）	39.7	25.9	33.3	31.6	35.0	37.9	49.0	50.7	42.3	37.7

受検者数は、やや増加傾向で、令和５年度の前期は、13,647人であった。
合格率は、概ね30～50%の間で推移しており、令和５年度の前期は、37.7%であった。

第二次検定（実地試験）

	平成30年度	令和元年度	令和２年度	令和３年度	令和４年度
受検者数（人）	24,131	22,663	23,116	15,507	14,909
合格者数（人）	6,084	6,134	6,514	8,205	7,924
合格率（%）	25.2	27.1	28.2	52.9	53.1

受検者数は、令和２年度までは23,000人前後で推移していたが、令和３年度からは「第一次・第二次検定同時受検」の第一次検定不合格者が対象から除かれたため、15,000人前後となっている。そのため、令和２年度までは25～30%で推移していた合格率も、令和３年度以降は50%を上回る結果となっている。

目次

1

環境工学

1 換気

《1》室内環境基準

建築物における衛生的環境の確保に関する法律(ビル管法)において、特定建築物の維持管理は、「建築物環境衛生管理基準」に従って維持管理されなければならない。中央管理方式の空気調和設備及び機械換気設備による室内環境の調整は、次の「室内環境基準」による。

■室内環境基準

項目	許容値	備考
浮遊粉じんの量	空気1m³につき0.15mg以下	
一酸化炭素COの含有率	6ppm(0.0006%)以下	0.1%:1時間程度で意識喪失 1%:数分以内に生命の危機
二酸化炭素CO_2の含有率(炭酸ガス)	1,000ppm(0.1%)以下	室内汚染の目安と考えられている。無色・無臭である。
温度	18℃〜28℃	
相対湿度	40%〜70%	
気流	0.5m/s以下	
ホルムアルデヒドの量	空気1m³につき0.1mg以下	

① 室内の二酸化炭素(CO_2)濃度は、室内の臭気、浮遊粉(ふん)じん、細菌などの空気汚染の程度を示すバロメーターとされており、室内の空気汚染の指標として用いられている。

② 空気中の酸素量は20%程度であるが、気密性の高い室内で開放型の燃焼器具を使用すると、不完全燃焼のために発生する一酸化炭素の量が急激に増える。

室内から発生する物質

《2》換気

(a) 全般換気と局所換気

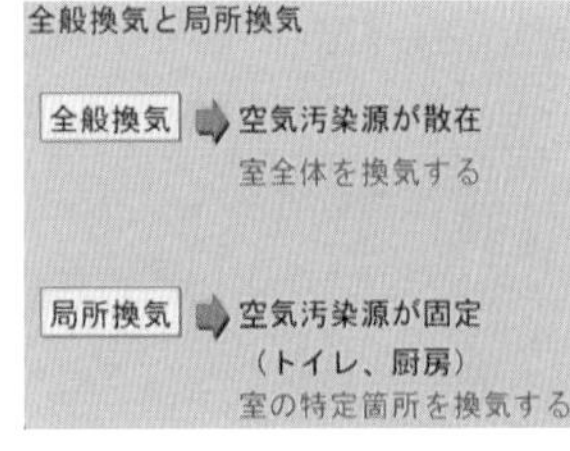

全般換気とは、住宅の居室や事務所ビルの執務室などの室全体に対して換気を行い、室内全体の空気を外気によって希釈しながら入れ替えることをいう。一方、局所換気とは、便所等で発生する臭気や台所・浴室等で発生する水蒸気など、局所的に発生する汚染物質を発生源近くで捕集して排出する換気をいう。

(b) 室内人員と換気量

室内の人員が多くなると、二酸化炭素(CO_2)の発生量も多くなり、必要換気量は増える。一般の居室の必要換気量は、1時間当たり20～35m³/人程度である。

(c) 換気方式

換気は、風や温度差による「自然換気」と人工的な動力によりファン等を駆動して行う「機械換気」に大別される。

■換気方式

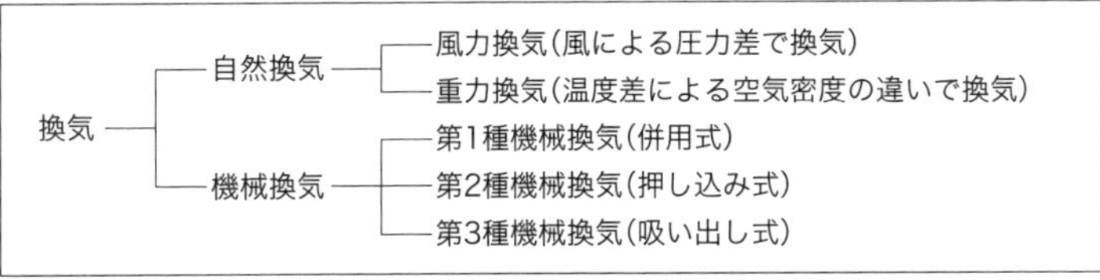

1) 自然換気

自然換気は、「風力換気」と「温度差換気」がある。

① 風力換気

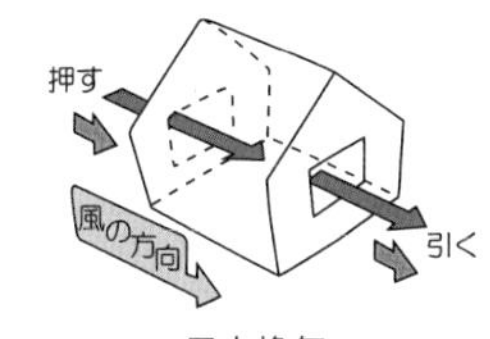

風力換気

風による室内外の圧力差による換気。風上側と風下側に外部開口部をもつ室における風力による自然換気量は、風向きが一定であれば、開口部面積と外部風速に比例する。

② 温度差換気

室内外の温度差により浮力が生じ、室内の温度が屋外の温度より高い場合には空気は下方の開口部より流入する。したがって、給気のための開口部は低い位置に、排気のための開口部は高い位置に設ける。また、開口部の高低差が大きいほど、室内外の温度差が大きいほど、換気量は多くなる。

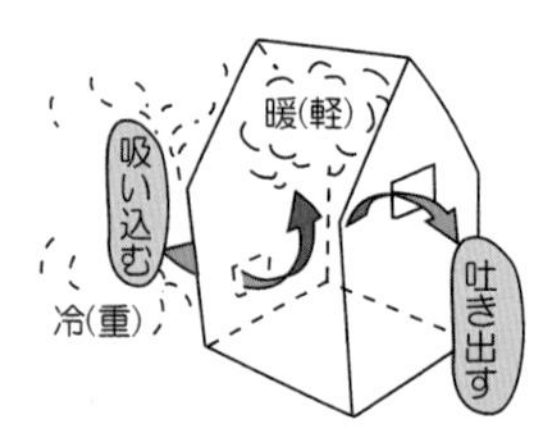

温度差換気

なお、室内外の圧力差が0となる垂直方向の位置を中性帯といい、この部分に開口部を設けても換気はほとんど起こらない。

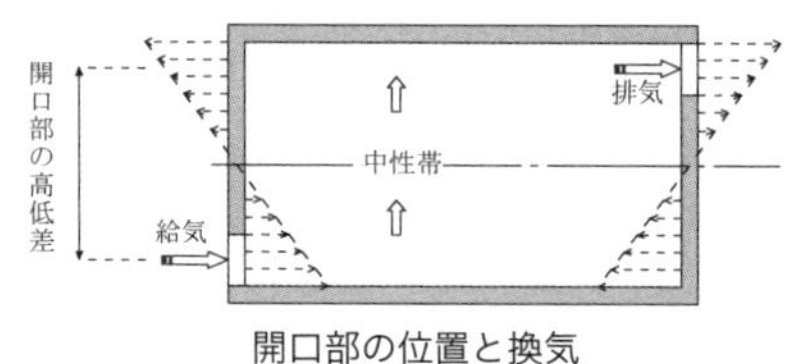

開口部の位置と換気

2）機械換気

機械換気は、給気及び排気の方式から次の３種類に区分される。機械換気を行う場合は、給気口と排気口の両方、またはその片方に換気設備用の機械を取り付ける。

① 第１種換気方式

室内圧が自由に設定でき、任意の換気量が得られる。クリーンルーム・屋内駐車場、地下街や映画館、劇場等外気から遮断された大空間に用いられる。

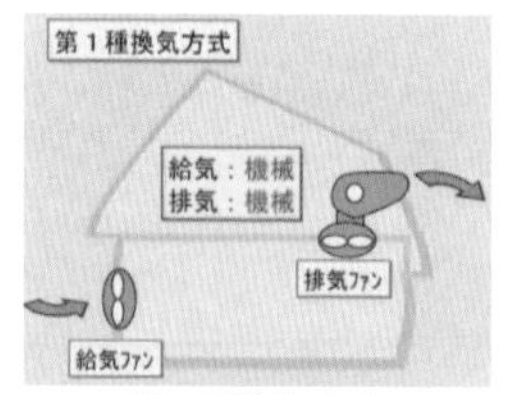

第１種換気方式

② 第２種換気方式

室内を正圧に保つため、隣室から汚染物質が流入しにくい。クリーンルーム・空気清浄室等に用いられる。

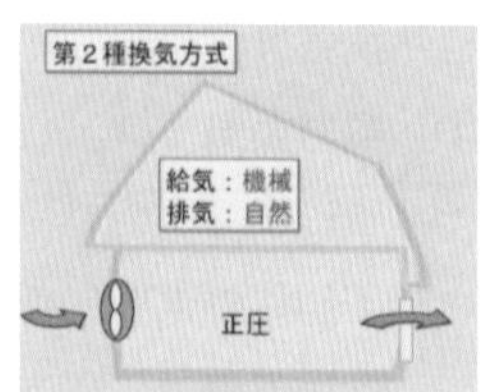

第２種換気方式

③ 第３種換気方式

室内を負圧に保つため、臭気などの汚染物質が隣室に拡散しないので、室内で発生した汚染物質が他室に漏れてはならない室の換気に適しており、便所、厨房、浴室、シャワー室、湯沸かし室等に適している。

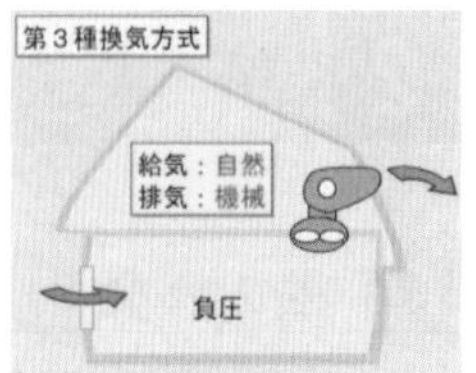

第３種換気方式

(d) 換気回数(回/h)

換気回数は、換気量Q〔m^3/h〕を室の容積V〔m^3〕で除した値をいい、部屋の空気が１時間に何回入れ替わるかを表わす。

$$N = \frac{Q}{V} \text{〔回/h〕}$$

換気量が一定の場合、室容積が大きいほど換気回数が小さくなる。また、必要換気回数は、必要換気量を室の容積で除した数値となる。

一般に、

① 地下倉庫より、変電室の必要換気回数の方が多い。

② 浴室より、厨房の必要換気回数の方が多い。

③ 二酸化炭素発生量が大きいほど、それを薄めるために必要換気量は多くなり、必要換気回数が多くなる。

④ 必要換気量は、在室者の呼吸による二酸化炭素(CO_2)の発生量によって変化するので、在室者の人数が関係する。

《3》通風

通風とは外部風、または温度差による駆動力によって開放された開口部を通じて、室内を風が通り抜けることをいい、もっぱら夏季の防暑対策として利用されている。体感温度を下げ、机上の書類などが飛散しない範囲として0.5～1.0 m/s程度の気流速度が適当とされている。

2 熱・結露

《1》熱の移動

熱は、高温側から低温側に、「熱伝導（でんどう）」、「熱伝達（対流）」、「熱放射（ふく射）」によって移動する。

1）熱伝導

熱が主として固体中を移動する現象のことで、通過熱量は、材料の熱伝導率λ及び高温側と低温側の温度差に比例し、固体の厚さに反比例する。

$$q=\lambda \frac{(t_1-t_2)}{d}$$

q：通過熱量〔W/m^2〕
λ：熱伝導率〔W/m・K〕
d：材料の厚さ〔m〕
t_1：1側の表面温度〔K〕
t_2：2側の表面温度〔K〕

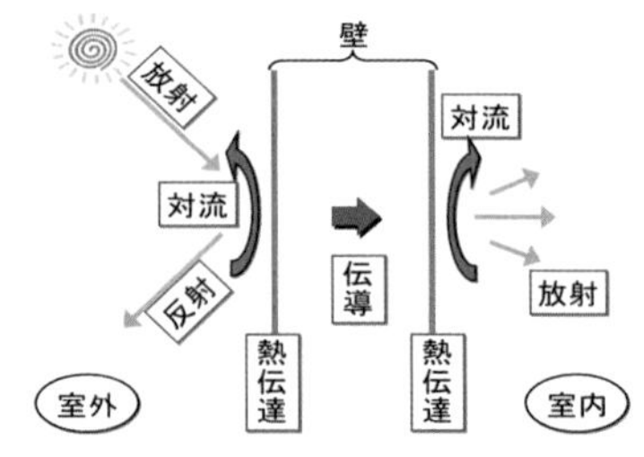

主な材料の熱伝導率を示す。

■熱伝導率（W/m・K）

材料	熱伝導率
銅板	372
鉄板	44
コンクリート	1.39
木材	0.13
水	0.57
空気	0.025

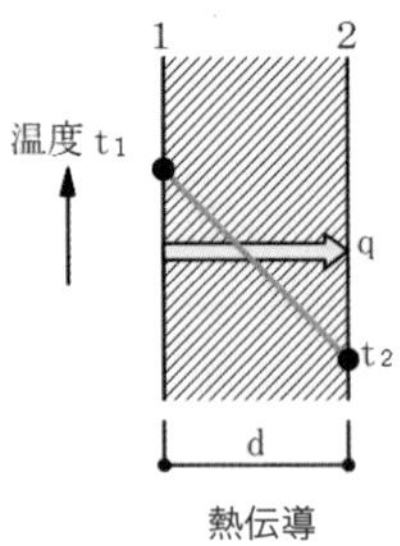

熱伝導

用語 熱伝導率
固体内の熱の通りやすさを表わす。

① 壁の熱伝導率が大きければ壁の両面の温度差は小さくなり、熱伝導率が小さければ温度差は大きくなる。

② 熱伝導率が小さくなると、壁内の温度勾配は大きくなり、断熱性能が高くなる。一般に熱伝導率は、密度が小さい材料ほど小さくなる（断熱性能が高くなる）傾向がある。断熱材とコンクリートを比較すると、断熱材は熱伝導率が小さいため、温度勾配は大きくなる。また、熱伝導抵抗は熱伝導率の逆数である。断熱材とコンクリートでは、断熱材（グラスウール）の方が熱伝導抵抗が大きい。

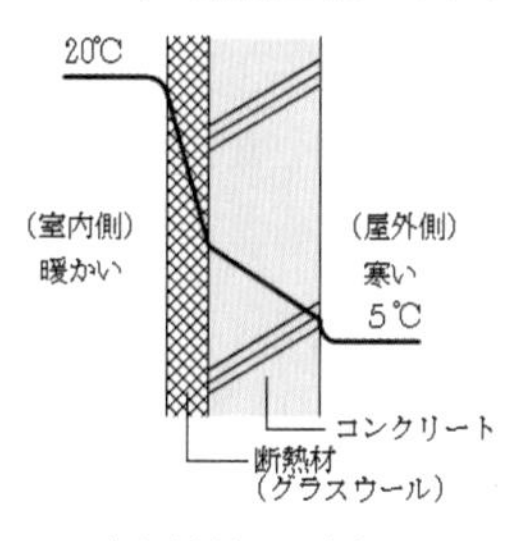

各種材料の温度勾配

2）熱伝達（対流）

壁体表面と周囲の空気の間で、空気に熱が加えられ浮力（または冷却により下降気流）が生じ、対流により熱が移動する。

対流熱伝達率は、壁体とそれに接する空気の間での対流による熱の伝わりやすさを表す。風の流れの状態や壁体表面の平滑さ等の条件により変化し、風速が大きいほど大きくなる。

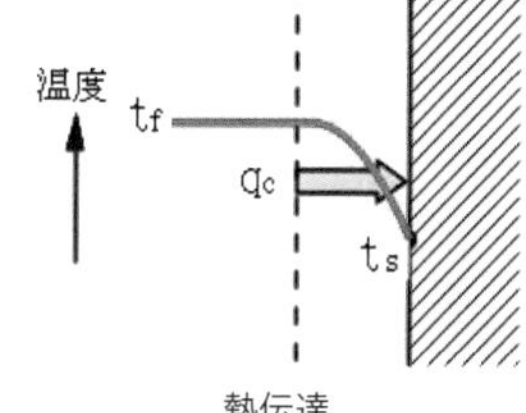

熱伝達

3）熱放射（ふく射）

放射とは、物体表面から射出される赤外線（電磁波）によって熱が移動する現象である。たとえば、床下に配管された鋼管に30～60℃程度の温水を流す床暖房の場合、暖められた床面から発せられる熱エネルギーが光のように進み、人体に到達すると、再び熱エネルギーに変わって暖かく感じるというような現象である。なお、熱放射は、空気がなくても（真空中でも）、また、物体の温度が０℃以下であっても発生する現象である。

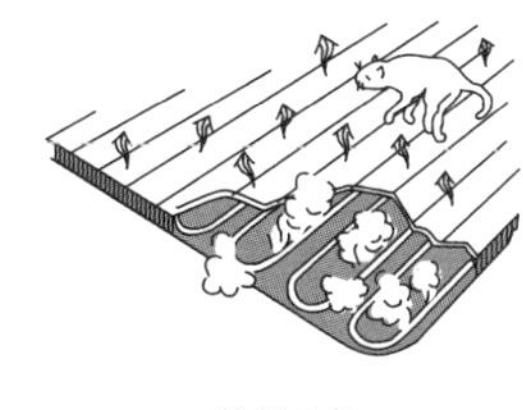
放射の例

用語 熱伝導抵抗
固体内の熱の伝わりにくさを表わす。

《2》熱貫流

室内外に温度差があり、壁体を貫流する熱量は、周囲の空気から壁体表面への「熱伝達」→壁体内の「熱伝導」→壁体表面から周囲の空気への「熱伝達」により移動する。この現象を「熱貫流」という。熱貫流率が大きいほど、多くの熱量を通してしまうことになり、断熱性能が低い。

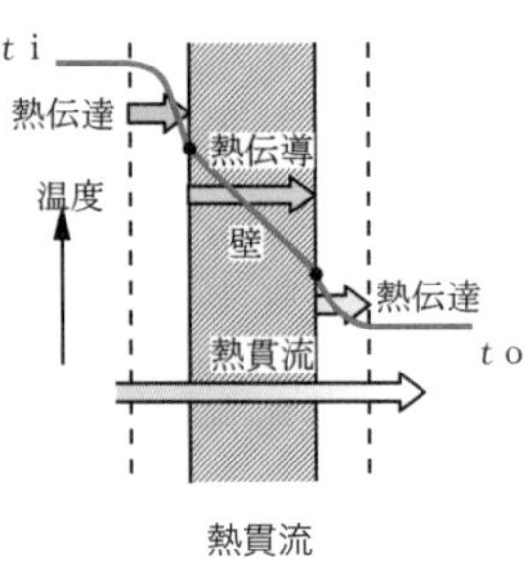

熱貫流

1）熱貫流抵抗

壁体等の熱貫流のしにくさ（熱の通りにくさ）で、壁体の表裏での温度差が大きいほど、熱貫流抵抗が大きい。右図の場合には、部材Bが最も熱貫流抵抗が大きい。

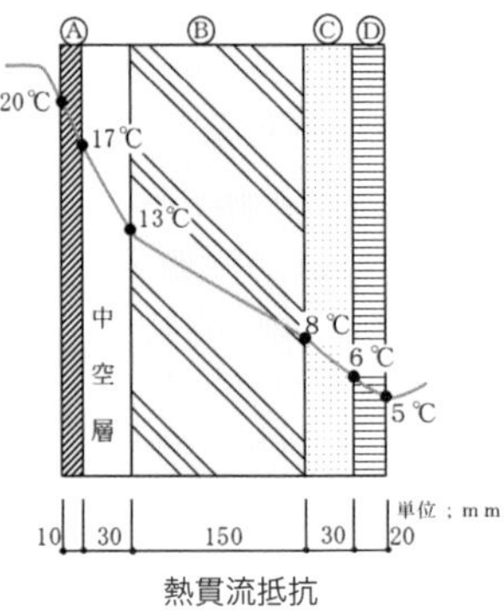

熱貫流抵抗

2）空気層の断熱効果

壁体内に密閉した空気層（中空層）があると断熱効果が向上する。

① 空気層の厚さ

空気層の断熱効果は、中空層の厚さが大きいほど増加するが、厚さが20～30㎜を超えると、厚さに関係なくほぼ一定となる。

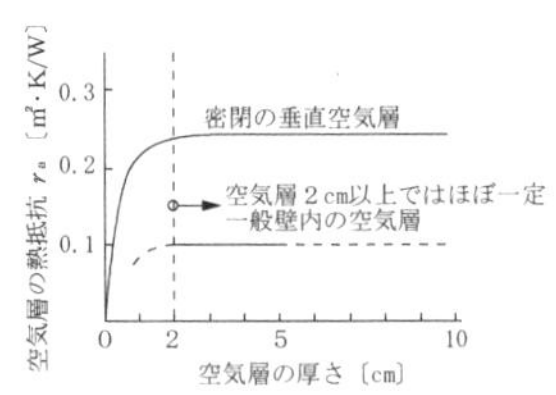

空気層の厚さと熱抵抗の関係

② 密閉度

空気層の密閉度が悪いと、断熱効果は低下する。

③ アルミ箔

空気層の片面あるいは両面にアルミ箔を設けると放射による熱移動が小さくなるため、断熱効果は向上する。

《3》熱容量と室温変動

1）比熱C(kJ/kg・K)

「比熱」とは、１kgの物質の温度を１℃上昇させるのに必要な熱量をいう。

■材料の比熱〔kJ/kg・K〕

材料	比熱
鉄板	0.5
コンクリート	0.8
木材	1.3
水	4.2
空気	1.0

2）熱容量Q(kJ/K)

「熱容量」とは、比熱に質量を乗じたものであり、物質の温度を１℃上昇させるのに必要な熱量である。

熱容量＝比熱×質量

つまり、物質の質量が大きくなるほど熱容量は増加する。熱容量が大きくなると、温度を上げるのに多くの熱量が必要となるが、さめにくくなる。そのため、建築物の外壁の熱容量が大きくなれば、外部の天候の変動に対する室温の変動が緩やかになる。特に、外断熱の施された熱容量の大きな壁は、室温の著しい変動の抑制に有効である。

《4》絶対湿度と相対湿度

「絶対湿度」は、乾燥空気１kgに含まれる水蒸気の質量をいう。「相対湿度」は、ある温度の空気中に水蒸気として含み得る最大量（飽和水蒸気量）に対し、実際に含まれている水蒸気量の割合をいう。飽和水蒸気量は、温度により異なり、高温になるほど大きく、低温になるほど小さくなる。そのため、同じ水蒸気量を含む（絶対湿度が同じ）空気でも、温度が高いほど相対湿度が低くなる。

《5》結露

(a) 表面結露

冬季暖房時に、室内の水蒸気により外壁などの室内側表面で生じる結露を表面結露という。表面結露は、湿った室内の空気(温度t_i)が、絶対湿度が一定のままガラスの表面近くで冷却され、ガラス表面温度(t_{si})が室内空気の露点温度(t_d)よりも低くなる、すなわち、壁表面の温度における飽和水蒸気圧が空気中の水蒸気圧より低くなると、その水分の一部が凝縮して水滴となり、発生する。

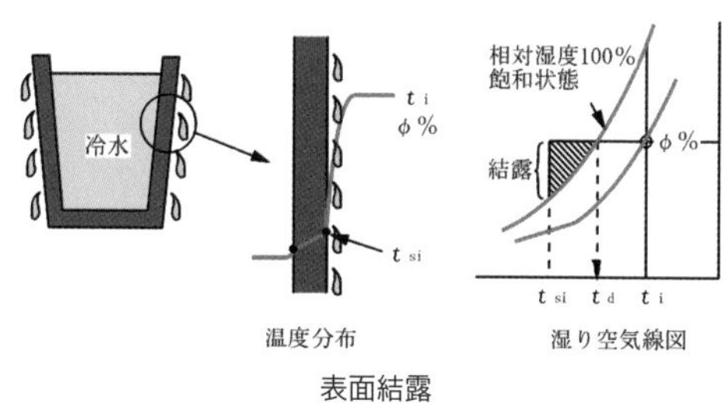

表面結露

(b) 表面結露の防止

外壁の室内側の表面結露を防止するためには、室内側の表面温度を露点温度以下に下げないようにする。特に室内側が入隅となる外壁の隅角部は、２方向から冷やされるため、表面結露が生じやすい。

1）壁体等の断熱性の向上

① 外壁や屋根等に熱伝導率の低い材料を用いるなど、熱貫流を小さく(熱貫流抵抗を大きく)し、室内側表面温度が低くならないようにする。

② 外壁の断熱性を高め、室内側表面温度が低くならないようにする。

③ 室内の水蒸気の発生を抑制し、室内空気の絶対湿度の上昇を防止する。

④ 室内より絶対湿度の低い外気との換気を行う。

⑤ 結露は外壁の室内側表面に発生するので、内壁表面に近い空気を流動させることでダウンドラフトの発生を防ぐ。

用語 露点温度
湿り空気が冷やされて空気中に存在する一部の水蒸気が凝縮し、水滴となり始める温度。つまり、相対湿度が100%になる温度をいう。

用語 ダウンドラフト
外気に接する壁の内側近辺の空気が冷やされて下降する冷気流のことである。

⑥ 壁の一部にある鉄骨部分は熱伝導率が大きく、熱が通りやすくヒートブリッジ(熱橋)により、結露しやすいので、十分な断熱等に配慮する。

2）湿度の低下等

① 室内の水蒸気が水滴となって結露が発生するため、室内の水蒸気の発生を抑制する。

② 室内の水蒸気量(絶対湿度)が低くなるように、室内より絶対湿度の低い外気と換気を行う。

(c) 内部結露

冬季暖房時に、室内側から入った高温・高湿の空気が壁体内部で冷却され、壁内空気がその空気の露点温度より低くなることにより生じる結露を内部結露という。内部結露は、壁体内部の水蒸気量が飽和水蒸気量より高い場合に生じる。

(d) 内部結露の防止

① 外壁では断熱材の室内側(高温側)に防湿層を設ける。

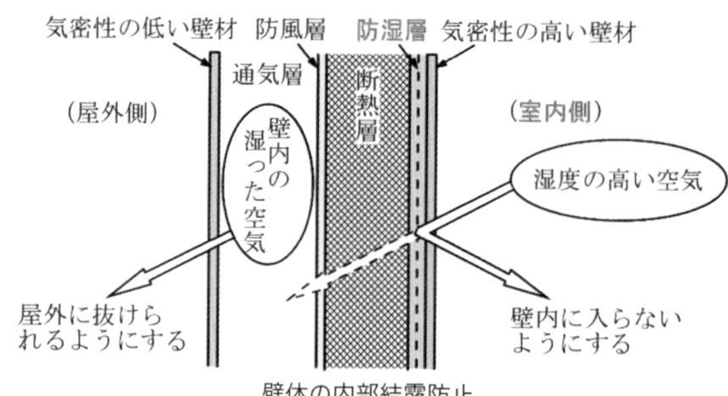

壁体の内部結露防止

② 外壁に外断熱を採用する。内断熱に比べ、壁体内に低温となる場所ができにくい。

用語 **内部結露**
壁体などの内部で起き、目に見えない結露。

3 日照・日射

《1》太陽の放射エネルギー

1）放射エネルギーの分類

太陽からの放射エネルギーは、紫外線、可視光線、赤外線に分類される。

2）波長別の主な作用

① 紫外線：消毒・生育作用や日焼け等の化学作用がある。

② 可視光線：光として明るさを与える。太陽熱エネルギーの約1/2を占める。

③ 赤外線：熱線ともいい、加熱・乾燥等の熱作用がある。

《2》日照・日射の計画

1）太陽の位置

「太陽高度」は、地平面からの角度をいう。「太陽方位角」は、太陽の方向と南北軸とがなす角度をいう。太陽が真南にきた（太陽が子午線にきた）ときは方位角が0で、そのときの太陽高度を南中（なんちゅう）高度、その時刻を南中時という。太陽高度は、太陽が最も高い位置にある南中時に最大となる。南中から次の南中までが1真太陽日である。

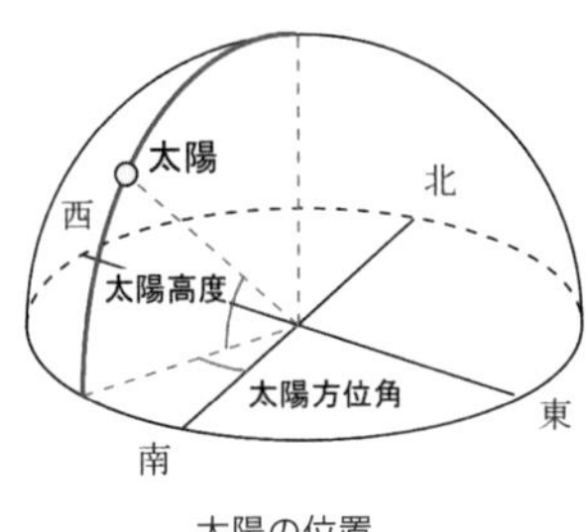

太陽の位置

2）日影曲線

太陽位置や建物による日影の影響を検討するために、各地における影の位置をあらかじめ測定した図で、**通常測定地点における**南中時**を**正午**とした地方真太陽時で表される。**

用語 **日照**
太陽放射の光としての効果を重視したもの。

用語 **日射**
太陽放射の熱的効果を重視したもの。

次図は北緯35° 41'(東京)の日影曲線で、この図の曲線は同心円の中心O点に立てた、長さ1.0の棒の先端の影の軌跡を示している。**日影の方向は**太陽方位角**により、日影の長さは**太陽高度**により決まる。**

例えば、冬至の10時のこの棒の先端の影は、12月21日の曲線と10時の点線との交点で、真北より約30°西に、約2.2倍の長さとなる。

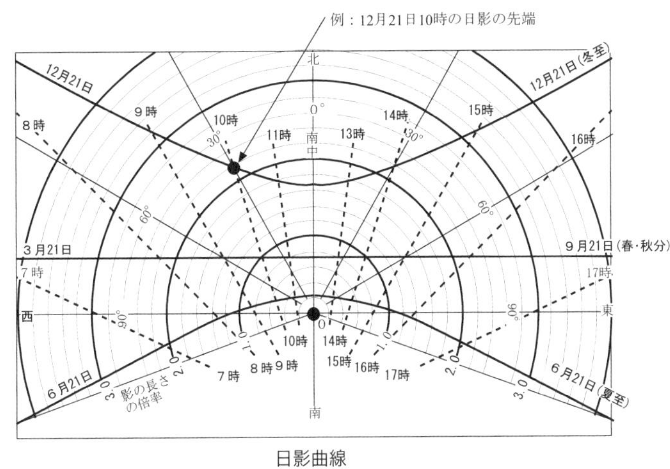

日影曲線

棒の先端の影の軌跡は、

① 冬至において、北西→北→北東へと曲線を描きながら移動する。

② 夏至において、南西→北→南東へと曲線を描きながら移動する。

③ 春分、秋分においては、日影の先端の軌跡は直線となる。

3）終日日影と永久日影

建築物の配置や平面形によっては、一日中、**日の当たらない(日影になる)部分が**できる。これを終日日影という。また、最も日照に有利な**夏至の日でも終日日影となる部分は、一年中、日影になる**ので、この部分を永久日影という。永久日影は、北側に深い凹部がある場合に生じやすい。

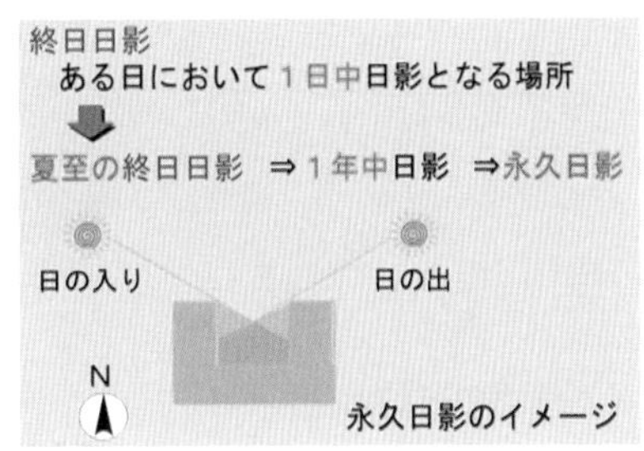

4）緯度と隣棟間隔

建物の配置を計画する場合の隣棟間隔は、日影を考慮し、日影を生じさせる南側の建築物の最高高さに、前面隣棟間隔係数を乗じて求める。

東西に伸びる直方体の集合住宅が平行に配置される場合、同じ日照時間を確保するためには、緯度が高い地域ほど南北の隣棟間隔を大きく取る必要がある。

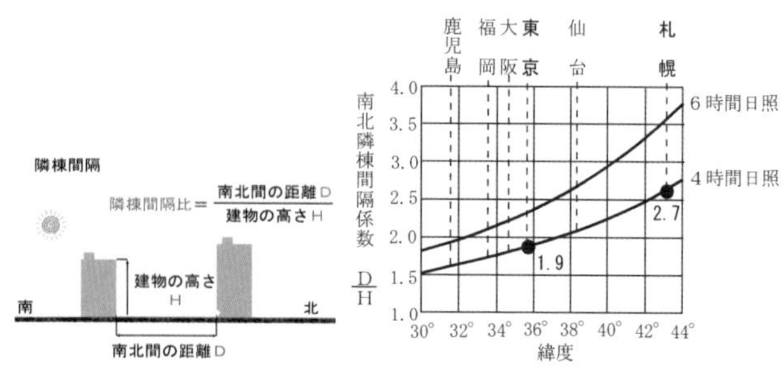

緯度と南北隣棟間隔係数

《3》日照

1）日照時間、可照時間及び日照率

実際に日の照っていた時間を日照時間といい、日の出から日没までの時間（障害物のない所で、晴れていれば日照があるはずの時間）を可照時間という。また、日照時間を可照時間で除した値を百分率で表したものを日照率という。

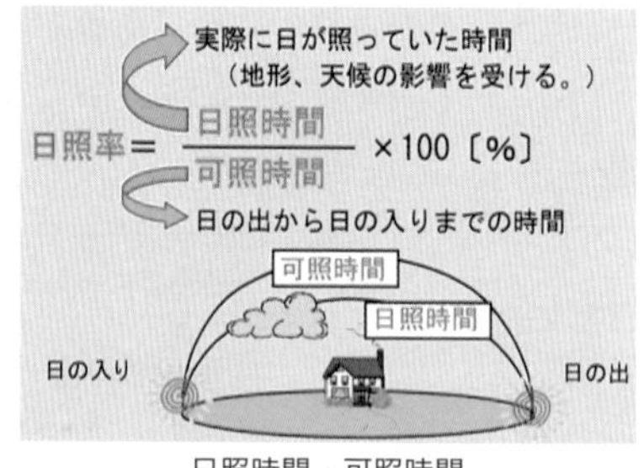

日照時間・可照時間

2）壁面の方位と可照時間

各方位を向いた壁面に対する可照時間を次表に示す。

南面の可照時間は、夏至＜冬至＜春・秋分の順となる。

北面の可照時間は、冬至、春・秋分はなく、夏至に最長となる。

■壁面の方位と可照時間(北緯 35°)

壁面の方位	夏至	春・秋分	冬至
南面	7時間0分	12時間0分	9時間32分
東西面	7時間14分	6時間0分	4時間46分
北面	7時間28分	0分	0分

《4》日射

1）直達日射と天空日射

日射量は、太陽光線による放射線の強さを表す。太陽の直射によるエネルギーを直達日射量、大気中で散乱した後、地表に到達する放射エネルギーを天空日射量といい、直達日射量と天空日射量（拡散日射量）を合計したものを全天日射量という。大気透過率が大きいほど、直達日射量が多くなり、天空日射量は少なくなる。

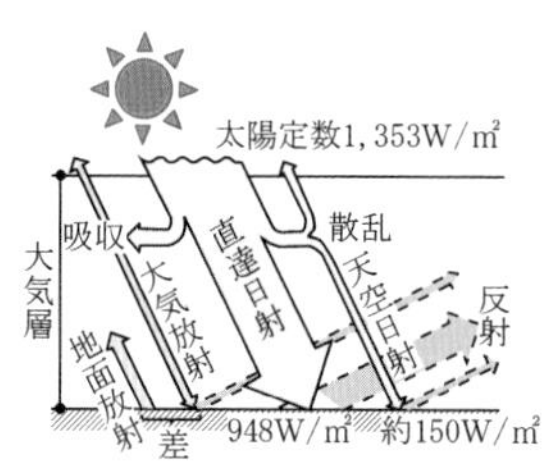

直達日射と天空日射

2）壁面等の直達日射量

日射量は、ある面が単位面積当たり単位時間内に受ける熱量で表される。

次頁の図は、北緯35°における水平面及び方位別の鉛直面の「1日の直達日射による1m²当たりの受熱量の季節変化」を示したものである。

夏至及び冬至の直達日射量の大小関係は、次のとおりである。

① 夏至：北面＜南面＜東・西面＜水平面

② 冬至：北面＝0　東・西面＜水平面＜南面

南面及び東西面の直達日射量の大小関係は、次のとおりである。

① 南面：夏至＜春・秋分＜冬至

② 東・西面：冬至＜春・秋分＜夏至

用語 大気透過率

$$= \frac{\text{直達日射量}}{\text{太陽定数}}$$

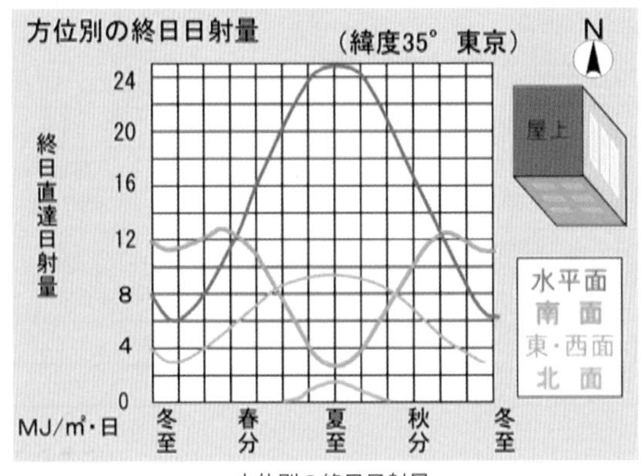

方位別の終日日射量

《5》遮熱対策

窓の遮熱の原則は、遮蔽物を室内側に設けるよりも屋外側に設けることである。

① **ブラインド**

窓の室内側に設けた場合、ある程度は遮熱しても、ブラインド自体が吸収した熱によって暖められて、その熱が室内に再放射されるので、屋外側に設ける場合よりも遮熱効果が低下する。

② **縦ルーバーと水平ルーバー**

西日は低い角度で差し込んでくるので、可動式縦（垂直）ルーバーが有効であり、南面は太陽高度が高いため、水平ルーバーが有効である。

③ **屋上植栽等**

建物の屋上面に植栽することは、屋内への日射熱の影響を低減させるため有効である。

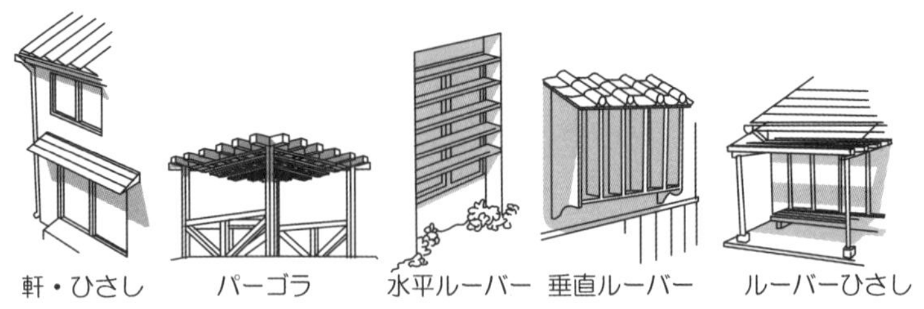

日照調整をするものの例

4 採光・照明

《1》光の単位と法則

① 光の単位

■光の単位

測光量	記号	単位	概要
光束	F	lm（ルーメン）	光のエネルギーがある面を通過する割合で、視感度に基いて測定された単位時間当たりの光のエネルギー量で表す。
光度	I	cd（カンデラ） またはlm/sr	光源から発散する光のエネルギーの強さを表す尺度で、点光源から特定の方向に出射する単位立体角当たりの光束で表す。
照度	E	lx（ルクス） またはlm/m^2	受照面に入射する単位面積当たりの光束の量で表す。
光束発散度	M	rlx（ラドルクス） またはlm/m^2	光源、反射面、透過面から出射する単位面積当たりの光束で表す。
輝度	L	cd/m^2または lm/m^2・sr	光源からある方向への光度を、その方向への光源の見かけの面積で除した値で表す。

② 照度と輝度（きど）

輝度は、目で見た明るさ感に直接的な関わりがあり、視力・見やすさ・グレアの評価に用いられる。一方、照度は、目で見た明るさとは直接的な関係はないが、目で見た明るさ感に間接的な関わりがある。

③ 逆自乗の法則

光度I(cd)の点光源からr(m)の距離における法線面（進行方向に垂直な面）の照度E(lx)は、次式のように、距離の自乗に反比例する。

$$E = \frac{I}{r^2}\ (lx)$$

④ 余弦の法則

光度I(cd)の点光源からR(m)の点Pの水平面直接照度E'(lx)は、入射角をθとすると次式で示される。

用語 **グレア**
視野内の高輝度な点・面あるいは極端な輝度対比などにより引き起こされた視力低下や、目の疲労・不快感(まぶしさ)などの障害

$$E' = \frac{I}{R^2}\cos\theta\ (lx)$$

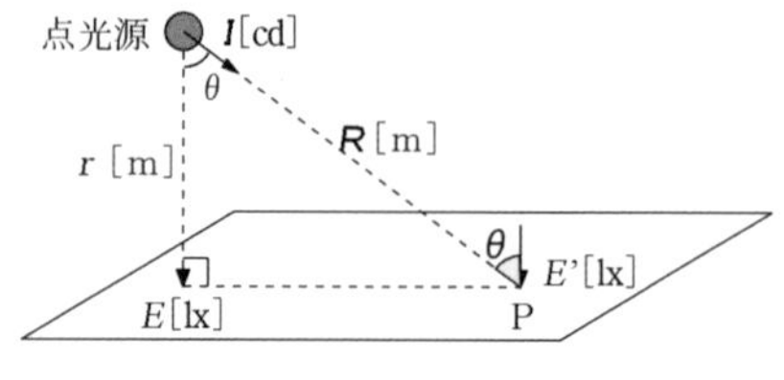

点光源による水平面直接照度

《2》採光

太陽光を室内に取り入れて、明るさを得ることを採光といい、照明装置による人工照明に対し、自然照明あるいは昼光照明ともいう。

① 直射日光と天空光

直射日光による法線面照度は10万(lx)前後となるが、時間、天候による変動が大きく、採光設計は青空や雲からの光である天空光によっている。

直射日光と天空光

周囲に障害物のない開放した場所での天空光による水平面照度を、全天空照度という。また、**直射日光と天空光を合わせたものを昼光という。**

■設計用全天空照度

条件	全天空照度(lx)
特に明るい日(薄曇)	50,000
明るい日	30,000
普通の日	15,000
暗い日	5,000
非常に暗い日	2,000
快晴の青空	10,000
(直射日光・午後)	(100,000)

② 昼光率(ちゅうこう)

天候等の影響に関係なく、室内各所の明るさを比較するため、ある点の明るさを示す指標として、次式で示す昼光率が採光設計に広く用いられている。

用語 **直射日光**
大気を透過し、地表に直接到達する光。

用語 **天空光**
太陽の光が大気中で拡散し、直射日光を除く天空の明るさとして地表に到達する光。

$$昼光率D=\frac{室内のある点の水平面照度}{全天空照度(直射日光は含まない)}\times 100(\%)$$

室内のある点の水平面照度は、全天空照度に比例して変化する。したがって、室内のある点における昼光率は、**時刻や天候に左右されず、一定である**。昼光率は直接照度による直接昼光率と間接照度による間接昼光率に分けることができる。

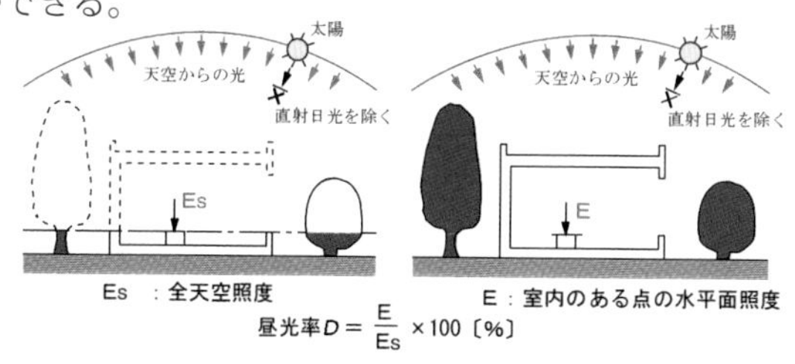

全天空照度と昼光率

基準昼光率とは、全天空照度を普通の日の15,000(lx)として、JISの照度基準を満足するように定めた昼光率をいう。居間の基準昼光率は0.7％、事務室の基準昼光率は2.0％であり、**居間より事務室の方が大きい**。

《3》採光計画

① 窓の高さ

同一面積の窓でも、高い位置にあるほど水平投影面積は大きく、採光上有利である。また、室内の照度分布の均斉度がよくなる。なお、建築基準法施行令では、**天窓の採光に有効な面積は、通常の窓の３倍**としている。

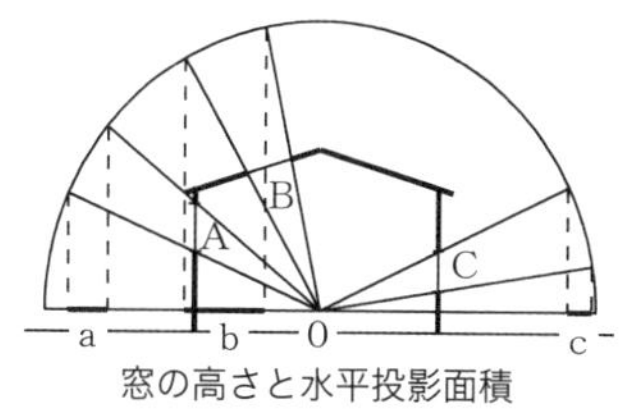

窓の高さと水平投影面積

用語 **天窓**
屋根に設けられた採光のための窓。トップライトともいう。

②　均斉度

室内の照度分布状態の均一性を表す指標で、均斉度をu、最高照度をU_x、最低照度をU_iとすると

$u = (U_i / U_x) \times 100(\%)$

で表わされ、均斉度uの値が大きいほど、室内の照度分布は均一となる。

③　用途と照度

学校の普通教室 ―――― 300～750(lx)
学校の廊下 ―――― 75～300(lx)
事務所の事務室 ―――― 300～750(lx)
事務所の製図室 ―――― 750～1,000(lx)
事務所の屋内非常階段 ―――― 30～75(lx)
劇場のロビー ―――― 150～300(lx)

《4》照明

部屋の雰囲気や色彩の見え方は、照明の光の色や演色性が大きく影響する。

①　人工照明は、人工光源の直接光と反射光を利用して行われる。

②　自然採光による明るさは天候の影響を受けるが、人工照明は天候の影響を受けないので一定の明るさを保ちやすい。

1）色温度

光源の光は色温度（光源と同じ色の光を放つ黒体の絶対温度で示す）で表され、単位はK（ケルビン）である。焚(たき)火等赤味を帯びた光は色温度が低く、色温度の上昇に伴い橙(だいだい)・黄・白と変化し、更に高くなると青味を帯びる。

2）演色性

照明による物の色の見え方に影響を与える光源の性質を演色性といい、JISにおいて演色性の評価方法が定められている。

①　蛍光ランプや水銀ランプ等、赤色の成分が不足している光源の下では、赤色が暗くくすんで見え、演色性は悪くなる。

② 洋服の色あいが重要なブティックの照明や、患者の顔色等をみて診断する病院・診療所の照明は、演色性が高いほうがよい。

《5》照明方式

1）全般照明と局部照明

① 全般照明：部屋全体を一様に明るくする照明。設備費、運用費は、局部照明よりも高い。

② 局部照明：作業面等必要箇所のみを明るくする照明。周囲と明暗の差が大きいと目が疲れやすい。

③ 併用方式：タスク・アンビエント照明。省エネルギーを目的とし、机や戸棚等に組み込んだ照明器具(局部照明)によって、局部的に作業面を照らすとともに、グレア防止を考慮して、局部照明の1/3～1/10の照度の全般照明を併用する方式。

2）直接照明と間接照明

光源からの直接光を利用する直接照明と、間接光を利用する間接照明とがある。

① 間接照明は直接照明に比較して、照明の効率は悪くなるが、陰影が少なくなり、やわらかい感じの光になる。

② 光天井照明は、天井面を乳色ガラスで覆って、その中に光源を配置するので、室内の照度分布が均等になり、照明による影がやわらかくなる。

③ 局部照明による明るい作業面と室内全体とに著しい明暗の差が生じると目が疲れやすくなる。一般に、全般照明の照度は、局部照明による照度の1/10以上が望ましい。

補足
タスク　　　：局部(作業)
アンビエント：全般(周囲)

5 色彩

《1》色彩の表示

1）色の３属性

物体の表面色がお互いに独立して持っている基本的な性質。例えば、マンセル表色系では次の３つをいう。

① **色相**

赤、黄、緑等の色の類別を表す。波長が関係する。

② **明度**

明るさの程度を表す。反射率が関係する。

③ **彩度**

色の鮮やかさ（清濁）を表す。色の純粋さが関係する。

無彩色：色味を持たない明度だけをもつ色。黒・灰色・白　**（彩度＝０）**

有彩色：無彩色以外の色（彩度＞０）

なお、明度と彩度を合わせて色の印象を表したものを、トーン（色調）**という。**

2）マンセルの表色系

マンセル（米国の画家）が創案し、アメリカ光学会によって改良された修正マンセル表色系が、わが国でもJISに採用され、広く使用されている。修正マンセルによる色の表示は、次のように記号で示し、マンセル記号という。

〔例〕

有彩色　7.5YR5/4：7.5YRは色相、５は明度、４は彩度で、この順序で表示する。

無彩色　N5　　　：Nは無彩色を示し、５は明度を示す。

① **色相（ヒュー）**

色相は、赤、青、黄等の色あいを示すものである。赤（R）、黄（Y）、緑（G）、青（B）、紫（P）の５原色の間を分割して定められている。

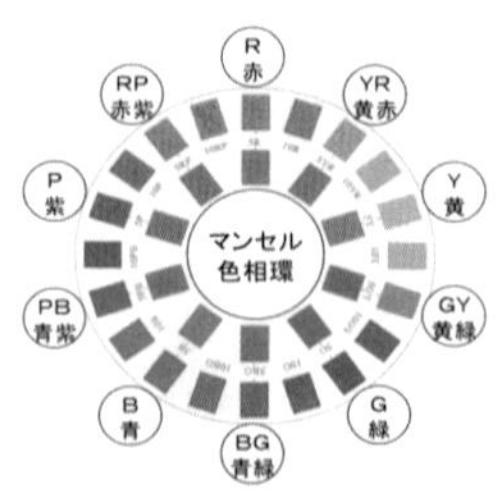

マンセル色相環

② 明度（バリュー）

反射率が０％の完全な黒を０、反射率が100％の完全な白を10とし、10段階に分割している。N10は理想的な白を表す。なお、反射率とは直線的な比例関係とはならない。

■マンセル明度表

マンセルバリュー	0／	1／	2／	3／	4／	5／	6／	7／	8／	9／	10／
反射率（%）	0	1.18	3.05	6.39	11.7	19.3	29.3	42.0	57.6	76.7	100

③ 彩度（クロマ）

無彩色が０、中心の白黒の軸から遠ざかるほど大きくなる。**各色相のなかで彩度が最高のものを**純色**といい、純色に白または黒を混色してできる色を、**清色**という。**

- 純色の彩度は、色相、明度によって異なり、マンセル色立体は、垂直軸に明度、水平軸に彩度、円周に色相を表示した、右図のように不規則な形となる。
- 色のはで、じみの感覚は、明度や彩度に大きく関係し、**明度や彩度が**高いほどはで**に感じられる。**

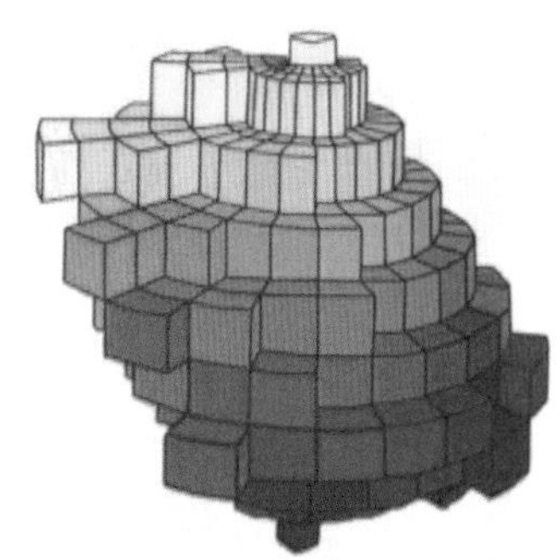

マンセル色立体

《2》色の特性

1）寒暖感

色の温度感覚には、暖かい感情を与える赤、黄赤、黄**の暖色、涼しい感情を与える**青紫、青、青緑**の寒色、暖色、寒色に属さない**緑、紫**等の中性色がある。**

2）重量感

暖色や明度、彩度の高い色は、軽い印象を受ける。反対に、寒色や明度、彩度の低い色は、重たそうな印象を受ける。**そのため、壁の上部を明度の**高い明るい色**にし、下部を明度の**低い暗い色**にすると安定感が生じる。**

3）進出色と後退色

２つの色が隣り合っているとき、暖色や明度の高い色は、他の色より近くに、膨張して見えるので、進出色(膨張色)である。反対に、寒色や明度の低い色は遠くに、収縮して見えるので、後退色(収縮色)である。

4）補色と補色残像

補色とは、２つの色を混合すると無彩色(灰色)になる色で、マンセル色相環では向かい合った色が補色関係となる。補色残像とは、ある色をしばらく見てから白い壁等に目を移したとき、もとの色の補色が感じられる現象である。

5）対比効果

２つの色が並ぶと互いの相違が強調されて感じられる。

① 明度対比：明度の高いものと低いものを比べると、より明度の差が感じられる。

② 彩度対比：彩度の高いものと低いものを比べると、より彩度の差が感じられる。

③ 色相対比：色相の異なる色を並べて見ると、色相が離れて(補色方向へ変化して)見える。例えば、緑色は、黄色が背景である場合、青緑色に近く見える。

④ 補色対比：補色関係にある２色を並べて見ると、互いに強調しあい、鮮やかさが増して見える。

6）面積効果

大面積の色は、小面積の色に比べて明度、彩度とも強く感じる。特に彩度の影響が大きく、小さな色見本で広い壁面の色を決める時は、彩度を低めにしたほうがよい。

7）照度効果

高照度の所では、明度、彩度とも高く感じる。

6 音響

《1》音の基本的性質

1）音の物理的性質

① 音波

膜等の振動によって空気密度の粗密が伝播する縦波である。

② 周波数と波長

周波数：粗密の1秒間のくり返し回数〔Hz（ヘルツ）〕

波　長：1サイクルにおける1波の長さ〔m〕

③ 音速

音速〔m/s〕＝331.5＋0.6t（t：気温℃）

気温15℃で約340m/s、気温が1℃高くなると0.6m/s速くなる。

なお、音速をC〔m/s〕、波長をλ〔m〕、周波数をf〔Hz〕とすると、$C=\lambda f$の関係がある。

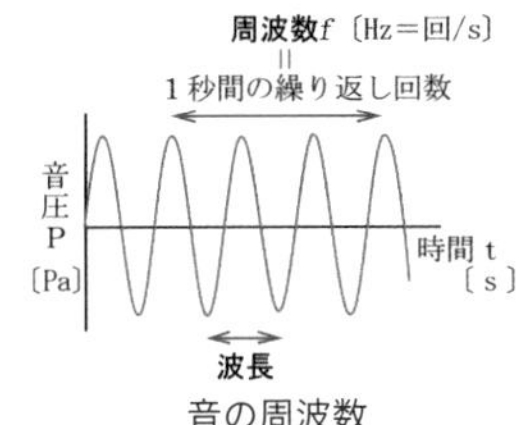

音の周波数

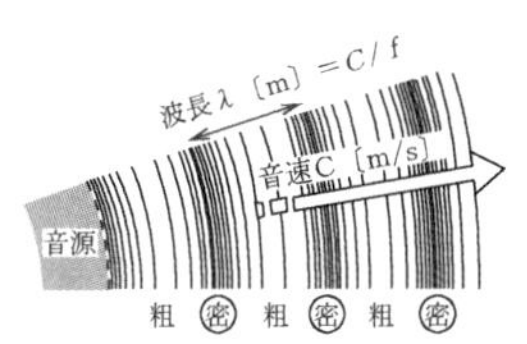

音速と音の波長

2）音の3要素

音の3要素とは、人間の感覚で捉えた音の性質であり、音の大きさ・音の高さ・音色の3つである。

① 音の大きさ

感覚的な音の大小をいう。つまり、人間の聴覚は音の物理的な強弱だけでなく、周波数にも大きく影響する。人間の聴覚は周波数が小さい低音部では聴き取りにくく、一般に3,000～4,000Hzの音が最もよく聞こえる。なお、人間の可聴範囲は、概ね20～20,000Hzといわれている。

② 音の高さ

1秒間に繰り返される波の数、つまり周波数に関係している。周波数が大きい場合には波長が短く、高い音となり、逆に周波数が小さい場合には波長が長く、低い音となる。

③ 音色

同じ大きさの音であっても、人間は楽器の違いを聴き分けることができる。このように、それぞれの音のもつ印象を音色といい、音色は主に音の波形の違いによって変化する。

3）音の物理的現象

① 直接音と反射音

人の耳に達する音としては、直接音と反射音がある。直接音とは、音源から出た音が耳に直接到達して聞こえる音のことである。

また、反射音とは、音源から出た音が壁や天井にぶつかって反射し、それが耳に到達して聞こえる音のことである。

② 回折（せつ）

障害物の背後への音の回りこみ等の現象。短波長（高周波数・高音）の音は直進性が大きいが、長波長（低周波数、低音）の音は、直進性が小さいので、回折性が大きい。また、障害物がその音波の波長より小さいと回折現象が起こりやすい。

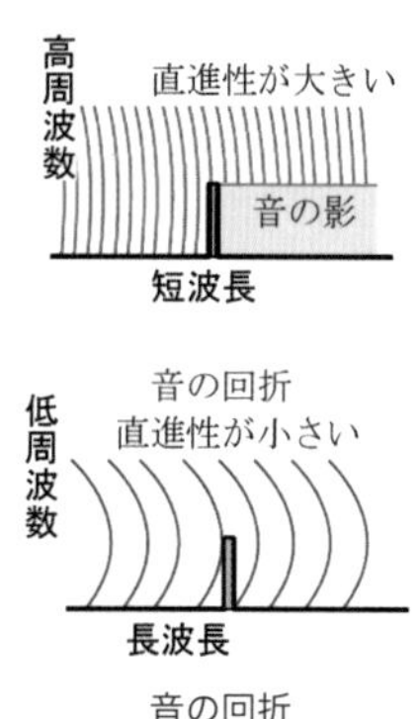

音の回折

③ 干渉（かんしょう）

同じ周波数の音波が2つ同時に存在するとき、全体の音圧が同位相の場合、大きくなり、逆位相の場合、小さくなる現象。周波数にずれがあると、うなりを生じる。

④ マスキング効果

ある音が他の音によって妨害され、遮蔽（しゃへい）されて聞きにくくまたは聞こえなくなる現象。相互の音の周波数が近いほど、マスキング効果は大きい。

4）レベルの合成

レベルの等しい２つの音源による合成音のレベルは、１つの音源によるレベルより３dB上昇する。逆に、２つの音源の１つを止めると、音の強さのレベルは３dB減少する。

5）距離減衰（げんすい）（点音源からの減衰）

音が１点から球面状に広がる場合、音の強さは、距離の自乗に反比例して減衰する。レベルでは、距離が２倍になるごとに約６dBずつ減衰する。

《2》残響（ざんきょう）時間

1）残響時間〔s；秒〕

残響とは、室内で発生した音が鳴り止んでからも室内に音が残る現象をいい、「残響時間」とは、一定の強さの音を急に止め、レベルが60dB下がるのに要する時間をいう。

残響時間が短くなると、明瞭度は高くなる。明瞭度とは、音声の聞き取りやすさを示す指標である。

2）残響時間の計算

①　セイビンの式

セイビンは残響理論の開祖で、実験的に次の式を導いた。

$$T = \frac{0.161V}{A} = \frac{0.161V}{\overline{\alpha} S}$$

T：残響時間〔秒〕　　V：室の容積〔m^3〕

A：室の総吸音力〔m^2：メーターセイビン〕

$\overline{\alpha}$：室内の平均吸音率　　S：室内の総表面積〔m^2〕

②　残響時間の特徴

- 残響時間は、室の容積が小さいほど短くなる。
- 残響時間は、室内の平均吸音率が大きいほど短くなる。
- 残響時間は、一般に、在室者が多くなるほど短くなる。

なお、最適残響時間は、音楽ホール等ではハーモニーを重視するため長く、講演を主とする室では明瞭度を上げるため短い。

《3》吸音と遮音

1）入射音と反射音・吸収音・透過音

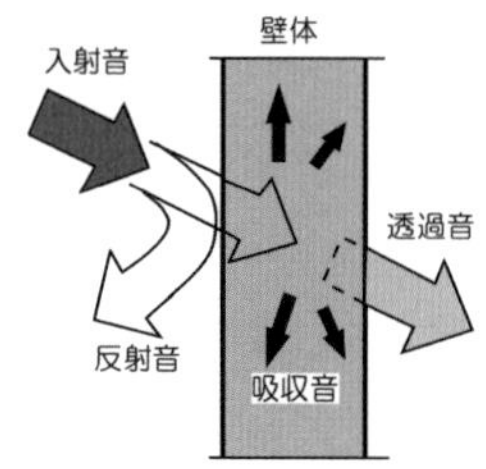

壁に入射した音のエネルギー

壁体等に入射した音のエネルギーは、次の３種類の音のエネルギーに変化する。

① 反射音：壁体により反射してしまう音。
② 吸収音：壁体に吸収されてしまう音。
③ 透過音：壁体を透過してしまう音。

2）吸音

壁体等に入射する音を吸収または透過させ、反射させないようにすることをいう。また､壁面に入射した音のエネルギーに対する反射音以外(吸収音＋透過音)の割合を吸音率という。

3）吸音材料

吸音材料は、残響時間の調整や騒音防止を目的として、反射音を小さくする材料である。一般的に最も使用されているのがグラスウールなどの多孔質吸音材である。

多孔質吸音材料、コンクリートの剛壁とも、主に高音域の音に対する吸音性に優れるが、図のように両者の間に空気層を設けると、中音域の音に対する吸音性が大きくなる。

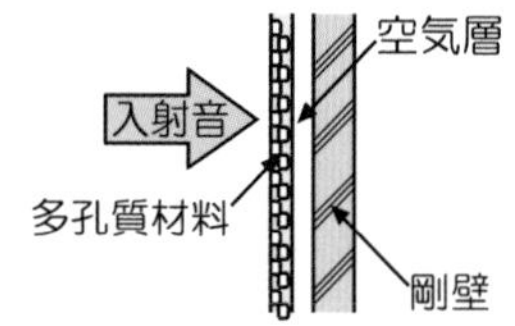

多孔質吸音材料

4）遮音

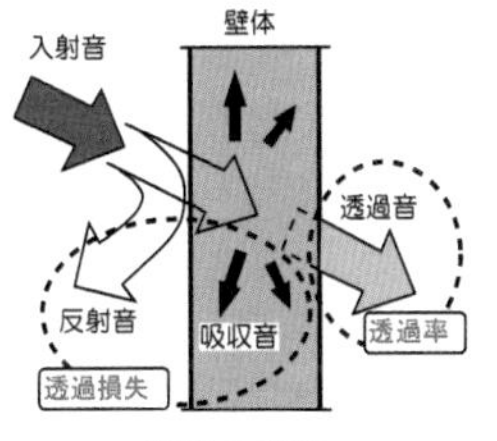

遮音の構造

壁体等に入射する音を吸収または反射させ、透過させないようにすることをいう。
壁体の透過率とは、「壁に入射する音のエネルギー」に対する「壁を透過する音のエネルギー」の割合である。

① **透過損失TL**

透過音が入射音に比べてどれだけ弱くなったかを数量的に表したものを透過損失といい、一般に壁体の遮音性を示すのに用いられる。**透過損失の値が高いほど、遮音効果（騒音の防止効果）が**高い。

② **密な材料の透過損失**

密で均一な材料でできている壁体の音の透過損失は、壁体の単位面積当たりの質量と音の周波数の対数に比例するので、コンクリートのような比重が大きいものほど、並びに**壁厚が厚いほどその値が**大きく**なる。つまり、壁体の面密度（単価面積当たりの質量）が大きいほど、**大きく**なる。**また、低周波数域より高周波数域の方が大きくなる。

《4》騒音

1）騒音とは

その人にとって必要としない音、苦痛を与えたりする音を騒音という。心理的な個人差もあるが、大出力の雑音ばかりでなく、純音や楽音、あるいはごく小さな音でも、会話の聴取の妨害、安眠妨害など、聞かされる人、状況によっては騒音となる。また、（騒）音は、空気密度の粗密により伝播する空気伝搬音と、構造体を伝わってくる振動により発生する固体伝搬音**がある。**

2）騒音レベル

① 騒音レベルは、日本産業規格で定める**普通騒音計**のA特性（騒音を耳で聞いたときに感じる大きさになるように、周波数を聴感補正した回路を通したもの）**で測定する。**

② この値を騒音レベルといい、dB（A）で表される。

3）NC値

① NC曲線は、騒音が人に与える不快感やうるささの程度を、周波数別に許容値で示した曲線である。

② ＮＣ値が小さいほど静かに感じる。

③ 騒音の感じ方は、同じ音圧レベルでも、一般に高音の方が低音よりうるさく感じる。

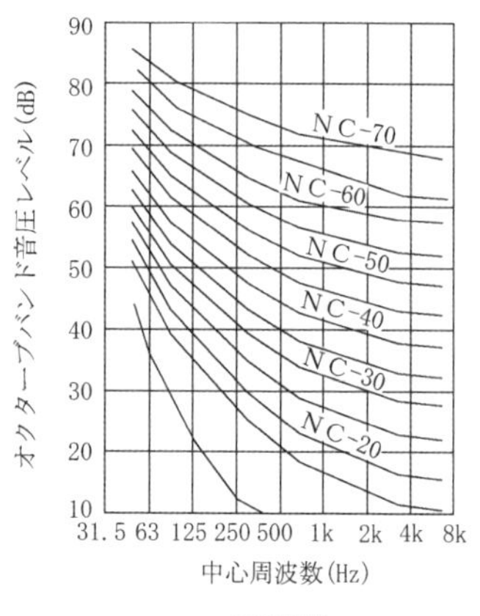

NC曲線

4）室内騒音の許容値

騒音レベルによる許容値は、図書室は45dB（A）であるが、住宅の寝室は40dB（A）であり、図書室よりも住宅の寝室の方が小さい。

■室内騒音の許容値

dB(A)	20	25	30	35	40	45	50	55
NC(NR)	10(15)	15(20)	20(25)	25(30)	30(35)	35(40)	40(45)	45(50)
うるささ	無音感		非常に静か	特に気にならない		騒音を感じる		無視できない
スタジオ	無響室	アナウンスブース	ラジオスタジオ	テレビスタジオ	主調整室	一般事務室		
集会・ホール		音楽堂	劇場(中)	舞台劇場			ロビー	
病院		聴力試験室	特別病室	手術室病室	診察室	検査室	待合室	
ホテル・住宅				書斎	寝室	宴会場	ロビー	
一般事務室				重役室、大会議室	応接室	小会議室	一般事務室	
公共建物				公会堂	美術館、博物館	図書閲覧	公会堂兼体育館	スポーツ施設
学校				音楽教室	講堂	研究室、	普通教室	廊下
商業建物					音楽喫茶	書籍店、美術品店	レストラン	食堂

5）床衝撃音

床衝撃音には、靴音や食器の落下など軽くて硬い物体の落下による軽量床衝撃音と、子供の飛びはねなどの重くて軟らかい衝撃源による重量床衝撃音がある。

2

1 力とつり合い

《1》力

1）力の単位

国際単位系（SI単位）では、力の単位としてN（ニュートン）を用いている。ニュートン単位と従来用いられていた重力単位の関係を示す。

1 kN≒102kgf　　1 kgf≒9.81N

2）力の３要素

力はベクトル量で、通常、右図に示すような矢印で表わす。

3）モーメント

ある点（支点）から離れて作用する力は、その点を中心とした回転力を生じさせる。この回転力をモーメントという。モーメントは、力の大きさ(P)と回転の中心から力の作用線までの垂直距離（ l ）の積P l で表され、通常、時計回りをプラス(＋)、反時計回りをマイナス(－)とする。

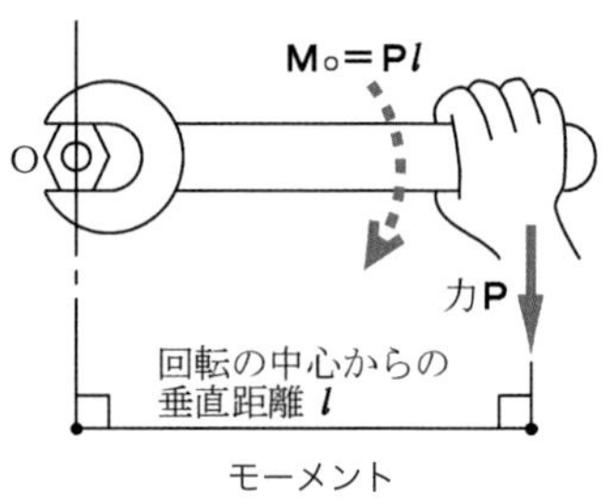

モーメント

4）力の合成、分解

１点に作用（さよう）する２つの力は次図に示す力の平行四辺形で合成することができ、この逆の操作で力を分解することもできる。３つ以上の力の合成は、この方法を順次行っていけばよい。

用語　作用線
力が物体に作用するとき、作用点を通って、力の方向に引いた直線のこと。

ポイント　モーメントが大きくなる要素
①「力」が大きくなる。
②「垂直距離」が長くなる。

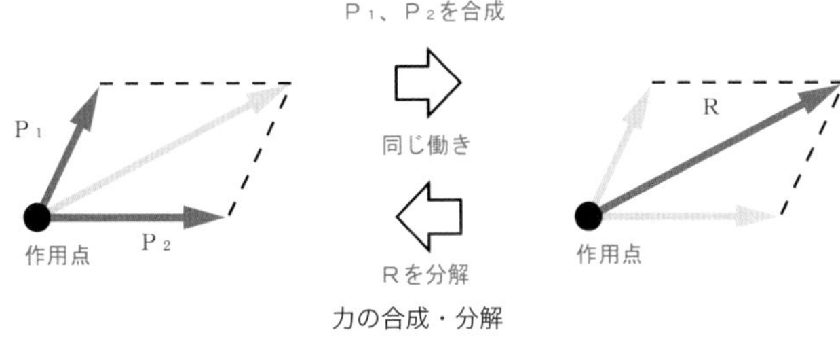

力の合成・分解

また、次図に示すように力を順次つないでいって始点と終点を結べば合力Rが求められる。これを示力図という。

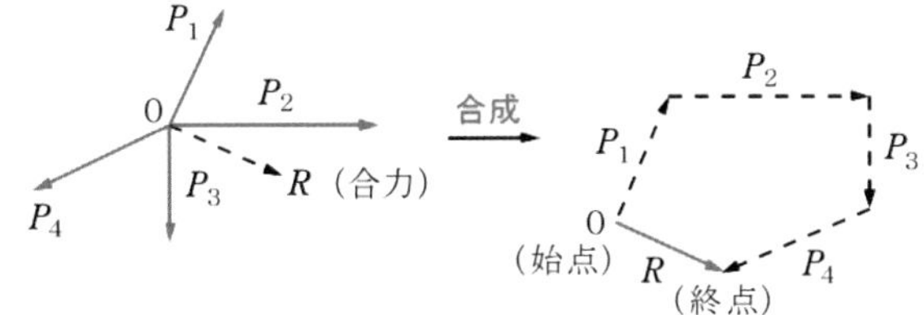

示力図による力の合成

5）力のつり合い条件

構造物に力が作用してそのままの状態を保つとき、力はつり合っているといい、下記の条件が成り立つ。

① **力が一点に作用する場合**

X方向の力の合計ΣX＝0

Y方向の力の合計ΣY＝0

② **力が一点に作用しない場合**

X方向の力の合計ΣX＝0

Y方向の力の合計ΣY＝0

任意の点に対するモーメントの合計ΣM＝0

【例題1-1】

図に示す平行な2力P_1、P_2の合力をRとするとき、P_1から合力Rの作用線までの距離xとして、正しいものはどれか。

1. 3.0m
2. 3.5m
3. 4.0m
4. 4.5m

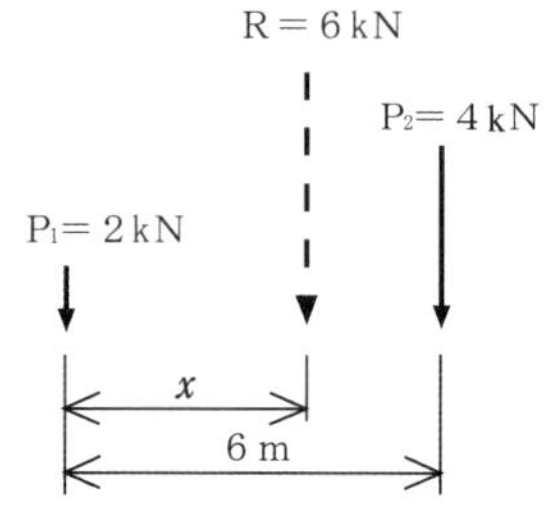

【解　答】

2力P_1、P_2による曲げモーメントと、合力Rによる曲げモーメントは、どの場所においても等しい。例えば、P_1の作用点をA点とすると、

A点におけるP_1、P_2による曲げモーメントは、

$2 \times 0 + 4 \times 6 = 24\text{kN} \cdot \text{m}$

A点における合力Rによる曲げモーメントは、

$6 \times x = 6x\,\text{kN} \cdot \text{m}$

両者は等しいことから、$6x = 24$　$x = 4\,\text{m}$となる。

したがって、選択肢3.

が正しいものである。

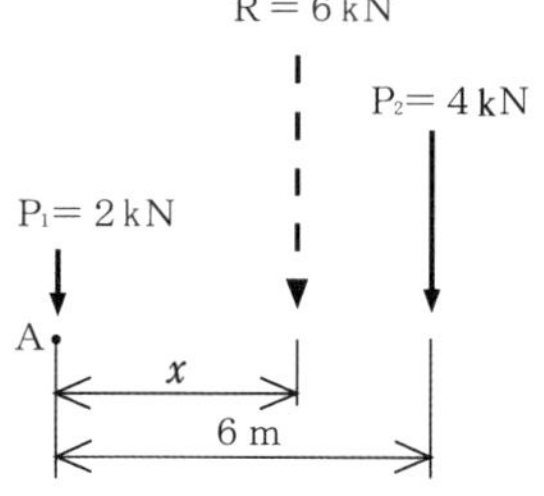

《2》構造物と力、反力、つり合い条件

外力を受ける構造物の応力解析では、簡略化のため多くの仮定を行う。通常平面骨組に分解し、力もその平面内で加わるものとし、柱・梁などの部材を線材で表す。

(a) 支点と反力

支点は構造物を支持する点で、力学的に簡略化して①ローラー支持、②ピン(ヒンジ)支持、③固定支持の３つに分類される。反力は支点の移動や回転を拘束するときその支点に生じる力である。各支点の反力は右図のようになる。

名称	①ローラー支持(移動端)	②ピン支持(回転端)	③固定支持(固定端)
支点の種類と動き			
回転	自由	自由	拘束
水平移動	自由	拘束	拘束
垂直移動	拘束	拘束	拘束
支点のモデル化と反力数	V 1	H V 2	H RM V 3

支点の反力

(b) 節点

部材と部材の接合点を節点といい、①ピン節(ヒンジ)、②剛節の２つに分類される。

①ピン節	②剛節
モーメント伝達は不可	部材相互の角度変化なし＝モーメントの伝達は可

節点

(c) 反力の算定の基本

静定構造物の反力は力のつり合い条件だけで解くことができる。

反力の求め方

① 反力を仮定する。
反力の方向は勝手に決めてよい。この反力が求める未知数である。

② 力のつり合い式を立てる。
ΣX＝0：X方向の力の合計、右向き正、左向き負とする。
ΣY＝0：Y方向の力の合計、上向き正、下向き負とする。
ΣM＝0：任意の点に対するモーメントの合計、時計まわりを正、反時計まわりを負とする。支点におけるモーメントとすると、その支点の反力のモーメントが０となるので、未知数が少なく、解きやすい式となる。

③ 連立方程式を解いて、反力を求める。

④ 結果により、反力の向きを修正する。マイナスで求められたら、仮定した向きが逆だったことになる。

３つの式で解けるのは、未知数が３つ以下の場合である。反力が４つ以上ある場合は、支点の中間にピン節があるなど条件が必要である。その場合はピン節で切断し、その左または右の部分のモーメントのつり合い式を加える。

1）集中荷重の考え方

単純梁(ばり)の例を用いて、集中荷重の考え方を学ぶ。

【例題1-2】

図に示す単純梁の反力を求めよ。

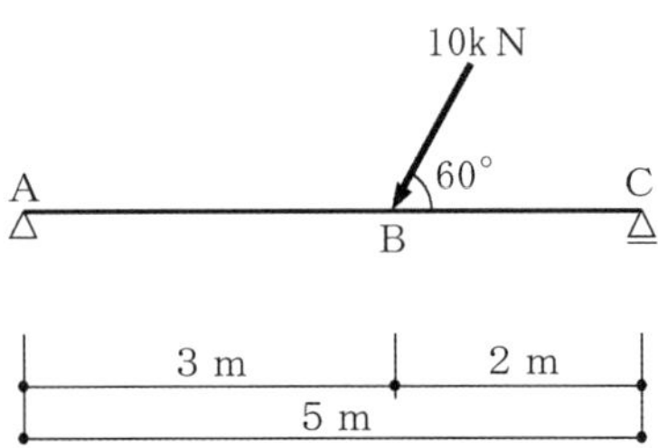

【解　答】

まず次図のように反力 V_A、V_C、H_A を仮定する。斜め荷重は X、Y方向に分解する。

水平分力　$10\times\cos60^\circ=10\times\dfrac{1}{2}=5(\mathrm{kN})$

鉛直分力　$10\times\sin60^\circ=10\times\dfrac{\sqrt{3}}{2}=5\sqrt{3}(\mathrm{kN})$

力のつり合い条件より

水平方向の力のつり合い　$\Sigma X=0$　　$H_A-5=0$

鉛直方向の力のつり合い　$\Sigma Y=0$　　$V_A+V_C-5\sqrt{3}=0$

モーメントのつり合い　　$\Sigma M_A=0$(A点でのつり合い)

$$5\sqrt{3}\times3-V_C\times5=0$$

∴　$H_A=5(\mathrm{kN})$　　$V_A=2\sqrt{3}(\mathrm{kN})$　　$V_C=3\sqrt{3}(\mathrm{kN})$

2）モーメント荷重の考え方

モーメント荷重が作用する場合は、どの位置でもその効果(回転力)は同じと考える。片持ち梁の例を用いて、モーメント荷重の考え方を学ぶ。

【例題1-3】

図に示す片持ち梁の反力を求めよ。

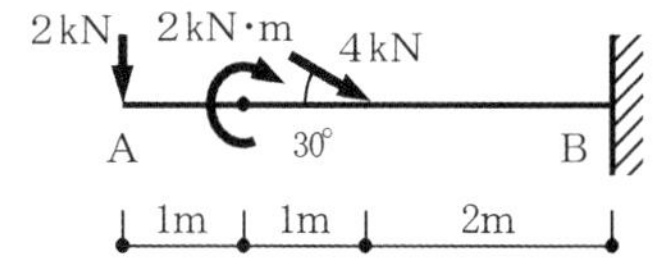

【解　答】

斜め荷重をX、Y軸に分解する。B点は固定端であるから、反力を下図(左)のように3つ仮定する。

$\Sigma X=0 \qquad H_B+2\sqrt{3}=0$

$\Sigma Y=0 \qquad -2-2+V_B=0$

$\Sigma M_B=0 \qquad -2\times4+2-2\times2+M_B=0$

$\therefore \quad H_B=-2\sqrt{3}(kN) \qquad V_B=4(kN) \qquad M_B=10(kN\cdot m)$

求めた結果にマイナス符号がついているH_Bは、仮定した反力の向きが逆方向であることを示している。

すなわち、求める反力は下図(右)のようになる。

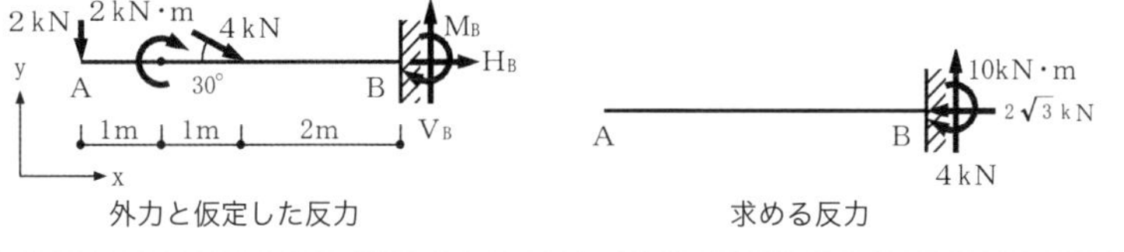

外力と仮定した反力　　　求める反力

3）分布荷重の考え方

分布荷重は、その全荷重がその分布形の図心に集中力として加わると考える。右図(a)の等分布荷重によるC点に対するモーメントは、(b)図のように集中荷重４kNがABの中点に加わったと考えればよいから、

$$-4\,(\mathrm{kN})\times 3\,(\mathrm{m})+M_C=0$$

$$M_C=12\,(\mathrm{kN\cdot m})$$

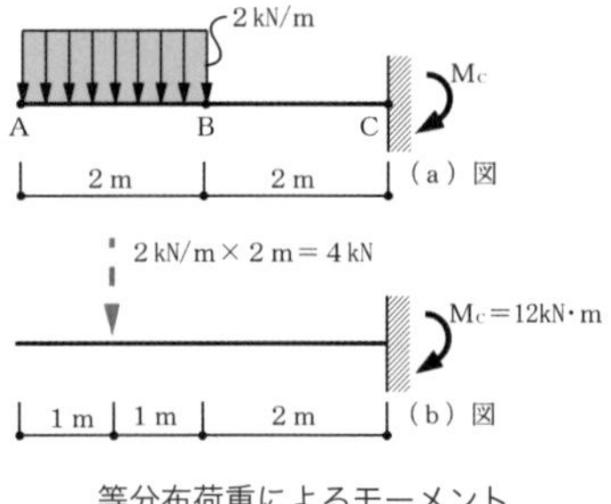

等分布荷重によるモーメント

右図(a)の等変分布荷重によるB点に対するモーメントは、(b)図のように分布荷重の全荷重３kNが三角形分布の図心位置C点に加わったと考えて、

$$-3\,(\mathrm{kN})\times 2\,(\mathrm{m})+M_B=0$$

$$M_B=6\,(\mathrm{kN\cdot m})$$

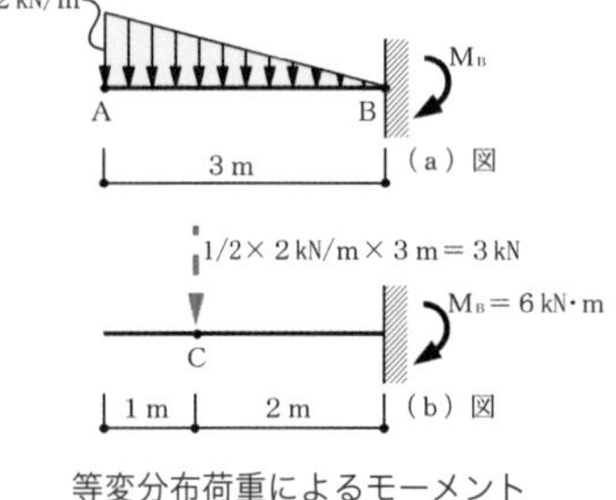

等変分布荷重によるモーメント

【例題１-４】

図に示す等分布荷重を受ける架構において、支点Bにおける鉛直反力の大きさとして、正しいものはどれか。

1. 4kN
2. 6kN
3. 8kN
4. 12kN

【解　答】

問題の等分布荷重は、B点から３ m 上方に働く集中荷重に置き換えることができ、その大きさは、２kN/m×６m＝12kN である。

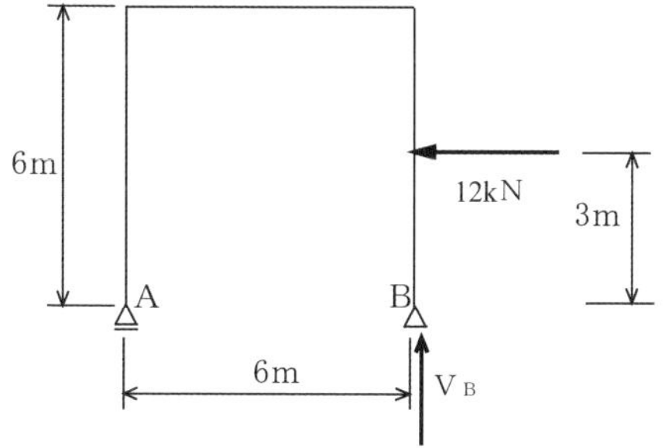

ここで、求めたいB点の反力を上向きV_Bと仮定し、求めたい支点とは逆のA点における曲げモーメントのつり合いを考えると、
A点を時計回りに回転させようとする力は０―――①
反時計回りに回転させようとする力は、$12 \times 3 + V_B \times 6$―――②
①と②は等しいことから、$6V_B + 36 = 0$　$V_B = -6$（kN）
符号にマイナスが付いているので、V_B は仮定とは逆に下向き６ kN の反力ということになる。したがって、選択肢 2. が正しいものである。

4）3ヒンジラーメンの考え方

柱脚がピンであり、その途中にピン接合があるものを、３ヒンジラーメンという。３ヒンジラーメンは反力の数が４つとなり、ピン接合で切断し、その左または右の部分のモーメントのつり合い式から求める。

【例題1－5】

図に示すラーメンのC点に水平荷重Pが作用するとき、支点Aの水平反力の大きさとして、正しいものはどれか。

1. 0.2kN
2. 0.4kN
3. 0.5kN
4. 0.6kN

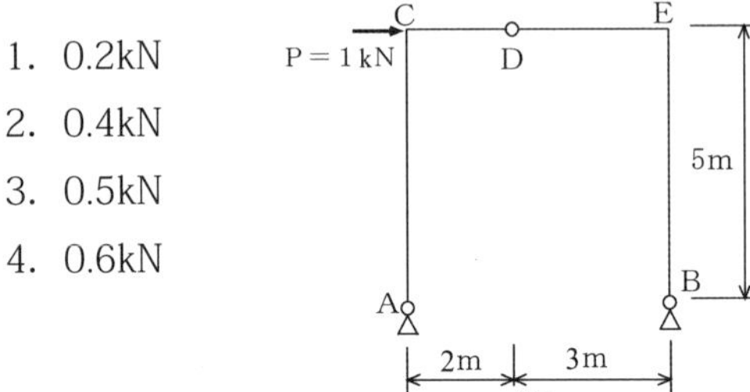

【解　答】

A点の水平反力H_Aと鉛直反力V_A、B点の水平反力H_Bと鉛直反力V_Bを、下図のように仮定する。

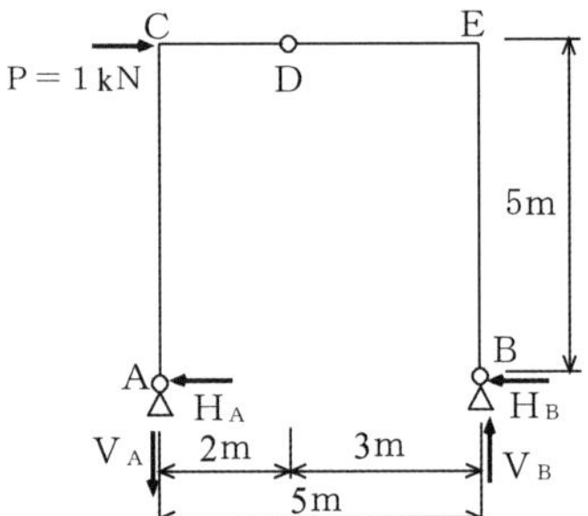

B 点のモーメントのつり合いから、

$P\times 5(m)-V_A\times 5(m)=0 \qquad V_A=P=1(kN)$

符号にマイナスが付いていないので、仮定通り、下向きに 1 (kN)の反力が働くことになる。

次に D 点左側のモーメントのつり合いから、

$H_A\times 5(m)-V_A\times 2(m)=0 \qquad 5H_A=2 \qquad H_A=0.4(kN)$

したがって、選択肢 2. が正しいものである。

2 静定構造物

《1》静定構造物の応力(断面力)

(a) 応力(断面力)

構造物に外力が作用すると部材内部には応力が生じる。応力は、部材をある点で切断した仮想切断面に働く一対の力をいう。

応力には次のものがある。

① **軸方向力(軸力) N**

材軸方向に引張るか圧縮する力。通常記号はNで表わし、単位はN、kN。引張軸力を(+)、圧縮軸力を(−)の符号で表わす。

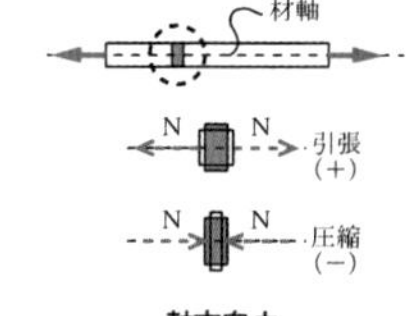

軸方向力

② **せん断力 Q**

材軸に直角に材を断ち切ろうとする力。記号はQ、単位はN、kN。符号は部材に時計まわりに作用する一対のせん断力を(+)、反時計まわりを(−)とする。

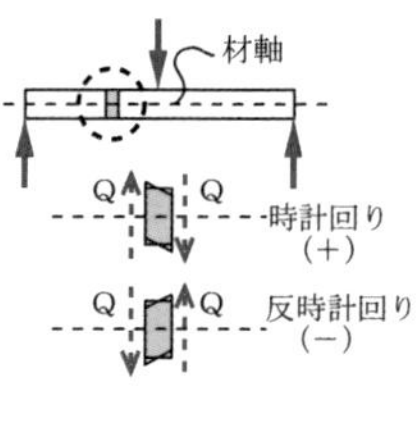

せん断力

③ **曲げモーメント M**

材を曲げようとする力。記号はM、単位は力の単位と長さの単位の積でN・m、kN・mなどである。曲がってはらみ出す側が引張側であり、へこむ側が圧縮側である。下に凸の変形の場合、下側引張・上側圧縮、上に凸の変形の場合、上側引張・下側圧縮となる。通常は符号を付けないが、符号を付ける場合は、下に凸の場合を(+)、上に凸の場合を(−)とする。

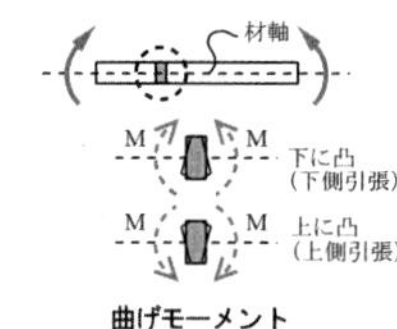

曲げモーメント

応力の求め方

下図の片持ち梁を例として、応力の求め方の基本を述べる。

① 反力を求める。ただし、この例のように、片持ち梁では反力を求める必要はない。

② 求めたい位置で部材を切断する。(A−A で切断)

③ 切断面に作用する力 N_x、Q_x、M_x を仮定する。

④ 切断面で分かれる部分の左、右のどちらかで、それぞれに作用する外力、反力、および断面に仮定した N_x、Q_x、M_x について力のつり合い式を立てる。ここでは左側の 1 を選んで 1 の部分についてつり合い式を立て、仮定した断面力を求める。

$\Sigma X=0 \quad N_x-P_1=0 \qquad \therefore \quad N_x=P_1$(軸方向力)

$\Sigma Y=0 \quad Q_x-P_2=0 \qquad \therefore \quad Q_x=P_2$(せん断力)

$\Sigma M_{(切断面)}=0 \quad -P_2 \cdot x+M_x=0 \therefore M_x=P_2 \cdot x$(曲げモーメント)

⑤ 求められた数値が負の場合、仮定した向きが逆であったということである。

⑥ 力やモーメントの方向の組合せから、各応力の正負や方向を判断する。この例の場合、軸方向力は引張(+)、せん断力は反時計まわり(↓↑)の組合せであるから(−)、曲げモーメントは上に凸の変形である(符号を付ける場合は(−)。

⑦ 軸方向力図、せん断力図には、符号(+−)を記す。

⑧ 曲げモーメント図は、部材の引張側(凸になる側)に描く。

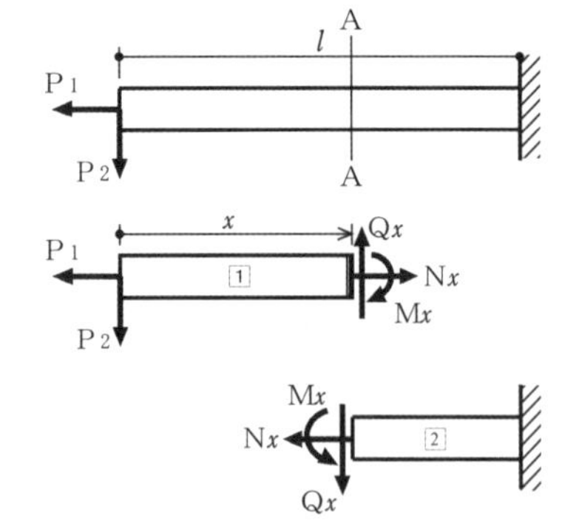

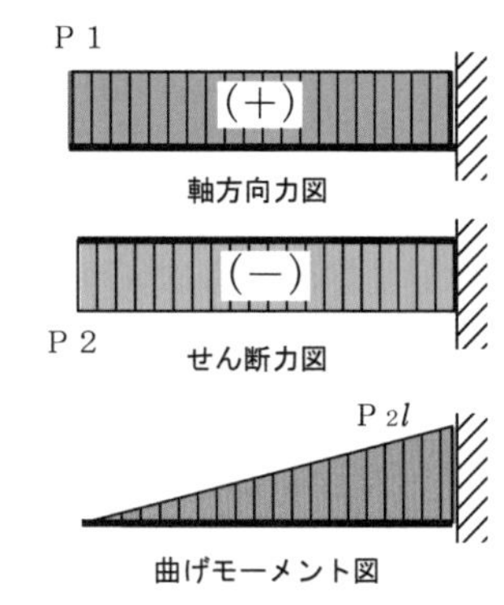

(b) 荷重・せん断力・曲げモーメントの関係

荷重、せん断力Q、曲げモーメントMの間には次に示す関係があり、この関係は応力図を描く時に役立つ。

① 曲げモーメントの傾きがせん断力の大きさ

M右下がりがQ(＋)、右上がりがQ(－)となる。

② せん断力の傾きが分布荷重の大きさ

下向き分布荷重でせん断力図は右下がりとなる。

代表的な荷重条件に対する曲げモーメント図とせん断力図を次に示す。

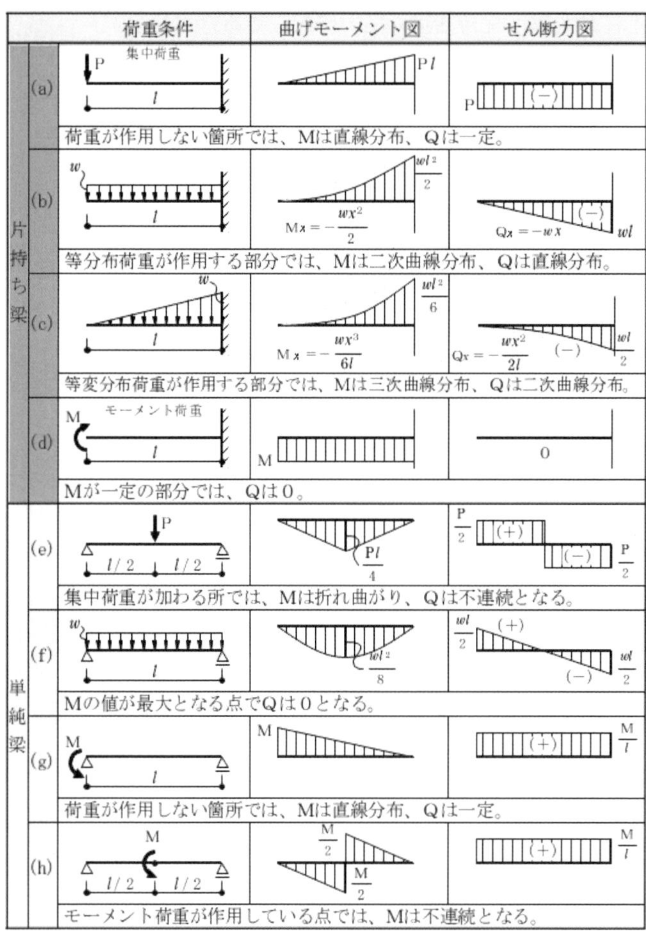

代表的な荷重条件でのQ図とM図

《2》静定梁

建築物などの構造物には、様々な形式があり、その目的や用途に応じて分類方法が異なるが、その基本形となるのが片持ち梁と単純梁である。

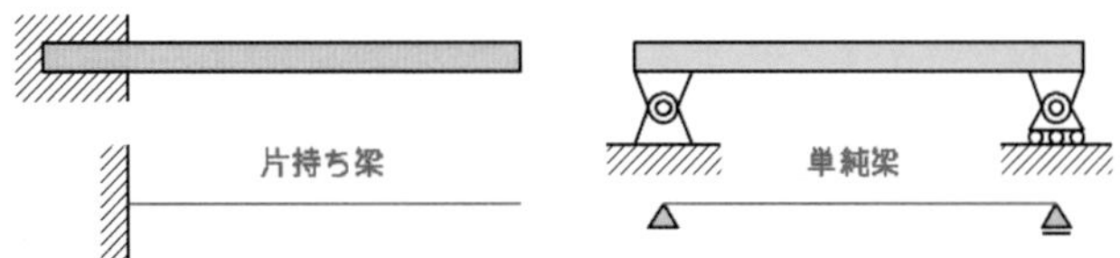

例題を通して単純梁、片持ち梁の応力図を求める方法を示す。

【例題2-1】

図に示す単純梁の応力図を求めよ。

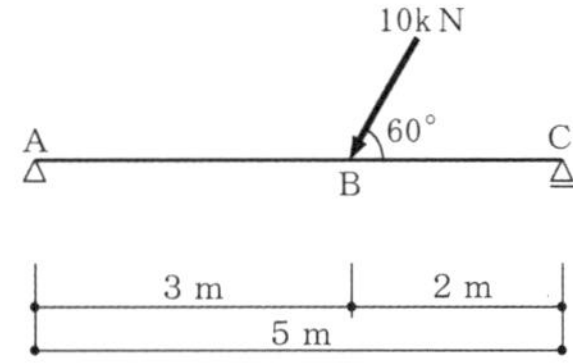

【解　答】

反力の算定は、【例題1-2】より、

$H_A=5(\text{kN})$　　$V_A=2\sqrt{3}(\text{kN})$　　$V_C=3\sqrt{3}(\text{kN})$

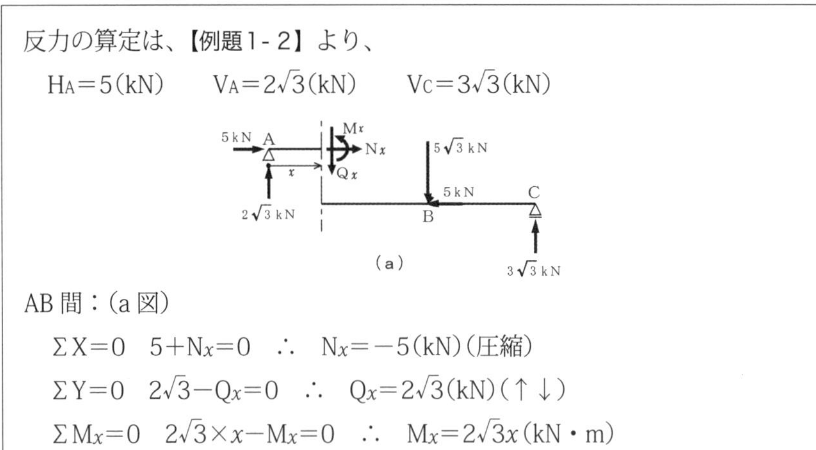

AB間：(a図)

$\Sigma X=0$　$5+N_x=0$　∴　$N_x=-5(\text{kN})$(圧縮)

$\Sigma Y=0$　$2\sqrt{3}-Q_x=0$　∴　$Q_x=2\sqrt{3}(\text{kN})$(↑↓)

$\Sigma M_x=0$　$2\sqrt{3}\times x-M_x=0$　∴　$M_x=2\sqrt{3}x(\text{kN}\cdot\text{m})$

力のつり合いは切断した左部分でも右部分でもそれぞれ成立しているから、どちらのつり合い式からでも応力は求められる。BC間(b図)では、右部分でつり合い式を立てた方が、計算式に外力が入らないため計算が容易である。

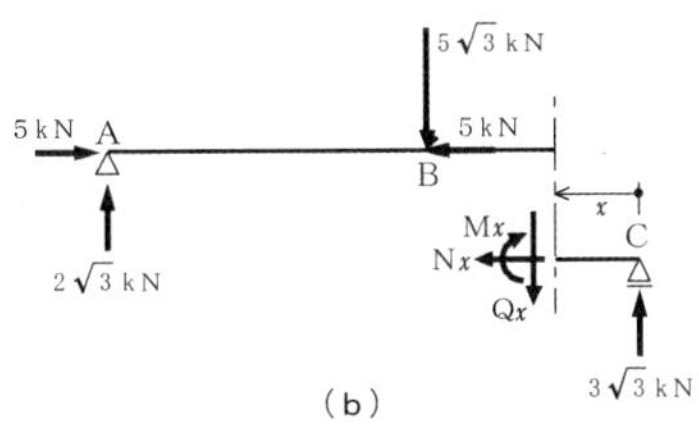

(b)

BC間のCからxの位置について、つり合い式を立てると(b図)、

$\Sigma X=0 \quad N_x=0$

$\Sigma Y=0 \quad -Q_x+3\sqrt{3}=0 \quad Q_x=3\sqrt{3}(\mathrm{kN})(\downarrow\uparrow)$

$\Sigma M_x=0 \quad M_x-3\sqrt{3}\times x=0 \quad M_x=3\sqrt{3}x(\mathrm{kN\cdot m})$

応力図は、下図のようになる。

M図を簡単に描くには、この例の場合、外力はB点の集中荷重のみであるから、B点のMを$V_A\times 3\mathrm{m}$または$V_C\times 2\mathrm{m}$により、$6\sqrt{3}\mathrm{kN\cdot m}$と求め、A、C点のM=0と直線で結べばよい。

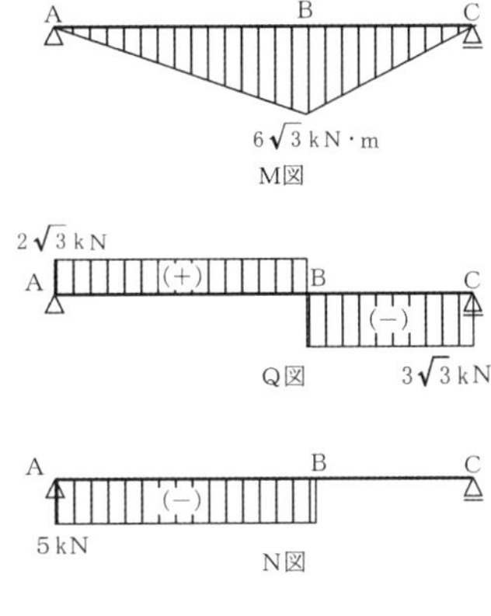

【例題2-2】

図に示す片持ち梁に同じ集中荷重Pが作用したときの曲げモーメント図として、正しいものはどれか。ただし、曲げモーメントは材の引張側に描くものとする。

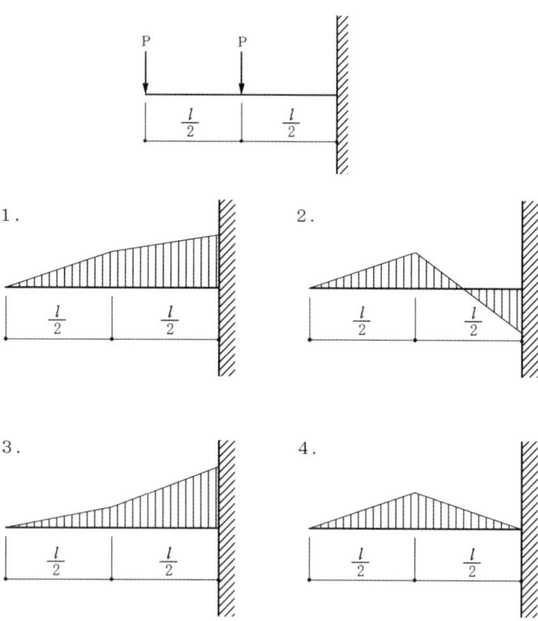

【解　答】

片持ち梁の中央をA点、固定端をB点と仮定する。

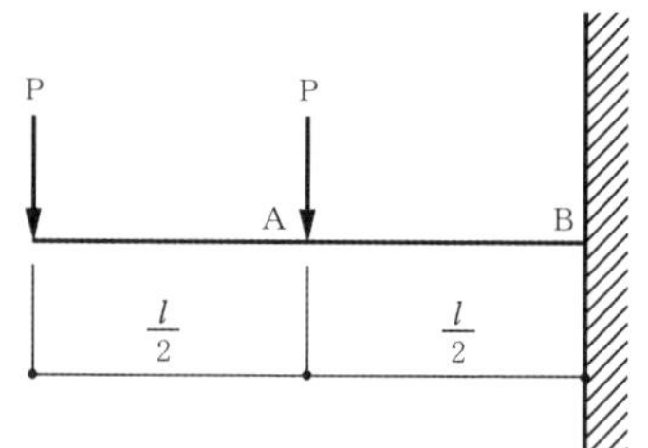

$$M_A = P \times \frac{l}{2} = \frac{1}{2} Pl$$

$$M_B = P \times l + P \times \frac{l}{2} = \frac{3}{2} Pl$$

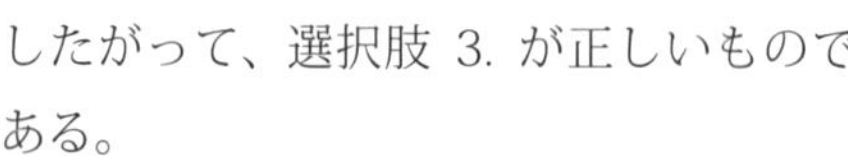
したがって、選択肢 3. が正しいものである。

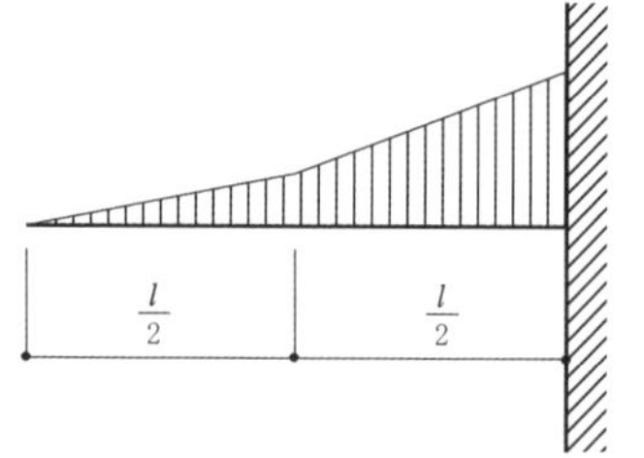

《3》静定ラーメン

静定ラーメンには、片持ち梁系ラーメン、単純梁系ラーメン、3ヒンジ系ラーメンなどがある。

片持ち梁系ラーメン

単純梁系ラーメン

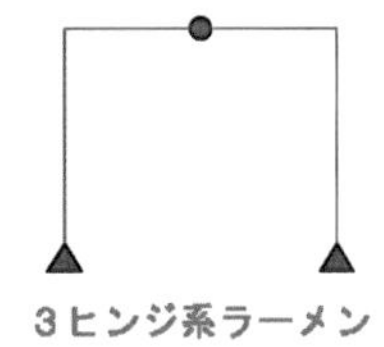
3ヒンジ系ラーメン

静定ラーメンも基本的には，静定梁とまったく同様な方法を用いればよい。

【例題2-3】
図のような片持ち梁系ラーメンのA点に荷重P、Qが加わり、図のような曲げモーメント図が描けた。この時の荷重P、Qの値を求めよ。

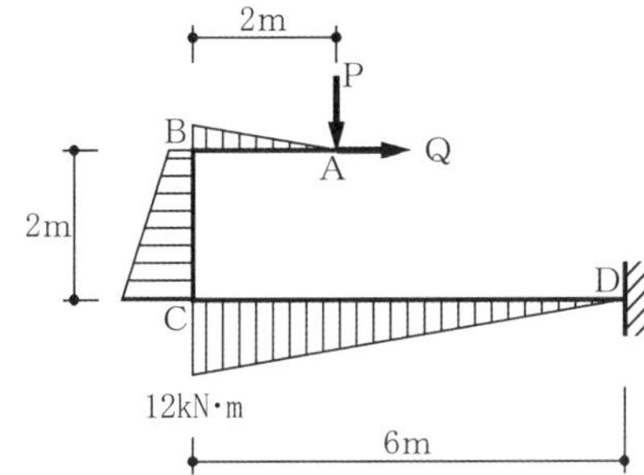

【解　答】

C点の曲げモーメント 12kN・m よりC点で切断した上側部分のつり合いを考えると、

$\Sigma M_C=0$　　$P\times2+Q\times2-12=0$ —— ①

D 点の曲げモーメント 0 より

$\Sigma M_D=0$　　$-P\times4+Q\times2=0$ —— ②

①、②より

∴　P＝2(kN)　　Q＝4(kN)

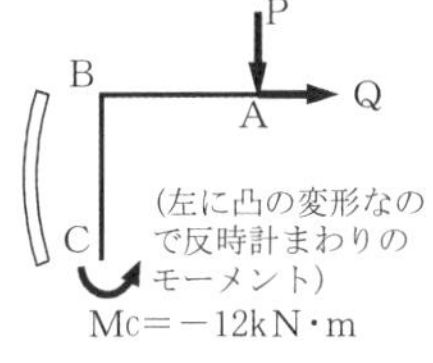

《4》トラス

トラスとは、細長い直線部材を三角形に組み、それを一つの要素として組み上げた骨組で、その接合点をすべてピン節(ヒンジ)とした構造体のことである。

① トラス構造には、節点だけに荷重が作用する場合、部材には軸方向力のみ生じるという特徴がある。トラスでは、トラスの形状と外力が決まれば、部材の材質、サイズによらず軸力が決まる。

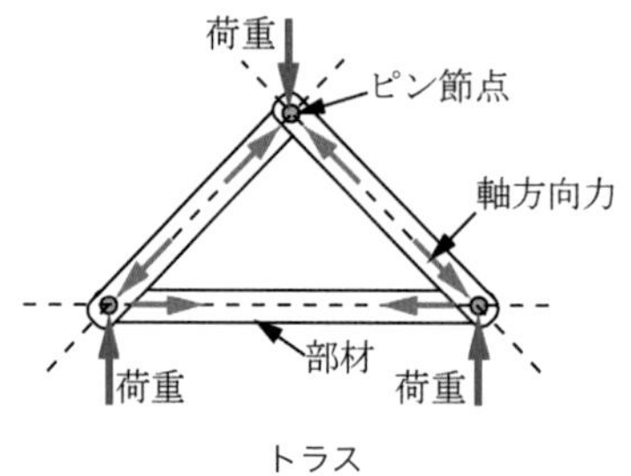

トラス

② トラス構造は、細い部材で、強い構造をつくることができるのが特徴で、体育館や工場など、大きなスパンの屋根を支える構造として、木造や鉄骨造などで用いられている。

1）部材に生じる軸方向力

軸方向力には引張と圧縮があるが、これは次のように判断する。

① 節点を引張る力を引張力といい、引張力を生じる部材を引張材という。

② 節点を押す力を圧縮力といい、圧縮力を生じる部材を圧縮材という。

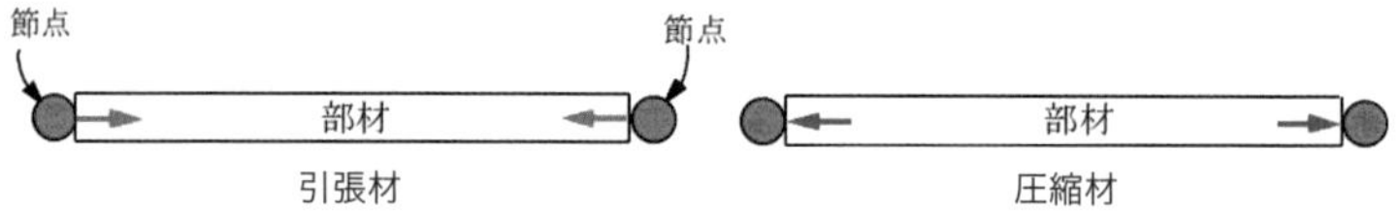

2）軸方向力が生じない部材

トラスの部材はすべて節点に集まっている。つまり、力は節点に集まる。このとき、節点は移動や回転を起こさずにとどまっていることから、力がつり合っていると考えられる。

この考えから、次のような場合には、部材の軸方向力が0になる、すなわち軸方向力が生じていないことがわかる。反対に、もし軸方向力が作用していれば、ΣX＝0、ΣY＝0のつり合い条件式が成立せず、その節点は移動してしまう。

① 一つの節点に、二つの部材のみが集合している場合、その二つの部材の軸方向力は共に0となる。

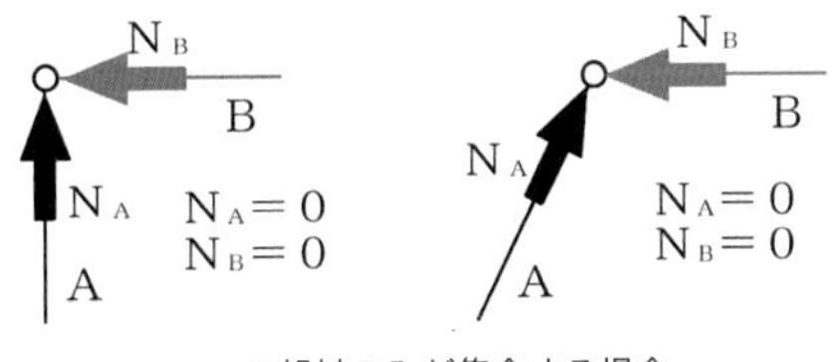

二つの部材のみが集合する場合

② 一つの節点または支点に、三つの力(荷重・反力)や部材が集合している場合、そのうちの二つが直線の状態であれば、残りの一つの部材の軸方向力は0となる。また直線状の二つの力(荷重・反力)や、軸方向力は等しくなる。

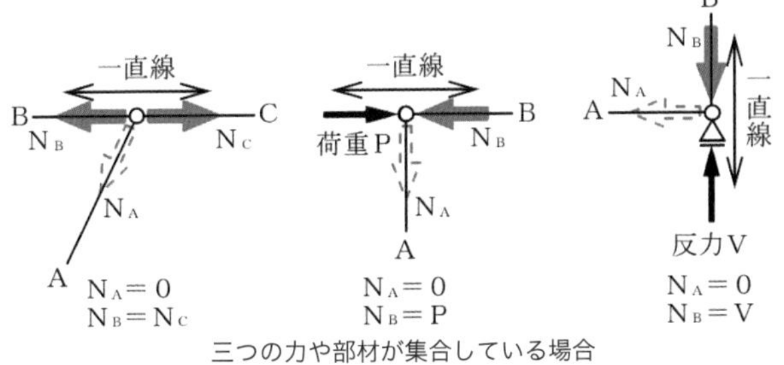

三つの力や部材が集合している場合

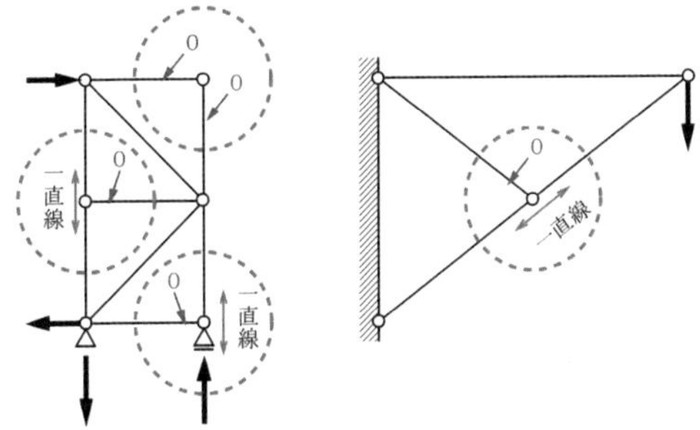

軸方向力を生じない部材の例

【例題2-4】

図に示すトラスのE点に水平荷重Pが作用するとき、部材に生じる軸力に関する記述として、不適当なものはどれか。

1. 部材ABに生じる軸力は引張力である。
2. 部材BCに生じる軸力は引張力である。
3. 部材CFに生じる軸力は引張力である。
4. 部材BDに生じる軸力は圧縮力である。

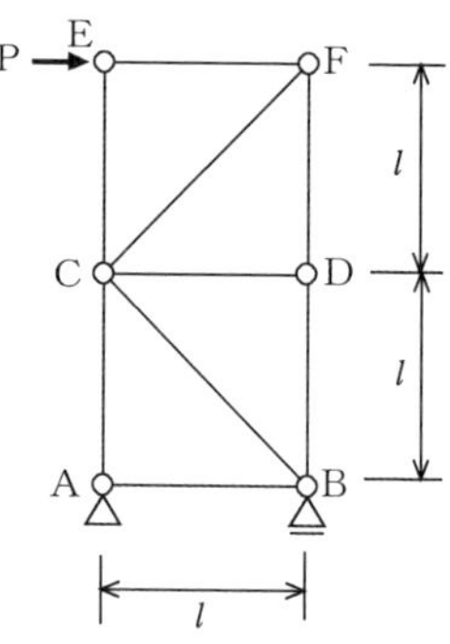

【解　答】

E点において、右向きの外力Pとつり合うため、部材EFにはE点を左に押す力(大きさはP)が働く。よって、部材EFは圧縮材である。
F点において、部材EFはF点を右に押す力(大きさはP)が働いている。それとつり合うため、部材CFにはF点を左に引く力(大きさは$\sqrt{2}$P)が働く。よって、部材CFは引張材である。
F点において、部材CFにはF点を下に引張る力(大きさは$\sqrt{2}$P)が働いている。それとつり合うため、部材DFにはF点を上に押す力(大きさはP)が働く。よって、部材DFは圧縮材である。
このように、各節点における力のつり合いを考えていくと、各部材には右図のような力が働くことになる。部材BCには両端の支点を押す力が働いているので、圧縮材である。
したがって、選択肢2.が不適当なものである。

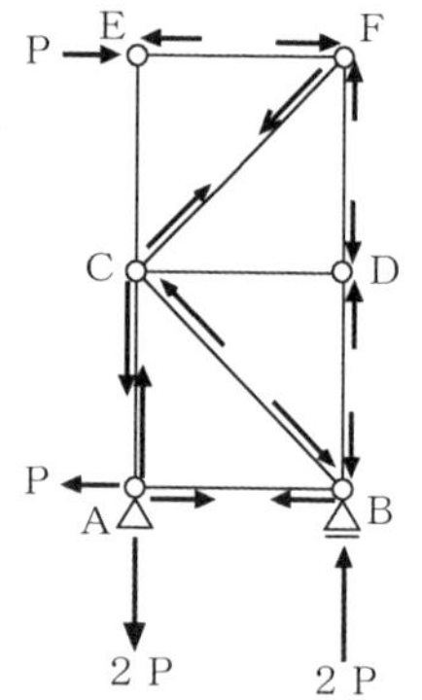

3 断面の性質

骨組の応力解析では部材は線材と仮定して曲げモーメント、軸方向力、せん断力を求めてきた。しかし、実際には各部材はある断面をもっており、そこに働く断面力(応力)によって、断面内にもある力の分布が生じているはずである。ここでは、それらに関係する断面のもつ力学的な性質を考える。
部材の力学的性質はその断面の形状によって異なり、その特性を断面性能という。

1) 断面積 A(㎜²、㎝²、m²)

軸方向応力度σを求めるときに使う。($\sigma = \dfrac{N}{A}$、N:軸力)

2) 断面一次モーメント S(㎜³、㎝³、m³)

ある軸に関する断面一次モーメント
=(断面積)×(軸から断面の図心までの距離)

x軸に関する断面一次モーメント

$Sx = A \cdot y_0$

y軸に関する断面一次モーメント

$Sy = A \cdot x_0$

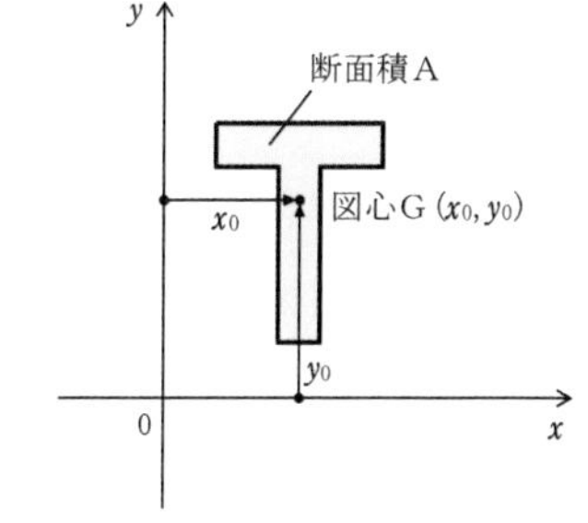

ゆえに、断面一次モーメントがわかれば下式のように図心を求められる。

$$x_0 = \frac{Sy}{A}、y_0 = \frac{Sx}{A}$$

すなわち、各軸に関する断面一次モーメントを断面積で割ったものが、その軸から図心までの距離となる。

図心の求め方
断面図形が整形な区分面に分割されるときは、「それぞれの区分面の面積」と「軸から区分面の図心までの距離」の積の和で全体の断面一次モーメントを求められる。全体の図心は全体の断面一次モーメントを全断面積で割ることで求められる。具体的には、次の例題のように考えればよい。

【例題3-1】

図に示す断面の図心の位置を求めよ。

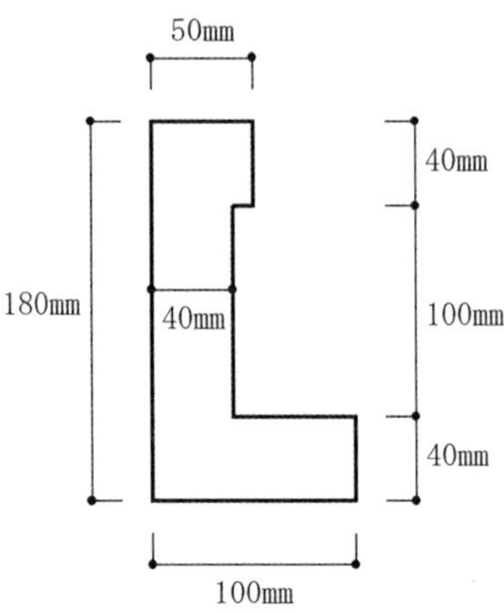

【解　説】

x 軸、y 軸を下図のように仮定し、3つの区分面に分割する。

x 軸に関する断面一次モーメント

$$S_x = a_1 y_1 + a_2 y_2 + a_3 y_3$$
$$= 2{,}000 \times 160 + 4{,}000 \times 90 + 4{,}000 \times 20$$
$$= 760{,}000\ \text{mm}^3$$

y 軸に関する断面一次モーメント

$$S_y = a_1 x_1 + a_2 x_2 + a_3 x_3$$
$$= 2{,}000 \times 25 + 4{,}000 \times 20 + 4{,}000 \times 50$$
$$= 330{,}000\ \text{mm}^3$$

全断面積 $A = a_1 + a_2 + a_3$

$$= 2{,}000 + 4{,}000 + 4{,}000 = 10{,}000\ \text{mm}^2$$

図心をG $(x_0、y_0)$ とすると、

$$x_0 = \frac{S_y}{A} = 33\ \text{mm} \qquad y_0 = \frac{S_x}{A} = 76\ \text{mm}$$

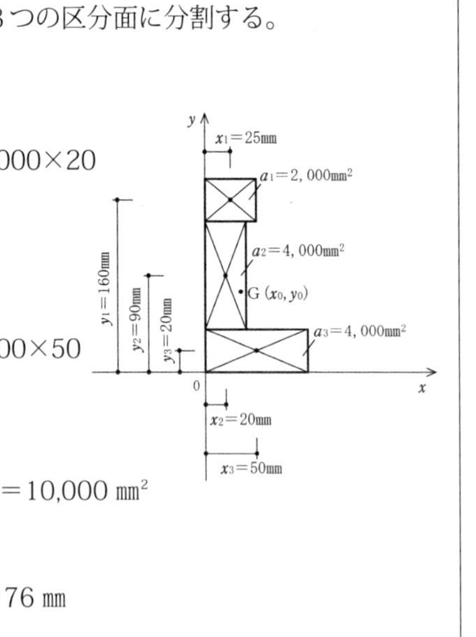

3）断面二次モーメントＩ（mm⁴、cm⁴、m⁴）

断面による部材の曲げ変形のしにくさを表す。Ｉが大きいと曲げ変形しにくい。図のような長方形断面の図心を通るX軸に関する断面二次モーメントは、

$$I_X = \frac{bh^3}{12}$$

で表される。

また、図心と離れているx軸に関するI_xは、

$$I_x = I_X + A \cdot y_0^2$$

である。この式から、任意の平行な軸のうち、図心を通る軸では、$y_0 = 0$であるから、$I_x = I_X$となり、Ｉが最小になることがわかる。

次の例題で、具体的にＩの求め方を説明する。

【例題３-２】

図に示す断面のX－X軸に対する断面二次モーメントの値に最も近いものは、次のうちどれか。

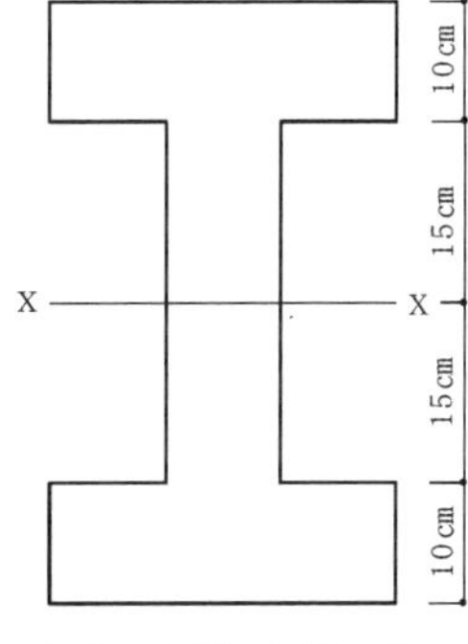

1．$0.9 \times 10^5 cm^4$

2．$1.8 \times 10^5 cm^4$

3．$2.7 \times 10^5 cm^4$

4．$5.4 \times 10^5 cm^4$

【解　説】

I 形をした断面の断面二次モーメントI(cm⁴)は、外側の矩形から内側の矩形を差し引いて求められる。設問の図から、

$$I = I_{x_1} - I_{x_2} = \frac{30 \times 50^3}{12} - \frac{10 \times 30^3}{12} \times 2$$
$$= 312{,}500 - 45{,}000$$
$$= 267{,}500$$
$$\fallingdotseq 2.7 \times 10^5 (\mathrm{cm}^4)$$

したがって、3. が最も近いものである。

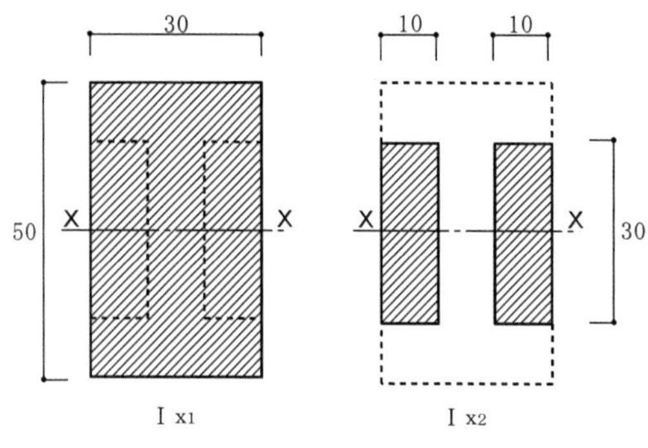

4 座屈

中心圧縮力を受ける部材が弾性域で座屈する座屈荷重P_eは、次式で求められ、通常、弾性座屈荷重やオイラー座屈荷重という。

$$P_e = \frac{\pi^2 EI}{l_k^2}$$

E：ヤング係数

I：座屈に関する軸回りの断面二次モーメント

l_k：座屈長さ。座屈長さは部材長lと座屈長さ係数γとの積($l_k = \gamma l$)

座屈長さl_kは部材の端部の支持条件によっても異なり、次図にその基本的な値を示す。これは座屈形状との関連で理解すること。一般に支持端の固定度がゆるくなると、座屈長さは大きくなり、座屈荷重は低下する。

支持条件	水平移動拘束			水平移動自由	
	両端ピン	両端固定	一端ピン他端固定	両端固定	一端自由他端固定
座屈形状	l l_k	l_k	l_k	l_k	l_k
座屈長さl_k	l	$0.5l$	$0.7l$	l	$2l$

座屈形状と座屈長さ

座屈荷重は、1)部材の支持条件、2)部材長さ、3)部材の曲げ剛性(EI)によって変化する。

3

各種構造

1 構造設計の基礎

《1》構造計算の概要

構造物は、自重(固定荷重)、積載荷重、積雪、風圧、土圧及び水圧並びに地震その他の震動及び衝撃に対して構造耐力上安全でなければならない。そのためには荷重を算定し、その荷重に対して建築物が安全であることを確認する必要がある。

《2》荷重及び外力

(a) 固定荷重

構造体自体の重量や仕上げ等の容易に取り外したり移動することのない恒久的な荷重を固定荷重という。正式には、「単位体積質量」×「重力加速度」×「体積」で求める。

① 普通コンクリートを用いた鉄筋コンクリートの単位体積重量は、概ね24kN/m^{3}以上として算定する。

② 仕上げモルタルは、厚さ１㎝ごとに200N/m^{2}で概算する。

固定荷重

(b) 積載荷重

積載荷重は建築物の使用に伴って生じる移動可能な荷重で、室の種類及び構造計算の対象によって異なり、常時作用する等分布荷重として扱う。

積載荷重

① 一般に、積載荷重は、次のような関係にある。
床設計用＞骨組(大梁・柱・基礎)設計用＞地震力算定用

② バルコニーの積載荷重は、他の用途と比較して学校または百貨店は大きい。

③ 倉庫業を営む倉庫の床の積載荷重は、実況に応じて計算した値が3,900N/m^{2}未満であっても、3,900N/m^{2}としなければならない。

④ 劇場、集会場等の客席または集会室の積載荷重は、固定席の方が席が固定されていない場合より小さい。

■積載荷重

室の種類			構造計算の対象（N/m²）		
			床用	大梁、柱、基礎用	地震力算定用
（1）	住宅の居室、病室		1,800	1,300	600
（2）	事務室		2,900	1,800	800
（3）	教　室		2,300	2,100	1,100
（4）	百貨店または店舗の売場		2,900	2,400	1,300
（5）	劇場、集会場等の客席または集会室	固定席	2,900	2,600	1,600
		その他	3,500	3,200	2,100
（6）	自動車車庫、自動車通路		5,400	3,900	2,000
（7）	（3）教室、（4）売場、（5）客席または集会室に連絡する廊下、玄関、階段		3,500	3,200	2,100
（8）	屋上広場またはバルコニー	一般	1,800	1,300	600
		学校または百貨店	2,900	2,400	1,300

(c) 積雪荷重

積雪荷重は、「積雪の単位荷重」×「屋根の水平投影面積」×「垂直積雪量」として計算する。積雪の単位荷重（単位重量）は、一般の地域の場合、積雪１㎝当り20N/m²以上、多雪区域の場合、特定行政庁が定めた値とする。

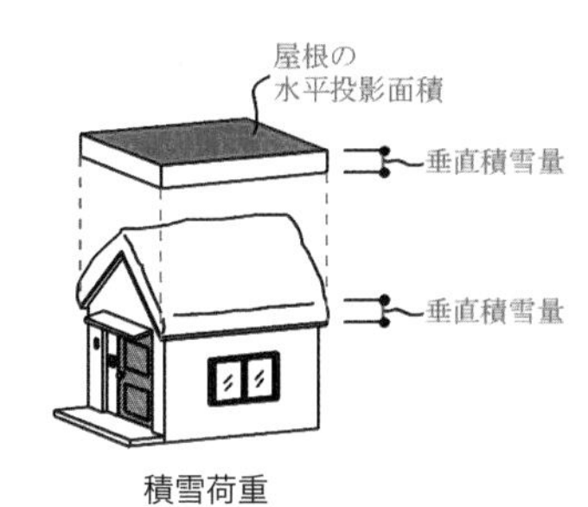

積雪荷重

① 屋根の積雪荷重は、雪止めがある場合を除き、屋根勾配が60度以下の場合、勾配に応じて低減することができ、60度を超える場合は、０とすることができる。

② 雪おろしを行う慣習のある地方においては、雪おろしの実況に応じて、垂直積雪量を１mまで低減できる。

③ 屋根面の積雪荷重については、風、日照等の影響で不均等となる場合、その影響を考慮して計算する。

(d) 風荷重

風荷重は、(風圧力)×(風圧力に関する見付(みつけ)面積)として計算する。

① 風圧力＝(速度圧q)×(風力係数C_f)

② 速度圧q(N/㎡)は、その地方における過去の台風による被害の程度等から決まる基準風速と、その建物の高さや周辺の状況に応じて算出する。

③ 風力係数C_f は、風洞実験により定める他、建物の断面や平面の形状に応じて定められている。

$C_f = C_{pe} - C_{pi}$

C_{pe}：建築物の外圧係数(屋外から押す方向を正とする)

C_{pi}：建築物の内圧係数(室内から押す方向を正とする)

④ 建築物を風の方向に対して有効に遮る防風林がある場合は、その方向における速度圧を1/2まで減らすことができる。

(e) 地震力

地上階における地震力は、算定しようとする階の支える荷重に、その階の地震層せん断力係数を乗じて計算する。

1) 地震層せん断力 Q_i

① 地震により地上部分の下層から数えてi番目の階に作用するせん断力、すなわち地震層せん断力Q_iは、次式により求める。

$Q_i = C_i \cdot W_i$

C_i：i 層の地震層せん断力係数

W_i：i 層より上部の固定荷重及び積載荷重(多雪区域では積雪荷重を加える)の和＝ i 層が支える全重量

地震力は、建築物の固定荷重または積載荷重を減ずると小さくなる。

② 地震層せん断力は、構造物の重量が増加すると大きくなる。一般に、鉄筋コンクリート造では風圧力より地震力が大きい。

2）地震層せん断力係数 C_i

$C_i = Z \cdot R_t \cdot A_i \cdot C_0$

Z：地震地域係数
R_t：振動特性係数
A_i：高さ方向の分布係数
C_0：標準せん断力係数

① 地震地域係数 Z

地域による地震力の低減係数であり、1.0～0.7の値をとる。その地方における過去の地震記録に基づく震害の程度及び地震活動の状況に応じて国土交通大臣によって定められる。沖縄は0.7である。

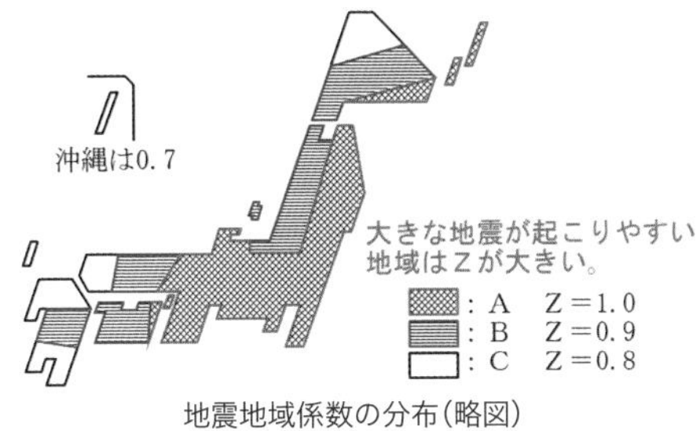

地震地域係数の分布（略図）

② 振動特性係数 R_t

建築物の弾性域における固有周期と地盤の振動特性とによる地震力の低減係数であり、図に示す関係で与えられている。

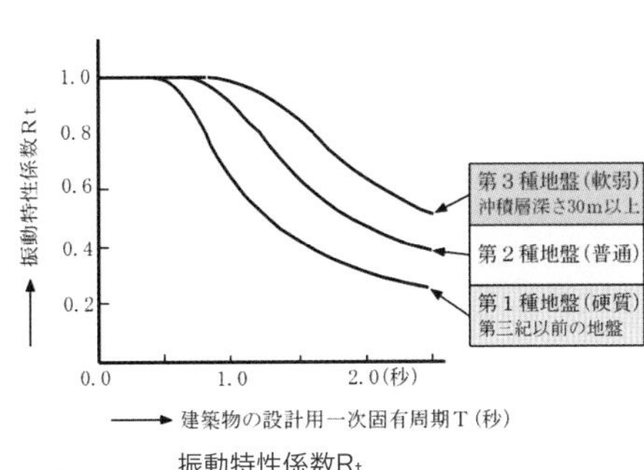

振動特性係数R_t

・振動特性係数R_tは、硬質な第１種地盤に比べ、軟弱な第３種地盤の方が大きい。
・振動特性係数R_tは、設計用一次固有周期Tが長くなるほど小さくなる。

③ 地震層せん断力係数の分布係数 A_i

地震層せん断力係数の高さ方向の分布を示す係数で、設計用一次固有周期Tと高さ方向の建物重量の分布に影響を受ける。

・上階になるほど大きな値となる。地上部分最下層ではA_i＝１である。
・設計用一次固有周期Tが長いほど、大きな値となる。

④　標準せん断力係数C_0

・建物の耐用年数(50年程度)の間に数度程度の中地震時に建物にかかる水平力として、荷重の20%に相当する値$C_0 \geqq 0.2$を与えて求めた応力が、材料の破壊する限度に安全率をかけた許容応力度以内におさめる設計とする。

・数百年に１度程度の大地震時には、$C_0 \geqq 1.0$として検討する。

3）地下部分の地震力

地下部分の地震力は、当該部分の重量に水平震度kを乗じる水平震度法によって算定する。地表部で地震地域係数Zに0.1以下の数値を乗じて得た数値とし、深くなるほど小さくなる。

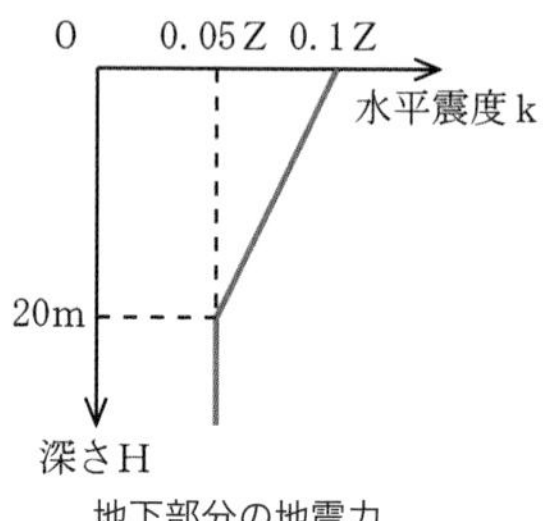

地下部分の地震力

4）屋上突出物の地震力

①　屋上から突出する水槽、煙突等の地震力の算定も水平震度法によるが、用いられる水平震度kは、地震地域係数Zに1.0以上の数値を乗じて得た数値とする。

$k \geqq 1.0Z$

②　塔屋や屋上突出物は、地震の振動が建物本体によって増幅されるため、建物本体よりも大きな加速度が作用する。

《3》構造計算の概要

(a) 応力の組合せ及び許容応力度設計(一次設計)

建築物の構造耐力上主要な部材に生じる力を、長期に渡って常時作用する力(固定・積載)と短期間だけ作用する力(地震・風・積雪)に分け、次の表に掲げる応力の組合せとして算定する。そして、組合せとして計算した長期及び短期の各応力度が、材料の長期及び短期の許容応力度をそれぞれ超えないこと(生じる応力度≦許容応力度)を確認しなければならない。

補足 **応力と応力度**

「応力」は「生じる力」の意味で従来から用いられている。「応力度」は、単位面積当たりの力である。

■想定する状態と応力の組合せ

力の種類	荷重及び外力について想定する状態	一般の場合	多雪区域の場合	備考
長期に生じる力	常時	G+P	G+P	
	積雪時		G+P+0.7S	
短期に生じる力	積雪時	G+P+S	G+P+S	
	暴風時	G+P+W	G+P+W	建築物の転倒、柱の引抜き等を検討する場合、Pを実況に応じて低減する。
			G+P+0.35S+W	
	地震時	G+P+K	G+P+0.35S+K	

[注] G：固定荷重により生じる力　P：積載荷重により生じる力
S：積雪荷重により生じる力　W：風圧力により生じる力
K：地震力により生じる力

① 多雪地域における地震力の算定に用いる荷重は、建築物の固定荷重と積載荷重の和に「積積荷重×0.35」を加えたものとする。

② 風圧力は、地震力と同時に作用しないものとして計算する。

【例題1-1】

多雪区域以外においても、地震時において積雪荷重を考慮する必要がある。

(答) ×
地震力の計算には、指定された多雪区域にあっては固定荷重と積載荷重にさらに積雪荷重を加えることが定められているが、多雪区域以外の区域にあってはその必要はない。

(b) 耐震二次設計

「一次設計」における地震力は、耐用年限中に数度遭遇する程度の中地震の強さのレベルである。耐用年限中に一度遭遇するかもしれない程度の大地震に対する安全確認については「二次設計」を行うが、3種類の計算手順(耐震計算ルート1～3)がある。

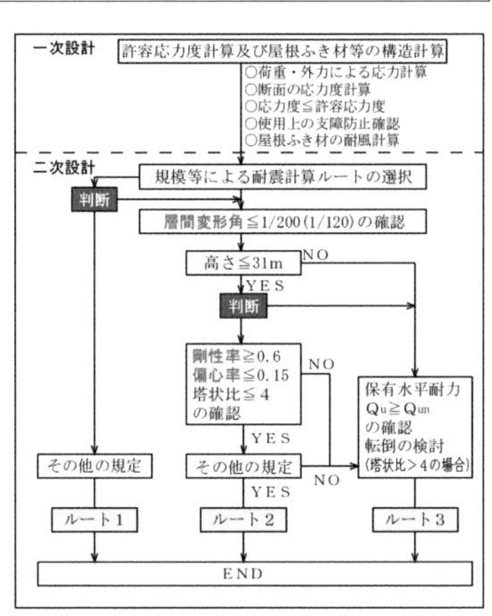

耐震計算ルートの流れ

1）層間変形角の確認

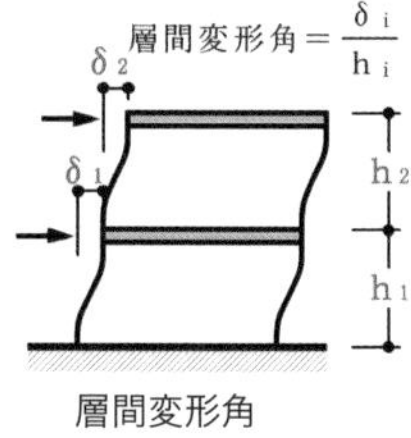

層間変形角

① 層間変形角とは、各階ごとの水平方向の層間変位をその階の高さで除した値をいう。原則として、標準せん断力係数C_0を0.2以上とした地震力により生じる層間変形角を、１/200以内としなければならない。

② 層間変形角が大きくなると、各階の変形に追従できずに、帳壁、内外装材や諸設備が破損・脱落する。これを防ぐために層間変形角は制限されている。

【例題１-２】
構造体は、その変形により建築非構造部材や建築設備の機能に支障をきたさないように設計する。

> （答）○
> 構造体（躯体）は、その構造種別にかかわらず、常時構造体に作用する長期荷重と稀に発生する地震動による建築物の変形によって、非構造部材等が過大な被害を受けないようにするために層間変形角が所要の値を超えないように設計する。

③ 耐震壁が多いほど、地震時の層間変形角が小さくなる。

④ 帳壁、内外装材や諸設備に著しい損傷が生じる恐れのないことを確認すれば、層間変形角を１/120まで緩和することができる。

2）剛性率・偏心率の確認

① 建築物は、地震等の水平力を受け変形しようとするが、柱や壁はこれに抵抗する。この抵抗の度合いを剛性といい、水平変形のしにくさを表す。剛性を大きくするには、筋かいや耐力壁を設けることが必要となる。なお、ある階の柱や壁の剛性の中心を剛心という。

② 建築物全体の剛性に対する各階の剛性を剛性率R_sという指標で表す。通常、剛性率は、各階について0.6（６/10）以上であることを確かめる。なお、

この値が1.0より大きい階は、変形しにくい階であることを表す。
各階の剛性が異なると、剛性の小さな階に変形が集中して崩壊するので、各階の剛性率は均一であるべきで、ある階の壁量は上階と同等以上であることが望ましい。

③ 耐震壁の量等により、上下階の剛性が著しく変化している場合、剛性の小さい方の階が被害を受けやすい。

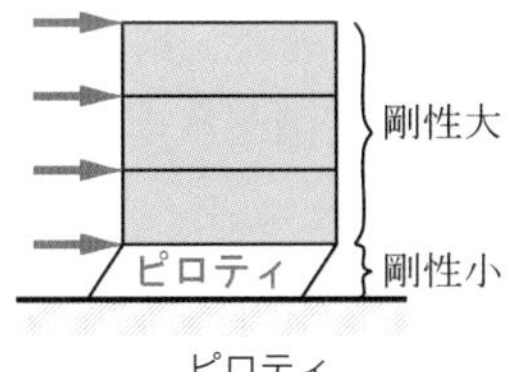

ピロティ

④ 地震力は、建築物の重さの中心である重心に作用し、床の剛性(面内剛性)により、各柱、耐力壁に伝達される。しかし、地震力に抵抗する剛性の中心は剛心であるため、重心と剛心との距離が大きいと、建築物はねじれ現象を起こしてしまう。そこで、**重心と剛心との距離は、できるだけ小さくなるように計画する。**

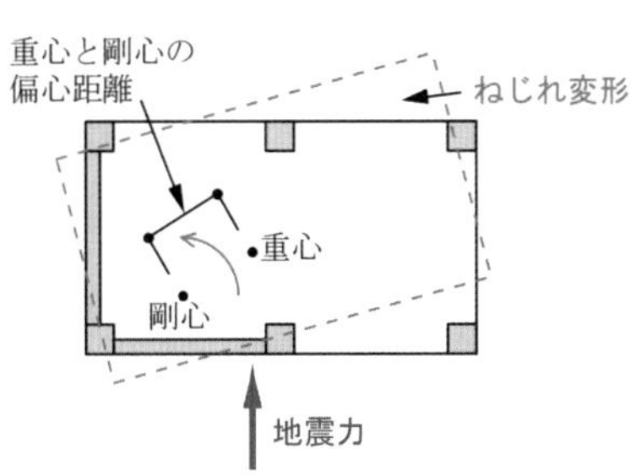

重心・剛心の偏心距離とねじれ変形

【例題1-3】
耐震壁は、建築物の重心と剛心との距離ができるだけ大きくなるように配置する。

(答) ×
地震力は各階平面の重心に作用し、それに抵抗するのは柱や壁の剛性の中心である剛心なので、重心と剛心は接近していた方がよい。重心と剛心の距離を偏心距離といい、これが大きいと、地震時に大きなねじれが生じる。

⑤ 各階の剛心と重心とのずれを偏心率Reという指標で表す。通常、偏心率は、各階について0.15(15/100)以下であることを確かめる。

《4》構造計画の基本事項

1）主要構造部（柱・耐震壁等）の配置

柱や耐震壁などは規則的に配置し、立体的に上下階が通るようにすることが好ましい。また、耐震壁の壁量は、地震力などの水平力を負担させるため、上階よりも下階が多くなるようにする。

2）エキスパンションジョイントによる平面の分割

① L字形等の不整形な平面形状となる場合や地盤に不同沈下が予想される場合には、エキスパンションジョイントで、整形な平面形状に分割するのが望ましい。

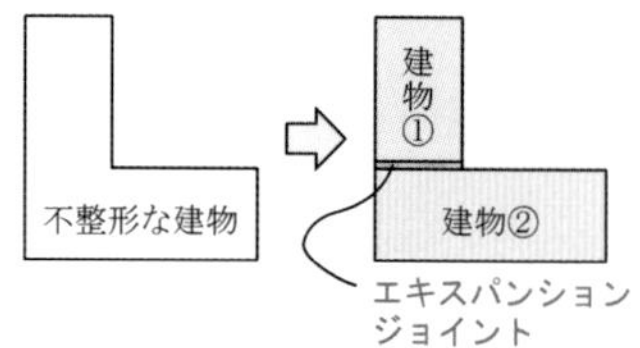

エキスパンションジョイント

【例題1-4】

複雑な平面形状をもつ建物には、エキスパンションジョイントを設けるのがよい。

（答）○

不整形な平面形状となる場合には、エキスパンションジョイントで、整形な平面形状に分割するのが望ましい。

② エキスパンションジョイントを設ける場合には、地震時に衝突が生じないように、クリアランスを両棟の地震時の変位の合計より大きくする。建物の最上部の変形量は、建物の高さが高いほど、建物の剛（ごう）性が低いほど、大きくなる。

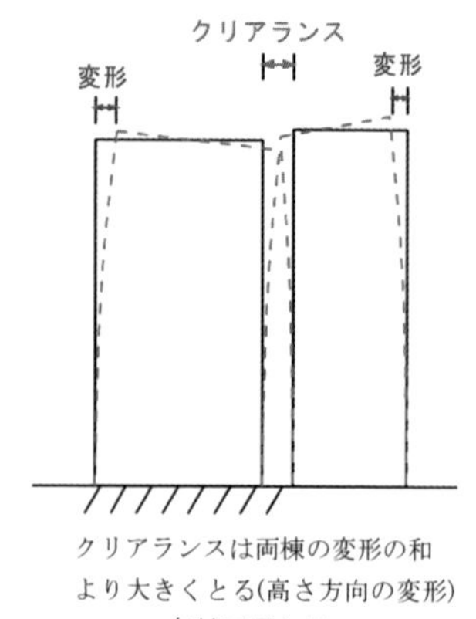

クリアランスは両棟の変形の和より大きくとる（高さ方向の変形）
クリアランス

【例題1-5】

建物に耐震上設けるエキスパンションジョイント部のあき寸法の検討には、建物の高さを考慮する必要はない。

(答) ×

エキスパンションジョイントは、複雑な平面や長大な長さをもつ建物に設け、温度変化による伸縮を吸収するとともに、地震時の不規則な揺れを解消させ、地震時には相互にぶつからないように設けるあきの空間である。高さが高くなれば揺れ幅も大きくなるのであき寸法は大きくする必要がある。

3) 鉄筋コンクリート柱の短柱

① せいに対して長さの短い部材は水平剛性が大きく、負担するせん断力が大きい。

② 腰壁や垂れ壁の付いた柱は、短柱となり、地震時に水平力がその柱に集中し、他の柱よりも早く、曲げ降伏の前にせん断破壊してしまう可能性が高くなる。せん断破壊は急激な破壊となりやすく、靱(じん)性に乏しい(粘り強さに欠ける)性状となる。

③ 短柱のせん断破壊を防止する方法として、柱際に耐震スリットを設けて変形可能長さを大きくするなどが必要である。

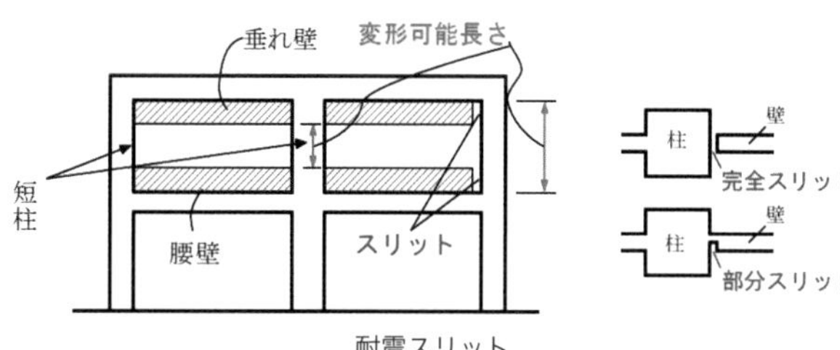

耐震スリット

用語 **耐震スリット**
鉄筋コンクリート造の建物で、柱に腰壁や垂れ壁が付いていると短柱となり、せん断破壊の恐れが出る。それを避けるために、柱と腰壁の間に設けるスリット。

2 鉄骨構造

《1》鉄骨構造の特徴

鉄骨構造(S造：Steel structure)には、次のような特徴がある。

1）長所

① 大スパン構造・高層建築物が可能である。
② 靱性(ねばり強さ)に富み、変形能力が大きい。
③ 自重が小さいので地震力が小さく、軽量化が図れる。
④ 強度が高いため、小さな断面で大きな荷重に耐えることができる。

2）短所

① 耐火・耐食性に乏しく、耐火被覆や防錆処理が必要である。
② 鉄筋コンクリート構造に比べ、剛性が小さく、振動障害が生じやすい。
③ 板厚の薄い断面にすることができる反面、座屈が生じやすくなるので、その検討が必要となる。

3）その他

① 固定荷重に対する積載荷重の比率が大きい。
② 鉄筋コンクリート構造に比べ、工場加工の比率が高く、現場作業が少ない。そのため、工期を短縮しやすい。

《2》鋼材

1）機械的性質

① 応力度とひずみ度の関係は次頁の図のとおりであり、上降伏点、下降伏点での降伏後、破断まで大きく塑性変形することがわかる。

用語 塑性
応力度とひずみ度が比例せず、力を取り除いてもひずみが元に戻らない材料の性質。

・$\frac{降伏点}{引張強さ}$ を降伏比という。

・降伏比が小さいほど、降伏してから、引張強さに達するまでの余裕が大きく、塑性変形性能(靱(じん)性)が高い。

・応力度－ひずみ度曲線において、弾性限度を超えない範囲を弾性域という。

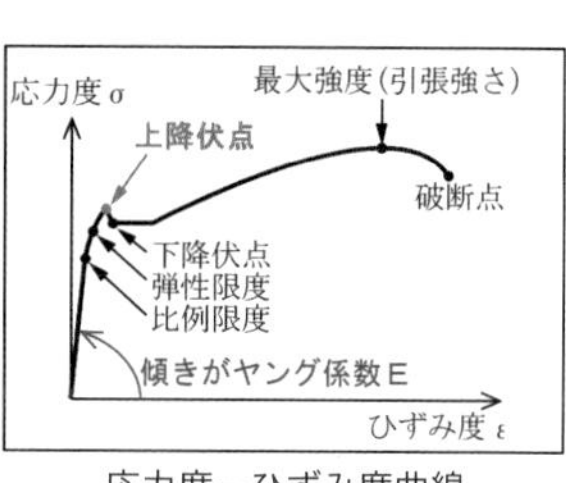

応力度－ひずみ度曲線

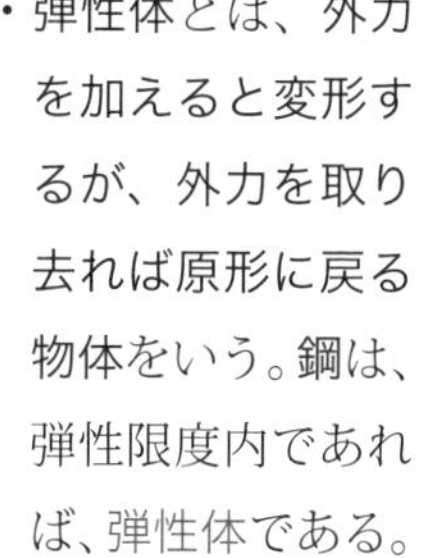
・弾性体とは、外力を加えると変形するが、外力を取り去れば原形に戻る物体をいう。鋼は、弾性限度内であれば、弾性体である。

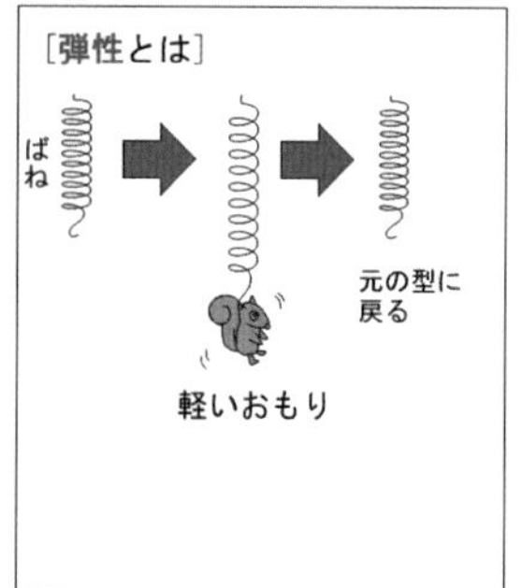

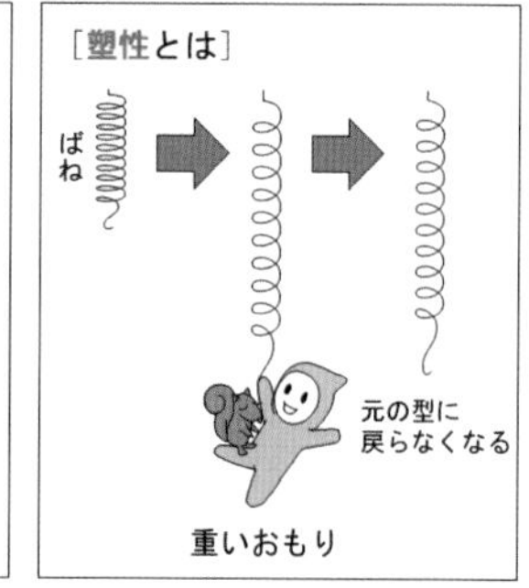

弾性と塑性

② 一般に、高強度となるほど降伏点が高くなり、降伏比は大きくなる(靱(じん)性が低くなる)傾向がある。

③ 鋼材は圧延されることで組織が細かく密になるため、より圧延された板厚の薄いものの方が降伏点が高くなる。

④ ヤング係数(E)とは、応力度(σ(シグマ))とひずみ度(ε(イプシロン))の関係式における比例定数をいう。なお、ヤング係数は2.05×10^5N/㎜^{2}で強度に関係無く一定である。

⑤ 線膨張係数は1×10^{-5}(1/℃)程度である。

⑥ 鋼材の密度は、約7,850kg/m^{3}である。

⑦ 鋼の融点は、1,425～1,530℃である。

⑧ 鋼は、熱処理によって、強度などの機械的特性を変化させることができる。

用語 ヤング係数(E)

$$E = \frac{\sigma}{\varepsilon}$$

2）鋼材の規格

①　JIS規格で材質が規定されている構造用鋼材には、次のような種類がある。名称にある数値は、引張強さの下限値（N/㎜²）を表わしている。

■構造用鋼材

種別	記号		特性
一般構造用圧延鋼材（SS材）	SS400、SS490、SS540等		一般に使用される鋼材
溶接構造用圧延鋼材（SM材）	SM400A、SM400B、SM400C、SM490A、SM490B、SM490C、SM520B、SM520C等		溶接性がよい
建築構造用圧延鋼材（SN材）	SN400A	厚6～100㎜	小梁等なら溶接可
	SN400B SN490B	厚6～100㎜	厚12㎜以上で降伏点と降伏比の上限を規定
	SN400C、SN490C	厚16～100㎜	板厚方向の引張力に対する性能を確保（板厚方向絞り値25％以上）

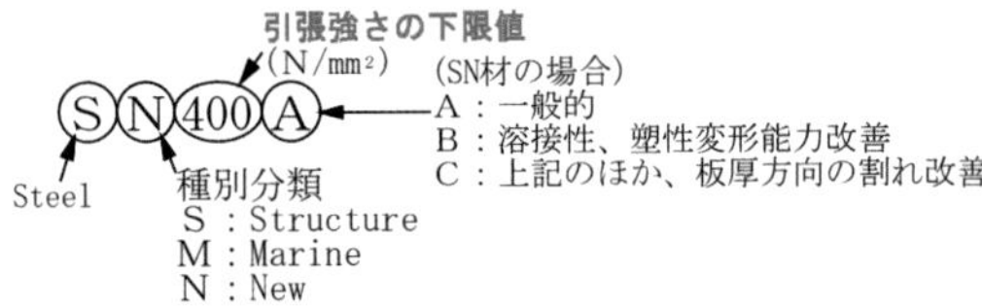

鋼材の表記

SM-A：対策なし
-B：ぜい性破壊防止対策－中、溶接性向上
-C：ぜい性破壊防止対策－大　溶接性向上
SN-A：対策なし
小梁、間柱等に使用される。
-B：塑性変形能力向上、溶接性向上
柱、大梁等に使用される。
-C：塑性変形能力向上、溶接性向上、板厚方向特性対策
接合部、ダイアフラム等に使用される。

②　上記以外にも鋼材には下記の種類等がある。

鉄筋コンクリート用棒鋼：SR、SD

一般構造用軽量形鋼：SSC

冷間（常温）で成形される。肉厚が薄いため、一般の形鋼に比べてねじれや局部座屈が生じやすい。

③　鋼管には、次のような種類等がある。

一般構造用炭素鋼鋼管：STK400、STK490等

建築構造用炭素鋼管：STKN400W、STKN400B、STKN490B

一般構造用角形鋼管：STKR400、STKR490

冷間成形角形鋼管：BCP、BCR

3）強度

炭素量や温度により影響を受ける。

① **炭素量との関係**

炭素量が増えると、引張強さ・降伏点強度・硬度が増す。しかし、伸びは減少し、溶接性が低下する。引張強さは、炭素含有量が0.8％前後のとき最大となる。

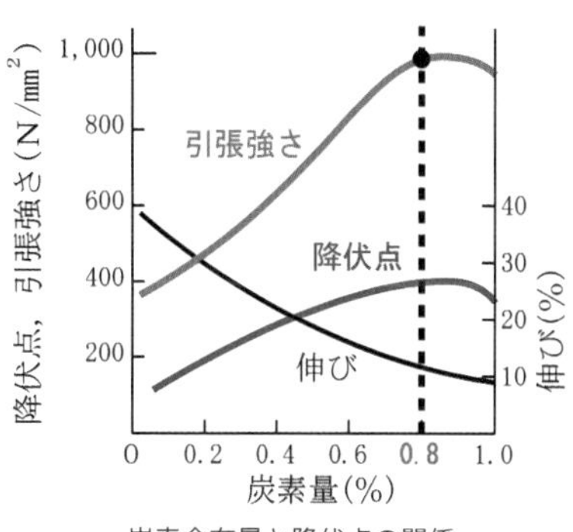

炭素含有量と降伏点の関係

② **温度との関係**

鋼材は、温度が高くなると、降伏点、引張強さは低下する。特に引張強さは、250℃程度まで上昇し、300℃程度から急激に低下する。さらに、500℃付近で半減、1,000℃でほぼ0となる。

4）許容応力度

① **基準強度F**

基準強度Fは、鋼材の許容応力度を与える基準値であり、「降伏点」と「引張強さの0.7倍」のうち小さい方の値で与えられている。

② **長期許容応力度・短期許容応力度**

構造用鋼材の許容応力度は、次表の通り、基準強度Fにより与えられる。短期許容応力度は、長期許容応力度の1.5倍である。また、許容せん断応力度は、他の許容応力度の $\frac{1}{\sqrt{3}}$ 倍となる。

■構造用鋼材の許容応力度（建築基準法施行令第 90 条）

長期に生じる力に対する許容応力度				短期に生じる力に対する許容応力度			
圧縮	引張り	曲げ	せん断	圧縮	引張	曲げ	せん断
$\frac{F}{1.5}$	$\frac{F}{1.5}$	$\frac{F}{1.5}$	$\frac{F}{1.5\sqrt{3}}$	長期に対するそれぞれの数値の1.5倍			

③ **繰返し応力による許容応力度の低減**

10^4回（１万回）を超える繰返し応力を受ける場合には、疲労の影響を考慮して許容応力度を低減する。

《3》柱・梁の形式と各部の名称と構成部材

1）柱・梁の形式

柱・梁の形式には、H形鋼などの単一材を用いた柱・梁のほか、形鋼や鋼板を組み立てて製作した溶接組立箱形断面柱、プレート梁やトラス梁などの組立材がある。

2）鉄骨の柱・梁接合部の名称と構成部材

鉄骨の柱・梁接合部の名称を下記に示す。

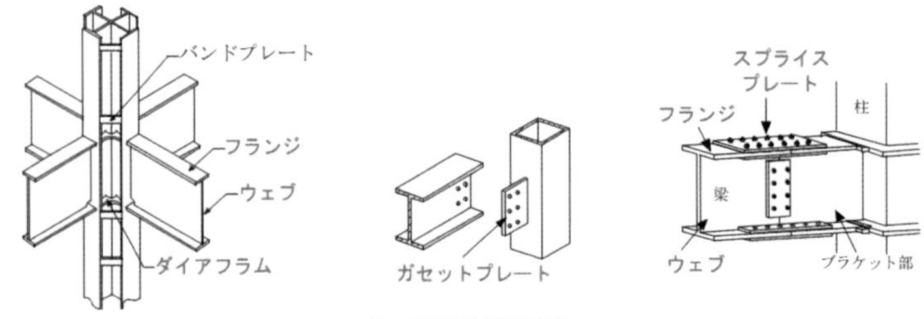

柱・梁接合部の名称

① バンドプレートは十字形に組んだ鉄骨柱等で、主材の座屈などを防ぐために主材の外周に一定間隔に配置する。

② 鉄骨の梁などの曲げ材で、曲げ応力を受け持つ上下のプレートの部分をフランジプレートといい、上下のフランジプレートをつなぐ部分でせん断力を受け持つ部分をウェブプレートという。

③ 筋かいは、柱・梁に囲まれた構面に斜めに配置する部材で、主に引張力に働く。一般的に、棒鋼や形鋼が用いられる。

④ ガセットプレートは鉄骨構造において柱、梁などの接合部やトラス節点などに集合する部材を接合するために用いるプレートである。

⑤ ダイアフラムは、柱と梁の接合部に設ける補強材である。
ダイアフラムは、箱形断面材の局部破壊を防ぎ、応力の伝達が円滑になるように設ける。一般に、ダイアフラムの板厚は、梁フランジの板厚よりも厚くする。

⑥ スチフナーは、主に板材が座屈しないように補強する材（補剛材）である。
中間スチフナーは、材軸に直角方向に設けられ、ウェブのせん断座屈の防止に用いる。水平スチフナー（柱に用いる場合は縦スチフナーという）は、

材軸に平行に設けられ、ウェブの曲げ圧縮座屈の防止に用いる。

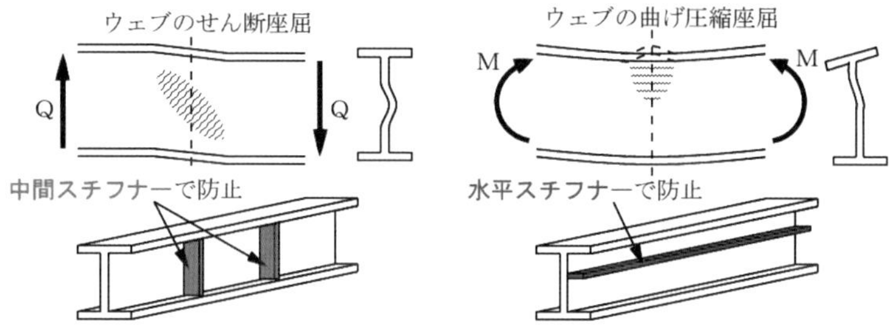

中間スチフナーと水平スチフナー

【例題2-1】

スチフナーとは、ボルト接合の継手を構成するために母材に添える板をいう。

> （答）×
> スチフナーとは、主に板材が座屈しないように補強するものである。例えば、ウェブが座屈しないように、ウェブを横から補強する。設問の記述は、スプライスプレートである。

⑦ スカラップは、溶接線が交差するのを避けるために設ける扇形の切り欠きである。地震時にスカラップ部分からの破断のおそれがあるため、特殊な裏当て金によりスカラップを設けないノンスカラップ工法が使われるようになってきている。

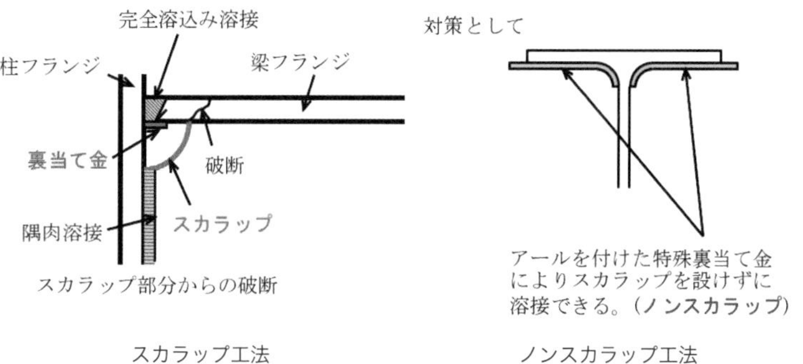

スカラップ工法　　ノンスカラップ工法

⑧　スプライスプレートは、高力ボルトで締め付ける際、応力伝達のために締め付ける部材の両側に添えて、その外側から高力ボルトを締め付ける接合用の板である。

⑨　フィラープレートは、厚さの異なる板をボルト接合する場合に、板厚の差によるすき間を少なくするために用いる。1㎜以下のすき間は処理不能だが、1㎜を超えるすき間にはフィラープレートを挿入する。

《4》高力ボルト接合

1）高力ボルトとは

高力ボルト(F8T、F10T、F11T等)は高強度に調質されたボルトである。

2）摩擦接合と引張接合

①　高力ボルト接合には、摩擦接合、引張(ひっぱり)接合、支圧(しあつ)接合がある。一般に摩擦接合が用いられる。

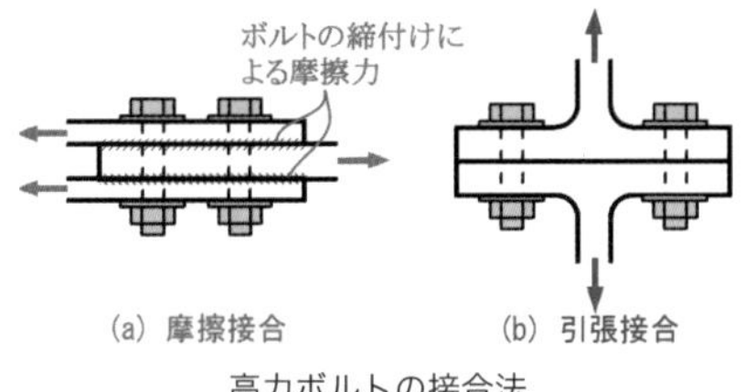

高力ボルトの接合法

②　高力ボルト摩擦接合は、接合しようとする二枚の板を重ね合わせボルトで締め付けることにより、ボルトの軸に導入された張力によって生じる接合部材間の摩擦力で力を伝達する方法である。

補足　FとS
高力ボルトの記号の頭文字のFはJIS規格によるJIS形高力ボルト、Sはトルシア形高力ボルトを表す。

用語　支圧接合
ボルト軸部のせん断力と部材の支圧によって応力を伝える接合方法のこと。

3）摩擦面の処理

高力ボルト摩擦接合の接合面は、所定のすべり係数0.45が確保できる処理が必要で、一般には、鋼板表面の異物を除去した後、浮き錆にならない程度に発錆させた(赤錆状態)ものを用いる。また、ショットブラスト、グリットブラストなどのブラスト処理によることもできる。

4）高力ボルトの配置

① 構造上主要な部分の接合に使用する高力ボルトは、２本以上配置する。

② 高力ボルトのピッチ(相互の中心距離)は、公称軸径dの2.5倍以上とする。

5）応力に関する検討

① せん断力と同時に引張力を受ける高力ボルトの許容せん断応力度は、引張力の大きさに応じて低減する。

② せん断応力のみを受ける高力ボルト摩擦接合では、すべり耐力以下の繰返し応力が作用してもボルト軸力の低下や摩擦面の変化は起こらないため、高力ボルトの許容せん断応力度に対する繰返し応力の影響は考えなくてよい。

③ 引張材の接合を高力ボルト摩擦接合とする場合、引張応力度を計算する際の引張材の有効断面積は、材軸に垂直な面の全断面積からボルト孔による欠損(けっそん)面積を引いて求める。

《5》 普通ボルト接合

普通ボルト接合を用いる場合は、建築物の延べ面積、軒の高さ、はり間について制限がある。また、普通ボルト接合とする場合は、ボルトが緩まないように処置をする。その方法としては、次のようなものがある。

① ナットを二重にする。

② ナットの部分を溶接する。

③ 緩(ゆる)み防止用特殊ナットを使用する。

《6》溶接接合

溶接継手の形式は、溶接される母材の配置により、重ね継手、T継手、かど継手、突合せ継手等がある。また、溶接継目の形式としては、完全溶込み溶接、隅肉溶接、部分溶込み溶接等がある。

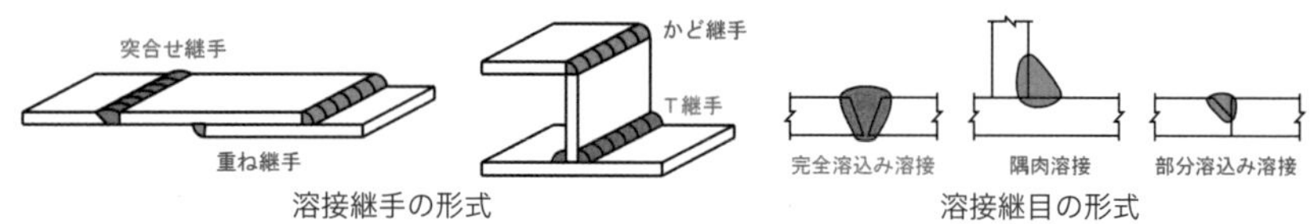

溶接継手の形式　　溶接継目の形式

1）完全溶込み溶接(グルーブ溶接)

完全溶込み溶接は、溶接部の強度が母材と同等となるように、開先を設けて全断面を完全に溶け込ませる溶接である。エンドタブは、溶接の始端、終端部に取り付け、溶接欠陥が母材範囲内に生じないようにする目的で使用される。また、裏当て金は、完全溶込み溶接を片面から行うために、溶接線に沿って開先ルート部の裏側に取り付けられる。

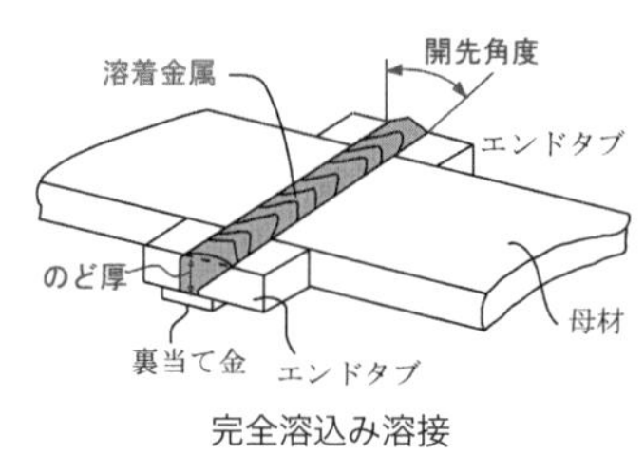

完全溶込み溶接

【例題2-2】

完全溶込み溶接とは、突合せ溶接で接合部の全断面を完全に溶け込ませる溶接をいう。

(答) ○

完全溶込み溶接とは、突き合わせた母材に開先(グルーブ、溝)を作り、そこを溶着金属で埋めて接合する溶接である。

2）隅肉溶接

隅肉溶接は、隅角部に溶着金属を盛って接合する溶接継目である。

① 隅肉溶接は、重ね継手のほか、T継手、十字継手などに使用される。

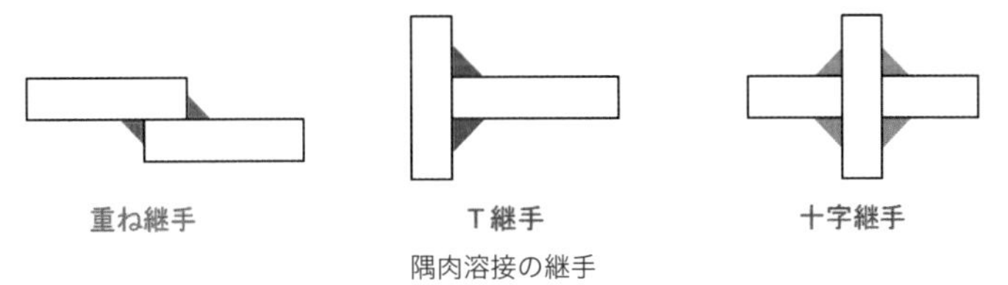

隅肉溶接の継手

② 隅肉溶接の有効長さは、まわし溶接を含めた溶接の全長から、隅肉のサイズの２倍を減じたものとし、隅肉サイズの10倍以上かつ40mm以上とする。

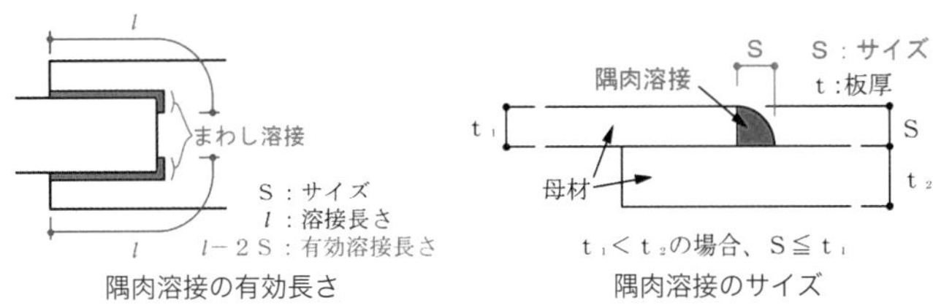

隅肉溶接の有効長さ　　隅肉溶接のサイズ

③ 厚さの異なる母材の隅肉溶接のサイズは、薄いほうの母材の厚さ以下とする。

3）部分溶込み溶接

① 母材の全厚が完全に溶け込んでいない突合せ溶接部を部分溶込み溶接という。

② せん断力のみを受ける場合及びのど断面に均等な引張力がかかる場合に使用でき、図に示す場合には使用できない。

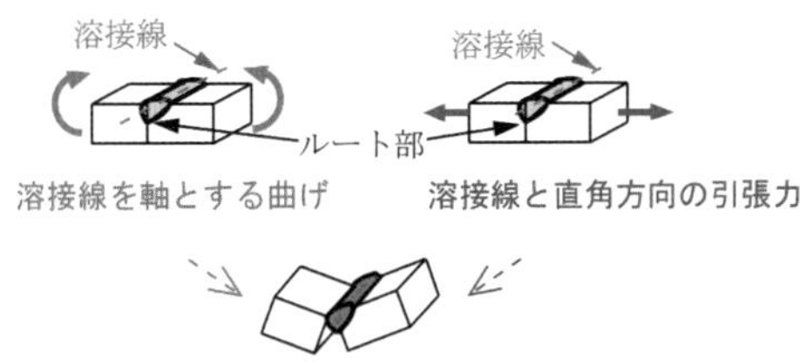

部分溶込み溶接を使えない場合

4）溶接と高力ボルトの併用

溶接と高力ボルトを併用する継手においては、高力ボルトを先に締め付ける場合のみ、両方の許容耐力を加算してよい。

5）溶接記号

■溶接記号

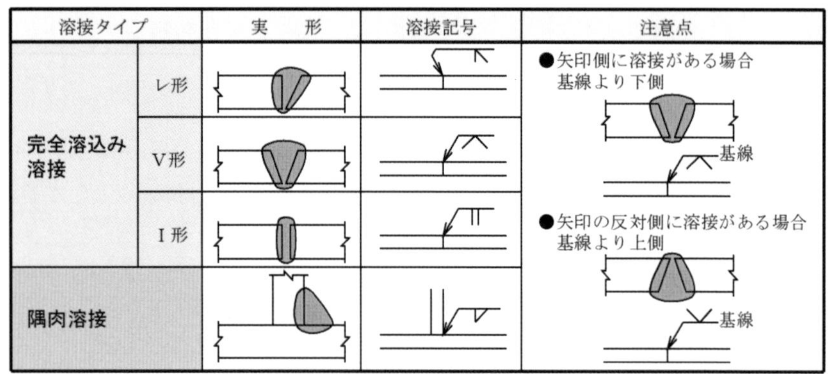

溶接タイプ		実　形	溶接記号	注意点
完全溶込み溶接	レ形			●矢印側に溶接がある場合 基線より下側 基線 ●矢印の反対側に溶接がある場合 基線より上側 基線
	V形			
	I形			
隅肉溶接				

《7》その他

1）合成梁

鉄骨梁の上に、鉄筋コンクリートスラブを打設し、一体化してスラブの一部を梁の上フランジと考えたものが合成梁である。スタッドボルトなどで鉄骨とコンクリートスラブを一体化して働かせる。

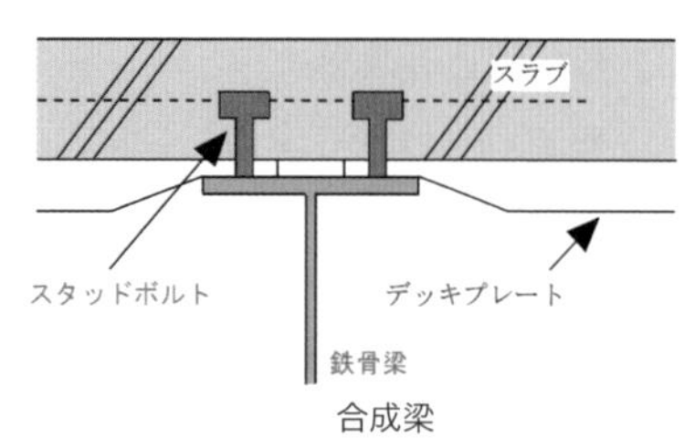

合成梁

【例題2-3】

合成梁に用いるスタッドボルトは、H形鋼とコンクリート床版を一体に働かせるために設ける。

(答) ○

スタッドボルトは、鉄骨面(H形鋼)とコンクリートとの付着をよくし、一体性を確保するなどの目的で、母材にスタッド溶接する。

2）柱の座屈

細長い材の材軸方向に圧縮力が生じているとき、その力がある限界を超えると、その材が急に横へ曲がりだす現象を座屈という。細長い（細長比が大きい）柱ほど、発生しやすい。

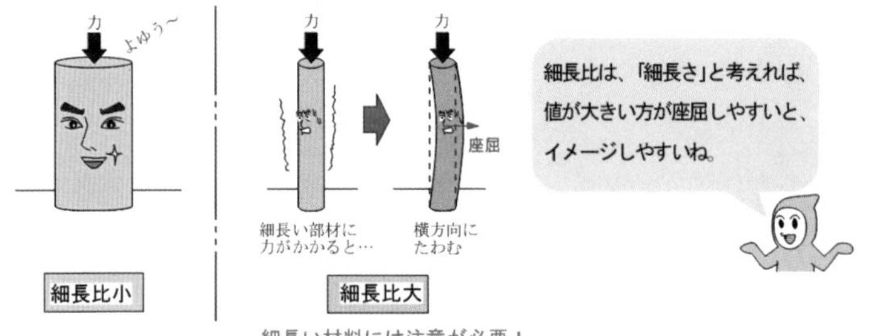

細長い材料には注意が必要！

3）丸鋼を用いる筋かい

丸鋼を用いる筋かいは、主に引張力に働く。

4）柱脚

① 柱脚には、露出型柱脚、根巻型柱脚、埋込型柱脚がある。柱脚の固定度の大小関係は、露出型＜根巻型＜埋込型である。

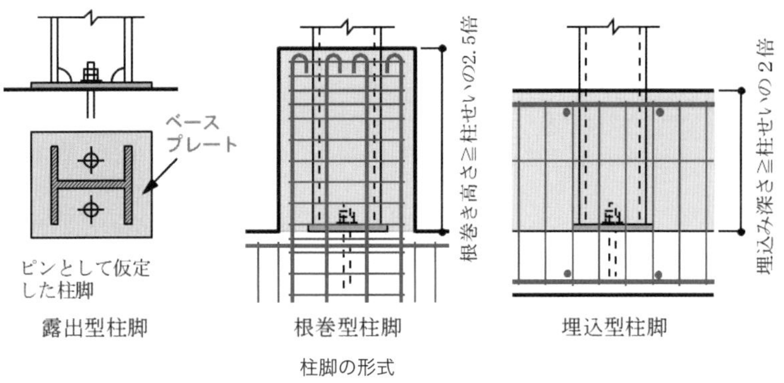

柱脚の形式

② アンカーボルト孔の径は、ボルト径＋5㎜以下とする。

5）トラス構造

トラス構造は、比較的細い部材で三角形を構成し、大きな空間をつくることができる。

3 鉄筋コンクリート構造

《1》鉄筋コンクリート構造の特徴

圧縮に強いが引張に弱いコンクリートを引張に強い鉄筋で補強したものが、鉄筋コンクリートである。火災に弱く腐食しやすい鉄筋を不燃性でアルカリ性のコンクリートが保護するため、コンクリート中の鉄筋が錆びるのを防ぐことができ、耐火・耐久性に富む。ただし、コンクリート自体も加熱により大きく劣化する。

構造形式としては、ラーメン構造、壁式構造、フラットスラブ構造(梁を設けず床板を直接柱で支える構造)、シェル構造(屋根等の曲面をRC造の薄板で構成するもの)等がある。

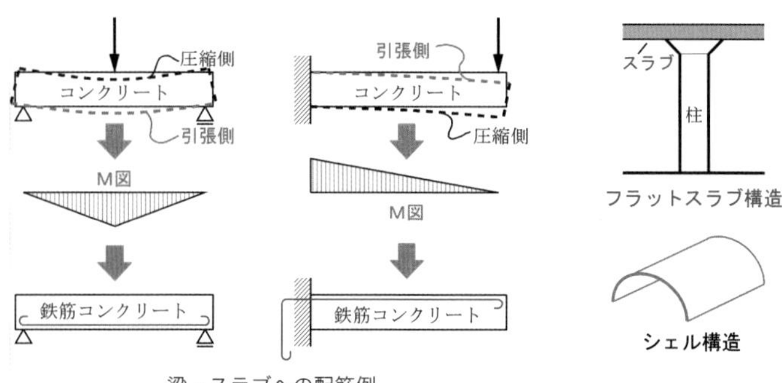

梁・スラブへの配筋例

《2》材料

1) コンクリート

① コンクリートの種類

コンクリートは、使用骨材によって普通コンクリートと軽量コンクリートに大別され、それぞれの設計基準強度F_cの範囲は、次表のように定められている。

■コンクリートの種類と設計基準強度・気乾単位容積質量の範囲

コンクリートの種類		使用骨材 粗骨材	使用骨材 細骨材	設計基準強度(N/mm²)	気乾単位容積質量(t/m³)
普通コンクリート		砂利・砕石・高炉スラグ砕石	砂・砕砂・スラグ砂	18～60(36超は高強度)	2.1～2.5
軽量コンクリート	1種	人工軽量骨材	砂・砕砂・スラグ砂	18～36	1.7～2.1
	2種	人工軽量骨材	人工軽量骨材又は一部砂・砕砂・スラグ砂	18～27	1.4～1.7

② コンクリートと鉄筋の材料特性

・コンクリートの材料特性を鉄筋のものと合わせて次表に示す。

■材料の定数

材料	ヤング係数(N/mm²)	ポアソン比	線膨張係数(1/℃)
コンクリート	$3.35\times10^4\times\left(\frac{\gamma}{24}\right)^2\times\left(\frac{Fc}{60}\right)^{\frac{1}{3}}$	0.2	1×10^{-5}
鉄筋	2.05×10^5	–	1×10^{-5}

γ：コンクリートの気乾単位容積重量(kN/m³)で、特に調査しない場合、普通コンクリートで、23、23.5、24、軽量コンクリート1種で、19、21、2種で、17とすることができる。
Fc：設計基準強度(N/mm²)

・線(熱)膨張係数は、熱による材料の単位長さ当たりの膨張長さの割合である。鉄筋とコンクリートの線膨張係数は等しい。

・ヤング係数とは、弾性係数の一つで、材料の変形のしやすさを表す係数のことである。ヤング係数は、コンクリートの圧縮強度、単位容積重量が大きくなるほど、大きくなる。

・ポアソン比とは、一方向の垂直応力によって材料に生じる縦ひずみと、これに対する横ひずみの比をいう。

2) 鉄筋

鉄筋には丸鋼(SR235、SR295)と異形鉄筋(SD295、SD345、SD390、SD490)の2種類ある。呼称の数字は、鉄筋の降伏点の下限値(N/mm²)を表している。例えば、SD295は、降伏点の下限値は295(N/mm²)、引張強さの下限値は440(N/mm²)である。

3）鉄筋とコンクリートの関係

① コンクリートは、圧縮力による鉄筋の座屈を防止し、また、火災から鉄筋を守る。さらに、コンクリートは、アルカリ性なので鉄筋の錆を防ぐ。

② 付着力によって鉄筋とコンクリート間の応力伝達が行われる。

③ コンクリートに圧縮力が継続してかかると時間とともに変形が増大するクリープ現象がおこる。大スパンの梁は、クリープの影響を考慮する。

《3》許容応力度

1）コンクリート

① 学会規準によるコンクリートの許容応力度を次表に示す。コンクリートの引張強度は非常に小さく圧縮強度の1/10程度であり、通常の構造設計では、ひび割れの発生を考慮して許容引張応力度は無視する。

② コンクリートの長期許容圧縮応力度は、設計基準強度の１/３である。

③ 短期許容圧縮応力度は、長期の２倍であるが、短期許容せん断応力度は長期の1.5倍（学会規準）である。

■コンクリートの許容応力度（N/㎟）　（学会規準）

<table>
<tr><th rowspan="2">コンクリートの種類</th><th colspan="3">長期</th><th colspan="3">短期</th></tr>
<tr><th>圧縮</th><th>引張</th><th>せん断</th><th>圧縮</th><th>引張</th><th>せん断</th></tr>
<tr><td>普通コンクリート</td><td rowspan="2">$\frac{1}{3}$Fc</td><td rowspan="2">－</td><td>Fc/30かつ（0.49＋Fc/100）以下</td><td rowspan="2">長期の2倍</td><td rowspan="2">－</td><td rowspan="2">長期の1.5倍</td></tr>
<tr><td>軽量コンクリート</td><td>普通コンクリートに対する値の0.9倍</td></tr>
</table>

Fc：コンクリートの設計基準強度（N/㎟）

用語 **クリープ**

一定荷重の下で時間の経過とともに歪みが増大する現象。梁のスパンが長い場合は、ひび割れやクリープが生じやすい。

2）鉄筋

① 鉄筋の許容応力度を次表に示す。

■鉄筋の許容応力度（N/㎟）　（施行令第90条）

鉄筋の種類		長期許容応力度			短期許容応力度		
		圧縮	引張り		圧縮	引張り	
			せん断補強筋以外	せん断補強筋		せん断補強筋以外	せん断補強筋
丸鋼		F/1.5（≦155）	F/1.5（≦155）	F/1.5（≦195）	F	F	F（≦295）
異形鉄筋	径28㎜以下	F/1.5（≦215）	F/1.5（≦215）	F/1.5（≦195）	F	F	F（≦390）
	径28㎜超	F/1.5（≦195）	F/1.5（≦195）	F/1.5（≦195）	F	F	F（≦390）

② 鉄筋とコンクリートの許容付着応力度は、コンクリートの設計基準強度が大きいほど大きい。また、梁の上端筋は、その他の鉄筋に比べ小さい。

《4》梁

大梁は、柱と柱をつなぎ床の荷重を支えると同時に、地震力等の水平荷重にも抵抗する部材である。

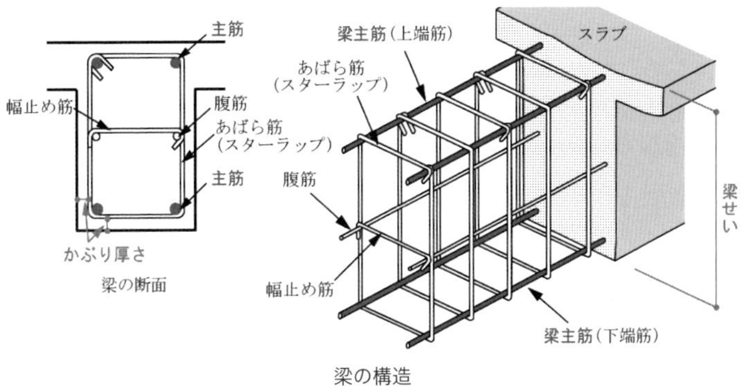

梁の構造

補足 F
鉄筋の基準強度（鉄筋名称中の数値に同じ）

1）設計上の基本事項

① 部材が曲げ降伏する前にせん断破壊が起こらないようにする。

② コンクリートは引張力を負担できないので、引張側は全て鉄筋が負担する。

③ ラーメン構造の梁に長期荷重が作用すると、梁中央部は下側引張となる。

2）主筋

① 主筋は曲げモーメントによる引張力の全てと、圧縮力の一部を負担する。

② 主要な梁は、全スパン複筋梁とする。

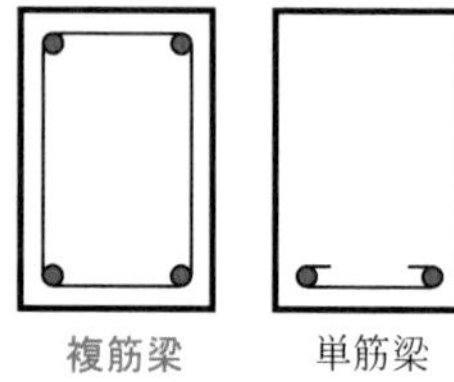

③ 主筋径、主筋のあき、かぶり厚さ等は、図のようにする。

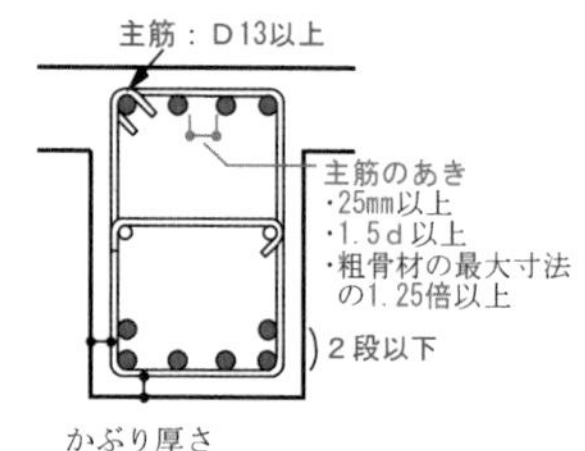

主筋の配置

3）あばら筋

① せん断力に抵抗（せん断補強）する目的で設けられ、せん断補強のほかに、内部のコンクリートを拘束したり、主筋の座屈を防止する効果がある。

② あばら筋比（P_w）は、0.2％以上とする。あばら筋比は、図のように1組のあばら筋間の面積（bx）に対する鉄筋の断面積（a_w）の割合で、次式で表される。

$$Pw = \frac{a_w}{b_x} \times 100\%$$

b：梁幅　　x：あばら筋間隔

用語 曲げ降伏
針金を曲げた時のように、元に戻らない変形（塑性変形）を生ずるが、破壊するわけではない降伏。

用語 かぶり厚さ
鉄筋表面からコンクリート表面までの最短距離。耐火性、耐久性を確保する上で重要である。

用語 せん断破壊
木材やコンクリートのような部材において、限界に達すると変形を伴わずに突然破壊してしまう破壊。

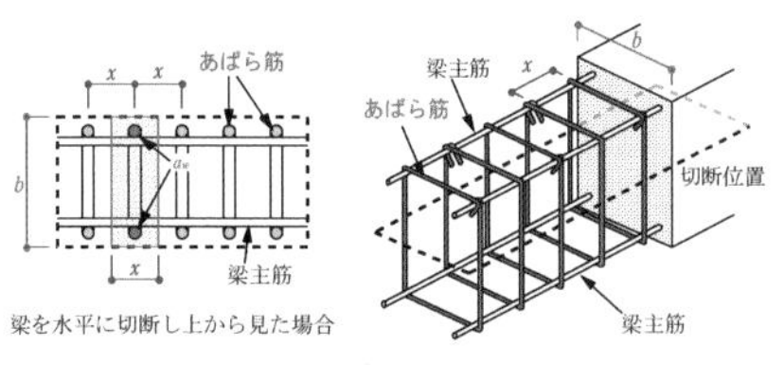

あばら筋比

③　その他のあばら筋に関する規定を図に示す。

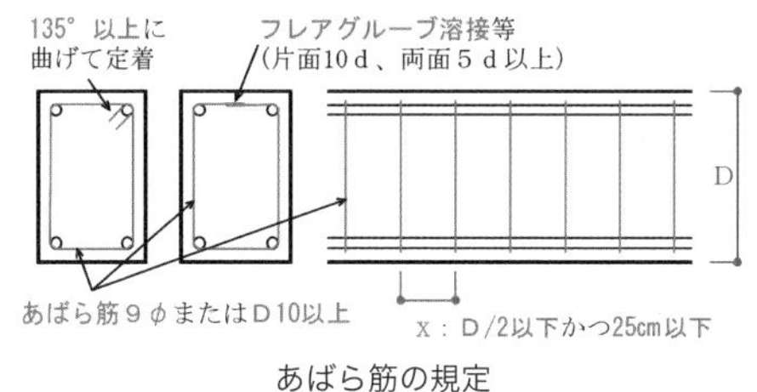

あばら筋の規定

4）その他

①　腹筋は、あばら筋の座屈長さを小さくするため、梁の中段に材軸方向に入れる鉄筋である。

②　幅止め筋は、腹筋間に架け渡したもので、あばら筋の振れ止め及びはらみ止めの働きをする。

5）梁の貫通孔（かんつうこう）の径と間隔

梁に設ける設備用の円形の貫通孔の径は、一般に、梁せいの1/3以下とし、貫通孔による耐力低下は曲げよりせん断の方が大きいため、梁端部の配置は避ける。2個以上の貫通孔を設ける場合、中心間隔は孔径の3倍以上とする。

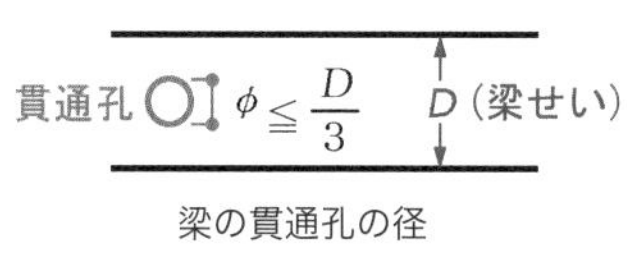

梁の貫通孔の径

《5》柱

1）設計上の基本事項

①　柱は、軸方向力、せん断力、曲げモーメントに十分耐えられるようにする。

②　柱の長さが柱の最小径に比べて長いと、座屈を考慮する必要があるので、

柱の最小径の主要支点間距離に対する比(幅高比)を1/15以上とする。また、鉄筋軽量コンクリート造の場合には、1/10以上とする。

③ 柱は軸力と曲げモーメントを受けるが、軸力が大きいと耐えられる曲げモーメントが減少し、地震時にぜい性的破壊を生ずる可能性がある。そのため、軸方向応力度は、できるだけ小さく抑える必要がある。

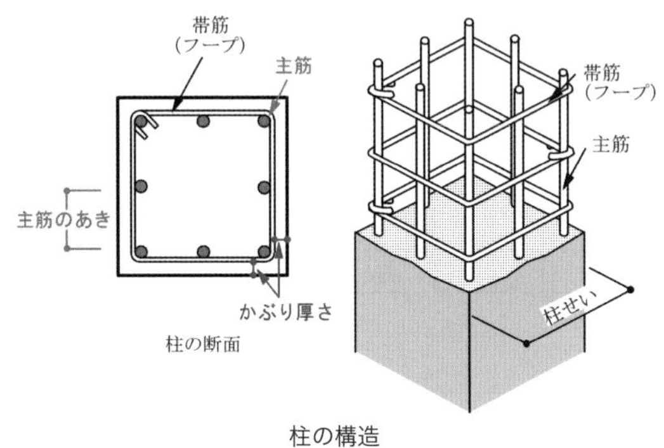

柱の構造

2）主筋

① コンクリート全断面積に対する主筋の全断面積の割合は、0.8%以上とする。
② 主筋は4本以上とし、帯筋により相互に連結する。
③ 主筋径、主筋のあきは、梁の場合と同じである。

3）帯筋

① 柱のせん断耐力を高め、内部のコンクリートを拘束し主筋の座屈を防止することにより靭性を確保し、せん断破壊より曲げ降伏が先行するように設計する。なお、曲げ耐力を高めることはできない。
② スパイラル筋は、強度と粘り強さを増す効果がある。
③ 柱中央部より上下端で密に配筋する。
④ 帯筋比(P_w)は、0.2%以上とする。

その他の帯筋に関する規定を図に示す。

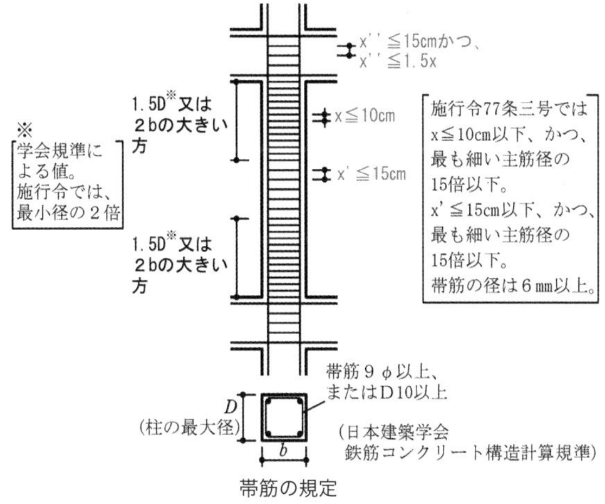

帯筋の規定

《6》床スラブの設計上の基本事項

① 床スラブの役割は、次の通りである。

・床の鉛直荷重を梁に伝える。

・地震時に柱・梁と一体となって、水平力に抵抗する。

② 床スラブの厚さは80㎜以上とし、かつ、短辺方向における有効スパンの1/40以上とする。

③ 床スラブの引張鉄筋はD10以上、または素線の径が6㎜以上の溶接金網を用い、曲げモーメントにより引張力の生ずる側に配筋する。四辺固定の長方形床スラブの中央部の鉄筋は、スラブの下側に配筋する。

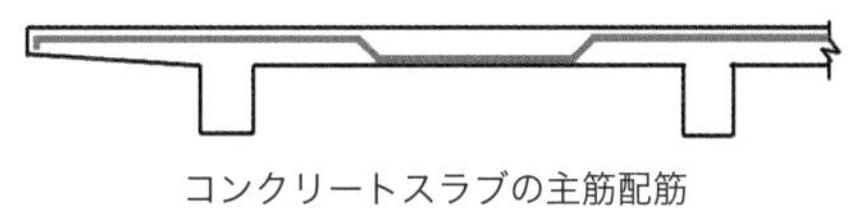
コンクリートスラブの主筋配筋

④ 一般に短辺方向の鉄筋を主筋、長辺方向の鉄筋を配力筋といい、両者は直角に配筋される。

⑤ 片持ちスラブの支持端部の厚さは、持出し長さの1/10以上とする。

⑥ スラブ厚が小さくなると、たわみや振動障害を生じやすい。

《7》耐震壁の設計上の基本事項

① 耐震壁は、周囲の柱・梁と一体に造られた壁をいう。水平力(水平せん断力)に耐えるものであり、平面上の配置は、各階でねじれの生じないように、つり合いよく配置する。

② 耐震壁の立面上の配置は、上下階で同一位置になるよう配置することが好ましい。ただし、各階の剛性率を満足できれば、各構面内の配置は市松(いちまつ)模様状でもかまわない。

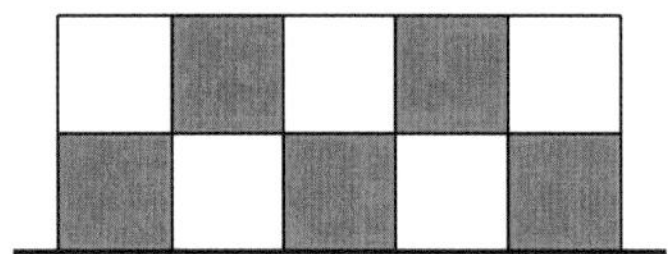

市松模様状の配置

③ 地震時などには、上階よりも下階に大きな水平力が働くため、耐震壁の壁量は、上階よりも下階が多くなるようにする。

④ 壁板の厚さは120㎜以上、かつ、内法高さの1/30以上とする。

⑤ 壁の開口隅角部には斜め方向の引張力が生じるので、補強筋を配置する。

《8》コンクリートのひび割れ

コンクリートは伸び能力が小さく、引張応力により、ひび割れが生じやすい。曲げひび割れ、せん断ひび割れ、収縮によるひび割れ等がある。

① 基本的には、引張方向と直交する方向にひび割れが入る。

② 地震時に水平力を受ける柱の曲げひび割れは、一般に、曲げモーメントが大きくなる柱頭と柱脚に発生しやすい。

③ ひび割れに雨水等が浸透し、凍結融解を繰り返すことで、ひび割れ幅が増大する。

次に、ひび割れの例を示す。

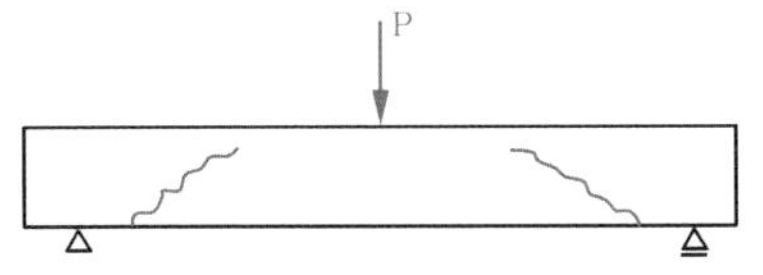

鉛直荷重による単純梁のせん断ひび割れ

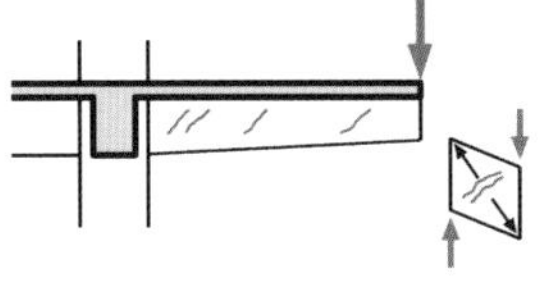

鉛直荷重による片持ち梁のせん断ひび割れ

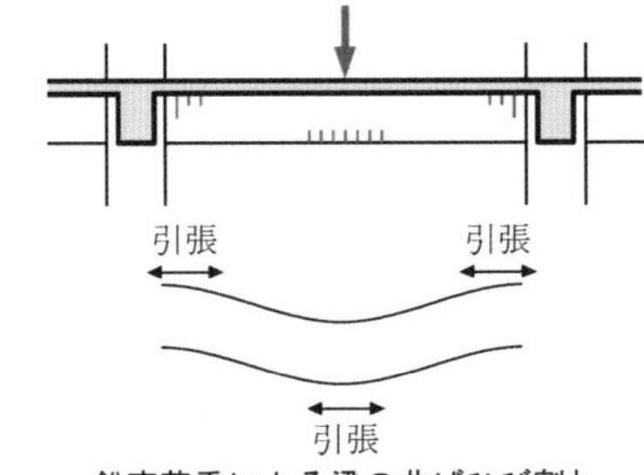

鉛直荷重による梁の曲げひび割れ

梁のひび割れ

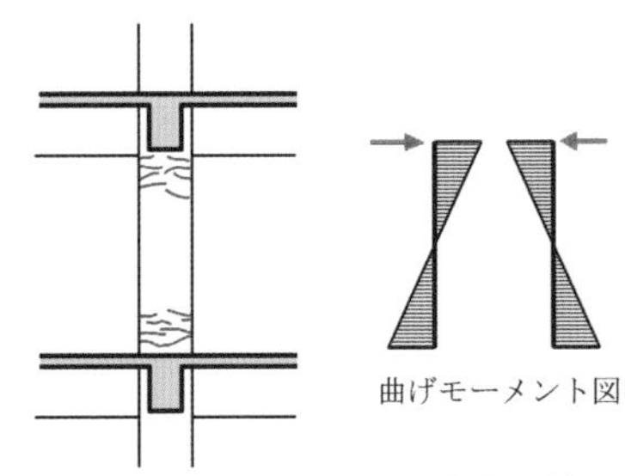

地震時に水平力を受ける柱の曲げひび割れ

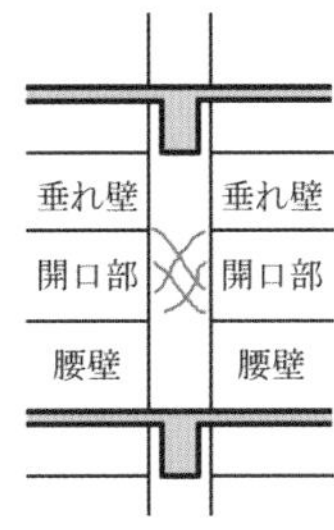

地震力による柱のせん断ひび割れ

柱のひび割れ

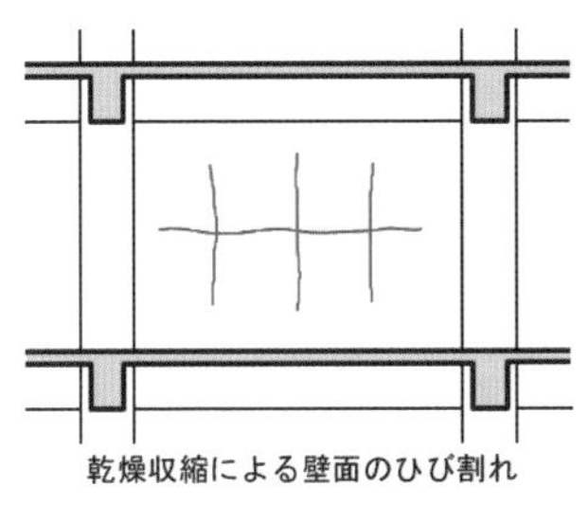

乾燥収縮による壁面のひび割れ

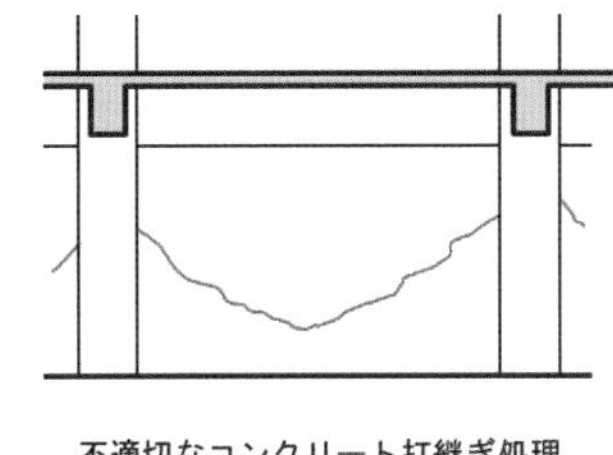

不適切なコンクリート打継ぎ処理による壁面のコールドジョイント

壁のひび割れ

4 木構造

主に、在来軸組工法の構造について学習する。

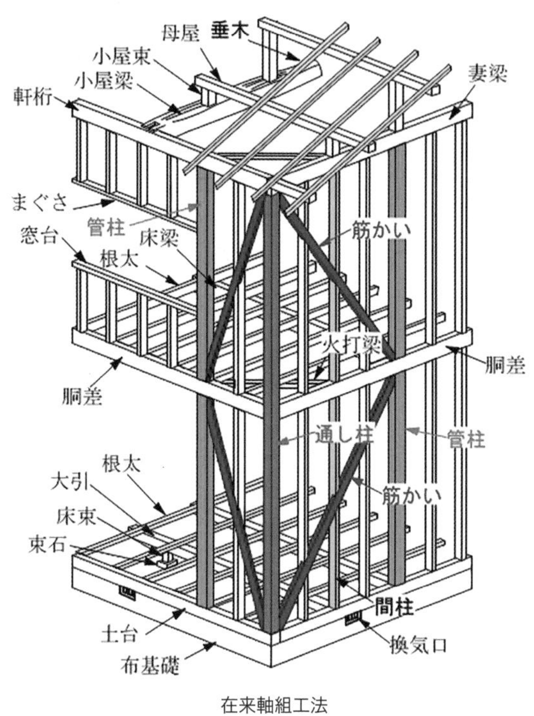

在来軸組工法

《1》木構造の構成部材

1）アンカーボルト

基礎と土台を緊結する金物。基礎に埋め込み、土台を貫通させ、土台の上でナットで固定する。

① 土台の上端よりナットの外に、ねじ山が3山以上出るように固定する。

② 布基礎に取り付けるアンカーボルトの間隔は、2.7m以下とする(階数が2以下の軸組工法の場合)。

用語 **まぐさ**

出入口または窓などの開口上部に渡す水平部材

③ 土台の両端部や継手位置に配置する。

④ 1階の柱に筋かいが取り付く場合は、柱心より150～200㎜程度の位置にアンカーボルトを埋め込む。

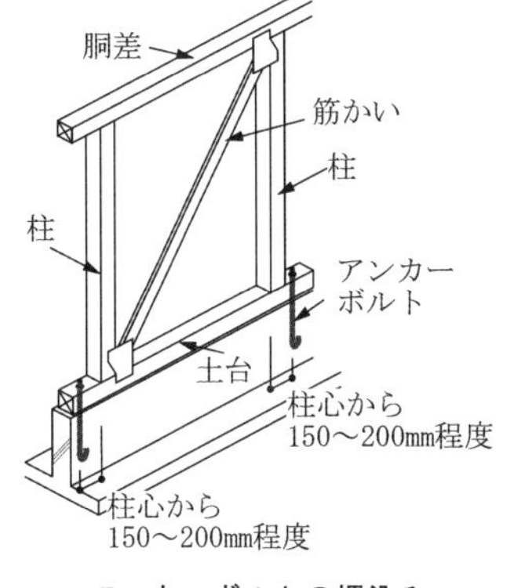

アンカーボルトの埋込み

2）土台

柱の下部に配置して、柱からの荷重を基礎に伝える。土台は、アンカーボルトにより基礎に緊結する。

3）柱

上部床組、小屋組からの荷重を受け、下部の構造部材に荷重を伝える鉛直部材。

① 構造耐力上主要な部分の柱の有効細長比（ほそながひ）は、150以下とする。

② 地階を除く階数が2を超える建築物の1階の柱の小径は、圧縮材の座屈の許容応力度を用いた許容応力度計算によらない場合、13.5㎝以上とする。

③ 2階建以上の建築物の隅柱は、通し柱とする。ただし、接合部を通し柱と同等以上の耐力をもつように金物で補強した場合は、管柱（くだばしら）としてよい。

4）梁

柱、床組等からの荷重を受け、下部の構造部材に荷重を伝える水平部材。

梁、桁その他の横架材には、原則として、その中央付近の下側に耐力上支障のある欠込みをしてはならない。

5）胴差（どうさし）

2階以上の床の位置で、柱等の荷重を受ける横架材。

用語 **有効細長比**
座屈長さを断面二次半径で除した値。この値が大きいほど座屈しやすくなる。

6）筋かい

柱間の面内剛性を高めるために、斜めに設置する部材。

① 引張力を負担する筋かいは、厚さと幅がそれぞれ1.5㎝以上、９㎝以上の木材または径９㎜以上の鉄筋とする。

② 圧縮力を負担する筋かいは、厚さと幅がそれぞれ３㎝以上、９㎝以上の木材とする。

③ 筋かいには、欠込みをしてはならない。ただし、たすき掛けによりやむを得ず欠き込む場合には、必要な補強を行う。

④ 筋かいが間柱と取り合う部分は、間柱を筋かいの厚さだけ切り欠き、筋かいを通す。

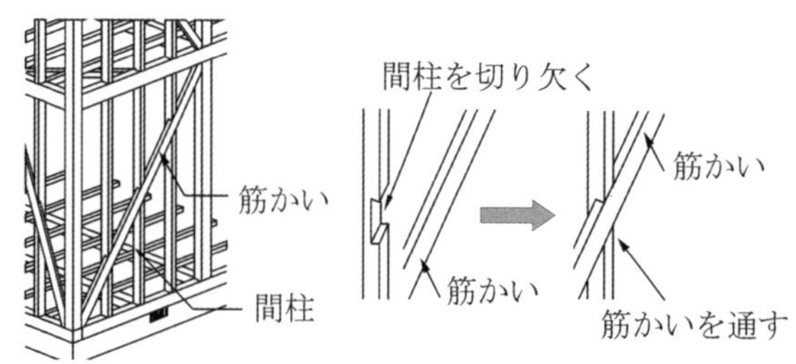

筋かいと間柱の取合い部

⑤ 筋かいの端部は、壁倍率に対応した力に抵抗できるように、柱と梁その他の横架材との仕口に接近して、ボルト、かすがい、釘その他の金物で緊結しなければならない。

7）火打梁（ひうち）

梁と胴差、梁と桁等の水平断面の隅角部を補強する材。

8）壁

① **真壁**（しん）

壁の仕上げ面を柱と柱の間に納め、柱が外面に現れる壁。

② **大壁**（おお）

壁の仕上げ面を柱の面より外側とし、柱を被覆してつくる壁。

《2》耐力壁

木造では、耐力壁(筋かいやボード張りの壁)によって、地震力や風圧力などの水平力に抵抗する。水平力により建築物のねじれが生じないように、耐力壁は、はり間方向・けた行方向それぞれの方向につり合いよく、所定の量を配置し、かつ、隅角部を補強しなければならない。また、各階の耐力壁の位置を、上下階でなるべく同位置につり合いよく配置することが、耐力壁を有効に機能させるための重要なポイントとなる。

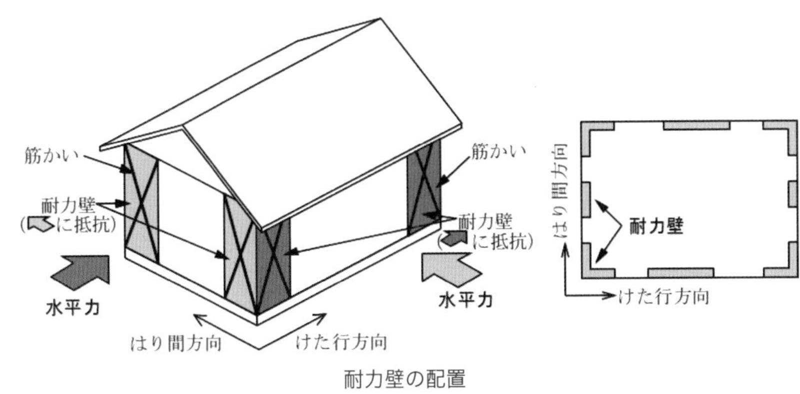

耐力壁の配置

《3》壁量

耐力壁は、水平力(地震力・風圧力)に十分に抵抗しなければならない。そのため、最低限必要な耐力壁の有効長さ(壁量)が、建築基準法により定められている。建築物は、地震力及び風圧力に対する必要な壁量をそれぞれ求め、大きい方の壁量以上をはり間方向、けた行方向それぞれの方向に配置する。

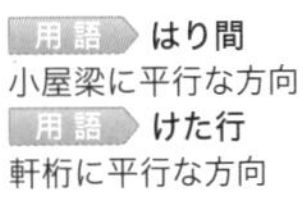

用語 はり間
小屋梁に平行な方向
用語 けた行
軒桁に平行な方向

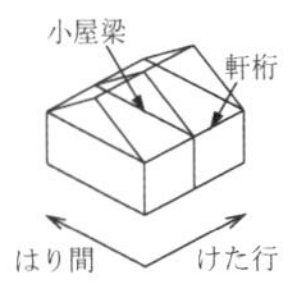

ポイント
建築物の外周隅角部には、耐力壁をＬ字形に配置することが望ましい。

1）地震力に対する必要壁量

① 各階の床面積に次の値を乗じた数値以上の耐力壁を、はり間方向・けた行方向のそれぞれに配置する。

■地震力に対する必要壁量

建築物	階の床面積に乗ずる数値[㎝/m²]					
	平家	2階建の1階	2階建の2階	3階建の1階	3階建の2階	3階建の3階
重い屋根	15	33	21	50	39	24
軽い屋根	11	29	15	46	34	18

階数の算定については、地階の部分の階数は、算入しない。

② 地震力に対する耐力壁の有効長さは、屋根葺材によって異なり、屋根葺材が重いほど大きくなる。

2）風圧力に対する必要壁量

① 風の方向に直交する面の見付（みつけ）面積に次の値を乗じた数値以上の耐力壁を、はり間方向・けた行方向のそれぞれに配置する。

② 求める階の見付面積は、その階の床面から1.35m上がった位置より上部の面積（上階がある場合は上階すべてを含む）とする。

■風圧力に対する必要壁量

	区域	見付面積に乗ずる数値[㎝/m²]
(1)	特定行政庁がその地方における過去の風の記録を考慮して指定する区域	50を超え75以下の範囲で、特定行政庁が定める数値
(2)	(1)に揚げる区域以外の区域	50

3）壁倍率

耐力壁には、筋かいや構造用合板を用いたものなど様々な強度の構造形式が考えられる。これらを考慮し、耐力壁の有効長さ（存在壁量）は、実際の耐力壁の長さに、次の倍率(壁倍率)を乗じた長さとして計画する。

ポイント
必要壁量は階により異なり、はり間方向、けた行方向で同一の値となる。

■壁倍率(建築基準法施行令抜粋)

	軸組の種類	倍 率
(1)	土塗壁または木ずりその他これに類するものを柱及び間柱の片面に打ち付けた壁を設けた軸組	0.5
(2)	木ずりその他これに類するものを柱及び間柱の両面に打ち付けた壁を設けた軸組	1
	厚さ1.5cm以上で幅9cm以上の木材または径9mm以上の鉄筋の筋かいを入れた軸組	
(3)	厚さ3cm以上で幅9cm以上の木材の筋かいを入れた軸組	1.5
(4)	厚さ4.5cm以上で幅9cm以上の木材の筋かいを入れた軸組	2
(5)	9cm角以上の木材の筋かいを入れた軸組	3
(6)	(2)から(4)までに掲げる筋かいをたすき掛けに入れた軸組	(2)から(4)までのそれぞれの数値の2倍
(7)	(5)に掲げる筋かいをたすき掛けに入れた軸組	5

《4》床組

床組とは、根太(ねだ)、大引(おおびき)などの骨組をいう。各階の床を支持する他に下階の天井を吊り下げる役目もある。

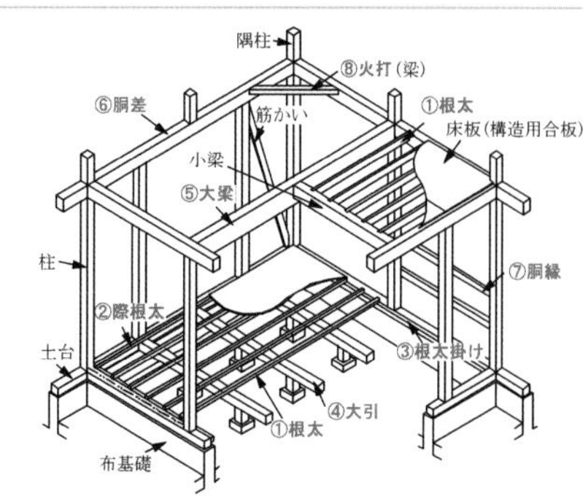

■床組の名称

①根太(ねだ)	床板を受ける横架材である。一般に、大引や床梁の上で直角方向に300 ～ 450mm程度の間隔で架け渡す。また、コンクリートスラブの上に直接置くこともある。
②際根太(きわねだ)	床板の材端を支えるため、大引や床梁に直交する方向に架け渡す壁際の根太である。
③根太掛け(ねだが)	根太の端部を受けるため、大引や床梁に平行に土台の側面等に取り付ける部材である。
④大引(おおびき)	最下階の根太を受け、土台・基礎などに荷重を伝える90mm角程度の角材である。一般に、床束(端部は土台または大引受け)により支持される。
⑤大梁(おおばり)	各階床の小梁や根太を受け、柱や胴差に荷重を伝える横架材である。
⑥胴差(どうさし)	建物外周部の2階以上の床の位置で柱を相互につないでいる横架材である。
⑦胴縁(どうぶち)	壁の下地材で、板状の仕上げ材等を取り付けるための横桟をいう。胴縁を入れることで、壁面が平滑になり、胴縁の上にボードを張ることで丈夫な壁ができる。
⑧火打(ひうち)	小屋組や床組のコーナーや要所に設けて、水平面の変形を防止する斜め部材である。

床組等の水平構面は、水平荷重を耐力壁や軸組に伝達できるよう、十分な剛性を確保する。水平トラスや火打(ひうち)材(火打梁)を設けるか、床の下地材として構造用合板を直張りすると、面打剛性(床面の水平剛性)が高まる。

5 基礎構造

《1》地層

地盤が堆積した時代により分類すると、沖積層は地質時代のうちで最も新しい時代に堆積したもので、それより古い時代に堆積した洪積層より軟弱である。したがって、沖積層より洪積層の方が、建物の支持地盤として適している。

■地層

紀	地層	地盤
第四紀	沖積層	軟弱
	洪積層	良好
第三紀	第三紀層	非常に良好

《2》基礎の種類

1）支持形式による分類

基礎は上部構造からの荷重を支え、地盤に伝える下部構造である。基礎の種類は、支持形式によって次のように分類される。

① **直接基礎**

荷重を基礎スラブで直接地盤に伝えるもの。

② **杭基礎**

地盤が軟弱で直接基礎で建物自体の荷重を支えられない場合、杭を介して硬い地盤に荷重を伝えるもの。

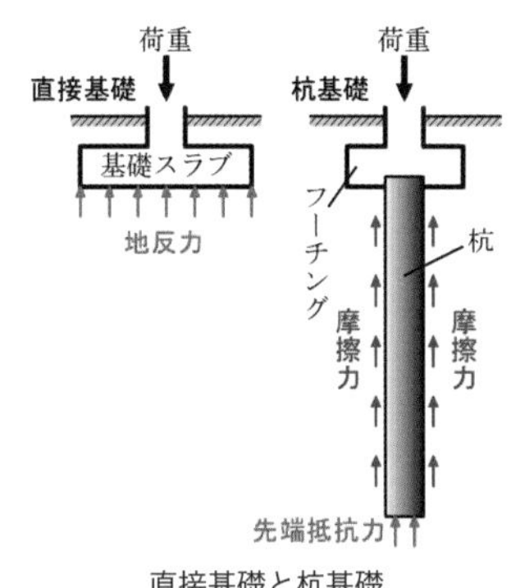

直接基礎と杭基礎

2）直接基礎の分類

直接基礎は、フーチング基礎とべた基礎に大別される。

① **独立フーチング基礎**

フーチングが単一の柱を支えるもので、一般に基礎梁を用いて相互に連結することが多い。

② **複合フーチング基礎**

フーチングが２本～数本程度の柱を支えるもので、柱間隔がせまい場合等に用いる。

③ **連続フーチング基礎（布基礎）**

壁または一連の柱からの荷重を帯状のフーチングで支えるもの。

④ **べた基礎**

荷重を単一の基礎スラブで直接広範囲の地盤に伝えるもの。独立基礎と比較して底面が広く、軟弱地盤に適する。

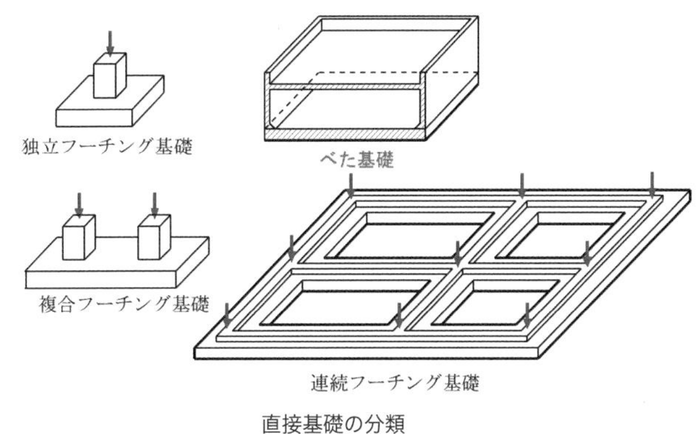

直接基礎の分類

《3》土の性質

1）物理的性質

図のように、土は、土粒子とその間の間隙（げき）からなっており、その間隙（げき）は、水と空気からなる。

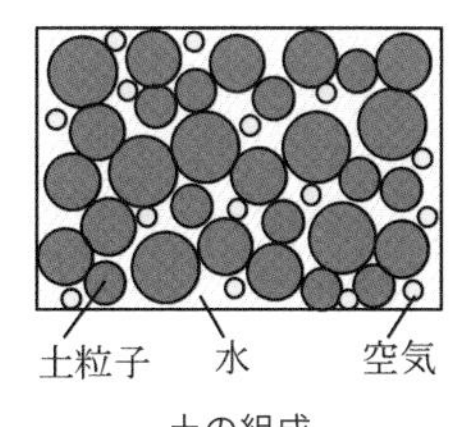

土の組成

① 間 隙 比：間隙の体積を土粒子の体積で除した値（％）

② 含 水 比：水の重量を土粒子の重量で除した値（％）

③ 粒径分布：土の粒径により、粘土（５μm以下）≦シルト（５～75μm）≦砂（75μm～２㎜）≦れき（２㎜以上）に分類される。

④ 細粒土含有率が大きいほど、間隙比と含水比が大きい。

2）圧密沈下

水を多く含んだ粘性土地盤では、建物や盛土等の荷重を受けることにより、土中の間隙水が除々にしぼり出されて、間隙が減少し、長時間かけて土全体の体積が鉛直方向に圧縮され沈下する。これを、圧密沈下という。

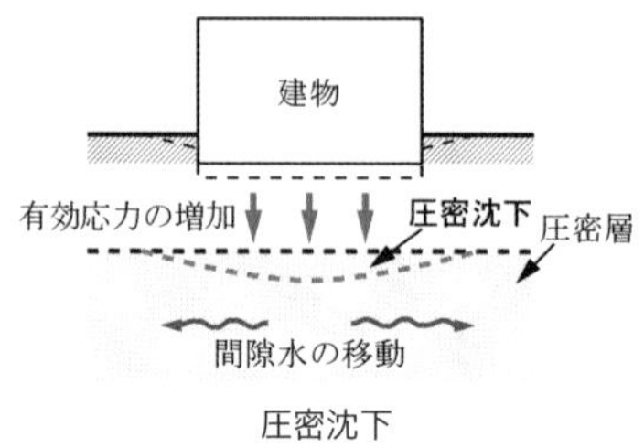

圧密沈下

3）即時沈下

砂質土地盤は、粘性土地盤に比べて、透水係数が大きく、載荷と同時に短時間に間隙水が流出するので、即時沈下量が大きく、圧密沈下はほとんど生じない。

4）液状化現象

水で飽和した粒径が比較的均一な細粒土の少ないゆるい砂地盤では、地震動によって振動を受けると流動化し、地耐力を失ってしまう。このような現象を液状化現象という。これは、地震の振動によって土中の間隙水圧が高くなり、土粒子間に働く有効応力が0になると、せん断抵抗がほとんどなくなるため、地盤は液体状になり、重い構造物は沈み、軽い構造物は浮き上がる。

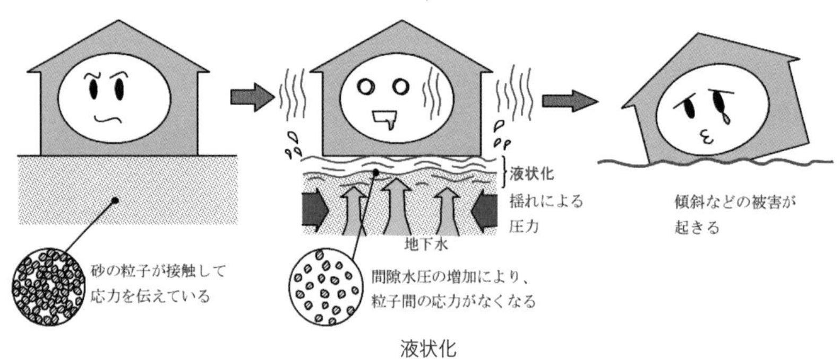

液状化

用語 透水係数
土中の水の流れやすさ。粒度の大きいほうが間隙も大きくなり、抵抗が少なく水が流れやすいので、透水係数も大きくなる。従って、砂>粘土。

用語 細粒土・粗粒土
粘土、シルトを細粒土、砂、れきを粗粒土という。

《4》直接基礎

1）基礎構造の設計の基本

① 建築物から地盤に作用する鉛直力が増加すると沈下量も増大するが、地盤が破壊に至らなくても、沈下により、建築物に損傷や使用上の支障が生じることがある。したがって、地盤の破壊及び地盤に対する基礎構造の沈下の両方を検討することが必要である。

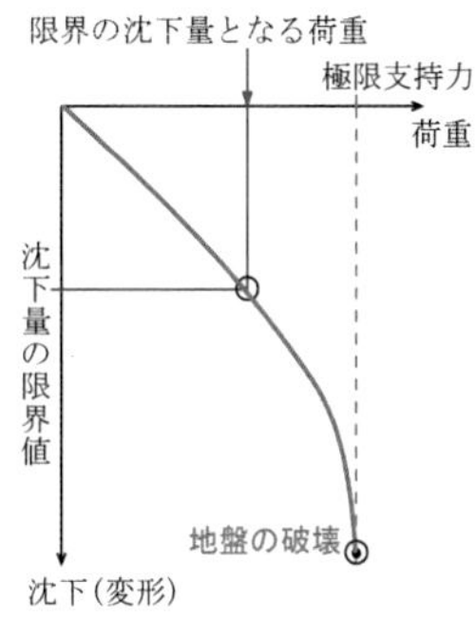

沈下で決まる場合の例

② 直接基礎底面の深さの決定には、支持地盤の地耐力、建物自体の規模とともに、温度・湿度の変化に伴う乾燥収縮、凍結・吸水による膨張等、土の体積変化についても検討する。したがって、**直接基礎の底面は、冬季の地下凍結深度より深くする。**

2）支持力

① 地盤の許容支持力は、土質試験、載荷試験等により地盤が破壊する極限支持力を求め、それに安全率を乗じて決める。

土質試験の結果による式によれば

内部摩擦角	ϕ	
粘着力	c	
土の単位体積重量	γ	が大きくなるほど、許容支持力は大きい。
根入れ深さ	D_f	
基礎の幅	B	
地下水位が低い	→	許容支持力は大きい。

【例題5-1】

直接基礎の底面の面積が同じであれば、形状が異なっても許容支持力は同じである。

（答）×
直接基礎の設計における地盤の許容支持力度は、基礎の幅が大きくなるほど大きい。したがって、基礎底面の面積が同じであっても、正方形に近い形状になるほど許容支持力も大きくなる。

② 許容支持力度は、地盤の単位体積重量に比例するが、地下水位下にある地盤の単位体積重量は水の浮力により軽くなるので、地下水位が高いほど、許容支持力度は小さくなる。

③ 根入れ深さD_fが深いほど、地盤のすべり破壊を基礎底面より上方の土の重量で押さえる効果（根入れの効果）が大きいため、許容支持力度は大きくなる。

3）沈下量

支持地盤や基礎形式により、沈下量の限界値は異なる。一般に、独立フーチング基礎よりもべた基礎の方が、圧密沈下に対する沈下量の限界値を大きく設定することができる。独立フーチング基礎とする場合、不同沈下に対しては、基礎梁を剛強にする等の対策を行う。基礎梁の剛性及び強度を大きくすることにより、基礎フーチングの沈下を均等化できる。

《5》杭基礎

基礎底面直下の地盤が軟弱で、過大な沈下が予想される場合や支持力が不足する場合には、杭を使用して下方の良質地盤で基礎を支持させたり、杭周面の摩擦力で荷重を支持させる。前者の杭を支持杭といい、後者の杭を摩擦杭という。両者の混用は、原則として避けなければならない。また、直接基礎と杭基礎の併用も避ける。

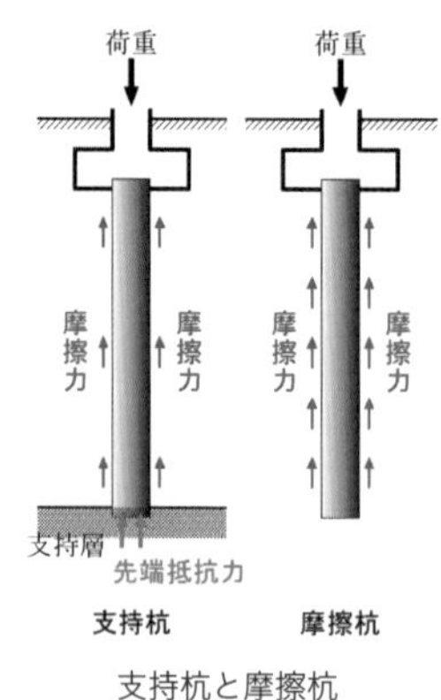

支持杭と摩擦杭

(a) 杭の種類

1) 既製杭

工場で製造される杭。打込み工法、埋込み工法、回転貫入工法などにより施工される。

① 鋼杭

H鋼杭もあるが、鋼管杭が一般的であり、鋼管杭には先端閉塞形の閉端杭と先端開放形の開端杭がある。また、腐食防止のために塗装やライニングなどの防錆処理が行われるが、腐食しろを見込んで肉厚の鋼管を使うこともある。鋼管杭の特徴としては、コンクリート杭と比較して質量が軽く、破損しにくく、運搬、仮置きに際して、取扱いが容易である。

② 既製コンクリート杭

遠心力により成形した中空の円筒形の杭。工場で製作され、現場に運搬された杭を、現場で打ち込む、あるいは、あらかじめアースオーガーで削孔した孔に埋め込む(プレボーリング工法)などの方法で施工される。鋼杭同様に、閉端杭と開端杭がある。

- ひび割れ防止のためにプレストレストを導入しているプレストレストコンクリート杭(PC杭)が主であり、先端部を軸径より太径にしたものをST杭といい、大きな支持力を得ることができる。また、水平力に抵抗するために水平抵抗力の大きい高強度プレストレストコンクリート杭(PHC杭)や外殻鋼管付コンクリート杭(SC杭)なども用いられている。SC杭は、一般に継杭の上杭として、PHC杭と組み合わせて用いられる。
- 杭本体部に外径が軸径よりも大きい節部を多数設けたものを節杭といい、主に摩擦杭として用いられる。

用語 回転貫入工法

先端を加工した鋼管本体を回転させて地盤に埋設する工法。

2）場所打ちコンクリート杭

現場で造成される鉄筋コンクリート杭。主に、アースドリル工法、リバースサーキュレーション工法、オールケーシング工法による。この３工法の中では、アースドリル工法が最も狭小地の施工に適している。

【例題５-２】

場所打ちコンクリート杭は、地盤を削孔し、その中に鉄筋かごを挿入したのち、コンクリートを打ち込んで造る。

（答）○

場所打ちコンクリート杭は、既製の杭ではなく、現場で地中に造成する杭である。掘削バケットやビットによって孔あけされた孔内に鉄筋かごを挿入し、コンクリートを打設する方法や、円筒管を揺動圧入し、その中の土を排出後、鉄筋かごを挿入し、コンクリートを打設しながら円筒管を引き抜く方法等がある。

(b) 杭の支持力

1）杭先端の抵抗力と杭周面の摩擦抵抗力

杭の支持力は、一般に、杭先端の抵抗力と杭周面の摩擦抵抗力とから成り立っている。支持杭の支持力は、杭先端の抵抗力に杭周面の摩擦抵抗力を加算したものとし、摩擦杭の場合は、杭周面の摩擦抵抗力のみとする。

2）負の摩擦力

圧密層を貫く支持杭では、圧密層が圧縮され、その上部の地盤が沈下するため、杭に負の摩擦力（下向きの摩擦力、ネガティブフリクション）が生じる。杭を下向きに押すために杭先端にかかる力が大きくなるので、許容支持力を低減する必要がある。

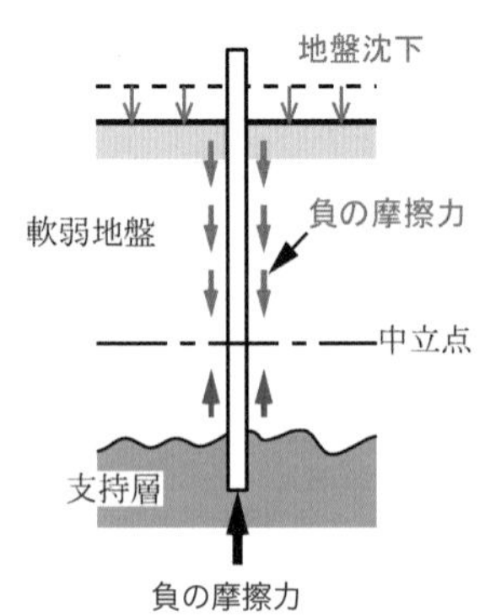

【例題5-3】

支持杭では周囲の地盤に沈下が生じると、杭周囲に下向きに作用する摩擦力が生じる。

（答）○

負の摩擦力は、杭の沈下より地盤の沈下が大きくなると、杭周面に下向きの摩擦力が作用するものである。杭の沈下が小さい支持杭に生じやすい。

(c) 杭に生じる曲げモーメント

地盤中に埋設された杭には、地震時に水平力により曲げモーメントが生じる。水平力により杭に生じる曲げモーメントは、杭頭部で最大となり、この部分が破壊しやすい。

4 施工共通

1 舗装工事

《1》舗装の構成

アスファルト舗装の場合は、通常、路床上に路盤・表層の順で構成され、コンクリート舗装の場合は、路床上に路盤・コンクリート版の順で構成される。

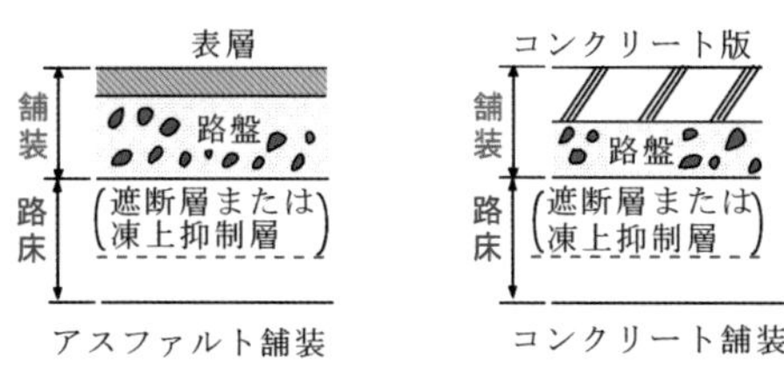

舗装の構成

《2》路床

1）構成

① 路床は、路床土、凍上抑制層から構成される。

② 路床は、地盤が軟弱な場合を除いて、現地盤の土をそのまま利用して締め固める。

③ 凍上抑制層は、路床や路盤内の水分が凍結して体積が膨張し、舗装を持ち上げることで舗装が破損することを防ぐために設ける。

2）試験

① CBR試験

・路床、路盤の支持力を表す指標であるCBRを求める試験である。

・アスファルト舗装の表層から路盤までの厚さは、路床のCBR値（設計

用語 CBR試験
直径5cmのピストンを供試体表面から貫入させて2.5mm及び5mm貫入するときの荷重より計算しCBRを求める。

CBR値)が高いほど薄くできる。

② **砂置換法による土の密度試験方法**
現場で密度を測定するために穴を掘り、掘り出した土の質量を計測する。その穴の中に単位体積当たりの質量が判明している標準砂を埋め戻して、投入された標準砂の質量から穴の体積を計算により求めて、掘り出した土の単位体積当たりの質量(密度)を求める。

《3》路盤

路盤は、舗装路面に作用する荷重を分散させて路床に伝える役割を果たす部分である。

1）材料

一般の道路舗装では、上層路盤には粒度調整砕石(2種以上の砕石、砂等を混合して、所要の粒度範囲をもつように調整した砕石)のような支持力の高い材料を、下層路盤にはクラッシャラン(岩石をクラッシャで割り砕いたままのもの)のように安価で比較的支持力の低い材料を使用することが一般的である。

2）施工

① 路盤材料は、貯蔵、積込み、運搬、敷均し等の取扱いに際して、分離を生じさせないよう十分注意して行う。
② 材料の敷均しには、ブルドーザ、モーターグレーダ等を用いる。
③ 路盤の締固めは、8t以上のマカダムローラ、8～20tのタイヤローラ等の締固め機械2種以上を併用して十分に締め固め、所定の形状に平らに仕上げる。

マカダムローラ

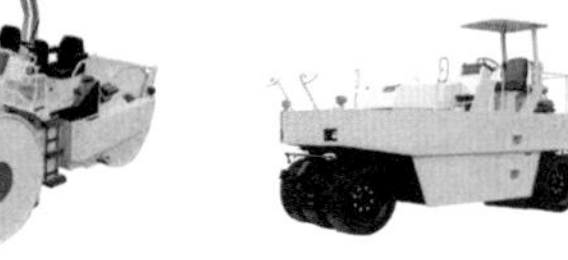
タイヤローラ

3）試験

① 路盤の締固め完了後の試験は、砂置換法による土の密度試験方法により行う。
② 修正CBRとは、路盤材料の品質を表すものである。

環境工学 構造力学 各種構造 施工共通 法規 躯体工事 仕上げ工事 施工管理

《4》アスファルト舗装

アスファルト舗装は、交通荷重及び温度変化に対してたわみ変形する。舗装の最上部にある表層は、交通車両による摩擦とせん断力に抵抗し、路面を平たんで滑りにくく、かつ快適な走行性を確保するなどの役割がある。

1）各種コート類

① プライムコートは、路盤の上に散布されるもので、路盤の仕上がり面を保護し、その上に施工するアスファルト混合物とのなじみをよくするために用いられる。

② シールコートは、アスファルト表層の上に行うもので、アスファルト表層の劣化防止及び耐水性の向上を目的として行う。

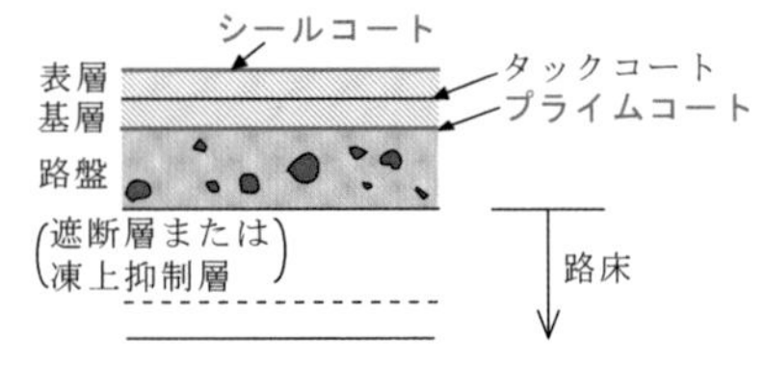

各種コート類

2）材料

① 舗装用ストレートアスファルトは、積雪寒冷地域では針入度80 ～ 100、一般地域では針入度60 ～ 80のものを用いる。

② 骨材の種類としては、砕石、玉砕、砂利、鉄鋼スラグ、砂、再生骨材、石粉(フィラー)等がある。

③ フィラーは、アスファルトと一体となり骨材の間隙（かんげき）を充填し、混合物の安定性、耐久性を向上させる役割をもち、一般に石灰岩を原料とする石粉が使われる。

④ 加熱アスファルト混合物等の配合設計をするには、マーシャル安定度試験方法により、アスファルト量を求める。

用語 マーシャル安定度試験
直径約10㎝、高さ6㎝の供試体に一定速度で載荷し、
その変形量から必要なアスファルト量を求める試験。

3）施工

① アスファルト混合物は、転圧による厚さの減少を見込んだ厚さになるようフィニッシャを用いて敷き均す。

② アスファルト混合物等の敷均し時の温度は、110℃以上とする。

③ 締固め作業は、一般に継目転圧、初転圧、二次転圧、仕上げ転圧の順序で行う。

④ 交通開放は、舗装表面温度がおおむね50℃以下になってから行う。

4）試験

締固め度及び舗装厚さは、コア抜きをして試験を行う。

《5》コンクリート舗装

1）構成

コンクリート舗装の標準構成は、図に示すとおりである。

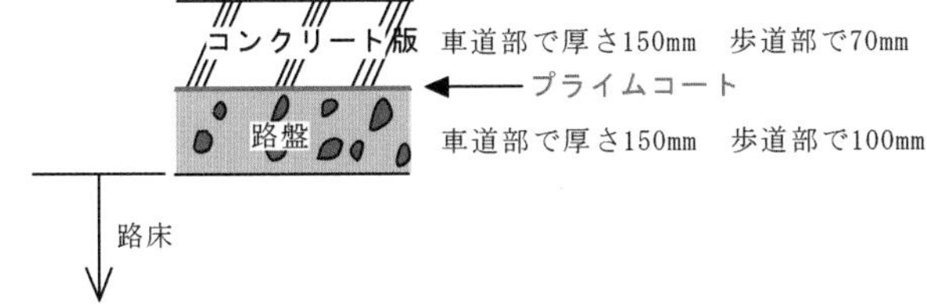

コンクリート舗装の標準構成

① 大型車両（重量５t以上の車両をいう。）の通行が見込まれない場合は、コンクリート版厚は150mm、路盤厚は150mmとする。

② 大型車両の通行が見込まれる場合には、コンクリート版厚は200mm、路盤厚は200mmとする。

用語 フィニッシャ
道路等のアスファルト舗装のために使われる建設機械。

2）材料

舗装に使用するコンクリートは、次表による。一般に、スランプ８㎝のものが使用され、建築物に使用されるスランプ(15～21㎝)より小さい。

■舗装に使用するコンクリート

部位	設計基準強度(N/㎟)	所要スランプ(㎝)	粗骨材の最大寸法(㎜)
車路及び駐車場	24	8	砂利の場合25または40 砕石の場合20または25
歩行者用通路	18	8	砂利の場合25 砕石の場合20

3）施工

① 手作業による敷均しは、型枠の縁、隅、目地部等にスコップがえしをしながら打ち込み、粗骨材の多く集まったようなコンクリートは良好なコンクリートの中に分散して敷き均すとよい。

② 締固め作業は、モルタルの上がり具合に注意して、適当にモルタルが上がり、これを均しながらタンパのたたき仕上げが楽にできる状態まで十分に締め固める。

③ 平たん仕上げは、幅１～1.5mのフロートを用いて、幅の半分ずつを重ねながら順次縦方向の小波をとり、平たんに仕上げる。

④ コンクリート版には、一般に目地を設ける。目地の構造は、図による。

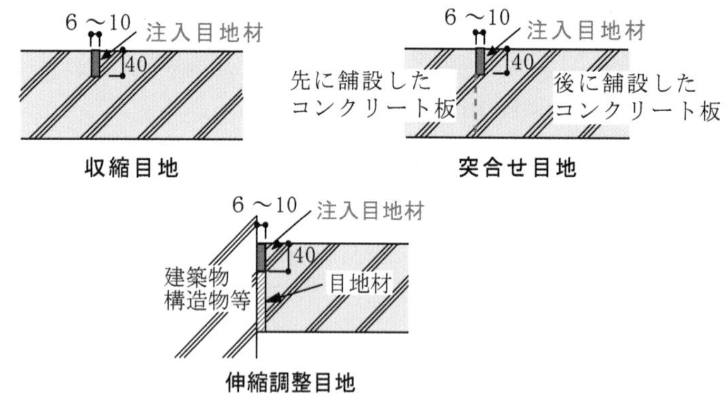

例：目地の構造(単位：㎜)

4）試験

コンクリート版の厚さは、型枠据付け後、水糸またはレベルにより測定する。

《6》その他の舗装

透水性アスファルト舗装

粒状材料による路盤の上に多孔質なアスファルト混合物を舗設し、雨水を路床まで浸透させるものである。

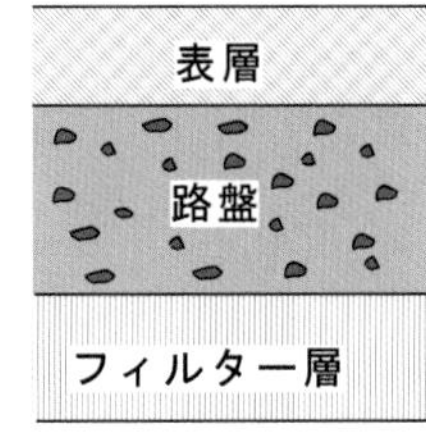

透水性アスファルト舗装の構成

2 測量

測量とは、地上にある目標点の相互関係を明らかにし、これを図上に表現したり、図上に表現された点を地上に再現したりする作業である。

1）距離測量

① 概要

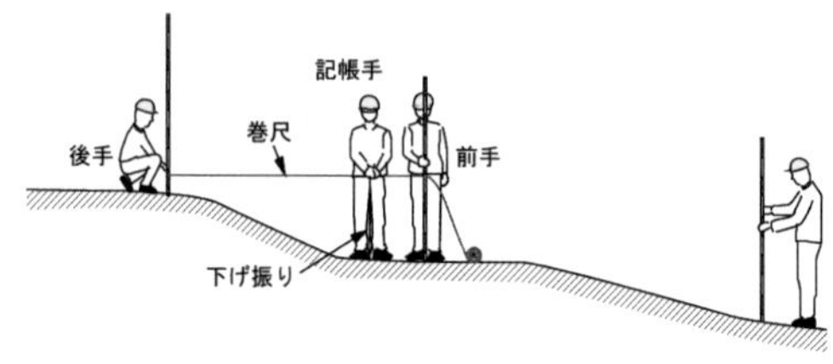

距離測量

巻尺、光波測距儀、ポール等を使い、測点を結ぶ直線の長さを求める測量である。

距離の補正として、温度による補正、尺定数（しゃくていすう）による補正、傾斜による補正、準拠だ円体面の補正などを行う。

② 用語

鋼製巻尺：引張りによる伸びが小さく精密な測量に適するが、温度変化による伸縮に注意する。

繊維巻尺：布・ガラス繊維または合成繊維でできているため、鋼製巻尺に比べて引張りによる伸びが大きく、高い精度の測定に不適である。引張り強さを一定にして使用する。

ポ　ー　ル：直径約３㎝の棒で、測点上に鉛直に立てて目標とするものであり、距離測量、平板測量等に使用する。20㎝間隔に赤白に塗り分け、測定するときに目立ちやすくしてある。

尺（しゃくてい）定数（すう）：正しい長さと使用した巻尺の長さとの差。

2）三角測量

① 概要

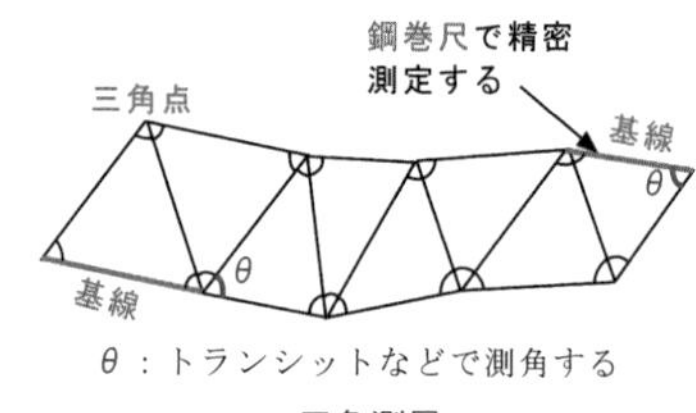

三角測量

広大な地域を測量する場合の骨組測量の方法。基準となる測点（三角点）を結ぶ三角形の連続した網（三角網）を骨組として、三角点の相互位置関係を決める。

② 用語

三角点：三角測量を行うとき、その三角網の基準となる点。

3）角測量

① 概要

望遠鏡を使って角度（水平角・鉛直角）の測定を行うもので、トランシット等を用いて行う。

② 用語

トランシット：水平角と鉛直角とを測定する測量機器。望遠鏡をのぞきながら基準点と目標点をセットし、方向角と高度角を目盛り盤で読み取る。角度の読み取りが数字表示のものをセオドライトという。

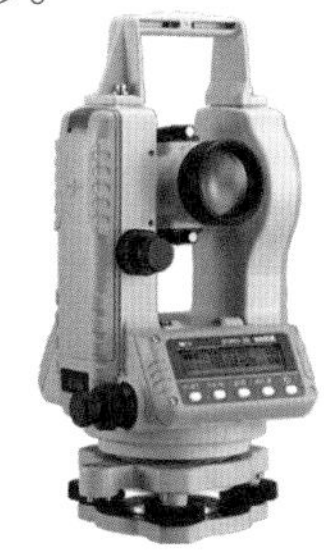

トランシット（セオドライト）

4）水準測量

① 概要

レベルと標尺（箱尺）等によって、地表面の2点間の高低差を求める測量である。

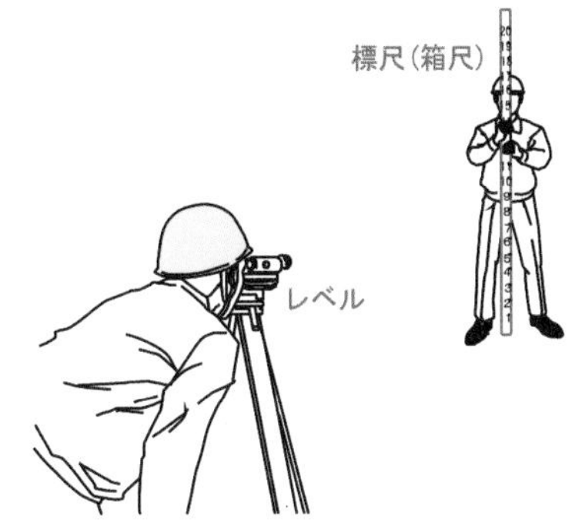

水準測量

② 用語

レベル：水準測量及び高低測量用の機械。

標　尺：水準測量を行うときに高さをはかるものさし。箱尺ともいう。

レベル（水準器）

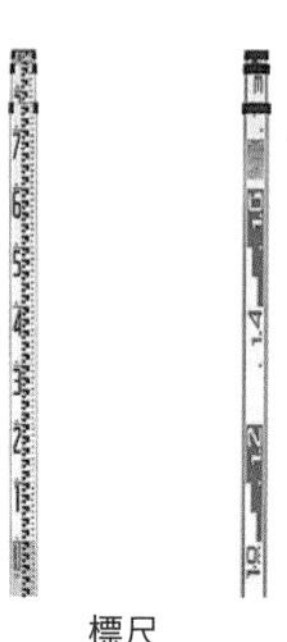
標尺

5）平板測量

① 概要

巻尺で距離測量した結果を、三脚に取り付けた平板上で、アリダードを用いて現地で直接作図する方法である。測量方法の中では精度は低いが、作業が簡便である。

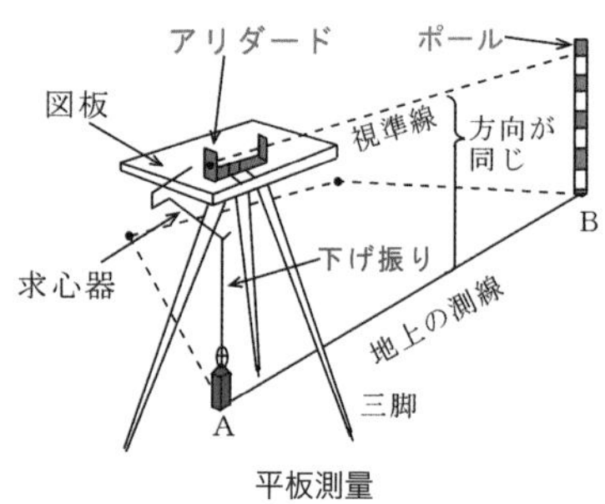

平板測量

② 用語

アリダード：平板測量で用いる器具。図板上に置き、目標を視準し、その方向や傾斜を測定する。

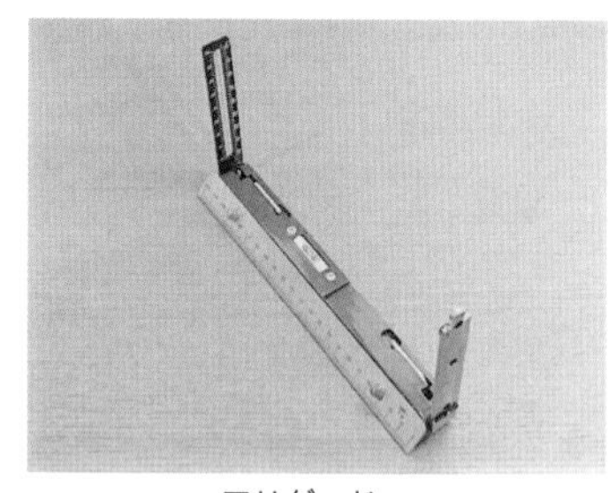
アリダード

平　　板：図板・三脚・アリダード１組（アリダードとその他平板の付属器具が納まっている）からなる測量器具。

6）スタジア測量

① 概要

２点間の距離・高低差をトランシットやセオドライト等の望遠鏡につけられたスタジア線を用いて間接的にはかる測量方法である。

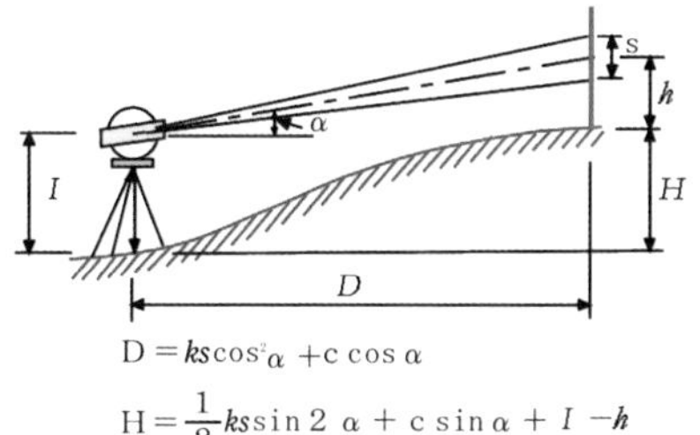

$$D = ks\cos^2\alpha + c\cos\alpha$$

$$H = \frac{1}{2}ks\sin 2\alpha + c\sin\alpha + I - h$$

d：器械の中心と対物レンズの中心までの距離

i：スタジア線の間隔

f：対物レンズの焦点距離

$k = \frac{f}{i}$　　$c = f + d$

s：スタジア線にはさまれた標尺の読み

スタジア測量

② 用語

スタジア線：トランシットの鏡管内の十字横線の上下に刻まれた２本の線。スタジア測量に利用される。

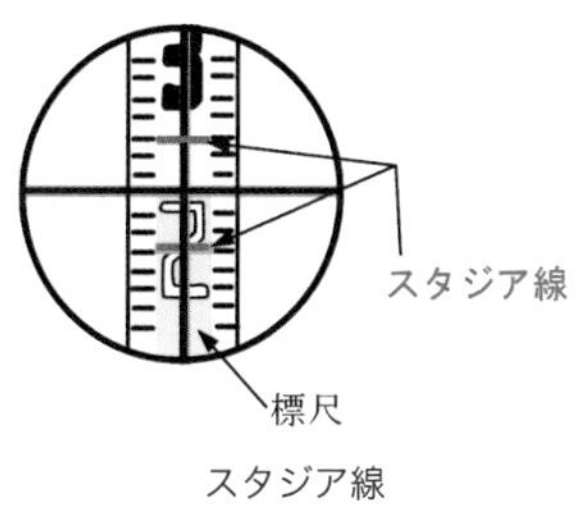

スタジア線

3 電気設備

《1》電源設備

1）契約電力と供給電圧

住宅等小規模な建物では、100Vまたは200Vで引き込み、変電設備の必要はないが、一般に契約電力が50kW以上になると６kVの高圧で引き込み、降圧して使用するため、受変電設備（キュービクル等）が必要となる。

■契約電力と供給電圧

契約電力	電力会社の供給電圧		備考
50kW未満	低圧	100、200V	一般用電気工作物
50～2,000kW未満	高圧	6kV	自家用電気工作物
2,000kW以上注)	特別高圧	20または30kV以上	

注)四国電力は2,000kW以上も6kV

2）受電

① 電圧は、右表の３種に区分される。

② 同一構内で本受電をすると、工事用仮設電力を廃止しなければならない。

■電圧の種別

電圧の種別	直流	交流
低圧	750V以下	600V以下
高圧	750Vを超え 7,000V以下	600Vを超え 7,000V以下
特別高圧	7,000Vを超えるもの	

《2》屋内配線

電圧を高くすると電流が少なくなり、電線を細くすることができる（配線費は安くなる）。ただし、電圧が高いと安全性の問題があるので、一般の人々の触れるコンセント等は100Vとしている。

■電気方式と用途

電気方式(相線数)	定格電圧(V)	主な用途及び特徴
単相2線式	100	100Vは一般住宅・小規模ビルに使用され、大規模ビルの電灯にも使用する。 200Vは、蛍光灯・職業用電熱器・電動機に採用される。
単相3線式	100/200	100Vは電灯・コンセントの幹線。 200Vは40W以上の蛍光灯等に用いられる。
三相3線式	200	動力用及び中規模以上の建物の40W以上の蛍光灯等、主に一般低圧電動機の幹線と分岐回路、若しくは単相200V分岐回路等に用いられる。
三相4線式	240/415	40W以上の蛍光灯に200V級、動力用に400V級等、大規模な建物で負荷が大きい場合に用いられる。

1）幹（かん）線

① 幹線は、主配電盤(引込口)から分電盤(分岐回路の分岐点)までの配線をいう。幹線の計画にあたっては、建物の規模、用途、負荷の特性等を把握し、電気的安全性、経済性、保守性等を考慮して最適な方式を選定する。

② ケーブルラックは、幹線のケーブル等を敷設するために使用するもので、はしご状のもの、底面が網状(パンチングメタル等)のものがある。

2）分電盤

① 幹線と分岐回路を接続するためのもので、分岐回路の開閉器、遮断器等を収めた盤をいう。原則として、各階に設置し、負荷の中心に近く、保守管理に便利な階段や廊下に設ける。

② 電気回路には、回路の種類と電圧によって、漏電遮断器（ろうでんしゃだんき）の取付けが義務付けられている。

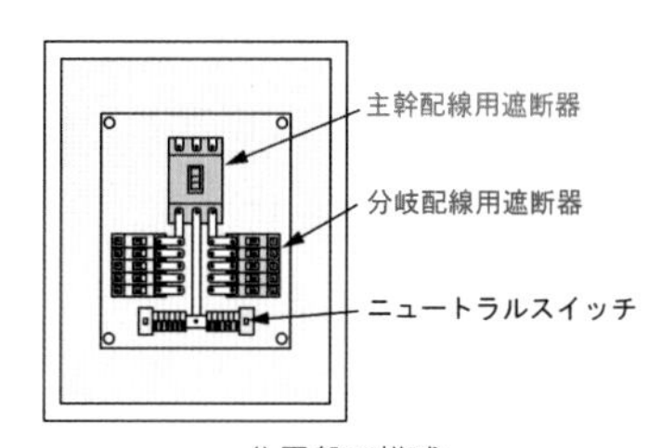

分電盤の構成

用語 漏電遮断器
漏電による感電事故や火災が発生する前に電路を遮断するための装置。

《3》配線工事

1）配線方式

① バスダクト配線

金属製ダクト内に絶縁物を介して銅またはアルミの導体を直接収めたもので、低圧バスダクト（使用電圧が低圧の電路に使用）と高圧バスダクト（使用電圧が高圧の電路に使用）がある。ケーブルよりも大容量の電力供給に適している。

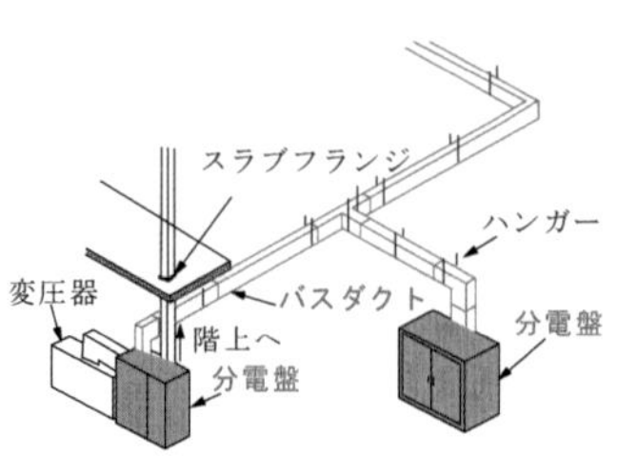

バスダクト配線

② ケーブル配線

可とう性、絶縁性、耐食性等を配慮し、保護をせず使用できるように、普通の絶縁電線に更に優れた性質をもたせたものである。住宅用の屋内低圧露出配線には、600Vビニル絶縁ビニルシースケーブルが使用される。電線には、電流による発熱で損傷を受けないように、許容電流の値が定められている。

③ 金属管配線（コンジェットチューブ）

軟鉄製の電線管内に配線するもので、壁やスラブ内の配線の工事方法である。コンクリート内への埋設及び露出または隠蔽（ぺい）した湿気の強い場所等への施設が可能である。

④ 硬質ビニル管配線

金属管配線とほぼ同様である。機械的強度は劣るが耐食性があり、化学工場や湿気の多い場所の工事に適する。コンクリートにも埋設できる。

⑤ 合成樹脂製可とう電線管配線

近年は施工性、経済性、廃棄物の処理において有利なCD管やPF管が用いられている。CD管、PF管は、低圧の配線に用いられるほかに、さや管ヘッ

用語 可とう電線管
金属や合成樹脂でできた蛇腹状の管の中に電線を通すものである。曲げやすいことから、屈曲部などにも用いられる。

用語 PF管
ポリエチレンやポリプロピレン等に塩化ビニル管をかぶせた耐燃性（自己消火性）のある合成樹脂可とう管。二重管と一重管がある。

用語 CD管
ポリエチレンやポリプロピレンで作られた、コルゲート状（管壁が蛇腹式のひだになっている）の合成樹脂可とう管の一種。耐燃性（自己消火性）はない。

ダー工法における給水管や給湯管のさや管にも使用され、コンクリート内にも埋設できる。

2）事務室の床配線方式

① フロアダクト配線

偏平な角パイプを、コンクリートスラブ内に縦横格子状に埋め込み、適当な箇所にジャンクションボックスを設けたもの。コンセントのほか、電話にも使用されることが多い。

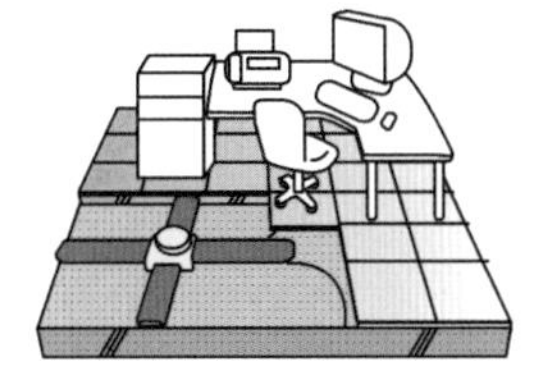
フロアダクト配線

② セルラダクト配線

コンクリートスラブの型枠として使用され、そのまま打ち込まれる波形デッキプレートの下面の溝を利用し、下面に特殊なプレートを取り付けて電気、電話等の配線ダクトにしたもの。

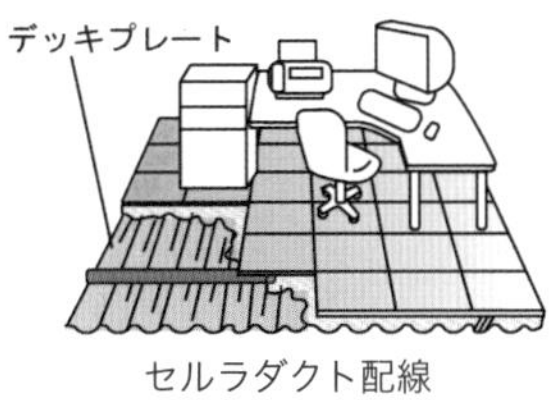

セルラダクト配線

③ アンダーカーペット配線

床上とカーペットの間に、ごく薄い平形のケーブルを直接敷設する配線方法。配線の増設や変更に対して容易に対応できる。

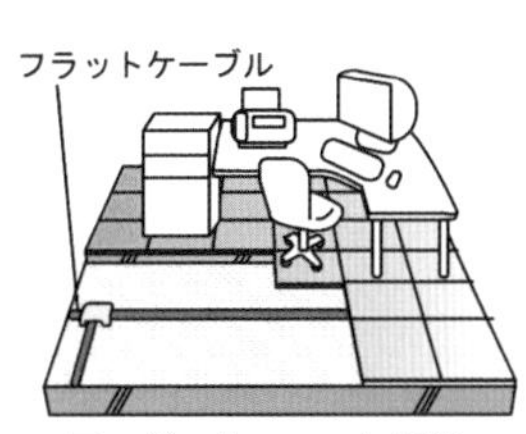

アンダーカーペット配線

④ フリーアクセスフロア配線

構造躯体の床の上に２重床として簡易床を造り、その床と床の間にOA機器等の配線をしたものをいう。

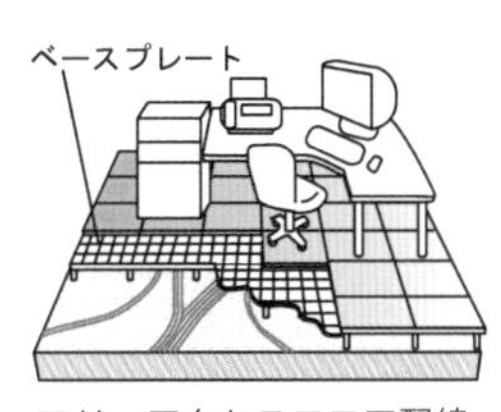

フリーアクセスフロア配線

《4》接地(アース)

電気設備や電気工作物等を大地と電気的に接続し、電流が流れうる回路を形成することを接地という。接地は機器の保護、及び保安あるいは公衆の安全のために設ける必要があり、これにより感電防止、静電気障害の防止、避雷器用通信障害の防止等の目的がある。接地工事には、対象施設、接地抵抗値及び接地線の太さに応じて、A種、B種、C種及びD種の4種類がある。

《5》照明設備

1)一般照明

① 主な照明の種類と用途を次に示す。

■照明の種類と用途

照明の種類	特徴及び主な用途
白熱電球	熱放射が多く、暖かい雰囲気を要する住宅、商店の照明に適している。蛍光ランプに比べて、ランプ効率が低い。
ハロゲン電球	昼光色、高輝度で、劇場・商店のスポットライト等の照明に適している。
蛍光ランプ	熱放射が少なく、一般事務室、住宅等の照明に適している。
Hf蛍光ランプ	熱放射が少なく、高効率、長寿命でちらつきが少なく、一般事務所の照明に適している。
水銀ランプ	光束が大きく長寿命なので体育館等の高い天井からの照明に適している。
高圧ナトリウムランプ	長寿命であり、天井の高い工場、ガソリンスタンド等の照明に適している。
低圧ナトリウムランプ	演色性が悪いため、使用場所が限定される。低輝度で、道路やトンネルの照明に適している。
メタルハライドランプ	演色性がよく、主にスポーツ施設などの照明に用いられる。
LED	他の光源の種類に比べ格段に寿命が長く、消費電力が少ない。省エネ対策として用いられる。

② 光源からの直接光を利用する直接照明の方が、天井、壁等の反射光を利用する間接照明より照明の効率はよい。

③ 調光装置は、電圧を変えることにより、白熱灯や蛍光灯の照度を調節することができる。

④ コードペンダントとは、吊下げ型の照明器具のうち、器具重量を支持することができる特殊なコードだけで吊り下げる器具をいう。

2）非常用の照明装置

非常用の照明装置は、火災時等に停電した場合に自動的に点灯し、避難上必要な一定の床面照度を確保することで、避難を速やかに行うことを目的とする照明設備である。

① 照明は直接照明とし、床面において１ルクス以上の照度を確保する。
② 照明器具のうち主要な部分は、難燃材料以上で造るか覆う。
③ 予備電源を設ける。
④ 電気配線は、専用回路とする。

3）誘導灯

誘導灯は、火災時に防火対象物内にいる者を屋外に避難させるため、避難口の位置や方向を明示し、または避難上有効な照度を与える照明器具をいい、避難口誘導灯、通路誘導灯、客席誘導灯がある。

避難口誘導灯

通路誘導灯

誘導灯の例

① 避難口誘導灯は、避難口とわかる表示をした緑色の灯火とする。防火対象物の避難口の上部等に、避難上有効に設ける。
② 通路誘導灯は、避難方向のわかる緑色の灯火とする。防火対象物の廊下等に、避難上有効に設ける。また、階段に設ける通路誘導灯は、非常用の照明装置と兼用できる。
③ 客席誘導灯は、客席の通路部分に設ける誘導灯で床面に避難上有効な照度を与えるものをいう。
④ 誘導灯の配線は、分電盤からの専用回路で配線する。

《6》避雷設備(雷保護システム)

雷撃によって生ずる火災や建物の破損、人身への傷害を防ぐ目的で、受雷システム、引下げ導線システム及び接地システムを設置して、雷撃を捕捉(ほそく)し、雷撃電流を安全に大地へ導くシステムである。

① 高さ20mを超える建築物には、有効に避雷設備を設けなければならない。

② 避雷設備受雷部の設計には、次の方法がある。

・保護角法

・回転球体法

・メッシュ法

③ 受雷部は、保護しようとする建築物等の種類、重要度等に対応した４段階の保護レベルに応じて配置する。受雷部システムは、次の組合せによって構成する。

・突針

・水平導体(むね上げ導体等)

・メッシュ導体

④ 鉄骨造の鉄骨、鉄筋コンクリート造の断面積が50㎟以上の鉄筋は、構造体利用の引下げ導線の構成部材として利用することができる。

《7》自動火災報知設備

1）自動火災報知設備の構成

自動火災報知設備とは、火災発生時に生じる煙、室温の異常な上昇、炎の発生等、平常時とは異なる物理的な現象を感知器(熱感知器・煙感知器・炎感知器)で自動的に検出し、受信機に信号を送り、火災発生場所の表示を行う。同時に、火災が発生したことを非常警報設備を使って建物内にいる人々に伝えるものである。

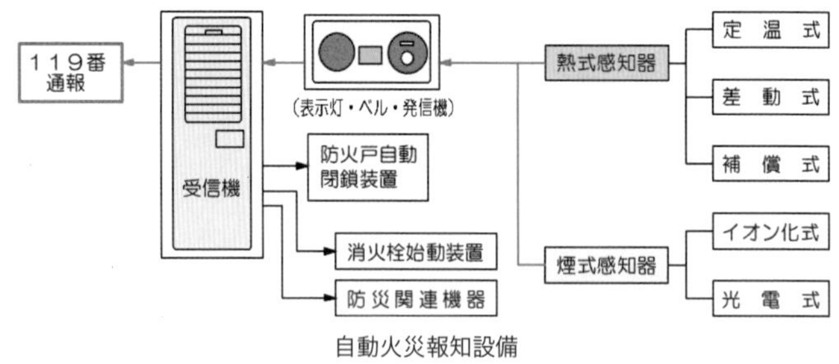

自動火災報知設備

■主な感知器の種類

名称	感知条件	感知範囲・概観・その他
光電式スポット型感知器	周囲の空気が一定濃度以上の煙を含んだとき火災信号を発信する。	局所の煙による光電子素子の受光量の変化により作動する。
光電式分離型感知器	周囲の空気が一定濃度以上の煙を含んだとき火災信号を発信する。	広範囲の煙の濃度を測定できるよう送光部と受光部が分離設置されたもの。
差動式分布型感知器	温度上昇率が一定以上のとき火災信号を発信する。	広範囲の熱効果の累積により作動するもの。
定温式スポット型感知器	温度が一定の温度以上になると火災信号を発信する。	局所の温度により作動するもので、外観が電線状以外のもの。

2）煙感知器

煙感知器は、火災の際煙を感知し、火災が広がるのを防ぐ装置に連動するものだが、煙は吸込口(排気口)に向かって流れるので、次に示す位置に設ける。

① 吸込口(排気口)の近くの位置。

② 吹出口(給気口)から1.5m以上離れた位置。

《8》非常警報装置

① 非常警報装置は、火災が発生したことを建物内にいる人々に知らせることを目的とする装置である。非常ベル、自動サイレン、放送設備の３種類がある。

② 非常ベル、自動サイレンの場合、火災が発生した時には起動装置を手動で操作し、音響装置を通して火災の発生を報知する。

《9》自家発電設備・蓄電池設備

電力会社から供給されている電力を常用電源という。地震・台風・火災などにより常用電源は停電することがある。これらに対処するために、建築基準法では予備電源、消防法では非常電源として、自家発電設備・蓄電池設備の設置が義務付けられている。

《10》情報通信設備

① **同軸ケーブル**

断面が円形状の主に電気通信用として使用される情報通信用のケーブル。

② **LAN**

構内情報通信網のことで、同一建物内等に分散配置されたパソコンやプリンター等の端末同士をつないで、データのやりとりの合理化を図る情報通信設備。

③ **PBX**

公衆交換電話網に多数の構内電話機を接続する電話交換機であり、電話設備に使用される。

④ **IP-PBX**

施設内のLANを利用してコンピューターやIP電話機などを使って内線通話を行う交換機であり、電話設備に使用される。外部の別のネットワークや公衆電話回線などとの中継・接続も行う。

《11》主な屋内配線の図示記号

■主な屋内配線の図示記号

名　称	図記号	名　称	図記号
分電盤	◢	スイッチ (点滅器)	●
配電盤	⊠	3路スイッチ (3路点滅器)	$●_3$
蛍光灯	□○□	壁付きコンセント	⦿ ⦶
白熱灯	○	情報用アウトレット (LANケーブル端子)	◙
換気扇	∞		

4 機械設備

《1》空調設備工事

(a) 空調方式

空気調和設備を熱の運搬方式で大別すると、全空気方式、全水方式、空気・水方式、冷媒方式の4つになる。それぞれの方式をさらに分類すると、次のようになる。

■空気調和方式の分類

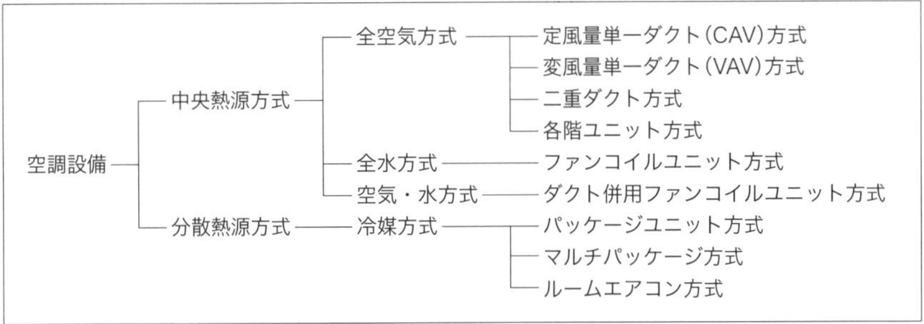

中央熱源方式は、建物全体の熱源設備を中央の機械室に設けたものである。空調設備装置が1箇所に集中してあるので、保守・管理が容易で、騒音や振動に対しても機械室内で処理すればすむ。ただし、ダクトやパイプ類が建物内に敷設されるので、かなりのスペースを必要とする。

1）全空気方式

① 定風量単一ダクト(CAV)方式

機械室に設置した空調機から、1本の主ダクトとその分岐ダクトにより、一定温度の冷風または温風を送り、各室の吹出し口より供給し空調を行う。送風量と送風温度の設定は、機械室で行う。各室

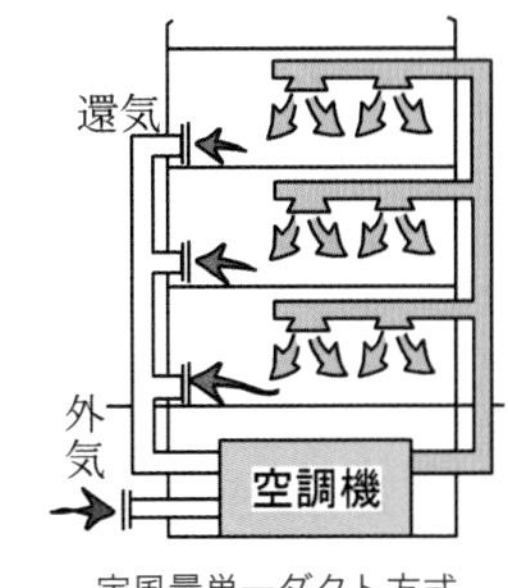

定風量単一ダクト方式

用語 単一ダクト方式
主機械室の空気調和機から各室まで、1系統のダクトで冷風または温風を送るものをいう。

ごとに送風量を調整することは不可能で、各室の熱負荷変動には対応できない。そのため、劇場やオーディトリウムなど、部分的な負荷変動が少ない場所に適している。

② **変風量単一ダクト(VAV)方式**

各室の変風量(VAV)ユニットごとに、冷暖房負荷に応じて吹出し風量を制御する方式である。そのため、定風量単一ダクト方式に比べて、エネルギー消費量を低減することができるが、一般に、室内の気流分布、空気清浄度を一様に維持することが難しい。また、熱負荷が小さい場合でも、極端に風量を少なくすることはできない(換気量の確保ができなくなる)ので、最小風量を定めておく必要がある。

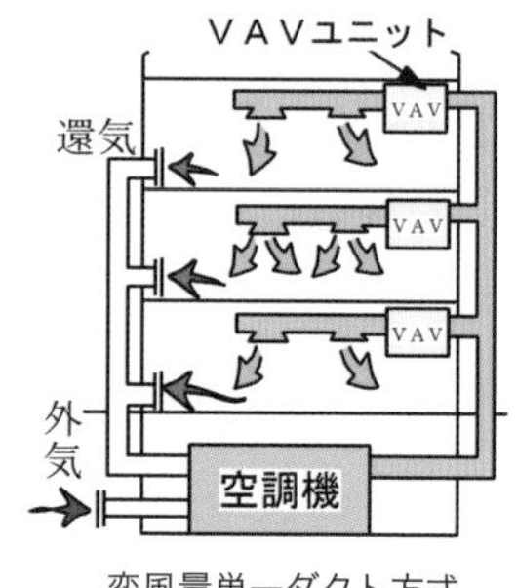

変風量単一ダクト方式

③ **二重ダクト方式**

常に温風と冷風を２本のダクトで必要な箇所に送風し、各々の箇所の熱負荷に応じて混合ボックスで混合し、各室に吹き出す方式である。１台の空調機で負荷変動の異なるたくさんの箇所に送風することができ、別々の部屋で暖房と冷房が混在していても対応できる。

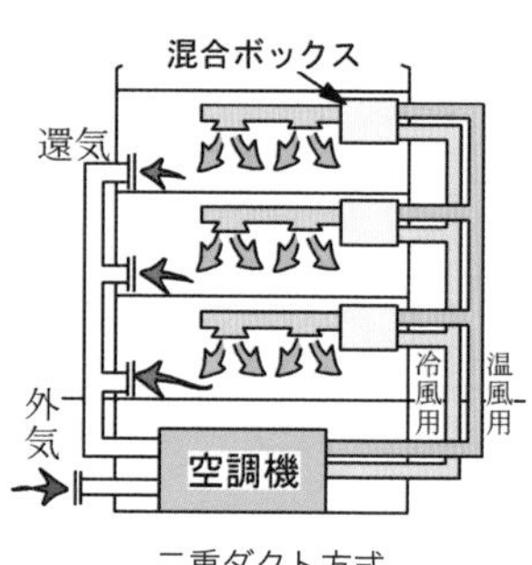

二重ダクト方式

④ **各階ユニット方式**

各階ごとに単一ダクト方式の空調機を設置し、空調する区域ごとに制御する方式である。中央機械室に外気処理する一次空調機を設置し、各空調区域または各階に、室内の熱負荷を処理する二次空調機を設置して、両者を組み合わせて行う。

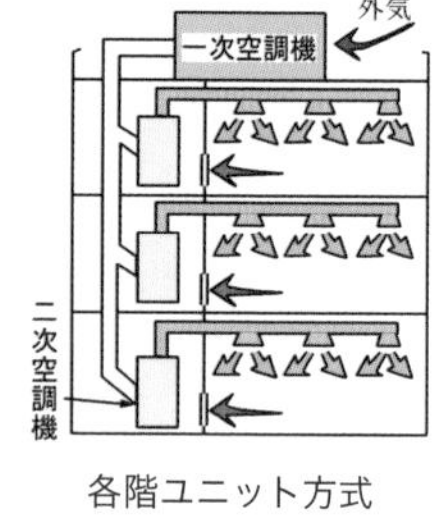

各階ユニット方式

ポイント 各室の温度調整

・定風量方式(CAV)
　送風のオン・オフのみ。
・変風量方式(VAV)
　送風量で行う。
いずれも送風温度を各室で調整することはできない。

2）全水方式

ファンコイルユニット(FCU)方式

- 中央機械室の熱源機器で冷水または温水をつくり、各空調区域や各室に設置されたファンコイルユニットに冷温水をパイプで供給し、空調を行う方式である。中央機械室とファンコイルユニットは冷温水配管だけで結ばれるので、大きなダクトスペースを必要としない。ファンコイルユニットは、ユニットごとに風量の調節(温度調節)ができるので、個別制御が容易であり、病室、ホテル、旅館等に用いられる。
- ファンコイルユニットは、冬期における窓からのコールドドラフトを防ぐため、窓際に床置きとするのが望ましい。

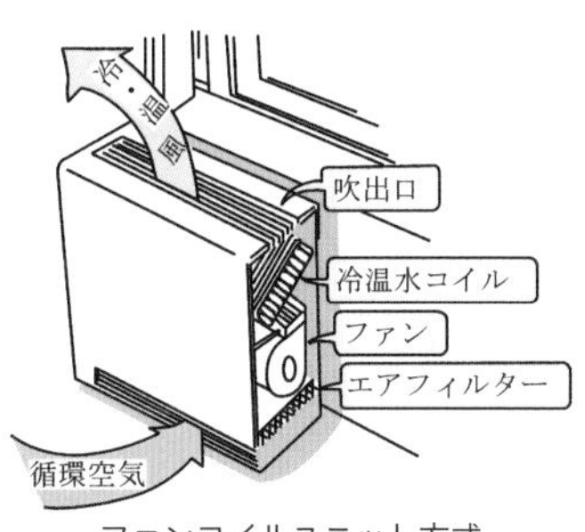

ファンコイルユニット方式

コールドドラフトの防止

3）空気・水方式

ダクト併用ファンコイルユニット方式

ファンコイルユニット方式では十分な換気が行えないので、中央機械室の一次空調機からダクトで外気を供給する方式である。定風量単一ダクト方式に比べてダクトスペースが小さくてすむ。

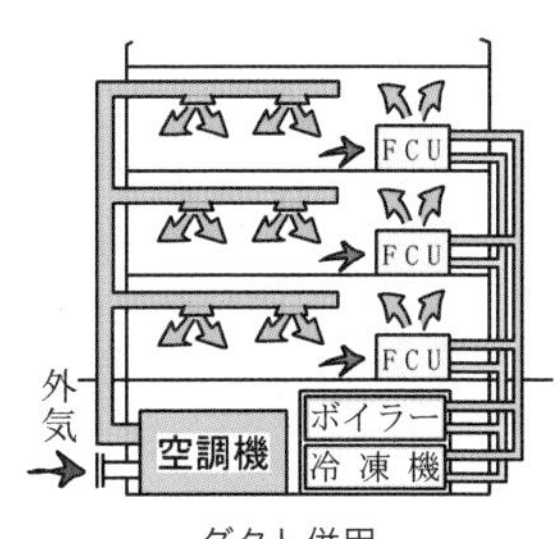

ダクト併用
ファンコイルユニット方式

用語 ファンコイルユニット
冷温水コイル、送風機(ファン)、エアフィルターなどを納めた小型の箱形ユニット。

用語 コールドドラフト
冬期に室内に低温の外気が流れ込むか、またはガラス等の冷壁面で冷やされた冷風が下降し、居住者に不快感を与える冷気流。

4）冷媒方式

① パッケージユニット方式

パッケージユニットまたはパッケージ型空気調和機といわれる冷凍機・冷却コイル・送風機・エアフィルター等を内蔵した空調機を、各空調区域や各室に設置して冷房を行う方式である。暖房は、空調機内の加熱コイルに温水または蒸気を供給して行う。**機械室、配管、ダクト等のスペースを小さくできる。**

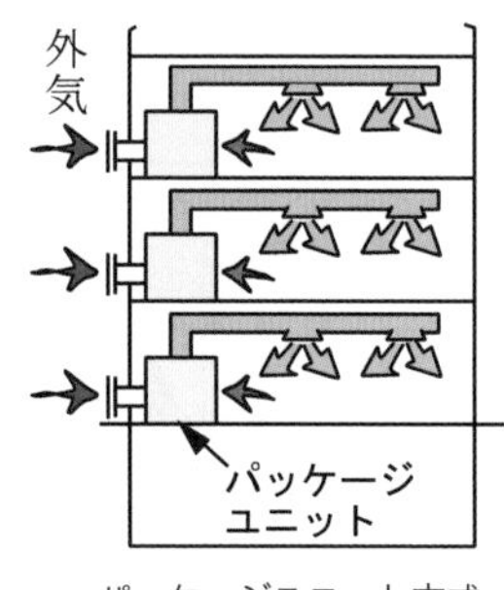

パッケージユニット方式

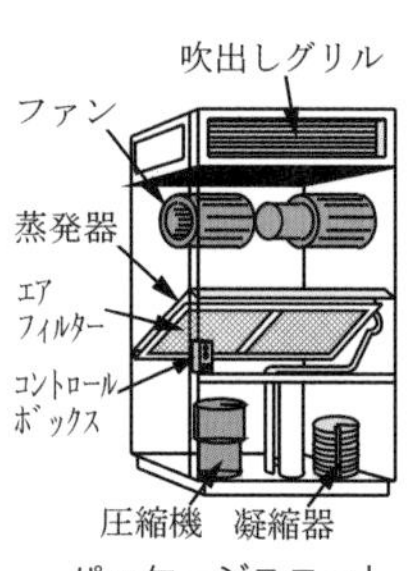

パッケージユニット

② マルチパッケージ方式

マルチパッケージ型空気調和機は、屋外に圧縮機、室外コイル、室外送風機などを内蔵した1台の室外機を設け、これに室内コイル、室内送風機、空気ろ過器等を内蔵した複数の室内機を冷媒配管で接続し、**ヒートポンプ方式**で空調する方式である。

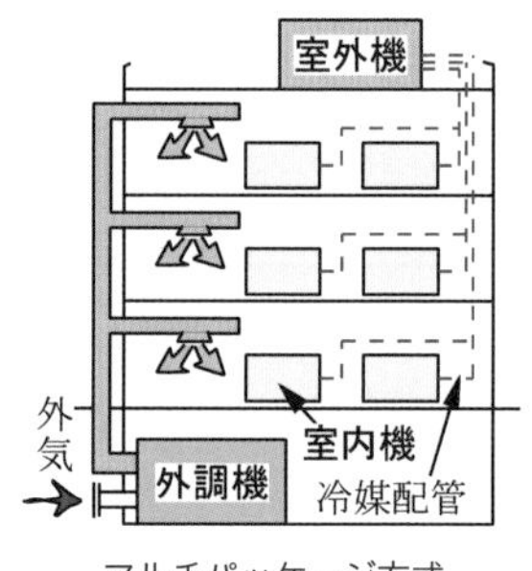

マルチパッケージ方式

(b) 防火ダンパー

1）防火ダンパーのしくみ

① 普段は羽根（ダンパー）がダクトと平行になっている。

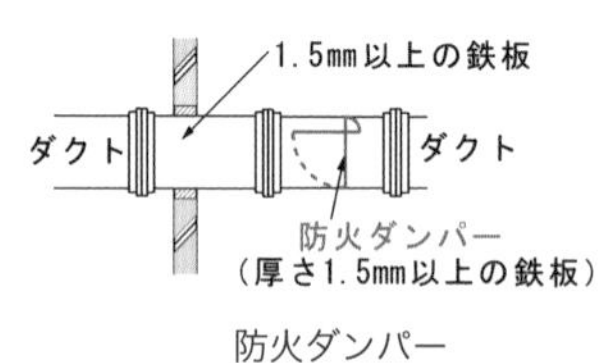

防火ダンパー

用語 **ヒートポンプ**

蒸発器の冷却作用を利用する冷凍機において、凝縮器から放熱される排熱を加熱作用に利用できるようにした装置。

② 火炎等でダクト付近が高温になると、ダクト近くに設けられているヒューズが溶け、羽根がダクトを遮断するように移動し、火炎がダクト内を伝わって広がることを防ぐ。

2）防火ダンパーの規定

① ダンパーと防火区画との間のダクトは、厚さ1.5㎜以上の鉄板で作る。

② 火災、誤作動後等の復旧のため、450㎜角以上の天井点検口を設ける。

《2》給排水衛生設備工事

(a) 給水設備

人間が生活を円滑に営んでいくためには、飲料水をはじめとして、調理、洗濯、洗面、風呂、掃除等に多量の生活用水を必要とする。

1）上水と再利用水（中水道（ちゅうすい））

給水設備で取り扱う水は、その使用目的によって下記のように上水と再利用水（中水道）に分類される。

① 上水

飲用・炊事・洗濯・洗面・入浴・水泳・プール用水・空調設備用水等。飲料や人体に直接触れる水をいう。

② 再利用水（中水道）

水の有効利用を図るため、雨水や**排水を再生処理**し、便器洗浄・散水等の**雑用水に再利用**するが、水栓に飲用不適の表示や管理を変えるなど十分な対策が必要である。

補足 **中水道**
上水と下水の中間に位置することから中水といわれている。

2）給水方式

① 水道直結直圧方式

水道本管から引き込み、直接各水栓に給水を行う方式である。2階建て程度の小規模建物向け。給水圧は水道本管に左右される。設備費及び維持費が最も安い。

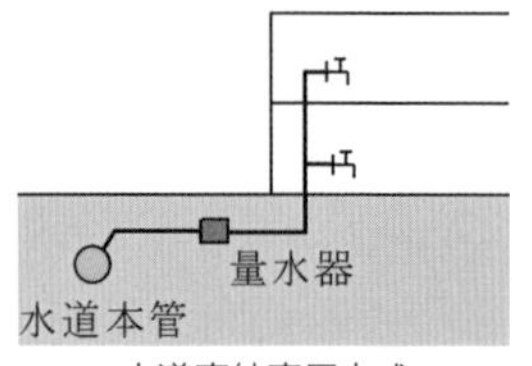

水道直結直圧方式

② 高置（こうち）水槽方式

受水槽の水をポンプで屋上の高置水槽に揚水し、重力によって各水栓に給水する方式である。中高層建築の一般的方法である。給水圧力の変動がほとんどなく、停電や断水時も高置水槽内に残存する量の給水が可能である。

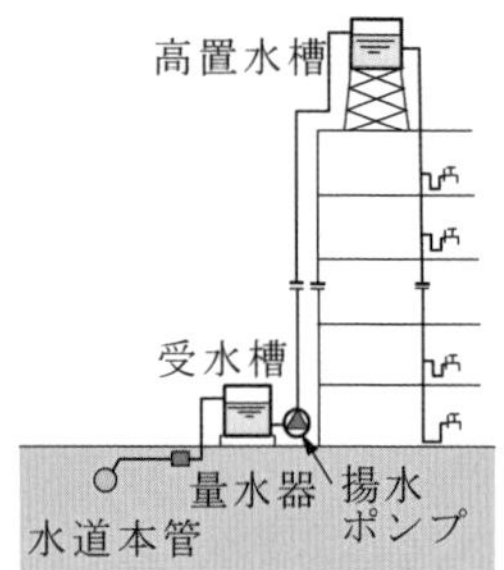

高置水槽方式

③ 圧力水槽方式

受水槽の水を給水ポンプで圧力水槽に送水し、圧力水槽内の圧縮された空気の圧力で給水する方式である。主として小規模な建物に用いられる。水圧の変動が大きく、停電時には給水ができない。

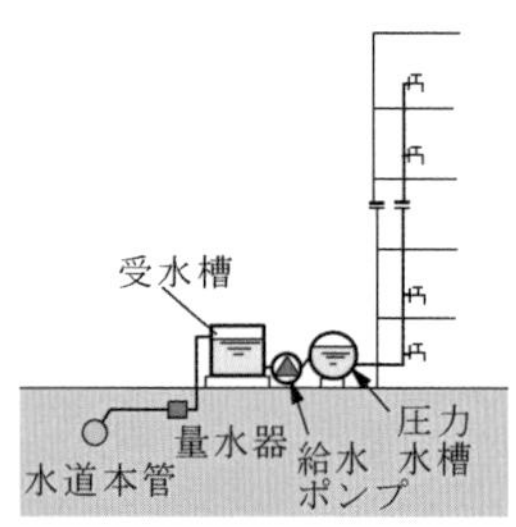

圧力水槽方式

④ ポンプ直送方式

受水槽の水を、給水ポンプで水栓に加圧送水する方式である。大規模住宅向け。高置水槽は不要であるが、自動制御に費用がかかり、設備費が高くなる。

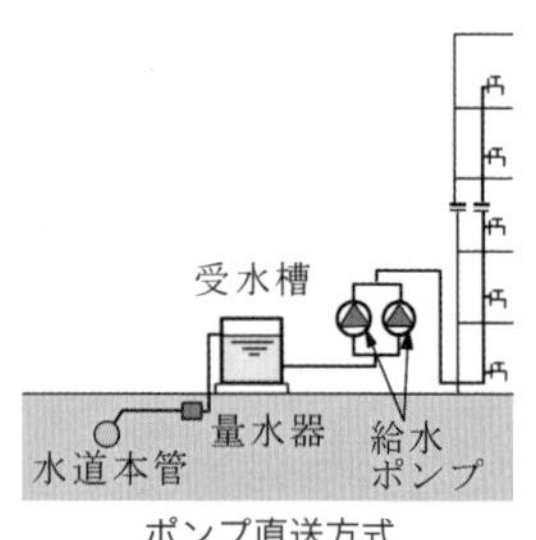

ポンプ直送方式

⑤ 水道直結増圧給水方式

水道本管から分岐した水道引き込み管に増圧給水装置を直結し、建物各所に給水する方式である。受水槽、高置水槽ともに不要である。事前協議が必要となる。

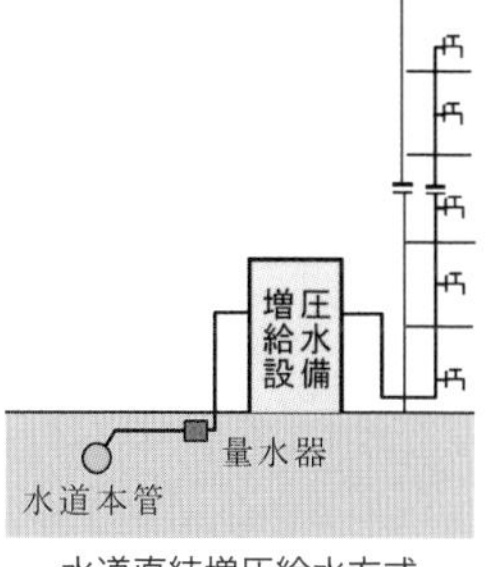

水道直結増圧給水方式

3）受水槽

① 受水槽の容量は、１日の予想給水量をもとに、給水能力や使用時間等を考慮して決める。

② 飲料水タンクは、外部から保守点検を容易かつ安全に行うことができるよう、建築物の部分からタンクの天井までは１m以上、底または周壁までは60㎝以上離さなければならない。したがって、受水槽の天井、底又は周壁は、建築物の構造体と兼用してはならない。点検用のマンホールは、人が中に入って点検するため、直径60㎝以上必要となり、そのため上部は１m以上あける。

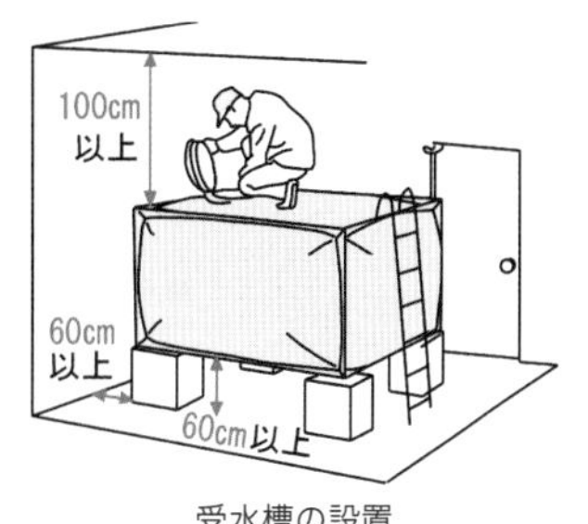

受水槽の設置

③ 受水槽の有効容量が２m³以上の場合は、通気装置を設ける。

4）給水管の施工

① 給水管と排水管が平行して埋設される場合には、原則として両配管の水平間隔は50㎝以上とし、かつ、給水管は排水管の上方に埋設する。また、両配管が交差する場合も、給水管は排水管の上方に埋設する。

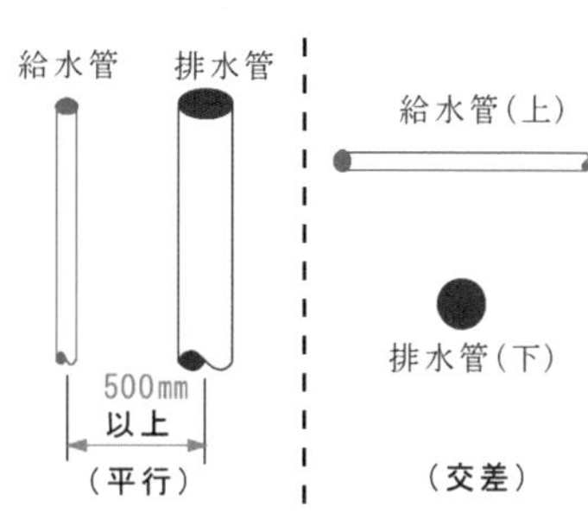

給水管と排水管の位置関係

② 地中埋設深さ(土かぶり)は、一般敷地内では30cm以上、車両通路では60cm以上、重量車両通路では120cm以上とする。ただし、寒冷地では凍結深度以上とする。

③ 水栓等を急閉鎖した場合、騒音・振動を生じる現象をウォーターハンマーといい、水圧が高く流速が速いと生じやすい。対策として、

・急閉止の器具の使用を避ける。

・管内流速を２m/s以下となるように管径を太くする。

・エアチャンバー等の水撃防止器を付ける。

等の方法がある。

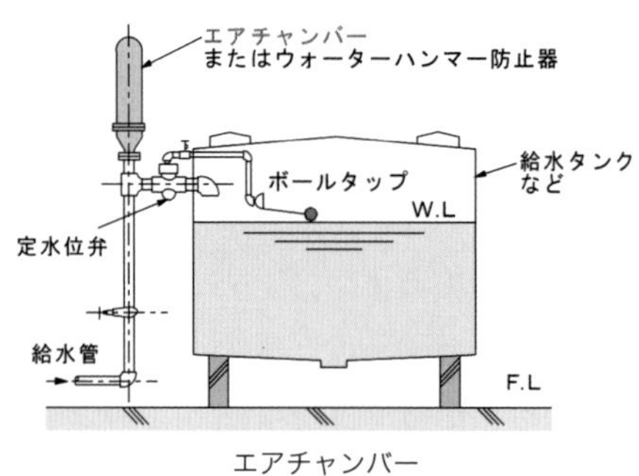

エアチャンバー

④ バキュームブレーカー

バキュームブレーカーとは、使用した水が逆サイホン作用により上水系統へ逆流するのを防止する装置であり、給水管内に生じた負圧に対して自動的に空気を補充するものである。

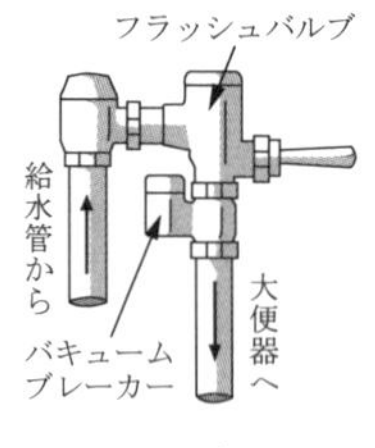

バキュームブレーカー

用語 **エアチャンバー**

配管に生ずる水撃圧を吸収するために配管途中に取り付けられる空気だまりとなる配管部分。

(b) 排水設備

1）排水の種類

汚　　水：大小便器等からの排水。

雑 排 水：流し・浴槽・床排水・洗面器等からの排水。

雨　　水：屋根・庭等からの雨水排水。

特殊排水：工場・研修所・病院等からの酸・アルカリ等の薬品、放射性物質等が含まれる特殊排水。

2）排水方式

公共下水道の排水方式には、合流方式と分流方式がある。

① 合流式下水道：汚水（し尿汚水と雑排水）と雨水を同一管きょで流す１管式。

② 分流式下水道：汚水（し尿汚水と雑排水）と雨水を別々の管きょで流す２管式。

3）排水横管の勾配

排水横管は凹凸がないように、かつ適切な勾配で配管する。勾配は、管が太いものの方が、細いものに比べて小さくできる。

■排水横管の勾配

管径（mm）	勾配
65以下	最小　1/50
75、100	最小　1/100
125	最小　1/150
150以上	最小　1/200

4）排水トラップ

① 下水管等からのネズミ、害虫の侵入や悪臭を遮断する目的で設ける。

② 排水トラップの深さは、50 ～ 100mmとする。

③ 二重トラップとならないように設ける。

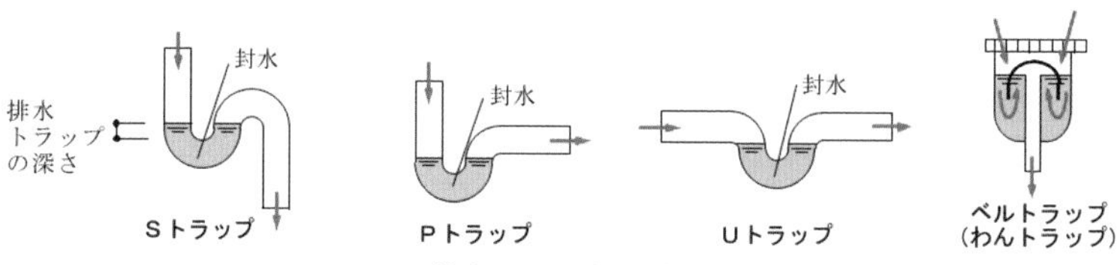

排水トラップの基本形

5）通気管

① 配管内の気圧の均衡を保ち、トラップの封水がなくなるのを防ぎ、排水管内の換気を行う等の目的で設ける。
② 管内の水滴が自然流下によって排水管へ流れるようにし、逆勾配にならないように排水管に接続する。
③ 他の配管との兼用はできない。

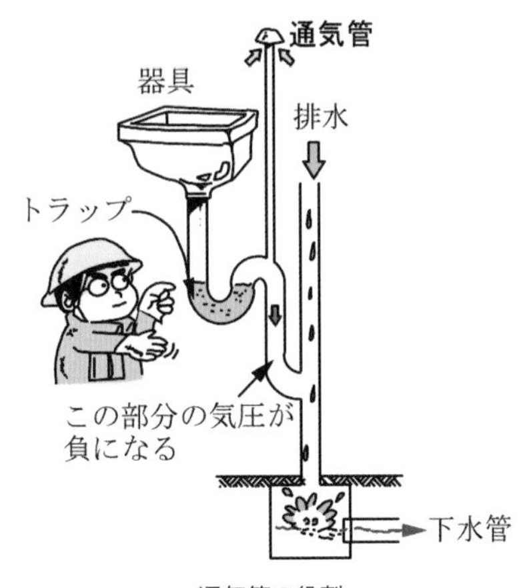

通気管の役割

6）雨水排水管

雨水排水立て管は、汚水排水管若しくは通気管と兼用し、またはこれらの管に連結してはならない。

7）地中埋設排水管（管きょ）

① 排水管用材料は、遠心力鉄筋コンクリート管、硬質塩化ビニル管とする。なお、遠心力鉄筋コンクリート管を用いる場合は、外圧管を用いる。
② 遠心力鉄筋コンクリート管の埋設は、ソケットの受口を上流に向けて、下流部より始め、順次上流部に向けて行うのがよい。
③ ソケット管をゴム接合とする場合は、ゴム輪を用いて所定の位置に密着するように差し込む。

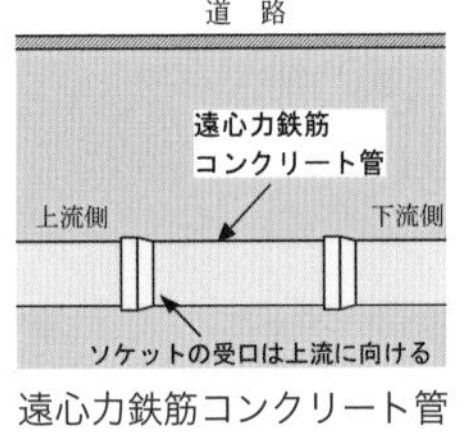

遠心力鉄筋コンクリート管

④ 硬質ポリ塩化ビニル管とコンクリート製マンホール及び桝との取付け部には、管の外面に砂付け加工を行った管を使用する。
⑤ 管きょの勾配は、やむを得ない場合を除き1/100以上とする。

8）排水桝

① **桝またはマンホールの設置箇所**
- 排水管・雨水管の起点及び合流点
- 配管の勾配が45度以上の角度で方向を変える箇所

・配管勾配が著しく変化する箇所
・延長が長い排水管の途中で、管径の120倍を超えない範囲内の箇所
・排水横主管と敷地排水管の接続箇所

② **雨水桝**

「ため桝」によることを標準とし、深さ150mm以上の泥だめを設ける。ふたはマンホールふたまたは格子ふたとする。雨水桝に接合する配管は、流入配管を上にして流出配管とは20mm程度の管底差をつける。

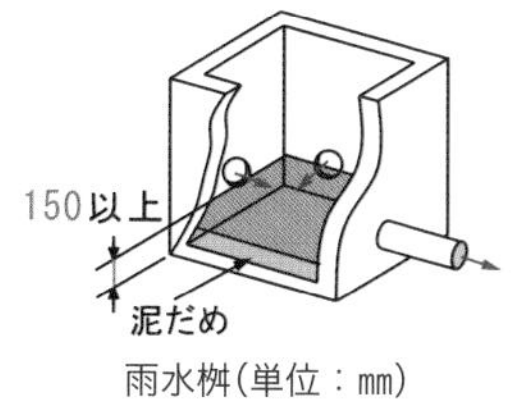

雨水桝(単位：mm)

③ **汚水桝**

「インバート桝」によることを標準とし、ふたはマンホールふたとする。インバートとは、排水系統や下水道において、下水桝やマンホールの底部に設けられる下面を半円形に仕上げた導水溝である。

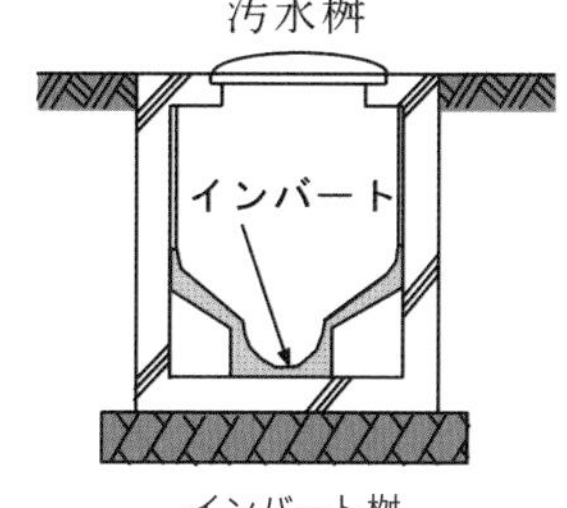

インバート桝

9）間接排水

間接排水とは、排水管を直結して排水することをせず、排水管を一度大気中で縁を切り、所定の排水口空間または排水口開放を設けて、適切な間接排水用の水受け容器等へ開口させて排水するものである。飲料水・食物・食器等を使用または取り扱う機器・装置からの排水は間接排水とする。一般の排水管に直結して排水すると、排水管に詰り等が発生した場合、汚水が機器内に浸入し、機器内の飲料水・食物・食器等を汚染し、衛生上非常に危険な状態となるためである。

《3》消火設備

1）屋内消火栓

① 消火器とともに在居者による初期消火の主要な設備で、小規模な建物を除

きほとんどの建物に必要である。１号消火栓は、放水圧力0.17～0.7MPa、放水量130L/min以上で、全ての防火対象物に設置可能である。２号消火栓は、放水圧力0.25～0.7MPa、放水量60L/min以上で、１人で操作可能なため、旅館やホテル、社会福祉施設に適しているが、「工場又は作業場」と「倉庫」には設置できない。１号消火栓の警戒範囲は半径25m（２号は15m）で、その階のいずれの部分も包含できるように配置する。

② 屋内消火栓設備には、非常電源を附置しなければならない。

2）スプリンクラー設備

天井等に２～３m間隔で設置されたヘッドから、火災の際の熱等によって自動的に散水し消火を行うとともに、管内の流水でアラーム等を鳴らし警報を行うもので、初期消火に最も効果があり信頼性も高い。物販店舗、展示場等に用いられる。

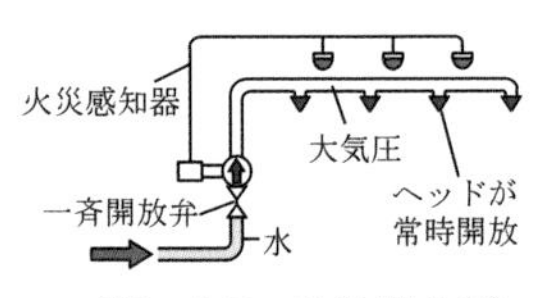

スプリンクラー設備（開放型）

3）水噴霧(ふんむ)消火設備

水噴霧ヘッドによって水を霧状に状態変化させて噴霧放水する設備で、霧状の水はエマルション効果を有し、指定可燃物の貯蔵取扱所、駐車場等屋内消火栓やスプリンクラー設備で消火できない防火対象物に用いる。博物館や図書館の収蔵庫には、水損を考慮し、使用されない。

水噴霧消火設備

4）泡消火設備

火源に多量の泡を放出して、表面を泡で覆(おお)い窒息(ちっそく)作用と冷却作用によって消火する設備で、特に引火点の低い油類による火災の消火に適している。飛行機の格納庫、自動車の整備工場、駐車場等に採用されるが、電気絶縁性がないので電気火災の多い電気室、通信機器室、ボイラー室には不適である。

5）不活性ガス（二酸化炭素）消火設備

ボンベに加圧液化された不活性ガスを放出し、酸素濃度を下げ、主に窒息（希釈）作用により消火する。電気や油火災及び水損を嫌う電気室や通信機器室あるいは図書館の書庫等に用いられる。

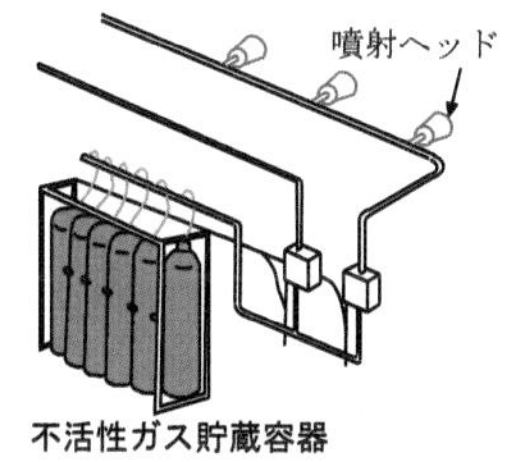

不活性ガス消火設備

6）粉末消火設備

粉末消火薬剤を放射して火災を消火する設備で、主に油火災等の表面火災に適用される。また、凍結しないので、寒冷地においても適している。

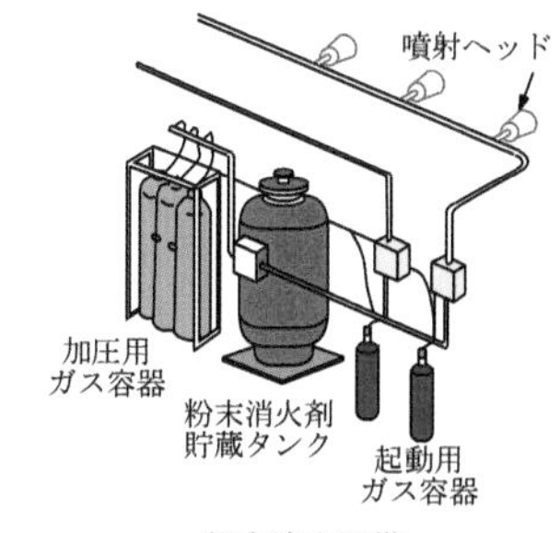

粉末消火設備

7）屋外消火栓

建物の１、２階の火災を屋外から消火するもので、広い敷地に多数の１、２階建の建物があるような場合に適した消火設備である。
地上型と地下型とがある。有効範囲は40mで、屋外消火栓は車や雪等で使用できないことのないようにする。

8）連結送水管

高層ビルの本格消火のための「**消火活動上必要な施設**」の一つで、屋外に消防ポンプ車からの送水口、屋内に公設消防隊のホースに接続する放水口を備えた送水管である。

9）連結散水設備

煙が充満し火元の確認や消火活動の困難な地下街等の本格消火のための設備で、スプリンクラーと同様の散水ヘッドを何系統かに分けて配管し、ポンプ車からの送水口付近に設けた選択弁により、放水区画を切替可能とし、シャワー状の水で消火する。

10）ドレンチャー設備

外部の火災から建物を防護するため、延焼の恐れのある屋根、外壁、開口部にドレンチャーヘッドを設置し、ヘッドからの放水による水幕で隣接建物からの延焼を防止する設備である。設備の方式は、開放形スプリンクラー設備と同様である。国宝や重要文化財等にも設置されている。

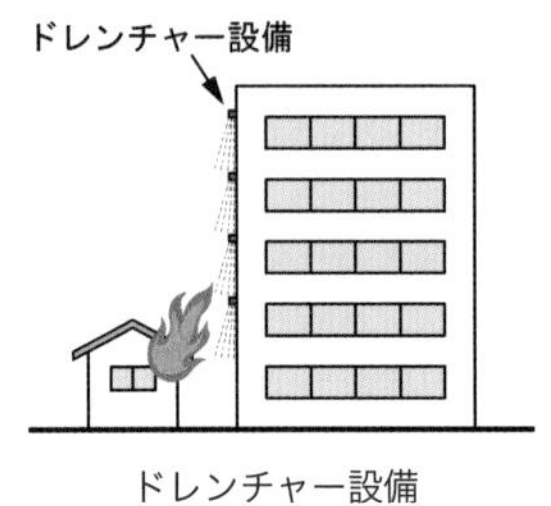

ドレンチャー設備

11）消防用水

① 火災が発生した際、消防ポンプ自動車が放水できるように、防火水槽等に蓄えられている水である。

② 消防用水は、消防ポンプ自動車が２m以内に接近できるように設ける。

《4》エレベーター

1）一般の規定

① 給水・排水等の配管設備は、エレベーターの昇降路内に設けない。ただし、エレベーターに必要な配管設備や、地震時においてもエレベーターの機能に支障が生じないものとして、国土交通大臣の認定を受けたものはこの限りでない。

② 出入口の床先とかごの床先との水平距離は、４㎝以下とする。

2）非常用エレベーター

① 高層建築物の火災の際、消防隊が使用するエレベーターで、消防運転の機能を有する。

② 一般的に、はしご車が届かないと考えられる高さ31mを超える建築物に設ける。

5 見積・積算

積算とは、工事に必要な材料・工費・経費を拾い出して集計すること。
見積りとは、算出した数量に単価を掛けて工事価格を算出することである。

《1》工事費の構成

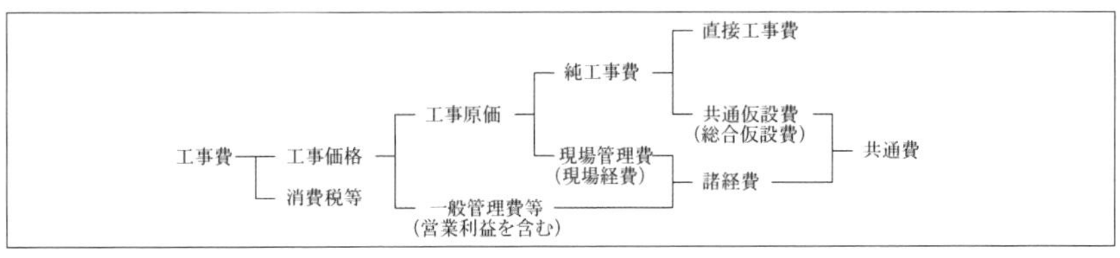

この表より、

工　事　費＝工事価格＋消費税等
工事価格＝工事原価＋一般管理費等
工事原価＝純工事費＋現場管理費
純工事費＝直接工事費＋共通仮設費
諸　経　費＝現場管理費＋一般管理費等
共　通　費＝共通仮設費＋諸　経　費

① 直接工事費

建築物を造るために直接必要な費用であり、材料費・施工費・加工費・運搬費に分類され、直接仮設及び直接工事に伴う下請経費等が含まれる。また、直接工事に必要なやりかた、足場等の直接仮設費を含む。

② 共通仮設費

各種目共通して必要な仮設費をいい、現場事務所の設置や動力、光熱、用水等に要する費用をいう。総合仮設費ともいう。

③ 現場管理費

工事現場の管理に要する費用をいう。

④ 一般管理費

個別の工事には直接必要ではないが、本支店経費、営業費、研修費など、事業経営上欠かせない費用をいう。

《2》数量の算出

積算に用いる数量は、次による。

① **設計数量**

設計図から読み取れる寸法、箇所数から算出された正味の数量。コンクリートの体積、左官工事や塗装工事等の仕上げ面積、鉄骨・鉄筋の加工組立等の数量などがあげられる。

② **所要数量**

施工上必要と認められる割増を含んだ数量であり、加工時に生じる切りむだを含んだ数量。鉄筋・鉄骨・木材等の数量があげられる。

③ **計画数量**

設計図書に示されていない施工計画等に基づいて算出した数量。仮設や作業上必要な余掘り(よぼり)を見込んだ根切り土量等があげられる。

《3》数量積算

1）コンクリート

① 鉄筋及び小口径管類によるコンクリートの欠除はしない。

② 鉄骨によるコンクリートの欠除は、鉄骨の設計数量7.85tを1.0m^{3}として換算した体積とする。

③ 窓・出入口等開口部によるコンクリートの欠除は、原則として建具類等の開口部の内法(のり)寸法とコンクリートの厚さとによる体積とする。ただし、開口部等の面積が1箇所当たり0.5m^{2}以下の場合は、原則としてコンクリートの欠除はしない。

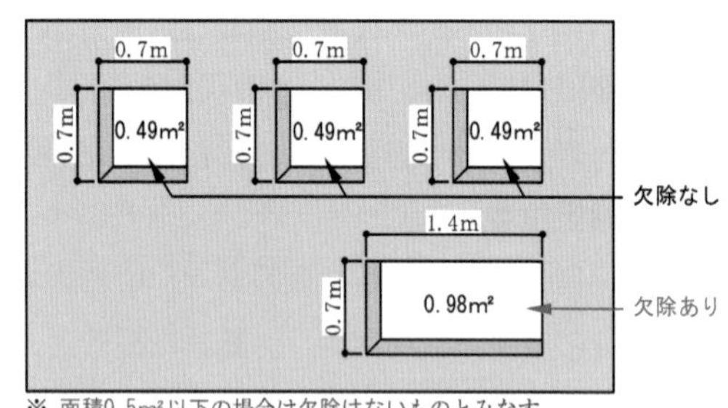

※ 面積0.5m^{2}以下の場合は欠除はないものとみなす

コンクリートの欠除

2）型枠

① 型枠の数量は、型枠の種類・材料・工法、コンクリートの打設面積等により区別し、面積を算出する。

② 梁と床板及び基礎梁等と底盤の接続部を除き、コンクリートの計測・計算の定めによる「さきの部分」の接続部の型枠について、接続部の面積が1 m²以下の箇所は、欠除はしない。

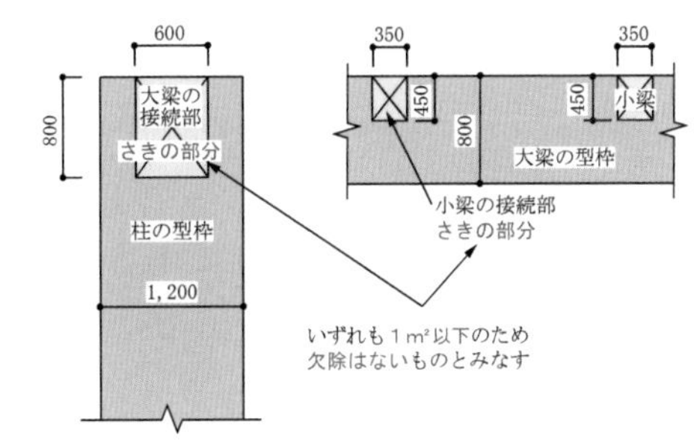

さきの部分の欠除

③ 窓・出入口等開口部による型枠の欠除は、原則として建具類等の内法寸法とする。

なお、開口部等の面積が1箇所当たり0.5m²以下の場合は、原則として型枠の欠除はしない。

④ 斜面の勾配が3/10を超える場合、及び階段の踏面、階の中間にある壁付きの梁の上面は、その部分の上面型枠を計測の対象とする。

■コンクリート・型枠の欠除

	コンクリート	型枠
開口部等	1箇所当たりの面積が0.5m²を超える	1箇所当たりの面積が0.5m²を超える
さきの部分	−	接続部の面積が1 m²を超える
体積	鉄骨の設計数量7.85tを1 m³に換算	−

3）鉄筋

鉄筋について、その所要数量を求めるときは、その設計数量に4％の割増をする。

4）鉄骨

① 鉄骨材料について、所要数量を求めるときは、設計数量に次の割増をする。

- ○ 形鋼・鋼管及び平鋼 ——— 5％
- ○ 広幅平鋼及び鋼板（切板）— 3％
- ○ ボルト類 ——————— 4％

② 鋼板は、原則として設計寸法による面積を計測・計算する。ただし、複雑な形状のものは、その面積に近似する長方形として計測・計算することができる。

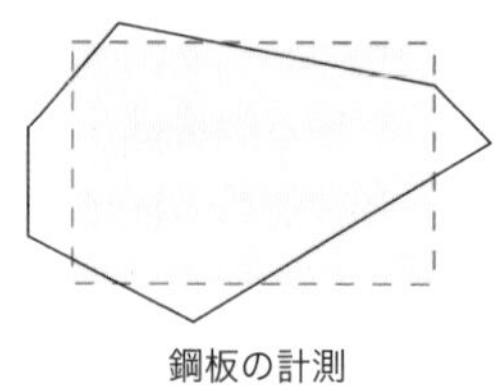
鋼板の計測

5）木材

造作材の所要数量は、図面に記載されている仕上げ寸法に削り代・切りむだを見込んで算出する。

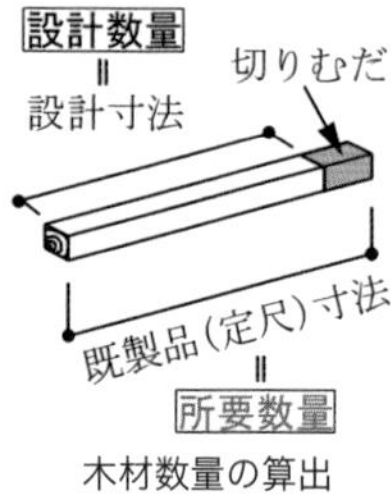

木材数量の算出

《4》その他

1）歩掛り（ぶがかり）

歩掛りとは、単位工事量当たりの材料、労務、機械器具等の標準的な所要数量をいう。

2）積算上の単位

■積算上の単位

資材	単位
建具	箇所
ガラス	m^2
アスファルト防水層	m^2
根切り土	m^3
コンクリートブロック	m^2
木材	m^3

5

法規

1 建築基準法

《1》用語の定義（法第２条）

1）建築物（第一号）

建築物として扱うものは、土地に定着する工作物で次の①～⑤のいずれかに該当するものである。

① 屋根及び柱若しくは壁を有するもの（これに類する構造のものを含む）

② ①に附属する門若しくは塀

③ 観覧のための工作物

④ 地下若しくは高架の工作物内に設ける事務所、店舗、興行場、倉庫等

⑤ ①～④に設けられる建築設備

これに対し、建築物として扱わないものは、次のⒶ～Ⓒなどである。

Ⓐ 鉄道及び軌道の線路敷地内の運転保安に関する施設並びに跨線橋

Ⓑ プラットホームの上家（うわや）

Ⓒ 貯蔵槽

2）特殊建築物（第二号）

① 一般に、多数の人の利用する建築物、教育、スポーツ、商業施設等の建築物、火災の危険性の高い建築物等をいう。

〔主な特殊建築物〕

学校、体育館、病院、劇場、観覧場、集会場、展示場、百貨店、市場、ダンスホール、遊技場、公衆浴場、旅館、共同住宅、寄宿舎、下宿、工場、倉庫、自動車車庫、危険物の貯蔵場、汚物処理場、映画館、演芸場、公会堂、ホテル、マーケット、キャバレー、自動車修理工場、児童福祉施設等（老人福祉施設、有料老人ホーム）、図書館、博物館、飲食店、物品販売業を営む店舗（コンビニエンスストア等、床面積が10m^2を超えるもの）、テレビスタジオ、映画スタジオ

② 事務所及び専用住宅は、特殊建築物に該当しない。

3）建築設備（第三号）

建築物に設ける電気、ガス、給水、排水、換気、暖房、冷房、消火、排煙、汚物処理の設備、煙突、昇降機、避雷針をいう。

4）居室（第四号）

居住、執務、作業、集会、娯楽その他これらに類する目的のために継続的に使用する室をいう。

① 居　　　室：事務所の事務室、レストランの調理室、百貨店の売場、公衆浴場の浴室等

② 居室でないもの：住宅の浴室、洗面所、便所、自動車車庫、倉庫等

5）防火構造（第八号）

建築物の外壁又は軒裏の構造のうち、防火性能に関して政令で定める技術的基準に適合する鉄網モルタル塗、しっくい塗その他の構造で、国土交通大臣が定めた構造方法を用いるもの又は国土交通大臣の認定を受けたものをいう。

6）不燃材料（第九号）

建築材料のうち、不燃性能（通常の火災時における火熱により燃焼しないことその他の政令で定める性能をいう。）に関して政令で定める技術的基準に適合するもので、国土交通大臣が定めたもの又は国土交通大臣の認定を受けたものをいう。

主な不燃材料：コンクリート、れんが、瓦、陶磁器質タイル、鉄鋼、アルミニウム、金属板、ガラス、モルタル、石など。

7）耐火建築物（第九号の二）

主要構造部を耐火構造（又は同等の性能を有する技術的基準）とし、かつ、外壁の開口部で延焼の恐れのある部分に防火設備（遮炎性能を有するもの）が設けられたものをいう。主要構造部を耐火構造としても、防火設備が設けられていないものは耐火建築物に該当しない。

用語 **耐火構造**

鉄筋コンクリート造、又は鉄骨に耐火被覆を施したもの

耐火建築物
- 主要構造部…耐火構造(又は同等の技術的基準)
- 外壁の延焼のおそれのある部分の開口部…防火設備(遮炎性能)

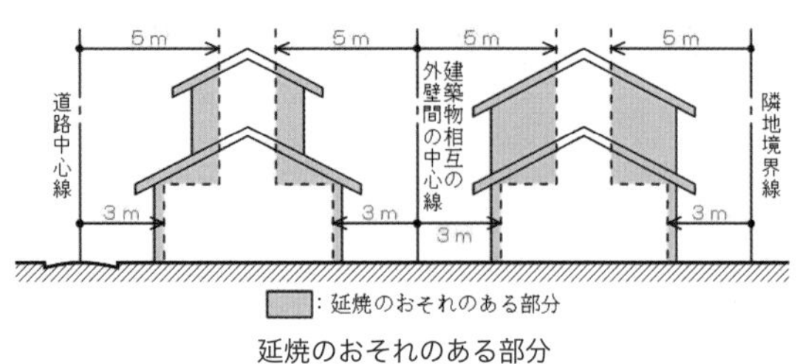

延焼のおそれのある部分

8) 設計図書(第十二号)

建築物、その敷地又は工作物に関する工事用の図面及び仕様書をいう。なお、現寸図は設計図書に含まれない。

9) 建築(第十三号)

建築物を①新築し、②増築し、③改築し、又は④移転することをいう。

① 新築とは、敷地(更地)に新規に建築物を建てることである。

② 増築とは、同一敷地内の建築物の床面積を増やすことである。

③ 改築とは、建築物の全部若しくは一部を除去して、以前と構造・用途・規模が著しく異ならないものを建てることである。

④ 移転とは、原則として、同一敷地内で、建築物の位置を移動することである。

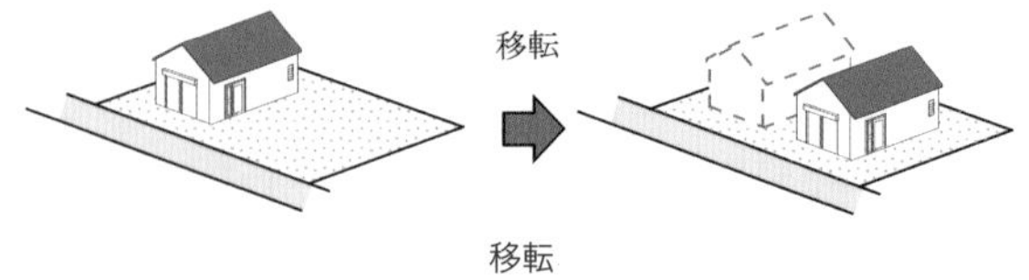

移転

10) 大規模の修繕・模様替(もようがえ)(第十四号、第十五号)

「大規模の修繕」又は「大規模の模様替」は、主要構造部の過半の修繕又は模様替をいう。例えば、間仕切壁、間柱、最下階の床、屋外階段は主要構造部に含まれないため、その過半の修繕は大規模の修繕に該当しない。

主要構造部	主要構造部から除かれる部分（構造上重要でない下記の部分）
1壁	間仕切壁
2柱	間柱、附け柱
3床	揚げ床、最下階の床、廻り舞台の床
4梁	小梁
5屋根	ひさし
6階段	局部的な小階段、屋外階段

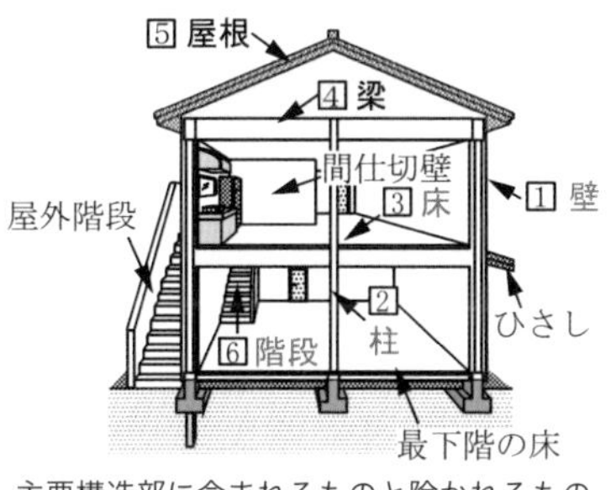

主要構造部に含まれるものと除かれるもの

11）建築主（第十六号）

建築物に関する工事の請負（うけおい）契約の注文者又は請負契約によらないで自らその工事をする者をいう。

12）設計者（第十七号）

その者の責任において、設計図書を作成した者をいう。

13）工事施工者（第十八号）

建築物、その敷地若しくは工作物（法第88条第１項～第３項）に関する工事の請負人又は請負契約によらないで自らこれらの工事をする者をいう。

14）構造耐力上主要な部分（令第１条第三号）

基礎、基礎ぐい、壁、柱、小屋組、土台、斜材、床版、屋根版又は横架材で、建築物に作用する荷重等を支えるものをいう。前出の主要構造部とは異なるので注意する。例えば、建築物の基礎は、構造耐力上主要な部分には該当するが、主要構造部には該当しない。

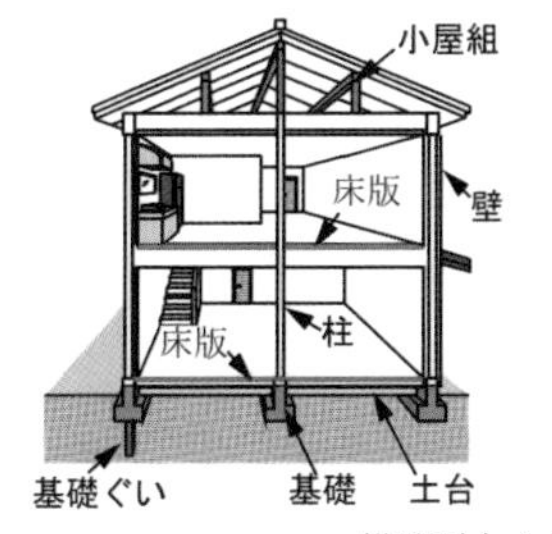

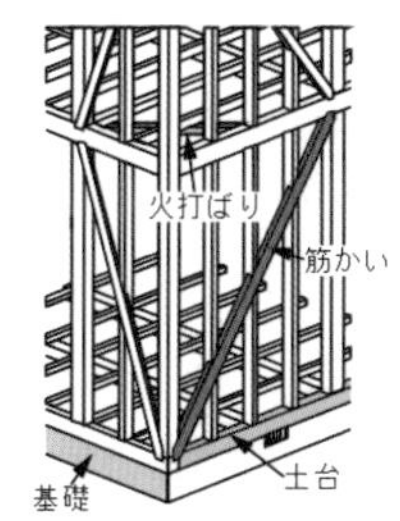

構造耐力上主要な部分

15）地階（令第１条第二号）

床が地盤面下にある階で、床面から地盤面までの高さがその階の天井の高さの1/3以上のものをいう。

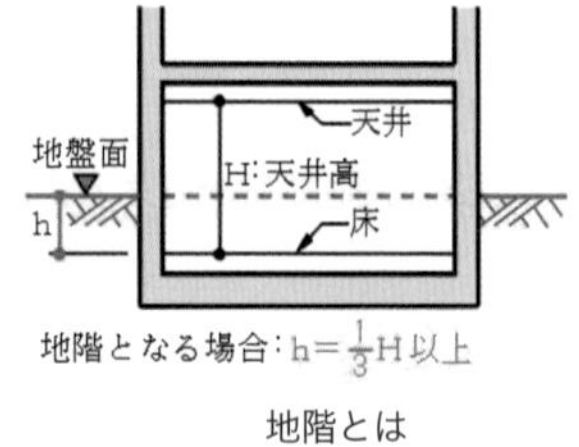

地階とは

16）耐水材料（令第１条第四号）

れんが、石、人造石、コンクリート、アスファルト、陶磁器、ガラスその他これらに類する耐水性の建築材料をいう。

《2》面積等の算定

１）敷地面積（令第２条第１項第一号）

敷地の水平投影面積による。

２）建築面積（令第２条第１項第二号）

① 建築物の外壁又はこれに代わる柱の中心線で囲まれた水平投影(とうえい)面積による。

② 軒、ひさし、はね出し縁その他これらに類するもので当該中心線から水平距離１m突き出たものがある場合においては、先端から水平距離１m後退した線により算定する。したがって、１m以下の軒や庇等は、すべて算入しない。

３）床面積（令第２条第１項第三号）

建築物の各階又はその一部で壁その他の区画の中心線で囲まれた部分の水平投影面積による。

４）延べ面積（令第２条第１項第四号）

建築物の各階の床面積の合計による。

《3》適用の除外（法第３条第１項）

建築基準法の規定は、文化財保護法の規定によって国宝、重要文化財、重要有形民俗文化財、特定史跡名勝天然記念物又は史跡名勝天然記念物として指定され、又は仮指定された建築物については適用しない。

《4》建築物の設計及び工事監理（法第５条の６第１項）

木造においては高さが13m又は軒の高さが９mを超えるもの、鉄筋コンクリート造、鉄骨造等においては、延べ面積が300m^2、高さが13m又は軒の高さが９mを超えるもの、延べ面積が1,000m^{2}を超え、かつ、階数が２以上の建築物は、一級建築士でなければ、その設計又は工事監理をしてはならない。また、建築主は、これらの建築物を新築する場合は、一級建築士である工事監理者を定めなければならない。

《5》確認申請

１）確認申請が必要な場合（法第６条第１項）

法第６条第１項第一号から第三号までに掲げる建築物を、「建築」又は「大規模の修繕・模様替」又は第四号に掲げる建築物を「建築」しようとする場合は、確認済証の交付を受けなければならない。

■確認申請が必要な建築物：法第６条第１項

第一号	法別表第１の特殊建築物で床面積の合計が200m^{2}を超えるもの
第二号	木造で階数３以上、又は延べ面積500m^2、高さ13m（軒高９m）を超えるもの
第三号	非木造で階数２以上、又は延べ面積が200m^{2}を超えるもの
第四号	都市計画区域、準都市計画区域内等における建築物

２）確認申請の提出（法第６条第１項、法第６条の２第１項）

確認申請は、建築主（ぬし）が「建築主事」又は「指定確認検査機関」に提出する。

３）10m^{2}以内の増築等（法第６条第２項）

防火地域及び準防火地域外において、床面積が10m^{2}以内の増築、改築又は移転の場合、確認申請は必要ない。

4）建築確認の審査期限（法第６条第４項）

建築主事は、法第６条第１項第一号から第三号に掲げる建築物の確認申請書を受理した場合においては、その受理した日から35日以内に、申請に係る建築物の計画が建築基準関係規定に適合するかどうかを審査し、審査の結果に基づいて建築基準関係規定に適合することを確認したときは、当該申請者に確認済証を交付しなければならない。

5）工事の着手（法第６条第８項）

確認済証の交付を受けた後でなければ、建築確認申請が必要な建築物の工事をすることができない。

6）確認済の表示等（法第89条）

① 確認を受けた建築、大規模の修繕又は大規模の模様替の工事の施工者は、工事現場の見やすい場所に、確認があった旨の表示をしなければならない。

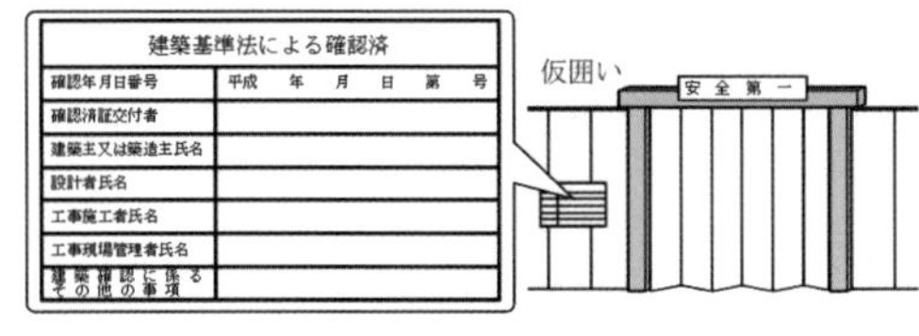

確認済の表示

② 確認を受けた建築、大規模の修繕又は大規模の模様替の工事の施工者は、当該工事に係る設計図書を当該工事現場に備えておかなければならない。

《6》建築物の検査

1）中間検査（法第７条の３、法第７条の４）

① **中間検査申請**

建築主は、特定行政庁が指定する特定工程において、特定工程に係る工事を終えたときは、建築主事又は指定確認検査機関に中間検査の申請をしなければならない。

※特定工程の例：鉄筋コンクリート造３階建共同住宅の２階の床及びこれを支持する梁に鉄筋を配置する工事の工程

② **中間検査合格証**

建築主事又は指定確認検査機関が中間検査により、建築基準関係規定に適合すると認める場合、中間検査合格証を交付しなければならない。
中間検査合格証の交付を受けた後でなければ、特定工程後の工程に係る工事を施工することはできない。

２）完了検査（法第７条、法第７条の２）

① **完了検査申請**

建築確認を受けた**建築物等の工事が完了したときは、建築主は、４日以内に、**建築主事又は指定確認検査機関**に検査の申請をしなければならない。**

② **完了検査**

建築主事が完了検査の申請を受理した場合、**建築主事等は、受理した日から７日以内に検査しなければならない。**

③ **検査済証**

建築主事又は指定確認検査機関が完了検査により、建築基準関係規定に適合すると認める場合、検査済証を交付しなければならない。

３）建築物の使用制限（法第７条の６）

法第６条第１項第一号から第三号までに掲げる**建築物の新築等**（又は避難施設等に関する工事）**においては、原則として、検査済証の交付**を受けた後**でなければ当該建築物を使用できない。**（法第６条第１項第一号～第三号については、《５》１）表参照。）

《７》建築工事届及び建築物除却届（法第15条）

建築物の建築又は除却の工事をしようとする場合、その旨を届け出なければならない。

■届出者と提出先

届出の種類	届出者	提出先
建築工事届	建築主	都道府県知事（建築主事を経由） ※床面積の合計10m²以内の場合は届出不要
建築物除却届	工事施工者	

《8》違反建築物等

1）違反建築物に対する是正命令等（法第９条第１項）

特定行政庁は、工事の請負人などに対して、違反建築物の工事の施工の停止、使用の禁止その他違反を是正（ぜせい）するために必要な措置をとることを命じることができる。

2）報告、検査等（法第12条第５項）

特定行政庁、建築主事又は建築監視員は、建築物の敷地、構造、建築設備若しくは用途、建築物に関する工事の計画若しくは施工の状況等に関する報告を工事施工者等に求めることができる。

《9》敷地の衛生及び安全（法第19条）

① 建築物の敷地は、これに接する道の境より高くなければならず、建築物の地盤面は、これに接する周囲の土地より高くなければならない。ただし、敷地内の排水に支障がない場合又は建築物の用途により防湿の必要がない場合においては、この限りでない。

② 湿潤な土地、出水のおそれの多い土地又はごみその他これに類する物で埋め立てられた土地に建築物を建築する場合においては、盛土、地盤の改良その他衛生上又は安全上必要な措置を講じなければならない。

③ 建築物の敷地には、雨水及び汚水を排出し、又は処理するための適当な下水管、下水溝又はためますその他これらに類する施設をしなければならない。

④ 建築物ががけ崩れ等による被害を受けるおそれのある場合においては、擁壁の設置その他安全上適当な措置を講じなければならない。

《10》構造耐力（法第20条）

法第６条第１項第二号又は第三号に掲げる建築物は、政令で定める基準に従った構造計算によって確かめられる安全性を有するものでなければならない。

〔法第６条第１項第二号及び第三号〕

① 木造で階数３以上、又は延べ面積500m^2、高さ13m（軒高９m）を超えるもの。

② 非木造で階数２以上、又は延べ面積が200m^2を超えるもの。

《11》一般構造

１）居室の採光（法第28条第１項）

住宅、学校、病院、診療所、寄宿舎（きしゅくしゃ）、下宿その他これらに類する建築物で政令で定めるものの居室には、採光のための窓その他の開口部を設けなければならない。政令で定める居室には、保育所及び幼保連携型認定こども園の保育室、診療所の病室、児童福祉施設等の寝室（入所する者の使用するものに限る）、入所者の談話、娯楽等に使用される児童福祉施設等（老人ホームを含む）の居室等がある。ただし、地階若しくは地下工作物内に設ける居室又は温湿度調整を必要とする作業を行う作業室などについては、この限りでない。

※設ける必要のないもの

① 中学校・高等学校・こども園等の職員室

② 病院・診療所の診察室

③ 旅館・ホテルの客室

④ 事務所の事務室

⑤ 図書館の閲覧室

なお、採光に有効な部分の面積を計算する際、天窓は実際の面積の３倍の面積を有する開口部として扱う。

２）居室の換気（法第28条第２項、令第20条の３第２項第一号イ(1)）

居室には、原則として、その床面積の１/20以上の換気に有効な部分の面積を有する窓その他の開口部を設けなければならない。ただし、政令で定める技術基準に従って換気設備を設けた場合は、換気のための窓その他の開口部を設けなくてもよい。なお、調理室等に設ける給気孔は、原則として、天井高さの1/2以下の高さに設けなければならない。

3）開放できる2室（法第28条第4項）

ふすま、障子その他随時（ずいじ）開放することができるもので仕切られた2室は、居室の採光及び換気に関して、1室とみなす。

4）石綿（いしわた）その他の物質の飛散又は発散に対する衛生上の措置（法第28条の2）

建築物は、石綿その他の物質の建築材料からの飛散又は発散による衛生上の支障がないようにしなければならない。

5）地階における住宅等の居室（法第29条）

地階に設ける住宅の居室、学校の教室、病院の病室又は寄宿舎の寝室は、壁及び床の防湿の措置その他の事項について衛生上必要な政令で定める技術的基準に適合するものとしなければならない。

6）長屋又は共同住宅の各戸の界壁（かいへき）（法第30条）

① 隣接する住戸からの音を低減する性能について政令で定める技術的基準に適合するもので、国土交通大臣が定めた構造方法を用いるもの又は国土交通大臣の認定を受けたものとしなければならない。

② 小屋裏又は天井裏に達するものとしなければならない。（界壁に必要とされる性能と同等の性能を有する天井の構造とした場合を除く）

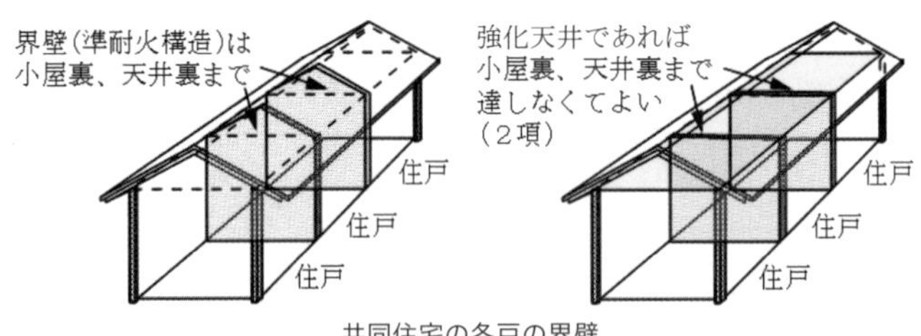

共同住宅の各戸の界壁

7）居室の天井の高さ（令第21条）

① 居室の天井の高さは、2.1m以上でなければならない。

② 居室の天井の高さは、床面から測り、１室で天井の高さの異なる部分がある場合においては、その平均の高さによるものとする。

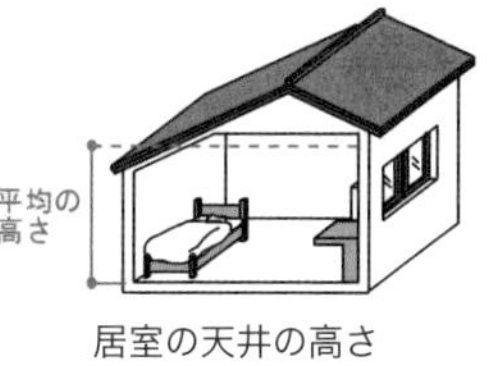

居室の天井の高さ

8）居室の床の高さ及び防湿方法（令第22条）

最下層の居室の床が木造である場合における床の高さ及び防湿方法は、次のとおりとする。

① 床の高さは、直下の地面からその床の上面まで45cm以上とする。

② 外壁の床下部分には、壁の長さ５m以下ごとに、面積300cm^{2}以上の換気孔を設け、これにねずみの侵入を防ぐための設備を設ける。

9）階段

① 階段及びその踊場の幅、けあげ及び踏面（ふみづら）の寸法（令第23条）

■階段の寸法

	階段の種別	幅（cm）	けあげ（cm）	踏面（cm）
（1）	小学校における児童用のもの	140以上	16以下	26以上
（2）	中学校、高等学校等における生徒用のもの、1,500m^{2}を超える物品販売業を営む店舗、劇場、映画館、演芸場、観覧場、公会堂若しくは集会場における客用のもの	140以上	18以下	26以上
（3）	直上階の居室の床面積の合計が200m^{2}を超える地上階（又は居室の床面積の合計が100m^{2}を超える地階）におけるもの	120以上	20以下	24以上
（4）	共同住宅を除く住宅の階段	75以上	23以下	15以上
（5）	その他	75以上	22以下	21以上

※回り階段の踏面の寸法は、踏面の狭い方の端から30cmの位置において測定する。

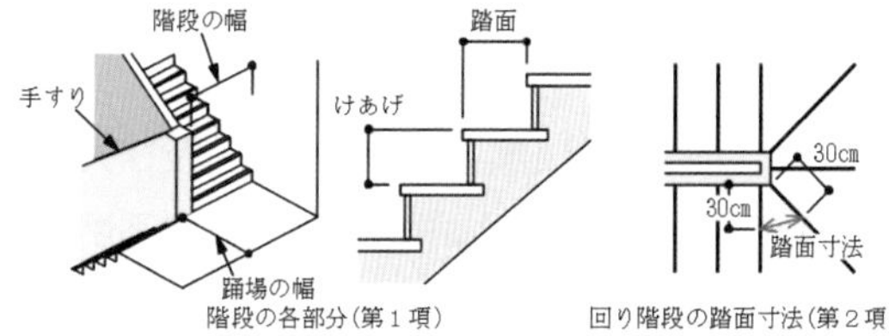

階段の各部分と回り階段の踏面寸法

② 階段等の手すり等(令第25条)

・階段には、手すりを設けなければならない。ただし、高さが1m以下の階段には、設けなくてもよい。

・階段の幅が3mを超える場合においては、原則として、中間に手すりを設けなければならない。ただし、けあげが15cm以下で、かつ、踏面が30cm以上のものにあっては、この限りでない。

③ 階段に代わる傾斜路(令第26条)

階段に代わる傾斜路は、次による。

・勾配は、1/8を超えてはならない。

・表面は、粗面とし、又はすべりにくい材料で仕上げなければならない。

・手すり等を設けなければならない。

10) 建築設備

① 便所(法第31条)

汚水管が公共下水道に連結できる処理区域内においては、便所は水洗便所以外の便所としてはならない。

② 避雷(ひらい)設備(法第33条)

高さ20mを超える建築物には、原則として、有効に避雷設備を設けなければならない。

③ 非常用の昇降機(法第34条第2項、令第129条の13の2)

高さ31mを超える建築物には、原則として、非常用の昇降機を設けなければならない。ただし、高さ31mを超える部分を階段室、昇降機その他の建築設備の機械室、装飾塔、物見塔、屋窓等にした建築物には、非常用の昇降機を設ける必要はない。

《12》内装制限を受けるもの(法第35条の2、令第128条の4)

次の表に掲げるものは、内装制限を受ける。居室の壁及び天井は準不燃材料又は難燃材料とし、廊下・階段等の通路の壁及び天井は準不燃材料としなければならない。床は制限を受けない。

■内装制限を受けるもの

①劇場、映画館、病院、共同住宅、百貨店、飲食店等の特殊建築物	耐火構造、準耐火構造など主要構造部等の区分に応じ、当該用途に供する床面積が一定の面積以上のものは制限を受ける。
②自動車車庫及び自動車修理工場	階数や延べ面積にかかわらず制限を受ける。
③一定規模により制限を受けるもの（※「学校等」は制限を受けない。）	・階数３以上：延べ面積500m^{2}を超えるもの ・階数２：延べ面積1,000m^{2}を超えるもの ・階数１：延べ面積3,000m^{2}を超えるもの
④火気使用室（主要構造部が耐火構造のものを除く。）	・住　　宅：最上階以外の火気使用室 ・住宅以外：すべての火気使用室
⑤無窓居室	政令で定める窓その他の開口部を有しない居室

《13》都市計画区域内等の制限

1）容積率（法第52条）

「容積率」は、延べ面積が敷地面積に対してどの程度の割合かを示す。

$$容積率=\frac{延べ面積}{敷地面積}\leqq容積率の限度$$

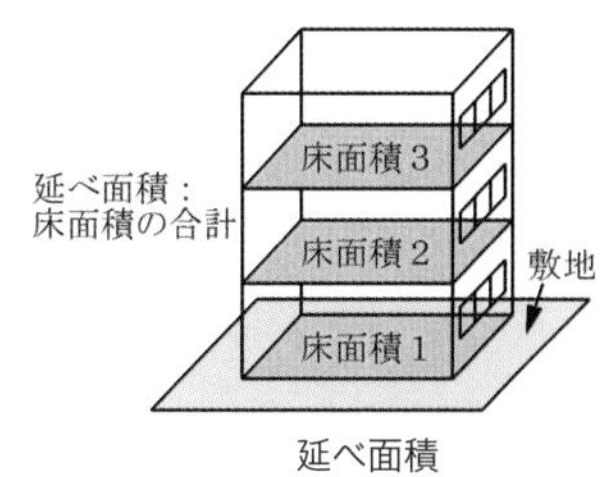

延べ面積

① 都市計画区域及び準都市計画区域内においては、原則として、容積率の制限を受ける。

② 容積率の限度は、都市計画の用途地域に応じて数値が定められる。

③ 容積率の算定において、延べ面積から除外される自動車車庫の面積には限度がある。

2）建ぺい率（法第53条）

「建ぺい率」は、建築面積が敷地面積に対してどの程度の割合かを示す。

$$建ぺい率=\frac{建築面積}{敷地面積}\leqq建ぺい率の限度$$

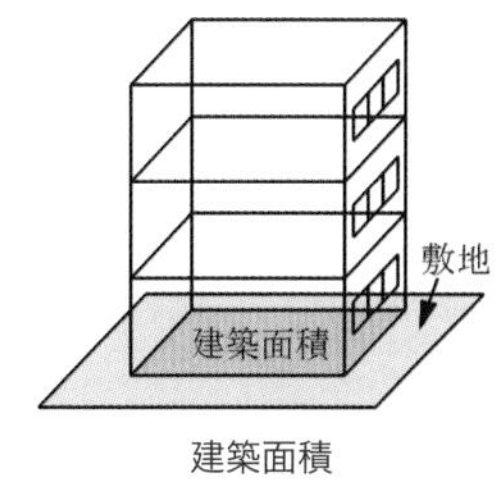

建築面積

① 都市計画区域及び準都市計画区域内においては、原則として、建ぺい率の制限を受ける。

② 建ぺい率の限度は、都市計画の用途地域に応じて数値が定められる。

③ 街区の角にある敷地で、特定行政庁が指定した場合は、定められた建ぺい率の限度が1/10緩和される。

④ 次に掲げる場合は、建ぺい率の規定を適用しない。

・建ぺい率が8/10の地域（商業地域等）内で、かつ防火地域内の耐火建築物

・巡査派出所、公衆便所、公共用歩廊等

3）敷地面積の最低限度（法第53条の２）

用途地域に関する都市計画において、建築物の敷地面積の最低限度が定められたときは、当該最低限度以上でなければならない。

《14》仮設の現場事務所の制限の緩和（法第85条第２項）

工事を施工するために現場に設ける事務所は、建築基準法の規定のうち、適用除外されるものがある。

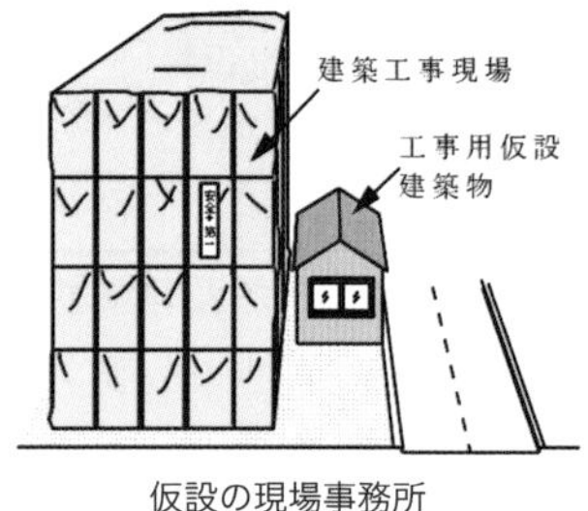

仮設の現場事務所

■主な適用除外規定等

適用除外される規定	確認申請（法第６条） 建築工事届（法第15条） 接道規定（法第43条） 道路高さ制限（道路斜線：法第56条第１項第一号）
適用される規定	構造耐力（法第20条） 居室の換気（法第28条第２項） 防火、準防火地域内の建築物の屋根の構造（法第62条） （※延べ面積が50m²を超える建築物に限る。）

2 建設業法

《1》建設業の許可(法第3条)

建設業を営もうとする者は、原則として、建設業の許可を受けなければならない。

1) 許可をする者(第1項)

■建設業の要件に応じた許可

許可をする者	要件
都道府県知事	1の都道府県の区域内にのみ営業所を設けて営業
国土交通大臣	2以上の都道府県の区域内に営業所を設けて営業

上表のように営業所の場所について制限を受けるが、建設工事の場所に制限はない。つまり、一つの都道府県知事の許可を受けた者でも、他の県において建設工事を施工することは差し支えない。

2) 許可の区分(第1項第一号、第二号)

■一般建設業と特定建設業の許可の区分

区分	要件
一般建設業	特定建設業に係る者以外のもの
特定建設業	発注者から直接請け負う1件の建設工事につき、下請代金の総額が、建築工事業で7,000万円(その他の業種で4,500万円)以上となる下請契約を締結して施工しようとするもの

特定建設業の許可を受けた者でなければ、その者が発注者から直接請け負った建設工事を施工するため、一定の金額(建築工事業で7,000万円、その他の業種で4,500万円)以上となる**下請契約を締結**してはならない。下請負人は、一般建設業の許可を受ければよい。

【特定建設業の許可の要否と関係ないもの】

① 請負代金の額

② 発注者が誰であるか

3）建設業の区分（第２項、別表第１）

① 建設業の許可は、建設工事の種類ごとに、29の業種（指定建設業７業種を含む）に分けて与えられる。

② 建設業者は２以上の建設工事の種類について、建設業の許可を受けることができる。

4）軽微（けいび）な建設工事で許可不要のもの（第１項ただし書）

建築一式工事：請負金額が1,500万円未満のもの又は延べ面積150m²未満の木造住宅工事

その他の工事：請負金額が500万円未満のもの

5）許可の有効期間（第３項）

許可の有効期間は、５年間である。５年ごとにその更新を受けなければ、その期間の経過によって、その効力を失う。

6）建設業の許可の効力（第６項）

一般建設業の許可を受けた者が、当該許可に係る建設業について、特定建設業の許可を受けたときは、一般建設業の許可は、その効力を失う。

7）附帯（ふたい）する工事（法第４条）

建設業者は、許可を受けた建設業に係る建設工事を請け負う場合、当該建設工事に附帯する他の建設業に係る建設工事を請け負うことができる。

《2》許可の基準（法第７条、法第15条）

国土交通大臣又は都道府県知事は、許可を受けようとする者が定める基準に適合していると認めるときでなければ、許可をしてはならない。

用語 **指定建設業**
土木工事業、建築工事業、電気工事業、管工事業、鋼構造物工事業、舗装工事業、造園工事業の７業種である。

(a) 専任の技術者を有していること

1）一般建設業における専任の技術者（法第７条第二号）

一般建設業の許可を受けようとする者は、その営業所ごとに、専任の技術者（資格要件については次表参照）を置かなければならない。

2）特定建設業における専任の技術者（法第15条第二号）

特定建設業の許可を受けようとする者は、その営業所ごとに、専任の技術者（資格要件については下表参照）を置かなければならない。

■専任の技術者（いずれかに該当する者）

許可の区分	一般建設業	特定建設業
専任の技術者（いずれかに該当する者）	a 高等学校等の指定学科卒業後５年以上の実務経験 b 大学等の指定学科卒業後３年以上の実務経験 c 10年以上の実務経験 d 一級又は二級施工管理技士 一級又は二級建築士	A 一級施工管理技士、一級建築士 B 左のa～dで発注者から直接請け負い、その請負代金が4,500万円以上であるものに関し２年以上指導的な実務の経験を有する者（指定建設業の場合は該当しない） C 国土交通大臣が同等以上の能力を有するものと認定した者

(b) 特定建設業者の財産的基礎（法第15条第三号）

特定建設業者は、発注者との間の請負契約で、その請負代金の額が8,000万円以上（令第５条の４）であるものを履行するに足りる財産的基礎を有するものでなければならない。

《3》変更等の届出

次の場合には、変更の届出が必要となる。

① 商号又は名称について変更があるとき

② 同一都道府県内で営業所の所在地に変更があるとき

→異なる都道府県への変更は新たに許可を得ることが必要

用語 **専任の技術者**
その営業所に常勤して専ら職務に従事することを要する者をいう。雇用契約等により事業主体と継続的な関係を有し、通常の勤務時間中はその営業所に勤務し得る者。

③　使用人数に変更を生じたとき

※許可を受けた建設業の区分に変更が生じたときは、新たに許可を得ることが必要となる。

④　専任の技術者が代わるとき

《4》請負契約

1）請負契約の原則（法第18条）

請負契約の当事者は、各々の対等な立場における合意に基づいて公正な契約を締結し、信義に従って誠実にこれを履行しなければならない。

2）請負契約の内容（法第19条）

①　建設工事の請負契約の当事者は、定める事項を書面に記載し、署名又は記名押印をして相互に交付しなければならない。

■主な記載事項（法第 19 条第 1 項）

第一号	工事内容
第二号	請負代金の額
第三号	工事着手の時期及び工事完成の時期
第五号	請負代金の全部又は一部の前金払又は出来形部分に対する支払の定めをするときは、その支払の時期及び方法
第七号	天災その他不可抗力による工期の変更又は損害の負担及びその額の算定方法に関する定め
第八号	価格等の変動若しくは変更に基づく請負代金の額又は工事内容の変更
第九号	工事の施工により第三者が損害を受けた場合における賠償金の負担に関する定め
第十号	注文者が工事に使用する資材を提供し、又は建設機械その他の機械を貸与するときは、その内容及び方法に関する定め
第十一号	注文者が工事の全部又は一部の完成を確認するための検査の時期及び方法並びに引渡しの時期
第十二号	工事完成後における請負代金の支払の時期及び方法
第十四号	各当事者の履行の遅滞その他債務の不履行の場合における遅延利息、違約金その他の損害金
第十五号	契約に関する紛争の解決方法

※建設業の許可の種類及び許可番号は記載する必要はない。また、予定する下請代金の額や下請代金の支払い方法など、下請契約に関する事項は記載する必要はない。

②　請負契約の当事者は、当該契約の相手方の承諾を得た場合、書面による契

約内容の記載に代えて、情報通信の技術を利用した一定の措置による契約の締結を行うことができる。

3）不当に低い請負代金の禁止（法第19条の３）

注文者は、自己の取引上の地位を不当に利用して、建設工事を施工するために通常必要と認められる原価に満たない金額を請負代金の額とする請負契約を締結してはならない。

4）一括下請負の禁止（法第22条）

① 原則として、請け負った建設工事の一括下請負は、禁止される（元請負人、下請負人に関わらず、適用を受ける）。
② 共同住宅を新築する建設工事以外の場合において、元請負人があらかじめ発注者の書面による承諾を得たときは、一括請負は禁止されない。

《5》元請負人の義務

1）下請負人の意見の聴取（法第24条の２）

元請負人は、建設工事を施工するために必要な工程の細目、作業方法等を定めようとするときは、あらかじめ、下請負人の意見をきかなければならない。

2）下請代金の支払（法第24条の３）

① 元請負人は、請負代金の出来形部分に対する支払又は工事完成後における支払を受けたときは、下請負人に対して、下請負人が施工した出来形部分に相応する下請代金を、当該支払を受けた日から１月以内で、かつ、できる限り短い期間内に支払わなければならない（第１項）。
② 元請負人は、前払金の支払を受けたときは、下請負人に対して、資材の購入、労働者の募集等、建設工事の着手に必要な費用を前払金として支払うよう適切な配慮をしなければならない（第３項）。

3）下請工事の完成の確認検査及び引渡し（法第24条の４）

① 元請負人は、下請負人から建設工事が完成した旨の通知を受けたときは、

当該通知を受けた日から20日以内で、かつ、できる限り短い期間内に、その完成を確認するための検査を完了しなければならない(第1項)。

② 元請負人は、検査によって建設工事の完成を確認した後、下請負人が申し出たときは、直ちに、当該建設工事の目的物の引渡しを受けなければならない(第2項)。

4) 下請負人に対する特定建設業者の指導等(法第24条の7第1項)

発注者から直接建設工事を請け負った特定建設業者は、当該建設工事の下請負人が、その下請負に係る建設工事の施工に関し、建設業法その他法令の規定に違反しないよう、当該下請負人の指導に努めるものとする。

《6》施工体制台帳等(法第24条の8)

1) 施工体制台帳の作成等(第1項、第3項、令第7条の4)

特定建設業者は、発注者から直接建設工事を請け負った場合において、下請代金の総額が建築一式工事では7,000万円(その他の工事では4,500万円)以上となるときは、施工体制台帳を作成し、工事現場ごとに備え置かなければならない。また、発注者から請求があったときは、その発注者の閲覧に供しなければならない。

なお、発注者から直接公共工事を請け負った建設業者が下請契約を締結するときは、その金額にかかわらず、施工体制台帳を作成し、その写しを発注者に提出しなければならない。

2) 施工体系図(第4項)

施工体制台帳を備え置かなければならない特定建設業者は、施工体系図を作成し、工事現場の見やすい場所に掲げなければならない。

なお、請け負った工事が公共工事である建設業者は、上記に加え、公衆が見やすい場所にも掲げなければならない。

用語 **施工体系図**
工事における各下請負人の施工の分担関係を表示したもの

《7》主任技術者、監理技術者(法第26条)

1) 主任技術者(第1項)

建設業者は、その請け負った建設工事を施工するときは、元請負人の監理技術者の配置にかかわらず、主任技術者を置かなければならない。

2) 監理技術者(第2項)

発注者から直接建設工事を請け負った特定建設業者は、工事を施工するために締結した下請契約の総額が、建築一式工事では7,000万円(その他の工事では4,500万円)以上となる場合、監理技術者を置かなければならない。

■主任技術者、監理技術者の資格要件等

必要な技術者	工事の内容等	資格要件(いずれかに該当する者)
主任技術者	・元請け業者で、下請契約の金額が一定額未満の場合 ・下請業者として請け負う場合 ・自社施工の場合	a 高等学校等の指定学科卒業後5年以上の実務経験 b 大学等の指定学科卒業後3年以上の実務経験 c 10年以上の実務経験 d 一級又は二級施工管理技士、一級又は二級建築士
監理技術者	元請の特定建設業者で、下請契約の総額が、建築一式工事では7,000万円(その他の工事では4,500万円)以上の場合	A 一級施工管理技士、一級建築士 B 上のa～dで発注者から直接請け負い、その請負代金が4,500万円以上であるものに関し2年以上指導的な実務の経験を有する者(指定建設業の場合は該当しない) C 国土交通大臣が同等以上の能力を有するものと認定した者

3) 専任とする主任技術者又は監理技術者(第3項、第4項、令第27条～第29条)

公共性のある又は多数の者が利用する施設若しくは工作物に関する重要な建設工事で、工事1件の請負代金の額が建築一式工事では8,000万円(その他の工事では4,000万円)以上のものを施工しようとするときの主任技術者又は監理技術者は、工事現場ごとに専任の者でなければならない。ただし、監理技術者にあっては、発注者から直接当該建設工事を請け負った特定建設業者が、当該監理技術者の行うべき職務を補佐する者として、政令で定める者(技士補)を当該工事現場に専任で置く場合は、2現場まで兼任することができる。

4）監理技術者資格者証（第５項）

専任の者でなければならない監理技術者は、監理技術者資格者証の交付を受けている者であって、国土交通大臣の登録を受けた講習を受講した者のうちから、これを選任しなければならない。

5）下請負人が主任技術者を置くことを要しない工事（法第26条の３）

特定専門工事の元請負人及び下請負人は、その合意により、当該元請負人が置かなければならない主任技術者が、下請負人が置かなければならないとされる主任技術者の行うべき職務を行うとすることができる。この場合、下請負人は主任技術者を置くことを要しない。

6）職務の内容（法第26条の４第１項）

主任技術者及び監理技術者は、施工計画の作成、工程管理、品質管理等の技術上の管理及び施工に従事する者の技術上の指導監督の職務を誠実に行わなければならない。

7）主任技術者又は監理技術者の指導（法第26条の４第２項）

工事現場における建設工事の施工に従事する者は、主任技術者又は監理技術者がその職務として行う指導に従わなければならない。

8）密接な関係の２以上の工事の管理（令第27条第２項）

密接な関係のある２以上の建設工事を同一の建設業者が同一の場所又は近接した場所において施工する場合、同一の専任の主任技術者がこれらの建設工事を管理することができる。

用語　**特定専門工事**

コンクリートの打設に用いる型枠の組立てに関する工事、鉄筋工事で、下請代金の総額が4,000万円未満の工事をいう。

3 労働基準法

《1》総則

1）労働条件の原則（法第１条）

労働条件は、労働者が人たるに値する生活を営むための必要を充たすべきものでなければならない。

2）労働条件の決定（法第２条）

労働条件は、労働者と使用者が、対等の立場において決定すべきものである。

3）均等待遇（法第３条）

使用者は、労働者の国籍、信条又は社会的身分を理由として、賃金、労働時間その他の労働条件について、差別的取扱いをしてはならない。

4）男女同一賃金の原則（法第４条）

使用者は、労働者が女性であることを理由として、賃金について、男性と差別的取扱いをしてはならない。

5）公民権行使の保障（法第７条）

使用者は、労働者が労働時間中に、選挙権その他公民としての権利を行使し、又は公の職務を執行するために必要な時間を請求した場合においては、拒んではならない。

《2》労働契約

1）この法律違反の契約（法第13条）

この法律で定める基準に達しない労働条件を定める労働契約は、その部分については無効とする。

2）労働条件の明示（法第15条）

① 使用者は、労働契約の締結に際し、労働者に対して賃金、労働時間その他の労働条件を明示しなければならない。

【必ず明示するものの例】

・労働契約の期間に関する事項

・就業の場所及び従事すべき業務に関する事項

・賃金の支払の時期に関する事項

・退職に関する事項

【必ずしも明示する必要のないものの例】

・安全及び衛生に関する事項

・職業訓練に関する事項

・災害補償及び業務外の傷病扶助（ふじょ）に関する事項

・休職に関する事項

② 明示された労働条件が事実と相違する場合においては、労働者は、即時に労働契約を解除することができる。

③ ②の場合、就業のために住居を変更した労働者が、契約解除の日から14日以内に帰郷する場合においては、使用者は、必要な旅費を負担しなければならない。

3）賠償予定の禁止（法第16条）

使用者は、労働契約の不履行（ふりこう）について違約金を定め、又は損害賠償額を予定する契約をしてはならない。

4）前借金（ぜんしゃくきん）相殺の禁止（法第17条）

使用者は、前借金その他労働することを条件とする前貸の債権と賃金を相殺（そうさい）してはならない。

5）強制貯金（法第18条）

使用者は、労働契約に付随して貯蓄の契約をさせ、又は貯蓄金を管理する契約をしてはならない。

6）解雇制限（法第19条）

使用者は、労働者が業務上負傷し、又は疾病（しっぺい）にかかり療養のために休業する期間及びその後30日間は、原則として解雇してはならない。

7）解雇の予告（法第20条）

使用者は、労働者を解雇しようとする場合においては、少くとも30日前にその予告をしなければならない。

8）金品の返還（法第23条）

使用者は、労働者の死亡又は退職の場合において、権利者の請求があった場合においては、7日以内に賃金を支払い、積立金、保証金、貯蓄金その他名称の如何（いかん）を問わず、労働者の権利に属する賃金を返還しなければならない。

《3》賃金

1）賃金の支払（法第24条）

① 賃金は、通貨で、直接労働者に、その全額を支払わなければならない。

② 賃金は、毎月１回以上、一定の期日を定めて支払わなければならない。

2）休業手当（法第26条）

使用者の責（せめ）に帰すべき事由による休業の場合においては、使用者は、休業期間中当該労働者に、その平均賃金の60/100以上の手当を支払わなければならない。

《4》労働時間、休暇、休日及び年次有給休暇

1）労働時間（法第32条）

① 使用者は、労働者に、休憩時間を除き１週間について40時間を超えて、

用語 賃金
賃金、給料、手当、賞与その他名称の如何を問わず、労働の対償として使用者が労働者に支払うすべてのものをいう。

労働させてはならない。

② 使用者は、1週間の各日については、労働者に、休憩時間を除き1日について8時間を超えて労働させてはならない。

2）休憩（法第34条）

① 使用者は、労働時間が6時間を超える場合においては少なくとも45分、8時間を超える場合においては少なくとも1時間の休憩時間を労働時間の途中に与えなければならない。

② 使用者は、労働者に対して与える所定の休憩時間を、自由に利用させなければならない。

3）休日（法第35条）

使用者は、労働者に対して、毎週少なくとも1回の休日を与えなければならない。ただし、4週間を通じ4日以上の休日を与える使用者については適用しない。

4）年次有給休暇（法第39条）

① 使用者は、その雇入れの日から起算して6ケ月間継続勤務し、全労働日の8割以上出勤した労働者に対して、継続し、又は分割した10労働日の有給休暇を与えなければならない。

② 使用者は、有給休暇を労働者の請求する時季に与えなければならない。

《5》年少者及び未成年者

1）年少者の証明書（法第57条）

使用者は、満18才に満たない者について、その年齢を証明する戸籍証明書を事業場に備え付けなければならない。

用語 年少者

満18歳に満たない者。

2）未成年者の労働契約（法第58条）

親権者又は後見人（こうけんにん）は、未成年者に代って労働契約を締結してはならない。

3）未成年者の賃金（法第59条）

未成年者は、独立して賃金を請求することができる。親権者又は後見人は、未成年者の賃金を代って受け取ってはならない。

4）深夜業（法第61条）

使用者は、満18才に満たない者を午後10時から午前5時までの間において使用してはならない。ただし、交替制によって使用する満16才以上の男性については、この限りでない。

5）帰郷旅費（法第64条）

満18才に満たない者が、解雇の日から14日以内に帰郷する場合においては、使用者は、必要な旅費を負担しなければならない。

6）重量物を取り扱う業務（年少者労働基準規則第７条）

① 使用者は、満16歳以上満18歳未満の者に対して、重量物を断続的に取り扱う業務にあっては、女性であれば25kg、男性であれば30kg以上の重量物を取り扱う業務に就かせてはならない。また、重量物を継続的に取り扱う業務にあっては、女性であれば15kg、男性であれば20kg以上の重量物を取り扱う業務に就かせてはならない。

② 使用者は、満16歳未満の者に対して、重量物を断続的に取り扱う業務にあっては、女性であれば12kg、男性であれば15kg以上の重量物を取り扱う業務に就かせてはならない。また、重量物を継続的に取り扱う業務にあっては、女性であれば８kg、男性であれば10kg以上の重量物を取り扱う業務に就かせてはならない。

7）年少者の就業制限の業務の範囲（年少者労働基準規則第８条）

満18才に満たない者を就かせてはならない主な業務は、次のとおりである。

① クレーン、デリック又は揚貨装置の運転の業務。（第三号）

② 最大積載荷重が２t以上の人荷共用若しくは荷物用のエレベーター又は高さが15m以上のコンクリート用エレベーターの運転の業務。（第五号）

③ 動力により駆(く)動される巻上げ機（電気ホイスト及びエアホイストを除く）、運搬機又は索道の運転の業務。（第七号）

④ クレーン、デリック又は揚貨(ようか)装置の玉掛けの業務（二人以上で行う際の補助作業の業務を除く）。（第十号）

⑤ 動力により駆動される土木建築用機械又は船舶荷扱用機械の運転の業務。（第十二号）

⑥ 土砂が崩壊するおそれのある場所又は深さが５m以上の地穴における業務。（第二十三号）

⑦ 高さが５m以上の場所で、墜落(ついらく)により労働者が危害を受けるおそれのあるところにおける業務。（第二十四号）

⑧ 足場の組立、解体又は変更の業務（地上又は床上における補助作業の業務を除く）。（第二十五号）

⑨ さく岩機、鋲(びょう)打機等身体に著しい振動を与える機械器具を用いて行う業務。（第三十九号）

※屋外の建設業の業務は規定されていない。

《6》その他

1）請負事業に関する例外（法第87条）

厚生労働省令で定める事業が数次の請負によって行われる場合においては、災害補償については、その元請負人を使用者とみなす。

2）就業規則作成及び届出の義務（法第89条）

常時10人以上の労働者を使用する使用者は、就業規則を作成し、行政官庁に届け出なければならない。記載事項を変更した場合においても、同様とする。

3）労働者名簿（法第107条）

使用者は、各事業場ごとに労働者名簿を、各労働者（日日雇い入れられる者を除く）について調製し、労働者の氏名、生年月日、履歴その他厚生労働省令で定める事項を記入しなければならない。

4）賃金台帳（法第108条）

使用者は、各事業場ごとに賃金台帳を調製し、賃金計算の基礎となる事項及び賃金の額その他厚生労働省で定める事項を賃金支払の都度遅滞なく記入しなければならない。

5）記録の保存（法第109条）

使用者は、労働者名簿、賃金台帳及び雇入れ、解雇、災害補償、賃金その他労働関係に関する重要な書類を５年間保存しなければならない。

4 労働安全衛生法

《1》総則

1）労働災害（法第２条）

労働者の就業に係る建設物、設備、原材料、ガス、蒸気、粉じん等により、又は作業行動その他業務に起因して、労働者が負傷し、疾病（しっぺい）にかかり、又は死亡すること。

2）事業者等の責務（法第３条）

① 事業者は、単に労働安全衛生法で定める労働災害の防止のための最低基準を守るだけでなく、快適な職場環境の実現と労働条件の改善を通じて、職場における労働者の安全と健康を確保するようにしなければならない。

② 建設工事の注文者等仕事を他人に請け負わせる者は、施工方法、工期等について、安全で衛生的な作業の遂行をそこなうおそれのある条件を附さないように配慮しなければならない。

3）労働者の責務（法第４条）

労働者は、労働災害を防止するため必要な事項を守るほか、事業者その他の関係者が実施する労働災害の防止に関する措置に協力するように努めなければならない。

《2》安全衛生管理体制

1）総括安全衛生管理者（法第10条、令第２条、規則第２条）

① 選任しなければならない事業場

事業者は、（建設業では）常時100人以上の労働者を使用する事業場ごとに、「総括安全衛生管理者」を選任しなければならない。

② 選任の報告

総括安全衛生管理者を選任すべき事由が発生した日から14日以内に選任

し、遅滞なく、報告書を所轄労働基準監督署長に提出しなければならない。

③ **総括安全衛生管理者の職務**

安全管理者、衛生管理者又は労働災害の防止に関する技術的事項を管理する者の指揮を行う。また、「労働災害の防止に関する業務」の統括管理を行う。

2）安全管理者（法第11条、令第３条、規則第４条）

① **選任しなければならない事業場**

事業者は、（建設業では）常時50人以上の労働者を使用する事業場ごとに、「安全管理者」を選任する。

② **選任の報告**

安全管理者を選任すべき事由が発生した日から14日以内に選任し、遅滞なく、報告書を所轄労働基準監督署長に提出しなければならない。

③ **安全管理者の職務**

「労働災害の防止に関する業務」のうち安全に係る技術的事項の管理を行う。

3）衛生管理者（法第12条、令第４条、規則第７条）

① **選任しなければならない事業場**

事業者は、常時50人以上の労働者を使用する事業場ごとに、「衛生管理者」を選任する。

② **選任の報告**

衛生管理者を選任すべき事由が発生した日から14日以内に選任し、遅滞なく、報告書を所轄労働基準監督署長に提出しなければならない。

③ **衛生管理者の職務**

「労働災害の防止に関する業務」のうち衛生に係る技術的事項の管理を行う。

4）安全衛生推進者

（法第12条の２、規則第12条の２、第12条の３、第12条の４）

① 選任しなければならない事業場

事業者は、常時10人以上50人未満の労働者を使用する事業場ごとに、「安全衛生推進者」を選任する。

② 選任の掲示

安全衛生推進者を選任すべき事由が発生した日から14日以内に選任し、その氏名を作業場の見やすい箇所に掲示する等により、関係労働者に周知させなければならない。労働基準監督署長への報告書の提出は不要である。

③ 安全衛生推進者の職務

「労働災害の防止に関する業務」を担当する。

5）産業医等（法第13条、令第５条）

① 選任しなければならない事業場

事業者は、常時50以上の労働者を使用する事業場ごとに、医師のうちから「産業医」を選任する。

② 選任の報告

産業医を選任すべき事由が発生した日から14日以内に選任し、遅滞なく、報告書を所轄労働基準監督署長に提出しなければならない。

③ 産業医の職務

「労働者の健康管理等」を担当する。産業医は、労働者の健康を確保するため必要があると認めるときは、事業者に対し、労働者の健康管理等について必要な勧告をすることができる。

6）統括安全衛生責任者（法第15条、第30条、令第７条）

① 選任しなければならない事業場

「特定元方（もとかた）事業者」は、労働者の数が常時50人以上である場合、その労働者及び「関係請負人」の労働者の作業が同一の場所で行われることによって

用語 特定元方事業者

１の場所において行う事業の仕事の一部を請負人に請け負わせているもののうち、建設業等の特定事業を行う者。

生ずる労働災害を防止するため、「統括安全衛生責任者」を選任しなければならない。また、統括安全衛生責任者は、事業を行う場所においてその事業の実施を統括管理する者をもって充（あ）てなければならない。

② 統括安全衛生責任者の職務

統括安全衛生責任者は、元方安全衛生管理者を指揮する。また、関係請負人の労働者の作業が同一の場所で行われることによって生ずる労働災害を防止するための措置として、次の事項の統括管理を行う。

- 協議組織の設置及び運営
- 作業間の連絡及び調整
- 作業場所の巡視（毎作業日に1回以上）
- 「関係請負人が行う労働者の安全又は衛生のための教育」に対する指導及び援助

7）元方安全衛生管理者（法第15条の2、規則第18条の3）

統括安全衛生責任者を選任した事業者は、元方安全衛生管理者を選任し、その者に「関係請負人の労働者の作業が同一の場所で行われることによって生ずる労働災害を防止するための措置」の技術的事項を管理させなければならない。また、元方安全衛生管理者は、その事業場に専属の者を選任しなければならない。

8）安全衛生責任者（法第16条）

統括安全衛生責任者を選任すべき事業者以外の請負人で、当該仕事を自ら行うものは、安全衛生責任者を選任し、その者に統括安全衛生責任者との連絡その他の厚生労働省令で定める事項を行わせなければならない。選任した際、労働基準監督署長への報告書の提出は不要である。また、安全衛生責任者の選任に、資格の制限はない。

9）店社安全衛生管理者

（法第15条の3、規則第18条の6）

選任しなければならない事業場

① ずい道等の建設の仕事、橋梁の建設の仕事又は圧気工法による作業を行う仕事で常時20人以上

② 主要構造部が鉄骨造又は鉄骨鉄筋コンクリート造である建築物の建設の仕事で常時20人以上

③ その他の仕事で常時50人以上

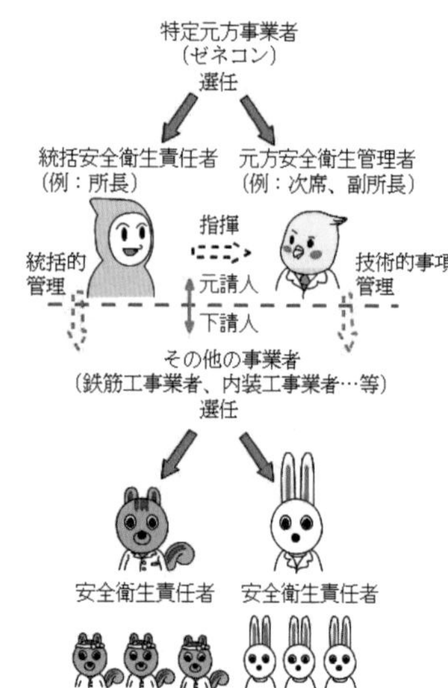

安全管理体制

《3》労働者の就業関係

1）安全衛生教育（法第59条）

① 雇入れ教育（第1項、第2項）

事業者は、労働者を雇い入れたとき、又は作業内容を変更したときは、当該労働者に対し、その従事する業務に関する安全又は衛生のための教育を行わなければならない。これらの教育は、労働者の労働時間に関係なく、行う必要がある。

② 特別の教育（第3項）

事業者は、危険又は有害な業務で、厚生労働省令で定めるものに労働者を就かせるときは、当該業務に関する安全又は衛生のための特別の教育を行わなければならない。

〔主な特別教育を必要とする業務（規則第36条）〕

・アーク溶接機を用いて行う金属の溶接、溶断等の業務
・最大荷重1t未満のフォークリフトの運転の業務
・機体重量3t未満の車両系建設機械の運転の業務
・作業床の高さが10m未満の高所作業車の運転の業務
・つり上げ荷重5t未満のクレーン、デリックの運転の業務

・つり上げ荷重1t未満の移動式クレーンの運転の業務
・つり上げ荷重1t未満のクレーン、移動式クレーン若しくはデリックの玉掛け(たまが)の業務
・ゴンドラの操作の業務
・建設用リフトの運転の業務

2）職長等の教育（法第60条、規則第40条）

事業者は、その事業場の業種が政令で定めるものに該当するときは、新たに職務につくこととなった職長その他の作業中の労働者を直接指導又は監督する者（作業主任者を除く）に対し、次の事項について、厚生労働省令で定めるところにより、安全又は衛生のための教育を行わなければならない。

① 作業方法の決定及び労働者の配置に関すること。
② 労働者に対する指導又は監督の方法に関すること。
③ 危険性又は有害性等の調査の方法とその結果に基づき講ずる措置に関すること。
④ 異常時等における措置に関すること。

※作業環境測定の実施に関することは含まれない。

3）就業制限（法第61条）

① **就業制限業務**

事業者は、政令で定めるものについては、都道府県労働局長の免許を受けた者又は都道府県労働局長の登録を受けた者が行う技能講習を修了した者、その他厚生労働省令で定める資格を有する者でなければ、当該業務に就かせてはならない。

〔主な就業制限業務（令第20条）〕

・最大荷重1t以上のフォークリフトの運転の業務
・機体重量3t以上の車両系建設機械の運転の業務
・作業床の高さが10m以上の高所作業車の運転の業務
・つり上げ荷重5t以上のクレーン、デリックの運転の業務（クレーン、デリック運転士免許）
・つり上げ荷重5t以上の床上操作式クレーンの運転の業務

・つり上げ荷重１t以上の移動式クレーンの運転の業務（つり上げ荷重５t以上の場合は移動式クレーン運転士免許。１t以上５t未満の場合は小型移動式クレーン運転技能講習。）

・つり上げ荷重１t以上のクレーン、移動式クレーン若しくはデリックの玉掛けの業務

② **免許証等の書面の携帯**

当該業務に従事する者は、これに係る免許証その他その資格を証する書面を携帯していなければならない。書面の写しは不可である。

４）中高年齢者等への配慮（法第62条）

事業者は、中高年齢者その他労働災害の防止上その就業に当たって特に配慮を必要とする者については、これらの者の心身の条件に応じて適正な配置を行うように努めなければならない。

《４》所轄労働基準監督署長への報告

次に掲げる場合においては、事業者は、遅滞なく、所轄労働基準監督署長へ報告書等を提出しなければならない。

１）次の事故が発生したとき（規則第96条第１項）

① 火災又は爆発

② 建設物等の倒壊

③ つり上げ荷重が0.5t以上のクレーン、移動式クレーンの倒壊等

④ 積載荷重が0.25t以上のエレベーター、建設用リフトの搬器の墜落等

⑤ ゴンドラの落下等

２）労働者が労働災害により死亡し、又は４日以上休業したとき（規則第97条）。なお、労働災害による３日以内の休業は３ケ月ごとに定期的にまとめて行う。

３）（特定元方事業者は）その労働者及び関係請負人の労働者の作業が同一の場所で行われるときの作業の開始後（規則第664条）。

5 その他の法規

《1》騒音規制法

1）用語の定義（法第２条）

① **規制基準（第２項）**

特定施設を設置する工場又は事業場（特定工場等）において発生する騒音の特定工場等の敷地の境界線における大きさの許容限度をいう。

② **特定建設作業（第３項）**

建設工事として行われる作業のうち、著しい騒音を発生する次に掲げる作業（ただし、当該作業がその作業を開始した日に終わるものを除く。）をいう。

■主な特定建設作業：令別表第２

第一号	くい打機（もんけんを除く。）、くい抜機又はくい打くい抜機（圧入式くい打くい抜機を除く。）を使用する作業（くい打機をアースオーガーと併用する作業を除く。）
第二号	びょう打機を使用する作業
第三号	さく岩機を使用する作業（作業地点が連続的に移動する作業にあっては、一日における当該作業に係る２地点間の最大距離が50mを超えない作業に限る。）
第四号	空気圧縮機を使用する作業で電動機以外の原動機の定格出力が15kW以上のもの（さく岩機の動力として使用する作業を除く。）
第五号	コンクリートプラント（混練機の混練容量が0.45m³以上のものに限る。）又はアスファルトプラント（混練機の混練重量が200kg以上のものに限る。）を設けて行う作業（モルタルを製造するためにコンクリートプラントを設けて行う作業を除く。）
第六号	原動機の定格出力が80kW以上のバックホウを使用する作業
第七号	原動機の定格出力が70kW以上のトラクターショベルを使用する作業
第八号	原動機の定格出力が40kW以上のブルドーザーを使用する作業

※第六号～第八号は、環境大臣が指定するものは除かれる。

2）特定建設作業の実施の届出（法第14条）

指定地域内において特定建設作業を伴う建設工事を施工しようとする者は、当該特定建設作業の開始の日の７日前までに、建設工事の目的に係る施設又は工作物の種類、作業の場所及び実施の期間や騒音の防止の方法、特定建設作業の開始及び終了の時刻等を市町村長に届け出なければならない。また、届出には、当該特定建設作業の場所の付近の見取り図を添付しなければならない。特定建設作業に係る仮設計画図は、添付する必要がない。

3）特定建設作業の規制に関する基準

特定建設作業に伴って発生する騒音の規制に関する基準

■騒音の規制に関する規準

第一号	特定建設作業の場所の敷地の境界線において85dB以下とする。
第四号	特定建設作業の期間は連続して６日以下とする。
第五号	日曜日その他の休日等に特定建設作業に伴って発生しないこと。

《2》振動規制法

1）用語の定義（法第２条）

① 規制基準（第２項）

特定施設を設置する工場又は事業場（特定工場等）において発生する振動の特定工場等の敷地の境界線における大きさの許容限度をいう。

② 特定建設作業（第３項）

建設工事として行われる作業のうち、著しい振動を発生する次に掲げる作業（ただし、当該作業がその作業を開始した日に終わるものを除く。）をいう。

■主な特定建設作業：令別表第２

第一号	くい打機（もんけん及び圧入式くい打機を除く。）、くい抜機（油圧式くい抜機を除く。）又はくい打くい抜機（圧入式くい打くい抜機を除く。）を使用する作業
第二号	鋼球を使用して建築物その他の工作物を破壊する作業
第四号	ブレーカー（手持式のものを除く。）を使用する作業（作業地点が連続的に移動する作業にあっては、一日における当該作業に係る２地点間の最大距離が50mを超えない作業に限る。）

2）特定建設作業の実施の届出（法第14条）

指定地域内において特定建設作業を伴う建設工事を施工しようとする者は、当該特定建設作業の開始の日の７日前までに、作業の種類、場所、実施期間及び作業時間や振動の防止の方法等を市町村長に届け出なければならない。また、届出には、当該特定建設作業の場所の付近の見取り図を添付しなければならない。

3）特定建設作業の規制に関する基準

特定建設作業に伴って発生する振動の規制に関する基準

■振動の規制に関する基準

第一号	特定建設作業の場所の敷地の境界線において75dB以下とする。
第四号	特定建設作業の期間は連続して６日以下とする。
第五号	日曜日その他の休日等に特定建設作業に伴って発生しないこと。

《3》廃棄物の処理及び清掃に関する法律

1）用語の定義（法第２条）

① **一般廃棄物（第２項）**

産業廃棄物以外の廃棄物をいう。

② **産業廃棄物（第４項第一号）**

事業活動に伴って生じた廃棄物のうち、燃え殻、汚泥、廃油、廃酸、廃アルカリ、廃プラスチック類その他政令で定める廃棄物等をいうが、建設工事により発生した土砂は、産業廃棄物に含まれない。

■主な産業廃棄物：令第２条

第一号	工作物の新築、改築又は除去に伴って生じた紙くず
第二号	工作物の新築、改築又は除去に伴って生じた木くず
第三号	工作物の新築、改築又は除去に伴って生じた繊維くず
第六号	金属くず
第七号	ガラスくず、陶磁器くず
第九号	工作物の新築、改築又は除去に伴って生じたコンクリートの破片その他これに類する不要物
第十二号	汚泥、廃油、廃プラスチック類

③ **現場事務所からの廃棄物**

現場事務所、作業員詰所等から排出されるダンボール、図面、その他の書類等は一般廃棄物である。

④ **特別管理産業廃棄物（第５項）**

産業廃棄物のうち、爆発性、毒性、感染性その他の人の健康又は生活環境に係る被害を生ずるおそれがある性状を有するものとして政令で定めるものをいう。

2）事業者の責務（法第11条）

事業者は、その産業廃棄物を自ら処理しなければならない。

3）廃棄物の収集又は運搬を業とする許可（法第７条第１項、第14条第１項）

廃棄物の収集又は運搬を業とする場合、次の区分により許可を受けなければならない。ただし、自らその廃棄物を運搬する事業者等は、許可は不要である。

■廃棄物の種類に応じた許可

廃棄物の種類	許可をする者
一般廃棄物	市町村長
産業廃棄物	都道府県知事

4）産業廃棄物の運搬又は処分を委託（法第12条第５項、第６項）

① 事業者は、その産業廃棄物の運搬又は処分を他人に委託する場合には、運搬については産業廃棄物収集運搬業者に、処分については産業廃棄物処分業者にそれぞれ委託しなければならない。

② 委託契約は、書面により行い、当該委託契約書には、次に掲げる事項について記載しなければならない。

・委託する産業廃棄物の種類及び数量（運搬を委託するとき、処分を委託するとき共通）

・産業廃棄物の運搬を委託するときは、運搬の最終目的地の所在地

・産業廃棄物の処分又は再生を委託するときは、その処分又は再生の場所の所在地、その処分又は再生の方法及びその処分又は再生に係る施設の処理能力

5）産業廃棄物管理票（第12条の３第１項）

事業者は、産業廃棄物の運搬又は処分を他人に委託する場合には、当該委託に係る産業廃棄物の引渡しと同時に当該産業廃棄物の運搬を受託した者に対し、当該委託に係る産業廃棄物の種類及び数量、運搬又は処分を受託した者の氏名

ポイント

運搬を委託するときは、運搬の方法は委託契約書に記載する必要はない。

又は名称等を記載した産業廃棄物管理票(マニフェスト)を交付しなければならない。

下記に処分場の種類を示す。

■処分場の種類

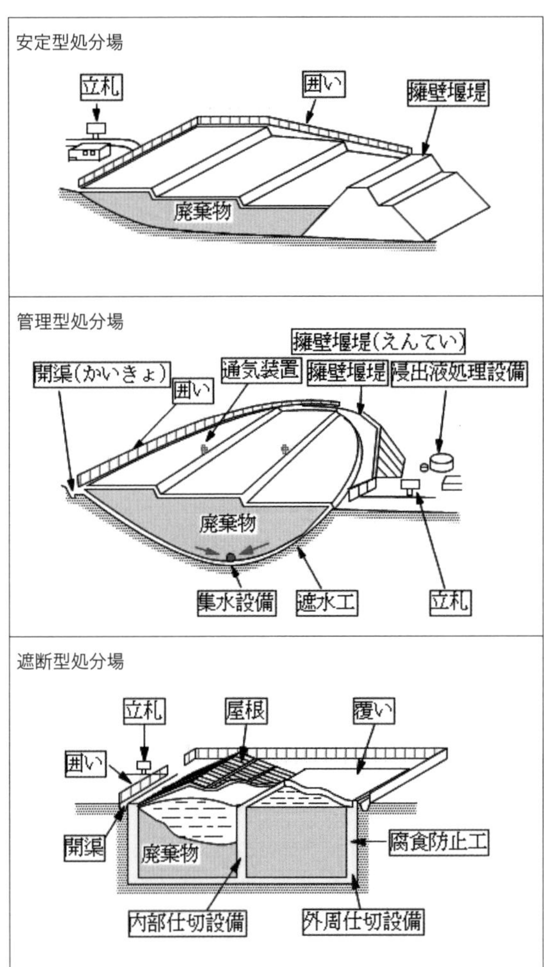

《4》資源の有効な利用の促進に関する法律(リサイクル法)

指定副産物とは(法第２条第13項、令第７条)
エネルギーの供給又は建設工事に係る副産物であって、再生資源として利用することを促進することが当該再生資源の有効な利用を図る上で特に必要なものとして業種ごとに定めるものをいう。建設業の指定副産物は、土砂、コンクリートの塊、アスファルト・コンクリートの塊、木材である。鉄筋くず等の金属くずは含まれない。

《5》建設工事に係る資材の再資源化等に関する法律(建設リサイクル法)

1)用語の定義(法第２条)

①　分別解体等(第３項)

次の工事ごとに定める行為をいう。

・第一号「解体工事」
建築物等に用いられた建設資材に係る建設資材廃棄物をその種類ごとに分別しつつ当該工事を計画的に施工する行為

・第二号「新築工事等」
当該工事に伴い副次的に生ずる建設資材廃棄物をその種類ごとに分別しつつ当該工事を施工する行為

②　特定建設資材(第５項)

建設資材廃棄物となった場合にその再資源化が特に必要であり、かつ、経済性の面において制約が著しくないものとして政令で定めるもの
〔特定建設資材：令第１条〕
コンクリート、コンクリート及び鉄からなる建設資材、木材、アスファルト・コンクリートをいう。建設発生土は含まれない。

2)分別解体等の実施

①　特定建設資材を用いた建築物等に係る解体工事又はその施工に特定建設資材を使用する新築工事等であって、その規模が基準以上のもの(対象建設工事)の受注者又は自主施工者は、分別解体等をしなければならない。(法

第9条第1項）

② 対象建設工事の発注者又は自主施工者は、工事に着手する日の7日前までに、工事着手の時期及び工程の概要や分別解体等の計画等について都道府県知事に届け出なければならない。（法第10条第1項）

③ 対象建設工事には、次のものがある。（令第2条）

■分別解体等が義務付けられている工事（対象建設工事）

工事の種類	規模の基準
建築物の解体	床面積80m²以上
建築物の新築・増築	床面積500m²以上
建築物の修繕・模様替（リフォーム等）	請負金額1億円以上
建築物以外のものの解体・新築等（土木工事等）	請負金額500万円以上

《6》道路法・道路交通法

1）道路占用（せんよう）の許可（道路法第32条第1項、令第7条）

次の例にあげる行為を行う者は、道路管理者の許可（道路占用の許可）を受けなければならない。

① 歩道の一部にはみ出して、工事用の仮囲いを設置する。

② 歩道の一部にはみ出して、工事用の足場を設置する。

③ 道路の上部にはみ出して、防護棚（養生朝顔）を設置する。

④ 歩道の上部に防護構台を組んで、構台上に現場事務所を設置する。

⑤ 工事用電力の引込みのために、仮設電柱を道路に設置する。

⑥ 道路の一部を掘削して、下水道本管へ下水道管の接続を行う。

2）道路使用の許可（道路交通法第77条第1項）

次の例にあげる行為を行う者は、当該行為に係る場所を管轄する警察署長の許可（道路使用の許可）を受けなければならない。

① コンクリート打設作業のために、ポンプ車を道路上に駐車させる。

② 鉄骨建方作業のために、移動式クレーンを道路上に設置する。

■道路関係の申請書

申請・届け出の名称	提出先	提出者	提出時期
道路占用許可申請書 （仮囲い等長期間）	道路管理者	道路占用者	着工前
道路使用許可申請書 （鉄骨建方等短期間）	警察署長	施工者	同上

《7》消防法

1）消防用設備の種類（令第７条第１項）

消防の用に供する設備は、消火設備、警報設備及び避難設備とする。

① 消火設備（令第７条第２項）

一　消火器及び次に掲げる簡易消火用具

イ　水バケツ

ロ　水槽

ハ　乾燥砂

ニ　膨張ひる石又は膨張真珠岩

二　屋内消火栓設備

三　スプリンクラー設備

四　水噴霧消火設備

五　泡消火設備

六　不活性ガス消火設備

七　ハロゲン化物消火設備

八　粉末消火設備

九　屋外消火栓設備

十　動力消防ポンプ設備

② 警報設備（令第７条第３項）

一　自動火災報知設備

一の二　ガス漏れ火災警報設備

二　漏電火災警報器

三　消防機関へ通報する火災報知設備

四　警鐘、携帯用拡声器、手動式サイレンその他の非常警報器具及び次に掲げる非常警報設備

イ　非常ベル

ロ　自動式サイレン

ハ　放送設備

③　**避難設備(令第7条第4項)**

一　すべり台、避難はしご、救助袋、緩降機、避難橋その他の避難器具

二　誘導灯及び誘導標識

2）消防用水(令第27条第3項第四号)

消防ポンプ自動車が、2m以内に接近できるように設ける。

3）消火活動上必要な施設(令第7条第6項)

排煙設備、連結散水設備、連結送水管、非常コンセント設備及び無線通信補助設備とする。

4）消防法に定める資格

①　防火管理者**(法第8条第1項)**

学校、病院など多数の者が出入し、勤務し、又は居住する防火対象物において、消防計画の作成、消防計画に基づく消火、通報及び避難の訓練の実施、消防設備などの点検及び整備などを行う資格を有する者。

②　消防設備点検資格者**(消防法施行規則第31条の6第7項)**

消防用設備等の点検を行うことができ、点検できる消防用設備等及び特殊消防用設備等の種類により、第1種、第2種、特殊に分類される。

③　防火対象物点検資格者**(法第8条の2の2第1項)**

一定規模以上の建物において、防火管理上必要な業務、消防の用に供する設備、消防用水又は消火活動上必要な施設の設置及び維持などの事項について、点検基準に適合しているかどうかを点検し、その結果を消防長又は消防署長に報告する資格を有する者。

④　危険物保安監督者**(法第13条第１項)**

一定規模以上の製造所、貯蔵所又は取扱所において、危険物の取扱作業に関して保安の監督を行う資格を有する者。甲種危険物取扱者又は乙(おつ)種危険物取扱者で、６ヶ月以上危険物取扱いの実務経験を有する者から選任される。

⑤　危険物取扱者**(法第13条第３項)**

製造所、貯蔵所及び取扱所においては、甲種危険物取扱者又は乙種危険物取扱者が立ち会わなければ、危険物を取り扱ってはならない。その立会の資格を有する者。

⑥　消防設備士**(法第17条の５第１項)**

定められた消防設備等の工事又は整備を行うことができる者。甲種消防設備士は工事又は整備を、乙種消防設備士は整備のみを行うことができる。

【消防法に定める資格ではないもの】

①　建築設備検査員(建築基準法に定められている)

②　特定高圧ガス取扱主任者(高圧ガス保安法に定められている)

6 躯体工事

1 地盤調査

《1》調査方法

(a) ボーリング

地盤構成の確認や土質試験用試料の採取、標準貫入試験及びボーリング孔内載荷試験等の原位置試験を行うための孔をつくる作業である。

1）オーガー式ボーリング

最も簡単な方法で、オーガーを人力または動力によって地中にもみ込み試料を採取する。比較的軟らかい土の浅い掘削に適しており、硬い地盤や砂質地盤には使用できない。ハンドオーガーとマシンオーガーがある。

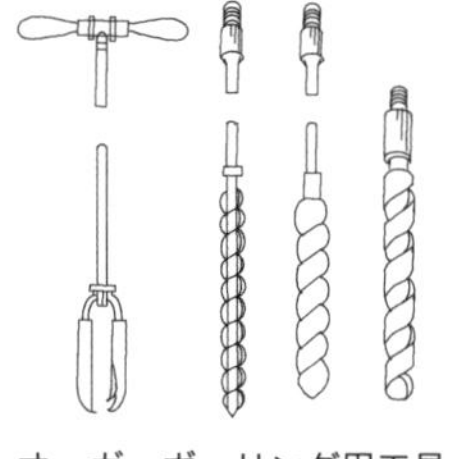
オーガーボーリング用工具

2）ロータリー式ボーリング

ボーリングロッドの先端にコアチューブビットを取り付け、高速回転させて掘進する。掘進は地下水位を確認するまでは無水掘りが原則とされている。軟弱地層から硬い岩盤の深度100m程度まで掘削可能であり、また孔底の土層を乱すことが少ない。

① 軟弱な粘性土の場合は、鋼製のケーシングチューブを挿入して孔壁の崩壊を防止する。

② 孔内に泥水を使用する目的は、先端のビットを冷却し損耗を防ぐとともに、泥水がマッドケーキ（泥壁）を形成して孔壁を保護するためである。

用語 **ケーシング**
ボーリング孔や場所打ちコンクリート杭孔を掘削するため、孔壁が崩れ落ちないように入れる鋼管のこと。

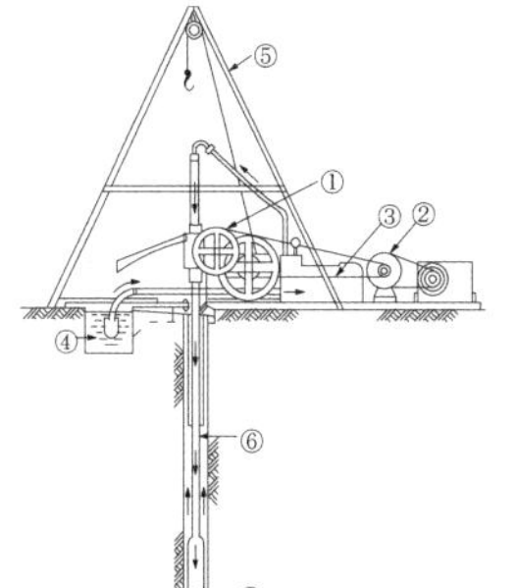

① ボーリング機械本体（ハンドフィード式）
② 原動機
③ 送水ポンプ
④ 泥水槽
⑤ やぐら
⑥ ボーリングロッド
⑦ メタルクラウン(刃先)

ロータリー式ボーリング装置

(b) ボーリング孔を利用した原位置試験

1）孔内載荷試験

地盤の強さ及び変形特性(変形係数)を求めるための試験である。変形係数は、地震時の杭の水平抵抗及び基礎の即時沈下を検討する場合に用いる。

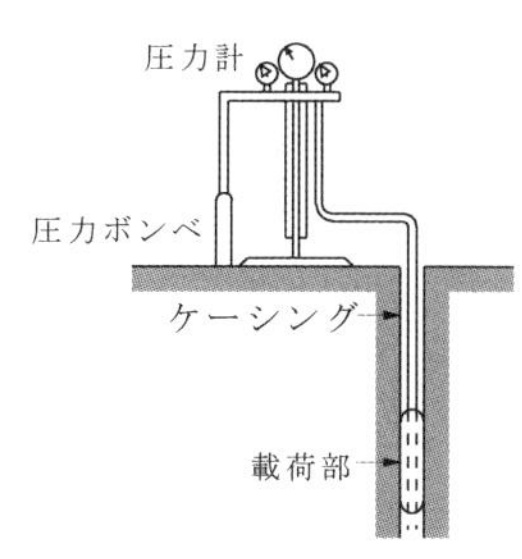

孔内載荷試験

2）地下水の調査方法

地下水に関する調査項目には、水位と透水係数があげられる。砂質土の透水係数等を求める方法として、揚水試験と透水試験がある。

① 揚水試験

揚水試験は揚水井を設け、それを中心に十字状に観測井を設け、揚水井から水を汲み上げて、観測井の水位低下を観測するものである。

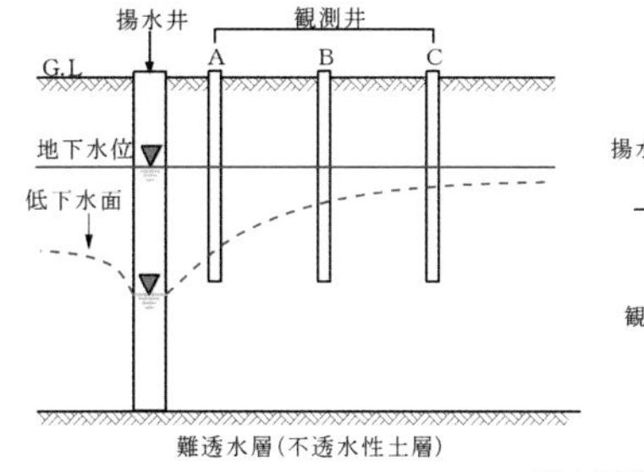

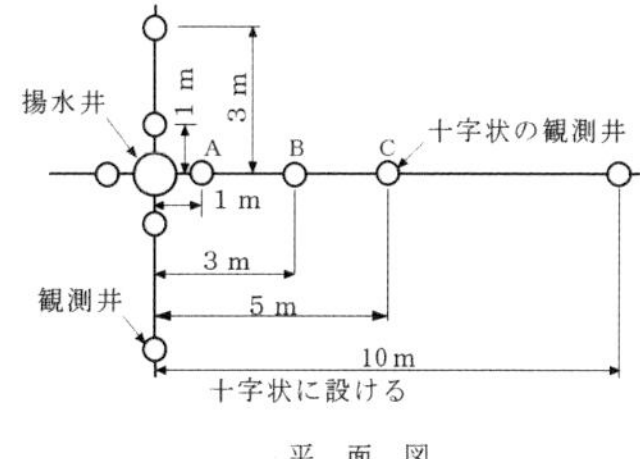

揚水試験

② 透水試験

1本のボーリング孔や井戸を利用して砂質土地盤の透水係数を求める試験である。

③ 地下水位の測定

・孔内水位は、常水面とは一致しにくいので、なるべく長期間放置し、水位が安定してから測定する。

・ボーリング孔の孔内水位は、ベントナイト溶液を用いると、その付着等により、実際の地下水位と異なることがあるため、好ましくない。無水掘り、あるいは清(せい)水掘りとすることが好ましい。

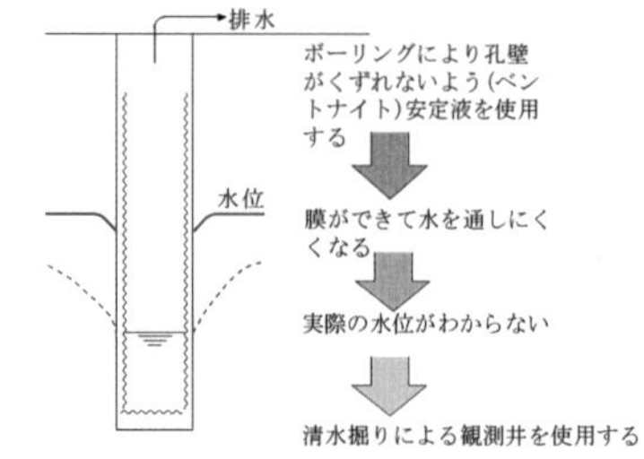

ベントナイト溶液を用いたボーリング孔

(c) サウンディング

ロッドにつけた抵抗体を地盤中に貫入(かんにゅう)・回転・引き抜くことで、その抵抗から地盤の強度や変形性状を調べる原(げん)位置試験をいい、次のような試験方法がある。

1）標準貫入試験

ボーリング孔を利用して、土の動的貫入抵抗を求めることにより、原位置における土の硬軟(こうなん)、締(しま)り具合の相対値を定量的に知るためのN値を求める試験で、わが国ではもっとも広く行われているサウンディングである。試験時に乱した土の試料が得られる。

標準貫入試験

用語 清水掘り

孔壁保護のため、ベントナイト溶液など粘性のある液体を使用せず、ただの水を使用する掘削方法。

試験方法は、

① 測定深さまで掘ったボーリング孔底にSPTサンプラーをロッド先端に取り付けておろす。

② ロッドの頭部に63.5kgのハンマーを76㎝の高さから自由落下させる。

③ 本打ちに先立ち、15㎝の予備打ちを行う。
本打ちは、SPTサンプラーを地盤に30㎝貫入させる。

④ この貫入に要した打撃回数をN値という。

⑤ 通常、深さ方向1mごとに行う。

⑥ 本打ちの打撃回数が50回に達しても貫入量が30㎝に達しないときは、特に必要のない限り、打撃回数50回に対する累計貫入量を測定する。

⑦ 標本試料は、代表的な試料を透明な容器に保存し、深さ、土質名を記載する。N値やボーリングの採取試料の観察記録は、土質柱状図としてまとめる。

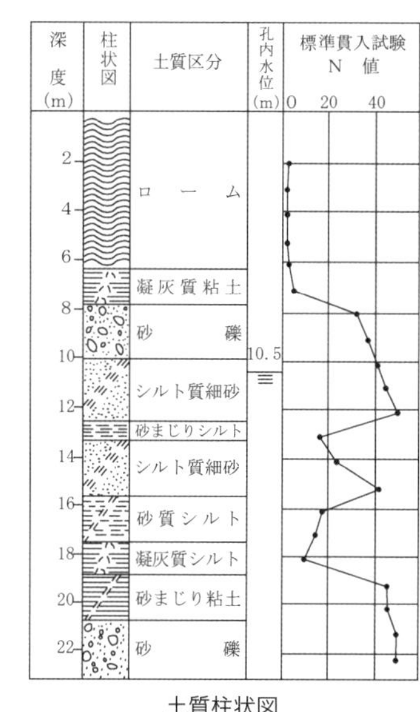

土質柱状図

■ N値から推定される主要項目

土の種類	土の性質	設計への利用
砂質土	相対密度 変形係数 動的性質	地耐力(支持力・沈下量)、液状化の判定 杭の支持力(先端・周面摩擦) S波速度
粘性土	硬軟の程度(コンシステンシー) 一軸圧縮強度	各層の分布 地耐力、支持力

以上のように、粘性土と砂質土では性質が非常に異なるので、粒度試験を用いてあらかじめ判別しておかなければならない。

2）スクリューウエイト貫入試験
（スウェーデン式サウンディング試験）

ロッドの先にスクリューポイントを取り付け、所定のおもりの載荷による貫入量を測定し、次に載荷状態のままスクリューを回転させ、土の硬軟、締り具合、あるいは土層構成を判定しようとするものである。この試験は硬くない粘性土に適し、砂質土に対しても緩いものや薄層のものであれば適用可能である。主に小規模な建物に採用される。

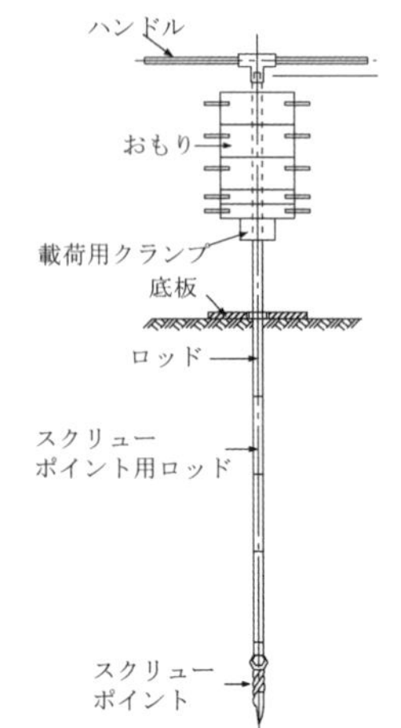

スクリューウエイト貫入試験
（スウェーデン式サウンディング試験）

3）機械式コーン貫入試験（オランダ式二重管コーン貫入試験）

この試験は、原位置において、コーンを静的に地盤に押し込むときの貫入抵抗から土層の硬軟、締り具合、あるいはその構成を判定する目的で行われる。一般に、砂礫層、玉石層等は、反力装置の関係上測定は不可能である。

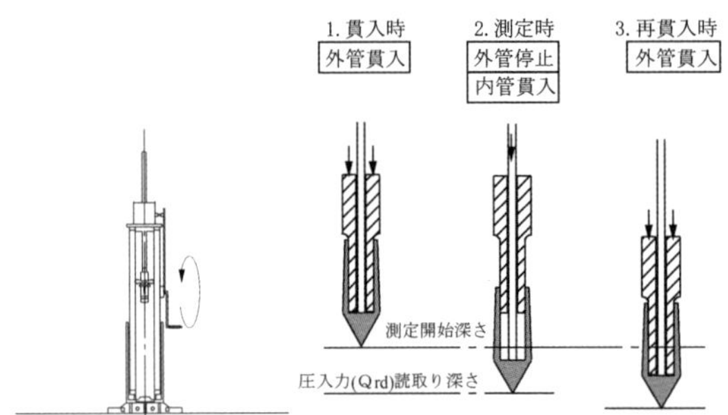

機械式コーン貫入試験（オランダ式二重管コーン貫入試験）

■機械式コーン貫入試験の特徴

長所	短所
・調査能率、精度において、標準貫入試験より優れている。 ・軟弱な粘性土地盤に適している。	・試料の採取が不可能である。 ・れきを含む地盤には適さない。

(d) 平板載荷（さいか）試験

この試験は、構造物を設置する地盤に載荷板を通じて荷重を加え、荷重と沈下の関係から地盤の支持力(地耐力)を求めるために行う原位置試験で、実際の構造物の支持力の検討に応用される。

① 試験の位置は、地盤の支持特性を代表しうるような場所とする。

② 試験地盤面の根切り深さは、構造物の想定基礎底面の深さとする。

③ 試験地盤面は、載荷板(通常直径30㎝)の中心から載荷板直径の３倍以上の範囲を水平に整地する。

④ 実荷重受台(反力装置)は、載荷板の中心から1.5m以上離れた位置に設置する。

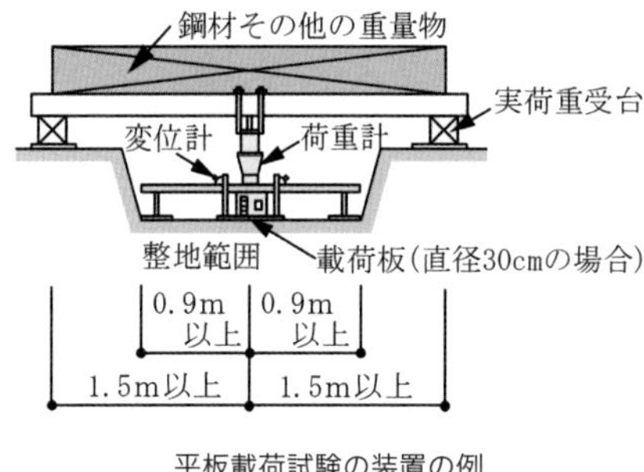

平板載荷試験の装置の例

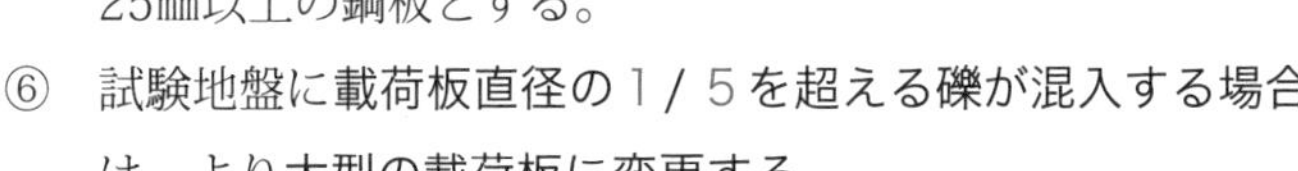

⑤ 載荷板は直径30㎝以上の円形とし、上下面が平滑で厚さ25㎜以上の鋼板とする。

載荷板

⑥ 試験地盤に載荷板直径の１/５を超える礫が混入する場合は、より大型の載荷板に変更する。

⑦ 変位計は、原則として、４点設置する。変位計は、載荷板の沈下量を正確に測定できるように鉛直に設置する。

⑧ 実荷重による反力装置の能力は、計画最大荷重の1.2倍以上とし、載荷方法は、計画最大荷重を５～８段階に等分して、荷重を段階的に載荷する。

⑨ 載荷板幅の1.5～２倍までの深さの地盤の支持力特性の調査が可能である。

⑩ 試験地盤面が常水面以下の場合は、注意して排水し、水位を試験地盤面以下に下げないようにする。

(e) サンプリング

① 土質試験のために地盤土を代表する土質試料を採取することをサンプリングという。ボーリング孔からの試料の採取は、平面的に分散させず、深さ方向に密にするとよい。

② ボーリング孔を利用した乱れの少ない試料の採取にサンプラーが使われる。N値が4以下の軟弱粘性土に採用されるシンウォールサンプラーと、N値が4を超える硬質粘性土に採用されるロータリー式二重管サンプラー(通称：デニソンサンプラー)がある。

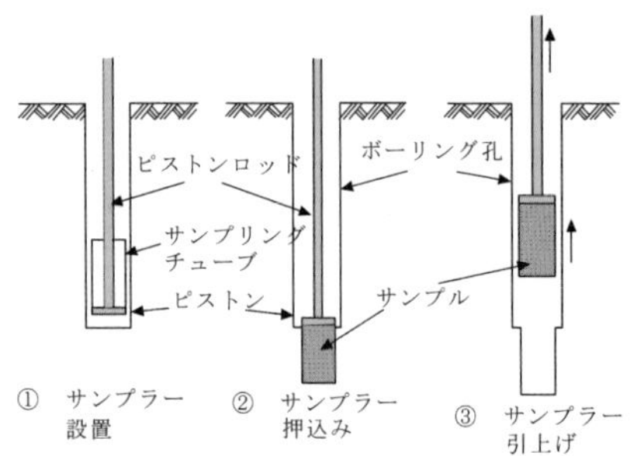

シンウォールサンプラーによるサンプリング手順

(f) 力学試験

① 一軸圧縮試験

この試験は、側圧を受けない状態で自立する供試体の最大圧縮応力(一軸圧縮強さ)を求めるもので、粘性土のせん断強度を調べる方法である。

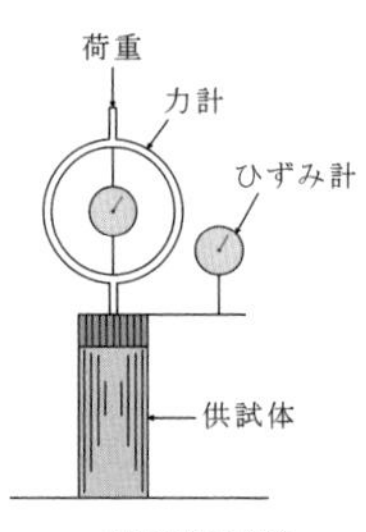

一軸圧縮試験

② 三軸圧縮試験

この試験は、拘束圧を作用させた状態での圧縮強さを調べるものである。粘性土のせん断強度、粘着力、内部摩擦角が測定できる。特に、粘性土で試料に薄い砂質部分が入っている場合や、ひび割れが入っている粘性土、砂質土の場合は三軸圧縮試験等が採用される。

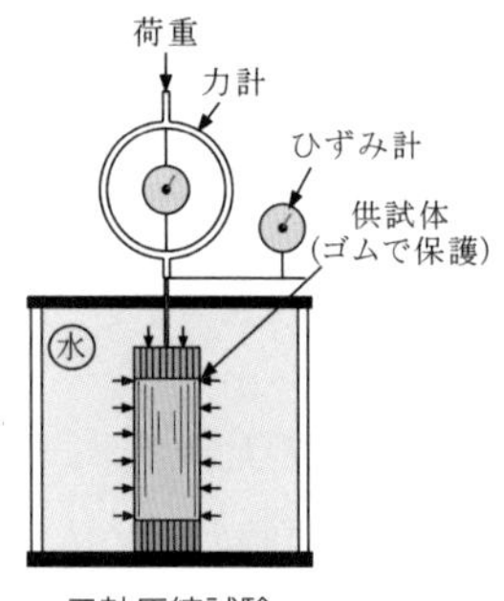

三軸圧縮試験

③ 圧密試験

圧密とは、飽和粘性土に荷重が作用したとき、粘土中の間隙水が排出されるために生じる体積減少のことである。この圧密沈下を予測するために圧密試験が実施される。この試験では、側面を拘束した状態で、軸方向に排水を許しながら載荷して、圧密係数等を求める。盛土・埋立てによる沈下量・沈下速度を解析する場合に用いられる。

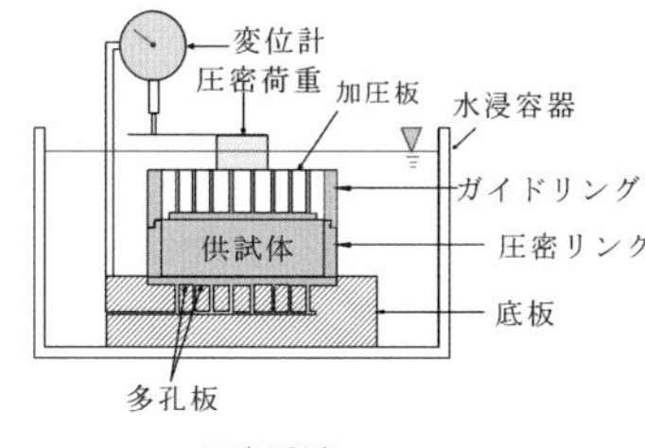

圧密試験

2 仮設工事

仮設工事とは、工事を進めるために仮に行う工事である。工事の終了とともに除去する間接的な工事であるため、合理的に進めなければならない。仮設工事には、共通仮設工事と直接仮設工事がある。

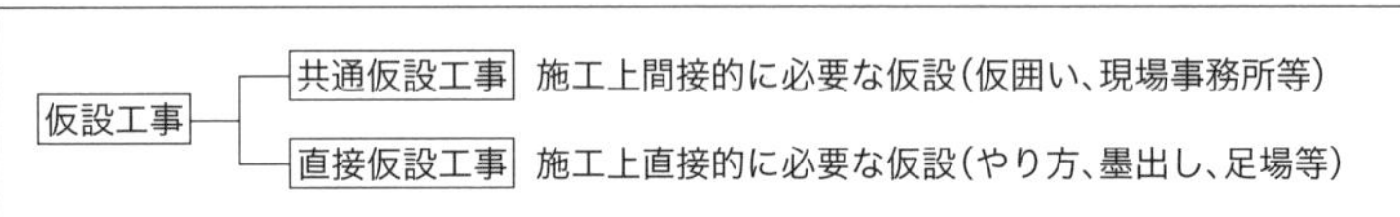

《1》仮設材料

一般に仮設材料は、工事現場において長期間にわたり、かつ、繰り返し使用されることから、材料の選定にあたっては、組立、解体、運搬が容易で、転用性や耐久性に優れたものを用いる。なお、仮設に使用する材料は、新品でなくてもよい。

《2》共通仮設工事

1）仮囲い

次の建物について、建築、修繕、模様替のための工事を行う場合、工事期間中現場の周囲に地盤面から高さ1.8m以上の板塀等を設ける。

・木造の建築物で高さが13mまたは軒の高さが９mを超える建築物

・木造以外の建築物（RC造、鉄骨造等）で２以上の階数を有する建築物

ただし、この板塀と同等以上の既存の塀がある場合や現場の周囲において安全であることが確認できれば、板塀を設けなくてもよい。

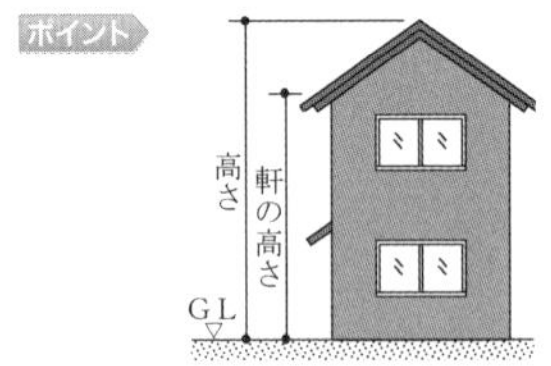

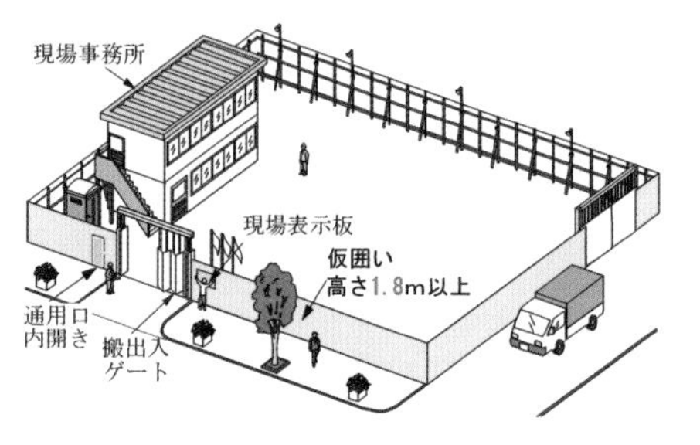

仮囲いの例（単位：mm）

① 仮囲いは、工事期間に見合った耐力を有し、強風を受けても倒れない構造とする。

② 仮囲いの材料は、鋼板、合板パネル等の木製材料等がある。

③ 仮囲いは、工事に伴う飛散物や落下物、あるいは現場内からの雨水等が流出しないように、幅木やコンクリート製の土手を設置するなど、すき間のない構造とする。

④ 仮囲いの出入り口は、管理をしやすくするため、人や車両の入退場の位置を限定する。

⑤ 仮囲いの出入口・通用口等は、引戸、シャッター、折りたたみ戸等とし、扉は内開きとする。また、施錠できる構造とし、工事に必要がない限り閉鎖しておく。開放する場合は誘導員を配置する。

⑥ ゲートの位置は、前面道路の状況や場内動線等との関連を考慮して決定する。

⑦ 門扉は、重量と風圧を軽減するために、上部を吹抜けにしたり、網を張ったりする。

⑧ ゲートの有効高さは、使用する資材運搬車両、建設機械、空荷時（からに）の生コン車等が通過できる高さとする。生コン車の全高は3.7m程度までであるので、有効高さはそれ以上とする。コンクリート満載時の生コン車の高さとすると、荷卸（におろ）し後に退場できなくなる場合がある。

ゲートの高さと生コン車

⑨ ハンガー門扉（もんぴ）は、扉を吊る梁（はり）が車両の積荷高さを制約する場合があるため、有効高さを検討する必要がある。

2）仮設建物

① 敷地内に余裕のある場合、監理者用事務所、施工者用事務所、作業員詰所等の仮設建物を現場（建物内を含む）に設置する。監理者用事務所と施工者用事務所は、機能が異なるため、それぞれ分けて設ける。

② 現場事務所は、工事現場を管理しやすい場所に設ける。止むを得ず作業場から離れて設ける場合は、出先連絡所を作業場内に設けて管理者と直ちに連絡が取れるようにする。

③ 作業員詰所は、できるだけ現場事務所の近くで、連絡や管理がしやすい位置に設ける。また、大部屋方式の方が、職種数や作業員の増減に対応できる。

④ 作業員詰所等の休憩室内は、受動喫煙防止のため、喫煙室と非喫煙室を区画したり、喫煙室には、たばこの煙が非喫煙室に漏れ出すことがないように換気扇の設置や、火災予防の関係から消火器の設置が望ましい。

⑤ 守衛所は、出入口が数箇所ある場合には、メインの出入口に設置し、その他の出入口には、守衛所は設けず、警備員を配置する立哨所程度とする。規模が小さい作業所の場合、守衛所を設けず、警備員だけを出入口に配置することもある。

⑥ 下小屋は、材料置場に近く、運搬に便利な場所を選び、加工用に機械を設置する場合は、電力及び水道等の設備を設ける。

3）その他の仮設設備

① 工事用車両による道路の汚れを防止するために、洗車場を設ける。

② 解体工事では、粉塵の飛散を防止して、近隣被害が起こらないようにする。そのために、散水設備の設置が必要となる。

《3》直接仮設工事

(a) 位置、高さに関するもの

1）縄張り

設計図書に基づいて、敷地に建物の位置を出し、建物の位置と敷地の関係、道路や隣接建築物との関係等について検討し、建物の位置を工事関係者立会いのもとで最終決定する。縄張りに使用するくい及び縄を、地ぐい及び地縄と呼ぶ。縄の代わりにひもや石灰を使用することもある。

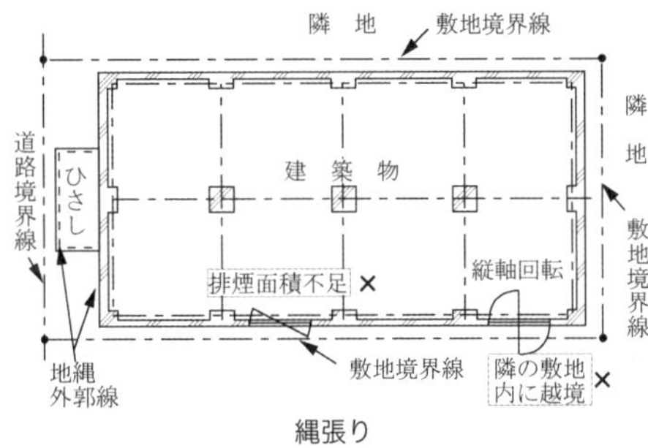

縄張り

2）水盛り・やり方

掘削する部分を避けて、建物の位置、通り心、高低の基準を設定するために地ぐいや水貫（みずぬき）を組み、水糸を張る作業をいう。やり方の例を図に示す。

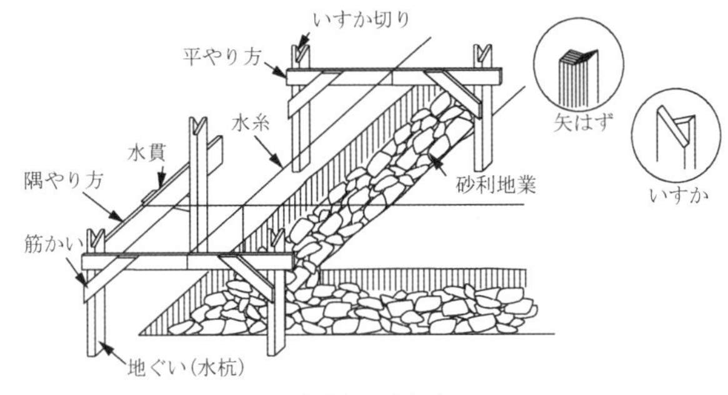

水盛り・やり方

① 建物隅部のやり方は、３本の水杭をL型に配置する隅やり方とする。隅部以外のやり方は、水杭を２本配置する平やり方とする。

② 水杭は、根切り後の移動のない位置に打ち込む。水杭頭部は、物が当たったり、たたいたりした場合に、変状で移動をすぐに発見できるように、矢はず切りやいすか切りにすることが好ましい。

③ 水盛りの後、かんな掛けを施した水貫を、上端を水杭に示した基準に合わせて水杭に水平に取り付ける。

④ やり方の水杭や水貫は、動かないように筋かいで固定する。

用語 **水盛り**
水準点から一定の高さを測定して、各水杭に同じ高さの水準の印をつけること。

3）ベンチマーク

建築物の高低の基準・位置の基準を示すものである。

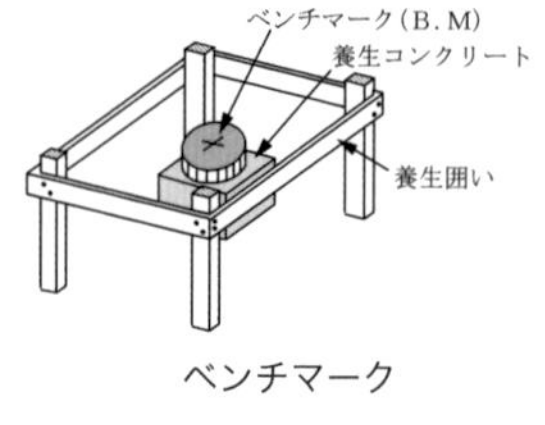

ベンチマーク

① ベンチマークは、原則として、２箇所以上に設置する。

② ベンチマークを設ける位置は、建物の位置決定に都合がよく、見通しのよい位置とし、工事完了後まで残せるような位置がよい。

③ ベンチマークは、工事中に移動しないように十分養生して管理する。

4）墨出し

工事に必要な寸法の基準となる位置、高さ等を所定の場所に表示する作業をいう。

① 墨の呼び名

- 地　墨：平面の位置を示すために床面に付けた墨
- 陸（ろく）　墨：水平を示すために壁面に付けた墨
- たて墨：垂直を示すために壁面に付ける墨
- 親　墨：基準となる墨
- 子　墨：親墨を基にして出す型枠など部材の位置を示す墨
- 逃げ墨：通り心から一定の距離をおいて平行に付けた墨

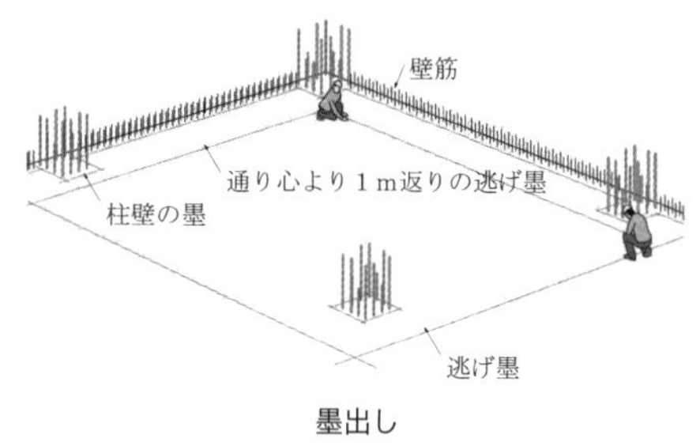

墨出し

② 位置の基準点は、建築物の縦、横２方向の通り心または柱心から１m逃げた逃げ墨を延長して設ける。一般階においては、柱筋や壁筋があって通り心の墨を出せないところがある。この場合、一般的に通り心より１m返りの逃げ墨を出し、これを基準として工事を進めていく。

用語　ベンチマーク
建物の高低の基準・位置の基準で、既存の工作物、新設した杭等動かないものに設ける。

③ 基準墨の上階への移動は、一般に次のような方法がとられている。

・上階の床スラブのコンクリートを打つ際に、建物四隅の基準墨または逃げ墨の交差する場所に15㎝角程度の孔をあけ、コンクリート打込み後この孔から下げ振りを下階の基準墨の交点まで下げ、その位置を上階の床スラブ上に移す。

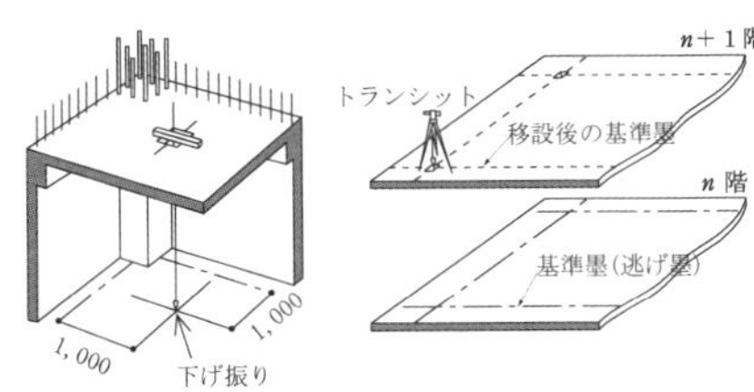

基準墨の移動(単位：mm)

・四隅に出たXY両方向の交点を、トランシット等を用いて結ぶことにより、基準墨を床面に移す。

・１階の基準高さは、ベンチマークから直接レベルで移す。２階から上の基準高さは、鉄骨や柱主筋等の鉛直部材で比較的剛強なものを利用して、１階の基準高さから鋼製巻尺（まきじゃく）で出す。柱主筋に移す場合は、台直し等の作業を終え、柱主筋が安定した後に行う。

・鋼製巻尺は、同じ精度を有する巻尺を２本以上用意して、１本は基準巻尺として保管する。鋼製巻尺は、テープ合わせを行って精度を確認したもので、その工事現場専用の基準巻尺を使用する。また、温度により伸縮するので、測定時の気温により、温度補正を行う。

(b) 通路

1）一般事項

① 安全通路で主要なものには、これを保持するため、通路であることを示す表示をしなければならない。

② 通路面には、つまずき、すべり、踏抜きがないようにする。

③ 屋内の仮設通路においては、通路面から高さ1.8m以内に障害物がないようにする。

仮設通路

2）架設通路

架設通路（登り桟橋）の規定を示す。

① 勾配は、30度以下とする。ただし、階段または高さが２m未満で丈夫な手掛けを設けたものは除く。

② 足場板の継手は、突付けとする（重ねない）。

③ 高さ８m以上の登り桟橋の折り返しまたは踊り場は、高さ７m以内ごとに設ける。

④ 勾配が15度を超える場合は、歩み板にすべり止めを設ける。

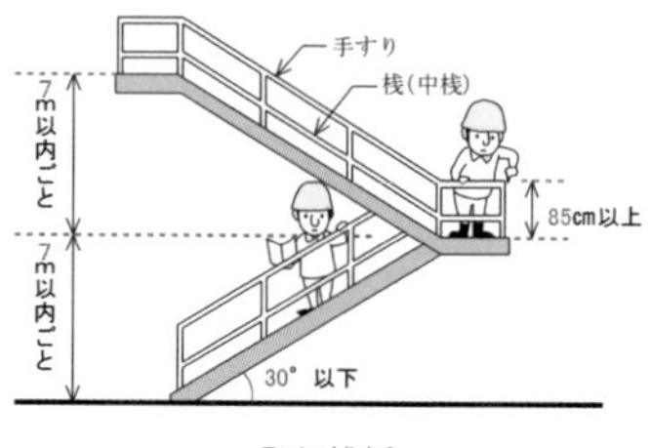

登り桟橋

(c) 足場

1）共通事項

① 高さ２m以上の箇所での作業で、墜落により労働者に危険を及ぼすおそれのあるときは、作業床を設ける。

② 足場の脚部には、足場の滑動または沈下を防止するため、ベース金具を用い、かつ、敷板・敷角等を用い、根がらみを設ける。

③ 高さ２m以上の場所に設ける作業床は、幅40cm以上、すき間は３cm以下とする。また、つり足場の場合は、すき間があってはならない。

④ 床材と建地とのすき間は、12cm未満とする。

⑤ 高さが２m以上の作業床の端で、墜落の危険のある箇所には、高さ85cm以上の手すり及び高さ35cm以上50cm以下の桟（中桟）等を設ける。

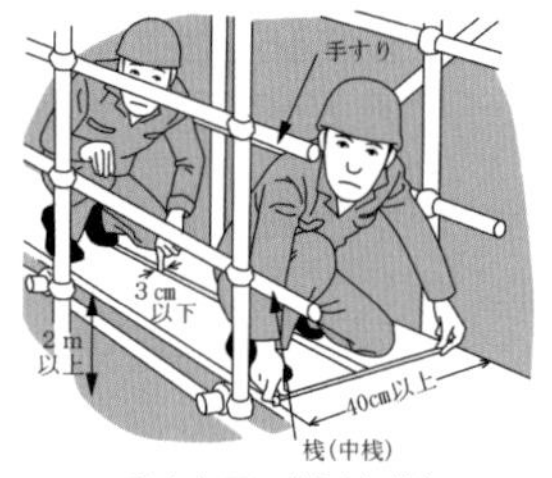

手すり及び桟（中桟）

⑥ 高所作業による工具等の落下には、水平安全ネットの設置が有効である。

⑦ 囲い、手すり、覆い等を設けることが著しく困難なときまたは作業の必要上臨時に囲い等を取り外すときは、防網を張り、労働者に要求性能墜落制止用器具（安全帯）を使用させるなどの措置を講じなければならない。

用語 **建地**
足場のうち鉛直に立てる部材で柱に相当する部分。

2）単管足場

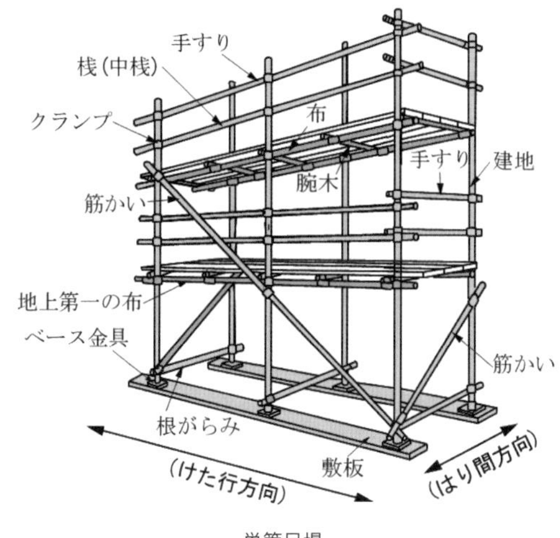

単管足場

① 建地の間隔は、けた行方向1.85m以下、はり間方向1.5m以下とする。

② 単管足場の建地は単管を用いるため、単管同士のジョイントが生じる。このジョイントは構造上の弱点となるため、隣接する建地のジョイント部は、同一レベルにならないよう千鳥（ちどり）にする。

③ 単管足場では、単管と単管の交点を緊結金具で結合する。緊結金具としては、直交型クランプと自在（じざい）型クランプの２つがある。

④ 建地の高さが31mを超える場合は、最高部より測って31mを超える部分は建地を２本組みとする。ただし、建地の下端に作用する設計荷重が、最大使用荷重を超えないときは、この限りでない。

⑤ 壁つなぎの間隔は、垂直方向５m以下、水平方向5.5m以下とする。

⑥ 建地間の積載荷重は3.92kN（400kg）以下とし、表示をする。

⑦ 地上第一の布は、地上より2m以下の位置に設ける。

壁つなぎ

用語 布
水平、長手、平行、連続などの意味。この場合はけた行方向の単管のこと。

3）枠組足場

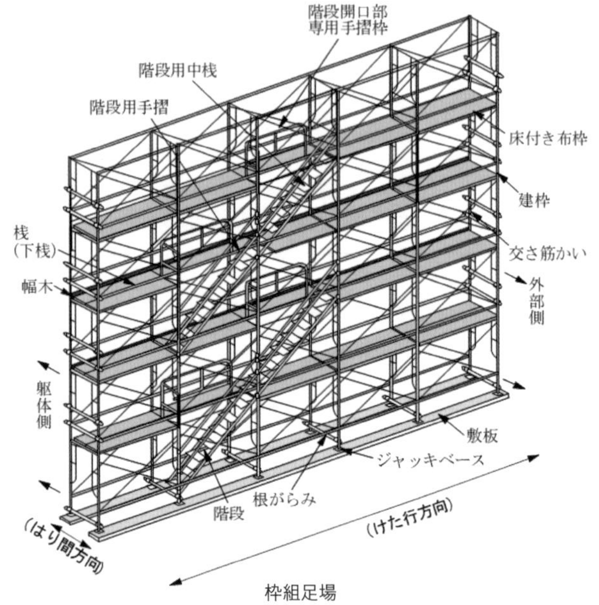

枠組足場

① 枠組足場の高さは、原則として45m以下とする。

② 高さ20mを超える場合及び重量物の積載を伴う作業をする場合は、建枠の間隔は1.85m以下、建枠の高さは2m以下とする。

③ **最上層及び5層以内ごとに水平材を設ける。**

④ **壁つなぎまたは控えの間隔は垂直方向9m以下、水平方向8m以下とする(高さ5m未満のものは除く)。**

⑤ 高さ2m以上の部分には、墜落防止のため交さ筋かい及び高さ15cm以上40cm以下の桟(下桟)若しくは高さ15cm以上の幅木を設ける。

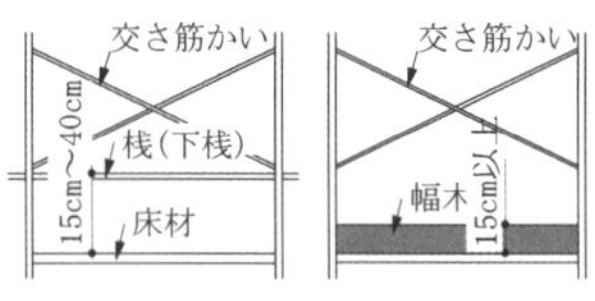

桟(下桟)と幅木

4）つり足場

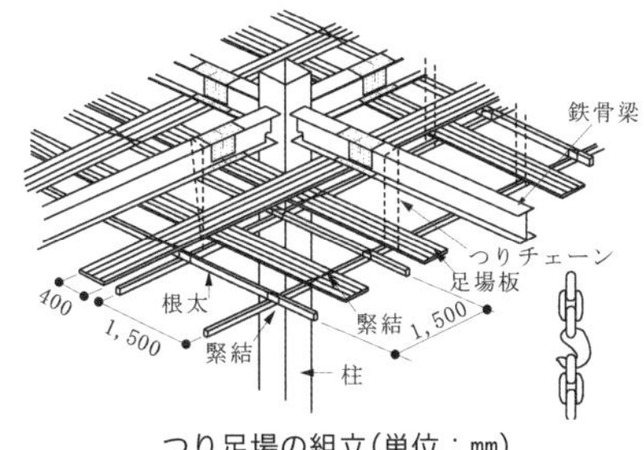

つり足場の組立（単位：mm）

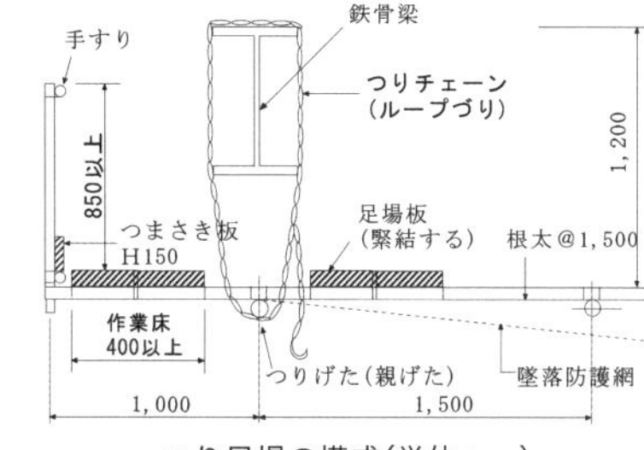

つり足場の構成（単位：mm）

① つり部材の安全係数は、次のとおりである。台付けワイヤは荷を縛(しば)るため、玉掛けワイヤは荷を吊るために用いる。

■つり部材の安全係数

つり部材の種類	安全係数
つりワイヤロープ	10　以上
つり鎖（チェーン）	5　以上
台付けワイヤロープ	4　以上
玉掛けワイヤロープ	6　以上

② キンクしたワイヤロープは、玉掛け用具として使用してはならない。

③ つり足場のチェーンは、許容荷重を大きくするため、ループ吊りとする。

④ つり足場の作業床は、幅40㎝以上とし、かつ、すき間がないようにする。

キンク

形崩れ

腐食

ワイヤロープの欠損

⑤ つり足場の上で、脚立、はしご等を用いて労働者に作業をさせてはならない。

(d) その他の仮設

1）踏抜(ふみぬ)きの防止

スレート、木毛板(もくもう)等の材料で葺かれた屋根の上で作業を行う場合においては、幅が30㎝以上の歩(あゆ)み板を設け、防網を張るなど踏

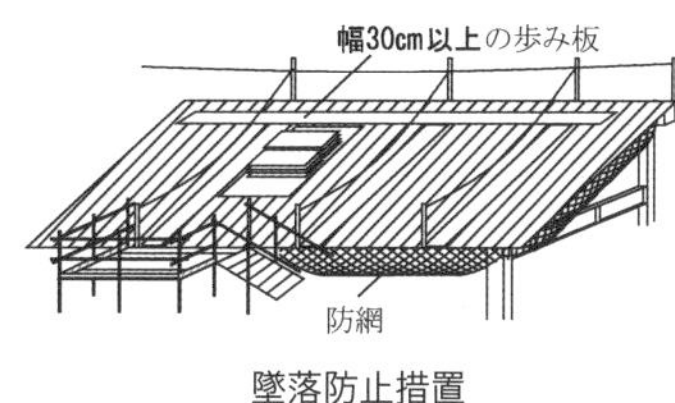

墜落防止措置

用語 **安全係数**
ワイヤロープ等の切断荷重の値を積載荷重の最大の値で除した値

み抜きによる労働者の危険を防止するための措置を講ずる。

2）防護棚（朝顔）

歩道や隣地への飛来物落下及び飛散防止を目的とし、上部からの落下物を受け止める水平養生と飛散防止のための垂直養生を兼ねるものである。

① 防護棚は、すき間がないもので、十分な耐力を有する適切な厚さとする。木材の場合30㎜程度、鉄板の場合1.6㎜以上の厚さが望ましい。

② 外部足場の外側から水平距離で２m以上突き出させ、水平面となす角度を20度以上とする。

③ 仮設足場に設ける防護棚の設置位置は、歩車道や隣接建物への飛来物落下及び飛散防止を考慮して計画する。敷地地盤の高低や地中埋設配管の調査は、不要である。

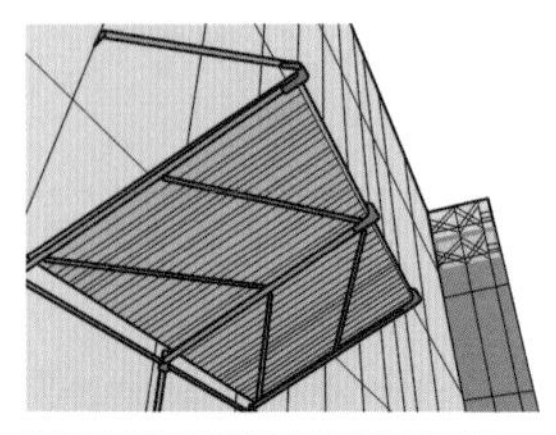

防護棚

3）移動式足場（ローリングタワー）

高い天井作業等に使用する。

① 車輪の直径は、125㎜以上とする。

② 脚輪は、主軸を軸として自由に回転するブレーキつきのものを使用する。

③ 作業床の周囲には、高さ10㎝以上の幅木と高さ90㎝以上の中桟付きの手すりを設ける。

④ 作業中はブレーキ等で脚輪（きゃくりん）を固定させ、足場の一部を建物の一部等に固定させる。

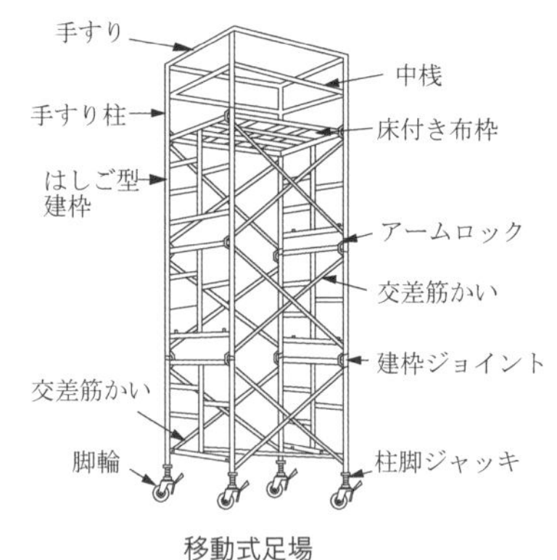

移動式足場

用語 **防護棚（朝顔）**
特に市街地等で、落下物に対する防護のために足場中間部からはね出して取り付ける板状のもの。

用語 **移動式足場**
枠組み足場の枠を組み重ね、脚部に車輪をつけて水平方向への移動を容易にした足場。

4）はしご道

① はしごの転位防止の措置を講ずる。

② はしごの上端を床から60㎝以上突き出させる。

5）移動はしご

① 移動はしごの幅は、30㎝以上とする。

② すべり止め装置の取付け、その他転位を防止するために必要な措置を講ずる。

6）脚立

脚と水平面との角度を75度以下とし、かつ、折りたたみ式のものにあっては、脚と水平面との角度を確実に保つための金具等を備える。

7）昇降設備

高さまたは深さが1.5mを超える箇所で作業を行うときは、労働者が安全に昇降するための設備等を設ける。

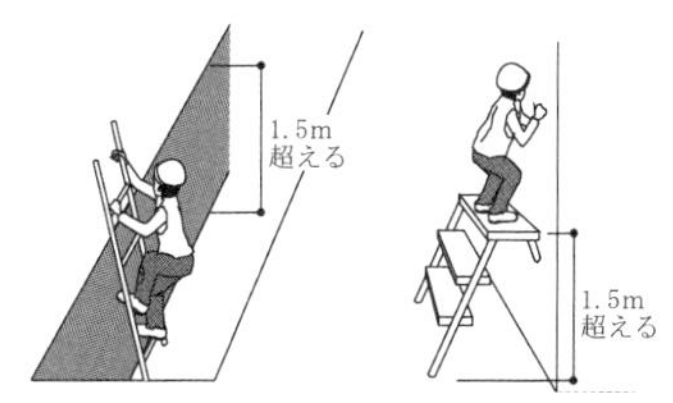

昇降設備

8）乗入れ構台

① ミキサー車や鉄骨建方のトラッククレーン等、種々の重い重機を使用するので、最大荷重に対して安全に設計し施工する。

② 支柱は、地下躯体の主要構造部分に当たらないように配置する。

③ 車乗入れ部の勾配は、1/10～1/6程度とする。

④ 幅員は使用する施工機械、車両、アウトリガーの幅、配置及び動線等により決定する。通常、計画される幅員は、4～10mである。

⑤ 躯体コンクリート打込み時に、乗入れ構台の大引下の床の均し作業ができるように、大引下端を床上端（うわば）より20～30㎝上に設定する。

⑥ 水平つなぎとブレースは、各段階の根切りにおいて、可能となった段階で設置し、一刻も早く構造上安全な状態にしてから使用する。

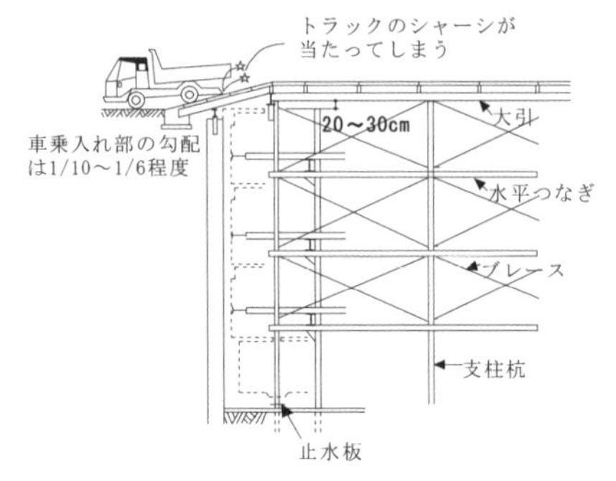

乗入れ構台

9）投下設備・監視人

3ｍ以上の高所から物体を投下するときは、ダストシュート等の投下設備を設け、監視人を置くなど労働者の危険を防止する。

《4》工事用電力

1）受電

申込みは使用電力により臨時電力（3kW以下）、低圧受電（50kW未満）、高圧受電（50kW以上）となっている。

2）受電容量の計算

大規模工事の受電設備容量は、一般に工程表から工事用機械設備、照明用電力についての負荷工程を作成し、最大負荷量の60～80％程度で決定する。

■同時使用係数

機　　械	同時使用係数
タワークレーン、リフト、水中ポンプの汎用機械	0.5～0.7
全自動溶接機	0.75～1.0
アーク溶接機	0.2～1.0
コンセントから使用する電動工具 照明器具（蛍光灯・投光器・電灯など）	0.7～1.0

3）その他

① 架空電路に近接する場所で作業を行う場合は、架空電路に絶縁用防護具を装着するなどの措置を講ずる。

② 高さが２m以上の箇所で作業を行うときは、当該作業を安全に行うため必要な照度を保持しなければならない。

3 土工事・山留め工事

《1》土

① 土の性質は、土粒子の粒径により大きく異なる。礫、砂、シルト、粘土の順に粒径は小さくなる。

■土の分類

粒径による分類	礫			砂		シルト	粘土
	粗砂	中礫	細礫	粗砂	細砂		
粒子の直径(mm)	75～20	20～5.0	5.0～2.0	2.0～0.42	0.42～0.075	0.075～0.005	0.005以下

② 粒度試験

粒度試験は、土の粒度分布を求める試験である。粒径0.075mm以上の粗粒土はふるい分析で、0.075mm未満の細粒土は沈降分析で行う。

《2》土工事

(a) 根切り

根切りとは、基礎その他の地下構築物を築造するために地盤を掘削することで、土砂崩壊のおそれがない場合等を除き、深さ1.5m以上の根切り工事では山留めを設けなければならない。

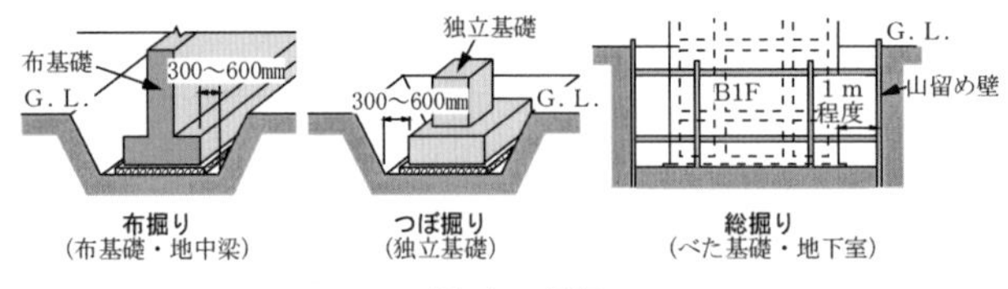

根切りの種類

用語 **布掘り**
連続基礎等、帯状に掘削すること。

① 布掘りの場合、一般に法尻（のりじり）と基礎との間隔は300 ～ 600㎜程度を見込む。

② 地下外周部に山留め壁が必要な場合は、一般に山留め壁と躯体との間隔は１m程度を見込む。

③ 手掘りによる掘削の場合は、掘削高さと法面勾配が規定されている。岩盤または硬い粘土からなる地山については、5m未満は90度以下、5m以上は75度以下とする。砂からなる地山については、35度以下または5m未満とする。

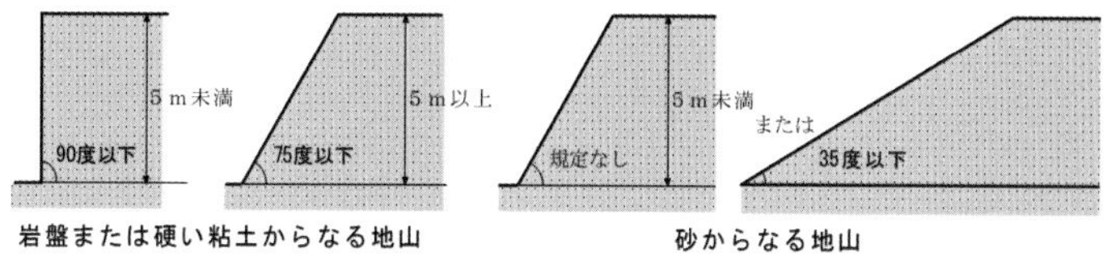

掘削高さと法面勾配

(b) 排水

地下の排水工法は、次のとおり多くの種類がある。

■排水工法の種類

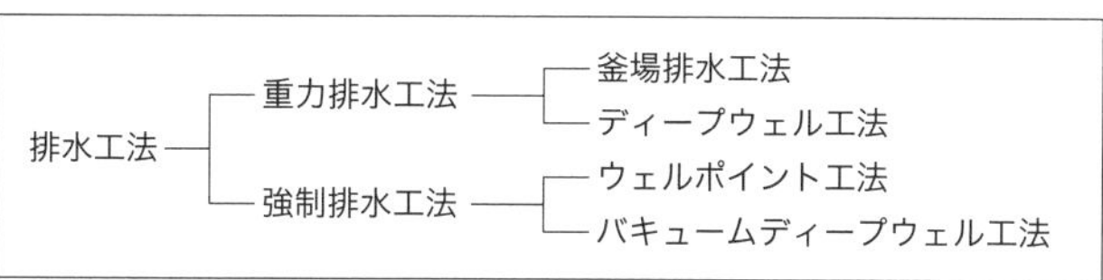

1) 釜場排水工法

根切り底面に設けた釜場と称する集水ピットに水中ポンプを設置して揚水する工法である。最も簡単で経済的な工法であり、地下水の少ない地盤での根切り工事に適している。

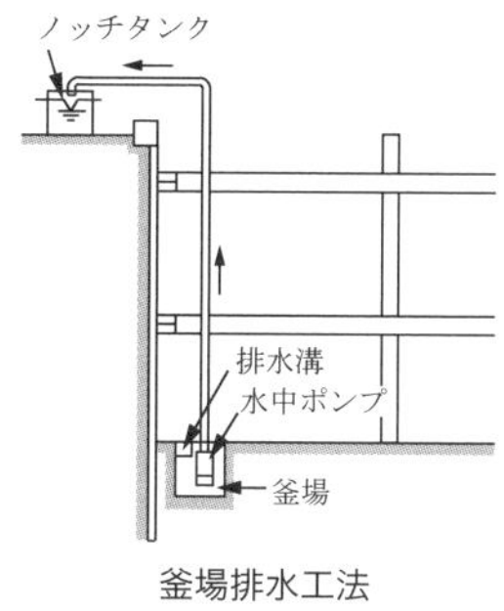

釜場排水工法

用語 釜場
掘削部での湧水、雨水等を集水してポンプで排水するため、根切り底より低い位置に設けるピット。

2) ディープウェル工法（深井戸排水工法）

径25～40㎝のスクリーンを有する管を土中に挿入し、高揚程の水中ポンプで排水する。集水効果をよくするため、管の周囲に砂礫のフィルター層を設ける。

① 透水性の高い砂層や砂礫層の地盤に適している。

② 地下水の排水量は、初期の方が安定期よりも多い。

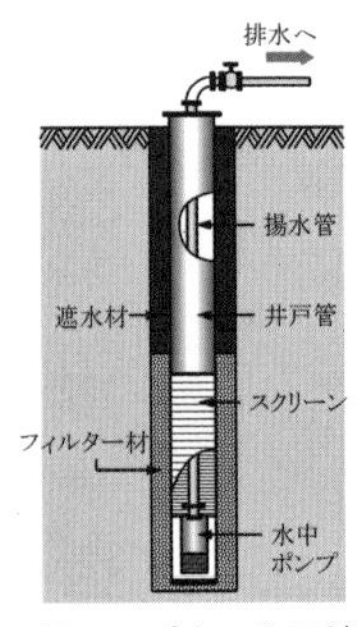

ディープウェル工法

3) ウェルポイント工法

ライザーパイプの先端にウェルポイントと称する集水管を取り付けた揚水管を、地下水面下に多数打ち込み（1～2m間隔）、真空ポンプを用いて地下水を強制的に吸い上げ排水する工法である。

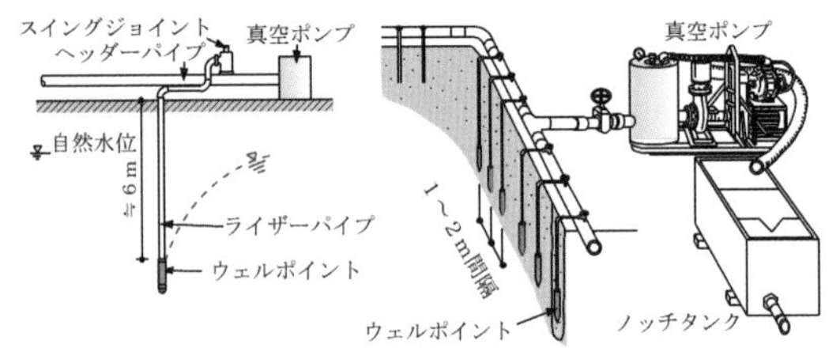

ウェルポイント工法

① 透水性の高い粗砂層から透水性の低いシルト質細砂層までの地盤に適用可能である。

② 一段のウェルポイントによる地下水位低下の限度は、空気漏れ等により真空度が低下するため、実用上6m程度である。

4) 暗きょ工法

暗きょ工法は、床付け面の地下水処理方法で、暗きょ排水路を設置して集水する工法である。直接基礎の基礎スラブ下の地盤が地下水で流されないようにするため、基礎スラブの排水に多く採用される。

用語 スクリーン
異物を除くために、管中または末端に設けるろ過装置。

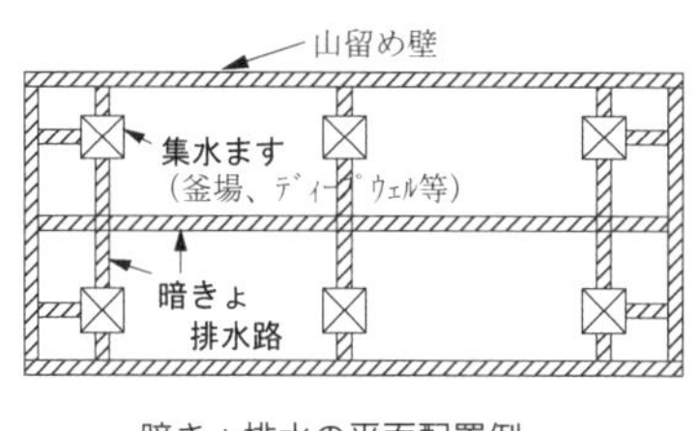

暗きょ排水の平面配置例

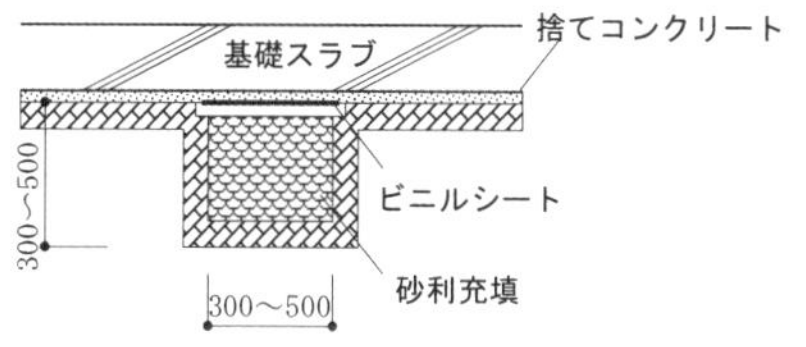

暗きょ排水路の断面例（単位：mm）

5）リチャージ工法

リチャージ工法とは、遮水壁を設けるとともにディープウェルによって揚水した水をリチャージウェルにより再び地中に戻すことにより、周囲の地下水位を極端に低下させずに掘削部分の排水をする工法である。

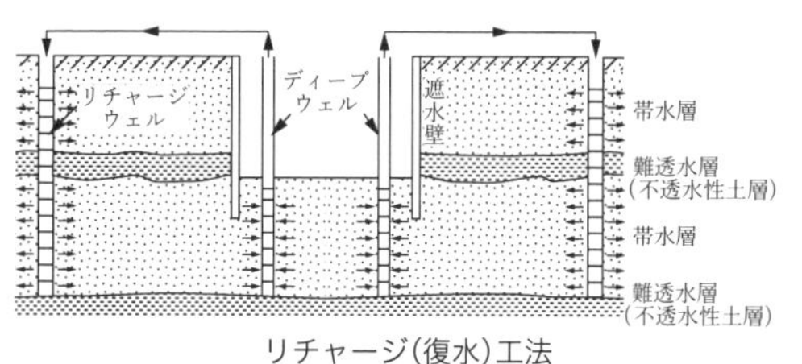

リチャージ（復水）工法

(c) 床付け（とこづけ）

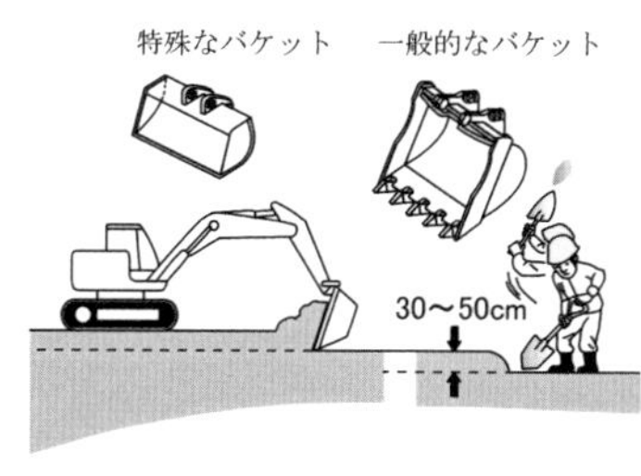

床付け

① 機械掘削をする場合には、一般的には30～50㎝程度を残して、最終仕上げを手掘りとするか、爪がない特殊バケットを取り付け、床付け面を乱さないようにする。

② 床付け地盤面を荒してしまったときは、砂質地盤の場合には、ローラー等による転圧や締固めによって自然地盤と同程度の強度にする。

③ 地盤がシルトや粘土等の粘性土の場合には、自然地盤以上の強度をもつ状

用語 床付け

根切りの深さが定められた位置まで達すること。または根切り底の面を平らにすること。

態にもどすことは非常に困難なので、砂質土等と置き換えて締め固めるか、セメント・石灰（せっかい）等による地盤改良を行う。

④ 床付け面を凍結させた場合には、この土は乱された土と同様に扱い、良質土と置換するなどの処置が必要である。

⑤ 掘削完了後、床付け地盤が設計図書、地盤調査報告書等に示してある地層、地質と合致していることを確認する。

(d) 埋戻し

1) 一般事項

① 埋戻しは、地下躯体コンクリートの強度発現状況を考慮して行う。

② 埋戻し部分にあるラス型枠材は、腐食に伴う沈下のおそれがないので、これを埋戻し部に使用した場合は、撤去する必要はない。

③ 埋戻しに先立ち、埋戻し部の木製型枠材等を撤去した後、埋戻し作業を実施する。これは、木製型枠材を存置すると腐食により地盤の沈下を生じるためである。

2) 埋戻しの材料

① 埋戻し土は、水締め等締固めが行いやすい砂質土が適している。砂質土の中でも、均等係数の大きい（大小様々な粒径の土粒子が含まれている）山砂が最も適している。

② 土は、ある適当な含水比（最適含水比）のとき最もよく締め固めることができる。

③ 凍結土を埋戻し、盛土や地均しの材料として使用すると、凍結土が溶けた際に、地表面に凹凸、舗装面や犬走りにひび割れ等が発生しやすくなるので、使用してはならない。

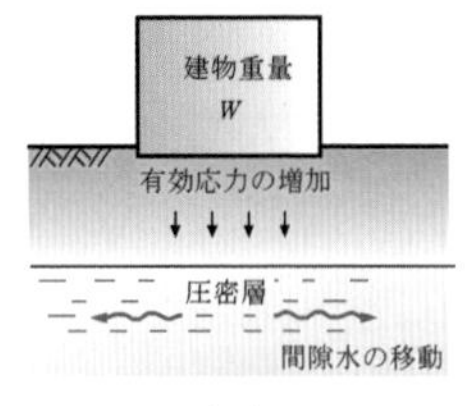

圧密沈下

④ 水を多く含んだ粘性土地盤では、建物や盛土等の荷重を受けることにより、土中の間隙水が除々

用語 均等係数
粒度分布の状態を示す係数。大小様々な粒径の土粒子が含まれるほど、均等係数は大きくなる。

にしぼり出されて、間隙が減少し、長時間かけて土全体の体積が鉛直方向に圧縮され沈下する(圧密沈下)。このため、粘性土を用いた埋戻しは、長期的に見て沈下を引き起こしやすい。

⑤ 埋戻しには、流動化処理土を使用することができる。流動化処理土の一般的な製造工程は、下記のとおりである。
1. 建設発生土に水又は泥水を添加し、密度を調整した泥水を製造する。
2. 調整した泥水をふるいに通して不純物を除去し、水槽等に仮置きする。
3. 仮置きした泥水と固化剤を混練(こんねり)する。

3) 締固め工法

① 埋戻しに砂質土を用いる場合は、通常水締め工法が用いられるが、単に上から水を流すだけでは十分な締固め効果を期待することが難しいので、水締めを厚さ30㎝程度ずつ行う。

② 重要な箇所での埋戻しにやむを得ず粘性土や透水性の悪い山砂を用いる場合は、約30㎝ごとに水平にならし、ローラー、ランマー等で転圧若しくは突固めを行うことが必要である。

③ 埋戻しに根切り土や建設発生土を使用する場合は、良質土とし、転圧や突固め等を行う。

④ 動的な締固めは、振動により締め固めるもので、振動ローラー、振動コンパクターを用いる。機械が小型であることから小規模の施工に適している。静的な締固めには、ロードローラー、タイヤローラーと呼ばれる重量のある締固めの機械を用いる。

4) 余盛

① 埋戻し、盛土は、土質による沈みしろを見込んで余盛を行う。

② 粘性土の余盛は、砂質土より大きくする。

5) その他

① ランマー(タンパー)、振動コンパクターは、小型で上下振動する締固め機械で、小型であることから小規模の

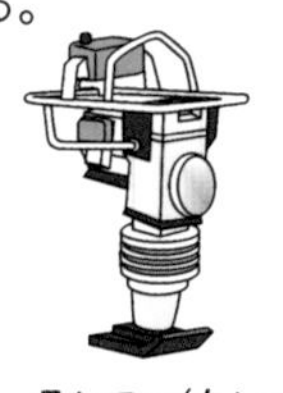

締固め機械

工事や入隅など狭い場所で使用される。

② 杭間ざらいにおいて、杭間隔の狭い所をクラムシェルバケットやショベルなどにより機械掘削すると、杭体に損傷を与えやすいので、手掘りや小型のショベルを用い十分注意して施工を行う。

③ 土間スラブ下の埋戻しの浅い位置に埋設する配管等は、埋戻し後、十分に転圧を行ってから施工する。

④ 山留め壁と地下躯体との間等、建物周囲の深い根切り部分の埋戻しは、機械で締め固めるのは困難なことが多いので、整地後の地盤沈下の防止のために、川砂や透水性のよい山砂等を使用し、水締めを行う。

(e) 盛土

大規模な盛土の場合も、埋戻しと同様の材料や締固め・転圧方法を採用する。約30㎝ずつ盛土し、締め固める。

《3》山留め工事

(a) 支保工のない山留め工法

1) 法付け（のりづ）オープンカット工法

① 掘削部周辺に敷地の余裕があり、かつ、しっかりした地盤に適する。

② 支保工等の障害がないので、施工能率がよい。

③ 法面保護のため、一般に法肩近くと法尻には、排水溝を設ける。

④ 法面の崩壊を防ぐため、モルタル吹付けを行った場合は、水抜き孔を設ける。

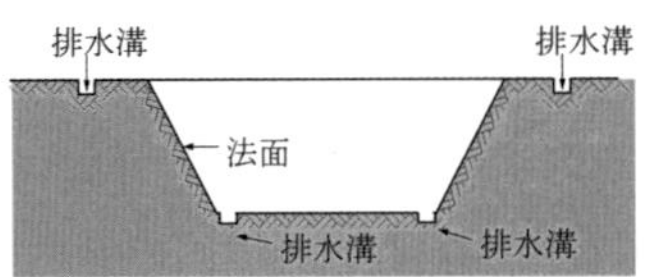

法付けオープンカット工法

2) 山留め壁オープンカット工法

障害物がなく施工能率がよい。一般的には浅い掘削に限定される。背面土圧に抵抗するため、根入れ長さを十分にとる必要がある。

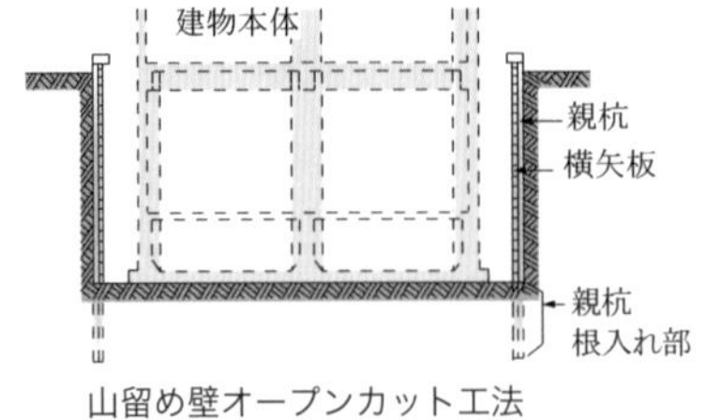

山留め壁オープンカット工法

(b) 山留め壁の種類

1) 親杭横矢板壁

現在最も多く採用されている工法である。H形鋼等の親杭を計画された山留め壁線上に所定の間隔(通常 1 ～ 1.5m)で建て込み、根切りの進行に伴って横矢板を親杭間にはめ込んでゆき、山留め壁を形成する。

親杭横矢板壁

① 止水性はないので、地下水位の高い、軟弱な地盤には適さない。地下水位の高い地盤では地下水処理を併用する必要がある。

② 比較的硬い地盤でも施工可能である。

③ 他の工法に比べて経済的に有利である。

④ 親杭をプレボーリングにより設置する場合には、受働抵抗を十分に発揮させるために、杭の根入れ部分はセメントベントナイト液の注入を行うか、打込みや圧入により設置する。

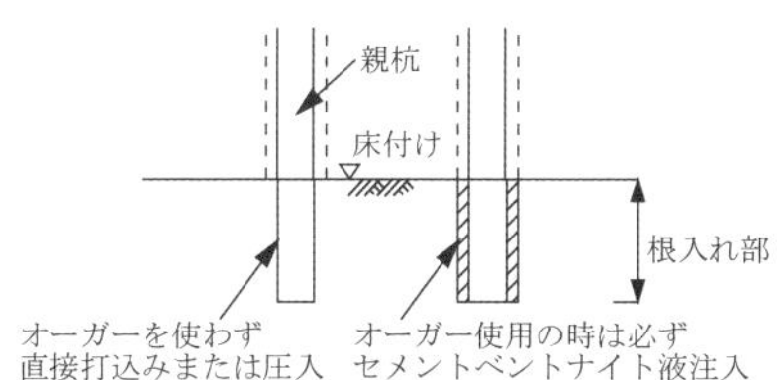

プレボーリングにより親杭を設置する場合の根入れ部の施工方法

⑤ 横矢板は、掘削後すみやかに設置する。

⑥ 地山を削り取る厚さは、矢板の厚みに埋戻しができる余掘り厚(20 ～ 30 mm)を加えた程度とする。

⑦ 横矢板の設置は、矢板が外れないよう親杭へのかかり代を十分(30 ～ 50 mm程度)にとる。桟(さん)木等を矢板両側に釘止めし、固定する。

⑧　横矢板の設置後、矢板の裏側に裏込め材を十分に充填し、親杭と矢板との間にくさびを打ち込んで裏込め材を締め付け、安定を図る。裏込め材の充填不良は、周辺地盤の沈下や山留め壁の変形を起こす原因となる。

2）鋼矢板壁

鋼矢板の1枚1枚を連続して打ち込むことにより止水性のある山留め壁を造るものである。

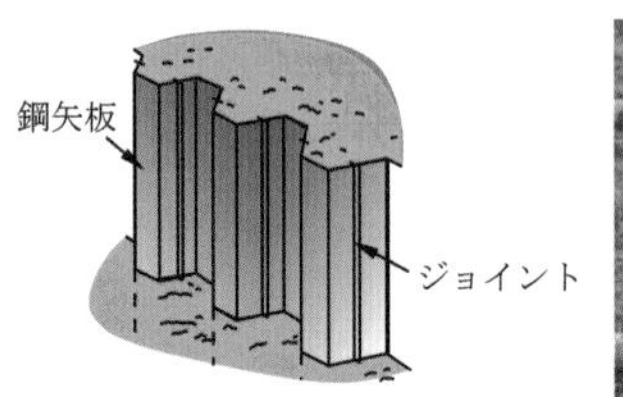

鋼矢板壁

①　鋼矢板の打込みや引抜きには、一般に、バイブロハンマーが用いられる。
②　材料自体が不透水性であり、ジョイント部のかみ合せが正確であれば遮水性があるので止水壁として利用でき、軟弱地盤に適している。
③　礫層等の硬質地盤を打ち抜くことができない。
④　矢板の剛性があまり大きくないので、打込み長さが制限される。
⑤　撤去については、埋戻しはまとめて行わない。

3）場所打ち鉄筋コンクリート地中壁

現場において地中に溝状の孔を掘り、その中に鉄筋かごを建て込み、続いてコンクリートを打ち込んで、そのまま山留め壁とするものである。この山留め壁を建物の一部として使用する場合もある。

①　剛性が大きく、たわみ量が少ないため、軟弱地盤や深い掘削に適している。
②　大深度の施工が可能である（100m以上）。
③　止水性の高い山留め壁が築造できる。
④　親杭横矢板壁、鋼矢板壁に比べて振動・騒音が少ない。

用語　**鋼矢板**
山留め壁に用いる鋼板製のシートパイル。

4) ソイルセメント壁

地盤オーガーで削孔しつつセメント系注入液を孔中に注入し、原位置土と混合・かくはんし、オーバーラップした掘削孔に、応力材（H形鋼等）を適切な間隔で挿入することにより柱列状の山留め壁を造るものであり、代表的な工法として、SMW工法（Soil Mixing Wall）がある。

ソイルセメント壁

① 壁の剛性も比較的大きく、止水性もかなりのものが期待できるので、地下水位の高い地盤や軟弱地盤に適する。

② 低騒音・低振動での施工が可能である。

③ 泥水処理が不要で、排出泥土も場所打ち鉄筋コンクリート地中壁に比べて少ない。

(c) 山留め支保工（腹起し・切梁・切梁支柱・その他）

山留め支保工は、地下構築物、埋設物を施工するに当たり、掘削面を保護して土砂崩壊、流出を防止し、隣接する既存建築物の安全を確保して、円滑に工事を行えるように設ける。山留め計画は、土質、地下水の状況、埋設物、隣接建物、地形等を調査し、その結果によって行う。

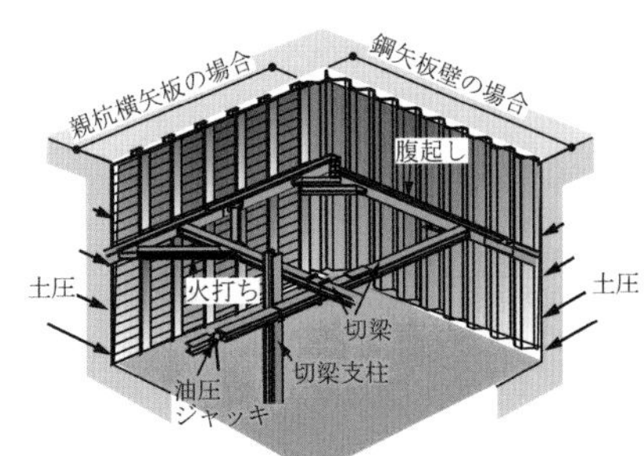

一般的な水平切梁架構の例

(d) 山留め支保工の種類

一般的に使用されている山留め架構の形式には、次のようなものがある。

1) 水平切梁（きりばり）工法

切梁材を格子状に組み、水平面内の座屈を防止するとともに、切梁支柱を切梁の交点近くに設置して、上下方向の座屈を防ぐものである。

① 大規模なものには採用しにくい。

用語 **ソイルセメント**

セメントと土中の砂・礫等を練り混ぜたもの。硬化するとかなりの強度が出る。

② 切梁の力の伝達が複雑となるような不整形な平面形状のもの、あるいは敷地に大きな高低差がある場合には不向きである。

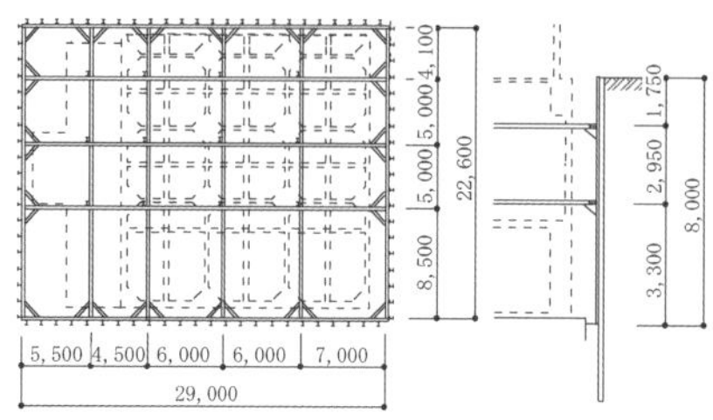

水平切梁工法(単位：mm)

2) アイランド工法

中央部の躯体を先行して構築し、中央部の躯体から山留め壁に向かって斜めに切梁を架けわたす工法である。その特徴を次に示す。

① 広く、浅い掘削に適している。

② 水平切梁工法に比べ、切梁の長さを短くできる。

③ 掘削中央部において、切梁が不要なので作業性がよい。

④ 地下躯体の施工が2段階になることにより、鉛直打継ぎが生じる。

⑤ 工期がかかる。

アイランド工法

3) 逆打ち工法

地下躯体を山留め支保工に利用して掘削を進める工法である。一般に1階床、梁部分を先行して構築し、次いで下部の掘削を行い、躯体を構築する工法である。

① 切梁工法に比べ、剛性が非常に高く、軟弱地盤に対しても山留め壁の変形を少なくすることができる。

② 1階の床を作業床として利用できるので、乗入れ構台等の仮設工事費の節約

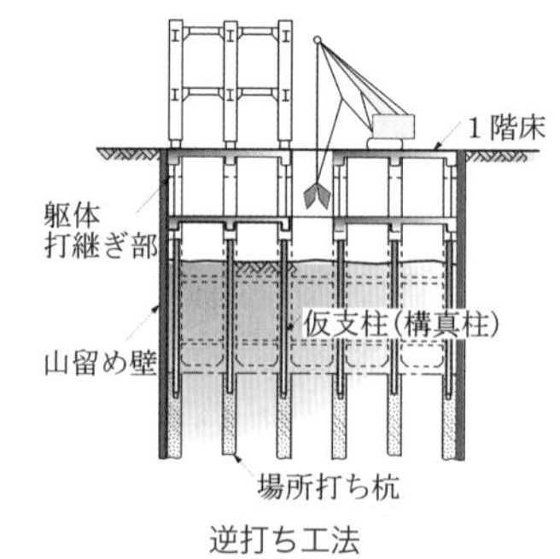

逆打ち工法

が可能である。

③ 地下躯体工事と併行して上部躯体の構築が可能で、全体工期の短縮を図ることができる。

4) 地盤アンカー工法(アースアンカー工法)

地盤中に埋め込んだアンカー体の抵抗力によって、腹起し、山留め壁を引張って固定する工法である。

地盤アンカー工法

① 傾斜地(偏土圧（へんどあつ）がかかる場合)に有効である。

② 切梁が不要のため、施工能率がよい。

③ 埋設物調査を綿密に行う。

④ 定着層が軟弱な地盤には適さない。

⑤ 地盤アンカーの引抜き耐力の確認は、全数について設計アンカー耐力の1.1倍以上で行う。

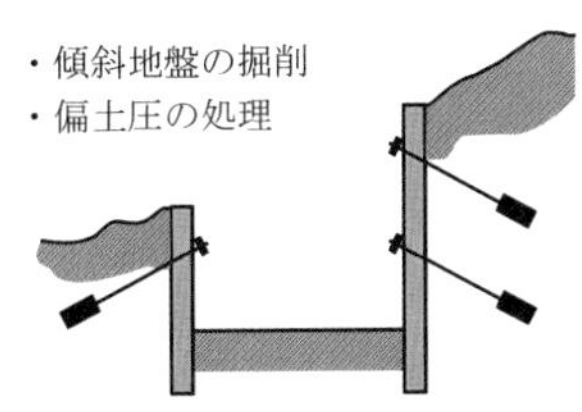

地盤アンカー工法

5) トレンチカット工法

トレンチカット工法は、山留め壁を根切り場周囲に２重に設け、その間を溝(トレンチ)掘りして、外周部の地下躯体を構築し、この地下の躯体で側圧を支えながら内部の根切り、躯体の構築を行う工法である。アイランド工法とは、地下躯体構築手順が逆になる。根切りする部分が広い場合に有効である。

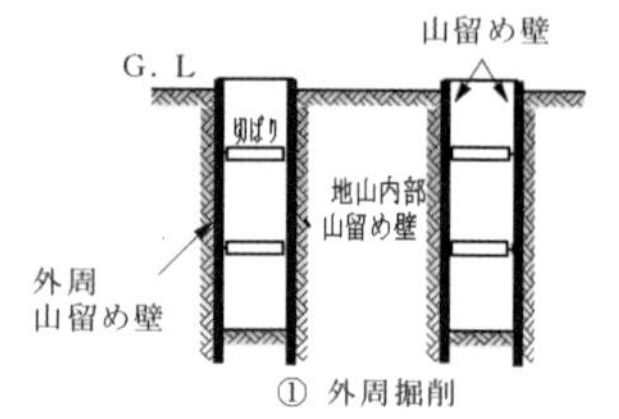

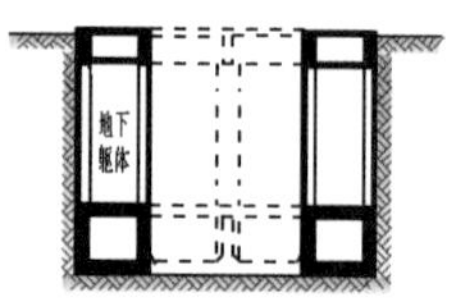

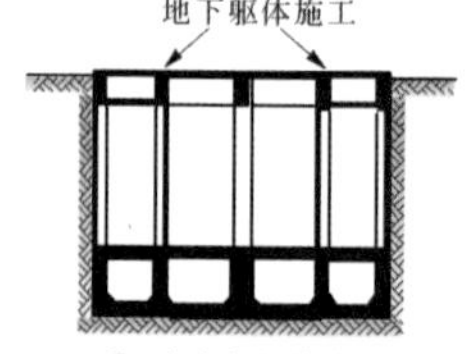

トレンチカット工法

(e) 腹起し・切梁・支柱の設置

1）腹起し

① 腹起しは原則として連続して設置し、山留め壁に加わる側圧を十分に切梁あるいは地盤アンカーに伝えるように施工する。腹起し材にH形鋼を用いる場合は、フランジ面を山留め壁面に向けて設置する。

② 山留め壁と腹起しの間隙は、モルタル等の充填、またはくさびを用いるなどして、側圧が腹起しに十分に伝達されるようにする。

③ 腹起しの継手位置は、切梁と火打梁との間または切梁の近くで、曲げ応力が小さく、架設上支障とならない位置とする。

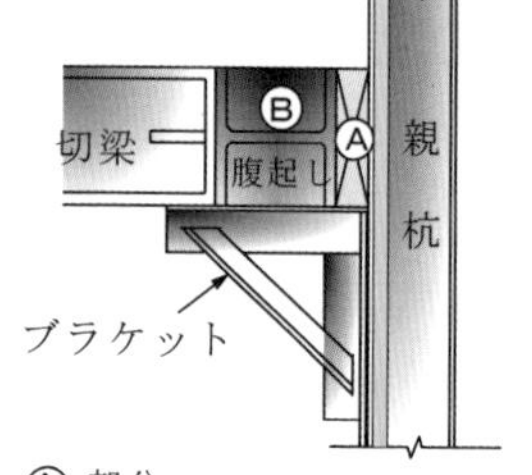

Ⓐ 部分:
モルタルまたはくさび等
Ⓑ 部分:
リブプレートまたはコンクリート

腹起し・切梁の取合い部

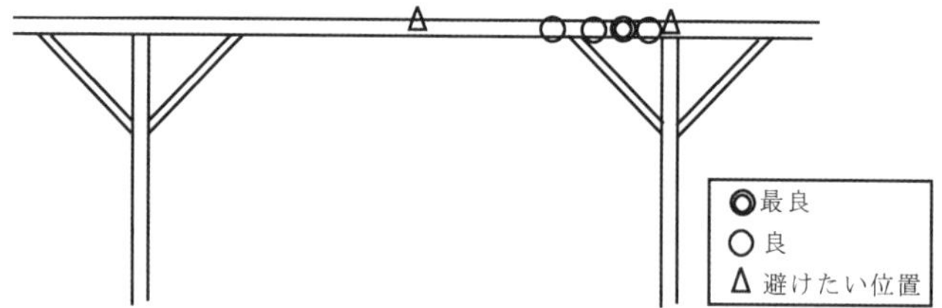

腹起しの継手の適正位置

用語 腹起し
山留め壁に沿って配置し、山留め壁にかかる側圧を受けて切梁や地盤アンカーに伝える水平部材。

2) 切梁

① 切梁は、腹起しを通じて伝わる側圧を確実に支持できるよう計画する。

② 下段切梁は、切梁交差部に設けた切梁支柱にブラケットを取り付け支持する。上段切梁は、下段切梁で支持する。

③ 各段階の掘削終了後、速(すみ)やかに腹起しや切梁の設置を行う。

④ 切梁の継手は、突合せ継手とする。応力を十分伝達できる構造とし、はずれ・座屈を生じないよう確実に緊結する。また、継手は、原則として、交差部の近くに設ける。

⑤ 切梁の交差部・切梁支柱との取り合い部等は、切梁構面内外の座屈が生じないようにしっかり接合する。

⑥ 切梁の座屈長さは、構面内の座屈に対しては切梁交差部の間隔、構面外の座屈に対しては切梁支柱の間隔とする。

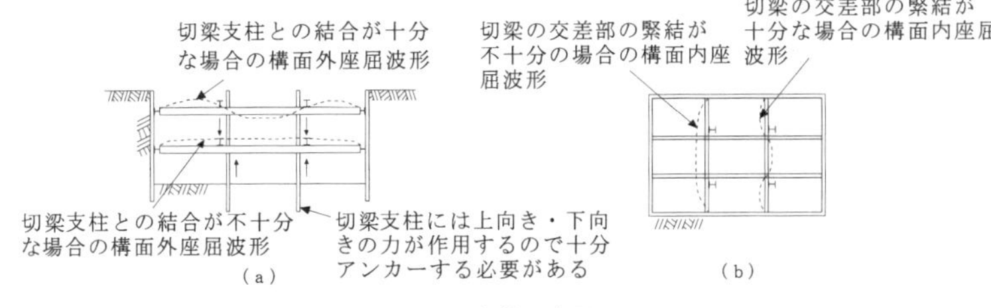

切梁架構の座屈

⑦ プレロード工法とは、切梁を架設した際、設置した油圧ジャッキによって、山留め壁を背面側に押し戻す工法であり、山留め壁の変形や応力を小さく抑えるために用いる。

油圧ジャッキによるプレロード

・ジャッキによる加圧は、設計切梁軸力の50～80%程度の荷重で行う。

・ジャッキによる加圧は、切梁交差部のボルトを緩めた状態で行うので、加圧する切梁が蛇行(だこう)しないようにずれ止めを設ける。なお、切梁材にずれ止めを取り付ける場合は、短辺方向・長辺方向の2度に分けて取り付ける。

・プレロード完了後は、切梁・腹起し・火打ち各部の接合部のボルトが緩むので、加圧完了後は再点検を行い締め直す。

⑧ 切梁は、山留め壁からの側圧を受ける腹起し反力の圧縮力と、自重及び積載荷重による曲げモーメントを同時に受ける部材として取り扱う。

⑨ 鋼製切梁に作用する軸力は、温度変化による増加応力を考慮する必要がある。

⑩ 盤圧計(切梁にかかる軸力を計測するもの)を切梁の中央に設置することは、切梁にかかる軸力が、端部より中央部の方が低くなるため、正確に軸力を計測できない。また、安全上の点から好ましくない。腹起しと切梁の取り合い、または火打材の基部に設置するのが好ましい。

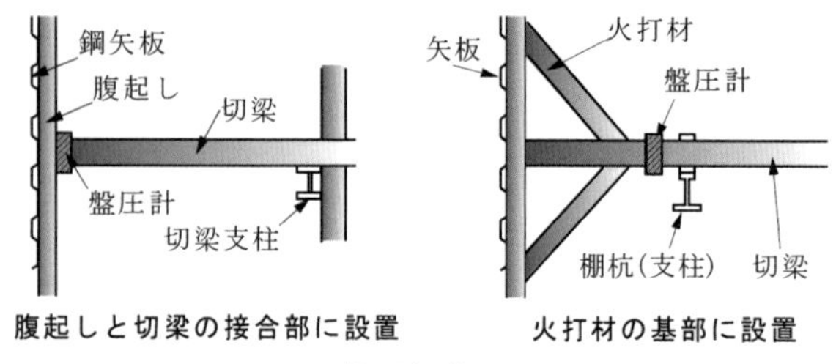

盤圧計の位置

3) 切梁支柱

① 切梁支柱は、切梁自重、切梁上の積載荷重及び切梁軸力の垂直分力の合計荷重に対し、十分な強度と支持力を持つように計画し、施工する。

② 切梁支柱と乗入れ構台の支柱をやむをえず兼用する場合は、切梁から伝達される荷重に構台自重とその上の積載荷重を合わせた荷重に対して、十分安全であるように計画し施工する。安全性を確保すれば、支柱の兼用は可能である。

用語 **切梁支柱**

切梁を支えるとともに、切梁の上下方向の座屈を防ぐための支柱。

(f) 山留めに関するその他の要点

1) 山留め壁に作用する側圧（そくあつ）

① 山留め壁の背面に作用する側圧は、深さに比例して増大する。

② 山留め壁の根入れ長さの検討項目は、次のとおりである。

- 山留め壁の掘削側側圧による抵抗モーメントが、背面側側圧による転倒モーメントより大きくなること。
- ヒービング、ボイリング及び盤ぶくれ等、根切り底面の安定に対して、十分に安全であること。
- 腹起しが受ける力が許容範囲内であること。
- 地下水を遮水する上で十分な長さであること。

2) 山留めに使用する鋼材の許容応力度

山留め壁、腹起し、切梁等の鋼材（リース材）の許容応力度は、長期許容応力度と短期許容応力度との平均値以下の値とする。

3) 山留めの日常点検

山留めの設置期間中における主な監視事項は、次のとおりである。

① 山留め壁の変位

② 切梁軸力

③ 根切り底面の浮上り

④ 周辺地盤面の沈下

⑤ 周辺の構造物の沈下・傾斜・亀裂

⑥ 周辺の井戸等の水位

4) 支保工の撤去

一般に、切梁・腹起しは下段から盛替え・撤去するが、直上の切梁軸力は増加する。必要となれば補強を事前に行っておく。

(g) 特異な異状現象

山留め壁の計画に当たっては、ヒービング、ボイリング及び盤ぶくれ等について、十分な検討を行う。

1) ヒービング

軟弱な粘性土地盤を掘削するとき、矢板背面の土の重量によって掘削底面内部にすべり破壊が生じ、底面が押し上げられて膨れ上がる現象である。

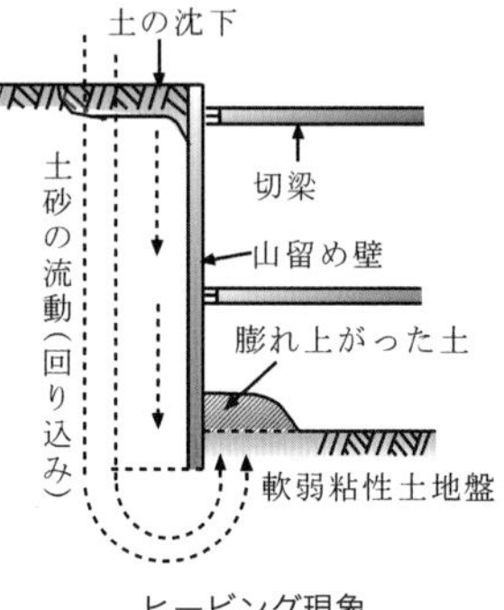

ヒービング現象

ヒービングの防止策としては、次のような方法がある。

① 根切り底より深い部分の軟弱地盤の地盤改良を行い、ヒービングのおそれのない大きなせん断耐力を持たせる。

② 山留め壁外周部の地盤のすき取りを行い、山留め壁背面の荷重を減らす。

③ 全体を一度に掘削せず、部分掘削を行い、床付けが終わった部分の基礎コンクリートを打設して、根切り底を押さえながら掘削を進める。

④ 山留め壁の根入れ長さを大きくする。

2) ボイリング

高い圧力を有する上向きの浸透流によって、砂の粒子がかき回され、砂全体が沸騰(ふっとう)状に吹き上げる現象である。

ボイリング現象

ボイリングの防止策としては、次のような方法がある。

① 止水性の山留め壁の根入れ長さを大きくする。

② **掘削場内外の地下水位をディープウェル、ウェルポイント等によって低下させる。釜場排水工法では、ボイリングを防止することはできない。**

③ 止水性の山留め壁を難透水層(不透水性土層)に根入れする。

④ 掘削場内を地盤改良し、透水性減少や強度増加をする。

3) 盤ぶくれ

掘削底が難(なん)透水層(不透水性土層)で、その下部に被圧帯水層がある場合、上部の難透水層の重量が被圧水圧より小さいため掘削底面が押し上げられる現象である。

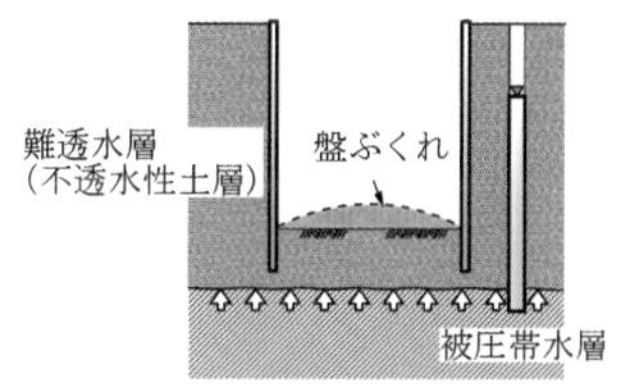

盤ぶくれ

盤ぶくれの発生が事前の検討により予測された場合の対策としては、次のような方法がある。

① 掘削底面下の地下水位(圧)をディープウェル等によって低下させる。
② 止水性の山留め壁を延長し、帯水層下部の難透水層に根入れする。
③ 掘削場内を地盤改良し、地下水を遮断し土被(どかぶ)り圧を増加する。

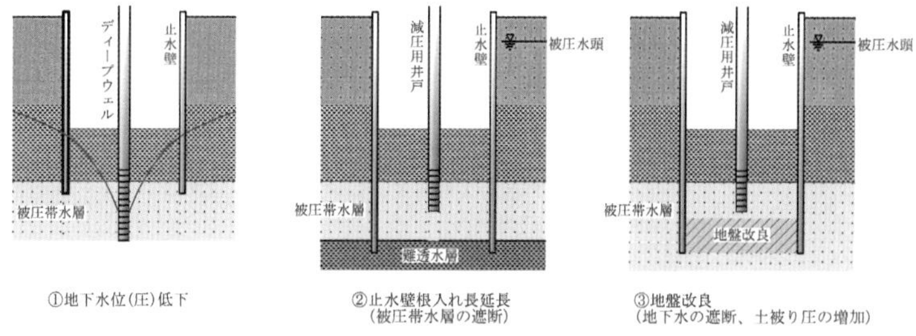

盤ぶくれの対策工法例

4 基礎工事

基礎は、柱等の上部構造からの荷重を地盤または地業に伝えるもので、地業は、基礎の下部で地盤の支持力を増強するものである。

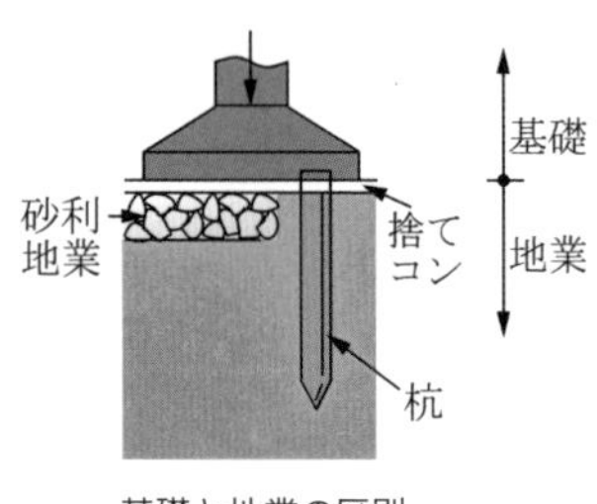

基礎と地業の区別

《1》既製コンクリート杭

工場生産された鉄筋コンクリートの杭を、建設現場で打ち込む(**打込み工法**)、あらかじめ孔を掘って埋め込む(**埋込み工法**)、先端に付けた鋼管を回転して圧入する(**回転圧入工法**)などして建て込む杭である。

(a) 既製杭の種類

■既製杭の分類

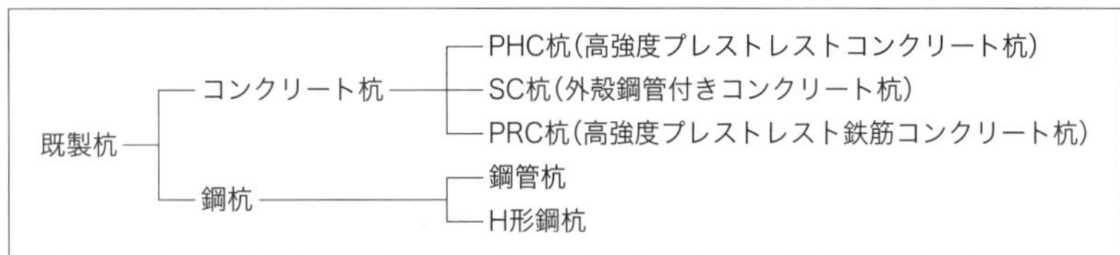

(b) 打込み工法

■既製杭(打込み工法)の施工法

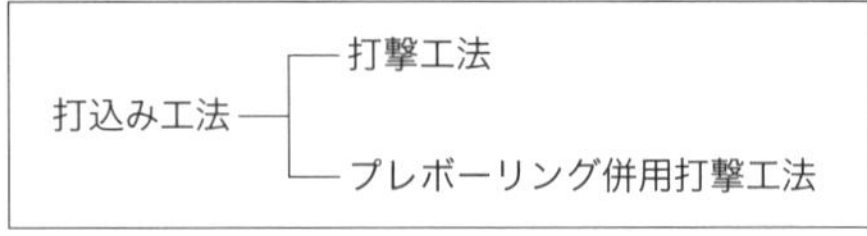

1) 打撃工法

ハンマーを使用するため地盤を緩(ゆる)めることがなく、耐力は期待できるが、騒音や振動が大きく、市街地での施工には問題が多い。杭頭の破損防止のため、「重いラムを低い位置から落下させる」という特徴がある。

2）プレボーリング併用打撃工法

アースオーガーで支持地盤近くまでプレボーリングした後、杭を建て込み打撃する工法である。アースオーガーによる掘削径は、通常粘性土の場合は、杭径−50㎜程度である。

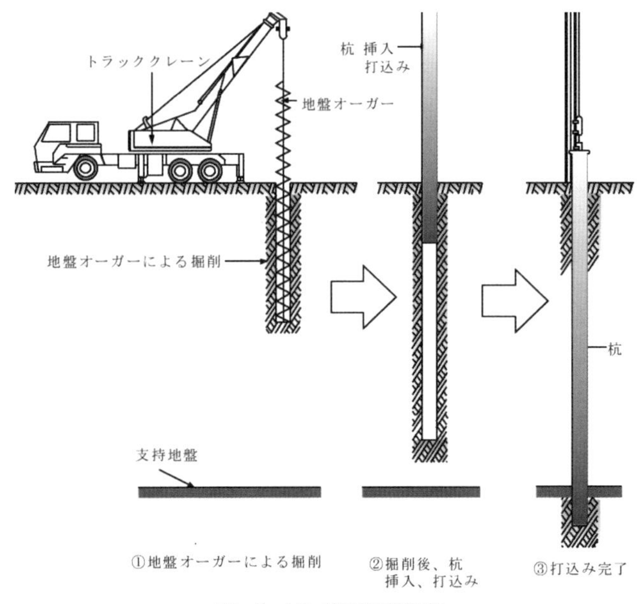

プレボーリング併用打撃工法

(c) 埋込み工法

■既製杭（埋込み工法）の施工法

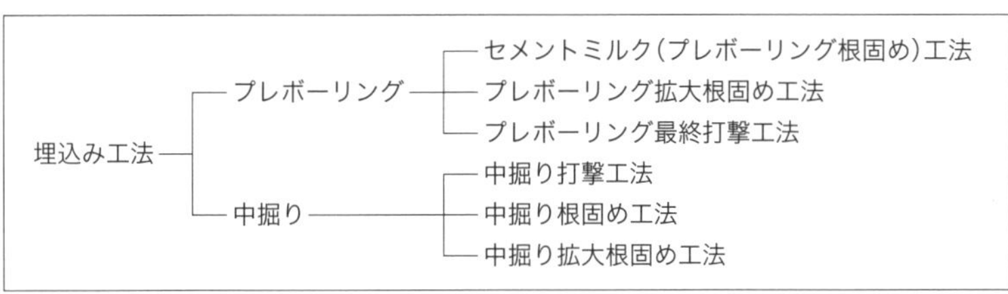

1）プレボーリング工法

プレボーリング工法の代表的な工法であるセメントミルク工法は、アースオーガーによってあらかじめ杭径より大きく（杭径＋100㎜が標準）支持層まで削孔された縦孔に既製コンクリート杭を建て込む工法である。

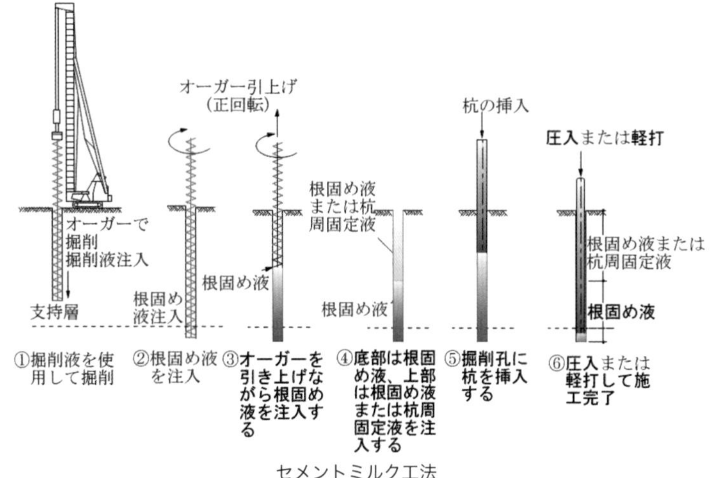

セメントミルク工法

① ディーゼルハンマーによる打撃工法より、騒音や振動が少ない。

② 孔壁が崩壊する恐れのある場合は、安定液としてベントナイト溶液等を用いる。

③ 掘削速度が速すぎると、先端の掘削ビットに過大な負荷がかかり、ビットが横に逃げたり、ロッドが曲がるなどして、掘削孔の曲がりが生じやすくなる。粘着力の大きな地盤、固い地盤では掘削速度を遅くする。

④ 支持地盤への到達の確認は、オーガースクリューの駆動用電動機の電流値の変化により行う。

⑤ 杭周固定液は、杭の周面摩擦力や水平抵抗を確保するために用い、根固め液は、杭を支持層に固定し、先端支持力を確保するために用いる。

⑥ 根固め液及び杭周固定液の管理は、1回の試験につき供試体を3個採取し、標準養生した後、その供試体を用いて圧縮強度試験を行う。

用語 杭周固定液
設置した杭と孔壁の隙間に充填するセメントミルク液。

用語 根固め液
杭の先端部と孔壁及び孔底の隙間に充填するセメントミルク液。

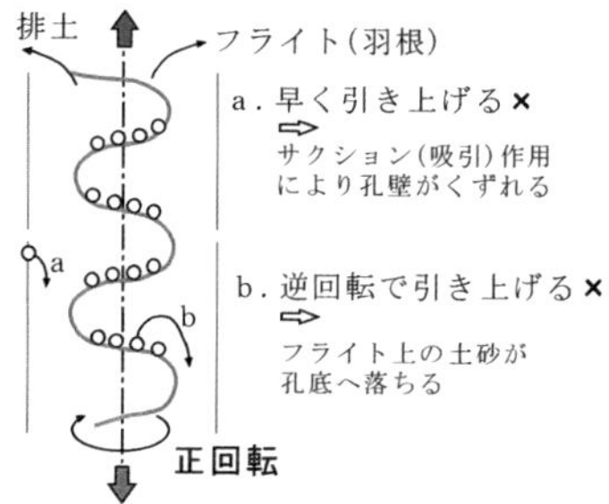

アースオーガーの引上げ

⑦ アースオーガーの引上げにあたっては、ゆっくりと正回転で引き上げる。
⑧ セメントミルク工法では、先端閉塞(へいそく)杭を用いる。セメントミルク工法では、建込み中に杭に浮(ふ)力が作用し、杭の自重のみでは、沈設(ふせつ)が困難となる場合がある。このような場合は、杭の中空部に水を入れて重量を増す。
⑨ 杭建込み後、養生期間を７日間以上とる。
⑩ 根固め液や杭周固定液が流されてしまうため、伏(ふく)流水がある地盤には適さない。

2）中掘り工法

杭中空部にオーガー等を挿入し、杭先端地盤を掘削しながら、杭中空部から排土し、杭を設置する工法であり、杭を設置した後、根固め液を注入する。比較的杭径の大きなもの(直径500㎜以上)の施工に適している。

中掘り工法のオーガー

① 中掘り工法に使用するオーガーの径は、杭中空部の径より小さいものを用いる。
② 杭に作用する周面摩擦抵抗を低減させ、杭の沈設を容易にするために、一般的に、杭先端には、フリクションカッターを取り付ける。
③ 掘削は地盤を必要以上に緩めないように注意し、支持層に近づいたら、オーガーの先行掘りを少なくして、地盤の乱れを防止する。
④ アースオーガーの引上げ速度が速いと吸引現象が生じ、支持地盤に緩みが生ずるおそれがあるので、アースオーガーの引上げはできるだけゆっくり行う。

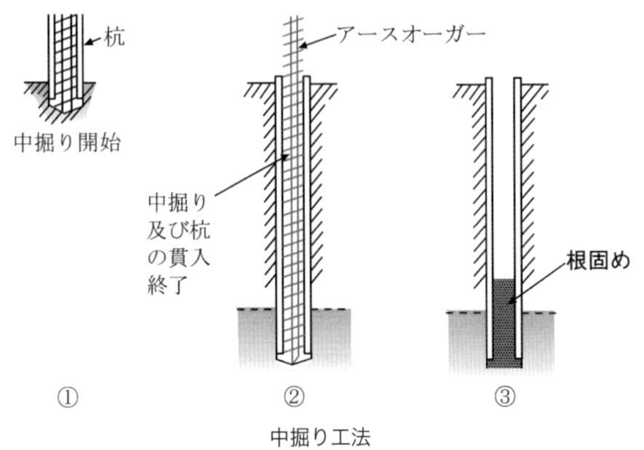

中掘り工法

(d) 杭の接合

1) 現場継手方法

最も多く用いられているのが溶接継手であり、そのほとんどが端板式溶接継手である。

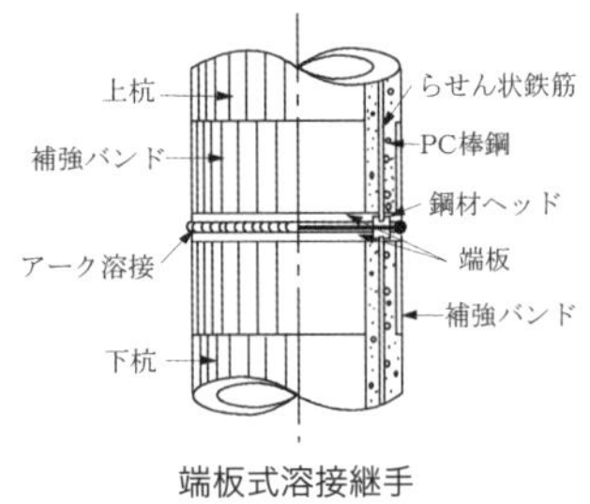

端板式溶接継手

① 溶接継手のほか、機械式継手もある。

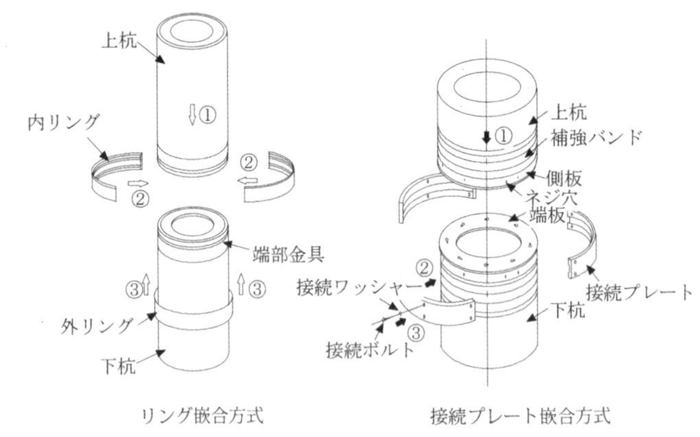

リング嵌合方式　　接続プレート嵌合方式

機械式継手の例

② 既製コンクリート杭を建て込む際、下杭が傾斜していたとしても、上杭との継手部分で傾斜を修正してはならない。

2）溶接継手

① 溶接は、原則として、アーク溶接とする。

② 継手部の開先（かいさき）の目違い量（杭心のずれ）は2mm以下、許容できるルート間隔（杭間のすき間）は4mm以下とする。

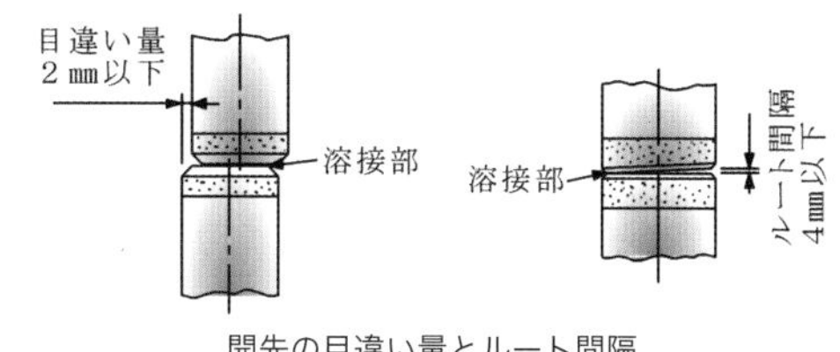

開先の目違い量とルート間隔

③ 仮付け溶接は、点付け程度のものでなく、40mm以上の長さとし、本溶接と同等のものとする。

④ 溶接の盛上げの不足があってはならないが、余盛は3mm以下とし、不要な余盛は行わない。

(e) 施工後の処理

1）杭の施工精度

杭頭の設計位置と水平方向のずれは、d/4（dは杭径）かつ100mm以下で、杭の傾斜は1/100以内に納めることが望ましい。

2）杭の打込み後の管理

① 杭頭処理は、杭の打込み完了後、杭が所定の高さより高い場合は、杭の軸筋を含めて切断する。その際、杭周囲の土を深掘りしないようにする。

② 埋込み後にコンクリート杭の杭頭を切断する場合には、杭の軸筋は、特に指定がなければすべて切断してもよい。

③ プレストレストコンクリート杭の頭部を切断した場合、補強を行う。

④ 基礎コンクリート打設時に、コンクリートが杭の中空部に落下しないように杭頭をふさいでおく。

《2》場所打ちコンクリート杭

(a) 施工法の種類

地盤に孔を掘って鉄筋かごを挿入し、コンクリートを打設する杭を、場所打ちコンクリート杭という。その掘削方法、孔壁保護の方法により、主に次図の5工法に分類される。これらの工法は、低騒音・低振動で掘削できるので、公害関係法の規制を受けず、市街地での工事に適している。

■場所打ちコンクリート杭工法の種類

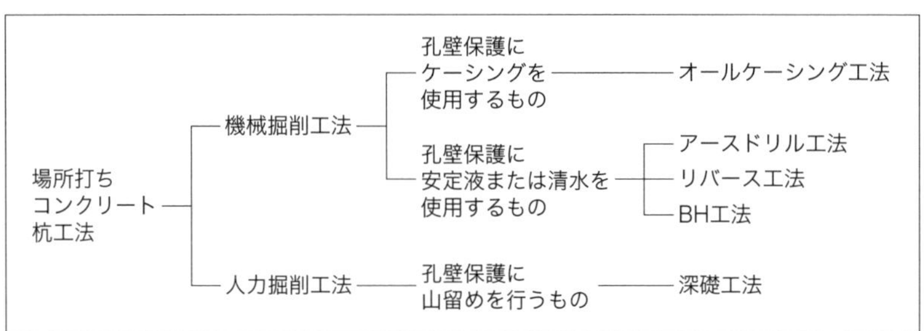

(b) 施工法の概要

1）オールケーシング工法

① 掘削にあたって、掘削孔全長にわたりケーシングチューブを使用するので、孔壁の崩壊が少ない。

② ハンマーグラブをケーシング内に落下させて土砂を掘削・排土する。

③ ボイリングを起こしやすい砂質地盤は、掘削の早い段階から孔内に給水する。

④ 軟弱粘性土地盤においては、ケーシングの先行量を多くしてヒービングを防止する。

⑤ 掘削完了後、鉄筋かごを挿入しケーシングを引き抜きながら、トレミー管を用いてコンクリートを打設し、杭を築造する。

⑥ コンクリート打設時のケーシングの引抜きは、その先端がコンクリート内

用語 ケーシングチューブ
場所打ちコンクリート杭を施工する際、掘削孔壁の崩壊を防ぐことを主目的として使用する鋼製のチューブ。

に２m以上入った状態を保持しながら行う。

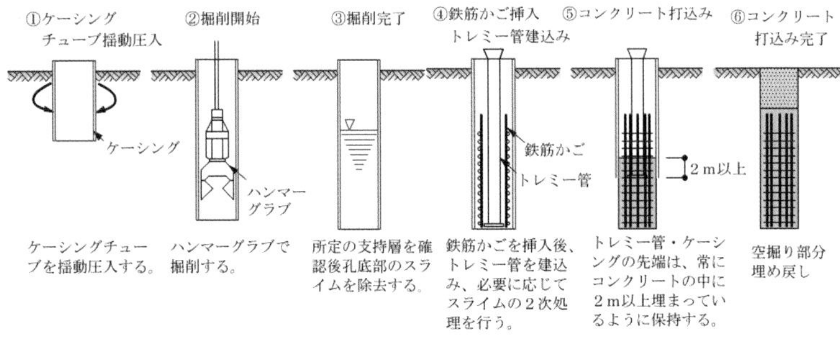

オールケーシング工法

2）アースドリル工法

① 掘削・排土は、回転式ドリリングバケット(回転バケット)による。

② 掘削にあたっては、ケリーバーの鉛直性を直交する２方向より、トランシットまたは下げ振り等で確認する。

③ 掘削にあたり孔壁保護のため、通常は安定液としてベントナイト溶液を使用し、ケーシングは表層のみに使用する。

④ ベントナイト溶液は、孔壁を保護し、スライムの沈降防止に効果がある。

⑤ 掘削完了後、鉄筋かごを挿入し、トレミー管を用いてコンクリートを打設し、杭を築造する。

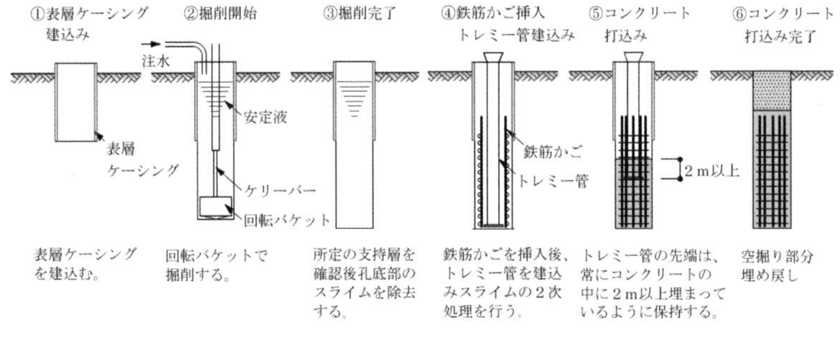

アースドリル工法

用語 ベントナイト溶液
凝灰岩・石英岩などのガラス質部分が分解して生成された微細粘土を溶液にして場所打ち杭の掘削孔の崩れを防ぐ。

3）リバース工法

① 特殊な回転ビットを地上に設置したロータリーテーブルを通じてゆるやかに回転させて掘削し、排土は水に混じった掘削孔底部の土砂(スライム)を水と一緒に逆循環方式で吸い上げて行う。

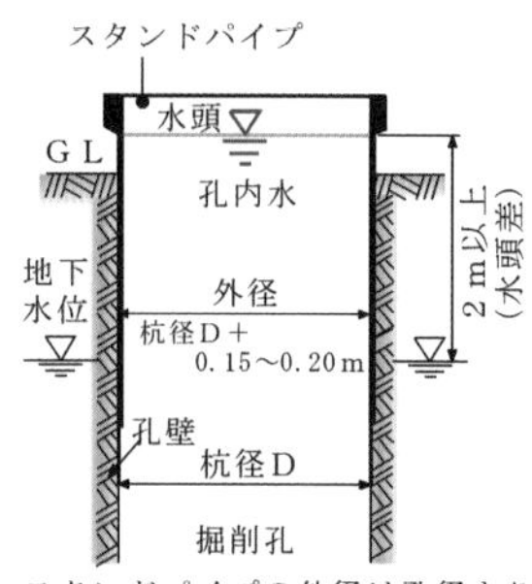

スタンドパイプ

② 孔壁保護は原則として水を用い、静水圧を0.02N/㎟以上に保つことにより孔壁の崩壊を防ぐ工法なので、掘削に際しては地下水位を確認し、水頭(すいとう)差を2m以上に保つように十分注意する。

③ スタンドパイプは、その静水圧により孔壁の崩壊を防止するとともに、地表面部分の孔壁の崩壊を防ぐために、掘削孔頭部にのみ貫入させるものである。

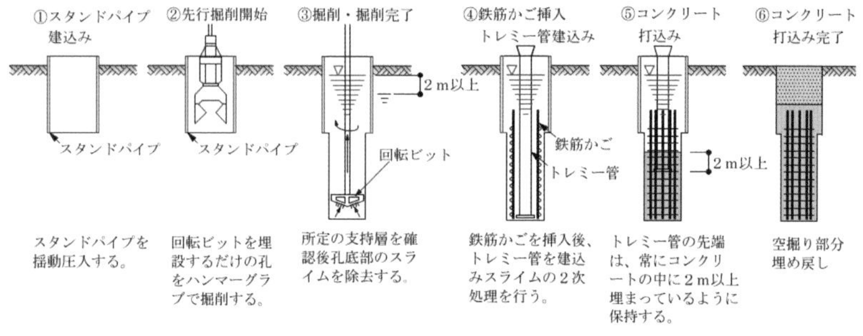

リバース工法

用語 **水頭**

水の深さまたは高さ、圧力の強さ、流体のもっている
エネルギーを液中の高さで表したもの。

(c) 施工上の留意点

1) コンクリートの調合

① 原則として、気温によるコンクリート強度の温度補正は行わない。しかし、特に寒冷地等で、地中温度が低くなる地域では、割増しが必要である。

② コンクリートの種別と調合は、次のとおりである。

■コンクリートの種別

種別	水セメント比の最大値(%)	所要スランプ(cm)	粗骨材の最大寸法(mm)	単位セメント量の最小値(kg /m³)	備考
A種	60	18	25	310	無水掘りの場合
B種	55			340	上記以外の場合

2) 掘削

掘削深さの確認は、重錘(じゅうすい)と検測テープを用いて孔底の４箇所以上で検測する。

3) スライム処理

スライムとは、孔内の崩落土、泥水中の土砂等が沈殿したものである。杭底部のスライムの介在は先端支持力を著しく低下させるので、スライムの除去は確実に行わなければならない。スライム処理には、掘削終了後、鉄筋かご挿入前に行う１次スライム処理と、鉄筋かご挿入後、コンクリート打設前に行う２次スライム処理がある。

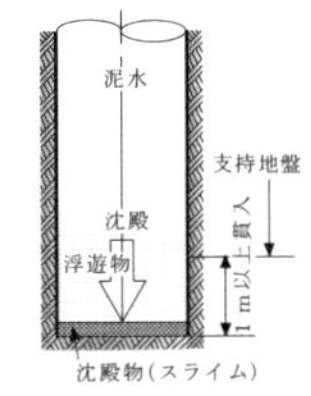

スライム

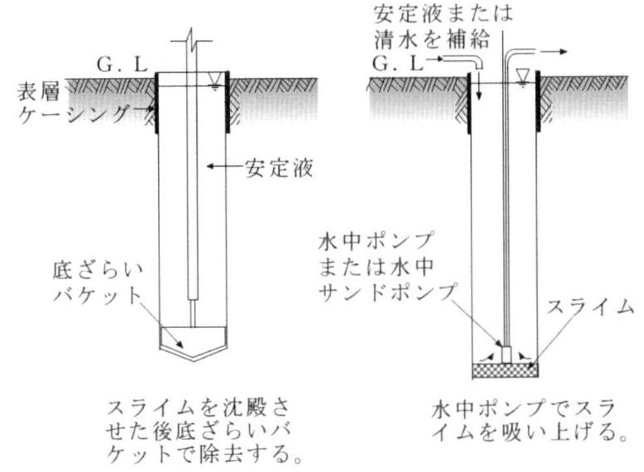

スライムの処理方法

■各工法のスライム処理

工法名	1次スライム処理	2次スライム処理
オールケーシング	孔内水位が低い場合 　ハンマーグラブで孔底処理 孔内水位が高い場合 　ハンマーグラブで孔底処理後、スライムバケット(沈殿バケット)で処理	水中ポンプ方式など
アースドリル	底ざらいバケットで孔底処理	
リバース	回転ビットを孔底より若干引き上げて、空回しして吸い上げる。	トレミー管とサクションポンプなどにより処理

4）鉄筋の加工・組立て

① 鉄筋のかぶり厚さは、10～15cm程度とする。

② 鉄筋かご相互の主筋の接続は原則として重ね継手とし、主筋と帯筋の交差部の要所は鉄線で結束する。ただし、帯筋の継手は、片面10d以上のフレア溶接とする。

10～15cm程度
杭主筋
帯筋
孔壁

鉄筋のかぶり厚さ

③ 鉄筋かごには、かぶり厚さを確保するために、全長にわたってスペーサーを深さ方向に3～5m間隔を目安として、1断面4箇所以上取り付ける。
スペーサーは、オールケーシング工法の場合、D13以上の鉄筋、アースドリル工法、リバース工法の場合、厚さ4.5mm以上の鋼板を用いる。

④ 通常、鉄筋かごは、掘削前に組み立てておく。したがって、掘削後の検測で、鉄筋かごの長さと掘削孔の深さに差がある場合がある。掘削孔の深さが浅い場合には、最下段の鉄筋かごで長さを調整する。

鉄筋かごの吊込み(挿入)

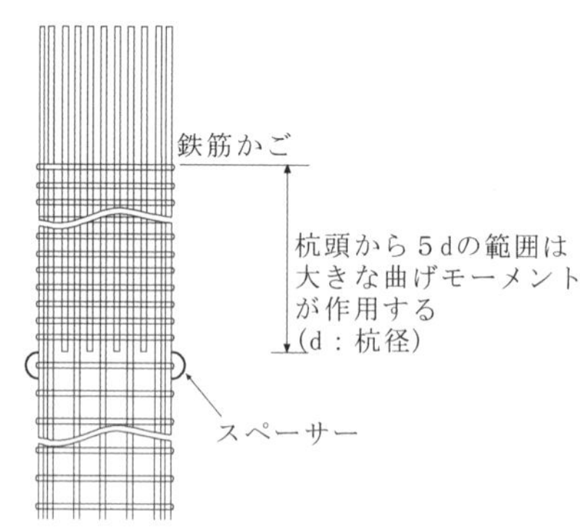

鉄筋かごの長さの調整

5）コンクリート打設

① コンクリートは、トレミー管内のコンクリートの逆流や泥水の浸入を防止するため、底部より押し上げるように打設する。打設が進むにつれてトレミー管は引き上げていくが、トレミー管の先端は常にコンクリートの中に2m以上埋まっているように保持する。

② プランジャーとは、トレミー管を使用して場所打ち杭のコンクリートを打設する際、トレミー管内の泥水の上に乗った形で配置し、泥水とその上に打ち込まれたコンクリートが接しないようにするものである。

コンクリート打設

③ コンクリートの打込みは、杭に空隙を生じないように、中断することなく行う。

④ 杭底から押し上げられてきた不健全なコンクリートを、余盛（よもり）部分に集めて削り取る。その高さは、次のとおりである。

■場所打ちコンクリート杭の余盛の高さ

	工法の例	余盛の高さ
孔内水がない	オールケーシング	50㎝以上
孔内水がある	アースドリル、リバース	80㎝以上

⑤ コンクリート打設を終了した杭に近接する杭の掘削は、打設直後を避けて施工する。

⑥ 杭築造完了後、杭孔周囲の地盤の崩壊防止と転落防止のため、杭のコンクリートが初期硬化した後、埋戻しを行う。埋戻しの時期はコンクリート打込みの翌日以降、杭頭のコンクリートが初期硬化をしてから行う。

(d) 施工後の処理

1）施工精度

① 杭の水平方向のずれは、100㎜以下、傾斜は1/100以下とする。

② 断面寸法は、設計断面以下にならないこととする。

用語 **トレミー管**
コンクリートを水と接触させずに打込み場所へ運搬するために使用する管。

③　鉛直精度や杭径は、通常、超音波孔壁測定結果から求める。

2）杭頭の処理

①　余盛部分や不良コンクリート部分をはつり取り、健全なコンクリートを露出させ、所定の定着長さを確保して鉄筋を切断する。

②　杭頭の処理は、コンクリート打設後14日程度経過してから行う。

《3》砂利、砂及び捨てコンクリート地業

1）地肌地業

地肌地業とは、強固で良質な地盤を均して支持面とする地業で、表層を清掃してから捨てコンクリートを打設する。

2）砂利地業

比較的良質地盤で根切りを正確に行い、材料は切込（きりこみ）砂利、切込砕（さい）石、再生クラッシャラン(再生砕石)とし、硬質なものとする。

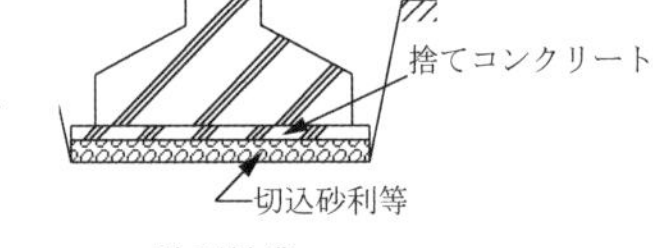

砂利地業

①　砂利の粒径は、あまり大きくない方がよく、粒径がそろっていない砂混じりの方がよい。

②　砂利に泥分の混入が多いものや、有機物が含まれているものは使用しない。

③　締固めによる沈下量を事前に見込んでおき、締固め後に、地業表面が所定の高さになるようにする。

④　層厚が厚く、30cmを超える場合には、一層での締固め効果が小さいので、二層以上に分けて締固めを行う。

⑤　締固めを過度に行うと床付け地盤を破壊し、更に深い地盤をも乱すこともあるので、注意して適度な締固めを行う。

用語　砂利地業
切込砂利、切込砕石、クラッシャランを締め固めた地業。支持層が浅い場合に用いられる。

用語　切込砕石
砕石場で被砕したままの砕石と砕砂を混合したもの。

用語　再生クラッシャラン(再生砕石)
コンクリート塊を被砕したもの。品質のばらつきが大きい。

用語　クラッシャラン
岩石をクラッシャで割り砕いたままのもの。

⑥　締固めによるくぼみ等には、砂利または砂を用いて再度転圧し、表面を平らにする。

3）砂地業

軟弱な地盤に砂を敷いて地盤を改良する。

①　砂に、シルト等の泥分が多量に混入しているものは、締固めが困難となるので使用しない。

②　砂に、草木根、木片等の有機物が含まれているものは使用しない。

4）捨てコンクリート地業

砂利地業、砂地業の表面を固め、基礎、柱、基礎梁等の墨出し及び鉄筋・型枠の組立のために施すコンクリート打ちのことをいう。

①　捨てコンクリートの厚さは、特記がなければ50㎜とし平たんに仕上げる。

②　捨てコンクリートの設計基準強度は、特記がなければ、18N/㎜²とする。

③　捨てコンクリート地業は、掘削底面の安定化や、基礎スラブ、基礎梁のコンクリートの流出あるいは脱水を防ぐために粗雑にならないように施工する。

④　捨てコンクリートの水分が著しく脱水するおそれがある場合は、ビニルシート等を敷いてコンクリートを打ち込む。

⑤　墨出しをし易くするため、捨てコンクリートの表面は平滑にする。

5）土間コンクリート

土間コンクリートには、防湿層のポリエチレンフィルムを設ける。ポリエチレンフィルムは、土間コンクリートの直下に敷き込む。

5 鉄筋工事

《1》鉄筋コンクリートの原理

コンクリートは引張に弱いため、引張側から破断する。そこで、引張側に鉄筋を入れることにより破断を防ぐ。

《2》構造体の総合的耐久性

耐久性は、一般的な劣化作用及び特殊な劣化作用に対して、計画供用(きょうよう)期間中は構造体に鉄筋腐食やコンクリートの重大な劣化が生じないものとする。

① 一般的な劣化作用は、構造体コンクリートの温度及び含水状態に影響を及ぼす環境作用ならびに空気中の二酸化炭素によるものとする。

② 一般的な劣化作用を受ける環境(一般劣化環境)は、鉄筋の腐食に対する劣化作用の強さに応じて、非腐食環境と腐食環境とに区分し、特記がない場合は、腐食環境にあるものとする。

③ 計画供用期間の級は、右の4水準とし、その級は、部材ごとに特記による。

■構造体の計画供用期間

計画供用期間の級	計画供用期間
短期	おおよそ30年
標準	おおよそ65年
長期	おおよそ100年
超長期	100年超

《3》材料

1）鉄筋の種類

① SR：丸鋼(Steel Round Bar)

② SD：異形棒鋼(Steel Deformed Bar)

用語 **計画供用期間**
建築物の計画時または設計時に、建築主または設計者が設定する建築物の予定供用期間。

用語 **非腐食環境**
鉄筋の腐食の進行がないとみなせる環境であり、外気に接することがなく、常時乾燥環境にある屋内空間にある部位が該当する。

2）異形棒鋼の利点

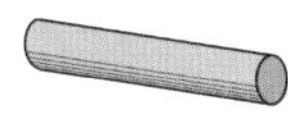

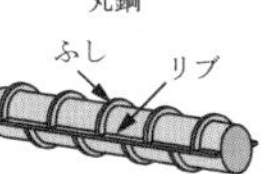

異形棒鋼

① 異形棒鋼は、鉄筋とコンクリートの付着力を増大させるために工夫された鉄筋で、丸鋼の表面にふしとリブを付けたものである。

② 異形棒鋼は丸鋼に比べ、許容付着応力度が約67％大きい。

③ 主筋には、異形棒鋼を使用する。

3）鉄筋のサポート（バーサポート）及びスペーサー

鉄筋コンクリート構造体の中で、鉄筋が正しい位置に配置され、コンクリートと一体となって応力を分担するために、かぶり厚さを確保する必要がある。そのため、鉄筋のサポートやスペーサーが用いられ、種類、配置の標準が示されている。

バー型スペーサー（バーサポート）

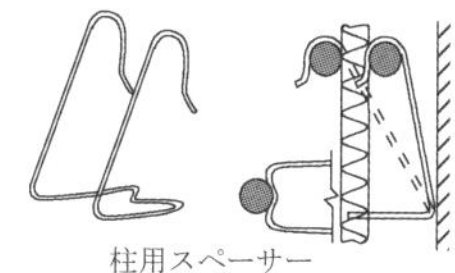

柱用スペーサー

帯筋のスペーサー

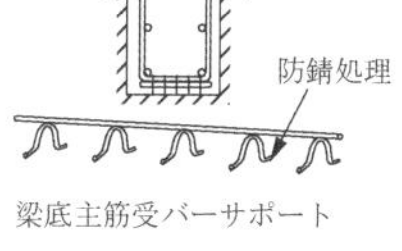

梁底主筋受バーサポート

ドーナツ型スペーサー

鉄筋のサポート・スペーサーの例

■スペーサー等の種類・配置の標準

部位	スラブ	梁	柱
種類	鋼製・コンクリート製・モルタル製	鋼製・コンクリート製・モルタル製	鋼製・コンクリート製・モルタル製
配置	上端筋、下端筋それぞれ 間隔は0.9m程度 端部は0.1m以内	間隔は1.5m程度 端部は0.5m程度	上段は梁下より0.5m程度 中段は上段より1.5m間隔程度 柱幅方向は１m以下２個 １m超え３個

用語 **スペーサー**
鉄筋とせき板の間に入れて、鉄筋のかぶり厚さを確保するもの。

① スペーサーの種類には鋼製、コンクリート製、モルタル製等があるが、モルタル製は強度及び耐久性が十分でないものがあるので、性能を確認して使用する。また、側面に限りプラスチック製でもよい。

② スラブ筋の組立て時には、原則として、鋼製のスラブ用スペーサーを使用する。

《4》鉄筋の加工及び組立て

1）各部の名称

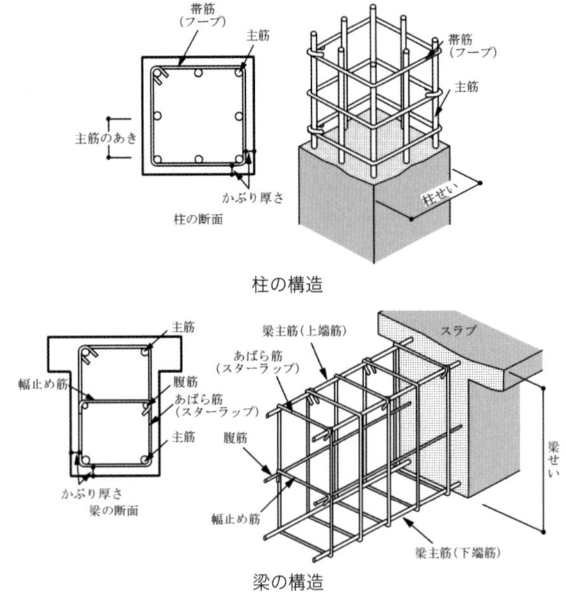

柱の構造

梁の構造

用語 **帯筋(フープ)**
せん断補強として、柱主筋を囲む鉄筋。

用語 **幅止め筋**
あばら筋の幅等を一定に保つために、水平にかけ渡す補助鉄筋。

用語 **あばら筋(スターラップ)**
せん断補強として、梁の上下主筋を囲む鉄筋。

用語 **腹筋**
幅止め筋とセットで、あばら筋の振れ止めやはらみ止めとして、梁の中段の軸方向に配置される鉄筋

2）鉄筋の加工

鉄筋の加工に当たっては、次の事項に留意する。

① 切断、曲げ等の加工作業は、常温(冷間)で行う。

② コイル状の鉄筋は、直線器にかけてから使用する。

③ 切断はシヤーカッターまたは電動カッターで行う。ガス切断を行ってはならない。

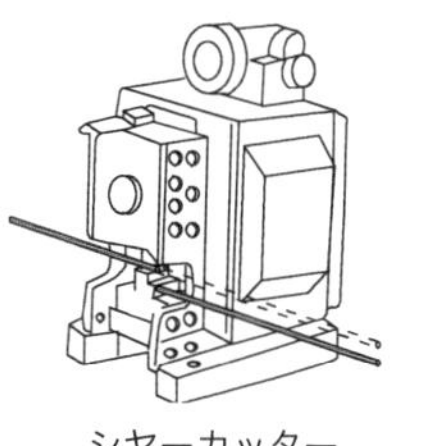
シヤーカッター

④ 折曲げは、バーベンダーで行う。

⑤ 鉄筋は、鉄筋加工図に示された外側寸法で加工する。

加工寸法の許容差は、次表のとおりである。

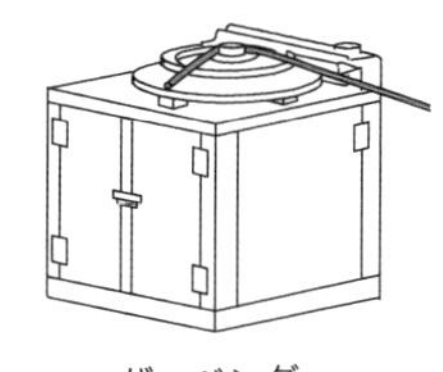
バーベンダー

■加工寸法の許容差

項目			許容差(mm)
各加工寸法	主筋	D25以下	±15
		D29以上D41以下	±20
	あばら筋・帯筋(スパイラル筋)		±5
加工後の全長			±20

※D25のDは、異形棒鋼を表わし、25は鉄筋径(mm)に該当する。

⑥ 折曲げ加工の形状及び折曲げ加工に関する規定は、次表のとおりである。

鉄筋の折曲げ内法直径(D)の最小値は、鉄筋の種類と径によって決まる。

■鉄筋の折曲げ形状・寸法

図	折曲げ角度	鉄筋の種類	鉄筋の径による区分	鉄筋の折曲げ内法の直径(D)
d D 余長4d以上 / d D 余長6d以上 / d D 余長8d以上	180° 135° 90°	SD295 SD345	D16以下	3d以上
			D19～D41	4d以上
		SD390	D41以下	5d以上
	90°	SD490	D25以下	
			D29～D41	6d以上

[注]dは異形鉄筋の呼び名に用いた数値とする。

⑦ 帯筋・あばら筋は、原則として135°折り曲げ、余長(よちょう)6d以上とする。

ポイント 同義語
常温＝冷間
加熱＝熱間

⑧ T形梁のあばら筋をU字形とする場合、キャップタイは、90°フックで余長8d以上でよい。

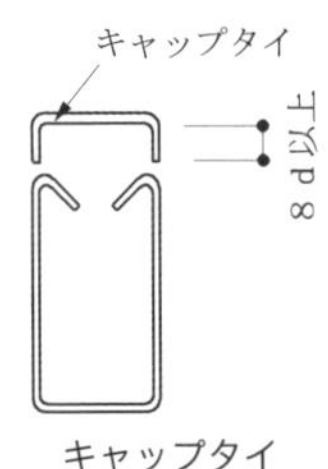

キャップタイ

⑨ 次の部分に使用する異形鉄筋の末端部には、フックを付ける。

- 柱の四隅にある主筋で、重ね継手の場合及び最上階の柱頭にある場合
- 梁主筋の重ね継手が、梁の出隅及び下端の両端にある場合(基礎梁を除く)
- 煙突の鉄筋(壁の一部となる場合を含む)
- 杭基礎のベース筋
- 帯筋、あばら筋及び幅止め筋

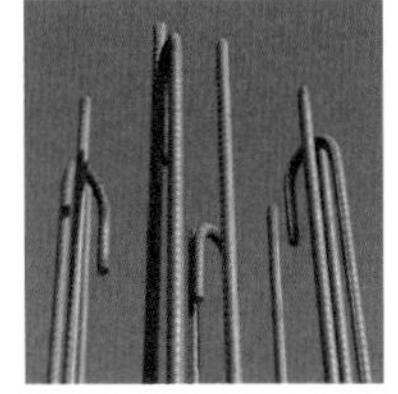
(柱頭部)四隅のフック

⑩ 加工された鉄筋は、組立てに先立ち、浮き錆・油類・ごみ・土等コンクリートとの付着を妨(さまた)げるおそれのあるものは除去する。ただし、鉄筋表面のごく薄い赤錆は、コンクリートの付着にも影響が少ないので、除去しなくてよいが、粉状になるような赤錆は、ワイヤブラシ等で取り除く。

3) 鉄筋の組立て

① 鉄筋相互の位置の固定は、鉄筋の交点や重ね部分を0.8～0.85㎜程度のなまし鉄線で結束(けっそく)する。

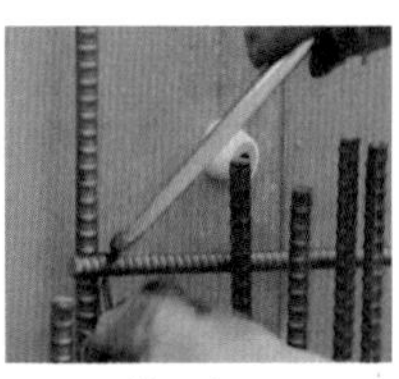
ハッカー
(鉄筋を結束する工具)

② 鉄筋の結束は、次による。

■鉄筋の結束箇所の例

結束箇所	部　位
全　数	・壁筋(柱、梁に接する周辺部の第1鉄筋と開口端部) ・スラブ筋(梁に接する周辺部の第1鉄筋と開口端部) ・帯筋(四隅)、あばら筋(上端隅部) ・基礎筋(隅部) ・幅止め筋
800㎜ 以下	・柱主筋の長さ方向の帯筋との交点(四隅以外) ・梁主筋の長さ方向のあばら筋との交点(四隅以外) ・スラブの下端筋
半　数 注1)	・あばら筋の下端隅部
半数または400㎜以下 注2)	・上記以外の壁筋、スラブ筋、基礎筋

注1) 梁主筋径がD25未満の場合には全数とする。
注2) 施工時に外力が作用すると予想される場合は全数とする。

③ 結束線の端部は、腐食(ふしょく)及び危険防止のため内側に折り曲げる。

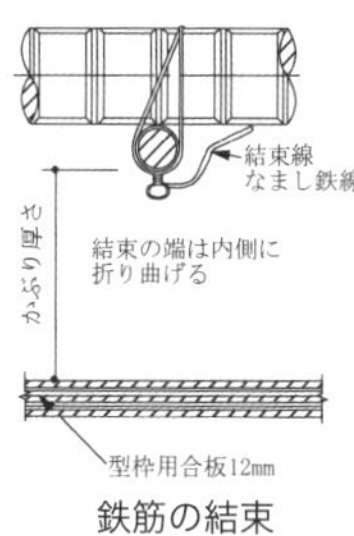

鉄筋の結束

④ 鉄筋相互のあきの最小寸法は、次のうち一番大きい数値とする。鉄筋の強度には左右されない。
- 粗骨材の最大寸法の1.25倍
- 25mm
- 丸鋼では径、異形鉄筋では呼び名の数値(径が異なる場合は平均径)の1.5倍

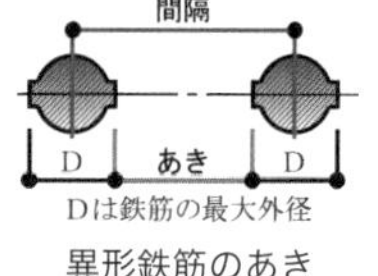

異形鉄筋のあき

⑤ スラブ筋が複配筋の場合、原則として短辺方向の鉄筋は長辺方向の鉄筋の外側に配置する。

《5》鉄筋の継手及び定着

継手とは、コンクリート部材中で鉄筋を連続させるために接合する方法のことをいう。また、定着とは、仕口(しぐち)において部材相互の一体化を図るため、一方の部材の鉄筋を応力伝達を目的として他方の部材内に延長して埋め込むことをいう。

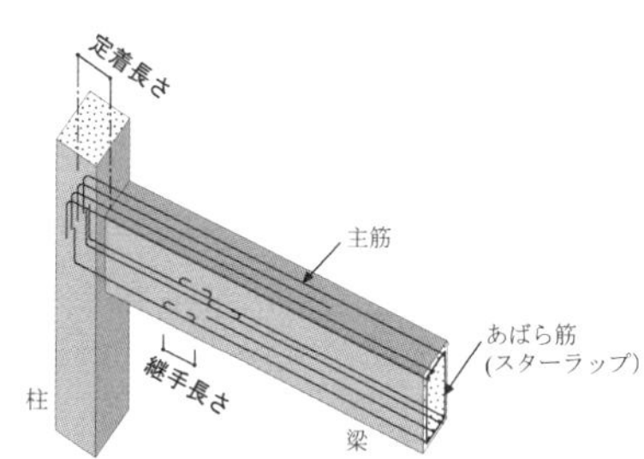

継手長さと定着長さ

(a) 継手

1) 継手の方法

継手の方法には、重ね継手、ガス圧接継手、機械式継手、溶接継手がある。重ね継手と機械式継手を図に示す。

重ね継手

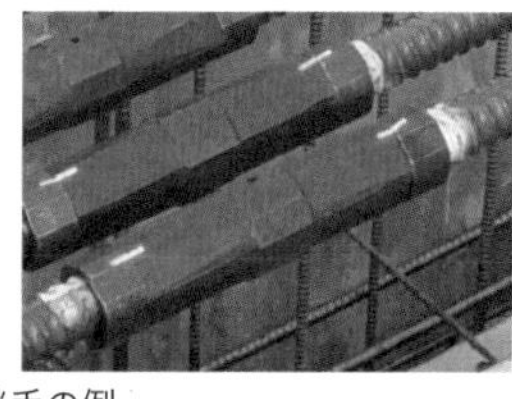
機械式継手の例

2）重ね継手の長さの規定

重ね継手の長さには、次表に示す規定が設けられている。L_1は直線重ね継手とし、L_{1h}はフック付き重ね継手とする。（　）内は、フック付き重ね継手の長さL_{1h}を示す。

■鉄筋の重ね継手の長さ

コンクリートの設計基準強度(N/㎟)	L_1(L_{1h})	
	SD295	SD345
18	45d(35d)	50d(35d)
21	40d(30d)	45d(30d)
24～27	35d(25d)	40d(30d)
30～36	35d(25d)	35d(25d)
39～45	30d(20d)	35d(25d)
48～60	30d(20d)	30d(20d)

(注)dは、異形鉄筋の呼び名に用いた数値とする。

① 重ね継手の長さは、鉄筋の折曲げ起点間の距離とし、末端のフックは継手の長さに含まない。

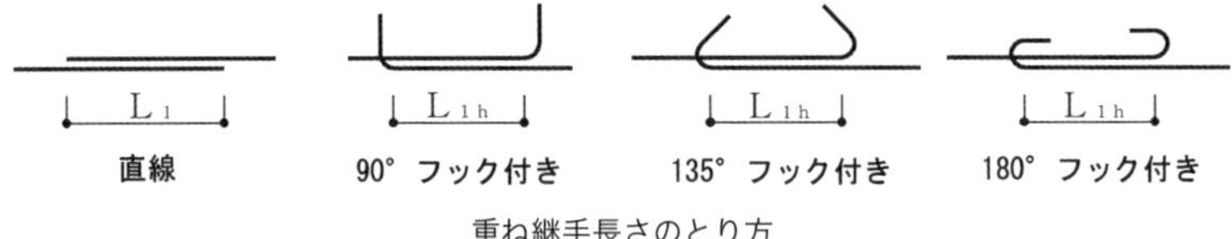

重ね継手長さのとり方

② 重ね継手の長さは、鉄筋の種類、コンクリートの設計基準強度により異なる。ただし、フックの角度とは関係がない。

③ 異形鉄筋の末端にフックを付けた場合は、フックを付けない場合より重ね継手の長さを短くできる。

3）重ね継手

① 直径の異なる鉄筋の重ね継手の長さは、細い方の鉄筋径の倍数とする。重ね継手の長さの指定が40dの場合、D10とD13の継手長さは、d＝10㎜として、40×10＝400㎜＝40㎝となる。

② D35以上の異形鉄筋においては、かぶりコンクリートの割裂をともないやすいので、原則として重ね継手は設けない。

③ 梁主筋の重ね継手は、水平重ね、上下重ねのいずれでもよい。

④ 隣り合う重ね継手の位置は、１箇所に集中しないよう継手長さの0.5倍ずらすか、1.5倍以上ずらす。

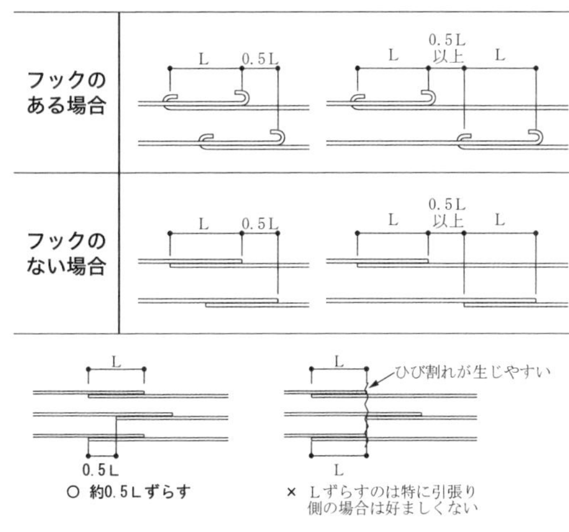

隣り合う重ね継手の位置

⑤ 重ね継手の相互の鉄筋は、密着させるのが原則であるが、一定の条件で鉄筋相互のあきをとった重ね継手(あき重ね継手)も同等に有効とされている。

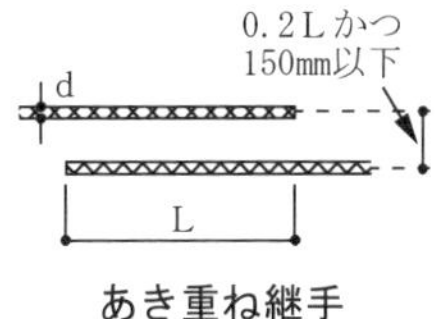

あき重ね継手

4）継手の位置

① 継手は、原則として応力の小さい位置、また、コンクリートに常時圧縮応力が生じている箇所とする。

② 柱の主筋の継手中心位置は、梁上端から500㎜以上、1,500㎜以下かつ3/4×H_0以下とする。ここで、H_0は、梁間内法寸法とする。

③　梁の主筋の継手中心位置は、上端筋ではスパンの中央Lo/2以内、下端筋では柱面より、梁せい(D)以上離し、Lo/4以内とする。ここでLoは、柱間内法寸法とする。

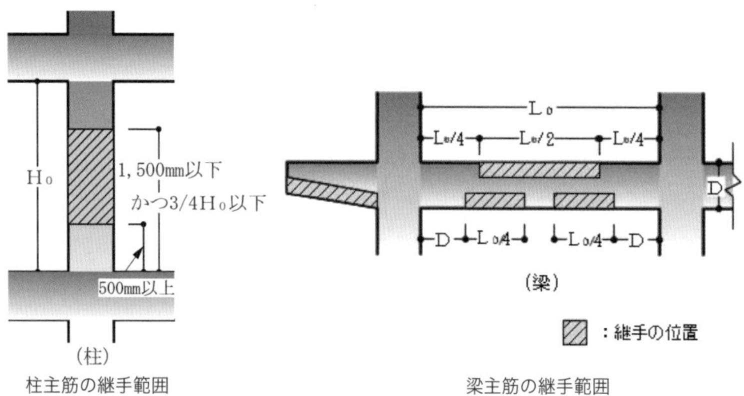

柱主筋の継手範囲　　梁主筋の継手範囲

(b) 定着

1) 定着の方法

①　梁の主筋は、直線部分でフック付き定着長さL2h(P265の下表カッコ内参照)をとれる場合、梁の主筋は柱幅(柱せい)の3/4倍以上をのみ込ませて、フック付き定着長さL2hを確保する。フックは90°折り曲げ、余長8d以上を確保する。

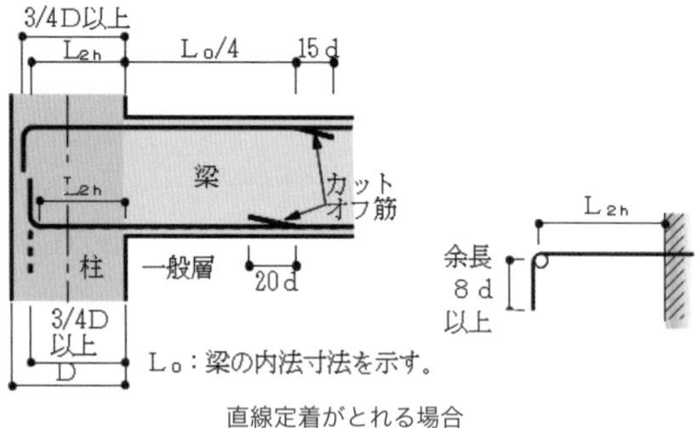

直線定着がとれる場合

② 直線部分でフック付き定着長さL_{2h}(下表カッコ内参照)をとれない場合、梁の主筋は柱幅(柱せい)の3/4倍以上をのみ込ませて、縦に折り曲げた先を定着長さに含んだ全長で定着長さL_2(下表カッコ外参照)を確保した上で、投影(とうえい)定着長さLa(P266の中央表参照)を確保する。フックは90°折り曲げ、余長8d以上を確保する。

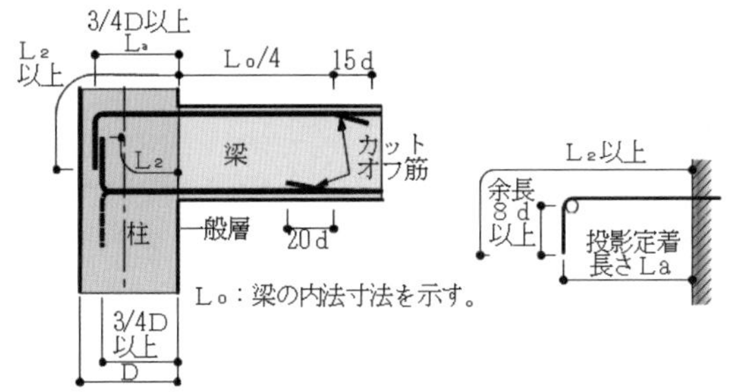

直線定着がとれない場合

③ 梁主筋を柱内に折り曲げて定着する場合、上端筋は曲げ下げる。また、下端筋(ハンチ付きを除く)の端部は、曲上げ定着とするが、やむを得ない場合は、監理者の承諾を受けて、曲げ下げることができる。

2) 定着の長さの規定

定着の長さには、次表に示す規定が設けられている。(　)内は、フック付き定着の長さL_{2h}、L_{3h}を示す。

■鉄筋の定着の長さ

コンクリートの設計基準強度(N/mm²)	L_2(L_{2h})		L_3(L_{3h})	
			下端筋	
	SD295	SD345	小梁	スラブ
18	40d(30d)	40d(30d)	20d(10d)	10d以上かつ150mm以上
21	35d(25d)	35d(25d)		
24～27	30d(20d)	35d(25d)		
30～36	30d(20d)	30d(20d)		
39～45	25d(15d)	30d(20d)		
48～60	25d(15d)	25d(15d)		

注)片持ち梁・片持ちスラブの下端筋を直線定着する場合は、25d以上。

① 定着長さ(L_2、L_{2h})のとり方

フック付きのL_{2h}は仕口面から鉄筋の折曲げ起点までとし、末端のフックは定着長さに含まない。

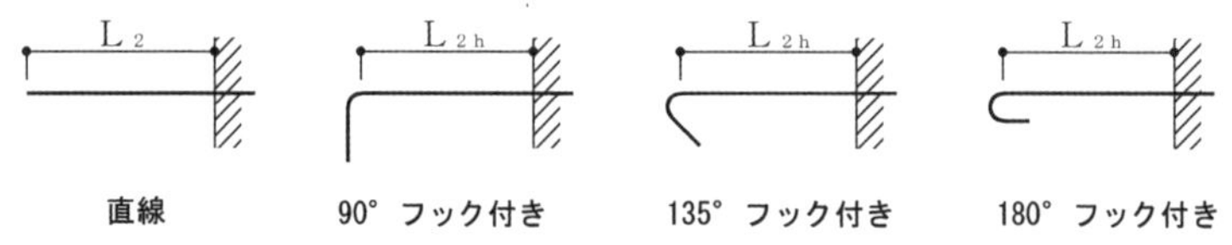

定着長さのとり方

② 定着の長さは、鉄筋の種類、コンクリートの設計基準強度により異なる。

③ 異形鉄筋の末端にフックを付けた場合は、フックを付けない場合より定着の長さを短くできる。

④ 直線部分でフック付き定着長さL_{2h}をとれない場合に必要な投影定着長さLaを右表に示す。

■投影定着長さ L_a

コンクリートの設計基準強度(N/mm²)	SD295	SD345
18	20*d*	20*d*
21	15*d*	20*d*
24～27	15*d*	20*d*
30～36	15*d*	15*d*
39～45	15*d*	15*d*
48～60	15*d*	15*d*

⑤ スパイラル筋の末端の定着は、1.5巻き以上添巻きして(1.5周以上2重に巻いて)、フックを設ける。中間部に重ね継手を設ける場合は、継手長さを50d以上とし、端部にはフックを設ける。

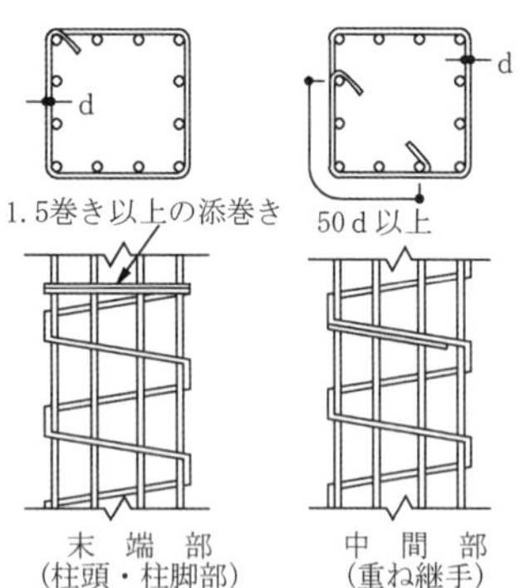

スパイラル筋の末端の定着と重ね継手

《6》鉄筋のかぶり厚さ

1）かぶり厚さの計測

① 鉄筋のかぶり厚さとは、最外側の鉄筋表面とこれを覆(おお)うコンクリートの表面までの最短距離のことである。なお、基礎における捨てコンクリートの厚さは、かぶり厚さに算入しない。

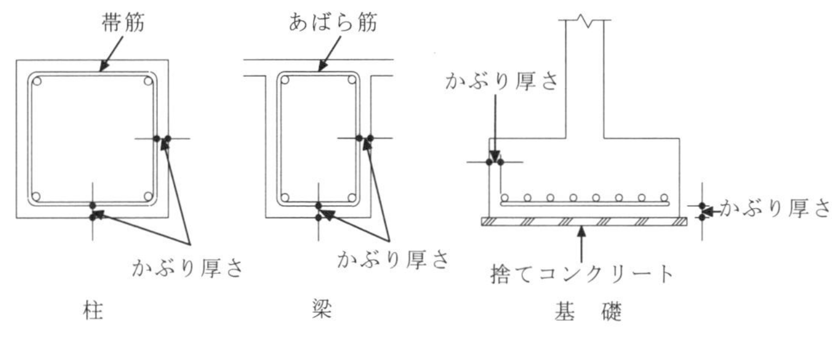

かぶり厚さの定義

② 目地部分は、目地底より必要なかぶり厚さを確保する。

③ 杭基礎の場合は、杭頭からの最短距離がかぶり厚さとなる。

④ 腹筋を外付けするときの大梁の最小かぶり厚さは、幅止め筋の外側表面から確保する。

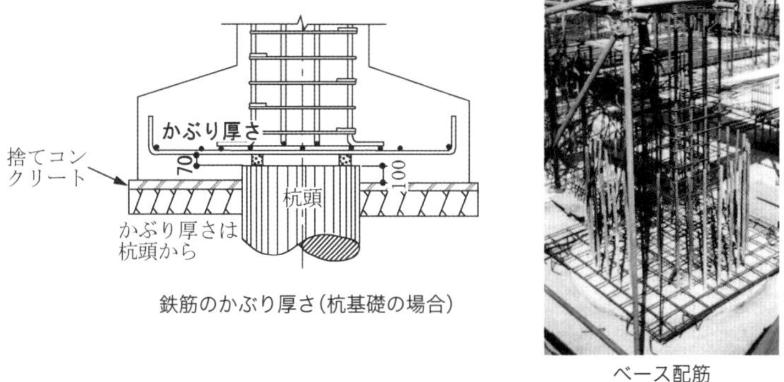

鉄筋のかぶり厚さ（杭基礎の場合）

ベース配筋

2）最小かぶり厚さ

かぶり厚さの数値は、耐久性・耐火性及び構造耐力上の諸点を考慮して、次のように規定されている。

■鉄筋の最小かぶり厚さ（公共建築工事標準仕様書）

構造部分の種類				最小かぶり厚さ（mm）
土に接しない部分	スラブ、耐力壁以外の壁	仕上げあり		20
		仕上げなし		30
	柱、梁、耐力壁	屋内	仕上げあり	30
			仕上げなし	30
		屋外	仕上げあり	30
			仕上げなし	40
	擁壁、耐圧スラブ			40
土に接する部分	柱、梁、スラブ、壁			40
	基礎、擁壁、耐圧スラブ			60
煙突等高熱を受ける部分				60

（注）1．この表は、普通コンクリートに適用し、軽量コンクリートには適用しない。また、塩害を受けるおそれのある部分等耐久性上不利な箇所には適用しない。

2．「仕上げあり」とは、モルタル塗り等の仕上げのあるものとし、鉄筋の耐久性上有効でない仕上げ（仕上塗材、塗装等）のものを除く。

3．スラブ、梁、基礎及び擁壁で、直接土に接する部分のかぶり厚さには、捨てコンクリートの厚さを含まない。

4．杭基礎の場合のかぶり厚さは、杭天端からとする。

① 最小かぶり厚さを確保するために、施工誤差を考慮して、施工にあたっては、鉄筋のかぶり厚さの最小値に10mmを割増しする。これが、設計かぶり厚さである。

② 付着割裂（かつれつ）破壊を考慮して、主筋にD29以上を使用する場合は、主筋のかぶり厚さを鉄筋径の1.5倍以上とすることが望ましい。

③ ひび割れ補強筋についても、かぶり厚さを確保する。床の開口補強筋は、上端筋及び下端筋の内側に配筋する。壁の補強について、ダブル配筋の場合の開口補強筋は、壁筋の内側に配筋する。

④ コンクリートの打込みに際しては、スペーサー及びバーサポートの移動・転倒等によりかぶり厚さ不足が生じないように留意する。

⑤ 柱主筋の台直し（修正）は好ましくないが、やむを得ない場合は、緩やかに常温で鉄筋を折り曲げる。急に曲げたりしない。

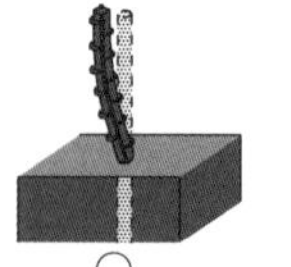

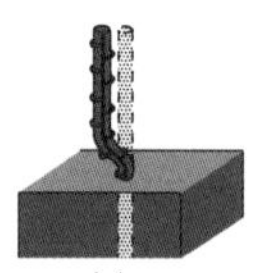

鉄筋の台直し

用語 **付着割裂破壊**

鉄筋コンクリート部材で、付着が不完全な場合、鉄筋の滑りに伴ってコンクリートに生じる割裂。

《7》ガス圧接

(a) 圧接工の資格

手動ガス圧接の技量資格には、１種、２種、３種、４種の４種類があり、その種別により作業可能範囲が決められている。

ガス圧接

■圧接技量資格と作業可能範囲

技量資格種別	作業可能な鉄筋径
１種	径　25以下 呼び名　D25以下
２種	径　32以下 呼び名　D32以下
３種	径　38以下 呼び名　D38以下
４種	径　50以下 呼び名　D51以下

(b) 圧接作業

１）圧接面の加工

① 圧接端面及び端面から100㎜程度の範囲の鉄筋表面に錆、油脂、塗料、セメントペースト等が付着している場合には、あらかじめ除去しておく。

② 鉄筋を圧接器に取り付けた場合、鉄筋突合せ面のすき間を２㎜以下とし、なるべく密着させる。

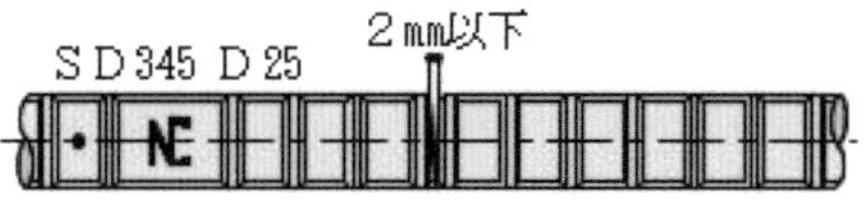

鉄筋突合せ面のすき間

③ 鉄筋の圧接端面は、軸線にできるだけ直角、かつ、平滑になるように切断・加工する。

④ 冷間直角切断機による圧接端面処理やグラインダー研削(けんさく)(掛け)は、圧接作業当日に行う。

２）ガス圧接施工上の留意点

① ガス圧接継手及び機械式継手は、相互に400㎜以上ずらして設けることを原則とする。

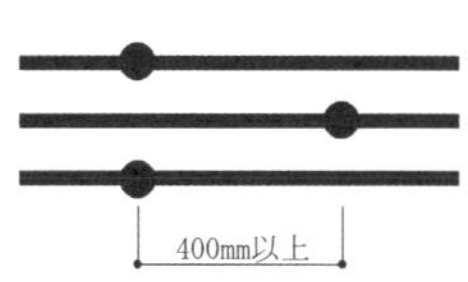

ガス圧接の隣り合う継手位置

② 圧接箇所は鉄筋の直線部とし、曲げ加工部及びその近傍(きんぼう)を避ける。また、圧接箇所では、曲げ加工は行わない。

③　種類の異なる鉄筋、径の異なる鉄筋のガス圧接可能な範囲を示す。つまり、SD295は、SD345と圧接は可能だが、SD390との圧接は不可能ということになる。

■ガス圧接可能な範囲

種類の違い	径の差
1ランクの上下	7㎜以下

④　ガス圧接では、1箇所当たり1～1.5d(d：鉄筋径)のアプセット(短縮)が伴うので、あらかじめ短縮量を見込んで加工を行う。

⑤　手動ガス圧接の場合、揺動(ようどう)加熱範囲は、鉄筋の表面と中心部の温度差がなくなるように、圧接面を中心に鉄筋径の2倍程度にする。

⑥　雨または雪の中での作業は、雨水等で急冷されて圧接部が硬化し、割れが入るおそれがあるので中止する。

⑦　直径19㎜未満の鉄筋またはSD490の鉄筋を圧接する場合、手動ガス圧接、自動ガス圧接、熱間押抜(おしぬき)ガス圧接のいずれにおいても、施工前試験を実施する。

3）圧接完了後の検査

圧接完了後に圧接箇所の全数について外観検査を行い、その後、超音波探傷試験または引張試験による抜取り検査を行う。

①　**外観検査**

原則として圧接箇所全数について行う。これは圧接部の状態を検査すると同時に、圧接のし忘れ箇所を点検するためでもある。

②　**超音波探傷(たんしょう)試験(非破壊検査)**

検査箇所は、1組の作業班が1日に施工した圧接箇所を1検査ロットとし、1検査ロットに30箇所とする。

③　**引張試験(破壊検査)**

1検査ロットに対して、3個の試験片を採取して行う。

用語　**ロット**
等しい条件下で生産され、または生産されたと思われる品物の集まり。

4）圧接部の状態

圧接部の状態は、外観検査の結果、次のような状態であれば良好といえる。

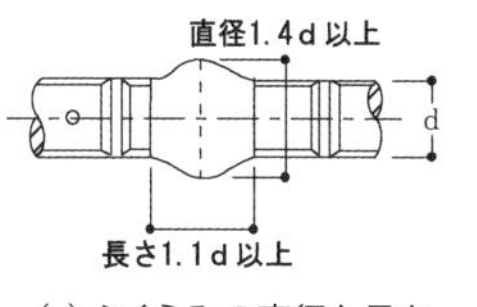

(a) ふくらみの直径と長さ

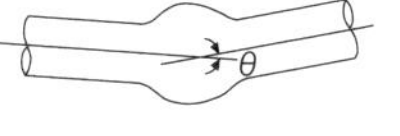

圧接部の折れ曲がりθは、
2°以下とする。

(b) 圧接部の折れ曲がり

(c) 鉄筋中心軸の偏心量

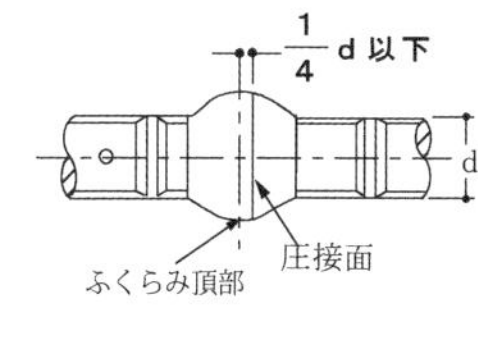

(d)圧接面のずれ

圧接部の片ふくらみ⊿ｈは、
鉄筋径の１/５以下とする。

(e) 圧接部の片ふくらみ

良好なガス圧接部の形状

① 接合部の**ふくらみの直径**は、原則として**鉄筋径の1.4倍以上**であること（鉄筋径が異なる場合は細い方の径による）。長さや直径の測定には、**デジタルノギスや圧接部測定用ゲージ**が用いられる。

② 接合部の**ふくらみの長さ**は、**鉄筋径の1.1倍以上**（鉄筋径が異なる場合は細い方の径による）とし、なだらかで、垂れ下りがないこと。

③ 圧接部の折れ曲がりは、２°以下であること。

④ **鉄筋中心軸の偏心量**は、**鉄筋径の１/５以下**であること（鉄筋径が異なる場合は細い方の径による）。

⑤ ふくらみの頂部からの**圧接面のずれ**は、**鉄筋径の１/４以下**（鉄筋径が異なる場合は細い方の径による）であること。

⑥ 圧接部の片ふくらみは、鉄筋径の1/5以下であること（鉄筋径が異なる場合は細い方の径による）。

⑦ 圧接部は、強度に影響を及ぼす焼割れ、へこみ、垂れ下がり及び内部欠陥がないこと。

5）不良圧接の補正

外観検査の結果が不良な場合は、次表により補正する。

■不良圧接の補正

切り取って再圧接	再加熱して修正
① 鉄筋中心軸の偏心量が1／5dを超えた場合 ② 圧接面のずれが1／4dを超えた場合 ③ 圧接部の片ふくらみが1／5dを超えた場合 ④ ふくらみが著しいつば形の場合、垂れ下がり、へこみ、焼割れがそれぞれ著しい場合	① ふくらみの直径が1.4dに満たない場合 ② ふくらみの長さが1.1dに満たない場合 ③ 圧接部の折れ曲がりが2°を超えた場合

注)d：鉄筋径

超音波探傷試験は、圧接部の内部欠陥を検査するもので、内部に巻き込んだ不純物は再加熱しても修正できない。したがって、超音波探傷試験で不合格となった箇所は、切り取って再圧接する。

6 型枠工事

型枠は、鉄筋コンクリート構造体を形作るための鋳型(いがた)となるものであり、正しい形状を造り、コンクリートが十分な強度をもつまでの養生を行う仮設構造物である。

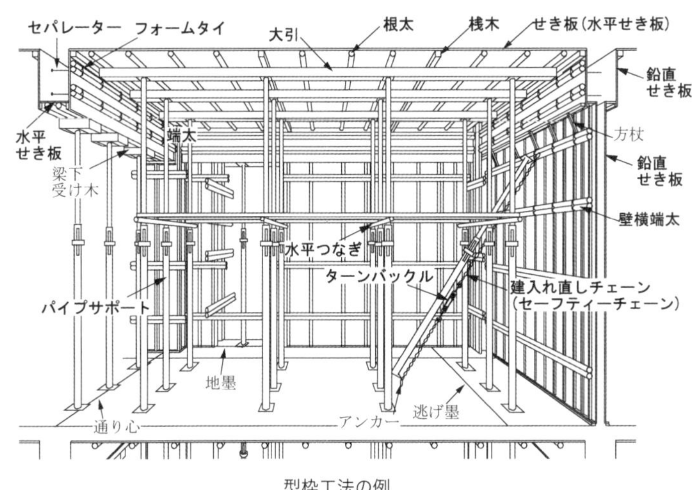

型枠工法の例

《1》材料

(a) せき板の種類

1) 合板

コンクリート型枠用合板(日本農林規格)による厚さ12㎜が標準である。合板についての一般的な特徴を、次に示す。

① 積層数は3以上とし、奇数枚とする。

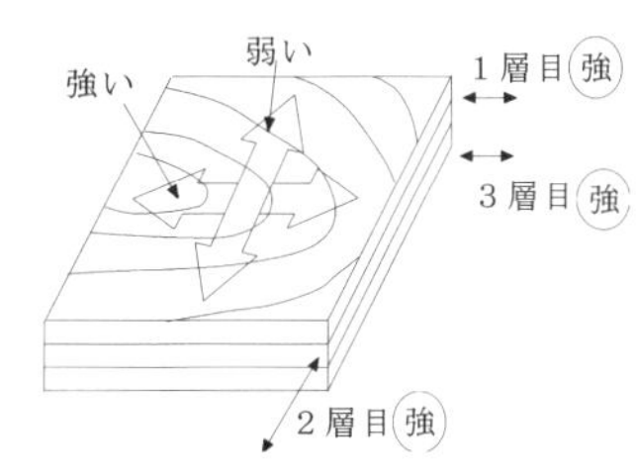

表面木理方向と許容応力度

ポイント 鉛直せき板
基礎、梁側、柱、壁のせき板。

用語 せき板
型枠の一部で、コンクリートに接する木や金属等の板類。

ポイント 水平せき板
床スラブ下、屋根スラブ下、梁下のせき板。

環境工学 構造力学 各種構造 施工共通 法規 躯体工事 仕上げ工事 施工管理

② 木材は木理方向の許容応力度の方が木理方向に直角方向の許容応力度より大きい。よって、合板の表面に出ている木理方向の許容応力度の方が、それに直角方向の許容応力度より大きい。

③ 針葉樹の方が広葉樹より、コンクリートの硬化不良を起こしにくい。

④ 合板せき板を用いる打放し仕上げには、一般に、「合板の日本農林規格」の「コンクリート型枠用合板の規格」による表面加工品を用いる。

⑤ せき板は、支障のない限り再使用することができる。

⑥ ワックス系のはく離剤は、鋼製のせき板に用い、木製のせき板には用いない。

2）板類

打放し用に、杉、檜（ひのき）等が用いられる。

3）デッキプレート

① Uデッキとフラットデッキが、一般に使用される。型枠を支持するための支柱を用いる必要がなく、解体作業も不要なため、現場作業が簡単で、経済性に優れ、省力化と工程短縮に有効である。

② 階高が大きい場合、特に有効である。

③ 打込み型枠タイプであり、転用はできない。

デッキプレート型枠工法

④ デッキプレートの端部は、梁型枠の横桟（さん）木に釘打ちし、確実に固定する。デッキプレートから伝わる力を梁型枠せき板のみで支持することは危険なので、縦桟木を間隔600mm以下で必ず入れる。

用語 **はく離剤**

せき板表面に塗布して、型枠内に打ち込まれたコンクリートとせき板との付着力を減少させ、脱型や清掃を容易にするための薬剤。

4）軽量型支保梁（しほばり）工法（鋼製仮設梁）

① 軽量型支保梁の両端部支持のみによって中間荷重をトラスとして受け、中間部の支保工を必要としない。コンクリートの養生期間中も無支柱で、片付け・清掃、墨出し、その他空間を利用した作業を先行させることができる。特に階高の高い場合は有利である。

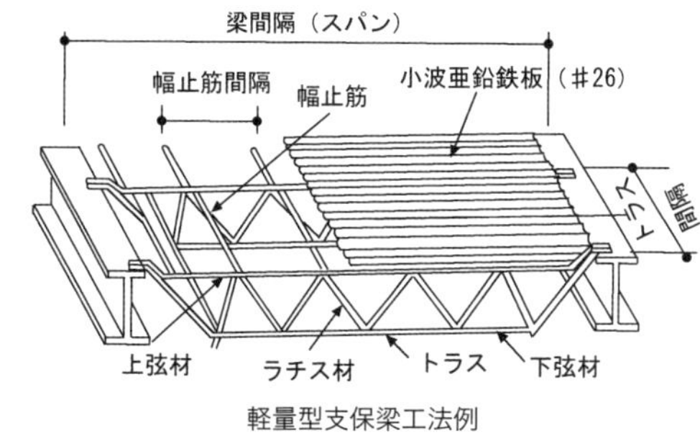

軽量型支保梁工法例

② 軽量型支保梁を用いる場合は、所定の支持位置以外のところに支柱を立てて用いない。また、支柱にパイプサポートを使用する場合、パイプサポートは2列に設ける。

5）スライディングフォーム工法

内外両面の型枠を徐々に引き上げながら、コンクリートを連続して打設する工法。打継ぎ目なしのコンクリート壁面がつくれ、サイロや煙突等に適する。スリップフォーム工法ともいう。

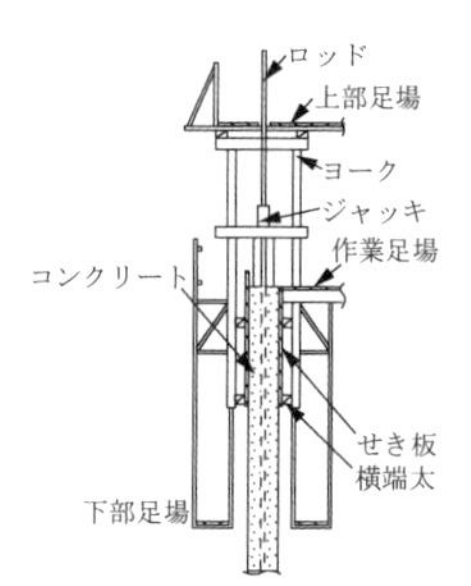

スライディングフォーム工法

(b) セパレーター

せき板の間隔を一定に保つために用いられる。仕上げがある場合は、座金のついたC型セパレーターを、仕上げがない場合は、コーンのついたB型セパレーターを用いる。コンクリート面が打放しの場合（コンクリート打放し、直接塗装仕上げ、防水下地となる部分等）は、コーン付きセパレーターを用いる。

① セパレーターは、せき板に対してできるだけ垂直に取り付ける。

② コーンを使用しないセパレーターの場合は、コンクリート表面に座金及び

用語 セパレーター
せき板の内側に入り、せき板の間隔が小さくなるのを防止する金物。両端に座金またはコーンがついている。

頭(ねじ部分)が露出する。座金の部分はそのまま残し、頭(ねじ部分)はハンマーでたたいて折り取り、破断面に錆止め塗料を塗り付ける。

(c) フォームタイ

柱、壁及び梁側型枠のせき板を保持する場合、支保工は一般に内(縦)端太(ばた)及び外(横)端太により構成する。その外からフォームタイで締め付ける。

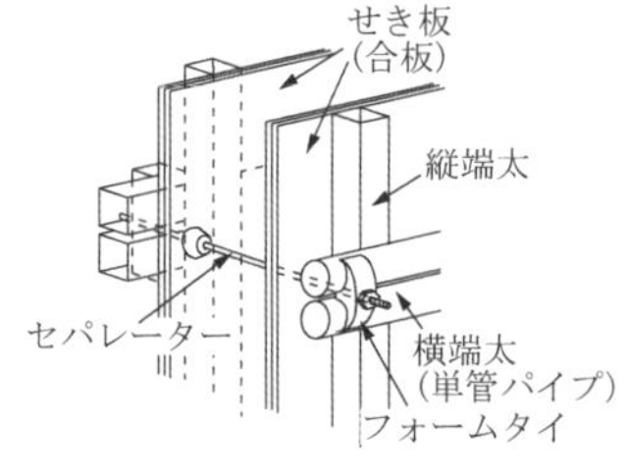

セパレーターとフォームタイ

フォームタイの締め過ぎによる型枠の変形を防止するため、縦端太をフォームタイの際に配置するとよい。

(d) セフティーチェーン及びターンバックル

柱型枠、壁型枠の鉛直精度の保持や、壁付き隅柱の出隅部の開き止め等に用いる。

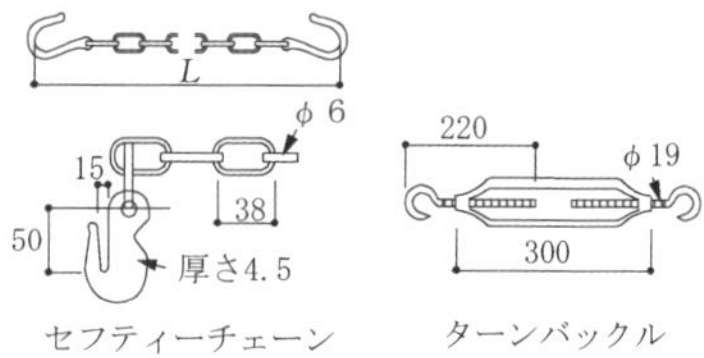

セフティーチェーン及び
ターンバックルの例〔単位：mm〕

(e) コラムクランプ

柱型枠を四方から水平に締め付けるもので、主として独立柱の型枠を組み立てる場合に用いられる。セパレーターやフォームタイは、不要である。

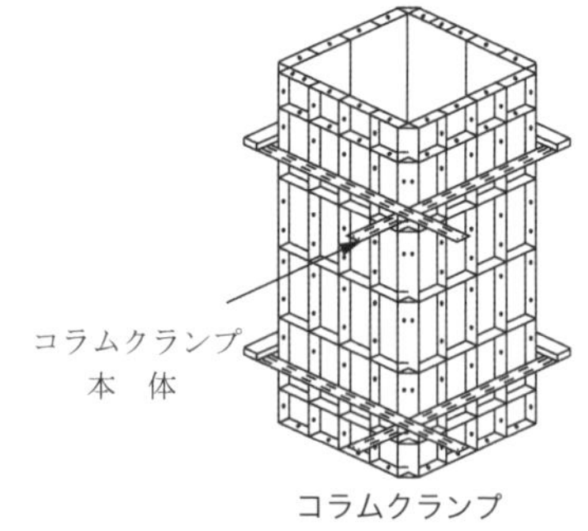

コラムクランプ

用語 **フォームタイ**
セパレーターの外側に取り付け、せき板が外側に開き、せき板の間隔が大きくなるのを防止する金物。リブ座金、ナットを用いて留め付ける。

(f) 支柱材

梁及び床板等の型枠を支持するための材料で、鋼管支柱、枠組支柱、組立鋼柱等がある。

① 型枠支保工に用いる水平材等の接続部及び交差部は、根がらみクランプ等の金具を用いて緊結する。

② 地盤上に直接支柱を立てる場合には、支柱がコンクリート打込み中、あるいは打込み後に沈下しないように、支柱の下に敷板を敷くなど必要な処置をとる。

1）鋼管支柱（パイプサポートが代表的）

調節長さは2,100～3,400㎜の範囲まで可能である。使用時の状況により補助サポートと組み合わせて使用されることもある。軽量荷重（1.5トン程度）に対して用いられる。

パイプサポート等の鋼管支柱の使用上の留意点は、次のとおりである。

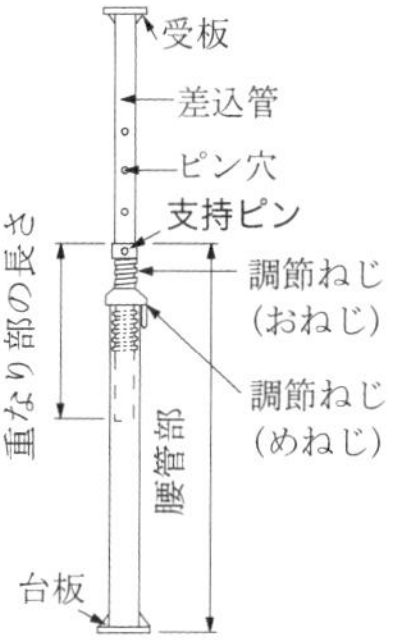

受板
差込管
ピン穴
支持ピン
調節ねじ（おねじ）
調節ねじ（めねじ）
重なり部の長さ
腰管部
台板

パイプサポート

① 鋼管支柱は鉛直に立て、上下階の支柱は平面上の同一位置となるようにする。

② パイプサポートは高さが3.5mを超えるときには、高さ２m以内ごとに水平つなぎを直角２方向に設け、かつ、水平つなぎの変位を防止する。

③ 支柱の脚部の固定、根がらみの取付け等、支柱脚部の滑動を防止する。

④ パイプサポートの頭部及び脚部は、大引及び敷板に釘止め等で固定する。

⑤ 階段・ハンチ等の斜め型枠で、パイプサポートを斜めにして建て込む場合は、サポート脚部にキャンバーを用い、かつ、根がらみを取り付けて安定させるかピポットを用いる。

⑥ パイプサポートは、３本以上継いではならない。

⑦　パイプサポートを継いで用いるときは、4以上のボルトまたは専用金具(差込式)を用いて継ぐ。

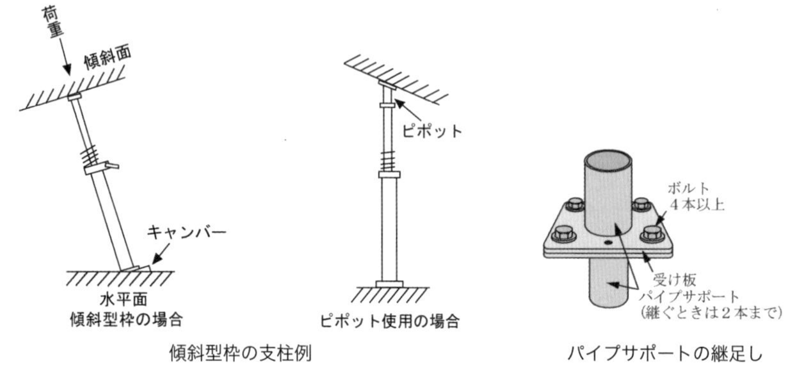

傾斜型枠の支柱例　　パイプサポートの継足し

2）鋼管支柱

鋼管を支柱として用いるときは、高さ2m以内ごとに水平つなぎを2方向に設け、かつ、水平つなぎの変位を防止する。

3）枠組支柱

階高の高い場合に、外部足場等に使用する枠組を用いてステージを組み、支保工として使用する。

①　最上層及び5層以内ごとに水平つなぎを設け、かつ、水平つなぎの変位を防止する。

②　根がらみ、水平つなぎ及び筋かいを用いて補強する。

③　型枠支保工の支柱に鋼管枠組を用いる場合、荷重は枠組の荷重受け等を利用して、脚柱上部で直接受け、枠組の横架材で受けてはならない。

④　階高が高い場合の支保工は、枠組で構台を組み、その上にパイプサポートを設置することが多い。

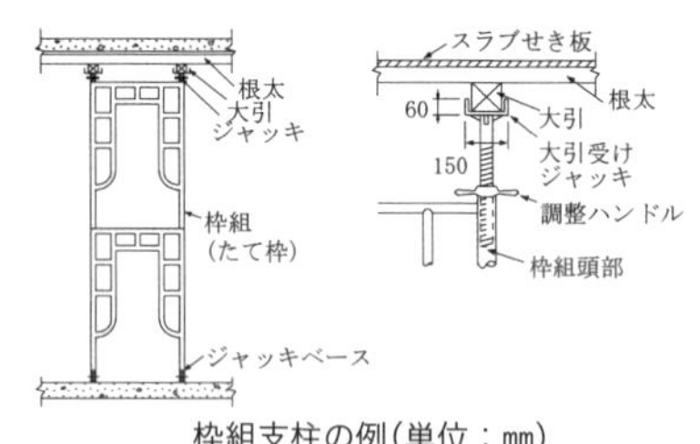

枠組支柱の例(単位：mm)

4）ウイングサポート

ウイングサポート（別名：パーマネントサポート）は、パイプサポートの補助具で、支柱の盛り換えをせず、せき板、根太、大引を取り外すことができるようにしたもので、**型枠用材料の転用率を向上させる**ものである。

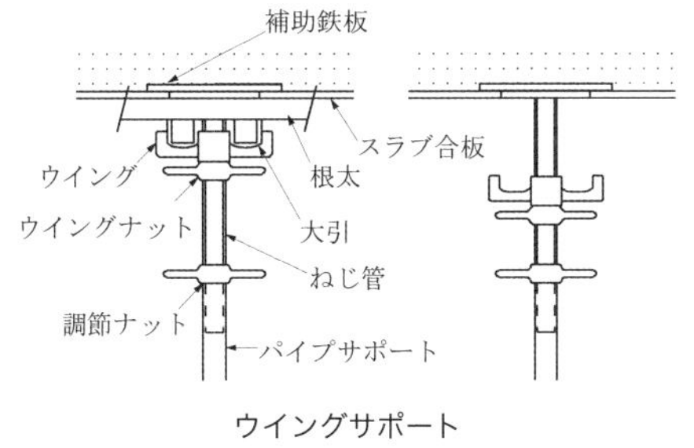

ウイングサポート

《2》型枠の構造計算

型枠の構造計算は、**強度（各種の荷重による型枠の安全性）の確認**のほかに、**剛性（型枠の変形・たわみ）に対する検討も行う必要がある**。型枠の強度及び剛性の計算は、コンクリート施工時の鉛直荷重、水平荷重及びコンクリートの側圧について行う。

1）鉛直荷重

① 鉄筋、型枠、コンクリートの重量（固定荷重）
② 機具、足場、作業員等の重量（作業荷重）
③ コンクリート打込みに伴う衝撃荷重

2）水平荷重

① 機械の振動、片押し等による荷重
② 風圧等の荷重

3）型枠設計用コンクリートの側圧（そくあつ）

型枠設計用コンクリートの側圧は、次頁の表のとおりである。

■型枠設計用コンクリートの側圧(kN/m²) (型枠の設計・施工指針)

打込み速さ(m/h)	10以下の場合		10を超え20以下の場合		20を超える
部位 H(m)	1.5以下	1.5を超え4.0以下	2.0以下	2.0を超え4.0以下	4.0以下
柱	W_0H	$1.5W_0+0.6W_0\times(H-1.5)$	W_0H	$2.0W_0+0.8W_0\times(H-2.0)$	W_0H
壁		$1.5W_0+0.2W_0\times(H-1.5)$		$2.0W_0+0.4W_0\times(H-2.0)$	

H:フレッシュコンクリートのヘッド(m)(側圧を求める位置から上のコンクリートの打込み高さ)
W_0:フレッシュコンクリートの単位容積質量(t/m³)に重力加速度を乗じたもの(kN/m³)

上表から読みとれる傾向として、側圧は、

① 打込み速さが大きいほど、大きくなる。

② コンクリートのヘッドが大きくなるほど、大きくなる。

③ 壁より柱の方が大きくなる。

④ 硬練りのコンクリートを柱に打ち込んだときの側圧の状態は、コンクリートの打始めから側圧は次第に上昇し、最大の側圧を示した状態の打込み高さをコンクリートヘッドと呼ぶが、さらに最大側圧は次第に上部へ移動する。軟練りのコンクリートを急速に打ち込む場合は、打込み速さが速まり、コンクリートがまだ軟らかいうちに連続的に打ち込まれることから、柱最下部に最大側圧が生じる。

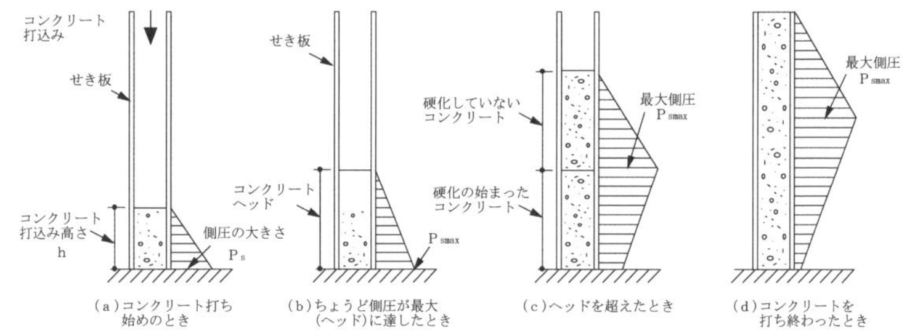

硬練りのコンクリートをゆっくり打ち込む場合の側圧

4) コンクリートの側圧が大きくなる要因

側圧が大きくなる要因は、次のとおりである。

① 打込み速さが速い。

② 重い骨材を使用する(比重が大きくなる)。

③ 鉄筋、鉄骨の使用量が少ない。

④ コンクリートの硬化が遅い(スランプが大きい、気温が低いほどコンクリー

トの硬化は遅くなる)。

⑤ とくに入念に締め固める。

⑥ せき板の材質の透水性が小さい。

5) 曲げを受ける型枠部材の計算方法

① 合板せき板の構造計算は、原則として各支点間を単純梁として計算する。

② 大引・根太等の構造計算は、原則として各支点間ごとに単純梁として計算した値と両端固定梁として計算した値の平均値とする。

《3》型枠の加工・組立て

型枠パネルの加工は、コンクリート躯体図に基づき、型枠加工図を作成して行う。支保工の組立ては、支柱、梁、つなぎ、筋かい等の部材の配置、接合の方法及び寸法を記入した組立図を作成し、その組立図により行う。

壁の型枠

梁の型枠

床の型枠

1) 柱の組立て

① 柱型枠の長さは、階高からスラブ厚さとスラブ用せき板及び木毛(もくもう)セメント板等があればその厚さを差し引いた寸法より、下階のスラブコンクリート面の不陸を考慮して20～30㎜位短めにしておく。

② 柱型枠の建入れ調整は、一般に梁、壁の型枠組立て終了までに行い、その後床の型枠を組み立てる。

③ 柱型枠の下部には、コンクリート打込み前の掃除用に掃除口を設ける。

④ 柱型枠の足元は、垂直精度の保持、変形防止及びセメントペーストの漏出(ろうしゅつ)防止のために根巻きを行う。

2）梁の組立て

① 梁型枠の組立て順序は、転用と精度保持を考慮して、通常では、梁側の型枠を底板より先に解体できるように組み立てる。

② 底型枠は梁幅で裁断し、側型枠はスラブ下の梁せいよりも長く加工して組み立てる。

③ 外周梁の側型枠は、梁の内側スラブにスラブ引き金物を配置し、それでセパレーター端部を固定し、コンクリートの側圧による型枠の変形を防止する。

3）壁の組立て

① 窓開口部の下部は、コンクリートが打ち込みにくく空洞ができやすいので、点検用の開口を設けてコンクリートの充填具合を確認する。開口部の下の型枠には、端部にふたを設ける。

② 階段型枠の加工は、コンクリート躯体図及び組立図に基づき現寸図を作成してから行う。特に、側型枠は階段の傾斜、踏込み部の角度に合わせて開口をあけるので合板を型組みし、現寸で墨出ししてから加工を行う。

4）床の組立て

① 床型枠は、サポート、大引及び根太を配置した後にせき板を敷き込む。

② 床板の型枠は、支柱取外し後のことを考慮して、スパンの1/300～1/500のむくりをつける。

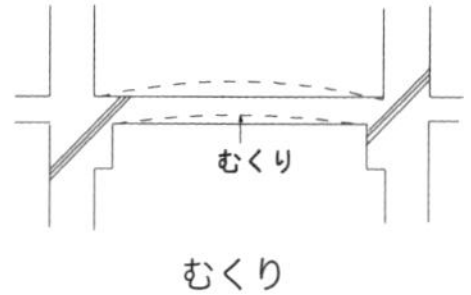

むくり

5）その他

① 型枠は、足場や遣方等の仮設物を連結させると、足場等が動いたときに型枠位置がずれたり、寸法が狂ったりするおそれがあるので、避けなければならない。

② ボックス、スリーブ、埋込み金物等を構造躯体に埋め込む場合は、コンクリートの打込み時の流れによって位置がずれないように、型枠に堅固に取り付ける。

《4》型枠の解体

(a) せき板の解体

1) 鉛直のせき板(基礎、梁側、柱、壁)

① コンクリートの圧縮強度が計画供用(きょうよう)期間の級が短期及び標準の場合は5N/mm²以上、長期及び超長期の場合は10N/mm²以上に達すれば解体することができる。

② 高強度コンクリートのせき板の存置期間は、コンクリートの圧縮強度が10N/mm²以上に達すれば解体できる。

③ 日数による場合は、次のとおりである。
(計画供用期間の級が短期及び標準の場合)

■鉛直のせき板の存置期間を定めるためのコンクリートの材齢

セメントの種類 / 平均気温	コンクリートの材齢(日)			
	早強ポルトランドセメント	普通ポルトランドセメント 高炉セメントA種 フライアッシュセメントA種	高炉セメントB種 フライアッシュセメントB種	中庸熱ポルトランドセメント 低熱ポルトランドセメント 高炉セメントC種 フライアッシュセメントC種
20℃以上	2	4	5	7
20℃未満 10℃以上	3	6	8	9

2) 水平のせき板(床板下・梁下)

コンクリートの圧縮強度が設計基準強度の50%に達すれば、解体することができる(原則は支保工(しほこう)を取り外した後)。

(b) 支柱の解体

1) 床板下

コンクリートの圧縮強度が設計基準強度の85%に達すれば、解体することができる(原則は設計基準強度の100%)。

2) 梁下

① コンクリートの圧縮強度が設計基準強度の100%に達すれば、解体することができる。

② 日数(材齢)による場合は、28日に達すれば解体することができる。

③　床板下、梁下とも、コンクリートの強度が圧縮強度試験の結果、12N/mm²（軽量骨材を使用する場合は９N/mm²）以上であり、かつ、構造計算によって安全が確認された場合は解体することができる。

④　壁付梁の場合、壁に隣接している支保工については、壁が梁を支えるものとして、せき板と同時に取り外してよい（ただし、開口部のある壁については不可）。

3）片持梁・庇（ひさし）

①　コンクリートの圧縮強度が、設計基準強度の100％に達すれば解体することができる。

②　必要に応じて存置期間を延長する。

(c) 支柱の盛り替え

支柱の盛り替えとは、支柱をいったん取り外して、スラブ下や梁下のせき板を外した後に、再び支柱を立てて躯体を支持することである。支柱の盛り替えについては、次のことに留意して行う。

①　大梁の支柱の盛り替えは、行ってはならない。

②　直上階に著しく大きな積載荷重がある場合においては、支柱の盛り替えは行ってはならない。

③　支柱の盛り替えは、逐次（ちくじ）行うものとし、同時に多数の支柱について行わない。

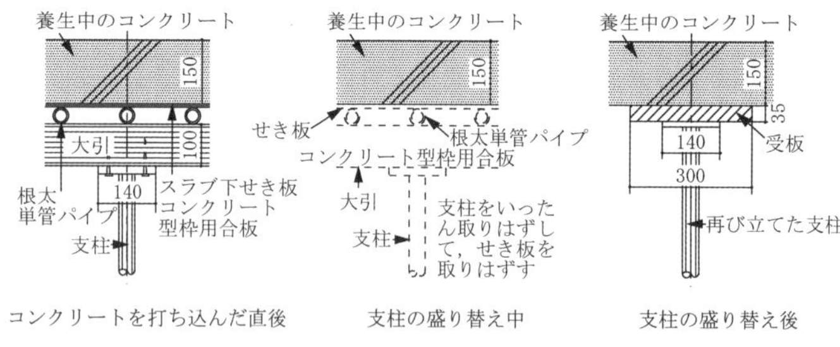

支柱の盛り替え（単位：mm）

7 コンクリート工事

《1》材料

コンクリートの組成を次に示す。

(a) セメント

代表的なセメントの特性と用途を示す。

■代表的なセメントの特性と用途

種類		特性	代表的な用途
ポルトランド	普通ポルトランドセメント	・一般的なセメント	一般のコンクリート工事
	早強ポルトランドセメント	・普通セメントの7日強度を3日で発現する	・緊急工事 ・冬期工事
	中庸熱ポルトランドセメント	・水和熱が小さい ・乾燥収縮が小さい	・マスコンクリート
混合	高炉セメントB種	・初期強度は小さいが長期強度は大きい ・耐海水性、化学抵抗性が大きい ・アルカリシリカ反応（アルカリ骨材反応）を抑制	・マスコンクリート
	フライアッシュセメントB種	・ワーカビリティーがよい ・長期強度が大きい ・乾燥収縮が小さい ・水和熱が低い ・アルカリシリカ反応（アルカリ骨材反応）を抑制	・マスコンクリート

① セメントは、硬化する際に水との水和反応に伴って水和熱を発生する。

② セメント粒子が細かいほど、水和反応が速く、早期強度は大きくなる。その反面、発熱によるひび割れ等の弊害を伴うことがある。

用語 水和熱
セメントの水和反応に伴って発生する熱。一般に、水和熱が大きいとひび割れが発生しやすい。

(b) 骨材

1）骨材の種類

日本産業規格(JIS)A 5308のレディーミクストコンクリート用骨材として、規定されている骨材は、次の通りである。

① 砂利(じゃり)及び砂

② 砕石(さいせき)及び砕砂

③ スラグ骨材(高炉スラグ骨材等、溶融スラグ骨材は含まない)

④ 人工軽量骨材

⑤ 再生骨材H

2）骨材の品質

① 砂利・砂の品質を次に示す。

■砂利・砂の品質

種類	絶乾比重	吸水率(%)	粘土塊量(%)	微粒分量試験によって失われる量(%)	有機不純物
砂利	2.5以上	3.0以下	0.2以下	1.0以下	−
砂	2.5以上	3.5以下	1.0以下	3.0以下	標準色より濃くない

② 川砂利と砕石、海砂と砕砂等のように異種類の骨材を混合して使用する場合は、混合前の骨材の品質がそれぞれの規定に適合していなければならない。

③ 形状が偏平なものや細長いものを骨材として用いると、コンクリートの流動性が悪くなる。したがって、球形に近い骨材を用いる方が、偏平(へんぺい)なものを用いるよりもワーカビリティーがよい。

3）塩化物含有(がんゆう)量

塩分を含んでいる骨材を使用すると、鉄筋の腐食を生じやすくなる。

① 塩分含有量として、細骨材の場合、計画供用期間の級が短期・標準では0.04%以下、長期・超長期では0.02%以下とする。

② コンクリートに含まれる塩化物含有量は、塩化物イオン量として0.30kg /m^{3}以下とする。

(c) 練混ぜ水

塩化物は塩化物イオン量として、200ppm以下とする。

(d) 混和剤

1) AE剤・減水剤

① AE剤(空気連行剤)

多数の独立した空気泡を混入するような混和剤である。この空気泡はボールベアリングのような働きをするので、コンクリートの流動性が改善され、ワーカビリティ(作業性)がよくなる。コンクリートに空気泡が入った分、空隙が多くなるので、圧縮強度はやや低下するが、流動性が改善されるため練混ぜ水を少なく(単位水量を小さく)することができるので、圧縮強度が低下することなく、凍結融解作用に対する抵抗性を向上する。

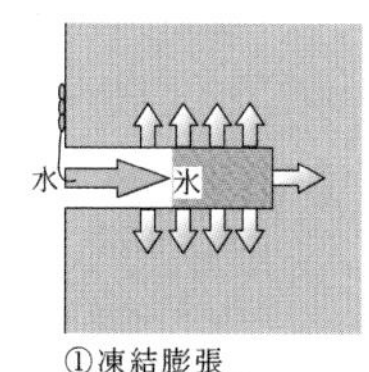

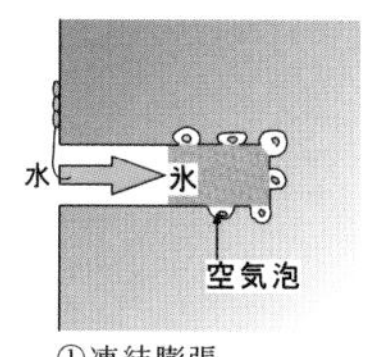

AEコンクリートの耐凍害性

② 減水剤

減水剤はセメント粒子を分散させるため、練混ぜ水を少なくしても、コンクリートの流動性を保つことができる。つまり、流動性を損なうことなく、単位水量を減らすことができる。

③ AE減水剤

AE剤と減水剤の効果を併せ持つ混和剤である。コンクリートに空気泡が入った分、空隙が多くなるので圧縮強度はやや低下するが、流動性が大幅に改善され、AE剤よりも更に単位水量を少なくすることができる。その分、強度を変えることなく単位セメント量も減少できる。

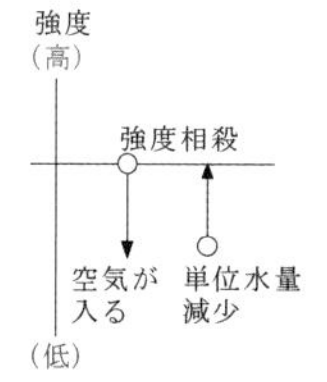

AE減水剤と強度の関係

用語 ppm
100万分の1を意味する単位。
1%=10,000ppm

用語 凍結融解作用
凍結と融解を繰り返し、コンクリートにひび割れを生じさせる作用。

用語 AE剤
多数の空気泡をコンクリート内に混入することにより、作業性をよくする混和剤。

④　**高性能AE減水剤**

AE減水剤に比較して高い減水性(減水率18%以上)、良好なスランプ保持性能、空気連行性能を有するので、主に高強度、高流動コンクリートに使用される。

2）流動化剤

流動化剤は、あらかじめ練り混ぜられたコンクリートに添加し、これをかくはんすることによって、その流動性を一時的に増大させることを主たる目的とする混和剤で、コンクリートの練混ぜ時ではなく、工事現場に到着してから、打設直前に添加する。

《2》コンクリートの性質

1）強度

コンクリートの各強度の比率を示したものが次の表で、コンクリートの引張強度は、圧縮強度の1/10程度である。

■コンクリートの各種強度(圧縮強度を 100 とした場合)

	圧縮	曲げ	引張り	せん断	付着
比率	100	13 ～ 20	9～12	25 ～ 30	25 ～ 30

2）その他の性質

① 普通コンクリートは、普通骨材を使用し、気乾単位容積質量が、おおむね2.1 ～ 2.5t/m^{3}の範囲のコンクリートである。

② コンクリートの熱(線)膨張率は、鉄筋とほぼ同じである。

③ 加熱によりコンクリートは大きく劣化し、500℃では圧縮強度が60%以下となる。

3）コンクリートの性質に関する用語

フレッシュコンクリートには、次のようないろいろな性質があり、施工に大いに影響する。

① **コンシステンシー(Consistency)**
フレッシュコンクリート等の変形または流動に対する抵抗性。

② **ワーカビリティー(workability)**
材料分離を生ずることなく、運搬、打込み、締固め、仕上げ等の作業が容易にできる程度。

③ **ブリーディング(bleeding)**
コンクリート打設後、フレッシュコンクリートにおいて、水が上昇する現象。ブリーディングが大きいと付着力を低下させ、水密性を悪くする。ブリーディングは、スランプの大きなコンクリートほど顕著である。

④ **レイタンス(laitance)**
コンクリート打込み後、ブリーディングに伴ってコンクリート表面に微粒物が薄層となって沈積するもの。このレイタンスは、打継ぎの障害となるので必ず除去しなければならない。

4）中性化(固まったコンクリートの性質)

コンクリートは石灰分によって元来はアルカリ性であり、鋼材の錆止めに役立っているが、やがて空気中の炭酸ガス(CO_2)と反応して表面からアルカリ性が次第に失われて中性化(炭酸化)する。

① 中性化速度は炭酸ガスの濃度に比例する。人間の呼吸等の関係で、屋外の炭酸ガス濃度に比べて屋内の炭酸ガス濃度の方が高い。そのため、中性化は一般的に屋外より屋内において進行しやすい。

② 水セメント比が大きくなると、ひび割れが多くなり、コンクリートが炭酸ガスに触れる度合いが多くなり、中性化速度は速くなる。

③ 圧縮強度を高くすると、緻密なコンクリートとなるため、中性化速度は遅くなる。

④ **初期の湿潤養生の期間が短いほど、初期材齢においてコンクリートが乾燥し、セメント粒子が未水和のまま残り、コンクリートの通気性を大きくし、中性化が早く進行する。**

用語 フレッシュコンクリート
まだ固まらない状態にあるコンクリート。

《3》コンクリートの調合

1）スランプ

スランプは、フレッシュコンクリートの軟らかさの程度を示す指標の一つ。スランプコーンを引き上げた直後に測った頂部からの下がりで表す。スランプが大きいほど、フレッシュコンクリートの流動性は大きくなる。

① スランプは、0.5㎝単位で測定する。

② スランプ値は、荷卸し地点における値を指定する。

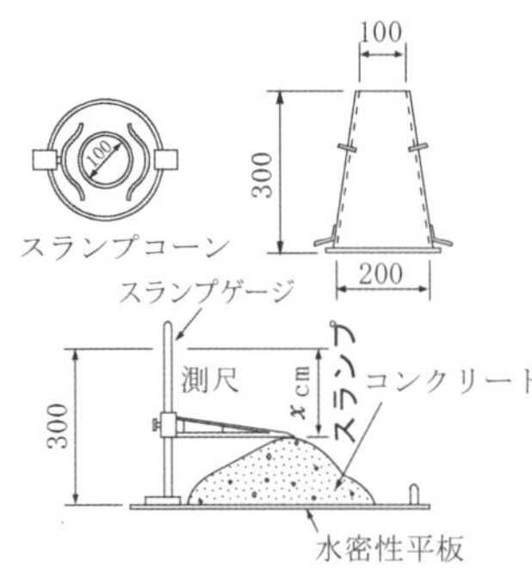

スランプコーン及びスランプ試験

スランプと空気量の試験

下表に普通コンクリートのスランプの範囲を示す。

■普通コンクリートのスランプ

調合管理強度	スランプ
33N/㎟以上	21㎝以下
33N/㎟未満	18㎝以下

■スランプの許容差

スランプ	許容差
8～18㎝	±2.5㎝
21㎝	±1.5㎝

2）所要空気量

空気量の標準値を次に示す。

■空気量の標準値

コンクリートの種類	空気量	許容差
普通コンクリート	4.5%	±1.5%
軽量コンクリート	5.0%	
高強度コンクリート	4.5%	

空気量の測定

① 空気量は、空気量試験用エアメーターを用いて測定する。

② 空気量の増加は、圧縮強度の低下をもたらす。

《4》調合

(a) 調合強度

1）コンクリートの各種強度の関係

設計基準強度 / 耐久設計基準強度	大きい方の値	＋	$_{m}S_{n}$
品質基準強度(Fq)			
調合管理強度(Fm)			

2）コンクリートの調合管理強度の定め方

コンクリートの調合管理強度は、次式によって算出される値とする。

$$Fm = Fq + {}_{m}S_{n}$$

Fm：コンクリートの調合管理強度(N/mm^2)

Fq：コンクリートの品質基準強度(N/mm^2)

品質基準強度は、設計基準強度若しくは耐久設計基準強度のうち、大きい方の値とする。

$_{m}S_{n}$：標準養生した供試体の材齢m日における圧縮強度と構造体コンクリートの材齢n日における圧縮強度の差による**構造体強度補正値**(N/mm^2)

① コンクリートの設計基準強度(Fc)は、18N/mm^{2}以上48N/mm^{2}以下とし、部材ごとに特記による。

② コンクリートの耐久設計基準強度(Fd)は、構造体または部材の計画供用期間の級に応じて特記による。特記のない場合は、一般劣化環境(腐食環境)の耐久設計基準強度とし、次頁の表による。

用語 耐久設計基準強度
構造体及び部材の計画供用期間の級に応ずる耐久性を確保するために必要とするコンクリートの圧縮強度の基準値。

用語 調合管理強度
調合強度を定め、使用するコンクリートの強度を管理する場合の基準となる強度。

■コンクリートの耐久設計基準強度（JASS5 抜粋）

	セメント（結合材）の種類	短期	標準	長期
一般劣化環境 （腐食環境）	ポルトランドセメント 高炉セメントＡ種・Ｂ種 フライアッシュセメントＡ種・Ｂ種	18	24	30※

※ 設計かぶり厚さ及び最小かぶり厚さを10㎜増やした場合は、３N/mm^2減じることができる。

③ 構造体強度補正値$_mS_n$は、特記による。特記のない場合は、mを28日または56日、ｎを91日とし、セメント（結合材）の種類、コンクリートの打込みから材齢28日までの予想平均気温の範囲に応じて定める。普通ポルトランドセメントを用いた場合の構造体強度補正値を下表に示す。

■コンクリート強度の構造体強度補正値 $_{28}S_{91}$ の標準値

セメント（結合材）の種類	コンクリートの打込みから材齢28日までの予想平均気温θの範囲（℃）	
普通ポルトランドセメント	$0 \leqq \theta < 8$	$8 \leqq \theta$
構造体強度補正値$_{28}S_{91}$（N/mm^2）	6	3

④ レディーミクストコンクリートの呼び強度の強度値は、調合管理強度以上とする。

3）調合強度の定め方

調合強度は、標準養生した供試体の材齢28日における圧縮強度で表すものとし、（ⅰ）及び（ⅱ）式を満足するように定める。

（ⅰ）$F=Fm+1.73\sigma$

（ⅱ）$F=0.85Fm+3\sigma$

F：コンクリートの調合強度（N/mm^2）

Fm：コンクリートの調合管理強度（N/mm^2）

σ：使用するコンクリートの圧縮強度の標準偏差（N/mm^2）

(b) 水セメント比

1）水セメント比とは

フレッシュコンクリートにおける水とセメントの質量比であり、固まったコンクリートの強度を決定する。

$$水セメント比 = \frac{水の質量(W)}{セメントの質量(C)} \times 100(\%)$$

① 水セメント比の最大値を次表に示す。

■水セメント比の最大値

セメントの種類	水セメント比の最大値(%)
早強ポルトランドセメント 普通ポルトランドセメント 中庸熱ポルトランドセメント 高炉セメントA種 フライアッシュセメントA種 シリカセメントA種	65
低熱ポルトランドセメント 高炉セメントB種 フライアッシュセメントB種 シリカセメントB種	60

② 水セメント比が小さいほど乾燥収縮は小さく、強度が大きくなる。また、水密性・耐久性が高く、分離も少なくなるが、流動性が低くなり、一般に打込みが困難になる。

■コンクリートの性質

コンクリートの性質	水セメント比 小 ⇔ 大	
圧縮強度	大	小
中性化	遅い	速い
乾燥収縮	小	大
水密性・耐久性	高い	低い
分離	少ない	多い

2）乾燥収縮によるひび割れの少ないコンクリートを打設するには

単位水量(フレッシュコンクリート 1 m^3中に含まれる水量)を小さくする必要がある。単位水量を小さくするには、次のようにすればよい。

① 細・粗骨材の粒度分布を適正にして、実積率(容器に満たした骨材の容積／容器の容積)の高い骨材を使用する。

② 表面活性剤を使用する。

③ 砂、砂利は、可能な限り大きめのものを使用する。

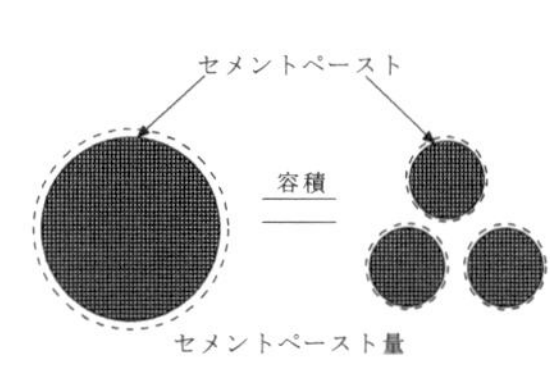

単位水量と骨材の粒径

④ 細骨材率（全骨材に対する細骨材の容積百分率）を小さくする。

・細骨材率を大きくすると、所要のスランプを得るためのセメントペーストを多く必要とすることになり、単位水量及び単位セメント量が増大する。

・細骨材率が大きすぎると流動性の悪いコンクリートとなり、小さ過ぎるとがさがさのコンクリートとなる。特に、スランプの大きいコンクリートでは、細骨材率が小さすぎるとがさがさのコンクリートとなり分離しやすくなる。

・細骨材の粗粒率が大きい場合は、全体的に細骨材の粒径が大きいことになるため、細骨材率を大きくする。

(c) 単位水量と単位セメント量

① 単位水量が大きくなると、乾燥収縮によるひび割れ、ブリーディング、打込み後の沈降等が大きくなり、耐久性上好ましくない。

② 単位水量は、185kg /m³以下とし、所要の品質が確保できる範囲内でできるだけ少なくする。

③ 単位セメント量が過小の場合、ワーカビリティーが悪くなり、型枠内へのコンクリートの充填性が低下し、水密性、耐久性が低下する。

④ 単位セメント量は、水和熱及び乾燥収縮によるひび割れを防止する観点から、次の範囲内でできるだけ小さくすることが望ましい。

⑤ 単位セメント量の最小値は、コンクリートの種類により異なる。

■単位セメント量の最小値

コンクリートの種類	単位セメント量の最小値(kg /m³)
普通コンクリート	270
軽量コンクリート	320(Fc≦27N/㎟)
	340(Fc＞27N/㎟)

用語 粗粒率
骨材の粒度を表わす指標の一つ。この値が大きいほど骨材の粒径は大きくなる。

《5》レディーミクストコンクリート

(a) レディーミクストコンクリート工場の選定

① レディーミクストコンクリート工場は、同一打込み工区に2つ以上の工場のコンクリートが打ち込まれないように考慮して選定しなければならない。品質上の問題が起こった場合、責任の所在を明らかにできないためである。

② 発注に際しては、指定事項(セメントの種類、骨材の種類、粗骨材の最大寸法、混和材料の種類、塩化物含有量等)を生産者と協議して定める。

(b) 受入れ検査と構造体コンクリートの圧縮強度の検査

コンクリートの受入れ検査と構造体コンクリートの圧縮強度の検査を次表に示す。

1)コンクリートの受入れ検査

■受入れ検査

項目	時期・回数	試験・確認方法及び判定基準
コンクリートの種類 呼び強度 指定スランプ (荷卸し地点) 粗骨材の最大寸法 セメントの種類 混和材の種類及び使用量 単位水量	受入れ時、運搬車ごと	配合計画書、納入書(1運搬車ごとに提出)、またはコンクリートの製造管理記録による確認
運搬時間 納入容積	受入れ時、運搬車ごと	納入書(1運搬車ごとに提出)による確認
コンクリートの温度	圧縮強度試験用供試体採取時、及び打込み中に品質変化が認められた場合	1℃単位で表示し、発注時の指定事項に適合すること
スランプ		・8cm以上18cm以下:±2.5cm ・21cm:±1.5cm
空気量		普通コンクリート4.5% ±1.5%
圧縮強度 (調合管理用)	1回の試験は、打込み工区ごと、打込み日ごと、かつ150m³以下にほぼ均等に分割した単位ごとに3個の供試体を用いて行う。3回の試験で1検査ロットを構成する。 圧縮強度の1回の試験には、任意の1運搬車から採取し作製した3個の供試体を用いる。	養生方法 ・標準養生(材齢28日) 判定基準 ・1回の試験結果 呼び強度の強度値の85%以上 ・3回の試験結果の平均値 呼び強度の強度値以上
塩化物量	海砂など塩化物を含むおそれのある骨材を用いる場合、打込み当初及び1日の計画打込み量が150m³を超える場合は150m³以下にほぼ均等に分割した単位ごとに1回以上、その他の骨材を用いる場合は1日に1回以上とする。	

2）構造体コンクリートの圧縮強度の検査

■構造体コンクリートの圧縮強度の検査

採取方法	判定基準
・1回の試験は、打込み工区ごと、打込み日ごとに行う。ただし、1日の打込み量が150m³を超える場合は150m³以下にほぼ均等に分割した単位ごとに行う。 ・1回の試験における供試体は、適当な間隔をおいた任意の3台の運搬車から試料を採取して1個ずつ作製した合計3個の供試体を用いる。 ・圧縮強度の判定は、1回の試験ごとに行う。	試験材齢：28日の場合 ・養生方法：標準養生 判定基準：圧縮強度の平均値が調合管理強度以上 ・養生方法：現場水中養生 判定基準：平均気温20℃以上の場合 圧縮強度の平均値が調合管理強度以上 平均気温20℃未満の場合 圧縮強度の平均値が品質基準強度に3N/mm²を加えた値以上 試験材齢：28日を超え91日以内の場合 ・養生方法：現場封かん養生 判定基準：圧縮強度の平均値が品質基準強度に3N/mm²を加えた値以上

※ 構造体コンクリート強度の検査と受入れ検査とを併用しない場合

試験に用いる試料は、トラックアジテータから採取する直前に、アジテータで高速かくはんした後、排出する。

3）供試体の養生

供試体の養生を示す。

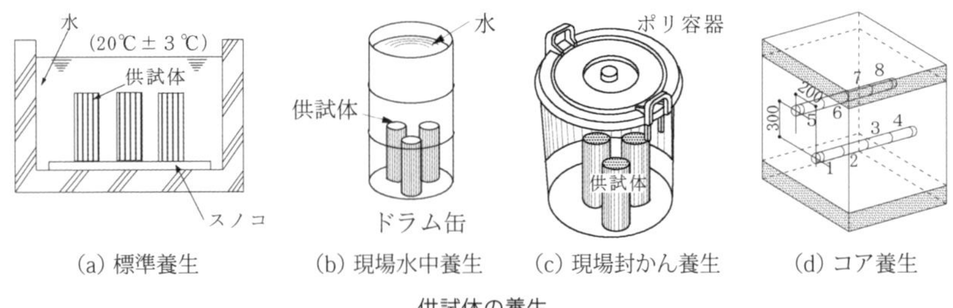

供試体の養生

用語 コア
構造体からコアドリルで抜き取った強度試験体。

4）圧縮強度試験用供試体

供試体成形用型枠は供試体の高さが直径の２倍となる金属製円筒とする。直径は粗骨材の最大寸法の３倍以上、かつ、10㎝以上とする。

供試体の採取

《6》コンクリートの運搬

コンクリートポンプ車によるコンクリート打設を次に示す。

通常、一番遠い所まで配管して逐次切り離す
フレキシブルホース
歩み板
うま（支持台）を置く
配管
ベント管（カーブのあるもの）
生コン車（アジテーター車）
コンクリートポンプ車

コンクリートポンプ車（配管式）による打設

生コン車
コンクリートポンプ車（ブーム式）

コンクリートポンプ車（ブーム式）による打設

1）コンクリートポンプを用いる場合

① 「粗骨材の最大寸法に対する輸送管の呼び寸法」を次頁の表に示す。

コンクリートの圧送

■粗骨材の最大寸法に対する輸送管の呼び寸法

粗骨材の種類	粗骨材の最大寸法(mm)	輸送管の呼び寸法
人工軽量骨材	15	125A以上
普通骨材	20	100A以上
	25	
	40	125A以上

(注)軽量コンクリートは、普通コンクリートに比べて、一般に、圧送性が悪い。

② 輸送管は圧送中に前後左右に動くので、鉄筋や型枠に輸送管が直に接していると、配筋の乱れ、型枠の変形等の原因となる。輸送管の保持には、支持台に道板(みちいた)を置いたもの、支持台、脚立、吊り金具等を使用する。

③ コンクリートの圧送に先立ち、富(ふ)調合のモルタル(先送りモルタル)を圧送して配管内面の潤滑性を付与し、コンクリートの品質変化を防止する。

④ 先送りモルタルは、型枠内に打ち込まず廃棄する。

2）シュートを用いる場合

シュートはたて型シュートとし、やむを得ず斜めシュートを用いる場合には、コンクリートが分離しやすいので傾斜角度を30度以上とする。

《7》コンクリートの打込み

1）コンクリートの時間管理

■コンクリートの時間管理（建築工事監理指針）

外気温	25℃以下	25℃を超える
打込み継続中における打重ね時間間隔	120分以内	90分以内
練混ぜ開始から打込み終了までの時間		

① 高強度コンクリート、高流動コンクリートの練混ぜ開始から打込み終了までの時間については、外気温にかかわらず120分以内でよい。

② 運搬及び打込みの際に水を加えてはならない。

用語　**富調合**

セメント量が多い調合。逆に砂が多い調合を貧調合という。

2）打込み

1回に打ち込むように計画された区画内では、連続して打ち込む。打込み区画による打込み順序は、原則としてコンクリートの供給場所から遠い区画から順次打設する。

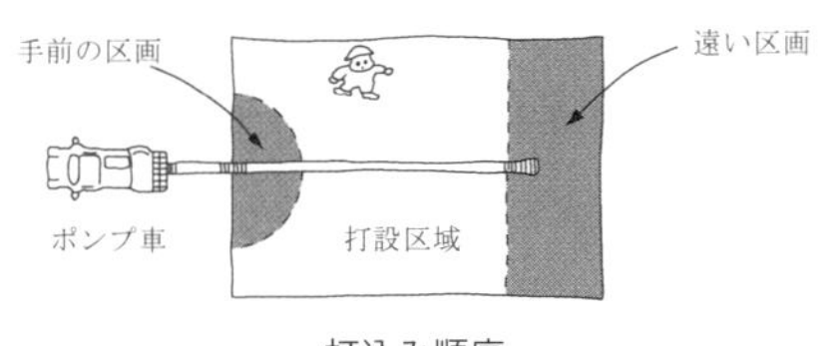

打込み順序

① 打込みに先立ち、打込み場所を清掃して雑物を取り除き、散水してせき板及び打継ぎ面を湿潤にする。
② 打込み速度は、コンクリートのワーカビリティー及び打込み場所の施工条件等に応じ、良好な締固めができる範囲(20～30m^3/h)とする。
③ 打ち込む位置の近くに落とし込む。1箇所に多量に打ち込み、横流ししてはならない。
④ コンクリートの自由落下高さ及び水平移動距離は、コンクリートが分離しない範囲とする。
⑤ 高い柱に打ち込むときは、たて形シュートを使用して常に打込み面近くでコンクリートを放出する。
⑥ 柱の打込みは、一度スラブまたは梁で受けた後、柱各面から打ち込む。
⑦ 壁の打込みは、打込み高さが均等になるように、まわし打ちを行う。
⑧ スラブの付いたせいの高い梁は、スラブと一緒に打ち込まず、梁だけ先に打ち込む。

3）コンクリートの締固め

① コンクリートの締固めは、公称棒径45㎜以上のコンクリート棒形振動機を使用する。一般には、高周波バイブレーターが使用されている。
② コンクリート1層の打込み厚さは、棒形振動機の長さを考慮して60㎝以下とする。

用語 **まわし打ち**
型枠の側圧の増大やコンクリートの沈下によるひび割れを防止するため、打設平面を回りながら打設高さを2～3回に分けて打ち込む工法。

③　棒形振動機は打込み各層ごとに用い、その下層に先端が入るまで、ほぼ垂直に挿入する。挿入間隔は60㎝以下とする。

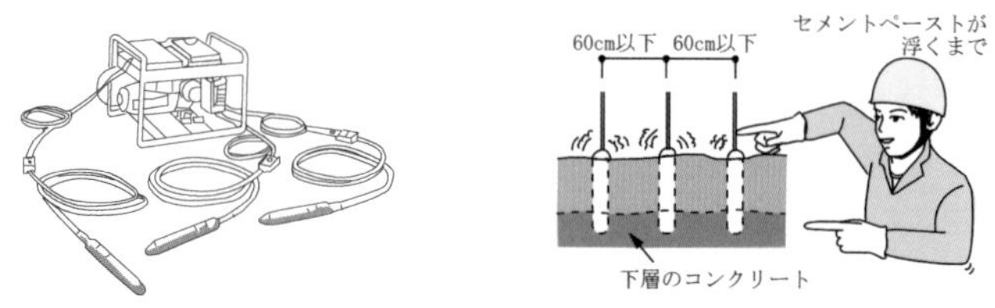

コンクリート棒形振動機

④　棒形振動機による振動時間は、打ち込まれたコンクリート面がほぼ水平となり、コンクリート表面にセメントペーストが浮き上がるまでとする。なお、加振時間は、１ヶ所５～15秒の範囲とする。また、型枠振動機による加振時間は、一般的にスランプが18㎝程度のコンクリートの場合、１～３分とする。

⑤　棒形振動機は型枠、鉄骨、鉄筋等に触れないように挿入する。

⑥　棒形振動機を引き抜くときは、コンクリートに穴を残さないように加振しながら徐々に引き抜く。

4）コンクリートの打継ぎ（うちつ）

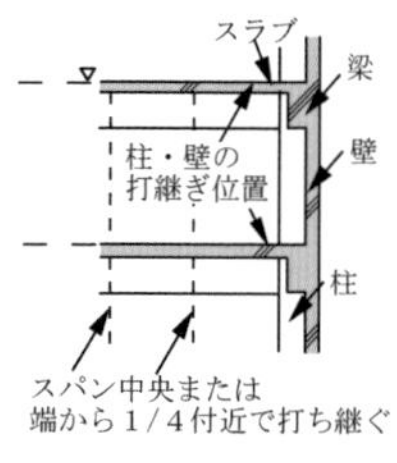

打継ぎ部の位置

①　鉛直打継ぎ部(梁及びスラブ)＝スパンの中央または端から１/４の付近。

②　水平打継ぎ部(柱及び壁)＝スラブ、梁または基礎の上端。

③　打継ぎ部分のコンクリートの一体化及び後打ちコンクリートの水和反応を妨げないため、打継ぎ部は、レイタンス及びぜい弱なコンクリートを取り除き、打込み前に十分な水湿しを行う。ただし、打継ぎ面に水が残っていると打継ぎ部の一体化に有害であるので、表面の水は取り除く。

5）コンクリートの養生

①　コンクリートは、セメントと水の水和反応により硬化する。硬化初期に水

分が不足すると、水和反応が阻害され、十分な強度が出ない。したがって、直射日光等による乾燥を防ぐため、硬化初期の期間中に十分な湿潤養生を行う。

② 湿潤養生には、透水性の小さいせき板による被覆(ひふく)、養生マットまたは水密シートによる被覆、散水、噴霧(ふんむ)、膜養生剤の塗布(とふ)等がある。

③ 湿潤養生の期間は、計画供用期間の級に応じて次表によるものとする。

■湿潤養生の期間

計画供用期間の級 セメントの種類	短期及び標準	長期及び超長期
早強ポルトランドセメント	3日以上	5日以上
普通ポルトランドセメント フライアッシュセメントA種 高炉セメントA種	5日以上	7日以上
中庸熱ポルトランドセメント 低熱ポルトランドセメント フライアッシュセメントB種 高炉セメントB種	7日以上	10日以上
フライアッシュセメントC種 高炉セメントC種	9日以上	14日以上

湿潤養生期間中であっても、一定の圧縮強度を満足すればせき板を取り除くことができる。ただし、圧縮強度を満足してせき板を取り外した場合でも、所定の湿潤養生期間中は、養生を続けなければならない。

④ 早強・普通・中庸(ちゅうよう)熱ポルトランドセメントを用いる厚さ18㎝以上のコンクリート部材は、③の湿潤養生期間にかかわらず、コンクリートの圧縮強度が次表を満足することを確認すれば、以降の湿潤養生を打ち切ることができる。

■湿潤養生を打ち切ることができるコンクリートの圧縮強度(N/㎜^{2})

計画供用期間の級 セメントの種類	短期及び標準	長期及び超長期
早強ポルトランドセメント 普通ポルトランドセメント 中庸熱ポルトランドセメント	10以上	15以上

⑤ コンクリートの養生期間中の温度が過度に低いと強度の発現が著しく遅延し、過度に高いと長期材齢における強度増進が小さくなる。

⑥ コンクリートを寒気から保護し、打込み後少なくとも5日間以上は、コンクリートの温度を2℃以上に保つ。

⑦ 大断面の部材(マスコンクリート等)で、中心部の温度が外気温より25℃以上高くなるおそれがある場合は、保温養生により、温度ひび割れの発生を防止する。

⑧ コンクリート打込み中及び打込み後5日間は、乾燥・振動等によってコンクリートの凝結(ぎょうけつ)及び硬化が妨げられないように養生しなければならない。

⑨ コンクリート打込み後、少なくとも1日間はその上を歩行したり、作業をしてはならない。

6) コンクリートの打上がりの欠陥

① 豆板(じゃんか)、空洞(す)

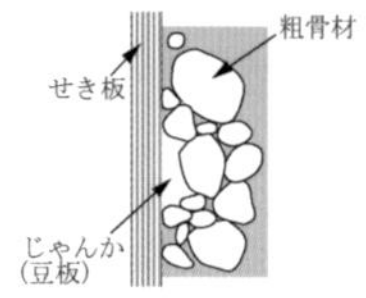

図　豆板(じゃんか)

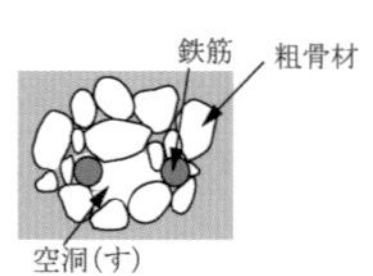

図　空洞(す)

② コールドジョイント

先に打ち込まれたコンクリートがある程度凝結すると、後から打ち込まれたコンクリートと一体にならないで継目ができる。この継目をコールドジョイントという。したがって、コールドジョイントができないように、連続してコンクリートを打ち込む。

③ 沈み亀裂(しずみきれつ)

ブリーディングによってコンクリート表面が沈降するが、鉄筋があると沈降が妨げられ、鉄筋に沿ったひび割れを生じる。

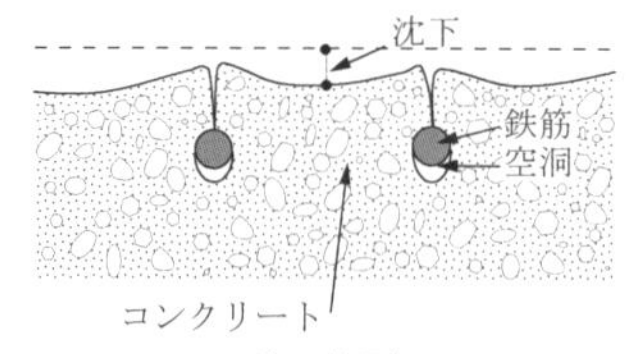

沈み亀裂

用語 豆板
コンクリートの打設不良により、モルタルと粗骨材が分離して粗骨材だけが集まり、空隙が生じて硬化した状態。

7）打込み欠陥部の補修

① コンクリートの沈み、粗骨材の分離、ブリーディング等による欠陥は、コンクリートの凝結終了前に処置する。

② プラスティック収縮ひび割れや沈みひび割れ等の早期ひび割れが発生した場合は、タンパーによる表面のタンピング等により処置する。

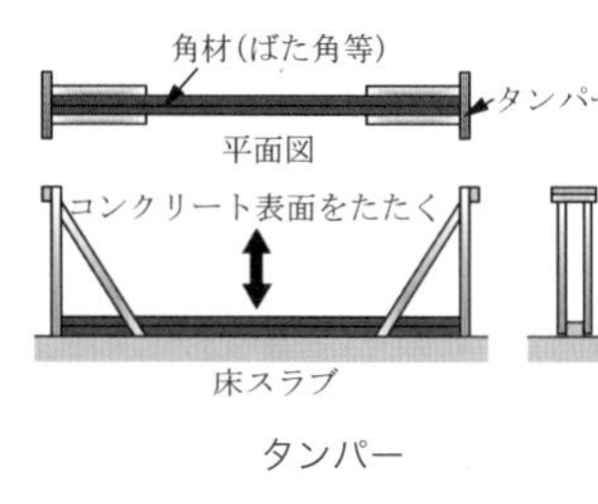

タンパー

《8》各種コンクリート

1）寒中コンクリート

コンクリート打込み日を含む旬の日平均気温が、4℃以下となる期間に使用されるコンクリート。

① AE剤・AE減水剤・高性能AE減水剤のいずれかを必ず用いる。

② 材料の加熱は、水の加熱を標準とし、セメントはいかなる方法によっても加熱してはならない。また、骨材は直接火で加熱してはならない。

③ 加熱した材料を用いる場合、セメントを投入する直前のミキサー内の骨材及び水の温度は40℃以下とする。

④ レディーミクストコンクリートの荷卸し時の温度は10～20℃とする。

⑤ 初期養生の期間は、打ち込まれたコンクリートの圧縮強度5N/mm^2が得られるまでとする。

⑥ 加熱養生を行う場合は、コンクリートが乾燥しないように散水等によって保湿に努める。

用語 **プラスティック収縮ひび割れ**
コンクリート打設後、風が吹いた際表面の水分が蒸発し、ブリーディングによる水の上昇が間に合わず、一時的に乾燥し、コンクリート表面一面に生ずるひび割れ。

用語 **タンピング**
コンクリートの沈み、収縮ひび割れによる不具合に対して、タンパーと呼ばれる道具でコンクリート表面をたたくこと。

2）暑中コンクリート

日平均気温の平年値が、25℃を超える期間に施工するコンクリート。

① 化学混和剤は、原則として、高性能ＡＥ減水剤（遅延形）を用いる。

② 荷卸し時のコンクリート温度は、35℃以下とする。

③ 練上り温度に対する水温の影響は、使用量の割に大きい。練上り温度を低くするには、温度の低い水を用いることが最も効果的である。

④ 散水による骨材の冷却効果は、細骨材の方が小さく、表面水の管理が難しくなる。粗骨材への散水は、蒸発潜熱により効果が大きい。

⑤ 打込み後は、水分の急激な発散及び日射による温度上昇を防ぐように養生する。養生方法と養生開始時期を守れば、圧縮強度は満足されるため、湿潤養生期間は一般の場合と同様でよい。

3）マスコンクリート

一般的に、最小断面寸法が壁状部材については80㎝以上、マット状部材（耐圧盤等）や柱部材については100㎝以上の場合、マスコンクリートを適用する。

① スランプは、15㎝以下とする。

② 荷卸し時のコンクリート温度は、35℃以下とする。

4）高強度コンクリート

設計基準強度が、48N/㎟を超える場合に適用する。

① 高強度コンクリートには、高い減水性とスランプ保持性を有する高性能AE減水剤の使用が有効である。

② 単位水量は、175kg /m³以下とする。

③ 水セメント比は、50％以下とする。

8 鉄骨工事

《1》鉄骨工事の流れ

鉄骨工事の作業系統をフローチャートで表わすと次のようになる。施工者が行う受入れ検査は、塗装に先立って行う。

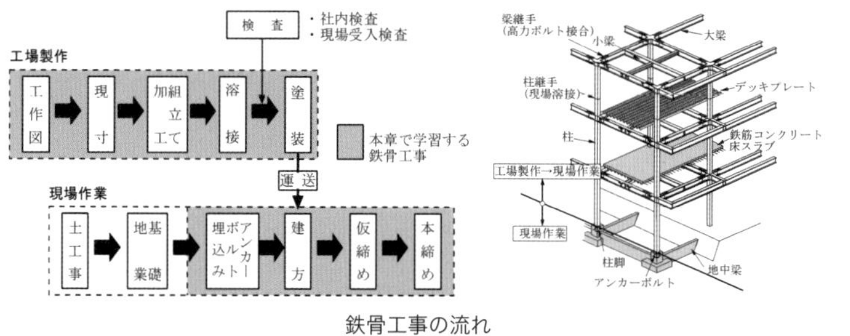

鉄骨工事の流れ

《2》工作一般

1）現寸図の作成

現寸図は、現寸工が工場の現寸場床面に実物大の現寸図を描く。

2）現寸検査

鉄骨製作工場の現寸場に描かれた現寸図を検査することをいう。

3）鋼製巻尺の照合(テープ合わせ)

現寸検査の際、鉄骨製作工場で使用するテープと現場で使用するテープとの誤差の確認を目的としてテープ合わせを行う。

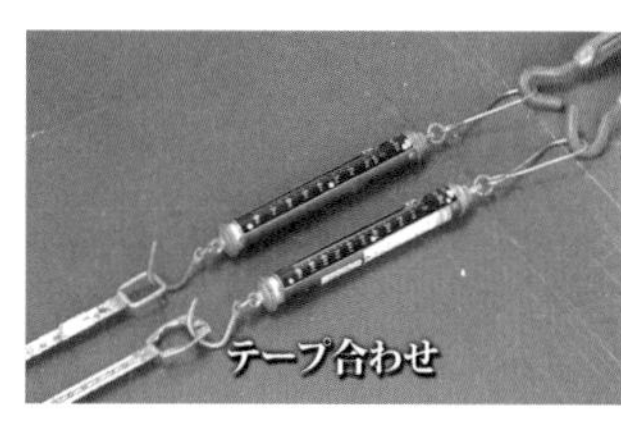

4）型板及び定規取り

現寸作業で作成される型板は、仕口、ガセットプレート、スプライスプレート等の詳細を記入する。定規(しないともいう)には、部材切断位置や取付け位置が記入される。

5）けがき

現寸作業で作成した型板や定規を用いて、鋼材に切断線・部材取付け位置・孔の位置・孔の径・開先（かいさき）形状・折曲げ位置等のマークをする作業で、けがき工がけがき針、ポンチ等を用いてマークする。

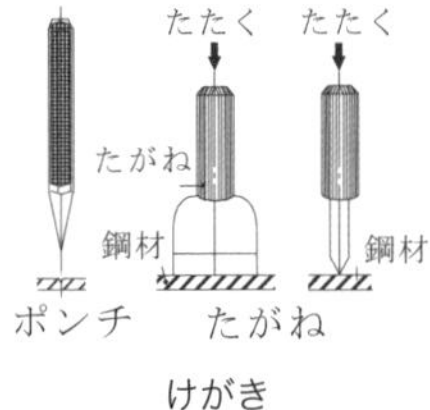

けがき

① 490N/㎟級以上の高張力鋼または曲げ加工される400N/㎟級等の軟鋼の外面には、ポンチ・たがねによる打こん（痕）を残してはならない。

② けがき寸法は、加工中に生ずる収縮・変形及び仕上げ代（しろ）を考慮した値とする。

6）切断

鋼材の切断方法は、機械切断法（せん断切断等）・ガス切断法・プラズマ切断法・レーザー切断法等がある。

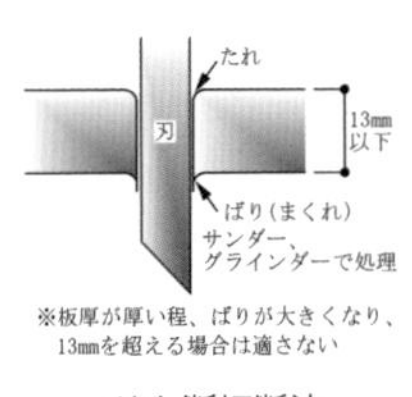

せん断切断法

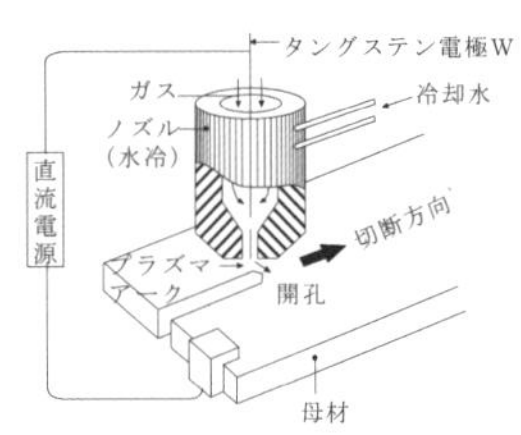

プラズマ切断法

① ガス切断とする場合は、原則として自動ガス切断機を用いる。

② せん断切断する場合の鋼材の板厚は、原則として13㎜以下とする。

③ 主要部材の自由端及び溶接接合部には、せん断縁を用いない。

④ レーザー切断法は、光エネルギーの集光熱による切断法であり、適用可能板厚は0.1～25㎜程度である。高速切断が可能で切断溝幅が狭く、孔あけ加工が可能である。

鋼材の切断

7）開先加工

① 開先加工は、自動ガス切断または機械加工とする。

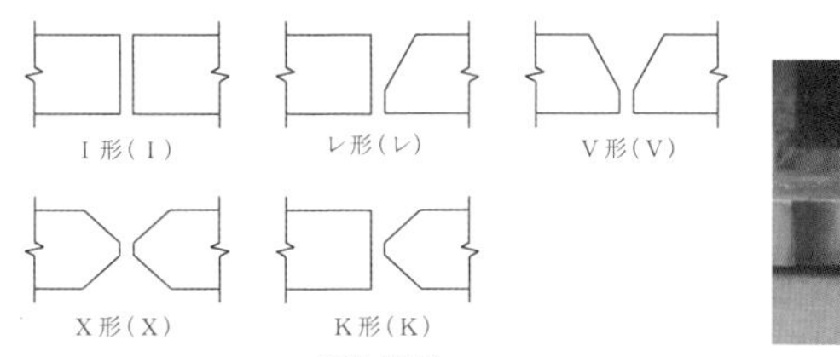

開先形状

開先加工

② 凹凸やノッチ等の不良箇所は、グラインダー等により修正する。開先加工面の精度は、下記による。

■開先加工面のあらさとノッチ深さ

あらさ	100μmRz（0.1㎜）以下
ノッチ深さ	1㎜以下

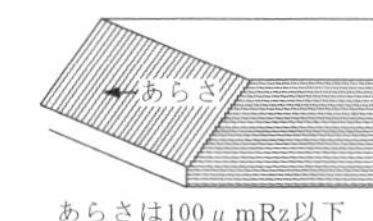

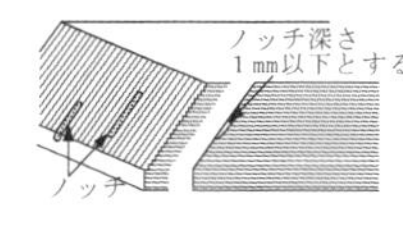

あらさ・ノッチ深さ

8）孔あけ加工

① 高力ボルト用孔の孔あけ加工は、ドリル孔あけとする。

② ボルト孔、アンカーボルト孔、鉄筋貫通孔はドリル孔あけを原則とするが、板厚が13㎜以下のときはせん断孔あけとすることができる。

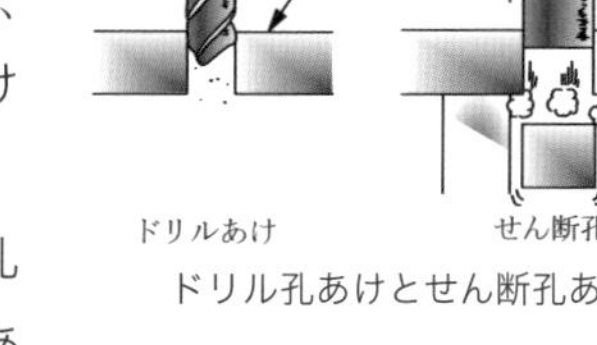

ドリル孔あけとせん断孔あけ

③ 型枠セパレーター、設備配管用貫通孔等で、孔径30㎜以上の場合はガス孔あけとしてもよい。柱の十字形鉄骨に設ける梁主筋の貫通孔は、フランジを避けてウェブに設ける。

④ 高力ボルト・ボルト及びアンカーボルトのねじの呼び径に対する孔径は、下表の値以下とする。

■各種ボルトの孔径（単位：㎜）［JASS 6］

種類	孔径　d	ねじの呼び径　d_1
高力ボルト 溶融亜鉛めっき高力ボルト	$d_1+2.0$	$d_1<27$
	$d_1+3.0$	$d_1\geqq 27$
ボルト	$d_1+0.5$	−
アンカーボルト	$d_1+5.0$	−

9）摩擦面の処理

摩擦接合の接合面は、所定のすべり係数0.45が確保できる処理が必要である。摩擦面の処理方法は、下記の発錆（はっせい）処理もしくはブラスト処理のいずれかの方法とする。なお、摩擦面の処理状況の確認は、すべり係数試験による。

①　発錆処理

・自然発錆

摩擦面はディスクグラインダなどにより、摩擦接合面全面の範囲についてミルスケール（黒皮）を除去した後、屋外に自然放置して発錆させた赤錆状態（鋼材の表面が一様に赤く見える程度）を確保する。

・薬剤発錆

摩擦面はディスクグラインダなどにより、摩擦接合面全面の範囲についてミルスケール（黒皮）を除去した後、薬剤を塗布して、所定の期間養生し、赤錆状態を確保する。ただし、ミルスケール（黒皮）除去も同時に行う薬剤は除く。

②　ブラスト処理

摩擦面をショットブラストまたはグリットブラストにて処理することとし、この表面のあらさは50μmRz以上の確保が必要で、赤錆は発生させなくてもよい。

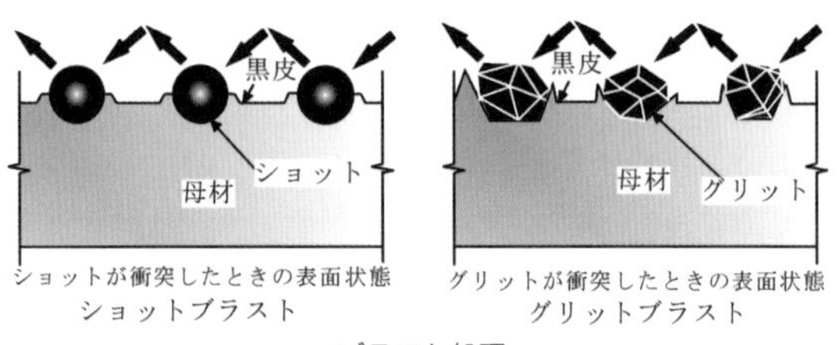

ブラスト処理

用語　**すべり係数**

高力ボルト摩擦接合において、接合材の接触面がすべり出す荷重をボルトに導入した張力で除した値。見かけ上の摩擦係数。

10）ひずみの矯正(きょう)

溶接でH鋼などを組み立てる際、溶接の熱でひずみが生じる場合がある。

① 常温で矯正する場合は、プレスあるいはローラー等を使用する。

② 400N/mm²級鋼、490N/mm²級鋼を加熱矯正する場合の温度は、下記を標準とする。

- 加熱後空冷する場合　850～900℃
- 加熱後ただちに水冷する場合　600～650℃
- 空冷後水冷する場合　850～900℃（ただし、水冷開始温度は650℃以下）

11）曲げ加工

① 曲げ加工は、常温加工または加熱加工とする。加熱加工の場合は、赤熱状態（850～900℃）で行い、青熱ぜい性域（200～400℃）で行ってはならない。

② 常温加工での内側曲げ半径は、次表のとおりである。

■常温曲げ加工による内側曲げ半径

部位		内側曲げ半径	備考
柱材や梁及びブレース端など塑性変形能力が要求される部位	ハンチなど応力方向が曲げ曲面に沿った方向である場所	8t以上	r：内側曲げ半径 t：被加工材の板厚
	応力方向が上記の直角方向の場合	4t以上	
上記以外		2t以上	

12）組立て溶接

組立て溶接とは、本溶接の前に部材、仕口等を定められた形状に保持するために行う溶接である。

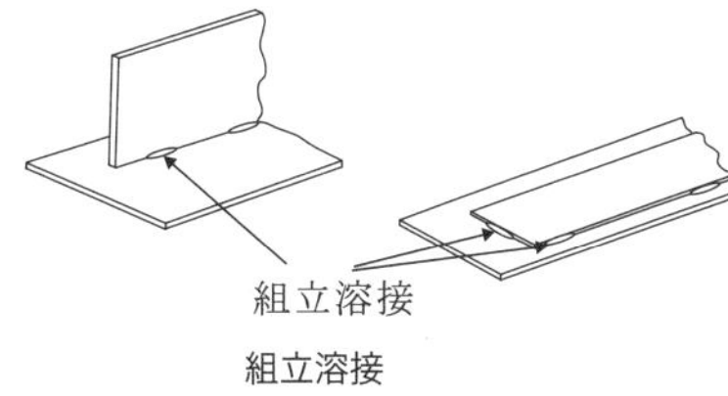

組立溶接

① 被覆アーク溶接あるいはガスシールドアーク溶接で行う。

② 組立て・運搬・本溶接作業において、組立て部材の形状を保持し、かつ、

用語 **塑性変形能力**
部材または構造物が外力の作用下で降伏した後にも抵抗力が急激に低減することなく、塑性領域においても変形し続ける能力。

用語 **ハンチ**
梁せいあるいは梁幅を梁の端部で柱に向けて大きくした部分。

組立て溶接が割れないように、必要で十分な長さと4㎜以上の脚長を持つビードを適切な間隔(40㎝程度)で配置しなければならない。組立て溶接の溶接長さは次表を最小とし、特にショートビードとならないように注意する。

■組立て溶接の溶接長さ(単位:㎜)

板厚*	組立て溶接の最小溶接長さ
t≦6	30
t>6	40

[注]*:被組立て溶接部材の厚い方の板厚

③ 本溶接と同等の品質が得られるように施工する。また、開先内に組立て溶接を行わない。

④ 水素量が多い溶接棒を使用すると、溶着金属が水素を多量に含むことになり、溶接割れが生じる。400N/㎟級等の軟鋼で板厚25㎜以上の鋼材、及び490N/㎟級以上の高張力鋼の組立て溶接を被覆アーク溶接で行う場合には、低水素系の溶接棒を使用する。

⑤ 冷間成形角形鋼管の角部等、大きな冷間塑性加工を受けた箇所は割れやすいので、組立て溶接は避ける。

《3》溶接接合

(a) 溶接の方法

1) アーク手溶接

溶接棒と母材の間に電圧を加え、その間に生ずるアーク熱により母材及び心線を溶融させて溶接する方法である。溶接棒の

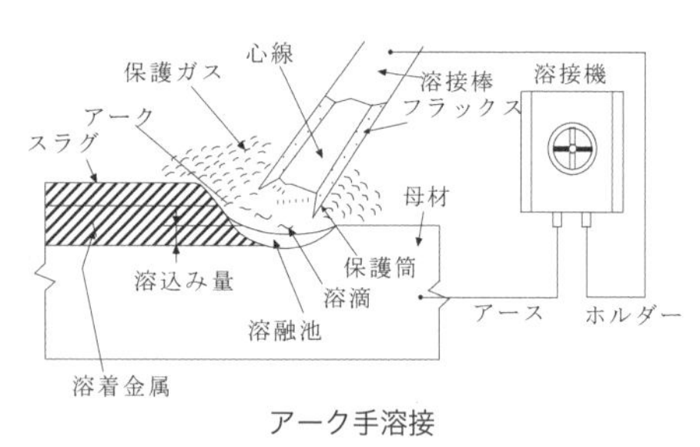

アーク手溶接

用語 ビード
1回のパス(溶接の運行方向によって行う1回の溶接操作)によって作られた溶着金属。

用語 フラックス
溶接時に溶融金属を大気から遮断して酸化や窒化を防止するとともに、それを精錬して酸化物を溶融金属から分離する粉末またはペースト状の材料。

用語 アーク
電気放電の一つ。2個の電極を対立させ、比較的低電圧で大電流を流したときに生じ、多量の光熱を発する。

供給・移動はすべて手で操作する。

2）半自動アーク溶接

溶接ワイヤは、自動的に供給されるが、溶接トーチ（アーク手溶接のホルダー）の操作は手動なので、半自動溶接という。

① セルフシールドアーク半自動溶接（ノンガスアーク溶接）は、風速10m/s程度までなら作業が可能である。

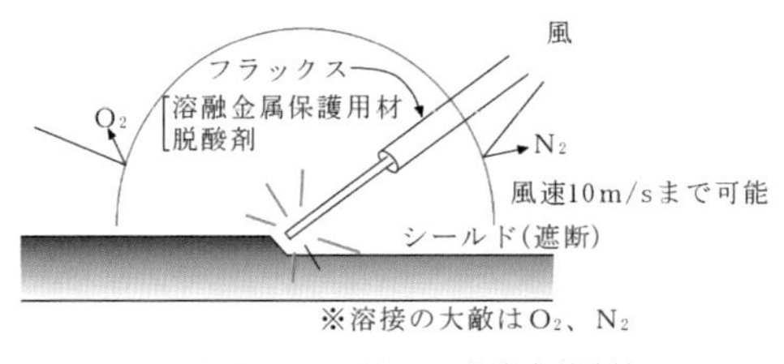

セルフシールドアーク半自動溶接

② ガスシールドアーク半自動溶接は、防風措置を施した場合を除き、風速2m/s以上ある場所での溶接作業を行ってはならない。

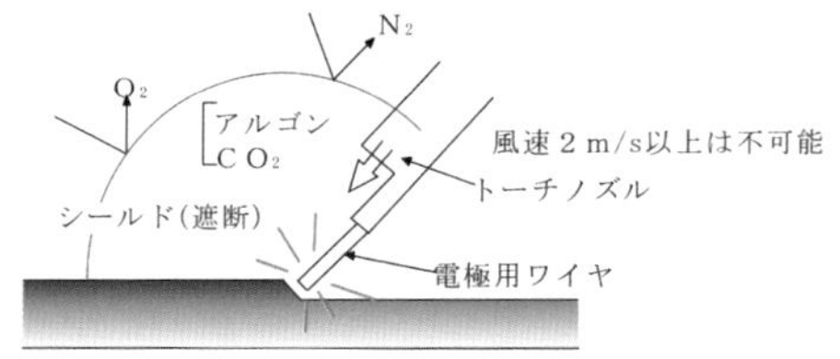

ガスシールドアーク半自動溶接

3）スタッド溶接

スタッド溶接とは、鋼棒を母材に植え付けるもので、アーク溶接の一種である。梁フランジに取り付け、スラブコンクリートとのせん断力を高める場合等に用いられる。

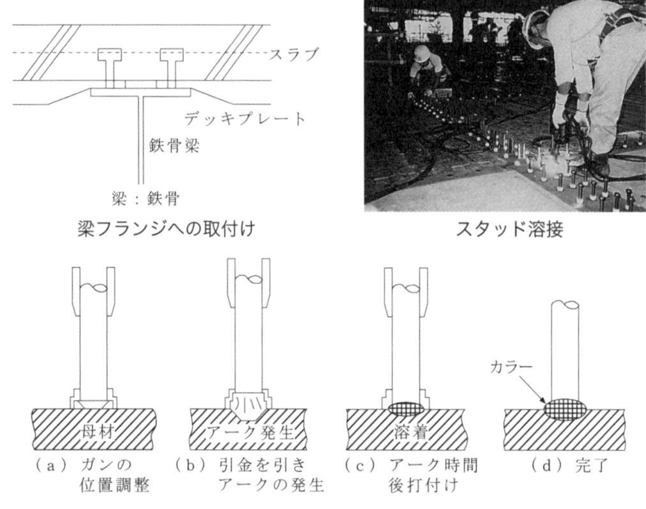

梁フランジへの取付け

スタッド溶接

スタッド溶接

① 電源は、専用電源とする。

② スタッド溶接は直接溶接とし、原則として、下向き姿勢で行う。

③ 施工後の試験としては、打撃曲げ試験を行う。100本に１本の割合で、ハンマーで15度曲げる。その結果、割れ等の欠陥が発生しなければ、そのまま使用することができる。

(b) 溶接施工

１）溶接作業の温湿度条件

① 気温が－５℃を下回る場合は、溶接を行ってはならない。気温が－５℃から５℃においては、接合部より100㎜の範囲の母材部分を適切に加熱(40℃程度)して溶接する。

② 湿度が90％を超えるときは、原則として溶接作業を中止する。

２）溶接技能者の資格と溶接姿勢

ポジショナー

① 被覆アーク溶接を行う場合の溶接技能者の資格は、板厚と溶接方法及び溶接姿勢ごとに決められている。

② 工場溶接では、回転ジグ・ポジショナー等

適切なジグを使用し、できるだけ下向きで溶接を行う。

3）溶接施工一般

① ミルスケール（黒皮）、ごみ、さび等溶接に悪影響を及ぼすものは、適切な方法で除去しなければならないが、ワイヤブラシ掛けでもとれないミルスケールは、原則として除去しなくてもよい。

② 溶接による組立ては、溶接によるひずみが最小となるように、収縮の大きい突合せ溶接部を先に溶接し、次に隅肉溶接部を溶接する。

③ スカラップとは、**溶接線の交差を避けるために、部材に設ける扇形の切欠き**のことである。

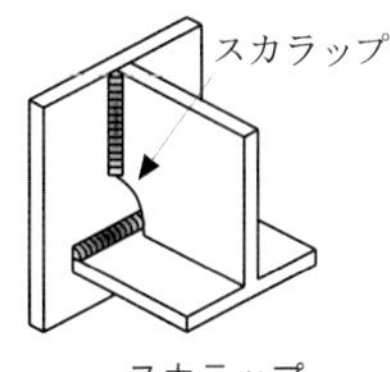

スカラップ

④ 溶接の欠陥は始端と終端に出やすい。そこで、突合せ溶接には、両端に継手とほぼ同じ形状で母材と同厚のエンドタブを組立て溶接して、母材部分を健全に保つ。**エンドタブを取り付ける場合には、**裏当て金**に取り付ける。**また、エンドタブは、特記がない場合は切断しなくてもよい。

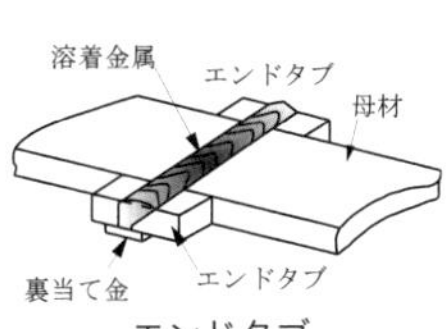

エンドタブ

4）隅肉溶接

① 隅肉溶接はできるだけ凸形ビードをさけ、余盛（よもり）の高さは次頁表による。

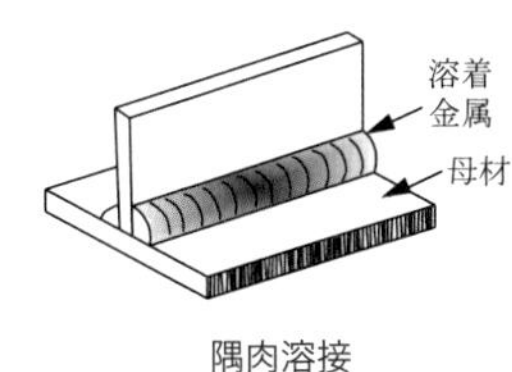

隅肉溶接

用語 エンドタブ
溶接の欠陥は始端と終端に出やすい。欠陥が必要とする溶接部に生じないように、溶接線の前後に仮付けする鋼材。

環境工学 構造力学 各種構造 施工共通 法規 躯体工事 仕上げ工事 施工管理

■隅肉溶接の余盛の高さ

図	管理許容差	限界許容差
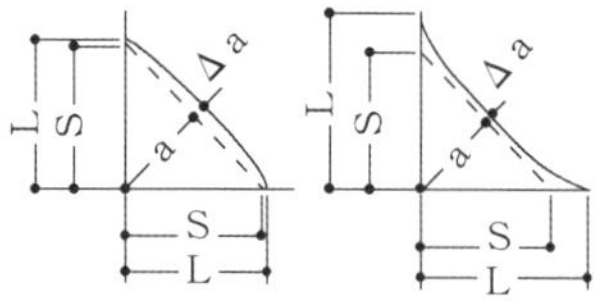	0≦⊿a≦0.4s かつ⊿a≦4㎜	0≦⊿a≦0.6s かつ⊿a≦6㎜

L：脚長　S：サイズ　a：のど厚　⊿a：余盛

② 隅肉溶接の最小長さは、隅肉サイズの10倍以上で、かつ、40㎜以上とする。

③ 隅肉溶接の溶接長さは、有効長さに隅肉サイズの2倍を加えたものとする。

④ 隅肉溶接のサイズの測定は、溶接用ゲージを用いて行う。

5）完全溶込み溶接

① 完全溶込み溶接の突合せ継手（以下突合せ溶接）は全断面にわたって溶接し、余盛は最小とする。余盛の高さは次表による。完全溶込み溶接は、溶接部の強度が母材と同等以上となるように行う。

■突合せ溶接の余盛の高さ　（h：余盛高さの最小値）

図	管理許容差	限界許容差
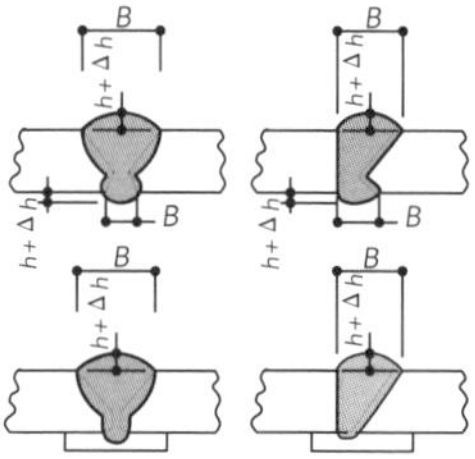	B＜15㎜（h＝0㎜） 0≦Δh≦3㎜ 15㎜≦B＜25㎜（h＝0㎜） 0≦Δh≦4㎜ 25㎜≦B（h＝0㎜） 0≦Δh≦（4B/25）㎜	B＜15㎜（h＝0㎜） 0≦Δh≦5㎜ 15㎜≦B＜25㎜（h＝0㎜） 0≦Δh≦6㎜ 25㎜≦B（h＝0㎜） 0≦Δh≦（6B/25）㎜

用語 管理許容差
管理するに当たり、目標とする許容差。それを超えても必ずしもやり直しにならない。

用語 限界許容差
許される上限の許容差。それを超えるとやり直しになる。

② 片側から溶接する場合は、溶着金属が下に流れ落ちないように、裏面に裏あて金を用いて溶接する。裏当て金は、母材と同質のものを使用する。

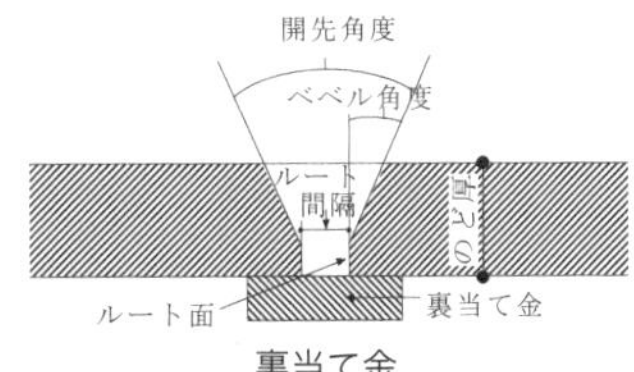

裏当て金

(c) 溶接完了の検査

1) 目視検査

まずは目視検査を行い、基準を逸脱している箇所に対してのみ、適正な器具で測定する。脚長、サイズ、のど厚の測定には、専用のゲージを使用すれば便利である。

2) 溶接部の各種試験方法

■溶接部の各種試験方法

部位	試験名	試験の方法
表面欠陥	浸透探傷試験	非破壊試験
	磁粉探傷試験	
内部欠陥	超音波探傷試験	
	放射線透過試験	

① **超音波探傷（たんしょう）試験（(UT) Ultrasonic Testing）**
高い周波数（2～5 MHz）の音波を溶接部内に送信し、反射音の強さと伝播時間とから内部欠陥の大きさと位置を評価するものである。主に内部欠陥の検出の方法である。一般に、完全溶込み溶接の検査に採用される。

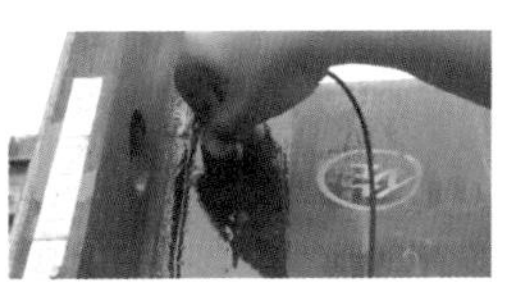

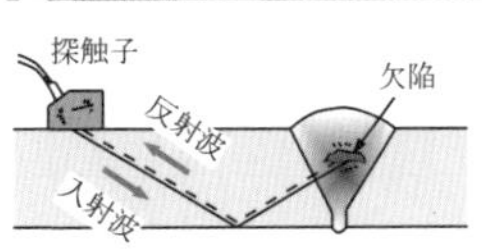

超音波探傷試験

② **浸透探傷試験（(PT) Liquid Penetrant Testing）**
溶接部に浸透性のよい赤色の液を吹き付けて割れ等に浸透させた後、一度ふき取り、更に白色になる現像液を吹き付け、これににじみ出た赤色により欠陥を発見する方法である。表面に開口した欠陥しか検出できない。一般に、隅肉溶接の検査に採用される。

③ 磁粉（じふん）探傷試験〔(MT)Magnetic Particle Testing〕

磁粉が欠陥まわりにある程度幅広く付着して、微細な表面欠陥を容易に検出することができる。

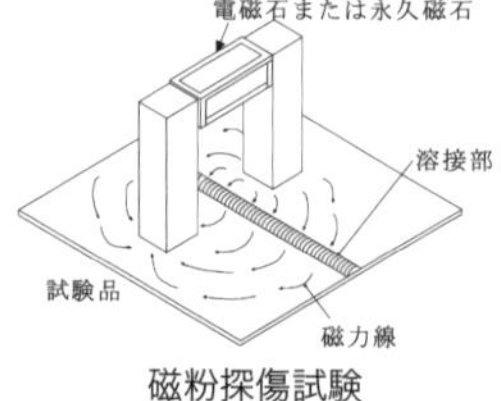

磁粉探傷試験

3）一般的な溶接の欠陥の状態を次に示す。

■溶接の欠陥と補修方法

欠陥名		欠陥の状態		補修方法
アンダーカット		アンダーカット	母材または既溶接の上に溶接して生じた止端の溝	必要に応じて整形した後ショートビードとならないように補修溶接し、さらに必要な場合はグラインダー仕上げを行う。
オーバーラップ		オーバーラップ	溶着金属が止端で母材に融合しないで重なった部分	削り過ぎないように注意しながらグラインダー仕上げを行うか、またはエアアークガウジングで除去し、補修溶接を行う。
ピット		ピット	溶接部の表面まで達し、開口した気孔	エアアークガウジング、グラインダー等によって削除した後、補修溶接する。
表面割れ		割れ	溶着金属表面の割れ	割れの範囲を確認したうえで、その両端から50㎜以上はつり取って舟底形の形状に仕上げ、補修溶接する。
内部欠陥	スラグ巻き込み	融合不良の図を下に示す。	溶着金属内部にスラグを巻き込むこと	非破壊検査記録に基づいて欠陥の位置をマークした後、エアアークガウジングによりはつり取って実際の位置を確認し、欠陥の端部より20㎜程度除去し舟底形の形状に仕上げてから再溶接する。明らかな割れの場合には、割れの端部より50㎜以上はつり取るものとする。
	融合不良（不溶着・溶込み不良）	融合不良	完全溶込み溶接において、溶け込んでいない部分があること	
	ブローホール		溶着金属内部に発生した空洞	

用語 スラグ
溶接ビードの表面に生ずる非金属物質

《4》製品検査

製品検査は、溶接外観検査その他の検査指摘事項の修正等が可能な塗装前の時期に実施する。

《5》錆止め塗装

長時間にわたり防錆効果を与えるため、鋼材には錆止め塗装が行われる。
錆止め塗装の塗装面には、ブラスト処理などで素地(そじ)調整を行う。素地調整の目的は、有害な付着物を鋼材表面から除去し、さらには表面粗さを与えて塗膜の付着性を向上させるものである。

1）錆止め塗装の留意事項

① 素地調整を行った鉄面は活性となり、錆びやすいため、直ちに塗装を行う。ブラスト処理で素地調整をした面は、できるだけ早い時点でショッププライマー等を塗布(とふ)しなければならない。

② 塗膜にふくれや割れ等が発生した場合は、その部分を除去してから再塗装する。

2）塗装しない部分

① コンクリートに密着する部分及び埋め込まれる部分。

② 高力ボルト摩擦接合部の摩擦面。

③ 密閉される閉鎖形断面の内面。

④ ピン・ローラーなど密着する部分および回転または摺動(しょう)面で削り仕上げした部分。

⑤ 組立てによって肌合せとなる部分。

用語 ショッププライマー
一時的防錆を目的とした塗装

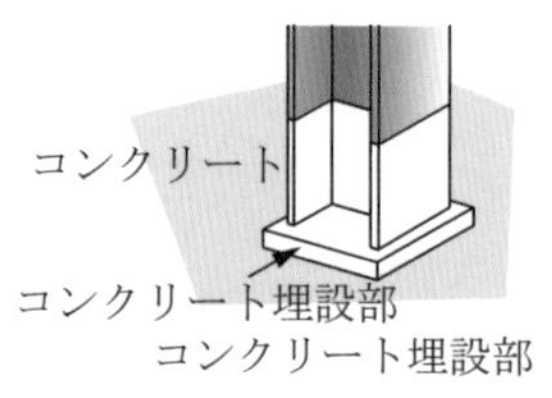

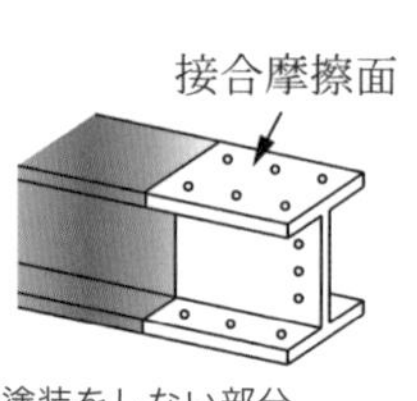

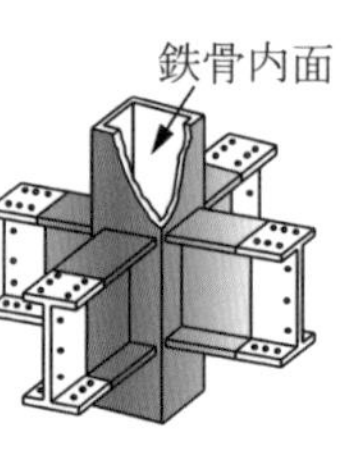

錆止め塗装をしない部分

3）工事現場で溶接を行う部分であっても、溶接に支障となる錆が発生するおそれのある場合は、溶接に支障のない適切な防錆措置を講ずる。

4）工事現場で溶接を行う部分の両側それぞれ100㎜程度の範囲及び超音波探傷試験に支障を及ぼす範囲の塗装は、超音波探傷試験の完了後に行う。

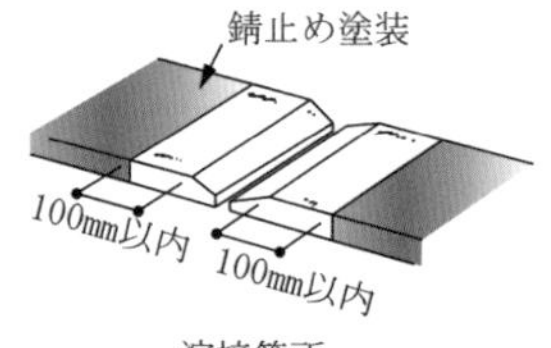

溶接箇所
超音波探傷試験後に塗装する部分

なお、JASS6の規定では、3）及び4）に該当する工事現場溶接を行う箇所及びそれに隣接する両側100㎜以内かつ超音波探傷試験に支障を及ぼす範囲は塗装しない。

5）鉄骨スリーブ内面の処理

鉄骨鉄筋コンクリート造の鋼製スリーブで、鉄骨に溶接されたものの内面には錆止め塗装を行う。

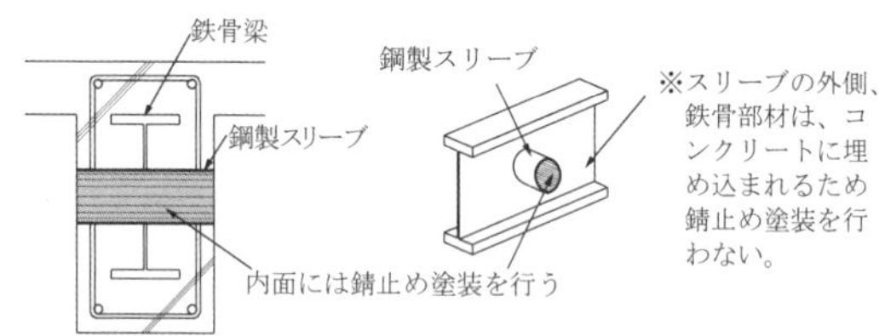

鉄骨鉄筋コンクリート造の鋼製スリーブ内面の錆止め塗装

6）塗装作業を中止する環境条件

① 気温が5℃以下のとき。

② 相対湿度が85％以上のとき。
③ 鋼板の表面温度が50℃以上のとき。

《6》工事現場施工

(a) アンカーボルト

1) アンカーボルトの設置

構造耐力を負担するものを構造用アンカーボルト、構造耐力を負担しないで鉄骨建方時のみに使用するものを建方用アンカーボルトと呼ぶ。

① フック付きアンカーボルトの定着長さは、フックの部分を含まない。
② アンカーボルトは、衝撃等により有害な曲がりが生じないように取り扱う。
③ ねじ部の損傷、錆の発生、汚損、コンクリートの付着等を防止するため、布、ビニルテープ等を巻いて養生する。

2) ベースモルタルの施工

後詰め中心塗り工法は、一般的に建入れの調整を容易にするために広く使われている。

① ベースモルタルに接するコンクリート面は、レイタンスを除去し、十分に目荒らしを行って、モルタルとコンクリートが一体となるように施工する。
② ベースモルタルは、鉄骨建方までに３日以上の養生期間をとる。
③ ベースモルタルの形状
・モルタルの大きさは、200㎜角あるいは200㎜φ以上とする。
・モルタルの塗厚さは、30㎜以上50㎜以下とする。
④ 後詰め中心塗り工法に使用するモルタルは、無収縮モルタルとする。

3) アンカーボルトの台直し

構造用アンカーボルトは、台直しによって修正を行ってはならない。

4) ナットの締付け

① ナットの締付けは、建入れ直し完了後、アンカーボルトの張力が均一になるように行う。

② ナットの戻り止めは、特記のない場合は、コンクリートに埋め込まれる場合を除き、2重ナットを用いて戻り止めを行う。ボルト上部の余長は、二重ナット締めを行ってもねじ山が外に3山以上出ることを標準とする。

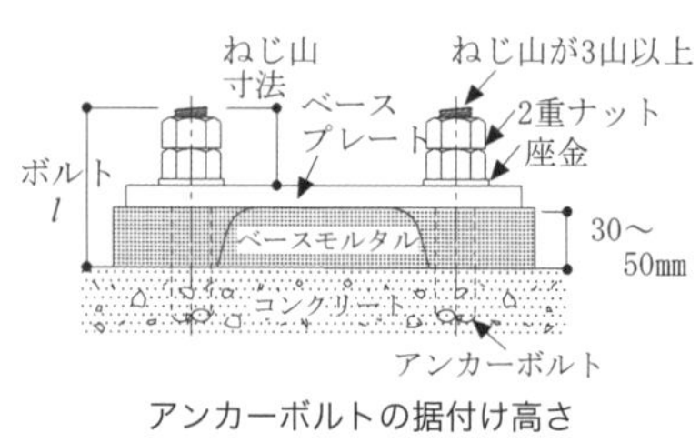

アンカーボルトの据付け高さ

③ アンカーボルトの締付け方法は、特記のない場合は、ナット回転法で行い、ナットの密着を確認した後、アンカーボルトの張力が均等となるように、30°回転させる。

(b) 建方

1）柱脚部鉄筋の折曲げ

鉄骨の建方、アンカーボルトの締付けに際して、柱脚部の鉄筋が支障となり、やむを得ず一時鉄筋を折り曲げなければならないことがある。この場合、不自然な形で押し広げたりせず、折曲げ角度は30°を限度とする。

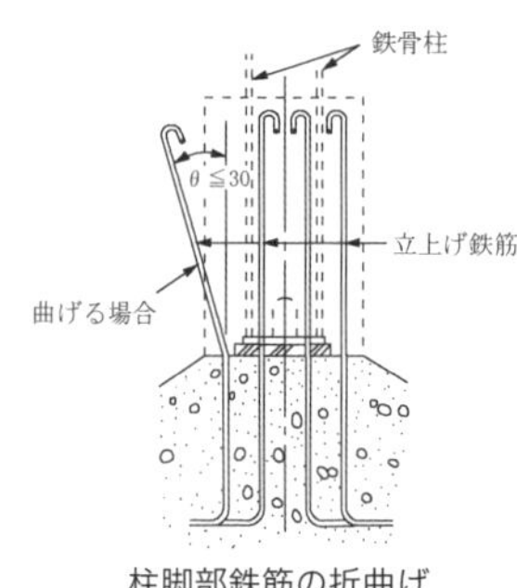

柱脚部鉄筋の折曲げ

建方風景

2）建方一般

① 建方機械の機種と台数は、最大荷重、作業半径、作業能率等により決定する。

② タワークレーンの1日当たりの鉄骨取付けピース数（歩掛(ぶがか)り）は、40～45ピース程度とする。

③ トラッククレーンの1日当たりの鉄骨取付けピース数（歩掛り）は、重層建築の場合30～35ピース程度とし、工場の場合30～45ピース程度とする。

④ 柱のブラケットに梁を接合する場合、梁の上フランジの上側スプライスプ

レートをブラケット側に伸ばしておくと、吊り下げた梁の位置決め、組立てが容易になる。

⑤ 寸法の長い部材が揚重の途中で回転するのを止めるため、吊荷の端部にかいしゃくロープを取り付ける。

⑥ 大スパンの梁の建込みには、梁上を移動せず柱付きブラケット上にまたがったまま、梁の吊治具を取り外すことができるよう、トラバーサの使用を検討する。

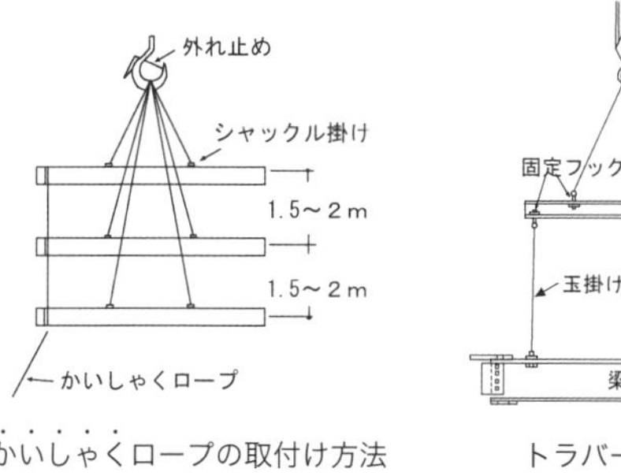

かいしゃくロープの取付け方法　　トラバーサの例

⑦ ドリフトピンは仮組み用の工具で、部材を組み立てるとき、ボルト孔に通して部材を正確に保持させて仮止めするのに用いる。また、ぼろしんは部材を組み立てる前のボルト孔合わせに使用する工具である。

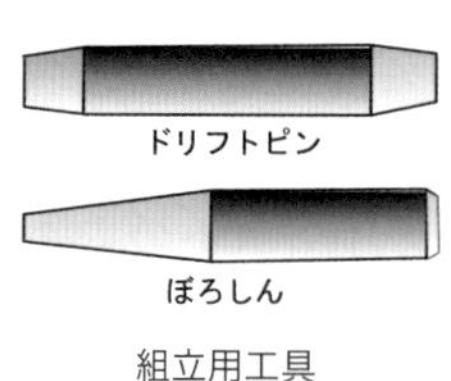

組立用工具

3）仮ボルト

仮ボルトの本数は、強風や地震等の想定される外力に対して、接合部の安全性の検討を行って決定する。

① 建方時に使用する仮ボルトは、中ボルト等を用い、ボルト1群に対して、高力ボルト継手では1/3程度かつ2本以上、混用接合及び併用継手では1/2程度かつ2本以上をバランスよく配置し、締

軸部の表面の粗さは50μmRz

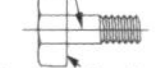

座面の表面の粗さは25μmRz

中ボルト

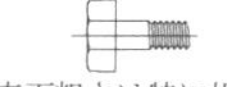

表面粗さは特に規定しない

並ボルト

中ボルトと並ボルト

用語　**仮ボルト**
鉄骨建方において、高力ボルトの本締め、溶接までの間、架構の変形・倒壊を防止するため仮止めするボルト。

め付ける。

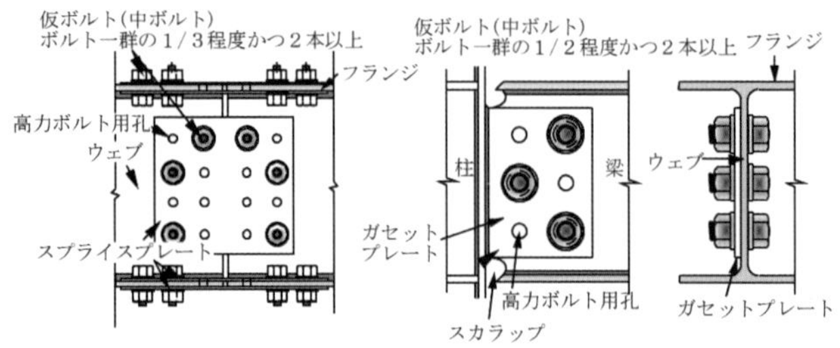

高力ボルト継手の仮ボルト　　混用接合の仮ボルト

② エレクションピースとは、箱型断面柱の全周を溶接する場合に、仮止めするために用いられるものである。

溶接継手におけるエレクションピース等に使用する仮ボルトは、高力ボルトを使用して全数締め付ける。

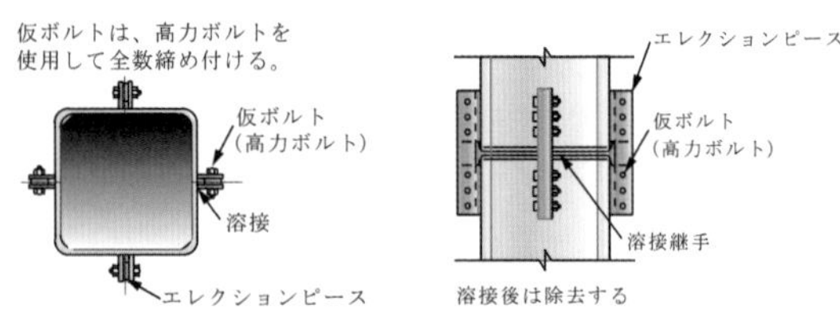

エレクションピースの仮ボルト

③ 仮ボルトの本数は、最低本数を確保した上で、強風や地震など想定される外力に対する接合部の応力を計算し、発生応力に必要な数とする。

④ 本締め用高力ボルトを仮ボルトに兼用してはならない。

⑤ 油が付着している仮ボルトは、油を除去して使用する。

4）建入れ直し

① 建入れ直しに用いるワイヤロープを取り付けるプレートは、あらかじめ工場製作段階で溶接しておく。

② 矢(くさび)は、鉄骨の建入れ直しにおいて、ボルト接合部のクリアランスに打ち込んで、スパンの調整を行う工具である。

③ 建入れ直しは、建方がすべて完了してから行ったのでは十分修正できない

用語　**建入れ直し**

建物の鉛直度(建ち)を矯正すること。

場合が多いため、建方の進行とともに、できるだけ小区画に区切って建入れ直しと建入れ検査を行う。

④ 建入れ直しのために加力するときは、加力部分を養生し、部材の損傷を防ぐ。特に、溶融亜鉛めっき部材の建入れ直しの際には、めっき面に傷が付かないように養生を行う。

⑤ 建入れ直しにワイヤロープを用いる場合は、引きと返しのたすき掛けに張る。

⑥ ターンバックル付き筋かいを有する構造物においては、その筋かいを用いて建入れ直しを行ってはならない。

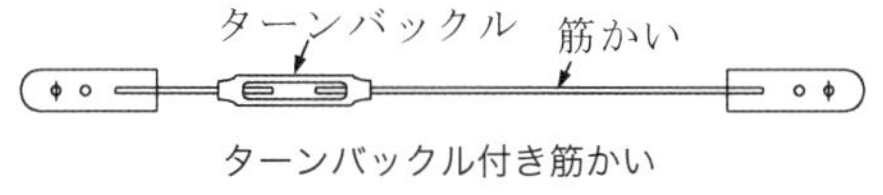

ターンバックル付き筋かい

⑦ 架構の倒壊防止用ワイヤロープを使用する場合、このワイヤロープを建入れ直し用に兼用してよい。

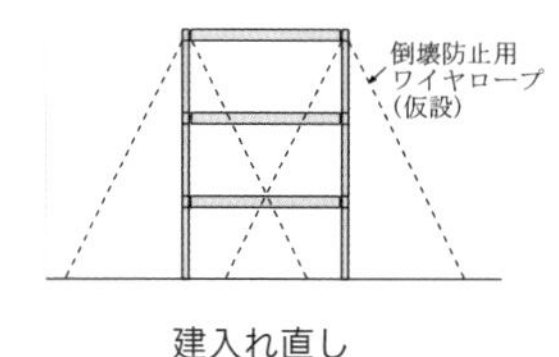

建入れ直し

⑧ 建入れ直しを行ったものは、高力ボルト接合の場合、速(すみ)やかに本締めを行う。

⑨ 建入れ直しに用いたワイヤロープは、各節・各ブロックの現場接合が終わるまで緊張させたままとする。

5）鉄骨建方の施工精度

① 柱の建方精度の測定には、下げ振りやトランシットが用いられる。

② 建方精度の測定にあたっては、日照による温度の影響を避けるために、早朝の一定時間に計測するなどの考慮をする。

③ 建入れ直しに用いられる計測器は、鉄骨工事が長期間に渡って続く場合は、気候の変化等があるので、温度補正を行わなければならない。

④ 長い下げ振りによる建入れの計測は、水糸に直接風が当たらないよう防風パイプで養生し、おもりは油等の中に浸しておくとよい。

《7》高力ボルト接合

締付け機を用いて接合部を強く締め付け、これによって生ずる接合部材間の圧縮による摩擦力によって応力を伝達する形式の接合方法である。

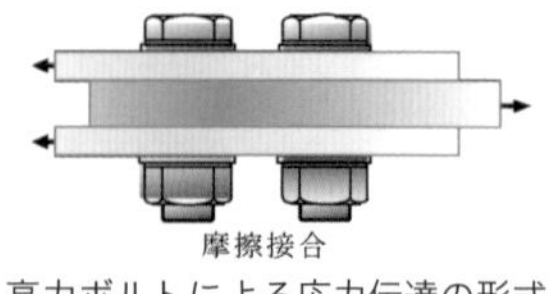

高力ボルトによる応力伝達の形式

(a) 高力ボルトの取扱い

1) 搬入

高力ボルトは、包装の完全なものを未開封状態のまま工事現場へ搬入する。

2) 工事現場での受入れ

施工者は、受入れ時に、荷姿・種類・等級・径・長さ・ロット番号等について確認する。

3) 工事現場での取扱い

① 高力ボルトは、種類・径・長さ・ロット番号ごとに区分し、雨水・塵埃(じんあい)等が付着せず、温度変化の少ない適切な場所に保管する。その際、積み上げる箱の段数は、３段から５段とする。

② 高力ボルトは、原則として施工直前に包装を解くが、必要な量だけあけるようにして､あけたものを使い残さないようにする。最後に残ったものは、作業場所に放置せず、箱に戻し元のように包装し直す。

(b) 高力ボルトの種類と長さ

① トルシア形高力ボルトの１セットには、１枚の座金を用いる。JIS形高力ボルトの１セットには２枚の座金を用いるので、座金１枚分(５㎜)JIS形の方が長い。

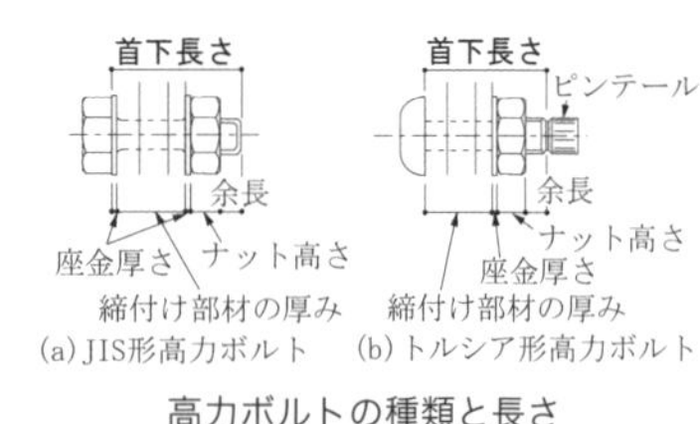

高力ボルトの種類と長さ

② ボルトの余長はねじ山が１～６山の範囲で残るものでなければならない。

(c) 摩擦面の処理

① 摩擦接合で摩擦力が生ずる接触面(摩擦面)は組立てに先立ち、ミルスケール(黒皮)、浮き錆、塵埃、塗料、油類、その他摩擦力を低下させる付着物は必ず除去する。

② ミルスケールの除去は、原則として、スプライスプレート全面の範囲とする。

(d) 接合部の組立て

① 接合部材間にはだすきのある場合の処理を次表に示す。

■はだすきがある場合の処理

はだすき量	処理方法
1㎜以下	処理不要
1㎜を超えるもの	フィラープレートを入れる

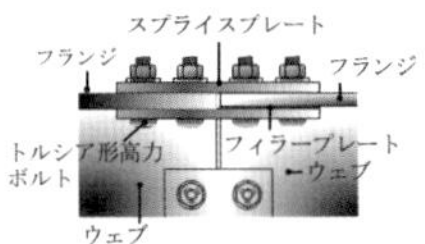

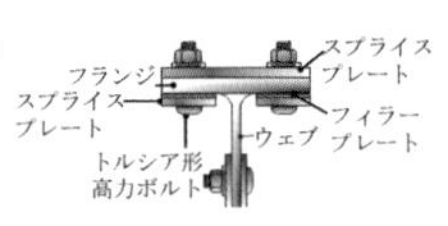

フィラープレート

② フィラープレートの材質は母材の材質にかかわらず、400N/㎟級鋼材でよい。なお、両面とも摩擦面としての処理をする。

③ 接合部組立て時に積層した板間に生じた2㎜以下のボルト孔の食違いは、リーマ掛けして修正してよい。孔の食違いが2㎜を超える場合は、接合部の安全性の検討を含め工事監理者と協議して定める。

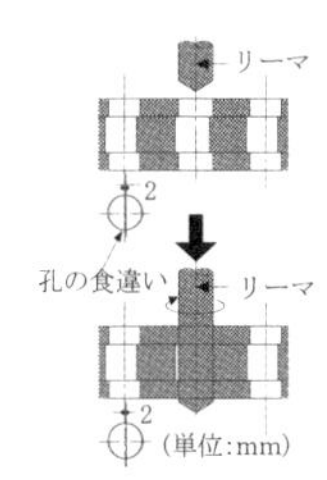

リーマ掛け

④ ボルト頭部またはナットと接合部材が、1/20以上傾斜している場合は、勾配座金を使用する。また、勾配座金は通し座金にするのがよい。

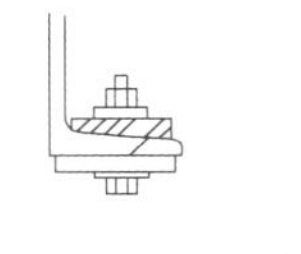
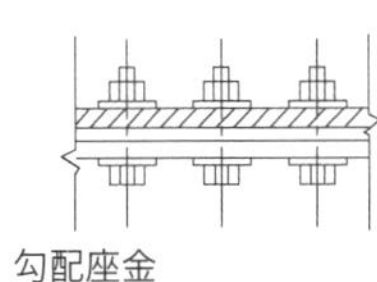

勾配座金

⑤ ウェブを高力ボルト接合、フランジを工事現場溶接接合とするなどの混用接合は、原則として高力ボルトを先に締め付け、ついで溶接を行う。

用語 はだすき
ボルト接合部等を組み立てた場合に、部材の板厚の差等によって接合面と添え板との間に生じる隙間。

用語 リーマ掛け
孔さらい用切削刃でボルト孔等の径または食違いを修正すること。

⑥　ウェブにおいて高力ボルトで締め付けたスプライスプレートの全周を隅肉溶接するなどの併用継手は、原則として高力ボルトを先に締め付け、ついで溶接を行う。

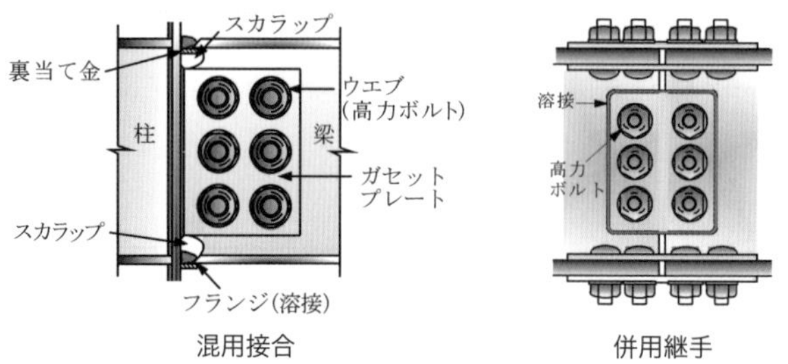

混用接合　　併用継手

(e) トルシア形高力ボルト

1）締付け

①　締付け施工一般

・セットを構成する座金及びナットには、表裏があるので、ボルトを接合部に組み込むときには、逆使いしないように注意する。

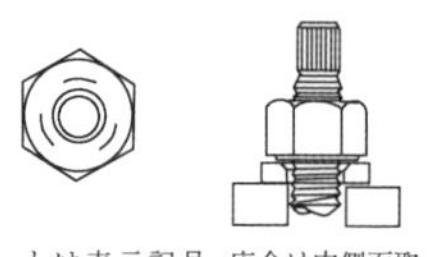

ナット・座金の表裏

・一次締めは、プレセット形トルクレンチ、一次締め専用電動レンチ等を用いて、ナットを回転させて行う。

・一次締めの後、ボルト軸、ナット、座金及び鋼材面にマーキングをし、本締めを行う。マーキングは全ての高力ボルトについて行い、本締め完了後の検査に利用する。

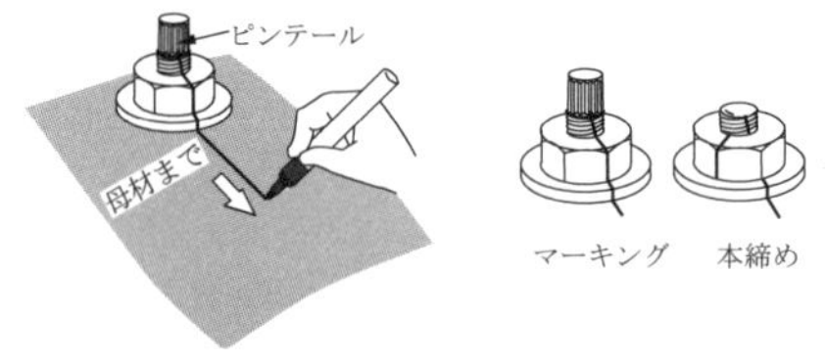

図　マーキングと本締め

・ボルト挿入から本締めまでの作業は、同日中に終了することを原則とする。

② 本締め

・トルシア形高力ボルト専用の締付け機を用いて行い、ピンテールが破断するまでナットを締め付ける。

・高力ボルトの締付け作業は、1群をなしているボルトの継手位置中央から外に向かって行う。

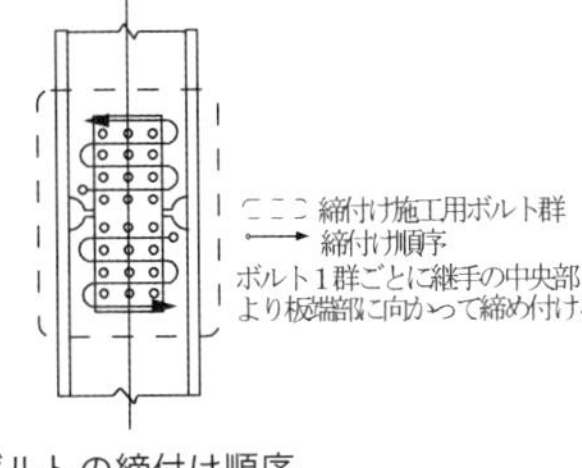

ボルトの締付け順序

2）締付け後の検査

① 検査内容

・全てのボルトについて、ピンテールが破断されていることを確認する。

・1次締め後に付したマークのずれによって、本締めの完了及び共回り（ともまわ）・軸回りの有無を確認するとともに、ナット回転量及びナット面から突き出したボルトの余長の過不足（1～6山であれば合格）を目視で検査し、いずれについても異常が認められないものを合格とする。

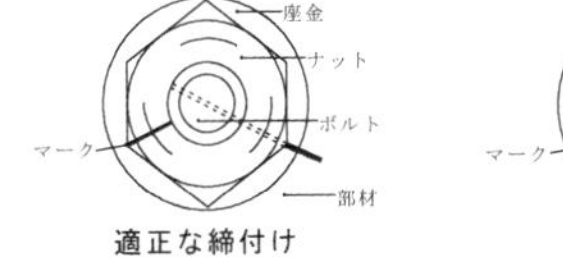

適正な締付け

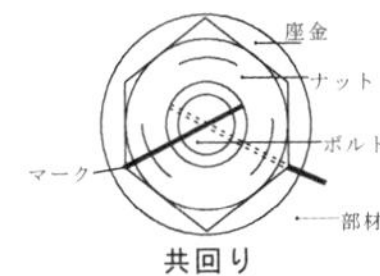

共回り

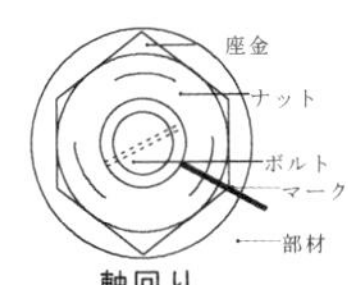

軸回り

② ボルトの取替え

ナットとボルト・座金等が共回り・軸回りを生じた場合や、ナット回転量に異常が認められた場合、またはナット面から突き出た余長が過大または過小の場合には、新しいセットに取り替える。

③ ボルトの再使用の禁止

一度使用したボルトは、再度、使用してはならない。

用語 共回り
ボルトとナットが一緒に回転しているため、ボルトとナット、座金と母材のマークが一致しているもの。

用語 軸回り
トルシア形高力ボルトで、ボルトだけが回転してピンテールが切れているもの。

(f) JIS形高力ボルト

JIS形高力ボルトは、トルクコントロール法またはナット回転法で締め付ける。トルクコントロール法とは、高力ボルトの導入張力をトルク量で、ナット回転法とは、高力ボルトの導入張力をナットの回転量で判定する方法である。

1）締付け

① 1次締めはトルクレンチ、電動レンチ等を用いて、規定のトルク値でナットを回転させて行う。

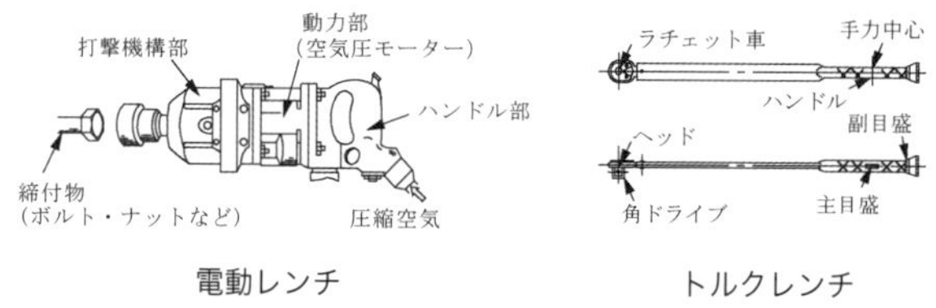

電動レンチ　　トルクレンチ

② 高力ボルトの締付けは、１次締め、マーキング、本締めの順で行う。

③ トルクコントロール法による本締めは、標準ボルト張力が得られるように調整された締付け機器を用いて行う。締付け機器の調整は、毎日、締付け作業に先立って行う。

2）締付け後の検査

① トルクコントロール法による場合

- 全てのボルトについて目視で検査し、異常が認められないものを合格とする。
- ナットの回転量に著しいバラツキの認められる締付け群については、ナットを追締めして締付けトルクの適否を検査する。
- この結果、締付け施工法確認時に設定した締付けトルクの±10%以内にあるものを合格とする。

② ナット回転法による場合

- 全てのボルトについて目視で検査し、異常が認められないものを合格とする。
- １次締付け後のナットの回転量が、120°±30°の範囲にあるものを合格とする。

・この範囲を超えて締め付けられたボルトは取り替える。また、ナット回転量が不足しているボルトについては、所要の回転量まで追締めする。

《8》耐火被覆

耐火被覆の代表的な工法である吹付け工法とは、ロックウール等を専用の吹付け機械を使用して吹き付ける工法である。

① 施工中の耐火材の吹付け厚さは、確認ピンを用いて確認する。

② スラブ及び壁面については2 m^{2}程度につき1箇所以上とし、柱は1面に各1箇所以上、梁は1本当たり、ウェブ両面に各1本、下フランジ下面に1本、下フランジ端部両側に各1本とする。（公共建築工事標準仕様書）

③ 吹付け工法の施工後は、耐火性能別に各階ごと、かつ、床面積1,500m^{2}ごとに1回を原則として、1回につき5個を採取して、厚さを測定する。（JASS 6）

耐火被覆

9 補強コンクリートブロック工事

補強コンクリートブロック工事は、コンクリートブロックの空洞部分に鉄筋とコンクリートまたはモルタルを充填(てん)して補強する、コンクリートブロック工事のひとつである。

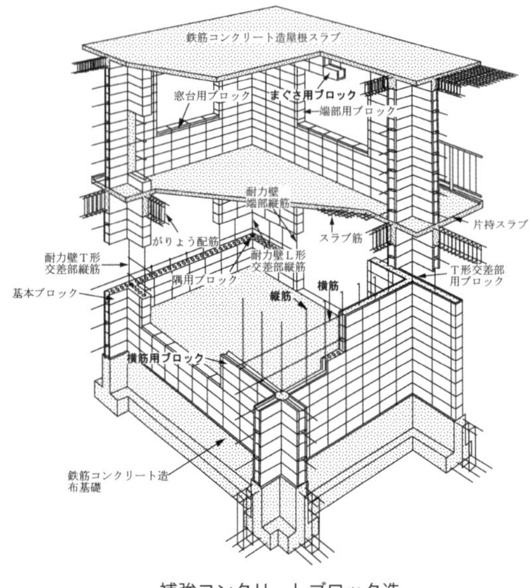

補強コンクリートブロック造

《1》材料

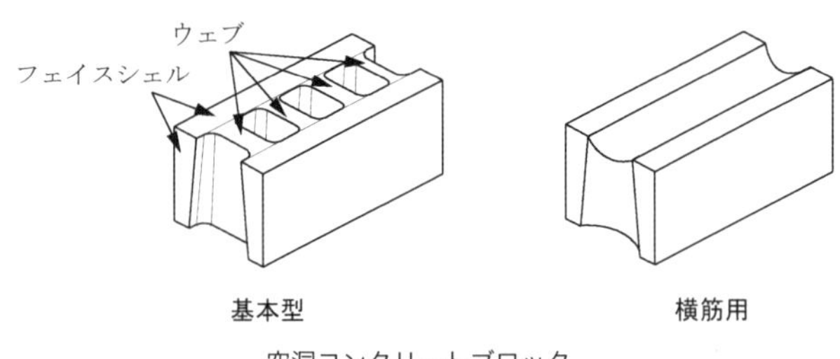

基本型　　横筋用

空洞コンクリートブロック

用語 がりょう
壁頂部に設けた鉄筋コンクリート造の梁。

用語 フェイスシェル
コンクリートブロックの長さ方向の表裏面の構成部材。

用語 まぐさ
出入口または窓などの開口上部に渡す水平部材。

用語 ウェブ
コンクリートブロックの厚さ方向の構成部材。フェイスシェルを固定する役割を有する部材。

《2》補強コンクリートブロック工事

1）一般

① 施工図は、ブロックの割付、モルタルあるいはコンクリートの充填箇所、鉄筋の種類と配筋、埋め込む物の種類と位置等が分かるように作成する。

② ブロック積みの基準となる縦やり方は独立させ、足場等に緊結してはならない。

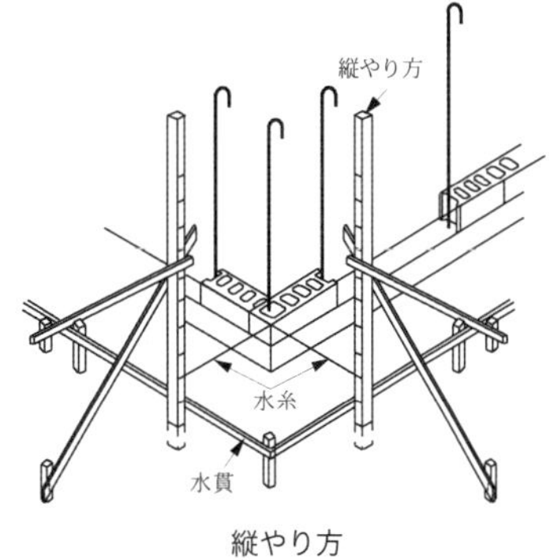

縦やり方

2）配筋

① 縦筋は、かぶり厚さ確保のため、ブロックの空洞部の中心部に配筋する。また、縦筋の上下端は、がりょう、基礎等に定着する。なお、縦筋には、継手を設けない。

② 横筋は、壁端部の縦筋に180°フックによりかぎ掛けとする。ただし、直交壁がある場合は、直交壁に定着または直交壁の横筋に重ね継手とする。また、横筋は、縦筋との交差部の要所を径0.8㎜以上の鉄線で結束する。

③ 鉄筋の重ね継手長さは45dとし、定着長さは40dとする。（dは、異形鉄筋の呼び名に用いた数値）

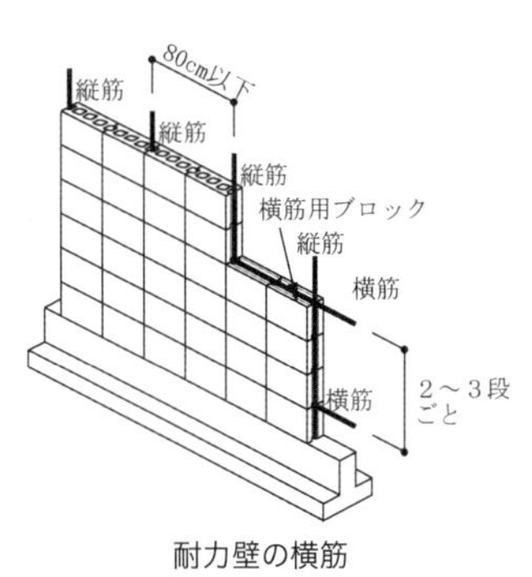

耐力壁の横筋

環境工学
構造力学
各種構造
施工共通
法規
躯体工事
仕上げ工事
施工管理

3）組積

① 縦やり方に水糸を張り、隅角部から順次中央部に向かって水平に積む。

② １日の積上げ高さの上限は、1.6m程度とする。

③ 空洞ブロックは、フェイスシェルの厚い方を上にして積む。

④ 縦目地空洞部には、ブロック２段以下ごとに適切にモルタルまたはコンクリートを充填する。（JASS7は、２～３段ごと）

⑤ 打継ぎ位置は、ブロックの上端から50㎜程度下がった高さとする。

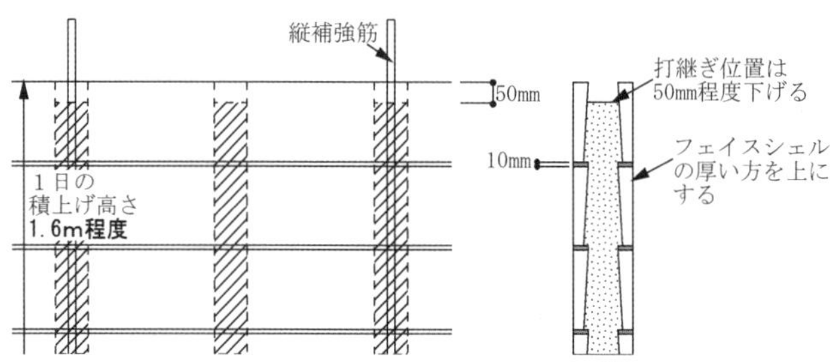

１日の積上げ高さ、フェイスシェルの向き

⑥ モルタルと接するブロック面は、原則として水湿しを行う。

⑦ 鉄筋のかぶり厚さは、ブロックのフェイスシェルの厚さを含めずに、20㎜以上とする。

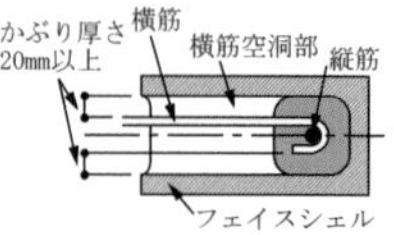

鉄筋のかぶり厚さ

⑧ がりょうに打ち込むコンクリートがブロック壁空洞部に落下しないように、がりょうのすぐ下のブロックには横筋用ブロックを使用する。

⑨ まぐさを受ける開口部両側のブロックは、ブロック積みの最下部からまぐさの下端までモルタルまたはコンクリートで充填する。

⑩ 目地モルタルの硬化前に目地ごてで目地ずりを行う。目地ずりは目地モルタルの表面強度を高め、ブロックと目地モルタルとの接着性をよくするので、耐力上、防水上重要な作業である。

⑪ ブロックの空洞部には、電気配管はしてよいが、上下水道、ガス管は配管してはならない。

10 施工機械

《1》土工事用機械

(a) 整地用機械

① ブルドーザー

・トラクターの前面に排土板(ブレード)を進行方向に直角に装着したもので、表土の切り取り・押しならし・整地等のほか、短距離の運土に適している。

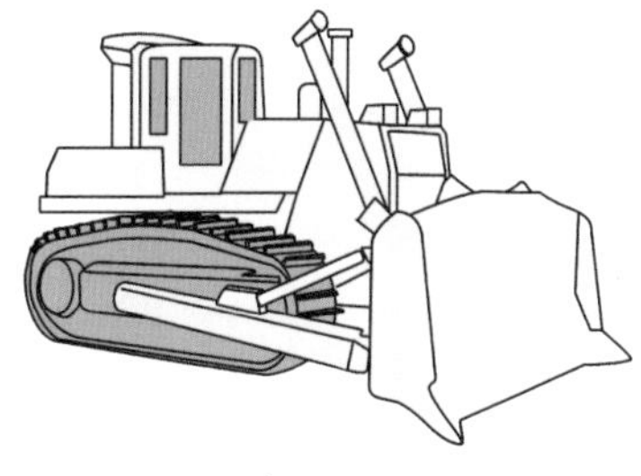

ブルドーザー

・湿地式ブルドーザーは、広い接地面積をもたせたもので、軟弱地盤における走行性に優れている。平均接地圧は、標準ブルドーザーの半分程度である。

② トラクターショベル

トラクターにバケットを装着したもので、土砂、砂利、岩石などをすくい込み、ダンプトラック等の運搬機械に積み込む作業に用いられるほか、表土の切り取り作業にも用いられる。

トラクターショベル(ホイール式)

(b) 掘削（くっさく）機械

1）代表的な掘削機械

①　ショベル系堀削機械

ショベル系掘削機械は、アタッチメントを交換することにより、バックホウ、パワーショベル、クラムシェル、杭打ち機等、様々な機種として使用できる。

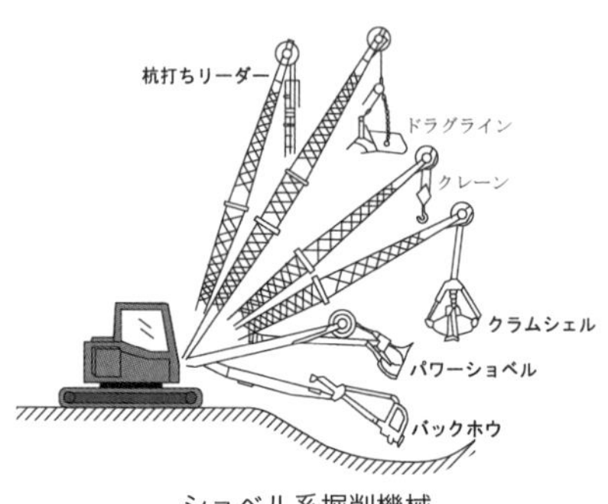

ショベル系掘削機械

②　パワーショベル

機体位置より高い所を掘るのに適している。したがって、山の切り崩し等に適する。かなり硬い所でも掘削できる。

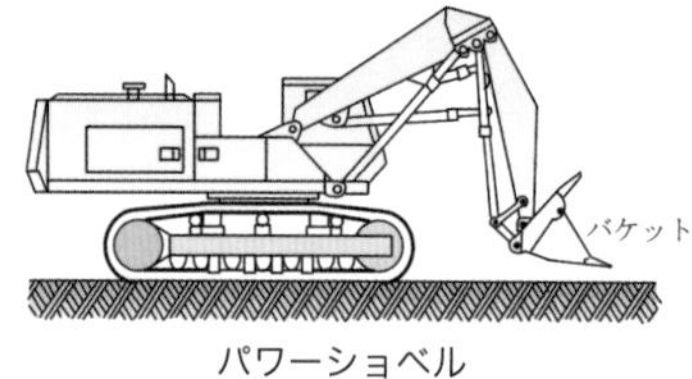

パワーショベル

③　バックホウ

地盤面よりも低い部分の掘削や、水中における掘削に適した掘削機械。パワーショベルと同程度の掘削能力を有しているため、硬い土の掘削作業に適している。最大掘削深さは、６m程度である。

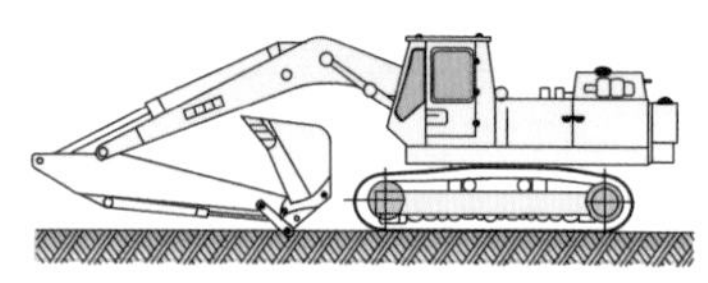

バックホウ

用語　**アタッチメント**

クラムシェルなどのバケットやクレーンのウィンチなど、施工機械の先端に取り付けて作業をする器具。

④ クラムシェル

クレーンで吊ったバケットを口の開いた状態で落下させ、それを閉じて土砂をつかみ取る。作業面積が狭くてすむので、切梁のある根切り工事等に使われる。最大掘削深さは40m程度である。

クラムシェル

2）ショベル系掘削機械の使用上の留意事項

① バケットを40㎝程度の高さに保って走行方向の安全を確認しながら走行する。

② 安定度を超える急斜面の登り降り、急斜面の途中での方向転換は行ってはならない。

③ 転倒防止のため、バケットの大きさは、重い土砂、砂利等には小容量のものを、軽く軟らかい土砂等には大容量のものを使用する。

④ 効率的な掘削ができるよう、土質の硬軟に応じてバケットの掘削角度を変える。

⑤ 効率的な積込みができるよう、切羽からの旋回角度が小さくなるように、トラック等運搬機械の位置を決める。

⑥ ダンプトラックに土砂を積み込む場合、荷台の後方から旋回した方が危険が少ない。

⑦ 足元の掘削においては、法面崩壊時の危険回避のため、クローラーの向きを法肩に直角にして掘削する。

(c) 転圧・締固め機械

1）転圧式

① ロードローラー

重い広幅の鋼製車輪を転動して、土砂・アスファルト舗装の転圧に使う。

用語 切羽
掘削する位置。

② タイヤローラー

専用の空気タイヤにより一定圧力をかけて地盤の締固めを行う。大型タイヤの空気圧を調節して接地圧を変えたり、水や鉄などのバラストによって自重を加減して締固め力を変化させることができる。路盤やアスファルト舗装の転圧に用いられるが、含水比の高い土の締固めには適さない。

タイヤローラー

2）振動式

① 振動ローラー

ローラー内の起振機の振動と機械の重量との振動効果によって突き固める。振動数等を変えることにより、材料の性状に応じた締固めができる。無振動のものと比較して締固め効果が高く、同じ重量であれば、締固め回数を少なくできる。

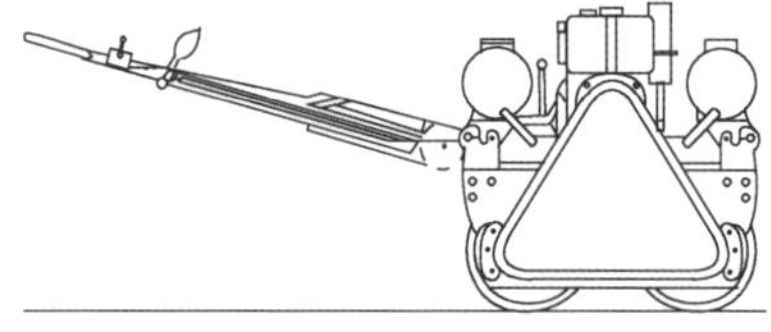

振動ローラー

② 振動コンパクター

振動板に装着した起振機で、平板を振動させて締め固める。

振動コンパクター

3）衝撃式

① ランマー

ガソリン機関の爆発力によって機体を跳ね上げて落下させ、突き固める。大型締固め機械ではできない狭い場所の締固めに採用される。

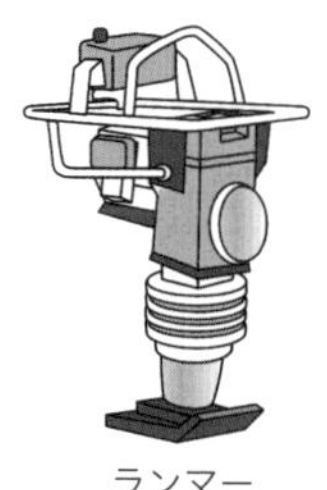

ランマー

《2》クレーン

(a) 代表的なクレーン

1）定置（ていち）式クレーン

① 傾斜ジブ式タワークレーン

自立するマストと起伏（きふく）回転するジブからなるクレーンである。傾斜ジブ式タワークレーンは水平ジブ式タワークレーンに比べて、超高層建築物の鉄骨建方等、大重量で高揚程（ようてい）の工事に適している。

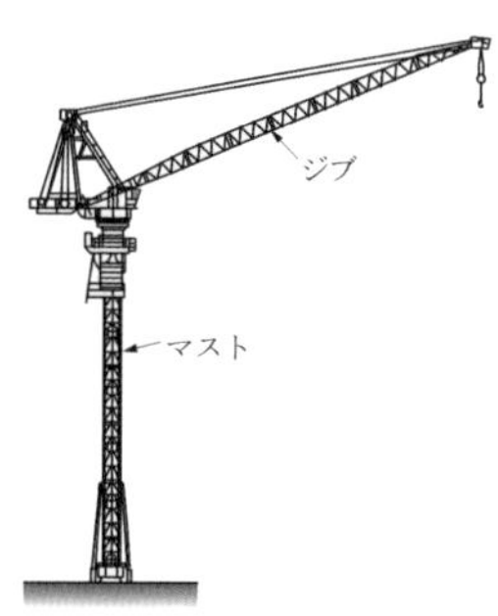

傾斜ジブ式タワークレーン

② 水平ジブ式タワークレーン

ジブが水平で、吊り荷をトロリーにて水平移動することができ、比較的軽量な資材を広範囲に搬送するのに便利である。

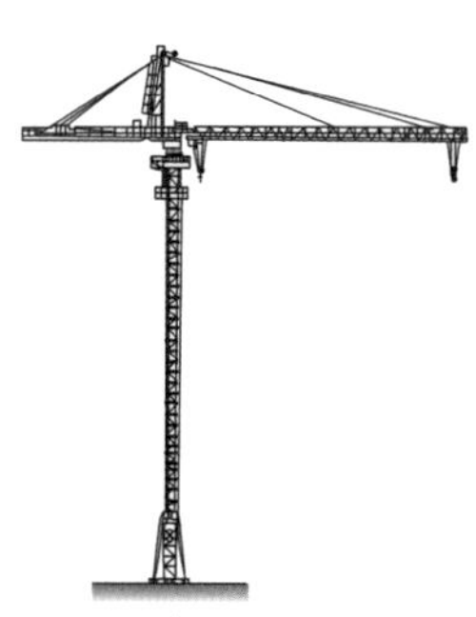

水平ジブ式タワークレーン

2）移動式クレーン

① トラッククレーン

・トラッククレーンは、トラックの車体にクレーンを搭載したもので、作業現場まで迅速に移動でき、機動性に優れている。

・トラッククレーンはブームの形式により、機械式と油圧式がある。機械式はブームの組立て・解体のスペースが必要である。

・トラッククレーンのアウトリガーは、クレーンを安定させるために外に張り出す支柱で、張出し長さを短くすると定格荷重は小さくなる。

油圧式トラッククレーン　　機械式トラッククレーン

② ホイールクレーン（ラフテレーンクレーン）

運転室と操作室が同一である。機動性が高く、道路事情が悪いときや、敷地が狭い場合に適している。

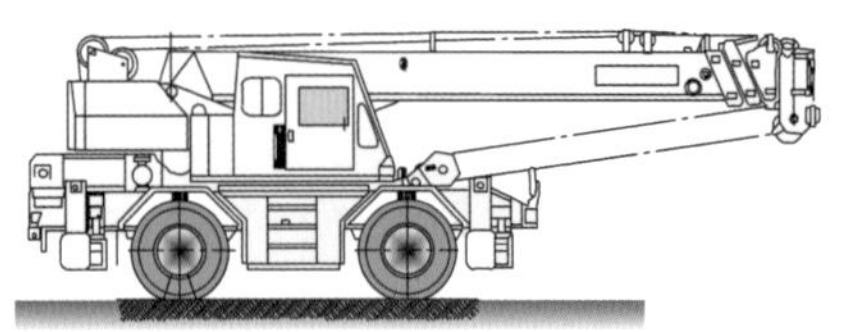

ホイールクレーン

補足 ラフテレーンクレーン
一般に、４輪駆動、４輪操舵システムを搭載している
ホイールクレーンをラフテレーンクレーンと呼ぶ。

③ 車両積載形トラッククレーン

クレーンを装備した小型の移動式クレーンで、荷物の積降し作業と運搬の機能を持っている。

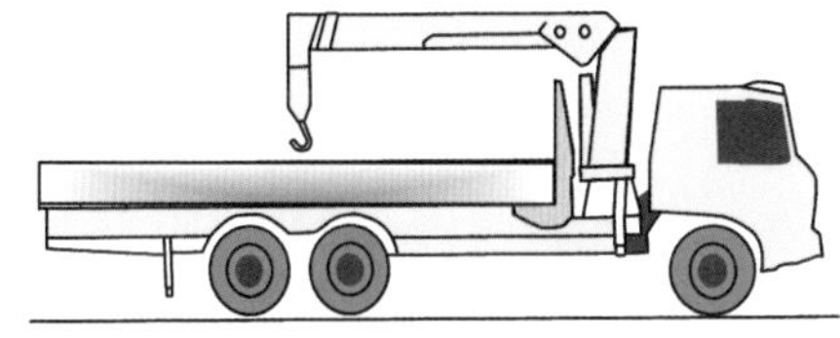

車両積載形トラッククレーン

④ クローラークレーン

- キャタピラで走行する。アタッチメントを装着して、クラムシェルとして使用することもできる。
- 一般にクローラークレーンは機動性に劣るが、不整地、軟弱地盤に対する走行性に優れている。
- **片側のクローラーのみを駆動（くどう）することにより方向変換が容易に行えるなど、小まわり性能に優れている。**また、両方のクローラーを逆駆動することによりスピンターンを行うことができる。

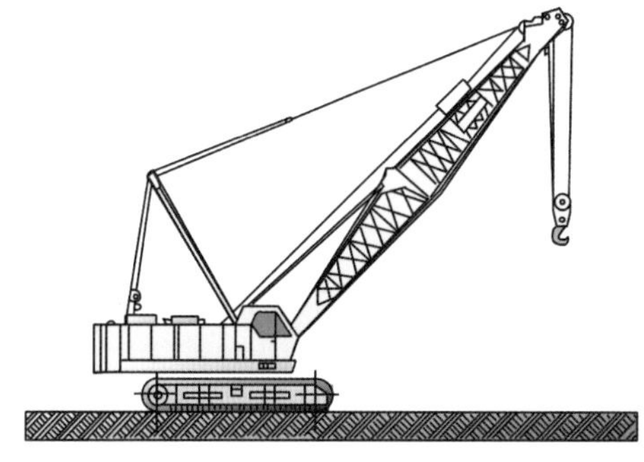

クローラークレーン

⑤ タワー型クローラークレーン

タワー型クレーンがクローラーの上に乗っている。建物に近接しての作業が可能であり、特にPC工事に採用される。

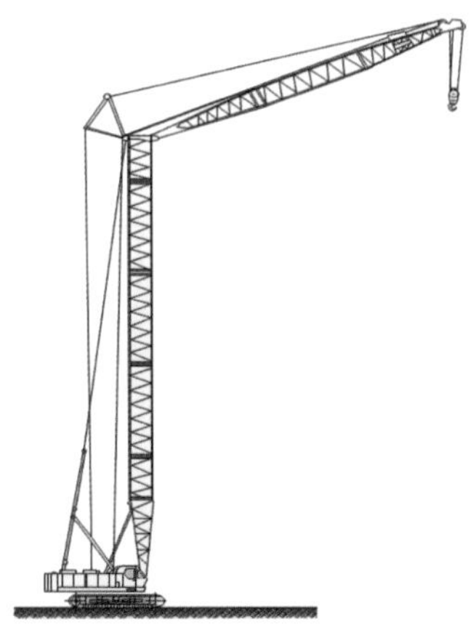
タワー型クローラークレーン

3）その他のクレーン

① 門型クレーン

レール上を走行する脚付きの桁にトロリーを付けたクレーン。材料ストックヤードや鉄筋の加工場等における材料等の積卸しや水平移動に用いられる。

② 天井クレーン

屋内上部に設けたレール上をクレーンガーダーが走行するクレーン。仮設屋根を設けた全天候工法の工事における材料等の積卸しや水平移動に用いられる。

③ 固定型ジブクレーン

マストを用いず、巻上げ装置、起伏装置などを備えたジブ旋(せん)回体を鉄骨や構台に設置するクレーン。屋上などに設置し材料などの揚重に用いられる。

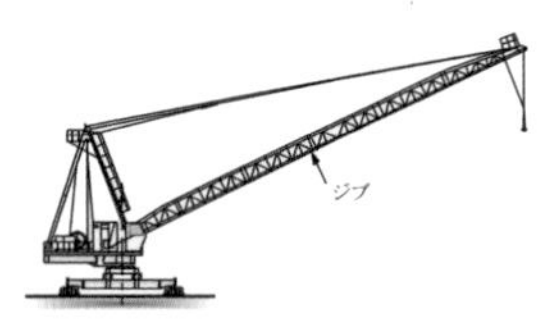

固定型ジブクレーン

(b) クレーンの安全対策

1）つり上げ荷重・定格荷重

つり上げ荷重・定格荷重の定義は、次のとおりである。

① つり上げ荷重とは、クレーンの材料、構造に応じて負荷させることができ

る最大の荷重をいう。

② 定格荷重とは、つり上げ荷重からフック、グラブバケット等のつり具の重量に相当する荷重を控除(こうじょ)した荷重をいう。

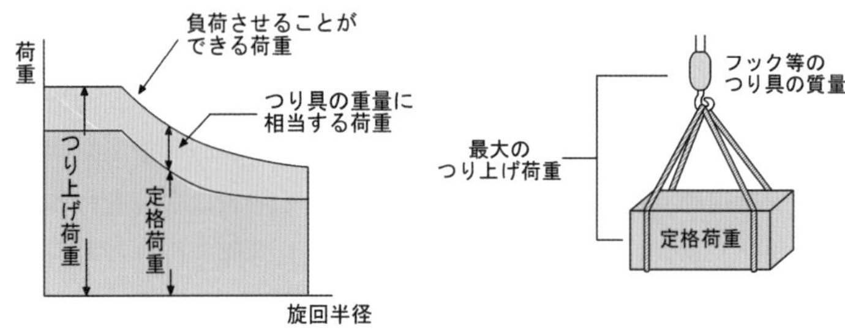

つり上げ荷重と定格荷重

2）自主検査

① クレーンを用いて作業を行うときは、クレーンのワイヤロープの損傷の有無について、原則として1月以内ごとに1回、定期に自主検査を行わなければならない。

② 自主検査の結果を記録し、3年間保存しなければならない。

3）点検

① クレーンを用いて作業を行うときは、その日の作業を開始する前に、巻過防止装置、過負荷警報装置等の機能について点検を行わなければならない。

② 瞬間風速が30m/sを超える風が吹いた後に作業を行うときは、クレーン各部の異常の有無について点検した後に使用する。

4）強風対策

① クレーンによる作業は、10分間の平均風速が10m/s以上の場合は中止する。

② 強風により移動式クレーンが転倒する恐れがある場合は、ジブの位置を固定させる等の措置を講じなければならない。

5）その他安全対策

① 移動式クレーンを用いて作業を行うときは、アウトリガーを最大限に張り出さなければならない。

② クレーンを用いて作業を行うときは、運転者及び玉掛(たまが)けをする者が、当該クレーンの定格荷重を常時知ることができるよう、表示その他の措置を講じなければならない。

③ クレーンを用いて作業を行うときは、事業者がクレーンの運転について一定の合図を定め、合図を行う者を指名して、その者に合図を行わせなければならない。クレーンの運転者は、指名された合図を行う者の合図に従わなければならない。

④ クレーンを用いて作業を行うときは、事業者が作業に係る労働者の配置及び指揮の系統を定めなければならない。

⑤ クレーンによる作業において、次のいずれかに該当するときは、つり上げられている荷の下に労働者を立ち入らせてはならない。

- ハッカーを用いて玉掛けをした荷がつり上げられているとき。
- つりクランプ１個を用いて玉掛けをした荷がつり上げられているとき。
- ワイヤロープ等を用いて１箇所に玉掛けをした荷がつり上げられているとき。
- 移動式クレーンの上部旋回体の旋回範囲内。

⑥ クレーンを用いて荷をつり上げるときは、外れ止め装置を使用しなければならない。

⑦ 作業の性質上やむを得ない場合、クレーンのつり具に専用のとう乗設備を設けて労働者を乗せることができる。

《3》リフト・エレベーターの安全対策

① 建設用リフトは、原則として１月以内ごとに１回、定期に、定められた事項について自主検査を行わなければならない。

用語 **ハッカー**
荷をつり上げるとき、2個以上の偶数セットで対向して荷に引っ掛ける爪状のつり具。

② 建設用リフトを用いて作業を行うときは、建設用リフトの運転について合図を定め、合図を行う者を指名して、その者に合図を行わせなければならない。

③ 建設用リフトの搬器(はんき)に労働者を乗せてはならない。

④ ロングスパン工事用エレベーターは、数名の人員と長尺物の材料の運搬ができるエレベーターである。搬器及び昇降路のすべての出入り口の戸が閉じていない場合には、搬器を昇降させることができない装置を設ける。

工事用エレベーター

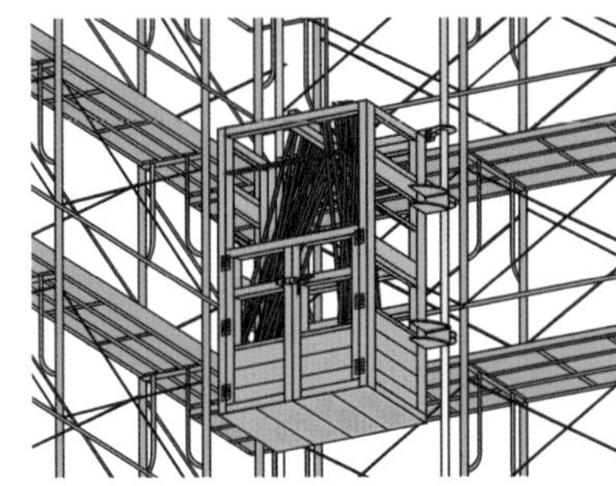

建設用リフト

《4》ゴンドラの安全対策

① ゴンドラを使用して作業するときは、原則として、1月以内ごとに1回自主検査を行わなければならない。

② ワイヤーロープが通っている箇所の状態の点検は、その日の作業を開始する前に行わなければならない。

③ ゴンドラを使用して作業を行う場所については、当該作業を安全に行うため必要な照度を保持しなければならない。

④ ゴンドラの操作の業務に労働者をつかせるときは、当該労働者に対し、安全のための特別の教育を行わなければならない。

⑤ ゴンドラを用いて作業を行うときは、ゴンドラの操作について、一定の合図を定め、合図を行う者を指名して、合図を行わせなければならない。

⑥ ゴンドラの作業床において作業を行うときは、要求性能墜落制止用器具等を使用させなければならない。

⑦　ゴンドラの操作を行う者を、当該ゴンドラ使用中に、操作位置から離れさせてはならない。

⑧　ゴンドラの作業床の上で、脚立、はしご等を使用して労働者に作業させてはならない。たとえ停止したゴンドラ作業床であっても、脚立を使用して作業させてはならない。

⑨　ゴンドラを用いて作業を行っている箇所の下方には、関係者以外の者が立ち入ることを禁止し、かつ、その旨を見やすい場所に表示しなければならない。

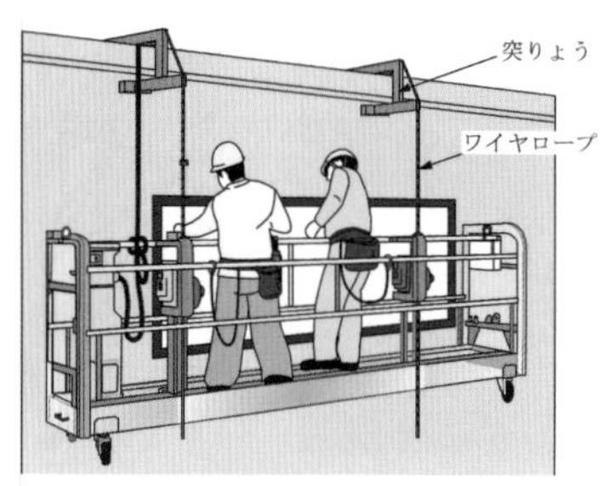

ゴンドラ

11 耐震改修工事

《1》一般事項

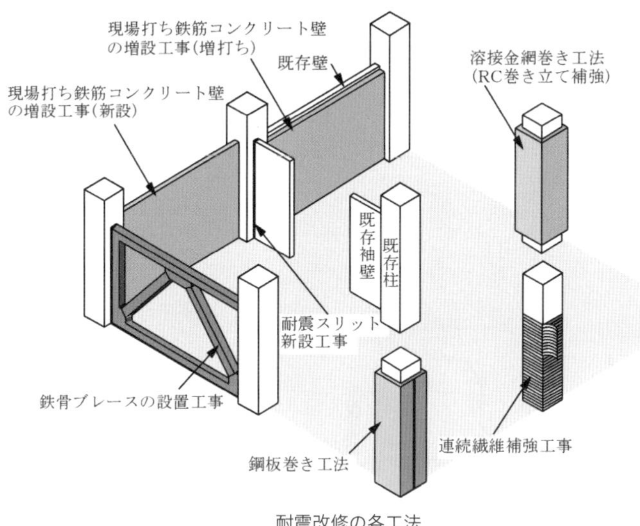

耐震改修の各工法

1）既存部分の処理

次の部分の**既存構造体コンクリート面**には、目荒しを行う。

① **新設耐震壁、増打ち耐震壁等との打継ぎ部のコンクリート面**

② 鉄骨ブレースの取り付く範囲のコンクリート面

③ 柱補強工事(連続繊維補強工法以外)のコンクリート面

用語 **目荒し**
下地が平滑でコンクリート等が付着しにくい場合、
下地に凹凸を付け、粗面にすること。

2）あと施工アンカー

① 一般に、接着系アンカーは金属系アンカーに比べ、引張耐力は大きい。

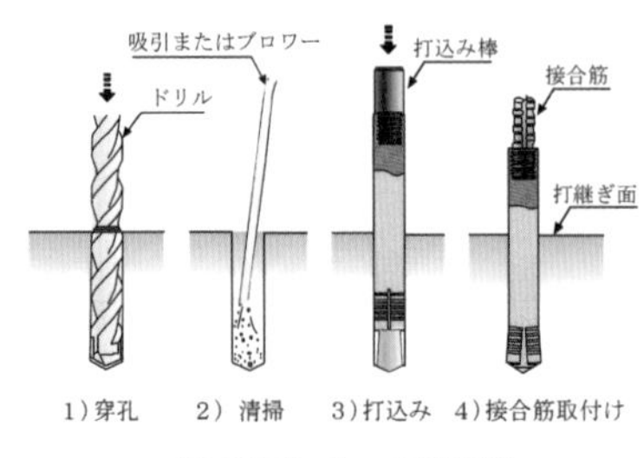

金属系アンカーの施工例

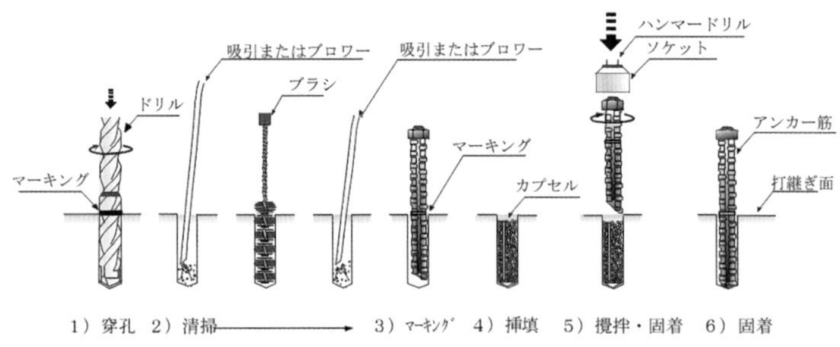

接着系アンカーの施工例

② 規定の穿孔（せんこう）深さを確保するために、ドリルに穿孔深さを示すマーキングを施す。

③ 耐震補強工事では、はつり出しや目荒しを行うため、規定の穿孔深さを確保するためには、はつり出しや目荒しの底面を基準として穿孔する。

④ あと施工アンカーの躯体端面からのへりあき寸法は、アンカー径の2.5倍以上かつ主筋の内側へ入れる。

用語 金属系アンカー
既存コンクリートに穿孔を行い、その部分に打設したアンカー本体とコンクリートの抵抗機構により固着するあと施工アンカー。

用語 接着系アンカー
既存コンクリートの穿孔部分に接着剤カプセル等を装着し、攪拌（かくはん）してアンカー筋を固着するあと施工アンカー。

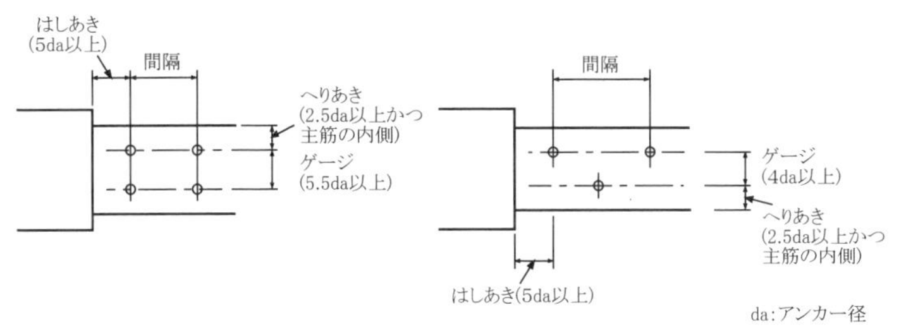

あと施工アンカーのへりあき寸法

⑤ 穿孔は、施工面に対して直角とし、鉄筋等に当たった場合は、穿孔を中止し、付近の位置に再穿孔を行うことを原則とする。

⑥ 接着系アンカーに用いるアンカー筋は、異形棒鋼とする。丸鋼は、コンクリートと接着剤の付着性が悪いため、アンカー筋としては用いない。

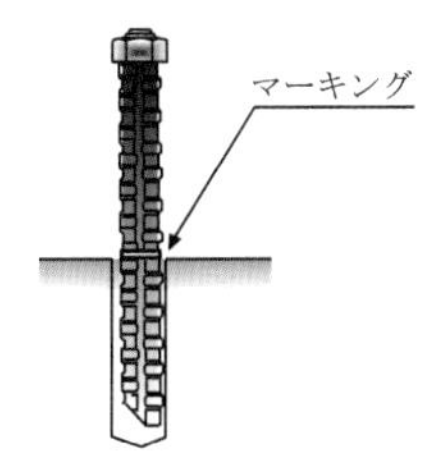

接着系アンカー(カプセル型)のアンカー筋

⑦ アンカー筋については、埋込み先端を斜め45°に加工したものを使用し、埋込み長さのマーキングを施す。その後、埋込み機械により打撃・回転を与えて孔底まで垂直に埋め込む。

⑧ あと施工アンカーの施工後の確認試験は、特記がなければ、引張試験機による引張試験とし、次による。

- 1ロットは、1日に施工されたものの径ごととする。
- 試験の箇所数は、1ロットに対し3本とし、ロットから無作為に抜き取る。
- 確認試験荷重については、一般には、非破壊の試験とし、計算で得られたアンカーの鋼材による引張荷重、またはコンクリート破壊による引張荷重の小さい方の2/3程度の荷重を確認荷重とする。
- ロットの合否判定は、ロットの全ての試験箇所が合格と判定された場合に、当該ロットを合格とする。
・不合格ロットは、残り全数に対して試験を行う。
・試験の結果、不合格となったあと施工アンカーは、監理者と協議を行い、再施工する。

3）コンクリートの打込み

新設耐震壁、増打ち耐震壁等に、新規で打ち込むコンクリートは、流し込み工法、圧入工法のいずれの場合も、**打込み区画は1壁ごととし**、原則として打継ぎはしない。

《2》現場打ち鉄筋コンクリート壁の増設工事

(a) 鉄筋の加工及び組立て

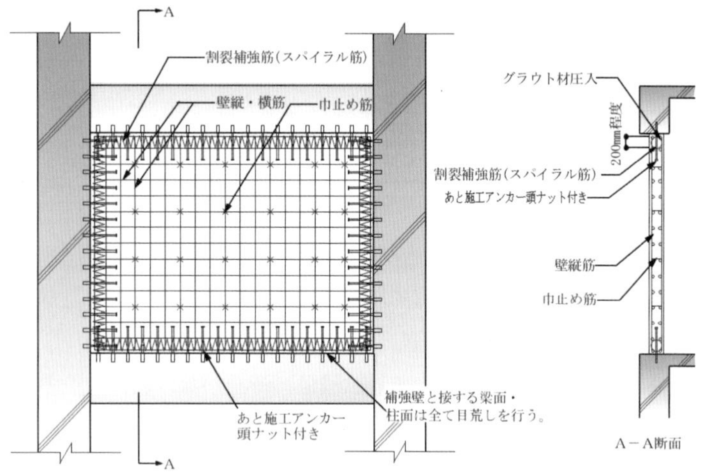

新設耐震壁における補強例

用語 新設耐震壁
既存柱梁構面内に壁を増設する工事である。

用語 増打ち耐震壁
既存壁に増打つ工事や、既存壁の開口閉塞を行った後で壁を増打つ工事がある。

あと施工アンカーが多数埋め込まれる増設壁部分には、あと施工アンカー筋による新設コンクリート、グラウト材の割裂防止のため、割裂(かつれつ)補強筋(スパイラル筋、はしご筋)を設ける。

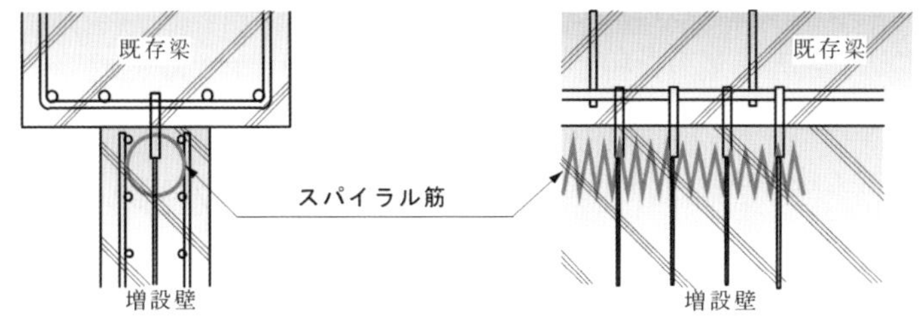

割裂補強筋

(b) コンクリートの打込み

コンクリートの打込み工法には、流し込み工法及び圧入工法がある。

① 流し込み工法(グラウト材注入)

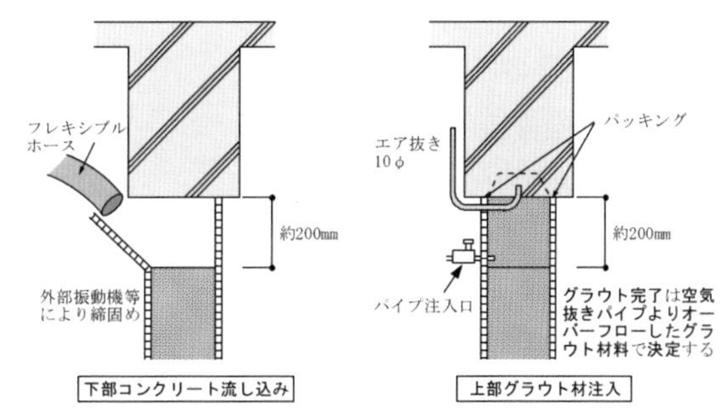

グラウト材注入工法の例

- 増設壁の既存梁下面より200mm程度までコンクリートを打設する場合、この梁下面200mm程度のすき間にはグラウトを注入(圧入)する。
- 既存構造体と増設壁との取合い部分には、増設壁のコンクリートが硬化

用語 割裂補強筋
モルタルの収縮ひび割れの分散、補強接合部に高い応力が加わった時のモルタルの拘束を助ける効果がある。

用語 スパイラル筋
1本の長い鉄筋をらせん状に加工したもの。

してからグラウト材を注入する。

・グラウト材の圧縮強度試験の供試体の材齢は、3日及び28日とし、養生は現場封かん養生とする。

② **流し込み工法(2段打ち)**

型枠の上部から重力を利用してコンクリートを流し込む工法である。

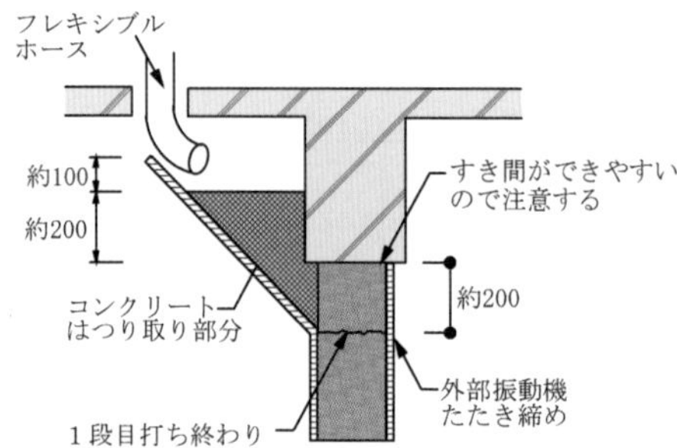

流し込み工法の例(単位:mm)

・一般に型枠上部に流し込み用開口を設け、コンクリートの投入口は、コンクリートの打込みに支障のないように適切な間隔で配置する。

・打込み高さが高い場合は、コンクリートの投入口を2段以上に配置する。

・壁上部の打込みは、コンクリートの沈降を待って2段打ちとし、打設するコンクリートは、膨張性混和剤を添加した無収縮コンクリートとする。

③ **圧入工法**

コンクリートポンプ等の圧送力を利用して、高流動コンクリートを直接圧入して打設する工法で、既存梁と増設壁との接合をより確実に行うことができる。

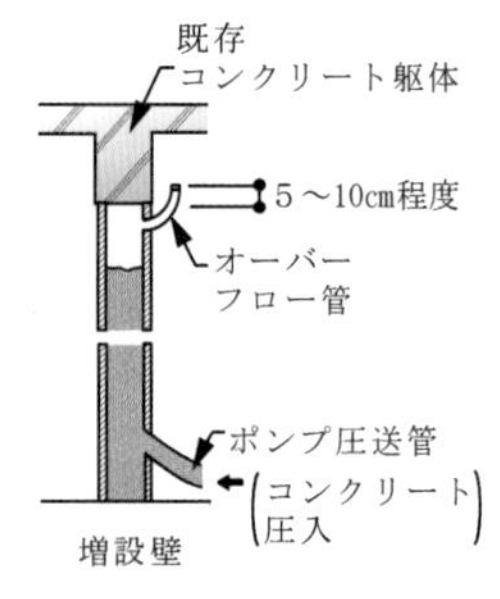

圧入工法

・型枠下部には、鉄筋等が圧入の障害とならない位置に圧入孔管を設ける。

・型枠上部には、空気抜き孔やオーバーフロー管を設ける。

・オーバーフロー管の流出先の高さは、必ずコンクリートの圧入高さより高くし、既存梁の下端の高さより5～10㎝程度高くする。

・打込み高さが高い場合は、コンクリートの圧入孔管を2段以上に配置する。

④ コンクリートの締固めは、型枠の外から型枠振動機、突き棒・たたきを用いる方法が一般的である。

(c) 既存構造体との取合い

① グラウト材は、練上り時の温度が10～35℃の範囲になるものを注入する。

② 注入孔は、グラウト材が壁の左右に均等に注入されるようにするため、壁中央の最も低い位置に1箇所設ける。

③ 注入前には、コンクリート部分及び注入孔を水洗い・清掃し、レイタンス等の不純物を除去する。型枠、コンクリート表面には、適度に散水する。散水できない所では、プライマーを塗布する。

④ グラウト材の注入は、中断することなく、予定した部分は一気に注入する。

(d) 鉄筋コンクリート造の増打ち耐震壁

増打ち壁と既存壁の一体性を増し、はく離による耐力低下を防ぐために、シアコネクターを設ける。シアコネクターを金属系アンカーとする場合は、改良型本体打込み式が望ましい。

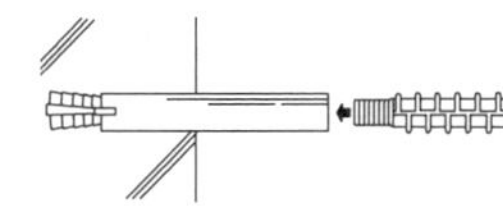

改良型本体打込み式

シアコネクターとして既存壁に設置したあと施工アンカーは、セパレーターとして兼用できる。

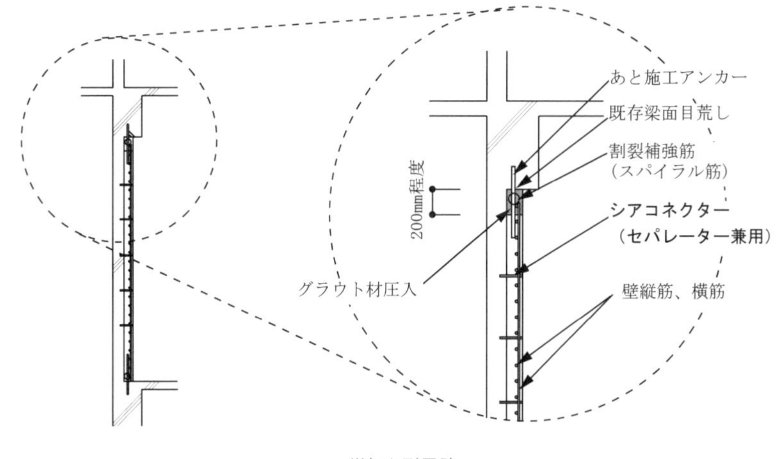

増打ち耐震壁

《3》鉄骨ブレースの設置工事

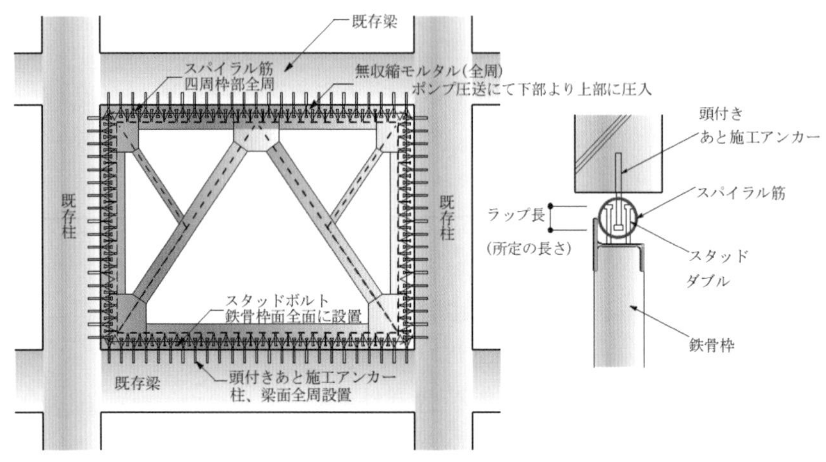

鉄骨枠付きブレースの分割の例

① スタッドとアンカーとのラップ長は、補強壁の耐力に影響を及ぼすので、設計図のとおり(所定の長さ)に施工しなければならない。

② 既存躯体の取り合い部分に使用するあと施工アンカーは、金属系(改良型頭付本体打込み式)アンカーまたは接着系アンカーが望ましい。

③ 鉄骨ブレース架構(かこう)部は、全て工場製作された一体型のものの他に現場で鉄骨ブレース架構を組み立てる場合がある。現場組立てにおける鉄骨ブレース架構の継手は全て高力ボルト接合とし、溶接接合は極力避ける。

《4》柱補強工事

(a) RC巻き立て補強(溶接金網巻き工法・溶接閉鎖フープ巻き工法)

既存柱の外周部を60～150㎜程度の厚さの鉄筋コンクリートまたは鉄筋補強モルタルで巻き立てて補強する方法である。柱の変形能力の向上のみを図る場合は、曲げ耐力の上昇を防ぎながらせん断耐力を向上させる目的で、床上と梁下に30 ～ 50㎜程度のスリットを設ける他、スリットを設けずに柱断面積を増大させて、柱の曲げ・せん断・軸耐力を増大させる補強方法もある。

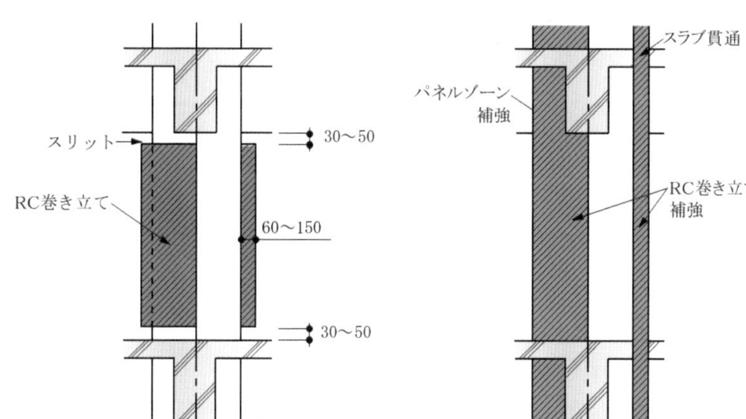

RC巻き立てによる柱の補強(単位：㎜)

1)溶接金網巻き工法

① 溶接金網は、型枠建込み用のセパレーター等に結束して、かぶり厚さを確保する。

② 溶接金網は分割して建て込み、相互の接合は重ね継手とする。通常の継手長さは、最外端の縦筋間隔に100㎜を加えた長さ以上、かつ、200㎜以上とする。

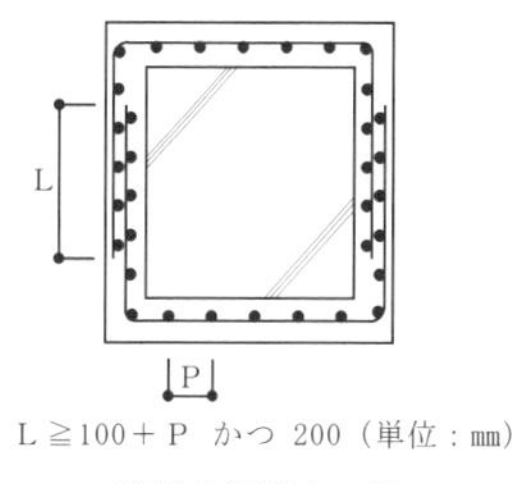

溶接金網巻き工法

③ RC巻き立て部分の厚さは、構造体用モルタルを充填する場合は６㎝以上、コンクリートを充填する場合は10㎝以上とする。

用語 スリット
鉄筋コンクリート造で柱と壁や梁と壁との縁切りをするために、その取合いに入れる溝。

2）溶接閉鎖フープ巻き工法

① 溶接閉鎖フープには、直径９㎜または呼び名Ｄ10以上の鉄筋を100㎜ピッチ以下、フープ筋内に配置する縦筋は、フープ筋より１サイズ大きい径の鉄筋を250㎜以下の間隔で配置する。

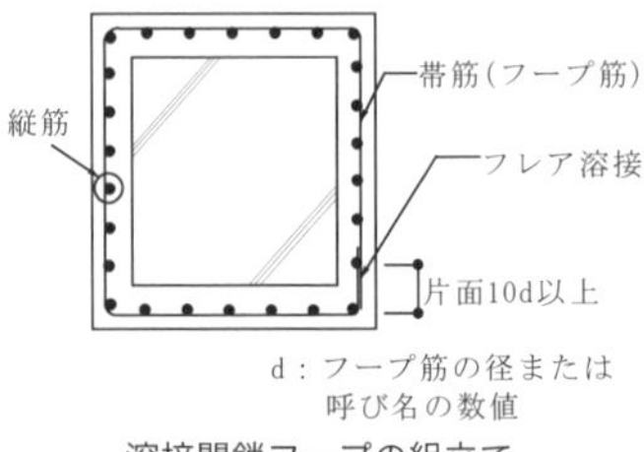

溶接閉鎖フープの組立て

② フープ筋のコーナー部の折曲げの内法直径は、フープ筋の径または呼び名に用いた数値の３倍以上とする。

③ フープ筋の継手は、溶接長さが片側10ｄ以上のフレア溶接とする。

④ 壁付きの柱を補強する場合または腰壁・垂れ壁付きの柱を壁内も含めて補強する場合は、壁に穴をあけて閉鎖型にフープ筋を配置する。

3）コンクリート及び構造体用モルタルの打込み

① 流し込み工法

・コンクリート等の打設は、打設用ホース等を用いて柱頭部に設ける打設用型枠から行う。

・１回の打込み高さは１ｍ程度とし、１回ごとに締固めを行う。締固めは振動機を用いるほか、突締め、たたき締めも有効に用い、コンクリートまたは構造体用モルタルを密実に締め固める。

② 圧入工法

・型枠下部の側面に設けた圧入口よりコンクリート等を低速で圧入する。

・木槌等による型枠への打撃音により充填状況を確認しながら圧入する。

・圧入口にはコンクリート等の逆流を防止する装置を設け、型枠頂部からのコンクリート等の吹き出しを確認した後、圧入口を速やかに密閉する。

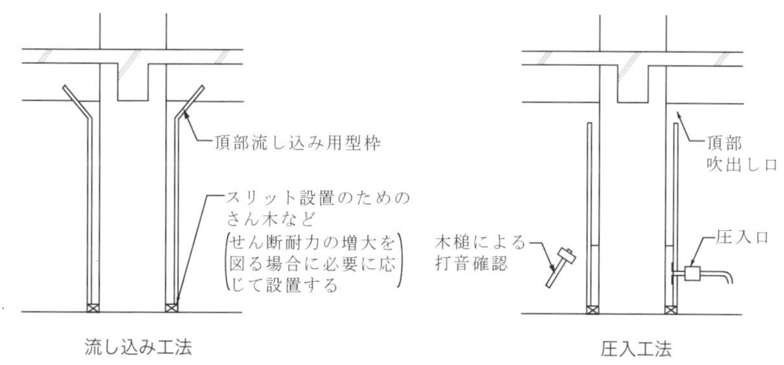

(b) 鋼板系巻き立て補強

柱の靭性(じんせい)を高めるため、鉄筋コンクリート造または鉄骨鉄筋コンクリート造の既存独立柱の周囲に厚さ4.5～9㎜の薄鋼板を巻き、すき間にモルタルを充填し、柱のせん断補強を行う工法である。なお、現場完全溶込み(突合せ)溶接の場合は、厚さ6㎜以上の鋼板とする。

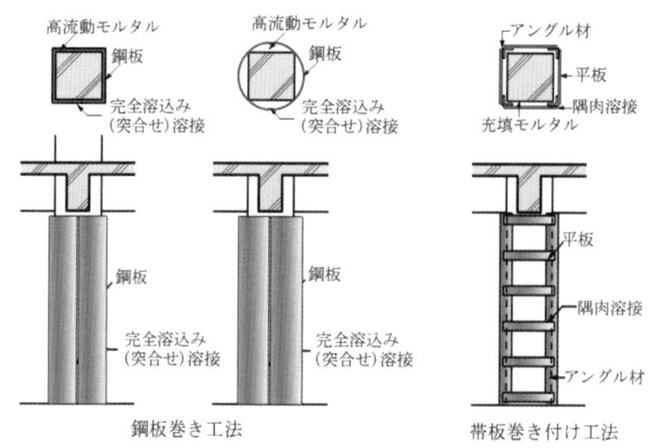

鋼板系の巻き立て補強

1）鋼板巻き工法

① 厚さ4.5～9㎜の薄鋼板を角形や円形に巻いて、すき間に高流動モルタル(グラウト材)を充填する。

② 鋼板の形状は円形または角形とし、角形の場合は、角部に内法半径が板厚の３倍以上のアールを設ける。

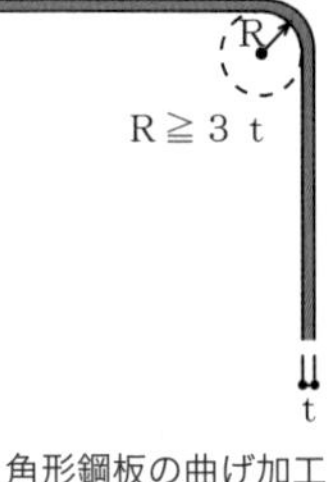

角形鋼板の曲げ加工

③ 鋼板は、二つ割以上に分割して工場製作し、現場にて溶接により一体化する。

④ 現場完全溶込み(突合せ)溶接の場合は、厚さ６㎜以上の鋼板とする。

⑤ グラウト材は、プレミックスタイプの無収縮モルタルとし、型枠下部に設けた圧入孔よりモルタルポンプを使用して圧入する。

⑥ グラウト材は極めて高い流動性を有しているので、充填作業にあたっては、鋼板下部をシール等で十分に塞(ふさ)ぐ必要がある。

2）帯板巻き付け工法

柱の四隅にアングル材を建て込み、平板を溶接して裏側にモルタルを充填する。

(c) 連続繊維(炭素繊維)補強工事

一般に、連続繊維補強は、幅250～500㎜の炭素繊維を敷き並べたシートを、エポキシ樹脂を含浸(がんしん)させながら柱の周面に巻き付ける工法である。

1）下地処理

① コンクリート表面の凹凸は、削り取り、断面修復材及び下地調整材等で平滑にする。

② 柱の隅角部は、半径20～30㎜のＲ面取りとする。

③ 建具や新設壁用等のアンカー筋は、事前に埋め込んでおくか捨てボルトを差し込んでおく。

補足

面取りは、柱の角によって、炭素繊維が損傷してしまうおそれがあるため行う。

2）連続繊維（炭素繊維）シートの貼付け

① 一般には、1段ごとに水平に貼り付ける。通常、各段1枚もので貼り付けられるので1段に1箇所ラップを作ることとなる。したがって、シートの切り出し長さは、柱の周長にラップ長さを加えた長さとなる。

② 連続繊維シートの重ね長さは母材破断を確保できる長さとし、200㎜以上とする。また、重ね位置は、各面に分散させる。

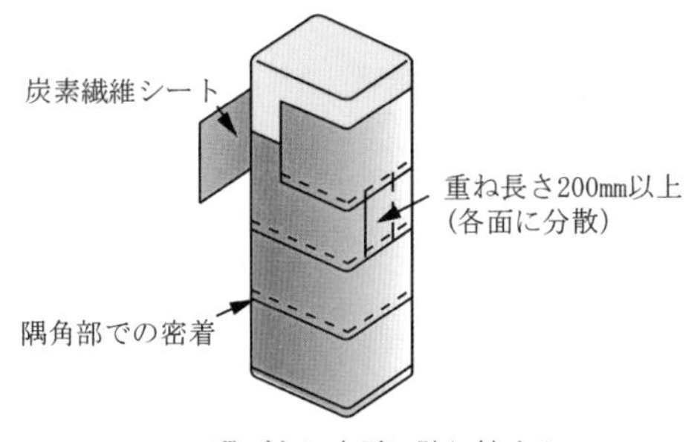

連続繊維補強工事

《5》耐震スリット新設工事

耐震スリットとは、耐震設計を考慮していなかった非構造の鉄筋コンクリート壁が、柱や架構に悪影響を及ぼし耐震性能を低下させることを防止するために設ける構造目地である。

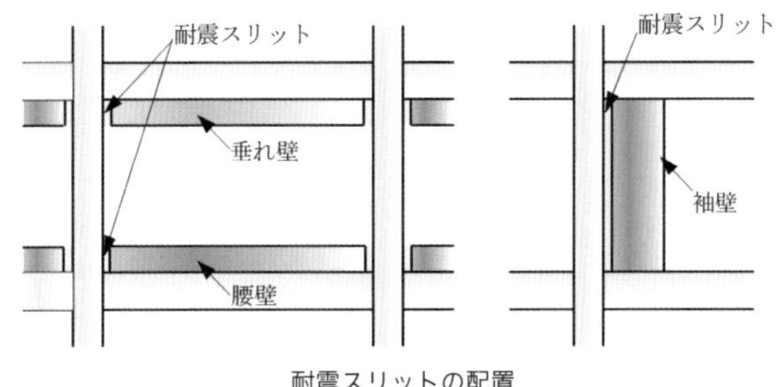

耐震スリットの配置

ポイント
施工上の重ね位置（継手）は、ずらすことを原則とする。
例：鉄筋の重ね継手等

①　完全スリット

壁と柱を完全に縁切りするもので、既存の鉄筋コンクリート壁に30 ～ 40㎜のすき間を設ける。

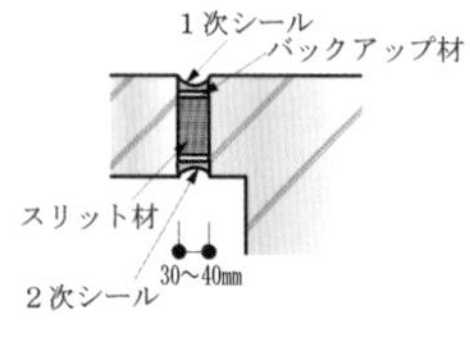

完全スリット

②　部分スリット

壁断面の一部分を切り欠き大地震時にスリット部を損傷させることにより、柱への影響を断つ。

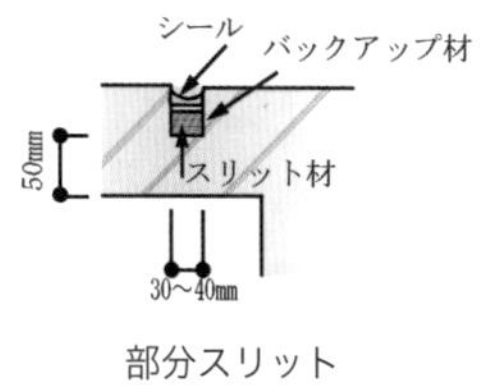

部分スリット

12 解体工事

《1》一般事項

① 周辺に対する騒音・振動・粉じん等の環境問題及び解体作業時の安全性に十分配慮しなければならない。

② 敷地や周辺の条件は様々であり、受注者等は、このような諸条件を勘案しつつ、それぞれの現場で適切な工法を選択する。

《2》用語の定義

① **分別解体**

建築物等に用いられた建設資材に係る建設資材廃棄物をその種類ごとに分別しつつ工事を計画的に施工する行為。

② **破砕(はさい)解体**

鉄筋コンクリート造や鉄骨鉄筋コンクリート造の各部位のコンクリート等を圧砕(あっさい)機等で破砕して解体する工法。

③ **転倒解体**

壁・柱や煙突等の脚部を部分的に欠き込み、頂部を引きワイヤーまたは重機等で手前に引くことで、所定の方向に転倒させる工法。

④ **部材解体**

躯体を柱・梁等の部材ごとに切り離して解体する工法。部材同士が組み合わさったブロックごとに切り離し、建物外へ移動したのち破砕する工法もこれに含まれる。作業中の騒音・振動・粉じんの発生等は少ないが、切り離した部材またはブロックの吊降しの際の安全に注意が必要である。

⑤ **自立状態**

柱・壁等が、控えとなっている他の架構(柱・梁・壁等)から切り離され、単独で自立した状態。

《3》騒音・粉じん等の対策

1）騒音対策

① 騒音について、騒音規制法により特定建設作業に該当する解体作業の場合、敷地境界線で85dB以下とされているので、解体工事に用いる機械(解体重機、ブルドーザー、クレーン、トラック等)は低騒音のものを採用する。

② 特記がなければ、防音パネル等を建物外周部にすき間なく設け、作業場から外部への騒音、物体の飛散を防止する。

2）振動対策

① 振動については、振動規制法により特定建設作業に該当する解体作業の場合、振動の大きさ及び区域による作業時間が規定されており、敷地境界線における振動の規制基準は75dB以下とされている。

② 振動の低減には、作業地盤に柔らかい材料を敷き並べて用いる方法が有効である。鉄筋コンクリート造建築物の外周部を解体する場合、転倒体が転倒する位置にコンクリートガラや鉄筋ダンゴなどのクッション材を設置する。

3）粉じん対策

① 解体作業現場内の粉じん濃度について法的基準はないが、厚生労働省の「ガイドライン」では１時間値の屋外作業場の粉じんの管理濃度を３mg/m^{3}以下としている。

② 解体工事でブレーカー、穿孔(せんこう)機、破砕機、圧砕機等を稼働する時は、専用の散水設備を近くに設け、直接粉じん発生部に常時散水を行う。

《4》建築物の解体

(a) 鉄筋コンクリート造建築物の解体

階上からの作業による破砕解体の場合、解体重機やコンクリート塊の重量に対する床や梁の強度の検討が必要となる。また、地上からの作業による破砕解体の場合、地盤の強度も含めて解体重機の転倒防止、飛散落下物防止等、作業の安全に十分な配慮が必要である。なお、ここでは階上からの重機による作業を「階上作業」、地上からの重機による作業を「地上作業」という。

1）解体手順

解体作業は、原則として次の手順で行う。

① 建築設備の取り外し
② 内装材の取り外し
③ 外装材の取り外し
④ 屋根葺材等の取り外し
⑤ 躯体の取り壊し
⑥ 基礎及び杭の取り壊し
⑦ 構内舗装等の取り壊し
⑧ 地下埋設物及び埋設配管の撤去

2）解体方法

解体方法には、手作業または機械による作業がある。

① 手作業

バール、ハンマー等の手持工具を使用して人力で解体する方法。

② 機械による作業

バックホウに「つかみ機」、「圧砕機」等のアタッチメントを装着して、機械力で解体する方法。

3）解体工法

① 圧砕機の地上作業による解体

- 地上作業による解体では、通常、ブームの長い圧砕機（解体重機）が使用されるが、原則として上階から下階に向かってスラブ、梁、壁、柱の順に解体を進める。
- 作業開始面の外壁を上階から下階に向かって全階解体し、圧砕機オペレーターの視界を確保する。

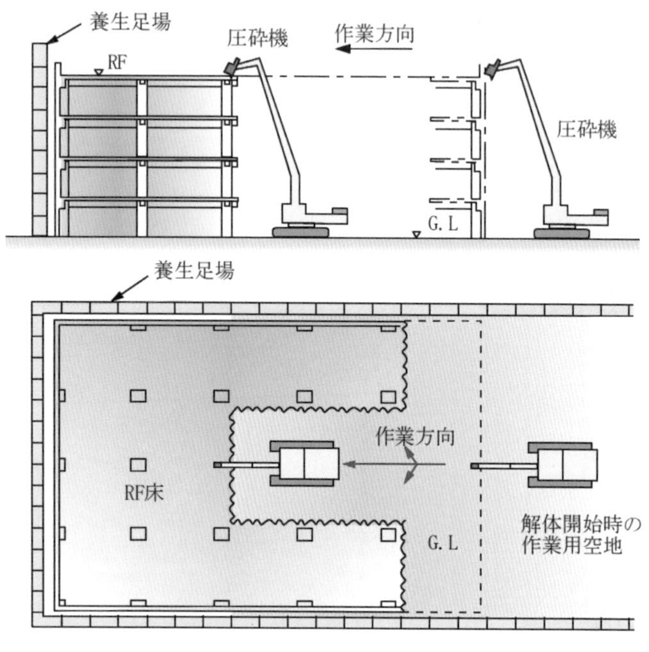

圧砕機の地上作業による解体手順例

② 圧砕機の階上作業による解体

・解体に先立ち、解体されたコンクリート塊を下部に落とすための開口部をハンドブレーカ等で作成する。

・階上作業による解体は、建物周辺への粉じん、騒音の影響を少なくするため、外壁を自立・安定な状態でできるだけ残しながら中央部分を先行し、原則として、上階から順に1層ごとに解体を進める。また、重機に対応した床版の補強を行う。

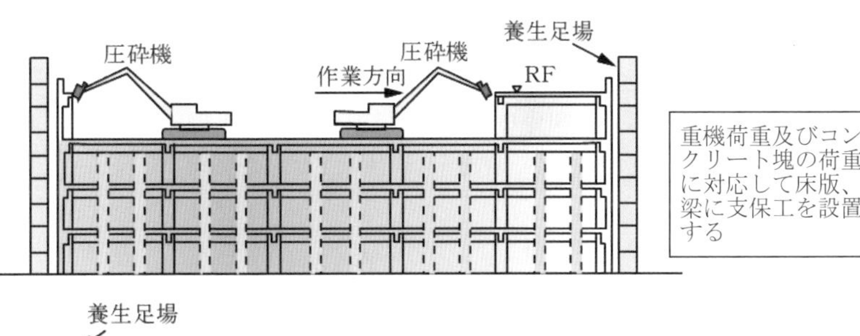

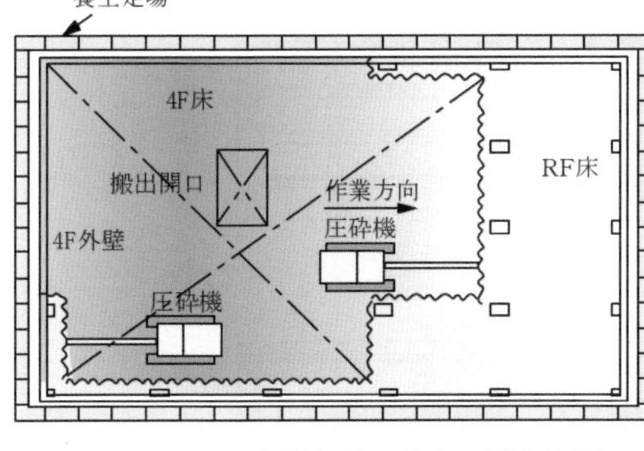

圧砕機の階上作業による解体手順例

・階上作業による解体では、解体重機を屋上にクレーンで揚重し、最上階から解体する。解体したコンクリート塊でスロープを作成し、解体重機を下の階に降ろす。

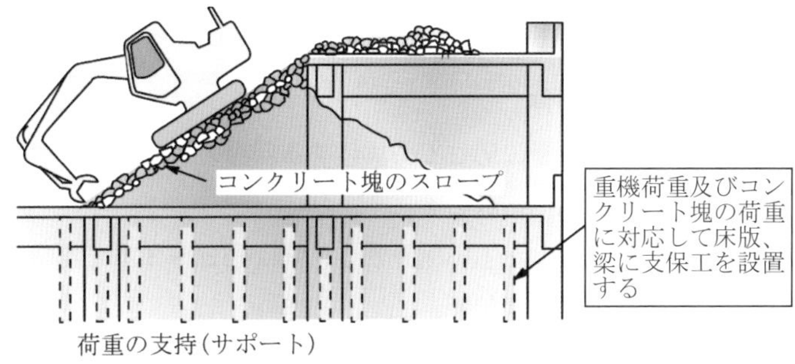

コンクリート塊のスロープを降りる重機

③ 大型ブレーカの階上作業と転倒工法による解体

大型ブレーカによるスラブや梁等の水平材の解体作業は、大型ブレーカ走行階の部材を後退しながら解体していく。壁や柱等の鉛直部材は、走行階の立上り部分の部材を前進しながら解体していく。

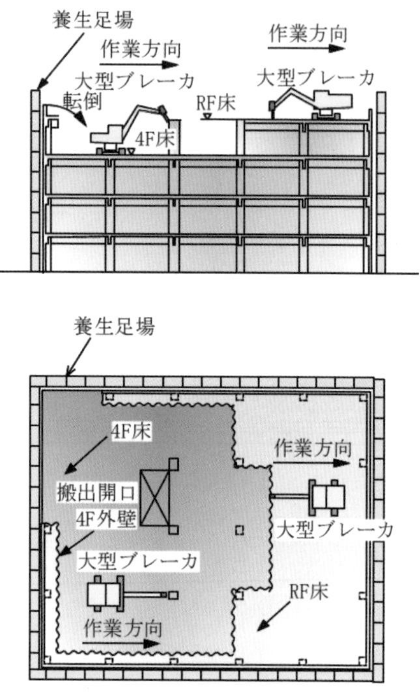

大型ブレーカの階上作業と転倒工法による解体手順例

④ 外壁転倒工法による解体

・倒す壁の大きさや重量に応じて、解体する部材の大きさを検討し、倒壊時の振動を規制値以内に収める。

・転倒体の高さは原則として１階分とし、幅は柱２～３本を含む１～２スパン程度とするのが望ましい。

・一般に、壁下部の水平方向の縁切り、壁及び梁端部の垂直方向の縁切り、柱脚部の主筋の順に解体する。

・柱脚部の主筋は、内側の主筋を逆転防止のため最後まで残し、側面の主筋、外側の主筋の順に切断する。

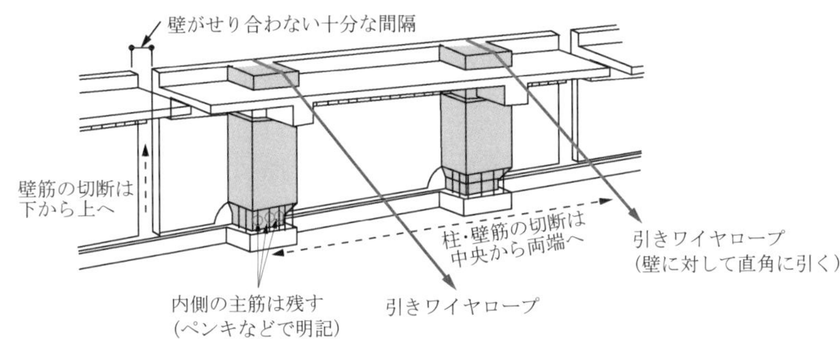

外壁転倒工法による解体

(b) 木造建築物の解体

1）解体工事の流れ

木造軸組み構法建物の手作業・機械作業併用による分別解体工法の流れは、次による。

① 建築設備撤去

② 建具及び内装材撤去

③ 屋上設置物撤去

④ ベランダ等撤去

⑤ 屋根葺材撤去

⑥ 外装材及び上部構造物解体

⑦ 仮設撤去

⑧ 基礎等解体

このうち、①、②及び⑤の作業は手作業で行う。

2）解体工法

① 手作業による分別解体工法

手作業による分別解体は、以下に示す作業に適用する。

・建築設備、内装材、外部建具、屋根葺材の撤去

・外装材、上部構造物等の解体

・必要に応じて行う基礎・基礎杭等のコンクリート、鉄筋コンクリート造部分の解体

②　手作業・機械作業併用による分別解体工法

手作業・分別解体併用による分別解体工法の作業区分は、以下に示すとおりとする。

・建築設備、内装材、外部建具、屋根葺材等の撤去は手作業とする。
・外装材、上部構造物等の解体は、手作業と機械作業の併用とする。
・基礎・基礎杭等のコンクリート、鉄筋コンクリート造部分の解体は原則として機械作業とする。

3）解体手順

①　建築設備の撤去

・建築設備とは、照明設備、ユニットバス、キッチンキャビネット、ビルトインエアコン等をいう。これらを事前に撤去しておくことは、混合廃棄物量の削減につながる。
・解体作業に先立ち、各種設備機器の停止及び給水、ガス、電力、通信の供給が停止していることを確認する。
・建築設備、内装材、屋根葺材の撤去は、解体工法にかかわらず手作業で撤去することが、建設リサイクル法で定められている。
・蛍光ランプ及びHIDランプは、放電管中に有害物質である金属水銀が封入使用されているので、処理に当たっては専用の箱等を設け、破損等がないように十分注意して取り扱い、処理は専門の回収業者に委託する。

②　建具及び内装材の撤去

・障子、ふすま、ドア等の建具の撤去は、作業の効率を高めるため、作業の最初に行うことが多い。また、撤去は下階から実施するのがよい。
・たたみ類の撤去は、建具類の撤去後に行うことが多い。
・内壁及び天井のクロスと下地の石こうボードをはがす方法としては、石こうボードを撤去する前にクロスをはがすのがよい。
・天井、床、外壁等に、断熱等としてグラスウールが多用されている。撤去にあたっては、可能な限り原形を崩さないように努める。

③ 屋根葺材の撤去

・屋根葺材は、内装材の撤去が完了してから撤去する。

・屋根葺材(瓦類、住宅屋根用化粧スレート板類、金属類)は、原則として、手作業で撤去する。また、屋根葺材は下地材より先に取り外す。

④ 外装材の解体

・モルタル系外壁は、下地が木質であることが多く、バール、ハンマー等を使用することで比較的容易に解体できる。

・窯業系サイディング、薄型ALCパネルは、木下地にビスまたは釘で止められていることが多く、バール、ハンマー等を使用することで比較的容易に解体できる。

7 仕上げ工事

1 防水工事

《1》メンブレン防水

(a) メンブレン防水とは

メンブレン防水とは、不透水性皮膜(ひまく)層を形成する防水で、次のものを含む。

① アスファルト防水

② 改質アスファルトシート防水

③ 合成高分子系シート防水

④ 塗膜(とまく)防水

(b) 下地

1) 下地の勾配

① 防水層の保護をする場合は、1/100 ～ 1/50とする。

② 防水層の保護をしない場合(露出防水等)は、1/50 ～ 1/20とする。

2) 下地形状と下地面の仕上げ

① 入隅は、アスファルト防水層の場合は通りよく三角形の面取りとし、それ以外の防水層では通りよく直角とする。

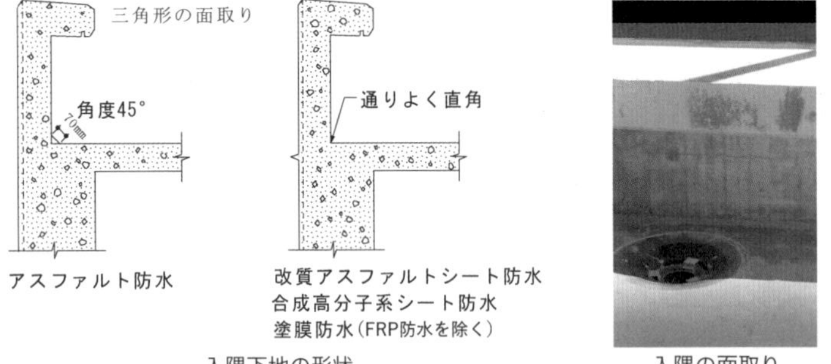

入隅下地の形状　　入隅の面取り

② 出隅は、通りよく面取りとする。

③ 平場のコンクリート下地面は、金ごてで仕上げる。また、立上り部の下地面は、コンクリート打放し仕上げとする。

3）下地の状態

① 十分に乾燥させる。

② コンクリート下地の乾燥状態を判断する方法を次に示す。

- 高周波水分計による下地水分の測定
- 一昼夜ビニルシートやルーフィングで覆った下地の結露の状態の確認
- コンクリート打込み後の日数
- 目視による乾燥状態の確認

③ 平場のコンクリート面は平坦でこてむらがなく、浮き・レイタンス・脆(ぜい)弱部及び突起部等の欠陥がない良好な状態にする。

《2》アスファルト防水工事

(a) 材料

1）アスファルトプライマー

① ブローンアスファルト等を溶剤に溶解したものである。

② 防水下地に塗布(とふ)することにより、その表面に一部浸透して強固に付着したアスファルト皮膜を形成し、下地と防水層の接着性を向上させる。

③ 溶剤に対する社会的要請や、環境、火災、人体等への影響に対する配慮から、エマルションタイプのものが使用されている。

2）防水工事用アスファルト

JISの防水工事用アスファルトは、3種を使用する。

3）アスファルトルーフィング類

① **アスファルトフェルト・アスファルトルーフィング**

古紙、パルプ、毛くず等の有機質繊維のフェルト状シートにアスファルトを浸透させ被覆して、表裏面に鉱物質粉末を散布し、冷却後、規定の長さに切断して1巻としている。

用語 **プライマー**
防水材、シーリング材など接着が重要な材料の施工において、良好な接着性を確保するために被着体表面に塗布する材料。

用語 **エマルション**
本来水に溶けない合成樹脂、油脂、アスファルト等が乳化剤の作用により小さな粒になって水の中に分散したもの。

② ストレッチアスファルトルーフィング

合成繊維を主とした多孔質なフェルト状の不織布原反に、アスファルトを含浸させ被覆して、その表裏面に鉱物質粉末を散着したものである。したがって、変質しにくく、低温でも硬化・ぜい化せず、伸び率が大きいので破断しにくいなど、種々の優れた特性をもっている。

③ 砂付きあなあきアスファルトルーフィング

防水層と下地を絶縁するために用いるルーフィングで、全面に規定の大きさの穴を一定間隔に開けたものである。

④ 砂付きストレッチルーフィング

原紙にアスファルトを含浸させ、表面に砂を付着させるとともに、両面に鉱物質粉末を付着させたものである。露出防水の防水層の最上層等に用いる。

⑤ 網状アスファルトルーフィング

綿・麻・合成繊維でつくられた粗布にアスファルトを十分浸透させ、余剰分を除いて開目状態をそのまま残したもの。防水層立上り末端部やパイプ等突出物回りの処理材として使用する。

(b) 密着工法と絶縁（ぜつえん）工法

1）密着工法

アスファルトルーフィングを下地に全面接着する工法である。

① 平場は、流し張りとする。

流し張り

用語 流し張り

溶融アスファルトをひしゃく等で下地面に流しながらルーフィングを張り付けること。

② アスファルトの使用量の確認は、防水層全体の使用量と施工面積から単位面積当たりの塗付け量を算出して確認する。

2）絶縁工法（砂付きあなあきルーフィングを採用した例）

最下層の砂付きあなあきルーフィングを、砂付き面が下になるようにして、あなあき部分のみ、アスファルトルーフィングを下地に接着する工法である。

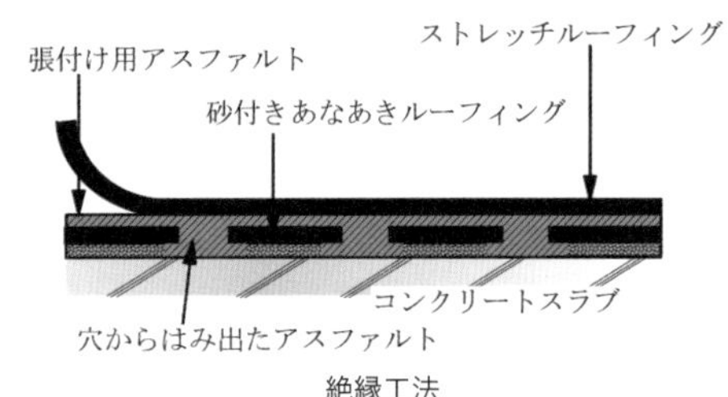

絶縁工法

① 砂付きあなあきルーフィングは、通気性を妨げないようにして、突付けとする。
② 立上りは、ストレッチルーフィングを全面接着する。
③ 露出防水絶縁工法では、下地の湿気を逃がしふくれを防止するために、脱気装置を設ける。

■脱気装置

形状	型
	平場部 脱気型
	立上り部 脱気型

用語 脱気装置
露出防水絶縁工法において、防水層の膨れの原因となる下地面の湿気を外部に排出する装置。

(c) 施工法

1) アスファルトプライマーの塗布

① アスファルトプライマーは、毛ばけ・ローラーばけまたはゴムばけ塗りとし均一に塗り付ける。

② アスファルトプライマーは、塗布後8時間以内に乾燥するが、ルーフィング類の張付けは、原則としてアスファルトプライマーを塗布した翌日とし、十分に乾燥させる。

③ ALCパネル下地の場合は、所定量をはけ等により2回に分けて塗布する。2回目の塗布は、1回目に塗布したプライマーが乾燥したことを確認した後に行う。

2) アスファルトの溶融及び取扱い

① アスファルトの溶融温度の上限は、アスファルト製造所の指定する温度とする。

② アスファルトの溶融温度の下限は、一般の3種アスファルトで230℃程度、低煙・低臭タイプアスファルトでは210℃程度とする。

3) ルーフィング類の張付け(増張り(ましば))

① 下地コンクリートの打継ぎ部等は、一般平場のルーフィング類の張付けに先立ち、幅50mm程度の絶縁用テープを張り付けた後、幅300mm以上のストレッチルーフィングを用いて増張りする(密着工法の場合)。

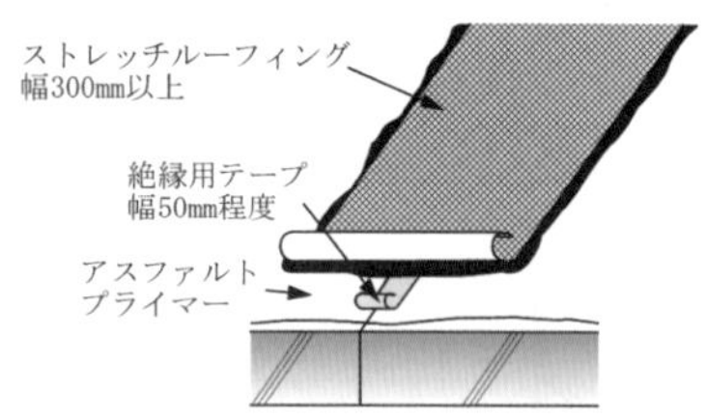

打継ぎ箇所の増張り(密着工法の場合)

用語 絶縁用テープ
防水下地コンクリートのひび割れなど、下地の動きの影響を防水層に伝えないために、下地と防水層の間に張るテープ。

なお、絶縁工法の場合は、幅50㎜程度の絶縁用テープを張り付け、砂付あなあきルーフィングを敷き込むか、または、部分粘着層付改質アスファルトルーフィングシートを張り付ける。

② 出隅・入隅は平場のルーフィング類の張付けに先立ち、幅300㎜以上のストレッチルーフィングを用いて均等に増張りする。

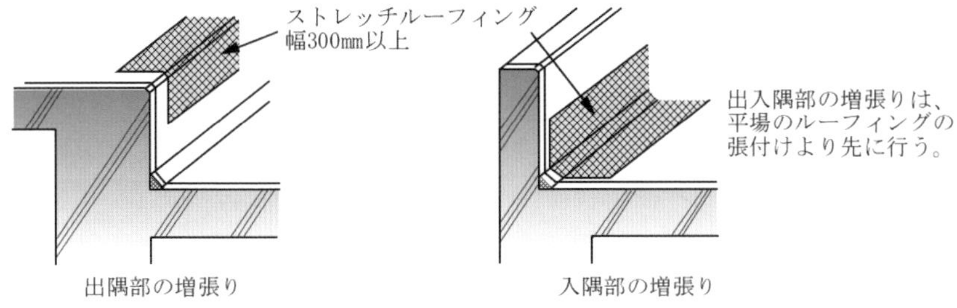

出隅・入隅部の増張り

③ ルーフドレン回りは、最下層に300㎜以上のストレッチルーフィングを用いて、ドレンのつばに100㎜程度、残りをスラブ面に張り掛けて増張りし、平場のルーフィング類を張り重ねる。

4）ルーフィング類の張付け（平場部）

① 平場のルーフィングは流し張りとし、両耳からアスファルトがはみ出すように張り付ける。両側にはみ出したアスファルトは、はけで平らに均しておく。

② 原則として、水上側シートが水下側シートの上になるように、水下側から張り始める。

③ ルーフィング類の重ね幅は、長手及び幅方向とも100㎜以上とする。

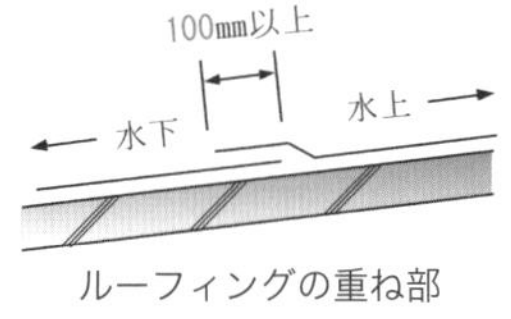

ルーフィングの重ね部

用語 ルーフドレン
屋根の雨水をといに流すために、屋根面に設ける集水金物。

④ 上下層の重ね位置が、同一箇所とならないようにする。

⑤ ふくれ等が生じた場合は、ふくれ箇所をカッター等で切り開き、空気を押し出すようにしてアスファルトを流して張り付け、ルーフィングを増張りする。

5）ルーフィング類の張付け（立上り部分）

① 立上りルーフィング類を平場と別に張り付ける場合は、平場のルーフィング類を張り付けた後、その上に重ね幅150㎜程度をとって張り重ねる。

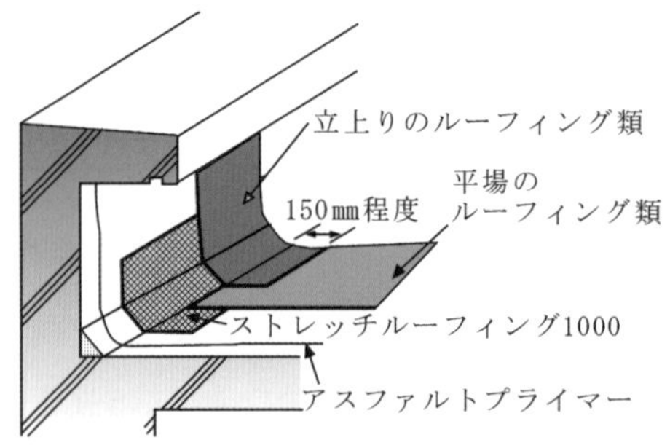

立上りのルーフィング類の張付け（単位：㎜）

② 水切りあごのある立上り防水層末端部は、各層のルーフィングを同じ位置に切りそろえて張り付けた後、押え金物で固定し、アスファルト防水工事用シール材を充填する。

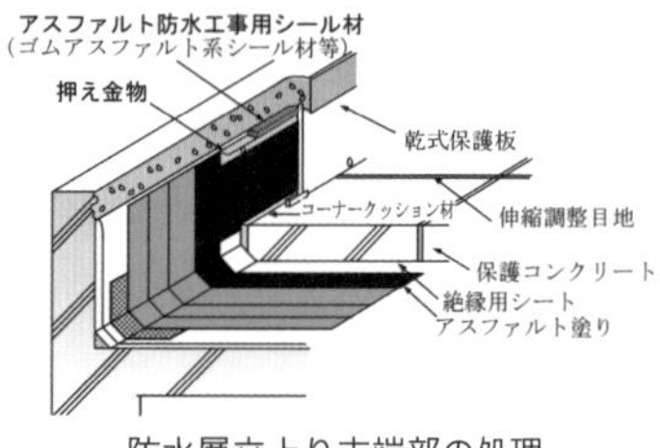

防水層立上り末端部の処理

6）保護・仕上げ（現場打ちコンクリート）

① 防水層が完成した後、平場には絶縁用シートを全面に敷き込み、成形伸縮目地材を設置し、その後コンクリートを施工する。

② 絶縁用シートの重ね幅は、100㎜程度とする。また、立上り面に30㎜程度張り上げる。

用語 保護コンクリート

屋上防水層を直射日光や外力から保護するため、また、人の歩行を可能にするために、防水層の上に設けるコンクリート。

③ アスファルト防水層の損傷を防止するため、パラペットと保護コンクリートの間に成形緩衝材(コーナークッション)を取り付ける。

④ 伸縮目地の割付けは、縦・横の間隔３m程度、立上りパラペット周辺の際及び塔屋等の立上り際から600㎜程度の位置とする。

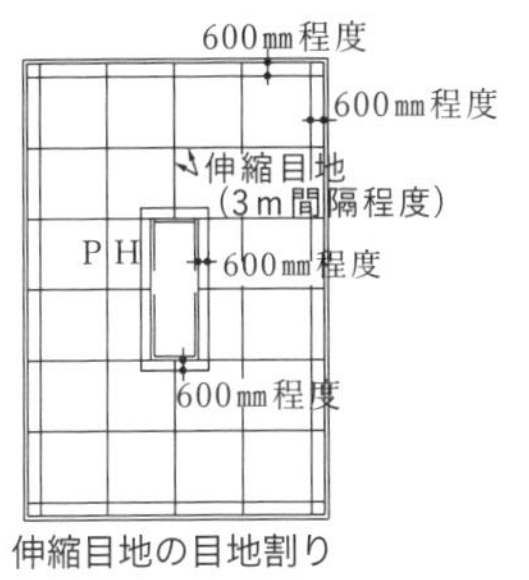

伸縮目地の目地割り

伸縮目地

⑤ 伸縮目地は、防水層上面の絶縁用シートから保護コンクリート表面に達するものとする。

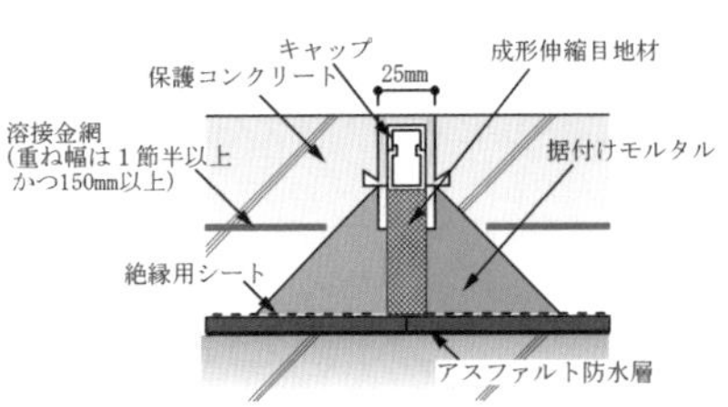

伸縮目地の施工例

⑥ 保護コンクリートには、ひび割れを防止するため、溶接金網を伸縮目地内ごとに敷き込む。コンクリート厚さの中間部にコンクリート製スペーサーを用いて設置する。

《3》改質アスファルトシート防水工事(トーチ工法)

トーチによって改質アスファルト(合成ゴムやプラスティックを添加して性質を改良したアスファルト)シートの裏面及び下地を均一にあぶり、改質アスファルトを溶融させて張り付けていく工法である。

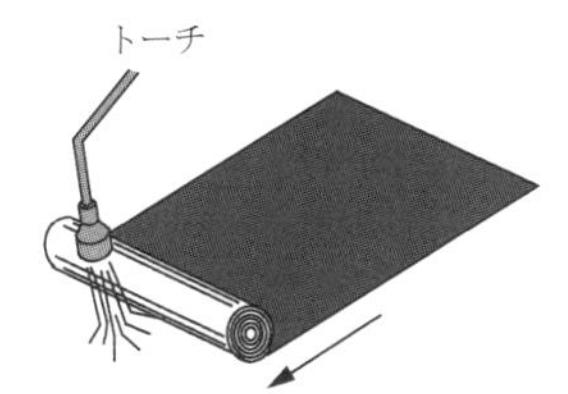

改質アスファルトシートの張付け

1）プライマーの塗布

① コンクリート下地の場合は、所定量をはけまたはローラーばけ等を用いて、ルーフィング等の張りじまい部までむらなく均一に塗布する。

② ALCパネル下地の場合は、所定量をはけ等により2回に分けて塗布する。2回目の塗布は、1回目に塗布したプライマーが乾燥したことを確認した後に行う。

2）シートの張付け（増張り）

① 出入隅部には、改質アスファルトシート張付けに先立ち、幅200㎜程度の増張り用シートを張り付ける。

② 露出防水密着工法において、ALCパネルの短辺接合部は、幅300㎜程度の増張り用シートを用いて接合部両側に100㎜程度ずつ張り掛け、絶縁増張りを行う。

③ 露出防水絶縁工法において、ALCパネル下地の短辺接合部は、増張り用シートによる増張りは行わず、あらかじめ幅50㎜程度の絶縁用テープを張り付ける処理だけでよい。

3）シートの張付け（平場部）

① 原則として、水上側シートが水下側シートの上になるように、水下側から張り始める。

② 改質アスファルトシート相互の重ね幅は、長手及び幅方向とも100㎜以上とする。

《4》合成高分子系シート防水工事

合成高分子系ルーフィングシートを、接着剤で下地に張り付けるものである。合成ゴム系やプラスチック系のシートが用いられる。

1）プライマーの塗布

下地の表面を清掃したのち、その日に張り付けるルーフィングの範囲に、ローラーばけまたは毛ばけ等を用いて規定量をむらなく塗布する。

2）目地処理（ALCパネル下地）

ALCパネル下地の場合は、平場部のルーフィングの張付けに先立ち、パネル短辺部の目地に幅50㎜程度の絶縁用テープを張り付ける。

3）シートの張付け（増張り）

① 加硫ゴム系シート防水の場合の増張り

- 出入隅角は、シートの張付け前に、非加硫ゴム系シートで増張りする。
- ルーフドレン周りは、一般部のルーフィングの張付けに先立ち、幅150㎜程度の増張り用シートをドレンと下地に割り振り、ルーフドレンのつばには増張り用シートを100㎜程度張り掛け、張り付ける。
- 配管回りは、一般部のルーフィングの張付けに先立ち、幅100㎜程度の増張り用シートを下地面に20㎜程度張り掛け、張り付ける。

② 塩化ビニル樹脂系シート防水の場合の増張り

出入隅角は、シートを施工後、成形役物を張り付け、その端部はシール材を用いて処理する。

4）シートの張付け（平場部）

① 接着剤の塗布は、プライマーの乾燥を確認したのち、下地面及びルーフィングの裏面にむら無く塗布する。

② 塩化ビニル樹脂系ルーフィングシートの張付けにおいて、プライマーは、コンクリート下地には使用せず、ALC下地にのみ使用する。

③ 下地とシートの接着剤には、加硫ゴム系接着工法の場合、クロロプレンゴム系を、塩化ビニル樹脂系接着工法の場合、ニトリルゴム系、エポキシ樹脂系、ウレタン樹脂系を用いる。

④ 塩化ビニル樹脂系ルーフィングシートの張付けに、エポキシ樹脂系またはウレタン樹脂系接着剤を用いる場合、下地面のみに接着剤をむらなく塗布する。

⑤ ルーフィングシートの張付けは、接着剤のオープンタイムの範囲内で行う。

用語 **オープンタイム**
接着剤を塗布してから水分や溶剤を揮発させるために、接着部を接着せずに放置しておく時間。

⑥　引張りを与えると、接合部が開いてしまうので、引張りを与えないように、また、しわが生じないように張り付ける。

⑦　原則として水下側から張り始める。シートの接合幅は、加硫ゴム系シート防水では100mm以上、塩化ビニル樹脂系シート防水では40mm以上とする。

⑧　加硫ゴム系シート相互の接合は接着剤及びテープ状シール材を用いて行う。塩化ビニル樹脂系シート相互の接合は溶剤溶着または熱風融着した後、液状シール材を用いて行う。

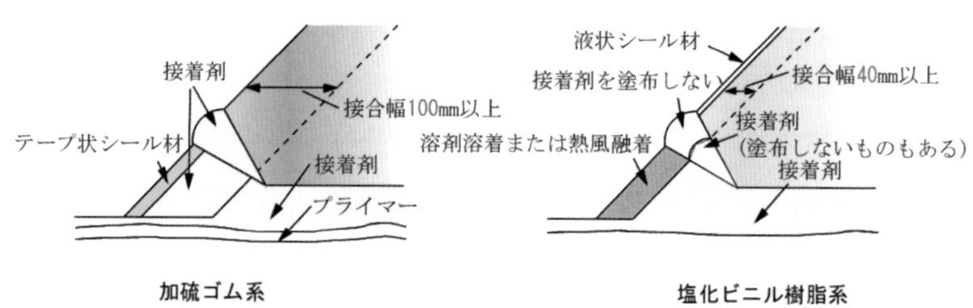

ルーフィングシートの接合部の例

⑨　加硫ゴム系接着工法のルーフィングシートの３枚重ね部は、内部の段差部分に不定形シール材を充填する。

⑩　平場と立上りとのシートの接合幅は、加硫ゴム系接着工法の場合150mm以上、塩化ビニル樹脂系接着工法の場合40mm以上とする。

⑪　立上り部の防水層末端部は、テープ状シール材を張り付けた後、ルーフィングシートを張り付け、押え金物で固定し、不定形シール材を用いて処理する。

⑫　加硫ゴム系シート防水では、美観や保護を目的として、表面に塗装仕上げを行う。

《5》塗膜防水工事

塗膜防水は、ウレタンゴム系、ゴムアスファルト系等の塗膜防水材を塗り重ねて、連続的な膜を構成するものである。

(a) 材料

① 防水材は、ウレタンゴム系防水材、ゴムアスファルト系防水材等がある。ウレタンゴム系防水材は屋根、庇（ひさし）、バルコニーに、ゴムアスファルト系防水材は地下外壁、屋内に使用する。

② 補強布は、合成繊維及びガラス繊維の織布または不織布（ふしょくふ）を用いる。

(b) 施工法

1）プライマーの塗布

プライマーは、はけ、ゴムべらまたは吹付け器具等を使用し、均一に塗布する。下地の種類によってプライマーの吸込みが激しい場合は、増塗りを行う。

2）補強布（ふ）の張付け

① コンクリートの打継ぎ箇所及びひび割れ箇所は、U字形にはつり、シーリング材を充填した後、幅100㎜以上の補強布を用いて補強塗りを行う。

② 出隅及び入隅部は、ウレタンゴム系の場合は幅100㎜以上、ゴムアスファルト系の場合は幅200㎜以上の補強布を用いて補強塗りを行う。

③ ルーフドレン、配管等の取合いは、幅100㎜以上の補強布を用いて補強塗りを行う。

④ 補強布の張付けは、立上り、出隅、入隅、ドレン回り及び突出部から着手する。

⑤ 補強布は下地によくなじませ、耳立ち、しわ等が生じないように防水材で張り付ける。

⑥ 補強布の重ね幅は、50㎜以上とする。

3）通気緩衝（かんしょう）シートの張付け

① 緩衝工法は、下地に通気緩衝シートを張り付けた上に塗膜を構成するもので、下地の亀裂等による動きを通気緩衝シートで吸収し、塗膜防水層の破断やふくれの発生を低減するために用いる。

② 通気緩衝シートは、接着剤を塗布し、シート相互を突付け張りとする。

③ 穴あきタイプの通気緩衝シートは、下地に通気緩衝シートを張り付けた後、ウレタンゴム系防水材でシートの穴を充填する。

④ 立上り部、ドレン回り及びパイプ回り等では、補強布を用いて防水材を塗布する。

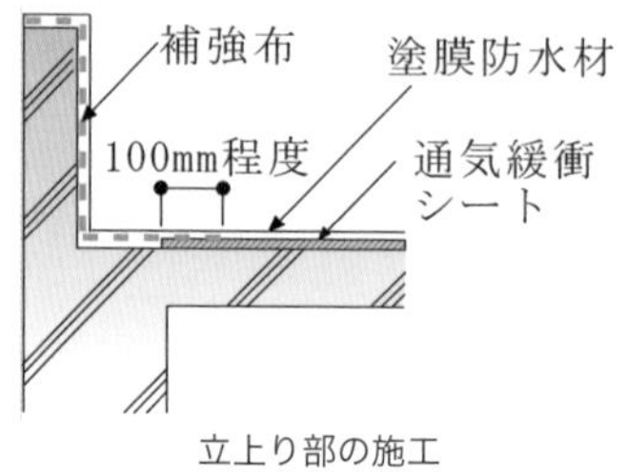

立上り部の施工

4）防水材の塗布

① ウレタンゴム系塗膜防水の主剤と硬化剤の混合は、モーターの出力が大きく回転の遅いかくはん機を使用する。

② 塗継ぎをする場合、塗継ぎの重ね幅は100mm程度とする。

③ 防水材は、立上り部、平場の順に塗布する。

④ 防水材の塗重ねにおいては、原則として前工程の塗継ぎ箇所と同一箇所での塗継ぎは行わない。

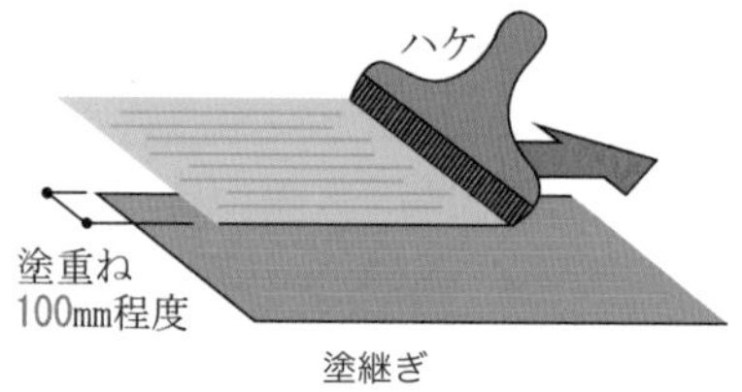

塗継ぎ

5）仕上げ塗料の塗布

仕上げ塗料は、塗膜防水層の保護と美観を目的として使用される材料で、良好な保護性と耐久性を有するものとする。仕上げ塗料は、はけ、ローラーばけまたは吹付け器具を用いてむらなく塗布する。

2 シーリング工事

《1》用語

① **プライマー**

被着面とシーリング材との接着性を良好にするために、あらかじめ被着面に塗布する材料。下地の吸込み止め等に用いるシーラーとは異なるので注意する。

② **マスキングテープ**

施工中、被着体の汚染防止と目地縁を通りよく仕上げるために使用する保護テープ。

③ **モジュラス**

シーリング材に一定の伸びを与えたときの引張応力。例えば、25%の伸びを与えたときの応力を25%モジュラスという。

④ **不定形シーリング材**

施工時に粘着性のあるペースト状のシーリング材。

⑤ **1成分形シーリング材**

あらかじめ施工に供する状態に調製されているシーリング材。空気中の水分や酸素と反応して硬化する。

⑥ **2成分形シーリング材**

施工直前に基剤と硬化剤を調合し、練り混ぜて使用するシーリング材で、基剤の主成分が硬化剤の成分と反応して硬化する反応硬化形のシーリング材。

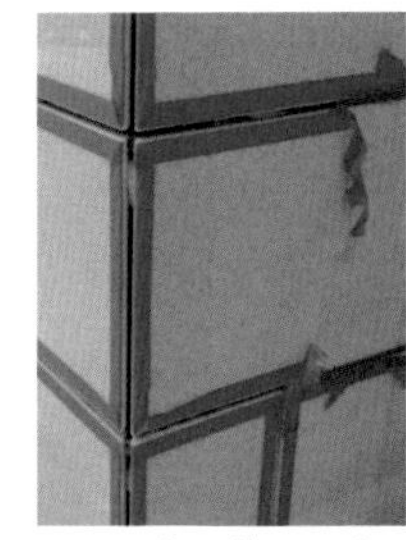
マスキングテープ

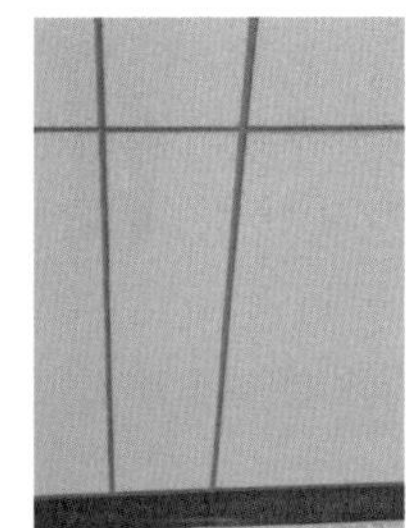
シーリング施工後

《2》材料

■使用部位に応じたシーリング材の適用

目地の区分	構法・部位・構成材					シリコーン系	変成シリコーン系	ポリサルファイド系
ワーキングジョイント	カーテンウォール	ガラス・マリオン方式		ガラス回り目地		○		
		金属パネル方式		ガラス回り目地		○		○
				パネル間目地		○	○	
		PCパネル方式	石打込みPC タイル打込みPC 吹付塗装PC	PCパネル間目地			○	○
	金属製建具	ガラス回り		ガラス回り目地		○		○
		建具回り		水切・皿板目地		○	○	
	笠木	金属製笠木		笠木間目地		○	○	
		石材笠木		笠木間目地			○	○
ノンワーキングジョイント	コンクリート壁	RC壁、壁式PC		打継ぎ目地・収縮目地 窓外枠回り目地	塗装なし		○	○
		石張り(湿式) (石打込みPC、石目地を含む)		石目地				○
		タイル張り (タイル打込みPCを含む)		タイル目地				○

1）シリコーン系シーリング材

① 紫外線による変色が少なく、耐候性、耐熱性、耐寒性、耐久性に優れている。

② 表面に仕上げ材、塗料が付着しにくい。

③ 乾式工法による外壁石張りの目地には、はっ水汚染を生じるため使用できない。

2）変性シリコーン系シーリング材

① 耐熱性、耐寒性、耐候性は良好である。

② 柔軟性があり、ムーブメントの大きい金属類への使用は可能だが、ガラス回りの目地には用いない。

3）ポリサルファイド系シーリング材

① ムーブメントの大きい金属カーテンウォールの目地、金属笠木目地には好ましくない。

② 表面の仕上げ材や塗料を軟化、変色させることがある。

4）ポリウレタン系シーリング材

① 施工時の気温、湿度が高い場合、発泡のおそれがある。

② ALCパネルやコンクリート躯体の目地に用いられる。

③ 紫外線によって黄変することがある。したがって、ガラス回りの目地には、使用できない。

5）アクリルウレタン系シーリング材

① 施工時の気温・湿度が高いと、発泡することがある。

② 表面にタック(べた付き)が残ることがある。

③ ガラス回りの目地には、使用できない。

④ 未硬化の状態では水に弱く、雨に流されやすい。

《3》目地設計

1）ワーキングジョイント

カーテンウォールのサッシ回りやパネル目地のように、被着体の動き(ムーブメント)が予想されるジョイントである。その場合、シーリング材の損傷を防止するために、２面接着とする。

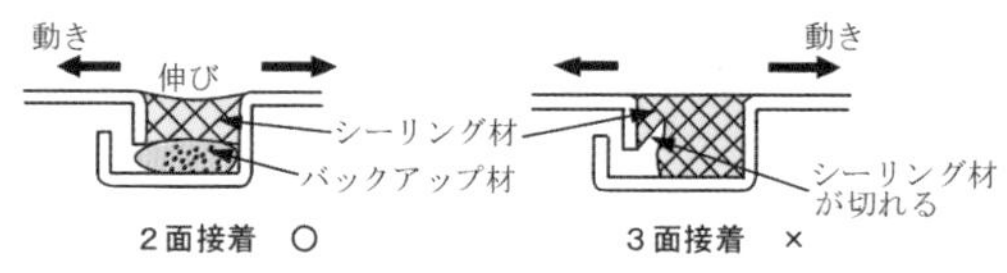

２面接着と３面接着による伸び状況の違い

① ３面接着を避けるために、バックアップ材またはボンドブレーカーが用いられる。

用語 **ボンドブレーカー**
３面接着を避けるために、シーリングの目地底に張り付けるテープ状の材料。

② バックアップ材は、使用箇所に適した形状で、裏面に粘着剤のついているものは目地幅より１mm程度小さいもの、粘着剤のついていない丸形のものは目地幅より２mm程度大きいものとする。

■バックアップ材とボンドブレーカー

	バックアップ材	ボンドブレーカー
イメージ図	シーリング材 バックアップ材	シーリング材 ボンドブレーカー
目地の厚み	深くて調整が必要	調整が不要
目的	３面接着を避ける	
性能	シーリング材と接着せず、かつ、性能を低下させない	

2）ノンワーキングジョイント

コンクリートの打継ぎ目地のように、被着体の動きが予想されないジョイントである。その場合、水道を遮断するために、３面接着とする。

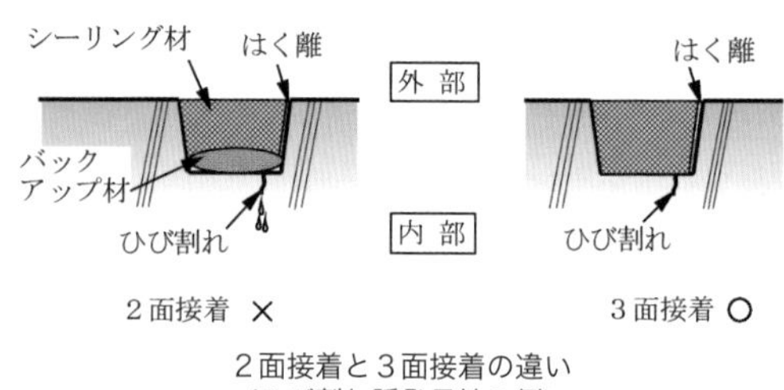

２面接着と３面接着の違い
(ひび割れ誘発目地の例)

《4》シーリングの施工条件

① 降雨、降雪、強風時には施工しない。

② 作業環境は、気温15～20℃が適当である。被着体の温度が５℃を下回ったり50℃以上になるおそれがある場合は、施工を見合わせる。

《5》工程

一般的な工程を示す。

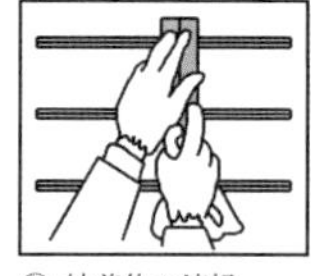

① 被着体の清掃

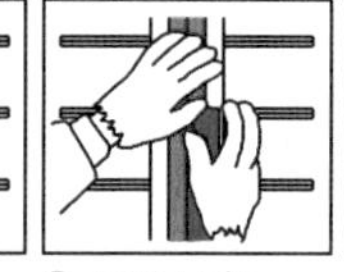

② バックアップ材を装填する（ボンドブレーカー）

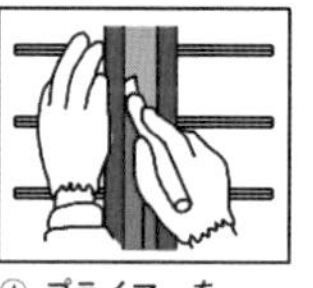

③ マスキングテープ張り

④ **プライマーを塗布**

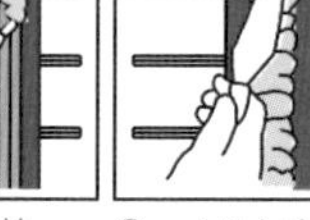

⑤ シーリング材充填

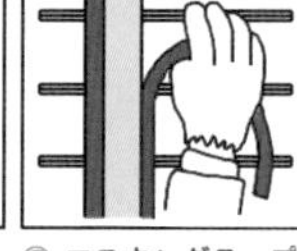

⑥ へら仕上げ

⑦ **マスキングテープを<u>直ちに除去</u>する**

⑧ 目地周辺を清掃養生をして終了

シーリング材を目地へ充填する工程順序

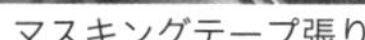

マスキングテープ張り

シーリング材充填

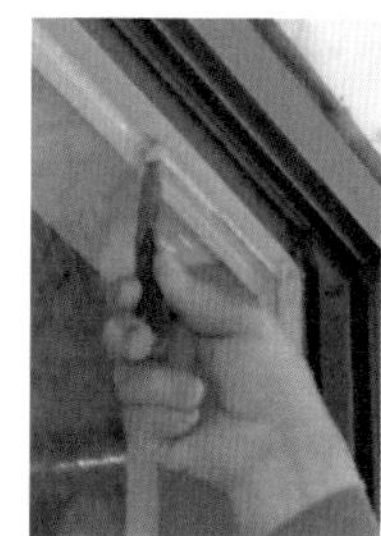

へら仕上げ

① プライマーの塗布は、当日のシーリング工事の範囲のみとし、充填が翌日に持ち越された場合には、再塗布を行う。

② 充填したシーリング材は、内部まで力が十分伝わるように、へら押えして下地と密着させた後、平滑に仕上げる。

③ 充填箇所以外の部分に付着したシーリング材は直ちに取り除く。ただし、シリコーン系シーリング材は、硬化後に取り除く。

《6》シーリングの充填

① シーリングは、目地の交差部・コーナー部から充填していく。

② 打継ぎ箇所は、目地の交差部・コーナー部を避け、そぎ継ぎとする。

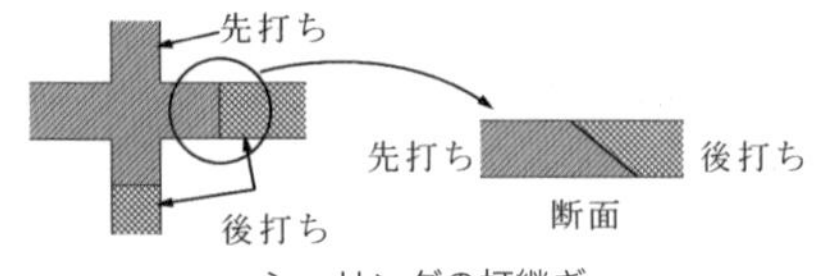

シーリングの打継ぎ

③ やむを得ず異種シーリング材を打ち継ぐ場合、先打ち材が十分に硬化してから、後打ち材を施工する。

④ 異種シーリング材の打継ぎの目安を次表に示す。

■シーリング材の打継ぎの目安

先打ち＼後打ち	シリコーン系	変成シリコーン系	ポリサルファイド系	ポリウレタン系
シリコーン系	○	×	×	×
変成シリコーン系	△	△	要確認	要確認
ポリサルファイド系	○	○	○	○
ポリウレタン系	○	○	○	○

《7》その他

① 外部に面するシーリング材は、施工に先立ち簡易接着性試験を行う。

② 2成分形シーリング材は、機械練混ぜを原則とし、空気を巻き込まないようにして十分かくはんする。

③ シーリング材が十分硬化したのちに、指触（しょく）等によりシーリング材の硬化状態及び接着状態に異常がないかを確認する。

3 張り石工事

《1》材料

1）主な天然石の特徴

■主な天然石の特徴

種類	特徴	用途
花こう岩 （火成岩）	・結晶質の石材で硬く、耐摩耗性、耐久性に優れるが、耐火性は劣る。 ・大材が得られる石材として、外部・床・階段等に多く用いられる。	構造用、装飾用
大理石 （変成岩）	・耐酸性・耐火性に乏しく、屋外に使用すると半年から1年でつやを失う。 ・花こう岩に比べて軟らかく加工しやすい。	室内装飾用
砂岩 （堆積岩）	・耐火性に優れているが、吸水性が大きく、耐摩耗性・耐凍害性・耐久性に劣り、磨いてもつやがでない。 ・汚れや苔がつきやすい。	基礎、石がき
安山岩 （火成岩）	・強度・耐久性に優れ、特に耐火性が大きい。 ・外装用石材として用いられる。 ・磨いてもつやがでず、大材が得られない。	間知石、割石
凝灰岩 （堆積岩）	・軟質軽量で、加工性・耐火性・吸水性が大きいが、耐久性は劣る。	木造基礎、石がき

2）適用部位と石材の性質

① 各部位に用いる石材は、次表を標準とする。

■適用部位と使用石材

部位 ／ 石種	壁・上げ裏		床		備考
	外部	内部	外部	内部	
花こう岩 （御影石）	○	○	○	○	風化しにくい
大 理 石	－	○	－	○	風化しやすい

○：適用可　－：適用不可

② 雨がかりの床面には、本磨きは使用しない。

■石材の種類と表面仕上げ

粗面 ← → 滑面

	のみきり	びしゃん	小たたき	ジェットバーナー	割りはだ	ブラスト	ウォータージェット	粗磨き	水磨き	本磨き
花こう岩	○	○	○	○	○	○	○	○	○	○
大理石	–	–	–	–	○	○	–	○	○	○
砂石	–	–	–	–	○	○	–	○	○	–

花こう岩のみの仕上げ　　床の仕上げ

3）金物

湿式工法・内壁空積工法・乾式工法用の引き金物・だぼ・かすがい及びファスナーの材質は、ステンレス(SUS 304)とする。

《2》外壁湿式工法

湿式工法とは、コンクリート躯体に固定した鉄筋に、石材を引き金物で緊結し、その後裏込めモルタルを全面に充填する工法である。

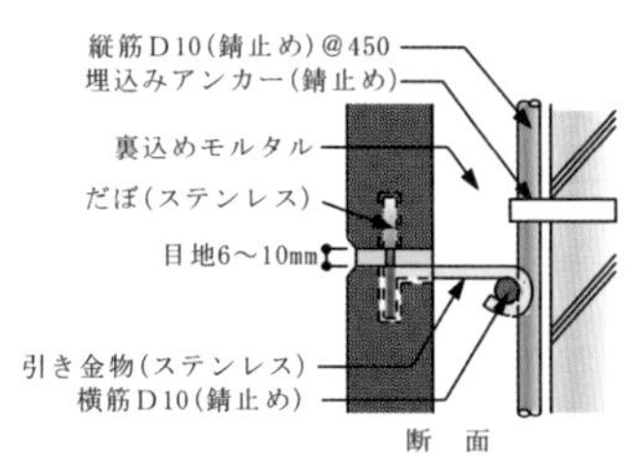

外壁湿式工法の例(単位：mm)

① 石材が吸水し、ぬれ色やエフロレッセンス(白華)が生じるのを防ぐため、石材裏面に合成樹脂等の裏(り)面処理剤を塗布する。

② 引き金物緊結用鉄筋(流し筋)は、外部に使用されることから耐久性を考慮して、錆止め塗装を行う。

用語 びしゃん仕上げ
石材表面を多数の格子状突起をもつハンマーでたたいた仕上げをいう。

用語 ジェットバーナー仕上げ
石の表面仕上げで、火炎を吹き付け表面の石をはじけさせ、粗い仕上げ面にすること。

用語 小たたき仕上げ
びしゃんでたたいた後、先端がくさび状のハンマーで平行線状に平坦な粗面を作る仕上げをいう。

用語 ブラスト仕上げ
石材表面に鋼鉄の粒子等を圧縮空気でたたきつけて粗面とした仕上げをいう。

《3》外壁乾式工法

乾式工法は、鉄筋コンクリート壁体にあと施工アンカーで固定された取付け金物(ファスナー)で石材を固定する工法である。石材の種類は、花こう岩とする。

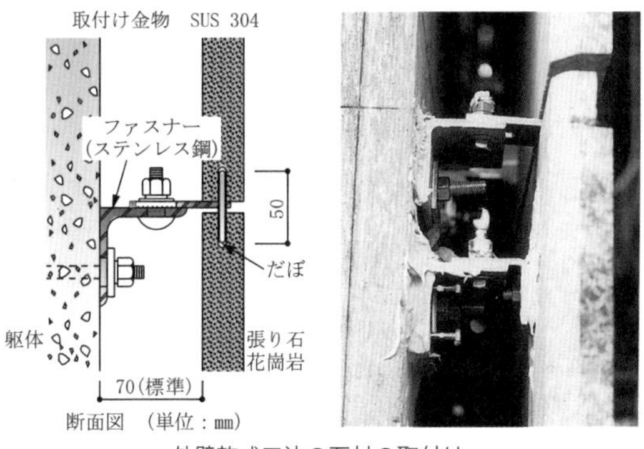

外壁乾式工法の石材の取付け

1）水密性の確保

① 石材面を一次止水面と考え、躯体表面を二次止水面とし防水性を高める。躯体表面の防水対策として、かぶり厚さの確保、塗布防水、外壁の増し打ちなどがある。

② 万が一、目地より雨水が浸入すると、漏水や石材表面の濡れ色発生の原因になるので、最下段の石材の目地に水抜き孔を設け、浸入水を迅速かつ適切に排水する。

2）裏打ち処理材

裏打ち処理材は、石材裏面にガラス繊維のマットやクロス等を樹脂で張り付け、繊維補強層を構成するもので、石材が衝撃を受けた場合の飛散・脱落防止を目的として、外壁乾式工法や内壁空積工法の壁及び上げ裏等で採用される。

3）ファスナーの取付け

① ファスナーは、外部用はステンレス鋼を用い、ダブルファスナー形式とする。

② 1次ファスナーは、あと施工アンカーを用いて躯体に取り付ける。

③　１次ファスナーと２次ファスナーをつなぐボルト穴は、出入りと左右の調整のため、ルーズホールとする。

④　スライド主体で変形に追従させる場合の２次ファスナーのだぼ穴は、面内方向のルーズホールとする。

４）石材の取付け

①　石材は、4箇所のファスナーで保持する。したがって、石の上下小口には、ピンを差し込むためのだぼ穴をそれぞれ２箇所設ける。また、石材厚の中央にだぼ穴を削孔する。

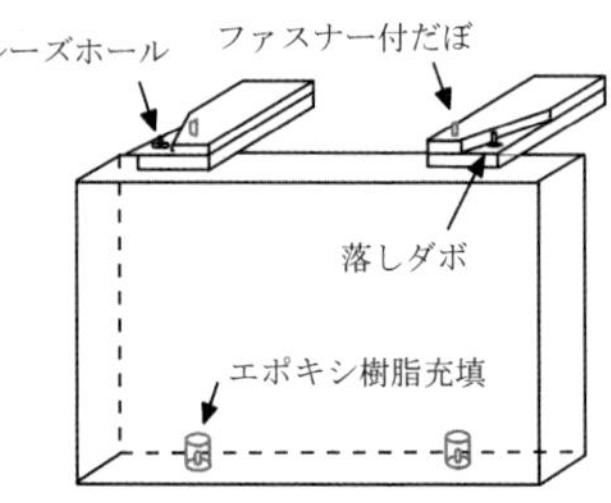

外壁乾式工法のだぼ穴位置

②　だぼを取り付ける穴は、精度をよくしなければならないので、工場加工を原則とする。

③　入隅等でのみ込みとなる部分は、見え隠れとなる部分でも、施工上の誤差を考慮して、あらかじめ所定の目地位置より15㎜以上、表面仕上げと同じ仕上げを行う。

④　壁最下部の幅木石には、衝撃対策として、裏面にモルタルを充填する。

５）目地

石材間の目地には、シーリング材を充填する。なお、シーリング材の寸法は、幅・深さとも８㎜以上とする。

６）外壁乾式工法の特徴

①　湿式工法の欠点であるエフロレッセンス（白華）の発生がないことや、降雨後、長い間石の表面がぬれ色を呈することを防ぐことができる。

②　構造躯体の変形が直接張り石に伝達されず、地震対策として有効である。

用語 面内方向
石面と平行の方向

用語 面外方向
石面と直角の方向

③ 裏込めモルタルの工程が不要のため、場合によっては、上下作業を行うことにより工期の短縮が図れる。

④ 石材の熱変形による影響を受けにくい。

《4》内壁空積（からづみ）工法

内壁空積工法とは、コンクリート躯体に固定した鉄筋に石材を引き金物で緊結し、緊結部分をH50×W100㎜程度にわたって取付け用モルタルを充填することにより被覆する工法である。高さ４m以下の内壁に用いる。

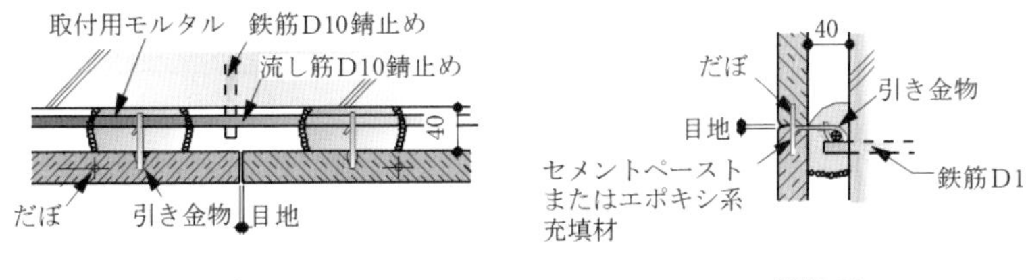

平断面　　縦断面

内壁空積工法

① 取付用の下地鉄筋には、錆止め処理を行う。

② 一般部は、横目地あいばに、だぼ及び引き金物を用いて据え付ける。

③ だぼ等の石材取付け用の金物のための穴あけと座掘りの加工は、施工精度に大きく影響を及ぼすため、工場加工を原則とする。ただし、引き金物用の道切りは、下地鉄筋との位置を調整する必要があるため、工事現場において据付け前に行う。

④ 内壁の大理石張りの目地は、大理石を突き付けにし、ほとんど目地幅を設けず、角に糸面を付けたねむり目地とすることが多い。

用語 **あいば**
石材と石材との切断面が相隣り合う部分。

《5》工法による石材の寸法

張り石工事としては次の工法があるが、石材の寸法は次のとおりである。

■工法による石材の寸法

	厚さ	大きさ	躯体との間隔
外壁湿式工法	30㎜以上 70㎜以下	0.8m^2以下	40㎜標準
外壁乾式工法	30㎜以上	0.8m^2以下 幅及び高さ1,200㎜以下 重量70kg以下	70㎜標準
内壁空積工法	20㎜以上	0.8m^2以下	40㎜

《6》清掃

① 取付け終了後は、適切な時期に清水を注ぎかけ、ナイロンブラシを使用して付着した汚れやセメントモルタル等を除去する。

② 石面の清掃には原則として酸類を使用してはならない。やむを得ず使用する場合は、付近の金物を養生し、石面に清水を注ぎかけた後酸洗いをし、石面に酸類が残らないように十分水洗いをする。

③ 大理石の清掃には、酸類を用いてはならない。軽度な汚れは清浄な布でからぶきする。付着した汚れは、水洗いまたは濡れた布でふき取り、乾いた布で水分を除去して乾燥を待ち、再度からぶきする。

4 タイル工事

《1》材料

タイル工事では、セラミックタイルが一般に使用されている。

1）うわぐすりの有無による区分

① 施(せ)ゆうタイル

タイル表面、側面にうわぐすりを掛けたもの。うわぐすりは美観、表面強度の向上を目的としている。表面に施したうわぐすりは、素地(タイルの主体をなす部分)には含まれない。

② 無(む)ゆうタイル

うわぐすりを掛けてないもの。原料そのものの色合い、風合いを出したもの。

2）平物と役物

① 平物

建物の壁または床の平面部に用いるタイル。定形タイルと不定形タイルがある。

② 役物(やくもの)

開口部または隅角部に用いるタイルで、特別な形状をしたタイル。定形タイルと不定形タイルがある。

用語 **セラミックタイル**
粘土又はその他の無機質材料を成形し、高温で焼成した、厚さ40㎜未満の板状の不燃材料をいう。

3）タイルの種類と吸水率、タイルの用途別の区分

■タイルの種類と吸水率

種類	きじの状態(参考)	吸水率
Ⅰ類(磁器質タイル)	ほとんど吸水しない	3.0%以下
Ⅱ類(せっ器質タイル)	やや吸水する	10.0%以下
Ⅲ類(陶器質タイル)	かなり吸水する	50.0%以下

■タイルの用途別区分

呼び名	種類
内装タイル	Ⅰ類(磁器質)・Ⅱ類(せっ器質)・Ⅲ類(陶器質)
外装タイル	Ⅰ類(磁器質)・Ⅱ類(せっ器質)
床タイル	Ⅰ類(磁器質)・Ⅱ類(せっ器質)
モザイクタイル	Ⅰ類(磁器質)

① 内装に用いるタイルは、Ⅰ類(磁器質)、Ⅱ類(せっ器質)またはⅢ類(陶器質)とする。

② 外装に用いるタイルは、Ⅰ類(磁器質)または耐凍害性に優れたⅡ類(せっ器質)とする。

4）タイルの裏(うら)あし

裏あし(タイル裏面の凹凸)は、モルタルとタイルとの接着に関わる機械的な嵌合(かんごう)を得るうえで極めて重要である。裏あしは形状をあり状とし、次表の高さを確保する。床タイルは規定されていない。

■外装タイルの裏あしの高さの基準(単位：mm)

タイル表面の面積	裏あしの高さ(h)
15cm²未満	0.5以上
15cm²以上60cm²未満	0.7以上
60cm²以上	1.5以上

(注)最大は3.5mm程度

h

裏あしの形状の例

用語 裏あし
モルタルとタイルとの接着性を得るための凹凸。形状はあり状とする。

① 裏あしが必要なタイル

セメントモルタルによるタイル後張り工法またはタイル先付けプレキャストコンクリート工法で施工する壁タイル

② 裏あしが不要なタイル

有機系接着剤によるタイル後張り工法で施工する壁タイル

5）タイルの大きさに対する呼び名

■タイルの呼び名と寸法

呼び名	実寸法(mm)
小口平	108× 60
二丁掛	227× 60
三丁掛	227× 90
四丁掛	227×120

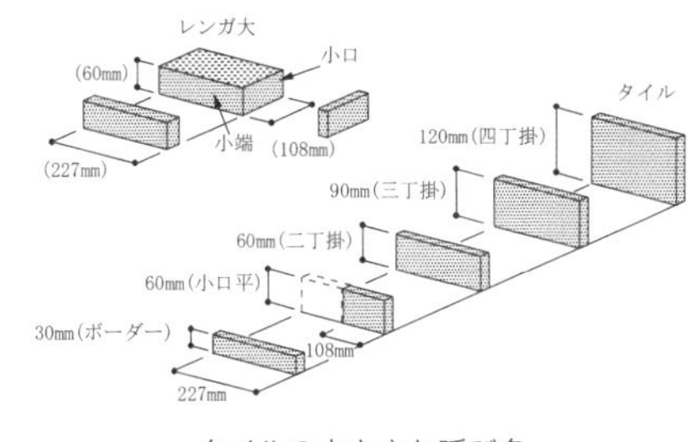

タイルの大きさと呼び名

《2》セメントモルタルによるタイル張り

(a) 張付けモルタル

① 張付けモルタルの調合は、セメントと砂の割合を容積比で表す。

② 練混ぜは、内装タイルの改良積上げ張りに用いるものを除き、原則として、機械練りとする。

③ 練混ぜ後1時間以内に使用する。

④ 作業性を向上させ、乾燥を防ぐため、張付けモルタルに保水剤を使用する。

(b) 施工一般

① タイル下地面の仕上げは、木ごて仕上げとする。

② 張付けモルタル塗り前に、ドライアウトによる接着不良を防ぐため、下地に対して十分水湿しを行う。夏期等で乾燥が著しい場合は、これを前日に行う。

③　張付け順序は、目地割りに基づいて水糸を引き通し、窓、出入口まわり、出隅等の役物を先に張る。

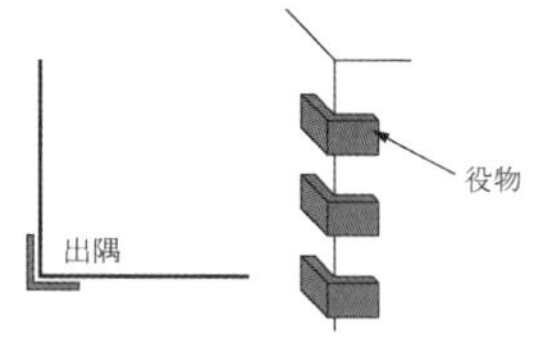

タイルの張付け順序

④　張付けモルタルを塗り付ける際にくし目ごてを用いると密着性が落ちるので用いてはならない。

⑤　まぐさ、あげ裏に小口平（こぐちひら）以上のタイルを張る場合は、引き金物（なましステンレス鋼線0.6㎜以上）をタイル裏面に取り付けて張り付ける。

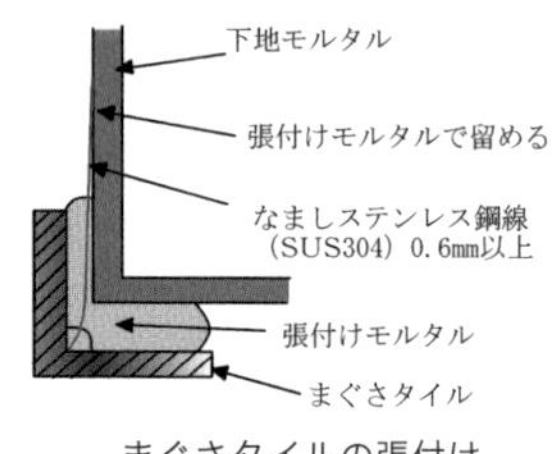

まぐさタイルの張付け

⑥　施工中または施工後の気温が５℃以下になると予想される場合は、施工を行わない。

(c) 壁タイル張り工法

1）改良圧着張り

張付けモルタルを２度塗りで下地面側に４～６㎜むらなく塗る。次に、タイル裏面全体に張付けモルタルを、１～３㎜程度の厚さで平にのせ、直ちに下地面に押さえ付け、さらに木づちの類でタイルの周辺からモルタルがはみ出すまで、入念にたたき押えを行う。

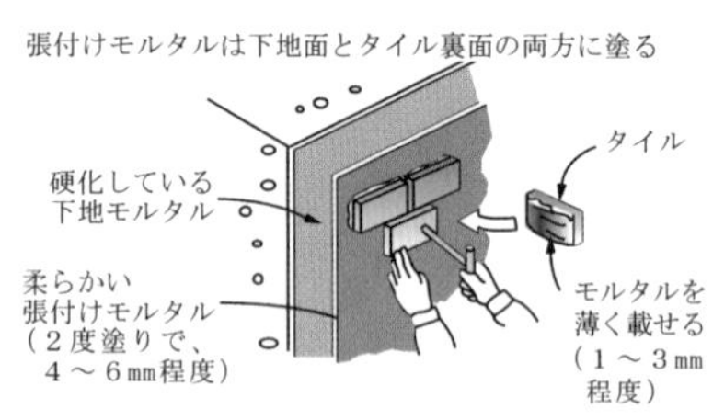

改良圧着張り

・張付けモルタルの１回の塗付け面積は、２m^2/人以内とする。

2）改良積上げ張り

張付けモルタルを塗厚7～10㎜としてタイル裏面に塗り付けた状態で下から上に張り付ける。

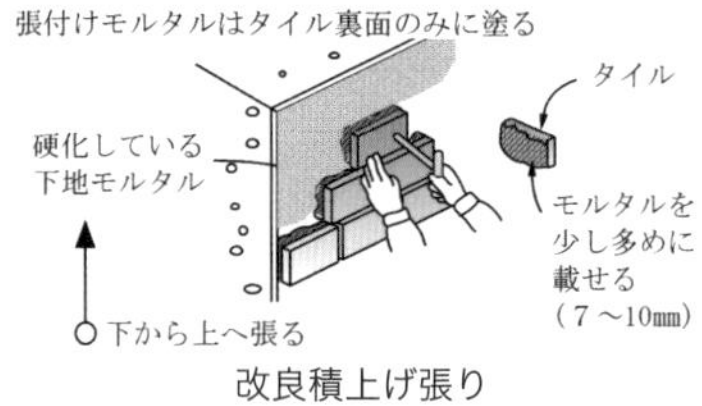

改良積上げ張り

・1日の張付け高さを1.5m以内とする（三丁掛以上のタイルを張る場合は、1m以内）。

3）密着張り（ヴィブラート工法）

張付けモルタル（塗厚5～8㎜）を下地面に二度塗りで塗り付け、上部より下部へタイルを一段おきに数段張り付けた後、間のタイルを張る。

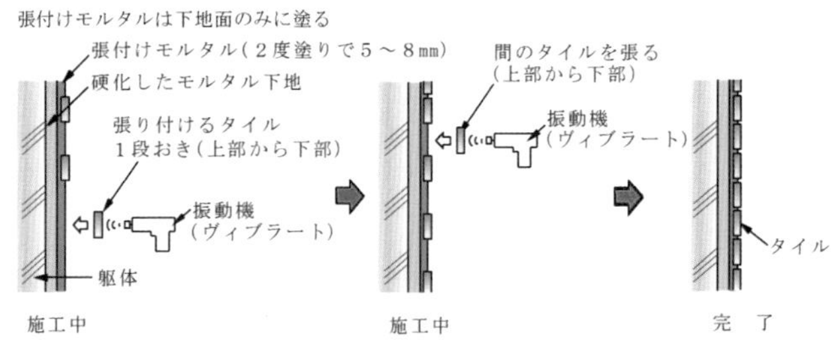

密着張り（ヴィブラート工法）

① 一回に塗り付ける面積は、2m²/人以内とする。

② 振動工具（ヴィブラート）による加振は、タイル面に垂直に当て、張付けモルタルがタイルの四周から目地部分に盛り上がる状態になるまで行う。

4）モザイクタイル張り

張付けモルタルを下地に二度塗りで3㎜程度塗り付け、金ごて押えとする。次に、張付けモルタルを塗り付けた面にユニットタイルを圧着する。

用語 ユニットタイル
施工しやすいように、多数個のタイルを並べて連結したもので、表張りユニットタイルと裏連結ユニットタイルとがある。

用語 表張りユニットタイル
タイル表面に表張り台紙を張り付けて連結したものである。

用語 裏連結ユニットタイル
タイル裏面及び側面を裏連結材で連結したものであり、裏連結材には、ネット、台紙または樹脂などがあり、施工時にそのまま埋め込む。

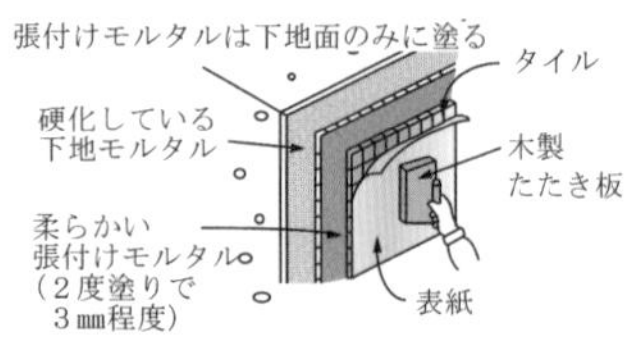

モザイクタイル張り

① 張付けモルタルの１回の塗付け面積は、３m^2/人以内とする。

② タイルの張付けは、目地にモルタルがはみ出すまでたたき押え込み、タイル目地に盛り上がった張付けモルタルの水分で、紙張りの目地部分が濡れてくるまで行う。張付けが終了した後、時間を見計らって水湿しをして表紙をはがし、速やかにタイルの配列を修正する。

5）マスク張り

専用のマスク板をユニットタイル裏面にかぶせ、この上から金（かな）ごてを用いて張付けモルタルを塗り付ける（４㎜）。そして、マスク板を取り外した後、直ちにタイルを壁面に張り付ける。

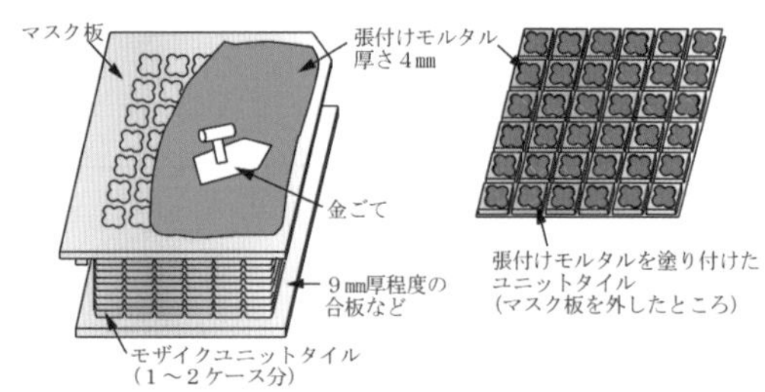

マスク張り

① 縦横及び目地幅の通りをそろえて張り付け、適切な方法で目地部分に張付けモルタルがはみ出すまでたたき締める。

② タイルの張付けが終了した後、時期を見計らって表紙に水湿しを行って紙を剥がし、速やかにタイルの配列を修正する。

《3》有機系接着剤によるタイル後張り工法

1）内装接着剤張り

① 接着剤は、JISに適合する接着剤とする。

② タイルは、端部に切り物が入りやすいが、**半分以下の寸法のものは用いない**ようにする。

③ 接着剤の1回の塗付け面積は、接着剤の製造所の仕様による。

④ 接着剤は、**くし目立てに先立ち、**こて圧をかけて平たんに（3㎜程度）**下地に塗布し、**所定のくし目ごてを用いて**壁面に60°の角度を保ってくし目を**立てる。

⑤ 1枚張りの場合は、手で揉み込むように押さえつける。また、ユニットタイル張りの場合は、全面を軽くたたきながら目地の通りを手直しし、次いでたたき板で密着させる。

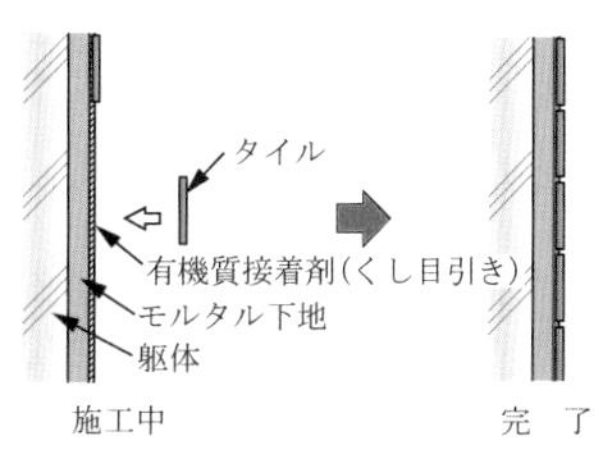

接着剤張り

2）外装接着剤張り

① **外装接着剤張り**に使用する接着剤は、**一液反応硬化形接着剤**とする。

② 接着剤の1回の塗付け面積は、接着剤の製造所の仕様による。

③ 接着剤は、くし目立てに先立ち、**こて圧をかけて平たんに下地に塗布し、**所定のくし目ごてを用いて**壁面に60°の角度を保ってくし目を立てる。**

④ 裏あしのあるタイルをくし目を立てて接着剤を塗り付けて張る場合は、裏あしに対して直交または斜めにくし目を立てる。

⑤ タイルの張付けは、手で揉み込んだ後に、たたき板、タイル張りに用いるハンマーでたたき押さえるか、または、**振動工具を用いて張り付ける。**

《4》伸縮調整目地

① 異なる下地材料の境界部、他部材との取合い部には、伸縮調整目地を設ける。

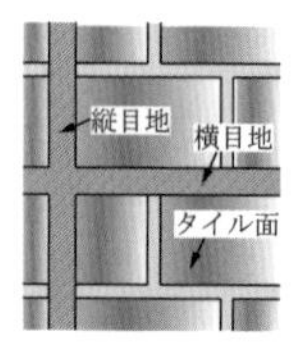

伸縮調整目地

② タイル面の伸縮調整目地は、下地モルタルの伸縮調整目地、コンクリート躯体のひび割れ誘発目地及び水平打継ぎ目地と一致するように設ける。

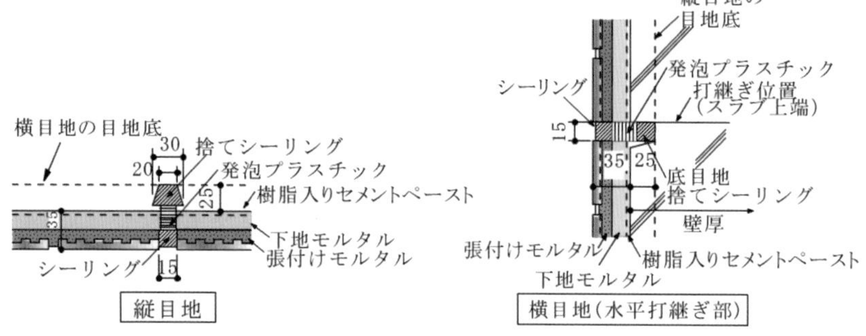

伸縮調整目地の詳細納まり(単位：mm)

③ 伸縮調整目地を設ける位置は、各階の打継ぎ箇所や柱形・開口部寸法に応じた構造上の要所とし、縦・横とも3～4mごとに設ける。

《5》タイル目地

① タイルを張り付けた後、少なくとも1日以上経過した後目地を充填する。

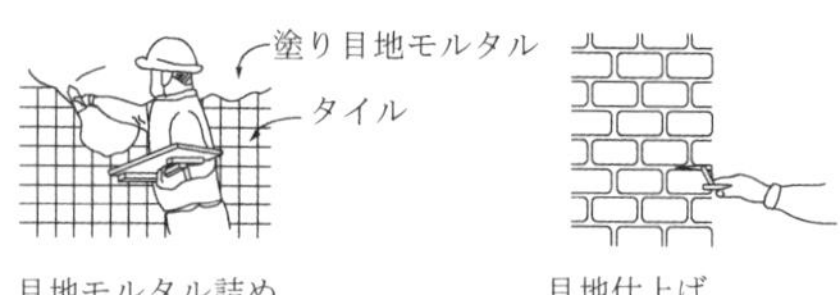

タイル目地の施工

用語 コンクリートのひび割れ誘発目地
コンクリート躯体の適切な位置にひび割れを集中して起こさせるために設ける目地。

② 目地詰めに先立ち水湿しを行う。水湿しを行わないで目地詰めを行うと、目地モルタルの水分が下地に吸われ、水和反応に必要な水分が不足し、目地割れの原因となる。ただし、接着剤張りの場合は水湿しを行わない。

③ タイルの表面が粗面や凹凸面の場合は、塗り目地ではタイル表面にモルタルが残る。施工後のクリーニングが難しいため、一本目地とする。

④ 目地の深さは、タイル厚の1/2以下とする。

《6》床のタイル張り工法

① 床のタイル張りでは、湿った砂とセメントを空練りしたぱさぱさの貧調合モルタル(敷きモルタル)をたたき均して、張付けモルタルを用いて張り付ける。

② 張付けモルタルは、5～7㎜の塗厚で、2層塗りによって塗り付ける。また、1回に塗り付ける面積は、2m^{2}以下とする。

③ 張付け面積の大きい場合は、目地割りにより2m程度間隔に基準となるタイル張りを行い、これを定規にして張り付ける。

④ 床タイルは、木づちなどで目地部分に張付けモルタルが盛り上がるまでたたき押さえる。

⑤ 外部床面の伸縮調整目地は、縦・横とも3～4mごとに設ける。

⑥ タイルを張り付けた後、少なくとも1日以上経過した後目地を充填する。

《7》清掃

① 清掃は水洗いを原則とし、ブラシ等を用いてタイル表面に汚れが残らないように注意して行う。

② モルタルによる汚れがはなはだしいときは、工業用塩酸30倍溶液を用いて、酸洗いの後に目地部分やタイル部分に塩酸が残らないように、直ちに十分な水洗いを行う。

《8》検査

1）打診(打音)検査

① 屋外及び屋内の吹抜け部分等の壁タイル張り仕上げ面は、施工後２週間以上経過した時点で、全面にわたりテストハンマーを用いて打診検査を行う。

② 打診検査の結果、不具合箇所がある場合には工事監理者に報告し、施工計画書に基づき適切な処置をする。

2）接着力試験

施工後２週間以上経過した時点で、油圧式接着力試験機を用いて引張接着強度を測定する。タイル周辺をコンクリートカッターでコンクリート面まで切断し、試験機のアタッチメントを接着剤でタイルに張り付け、タイルを引きはがし、はがれた時の力で接着力を判定する。

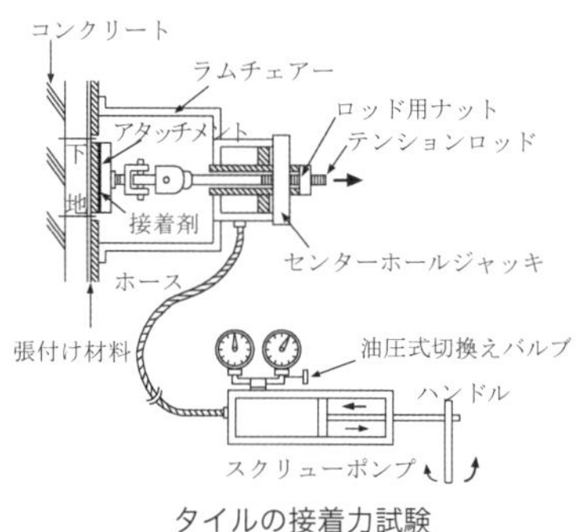

タイルの接着力試験

① 測定するタイルの大きさが小口平(こぐちひら)より大きい場合は、小口平の大きさに切断し小口平の大きさとする。小口平以下のタイルの場合はタイルの大きさとする。

② 試験体の個数は100m²ごと及びその端数につき１個以上、かつ、全体で３個以上とする。

③ タイル先付けプレキャストコンクリート工法の場合の接着力試験の数は６個以上とし、試験材齢は４週を標準とする。

④ タイルの接着力試験の合格判定基準は、次のとおりである。

■接着力試験の合格判定基準

		判定
後張り(セメントモルタル張り)		全数につき0.4N/㎟以上、かつ、コンクリート下地の接着界面における破壊率が50%以下
先張り	タイル型枠先付け工法	全数につき0.6N/㎟以上
	タイル先付けPC工法	

5 屋根及び金属工事

《1》屋根工事

(a) 折板葺き

1）タイトフレームの取付け

① タイトフレームは、折板の山高の寸法に応じた厚さと幅のものを用いる。

② 取付けに先立ち、受け梁上に山ピッチを基準に墨出しを行う。割付けは、建物の桁行き方向の中心より行う。

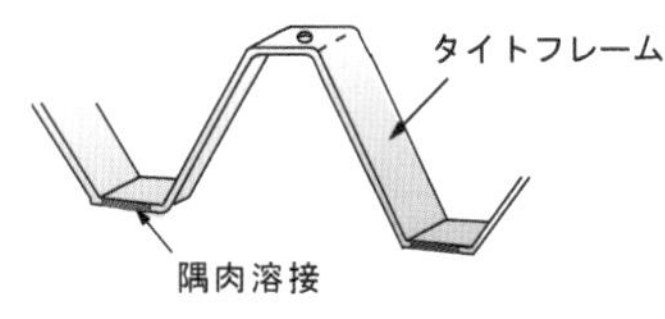

タイトフレームの取付け

タイトフレーム

③ タイトフレームは受梁にアーク溶接(隅肉溶接)とし、スラグ除去後に錆止めを行う。

2）折板の取付け

① 仮葺き(折板とタイトフレームをボルトで緊結)、本締め(折板の継手をボルトで緊結)の順に行われる。

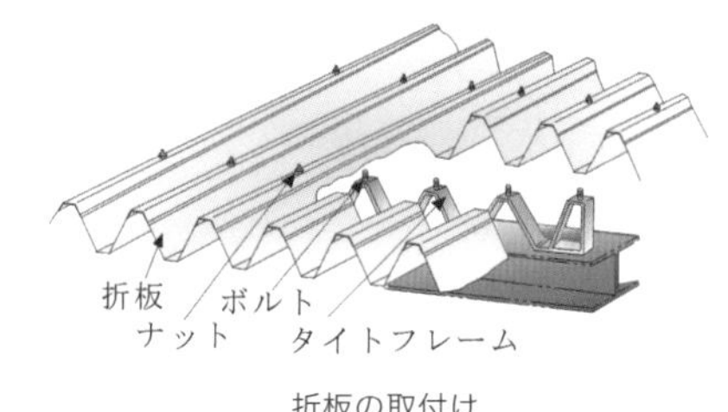

折板の取付け

折板葺

② 幅方向で継ぐ。長手方向では漏水を配慮し、継手は設けない。

③ 重ね形折板は、各山ごとにタイトフレームに固定し、折板の重ね部に使用する緊結ボルトの間隔は600mm程度とする。

④ けらばの納まりは、けらば包みによる方法を原則とする。

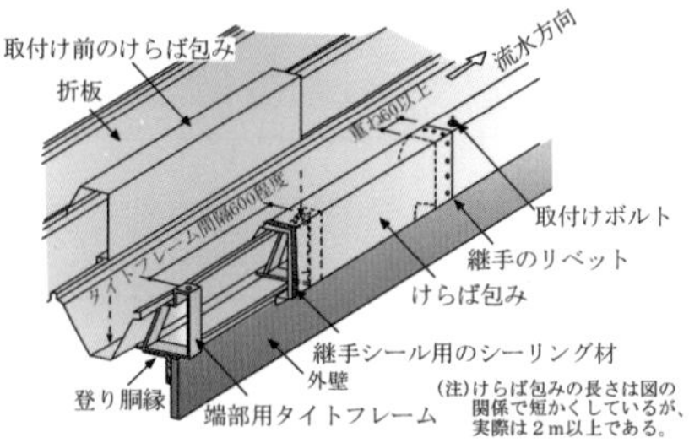

けらば包みによる納まり

⑤ けらば包みの継ぎ手位置は、タイトフレームにできるだけ近い位置に設ける。また、重ね内部にシーリング材を挟み込んで留める。

⑥ けらば包みのない場合のけらば納めは、最端の折板の上底で止める方法を原則とする。

⑦ けらば包みを用いない重ね形折板葺きのけらば先端には、けらば部分の変形を防ぐため、1.2m以下の間隔で、折板の山間隔の３倍以上の長さの変形防止材を取り付ける。

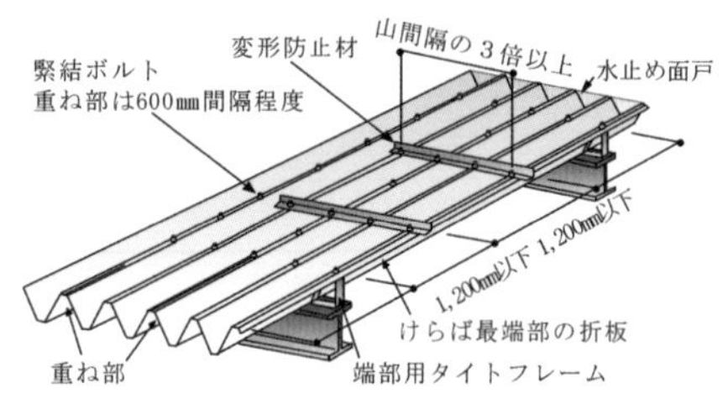

変形防止材によるけらばの納まりの例

⑧ 折板葺きの水上の先端には、雨水を止めるために水止め面戸（めんど）を用いる。

⑨ 水上部分と壁との取合い部に取り付ける雨押え（あまおさえ）は、150mm以上立ち上げる。

⑩ 折板葺き屋根は勾配が小さいので、雨水の一部が折板の裏面に伝わって室内に浸入することがある。これを防ぐため、折板の軒先には、15°程度の尾垂れ（おだれ）を付ける。

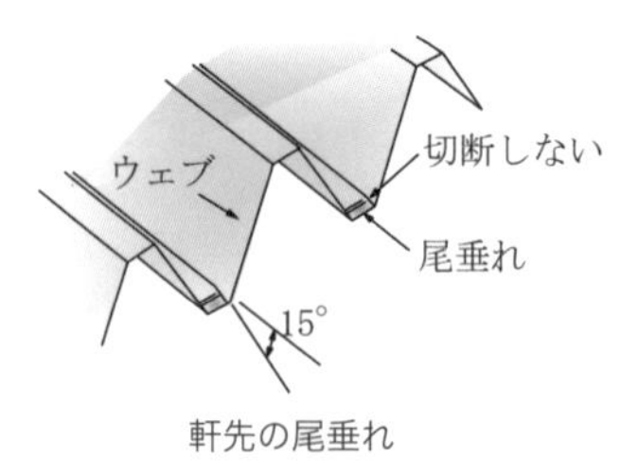

軒先の尾垂れ

用語 けらば
切妻屋根の妻部分で、外壁線より外側に出ている部分。

(b) 長尺金属板葺き

1）下葺き

① 下葺き材料は、JISのアスファルトルーフィング940のものを使用する。

② アスファルトルーフィングの重ね合わせ部分は、間隔300㎜程度にステープル釘等で留め付ける。

2）施工一般

① 長尺金属板の現場等での折曲げは、十分に曲げ半径を取り、切れ目を入れずに、塗装、めっき、地肌に亀裂が生じないように行う。

② 軒先包み板は、通し付け子を用いて留め付ける。

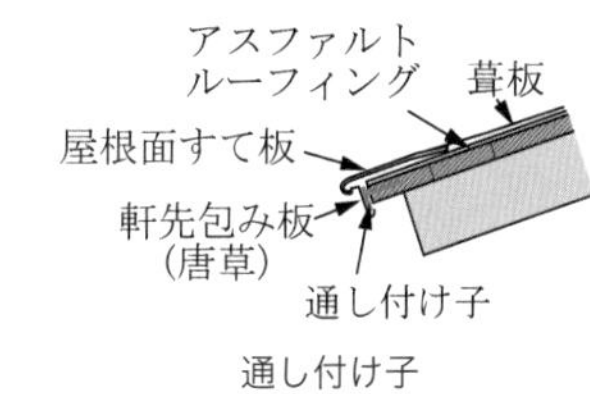

通し付け子

③ 棟覆いの亜鉛めっき鋼板は、通し付け子を用いて留め付ける。

④ こはぜの掛かりや折返し等の幅は、15㎜程度とする。

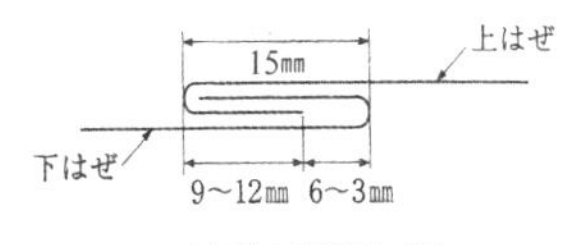

こはぜの折返し幅

3）平葺き

葺板に立上りを設けず、平面に葺き上げる工法である。

① 葺板のはぜは、十分に掛け合わせ、木づちではぜの上面を均一にたたき締めをして仕上げる。

② 銅板葺きにおいては、葺板１枚につき２枚以上のつり子で固定する。

③ 銅板葺きの場合のつり子の固定は、銅釘、黄銅釘又はステンレス釘により下地板に固定する。

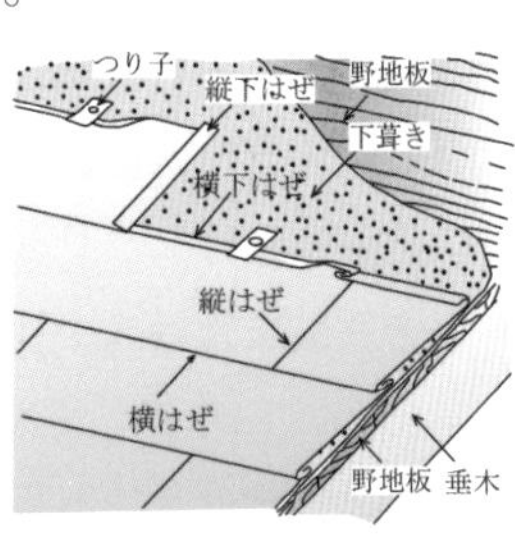

平葺きの葺き方

4）心木（しんぎ）なし瓦棒葺（かわらぼうぶ）き

屋根の流れに沿った瓦棒に、心木の代わりに通しつり子を用いて、長尺の金属板で成形加工した部材である溝板、キャップ等で葺き上げる工法である。

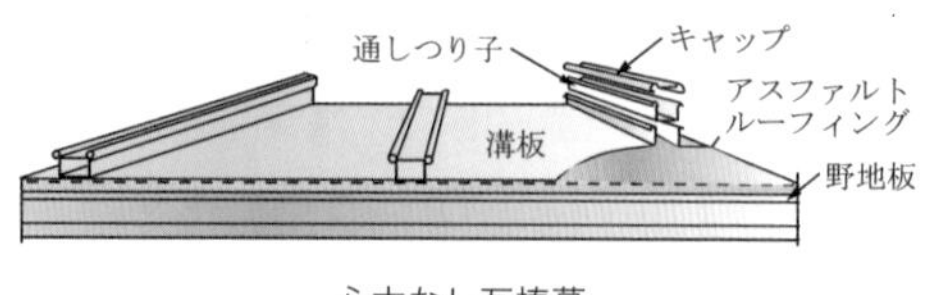

心木なし瓦棒葺

① 屋根葺き材の塗装溶融亜鉛めっき鋼板は、特記がなければ厚さ0.4㎜とする。

② 通しつり子は、ドリリングタッピンねじで母屋に固定する。

③ キャップのはめ込みは、はぜ締めとし、折返し幅を10㎜程度とする。

④ 水上部分と壁との取合い部には雨押えを設け、溝板には水返しを設ける。

⑤ 唐草は、各通しつり子の底部にドリルねじ留めとし、唐草の継手は、通しつり子の位置で重ね継ぎとする。

5）横葺き

上下の葺板をはめ合わせ、その部分につり子を介して下地に留める工法である。

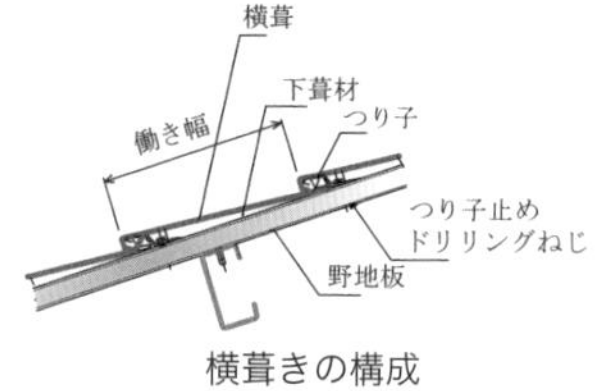

横葺きの構成

6）立て平葺き（立てはぜ葺き）

両端部を流れ方向に平行に立ち上げた葺板相互をはぜ継ぎして葺き上げる工法である。

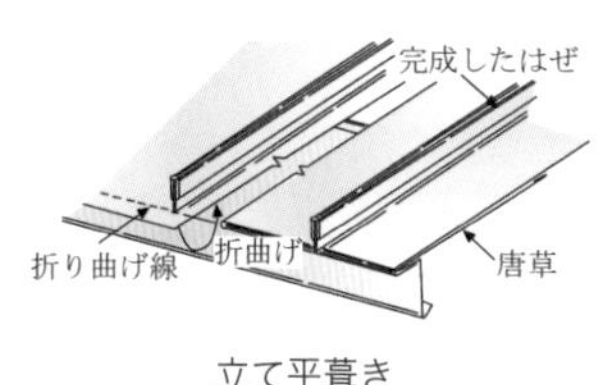

立て平葺き

(c) 大波スレート板葺き（繊維強化セメント板）

① 波板の留付けは、母屋が木材の場合は径５㎜以上の亜鉛めっき鉄製の打込み釘またはスクリュー釘とし、母屋が鋼材の場合は径６㎜以上の亜鉛めっき鉄製またはステンレス製のフックボルトまたはチャンネルボルト等とする。

② 繊維強化セメント板（スレート波板）の曲げ破壊荷重は、小波板より大波板の方が大きい。

(d) 住宅屋根用化粧スレート葺き

① 下葺き材料は、JISのアスファルトルーフィング940のものを使用する。

② 本体の屋根スレートの施工に先がけ、軒板を屋根釘で留め付ける。

③ 葺き方は、水下の軒先から水上の棟に向かって順に葺き上げる。

(e) 粘土がわら

製法により、ゆう薬がわら(塩焼きがわらを含む)、いぶしがわら、無ゆうがわらに区分される。

① 下葺きのアスファルトルーフィングは、二次防水により室内への漏水、屋根層内への有害な浸水を防ぐために用いる。

② 下葺き材は、アスファルトルーフィング940とする。下葺き材は縦100mm、横200mm以上重ね合わせ、重ね合わせ部は間隔360mm程度、その他は要所をしわ・緩み等が生じないように留め付ける。

③ 瓦桟木の材質、寸法等は、特記による。特記がなければ、材質は杉とし、寸法は幅21×高さ15(mm)以上とし、防腐処理を施したものとする。

④ 棟補強用心材の材質、寸法は、特記による。特記がなければ、材質は杉とし、寸法は幅40×高さ30(mm)以上とし、防腐処理を施したものとする。

⑤ 瓦緊結用釘は、径2.3mm以上のステンレススクリュー釘等が用いられる。長さは先端が野地(のじ)板厚さの1/2以上まで届くものとする。

⑥ 緊結線は、合成樹脂等で被覆された径1mm以上の銅線または径0.9mm以上のステンレス製とする。

⑦ 瓦の葺土は、冠瓦やのし瓦を安定させるために使用する。材質は、なんばんしっくいまたはモルタルとし、なんばんしっくいは既調合のものを使用する。

⑧ モルタルは、セメント、砂のほかに消石灰と麻すさを加えて練り合わせる。

⑨ 水切り、谷部、谷どいに用いる金属板の材質は、銅板0.4mm以上または同等の耐久性を有するものとする。

⑩ 瓦の割付けは、葺き上がりが納まるように、働き幅や働き長さに基づいて行う。

⑪ 軒先、谷縁瓦は、各瓦ごとに2枚通りまでを1枚ごとにすべて留め付け、その他は登り3～5段ごとに、亜鉛釘、銅釘、銅線で瓦桟に留め付ける。

(f) 硬質塩化ビニル雨どい

1）軒どい

① といの継手、水止め及び曲がり等は、専用の部品を接着剤で取り付ける。

② 受け金物とといは、1.2㎜程度の金属線または金物の金属つめ等で取り付ける。

③ とい1本の長さは10m以内とし、伸縮は、集水器部分等で吸収する。

2）たてどい

① 継手は専用の部品を用い、接着剤を用いて継ぐ。上にくるたてどいを下のといに直径寸法程度または60㎜程度差し込んで継ぐ。

② 継いだといの長さが10m以上になる場合は、製造所の指定するエキスパンションジョイント継手等で伸縮を吸収する。

3）谷どい

原則として、谷どいには継手を設けない。やむを得ず設ける場合は、水上に設け、50㎜以上重ね合わせてシーリング材を充填し、リベット、丸ねじ等で2列に千鳥に留め付ける。

4）とい受け金物

硬質塩化ビニル雨どいを取り付ける際、とい受け金物の取付け間隔は、次の通りである。

■硬質塩化ビニル雨どい

といの種類	とい受け金物の取付け間隔
たてどい	1.2m以下
軒どい	1m以下

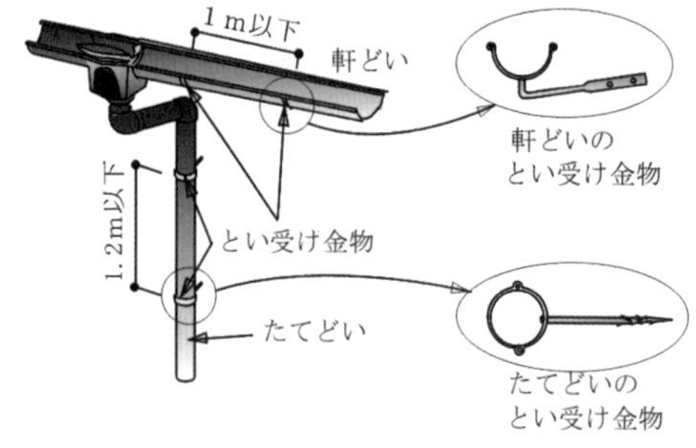

とい受け金物

《2》金属工事

(a) アルミニウム及びアルミニウム合金

アルミニウムは、押出形材としてサッシ、ドアその他内外装用等に用いられる。アルミニウム合金は、アルミニウムにマグネシウムやケイ素を添加して、耐食性や強度を増したものである。

1）手すり

① 手すりの施工において、アルミニウム合金は線(熱)膨張係数が鋼の約２倍と大きいので、伸縮調整継手を設ける間隔は鋼より狭くする。

② 手すり笠木の端部は、コンクリートに埋め込まず、伸縮調整目地をとる。

2）笠木

① 笠木の取付けは、コーナー部分笠木(通常500㎜程度の長さ)を先に取り付け、直線部材についてはパラペット全体の形状を勘案し割り付ける。

② 笠木と笠木とのジョイント部は、ジョイント金具とはめあい方式によりはめあい、取付けを行う。ジョイント部はオープンジョイントを原則とし、温度変化による部材の伸縮への対応のため、クリアランスを設ける。

③ 笠木をはめ込むための固定金具は、パラペットにあと施工アンカーで固定する。

④ 笠木の天端の水勾配は、雨水等による外壁の汚れを防止するため、内側が低くなるようにする。

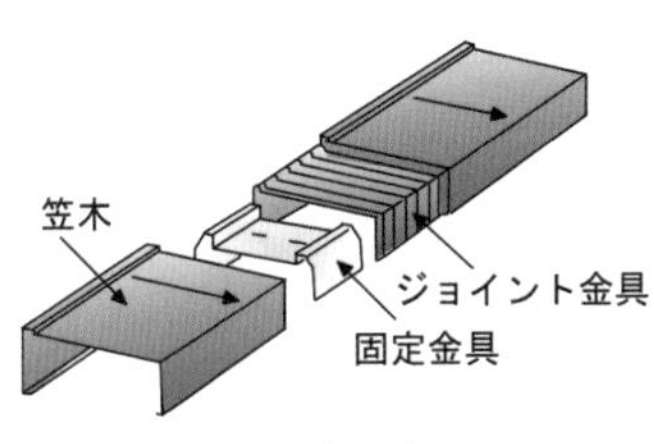

パラペット笠木のジョイント

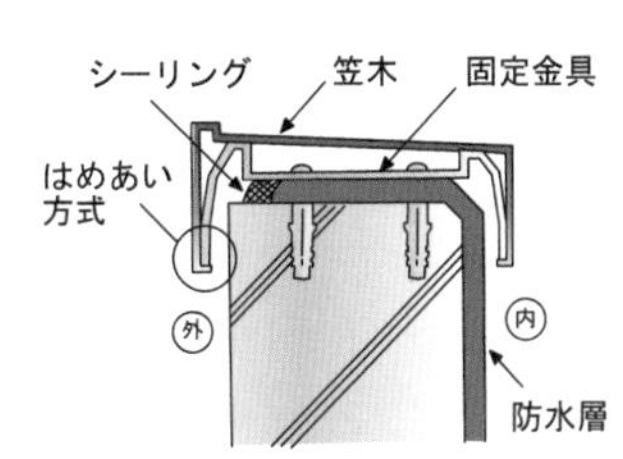

笠木の取付け状態の例

3）天井アルミモールディング

① 取付け下地は、軽量鉄骨下地とし、野縁の間隔は、屋内では360㎜程度とする。

② アルミモールディングは、定尺の既製品であるから、必ず割付けを行い、途中に半端な材料が入らないようにする。

③ 留付けは、目地底で目立たないように小ねじ留めとする。

④ アルミニウムは伸縮が大きいので、アルミモールディングが長尺の場合、伸縮調整継手を設ける。

4）その他

① 接触（ししょく）腐食を防止するために、材と材の間に絶縁材を入れるか、塗装するなどして、異種金属と接触しないようにする。

② 表面処理方法は、次の通りであり、耐食性、耐摩耗性が向上する。

■アルミニウム合金の表面処理方法

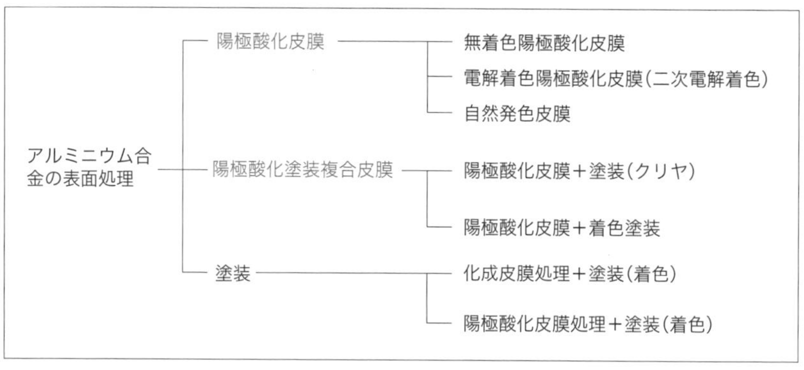

(b) ステンレス

ニッケル、クロムを含んだ炭素量の少ない、耐食性の極めて大きい特殊鋼である。

用語 **自然発色皮膜**
有機酸を用いた陽極酸化処理を行い、皮膜の生成と同時に発色させる処理。

① ステンレスの主な表面仕上げには、次表に示すようなものがある。

■ステンレスの主な表面仕上げ

名称	表面仕上げの状態
エンボス仕上げ	機械的に凹凸の浮出し模様を付けた仕上げ
ヘアライン仕上げ(HL)	長く連続した研磨目をもった仕上げ
鏡面仕上げ	最も反射率の高い仕上げ(研磨目なし)
エッチング仕上げ	化学処理により模様付けされた仕上げ
BA	鏡面に近い光沢をもった仕上げ
No2B	熱処理、酸洗いした後、適度な光沢を与えるために軽い冷間圧延をした仕上げ

② ステンレスの鏡面仕上げは、ヘアライン仕上げより耐食性が優れている。

(c) 銅

① 鋼材と比較して一般的に熱伝導性・耐食性に富み、加工・接合が容易である。

② 大気中で表面に緑青(ろくしょう)を生じるが、内部への侵食は少なく、屋根葺き材等に用いられる。

(d) 銅合金

① 銅合金の種類

・丹銅 ――― 銅に5～20%の亜鉛を加えたもの。

・黄銅 ――― 銅に30～40%の亜鉛を加えたもの。

・青銅 ――― 銅に主として錫(すず)を加えたもの。建築用金具、装飾金具等に用いられる。

・白銅 ――― 銅に主としてニッケルを加えたもの。

② 銅合金の表面仕上げ

■銅合金の表面仕上げ

仕上げの種類	方法
硫化いぶし仕上げ	銅及び銅合金の表面に、硫黄を含む薬品を用いて褐色に着色したもの。
緑青仕上げ	銅及び銅合金の表面に、人工的に緑青を生成させたもの。
鏡面仕上げ	バフ研磨によって鏡面に仕上げたもの。
ヘアライン仕上げ	一方向に研磨剤で連続した磨き目が付くように研磨して仕上げたもの。

(e) 亜鉛めっき鋼材

溶融亜鉛めっき鋼鈑は、亜鉛の腐食生成物が保護膜となって表面を覆うことにより耐食性を高めた鋼鈑である。**電気めっきは、母材を電解液中で通電して、表面に皮膜金属を生成させた仕上げである。**

① 溶融亜鉛めっきは、電気亜鉛めっきに比べて亜鉛の付着量が多いので耐久性に優れている。

② 手すり、棚等の板厚の薄い製品を溶融亜鉛めっきすると、熱のためにひずみを生じやすい。このような部材には、電気亜鉛めっきが望ましい。

(f) 鉛（なまり）

鉛は非鉄金属の中で比重が大きく、X線遮蔽（しゃへい）用材料等に用いられる。

(g) あと施工アンカー

① 金属系アンカーは機械的に固着させ、接着系アンカーは接着剤により固着させる。一般に、金属系アンカーは接着系アンカーに比べ、引抜き耐力は低い。

② あと施工アンカーは、曲げが加わると引抜き耐力が低下する。

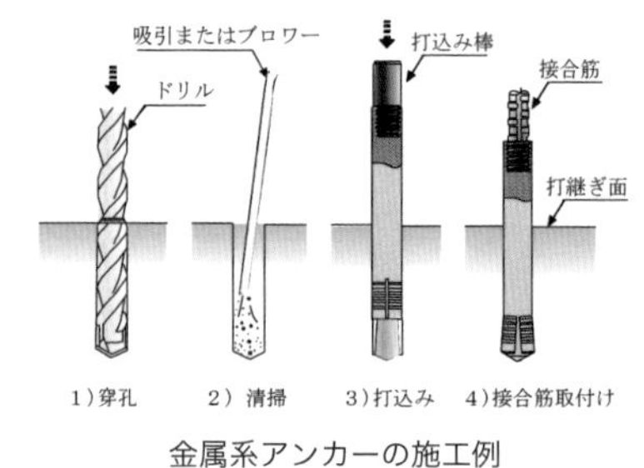

金属系アンカーの施工例

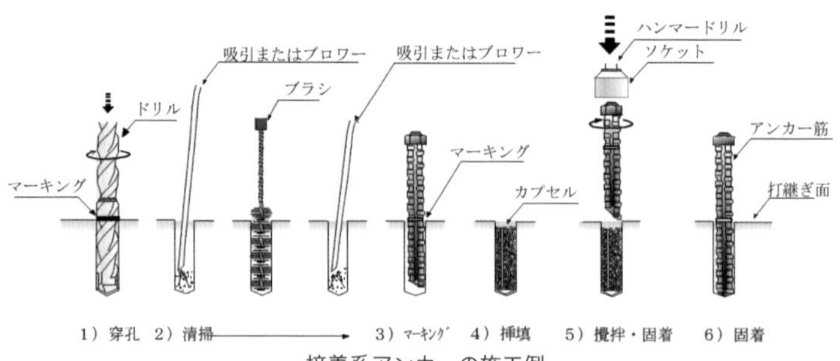

接着系アンカーの施工例

6 軽量鉄骨工事

《1》鋼製壁下地の工法

鋼製壁下地の構成材料を示す。

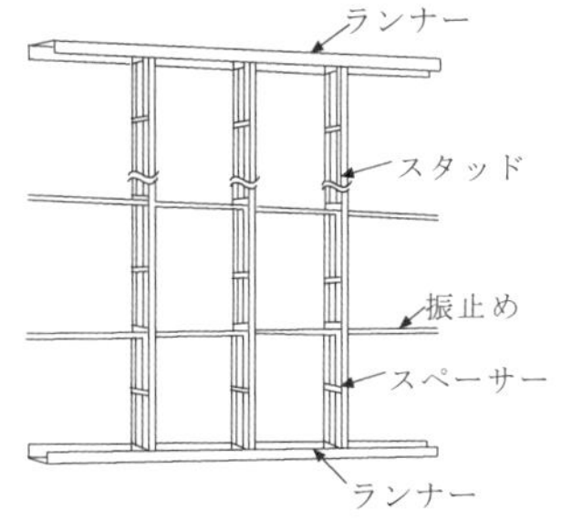

鋼製壁下地材の名称

鋼製壁下地の施工状況の例

鋼製壁下地の施工手順は次のとおりである。

ランナーの固定 → スタッドの調整・切断 → スペーサーの取付け → スタッドの建込み → 振止めの取付け

1）ランナーの取付け

① ランナーの継手は突付けとし、端部から50㎜程度内側を押さえ、間隔900㎜程度に打込みピン等で、床・梁下・上階床スラブ下に固定する。

② コンクリートスラブへの固定には、低速式びょう打ち機等を用いる。ランナーを固定する打込みピンは、コンクリート打設後10日以上経過していることを確認して打ち込む。

③ 曲面の壁に使用するランナーは、正しく曲面がとれるよう、あらかじめ工場でアール加工されたものを使用する。

2）スペーサーの取付け

① スペーサーは、スタッドのねじれを防止し、振止めを固定するために用いる。

② スペーサーは、各スタッドの端部を押さえ、間隔600㎜程度に取り付ける。

3）スタッドの建込み

① スタッドの間隔は、次のとおりとする。

■スタッドの間隔（単位：㎜）

ボードの枚数	スタッドの間隔
ボード2枚張りの場合	450程度
ボード1枚張りの場合	300程度

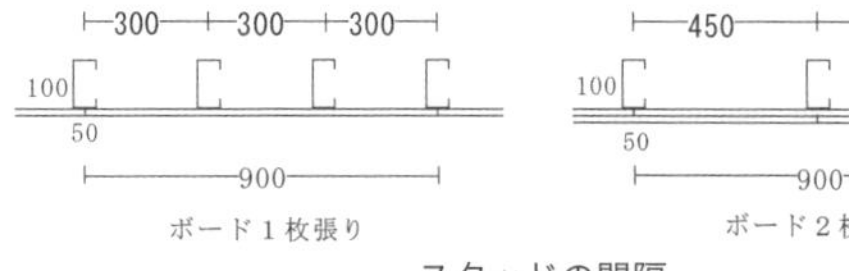

スタッドの間隔

② スタッド、ランナー等の種類は、次のとおりである。

■スタッド、ランナー等の種類（㎜）

部材等／種類	スタッド	ランナー	振止め	出入口及びこれに準ずる開口部の補強材	スタッドの高さによる区分
50形	50×45×0.8	52×40×0.8	19×10×1.2	－	高さ2.7m以下
65形	65×45×0.8	67×40×0.8	25×10×1.2	[-60×30×10×2.3	高さ4.0m以下
90形	90×45×0.8	92×40×0.8		[-75×45×15×2.3	高さ4.0mを超え4.5m以下
100形	100×45×0.8	102×40×0.8		2[-75×45×15×2.3	高さ4.5mを超え5.0m以下

③ スタッドは、ねじれのないものを使用し、上部ランナー高さに合わせて切断する。上部ランナーとスタッド天端のすき間は10㎜以下とする。

④ 上下ランナーに差し込み、半回転させて取り付ける。

⑤ スタッドがコンクリート壁等に添え付く場合は、端部及び間隔900㎜程度に打込みピン等で固定する。

⑥ スタッドの高さに高低がある場合は、高い方の部材を適用する。

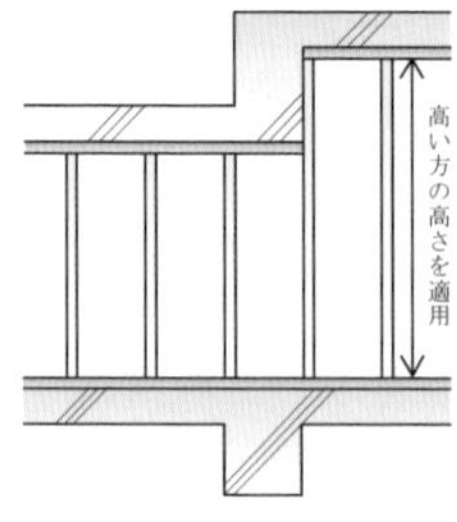

壁の高さが異なる場合

⑦ 開口部等の鉛直方向の補強材は、床から上階のスラブ下(または梁下)まで伸ばして固定する。

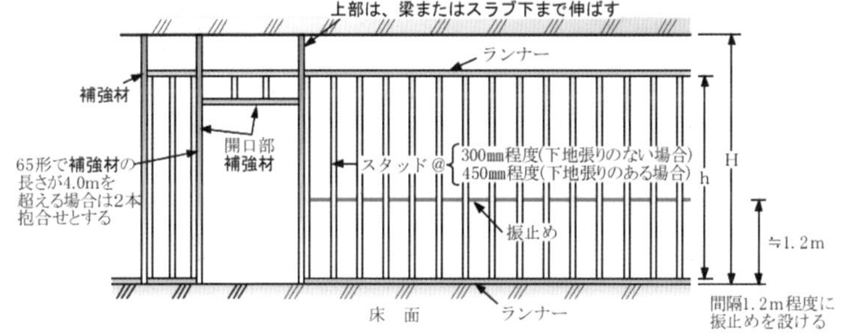

軽量鉄骨壁下地(H4.0m以下の例)

⑧ 出入口枠のアンカーは、開口補強材に溶接して取り付ける。

⑨ そで壁端部の補強は、スタッドではなく、開口部の垂直方向の補強材と同材を用いて行う。

4）振止めの取付け

① スタッドには、床ランナーから間隔1,200㎜程度の間隔で振止めを取り付ける。

② 振止めは、フランジ側を上向きにしてスタッドに引き通し、スペーサーで固定する。

③ 上部ランナーから400㎜以内に振止めが位置する場合は、その振止めを省略することができる。

5）防錆処理

① 溶接した箇所には、錆止め塗料を塗布する。

② 高速カッターによる切断面には、亜鉛の犠牲防食作用が期待できるため、錆止め塗料塗りは行わなくてよい。

《2》鋼製天井下地の工法

1）吊りボルトの取付け

① 吊りボルト、野縁(のぶち)受けは、周囲は壁際から150mm以内に配置し、間隔は900mm程度とする。吊りボルトは、鉛直に取り付ける。

② 吊りボルトの取付け用インサートは、鋼製とする。

③ 天井下地は、一般に部屋の中央が高くなるように、むくりをつけて組み立てる。

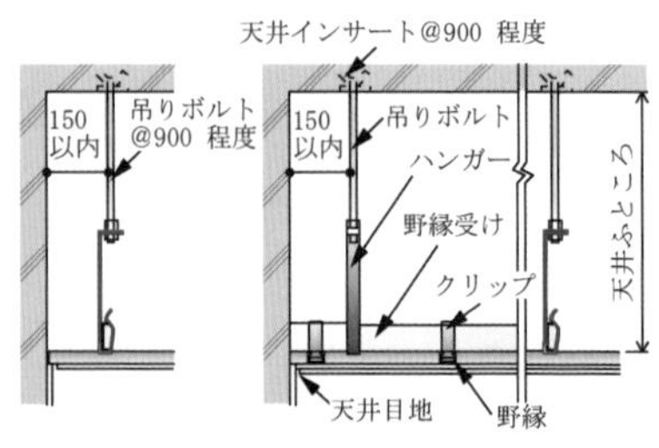

吊りボルトの位置

④ ダクト等に吊りボルトを溶接しない。躯体に直接吊りボルトが取り付けられない場合は、アングル等の鋼材を別に設けて、吊りボルトを取り付ける。

2）野縁受け・野縁の取付け

① 野縁の間隔は、次表を標準とする。

■野縁の間隔（単位：mm）

天井仕上げの種類	野縁の間隔	ダブル野縁の間隔
下地張りのある場合	360程度	1,800程度
仕上げ材料の直張り、壁紙または塗装下地の類を直接張り付ける場合	300程度	900程度
ボード類の一辺の長さが450程度以下の場合の直張り	225程度以下	450程度以下
金属成形板張りの場合	360程度	—

② 天井ボードのジョイント部分と壁際の野縁は、ダブル野縁とする。

③ 野縁は、特記がなければ、屋内は19形、屋外は25形とする。

■天井下地材の種類（単位：mm）

種類＼部材	シングル野縁	ダブル野縁	野縁受け
19形	25×19×0.5	50×19×0.5	38×12×1.2
25形	25×25×0.5	50×25×0.5	38×12×1.6

④ 野縁受けの継手位置は、吊りボルトの近くとする。また、隣り合う継手位置は、互いに1m以上ずらして千鳥（ちどり）に配置する。野縁の継手位置も同様に、1m程度ずらして千鳥に配置する。

野縁受け・野縁の継手

⑤ 野縁は野縁受けにクリップを用いて取り付ける。クリップのつめは、野縁受けに交互に向きを変えて留め付ける。

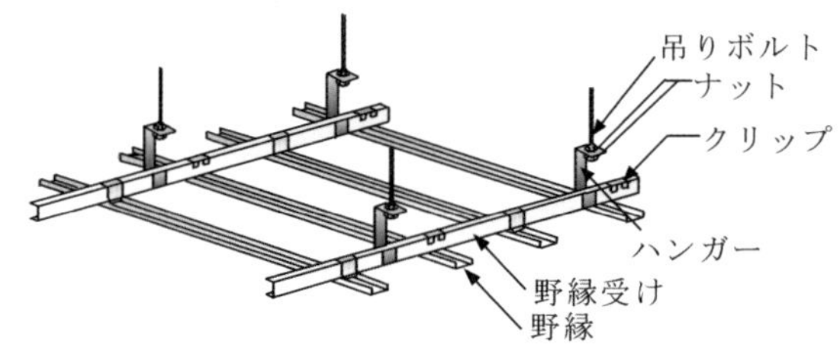

天上下地の組み方

⑥ 照明器具、ダクト吹出し口等の開口のために、野縁または野縁受けが切断された場合は、取付け用の補強材で補強する。

⑦ 野縁及び野縁受けを切断する場合、ガスによる溶断（ようだん）を行ってはならない。

用語 千鳥
互い違いジグザグ形に配置すること。

用語 クリップ
野縁を野縁受けに取り付けるための薄い補助金物。

3）振止めの取付け

① 天井ふところが1,500㎜以上ある場合は、吊りボルトの振止め補強を行う。補強方法は、次の通りである。

- 水平補強は、縦横方向に間隔1.8m程度に配置する。
- 斜め補強は、相対する斜め材を１組とし、縦横方向に間隔3.6m程度に配置する。

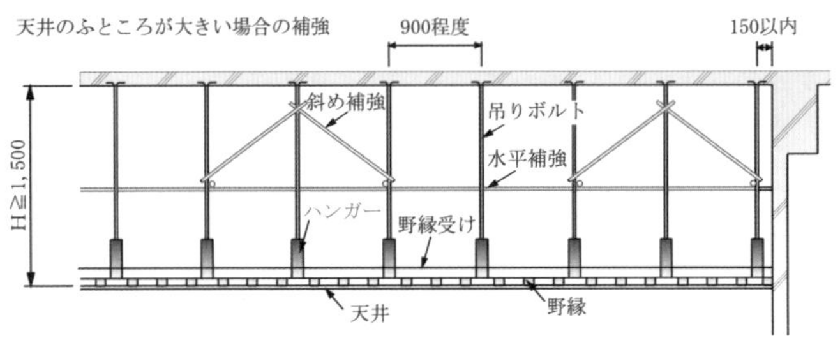

天井の振止め補強（単位：㎜）

② 天井に段違いがある場合の振止め補強材には、野縁受けと同材または山形鋼（L-30×30×3㎜と同等以上の部材）を用いて、2,700㎜程度の間隔で段違い部分の野縁受けまたはスタッドに溶接で固定する。

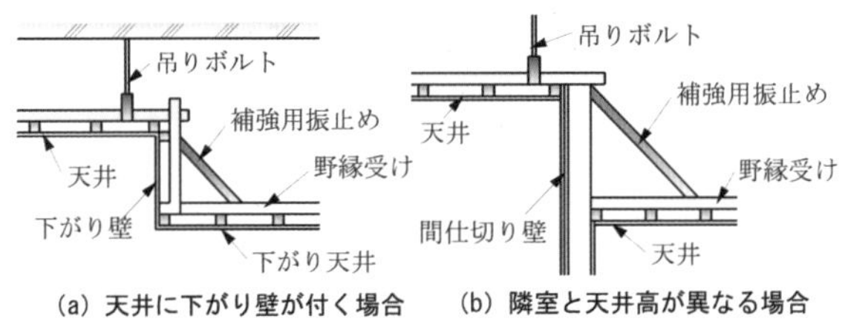

天井段違い部分の振止め補強例

7 左官工事

《1》材料

① 砂の最大寸法は、塗り厚に支障のない限り大きいものを用いる。

② 一般に、左官に用いる砂の粒度は、下塗り用５㎜以下、上塗り用2.5㎜以下で、下塗り用の方が大きい。

③ メチルセルロース等の保水剤は混和剤の一種で、モルタルの乾燥収縮によるひび割れの防止、接着力の強化、作業性の向上等を目的として用いられる。

《2》下地

現場打設コンクリート下地

① コンクリート、コンクリートブロック壁面は、デッキブラシ等で水洗いを行い、モルタル等の接着を妨げるものを除く。ただし、屋内の場合で工程等により、水洗いが困難な場合は、デッキブラシ等で清掃する工法によることができる。

② コンクリート、コンクリートブロック等の下地でつけ送りを要するものは、下塗りと同じ配合のモルタルで不陸を調整してくし目を付けた後、２週間以上できるだけ長く放置する。

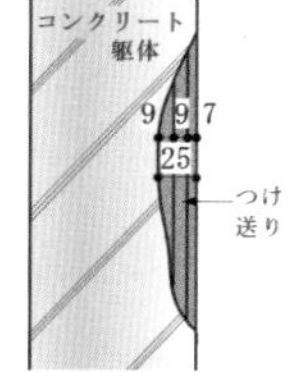

つけ送り(mm)

③ つけ送り厚さが25㎜を超える場合は、溶接金網・アンカーピンまたはネット等を取り付けた上でモルタルを塗り付ける。

④ １回のつけ送り厚さは、９㎜以下とする。

用語 **つけ送り**
塗り下地の表面の凹凸が著しいとき、モルタルその他の材料を塗り足して凹んでいる部分を埋め均すこと。

《3》コンクリート下地セメントモルタル塗り

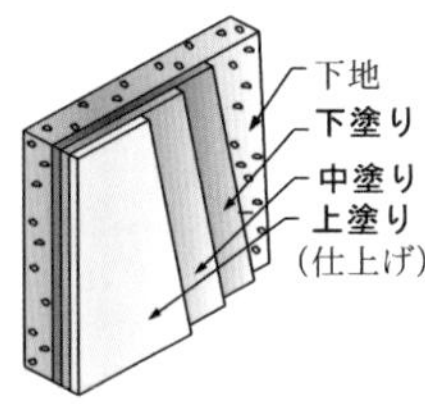

コンクリート下地セメントモルタル塗り

(a) 調合

① 左官工事の原則として、下地側に塗られるものほど強度を大きくする。施工段階に伴う調合を示す。

■施工段階に伴う調合

下塗り	中塗り・上塗り
・富調合 強度を大きくして付着力を高めるため	・貧調合 ひび割れを少なくするため

② モルタルの調合を次表に示す。モルタルの調合は、容積比で行う。

■モルタルの調合(容積比)

下地	施工箇所	下塗り	むら直し 中塗り	上塗り
コンクリート コンクリートブロック れんが	内壁 外壁	セメント：砂 1：2.5	セメント：砂 1：3	セメント：砂 1：3

(b) モルタル塗り

1) 一般事項

① 一回の塗り厚は、7㎜以下とする。ただし、床の場合を除く。

② モルタルの総塗り厚は、外壁は25㎜以下、内壁は20㎜を標準とする。

③ モルタル3回塗りの下塗り、中塗り、上塗りの各層の塗り厚は、3～10㎜とする。

用語 **富調合**
セメントの割合を多めに調合したもの。強度が大きい。

用語 **貧調合**
セメントの割合を少なめに調合したもの。強度が小さい。

④ 総塗り厚が25㎜以上になる場合は、ステンレス製アンカーピンを打ち込み、ステンレス製ラスを張るか、溶接金網、ネット等を取り付け、安全性を確認した上でモルタルを塗り付ける。

⑤ モルタルの１回の練混(ねりま)ぜ量は、60分以内で使い切る量とする。

２）下塗り前の注意事項

下塗り前に下地の乾燥具合を見計らい、吸水調整材を全面に塗る。ただし、下塗りに内装下塗り用軽量モルタル、ポリマーセメントモルタルを用いる場合以外は、吸水調整材に代えてポリマーセメントペーストとすることができる。

① 吸水調整材塗り

- 吸水調整材は、下地コンクリート面等に直接塗布(とふ)して、下地とモルタル界面に非常に薄い膜を形成することにより、ドライアウトによる付着力の低下を防ぐために用いる。
- 施工前日または当日に、下地に均一に塗布する。
- 吸水調整材は、下地が乾燥した状態で塗布する。
- **吸水調整材は、塗り過ぎることにより**下地とモルタルの界面の膜が厚くなり、塗り付けたモルタルがずれやすく、**モルタルの付着力を低下させ**るおそれがあるため、塗布量に留意する。
- 吸水調整材塗布後、下塗りまでの間隔時間は、一般的に１時間以上とする。なお、吸水調整材塗りを行った場合、下塗りは、**吸水調整材が乾燥**した後行う。ただし、長時間放置せず、１日程度で下塗りを行う。

② ポリマーセメントペースト塗り

- ポリマーセメントペーストを塗った後は、**乾かないうち(直ち)**に下塗りを行う。
- 塗り厚は、１㎜程度とし、厚塗りは避ける。
- 保水剤を混入すると、保水性、作業性が向上する。

用語 ドライアウト
モルタルやプラスター等の塗り材が、下地の吸水等によって水分が急に減少してしまい、凝結硬化が正常に行われないこと。

3）下塗り

① 下塗り面には、金ぐしを用いて、くし目を全面に付ける。ただし、内壁下塗り用軽量セメントモルタル（サンドモルタル）は、荒らし目を付けずに施工する。

② 下塗り後、モルタル表面のドライアウトを防止するために水湿しを行う。

4）中塗り・上塗り

① 下塗りは、２週間以上できるだけ長期間放置して、ひび割れを充分発生させた後に中塗りを行う。

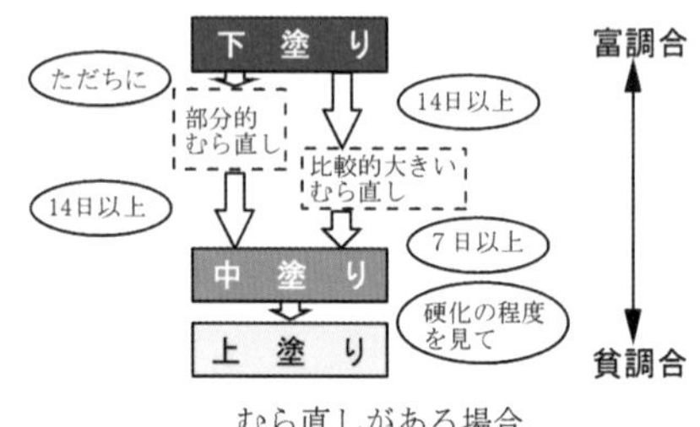

むら直しがある場合
セメントモルタル塗りの工程

② 塗り厚が大きいときや中塗り・上塗りが均一な仕上げ厚にならないときは、下塗り後、むら直しを行う。

③ 中塗りに先立ち、隅・角・ちり回りは定木塗り（定木ずりの基準）を施す。

④ 上塗りは、中塗りの硬化の程度を見計らい、下付けを行い、こてむらなく平らになるように定規ずりしてこてで仕上げる。

《4》床コンクリート直仕上げ

1）コンクリート打込み前の準備

① 床仕上げに必要な造り方定規を設けたり、レーザーレベルの設置などを行う。

② 仕上げ精度が要求される場合にはガイドレールなどを3.5～４ｍ間隔に設置し、基準となる造り方定規は鉄骨その他、狂いの生じない箇所に設け、常に点検して正確に水平又は所要の勾配を保持するようにする。

用語　むら直し
下塗り後、不陸が大きい場合、それを直すために行う作業。

2)コンクリート打込み後の手順

① 荒均し、タンピング、定規ずり

所定の高さに荒均しを行い、タンパー等で粗骨材が表面より沈むまでタンピングする。同時に造り方定木にならい、定規ずりして平たんに敷き均す。壁や柱際等でならし定規等を使用できない部分は、特に不陸の生じないよう、十分に木ごて等でタンピングして平たんに均す。

② 木ごてずり

コンクリート面を指で押しても少ししか入らない程度になってから行う。

③ 金ごて仕上げ(初回)

踏み板の上に乗ってもほとんど沈まなくなったときに行い、セメントペースト類を十分に表面に浮き出させる。

④ 中ずり

金ごて中ずりは、こてむらと凹凸をなくして、表面が十分に平滑になるように行う。この場合、表面にペーストがあまり浮き出るほどこてをかけ過ぎてはならない。また、ブリーディングが多い場合等は、中ずりを木ごてで行うとよい。

⑤ 金ごて仕上げ(最終仕上げ)

コンクリートの硬さがこてのかかる最終段階の時期に、締まり具合を見ながら金ごてで適当な力で押さえる。

⑥ 養生

表面仕上げ後は、コンクリートが急激に乾燥しないように適切な養生を行う。一般には金ごて仕上げのまま、張物下地などでは最終こて押え後、12時間程度を経てから2～3日間、散水養生を行う。

《5》プラスター塗り

プラスター塗りには、石こうプラスター塗りとドロマイトプラスター塗りがあり、それぞれの特徴は全く違うので注意する。

■石こうプラスター・ドロマイトプラスターの特徴

	石こうプラスター	ドロマイトプラスター
硬化	水硬性(通風は避ける)	気硬性(換気が必要である)
PH	中性・弱酸性	アルカリ性
練置き時間	下塗り・中塗り＝2時間 上塗り＝1.5時間	12時間程度(鏝伸びがよい)
セメント等の混入	強度低下・接着力低下	強度増加・接着力増加

1）石こうプラスター塗り

① 既(き)調合石こうプラスターは、現場調合プラスター、骨材、すさ類、その他の混和材料をあらかじめ工場で混合し、現場では水のみを加えて練ることにより、直ちに塗り材料としての石こうプラスターが得られるようにしたものである。

② 石こうプラスターは、一度練り混ぜたものは急速に水和反応が進むので、セメントのように練直しをして使用することはできない。

③ 石こうプラスターは、長時間水に触れていると著しく強度が低下するので、次の場所での使用を避ける。

・浴室、厨房等、常時水や水蒸気に触れるおそれのある場所

・地下室、倉庫等の多湿で通気不良の場所

④ 砂の混合量を多くし過ぎて、プラスターの強さを不足させることのないよう注意する。

⑤ 石こうプラスターに種類の異なるプラスターやセメント等を混入すると、硬化時間や強度に影響するので絶対に避けなければならない。

⑥ 収縮によるひび割れを防止するため、すさを混入する。

⑦ 下塗りは、下地モルタルが硬化して、乾燥した下地に、こてでよく押さえ、すり付けて塗る。

⑧ 中塗りは、下塗りの水引き具合を見計らい定木(じょうぎ)ずりを正確に行い、硬化の程度を見計らい、木ごてで平たんにする。

⑨ 上塗りは、中塗りの乾燥後、吸水調整材を前面に塗付し、その乾燥後、下付けと上付けの２工程に分けて行う。

⑩ 塗り作業中はできるだけ通風をなくし、作業後も石こうが硬化するまでは、はなはだしい通風を避ける。硬化後は適当な通風を与えて塗り面を乾燥させる。

⑪ 石こうラスボード下地には、直接アルカリ性のプラスターを塗ると、ボードの表紙がアルカリに侵されてはく離するため、アルカリ性以外のプラスターを用いる。

2）ドロマイトプラスター塗り

① 乾燥によるひび割れを防止するために、すさを混入する。
② コンクリート下地の場合は、水湿しを行う。
③ 下塗りは、こてで下地面にすり込みながら塗り付ける。
④ むら直しは、下塗りの水引き具合を見て行う。
⑤ 中塗りは、むら直しまたは下塗り後７日以上おき、適度に水湿しを行い、金ごてで塗り付け、木ごてでむらをとる。
⑥ 中塗りが半乾燥のうちに、水引き具合を見計らい上塗りを行う。
⑦ 塗り作業中は、できるだけ通風をなくす。

《6》セルフレベリング材塗り

セルフレベリング材は、床面に流し簡単にならすだけで平たん・平滑な精度の高い床下地をつくるものである。金ごては用いない。

① セルフレベリング材には石こう系とセメント系があり、その性質は下表のとおりである。石こう系の材料は、耐水性が小さいので、水に濡れるところには使用できない。

■石こう系とセメント系の性質

石こう系	セメント系
中性	アルカリ性
耐水性小	耐水性大
鉄部に防錆処理必要	鉄部に防錆処理不要

② 下地の乾燥期間は、コンクリート下地の場合28日以上、モルタル下地の場合夏期14日以上、冬期21日以上とする。
③ 製造所の定める有効期間を経過したものは、使用してはならない。一般的には、３ヶ月から６ヶ月と定められている。

④ 吸水調整材(シーラー)は、所定量を水で均一に希釈し、デッキブラシ等でコンクリート下地に十分すり込むように塗り付け、十分乾燥させる。

⑤ セルフレベリング材は、塗り厚が大きいと、ひび割れや浮きが発生しやすくなるので、塗り厚として一般に10㎜を標準としている。

⑥ 流し込み中はできる限り通風(つうふう)をなくし、施工後もセルフレベリング材が硬化するまでは、はなはだしい通風を避ける。

⑦ セルフレベリング材の硬化後、打継ぎ部の突起及び気泡跡の周辺の突起等は、サンダー等で削り取る。

⑧ セルフレベリング材塗り後の養生期間は、7日以上、低温の場合は14日以上とし、表面仕上げ材の施工までの期間は、30日以内を標準とする。

《7》仕上塗材仕上げ

1）材料

① 内装仕上げに用いる塗材のホルムアルデヒド放散量は、特記がなければ、F☆☆☆☆とする。

② 仕上塗材は、製造所において指定された色及びつや等に調合し、有効期間を経過したものは使用しない。なお、下塗り材、主材及び上塗り材は、同一製造所の製品とする。

2）下地調整

下地調整塗材は、仕上塗材の付着性の確保や素地の気泡穴、目違い等の調整を主な目的とし、主な適用下地はALCパネルやコンクリートである。

① 合成樹脂エマルションパテは、屋内で水のかからない箇所の下地調整に使用する。

② コンクリート面の仕上塗材仕上げの下地調整には、一般にセメント系下地調整塗材を使用する。

用語 **仕上塗材仕上げ**
吹付け・ローラー・こて塗り等で、既に混ぜ合わされた材料を塗るもの。

3）工法一般

① 仕上げは、こて塗り、吹付塗り、ローラーブラシ塗りとする。

② 吹付塗りの基本動作は、スプレーガンのノズルを常に下地面に対して直角またはやや上向きに保つようにし、縦横2方向に吹くなどの注意を払い、模様むらが生じないように吹き付ける。

③ 見本塗り板は、所要量または塗り厚が工程ごとに確認できるものとする。

④ 施工場所の気温が5℃以下、湿度が85%以上の場合は、施工を行わない。やむを得ず施工を行う場合は、採暖（さいだん）、換気等の養生を行う。

⑤ 仕上塗材を施工する場合の所要量は、単位面積当たりの希釈（きしゃく）前の塗材の使用質量で表す。

⑥ シーリング面に仕上塗材仕上げを行う場合は、シーリングが硬化した後に行う。

⑦ 内壁は目につきやすいので、出隅及び入隅の角で吹き継ぐことは避け、目地若しくは見切りまで吹き付ける。

4）薄付け仕上塗材仕上げ（リシンやジュラク塗り等）

① 著しく乾燥した下地に施工する場合は、塗材の水分が下地に急激に吸収され、付着力が低下するので、水湿しを行う。

② 塗り厚は3㎜程度以下で、砂壁状、ゆず肌状、さざ波状等に仕上げる。

5）厚付け仕上塗材仕上げ（スタッコ仕上げや珪藻土塗り等）

厚付け仕上塗材は厚さ4～10㎜程度で、スタッコ状に仕上げるものをいう。

① コンクリート打放し面の下地調整塗材の塗付けを省略できる。

② 凸部処理は、こてまたはローラー押えにより、主材の模様塗り後、30分以内の適当な時間を選んで行う。

6）複層仕上塗材仕上げ（吹付けタイル等）

① 複層仕上塗材は、厚さ3～5㎜程度で、凹凸状等に仕上げるものをいう。

② 塗膜が強靭（じん）で接着強度も大きいので、ALCパネル等強度の低い材料に使用すると、付着破壊を起こす。

③　吹付け仕上げの主材塗りは、基層塗り１回と模様塗り１回の計２回を標準とする。また、上塗り材の塗り回数は、２回を標準とする。

④　外壁の複層仕上塗材の上塗り材は、水系上塗り材で行うと大気汚染の防止に効果がある。

7）軽量骨材仕上塗材仕上げ(パーライト吹付け等)

①　厚さ３～５㎜程度で、軽量のため天井等に使用する。

②　材料の練混ぜは、軽量骨材が粉砕されないように低速のハンドミキサーで行う。

8 建具・ガラス工事

《1》金属製建具

(a) 主な性能項目

主な性能項目は、次のとおりである。

■性能項目

性能項目	性能項目の意味
強さ	外力に耐える程度
耐風圧性	風圧力に耐える程度
耐衝撃性	衝撃力に耐える程度
気密性	空気のもれを防ぐ程度
水密性	風雨による建具室内側への水の浸入を防ぐ程度
遮音性	音を遮る程度
断熱性	熱の移動を抑える程度
遮熱性	日射熱を遮る程度
結露防止性	建具表面の結露の発生を防ぐ程度
防火性	火災時の延焼防止の程度
面内変形追随性	地震によって生じる面内変形に追随し得る程度
耐候性	構造、強度、表面状態などがある期間にわたり使用に耐え得る品質を保持している程度
形状安定性	環境の変化に対して形状寸法が変化しない程度
開閉力	開閉操作に必要な力の程度
開閉繰返し	開閉繰返しに耐え得る程度

■性能項目の試験と測定項目

性能項目	試験	測定項目
耐風圧性	耐風圧性試験	変位・たわみ
気密性	気密性試験	通気量
水密性	水密性試験	漏水
断熱性	断熱性試験	熱貫流率
結露防止性	結露防止性試験	温度低下率・結露状況
遮熱性	遮熱性試験	日射熱取得率
遮音性	遮音性試験	音響透過損失

(b) アルミニウム製建具

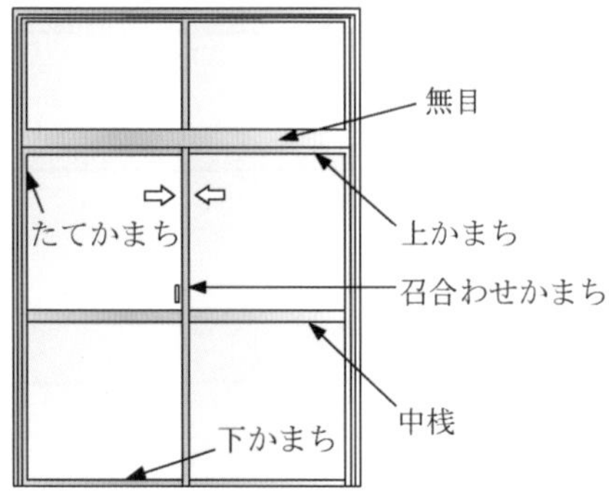

建具まわりの部位名称

1）性能項目

スライディングサッシの種類による性能項目は、下表の通りである。

■スライディングサッシの性能による種類及び記号

種類	記号	開閉力	開閉繰り返し	耐風圧性	気密性	水密性	戸先かまち強さ	遮音性	断熱性
普通	m	◎	◎	◎	◎	◎	◎		
防音	t	◎	◎	◎	◎	◎	◎	◎	
断熱	h	◎	◎	◎	◎	◎	◎		◎

◎は必須性能とする。

2）材料

① アルミニウム板を加工して、枠、かまち、水切り、ぜん板及び額縁(がくぶち)等に使用する場合の厚さは、1.5mm以上とする。

② 建具の隅の納まりは、一般に素材を仕口の形に合わせて加工し突き付け、小口留めとする。アルミニウムに接する小ねじ等の材質は、ステンレス製とする。突付け部は、漏水(ろうすい)防止のためのシーリング材またはシート状の防水材を使用する。小ねじの位置は、できるだけ雨掛りを避けるが、やむを得ない場合でも、水がたまりやすい部分は避ける。

③ 引き違い建具のすれ合う部分、振止め、戸当りの類は、原則としてポリアミド(ナイロンの一種)製とする。

④ 鋼材の力骨、補強材、アンカー等は、亜鉛めっき処理をした鋼板を使用する。

⑤ モルタルに接する建具裏面は、アクリル樹脂系またはウレタン樹脂系等の耐アルカリ塗料を塗布する。
⑥ 防虫網は、特記がなければ、合成樹脂製とし、合成樹脂の線径は、0.25㎜以上、網目は16～18メッシュとする。

3）建具の取り付け

① 取付けの際には、養生材をできるだけ残して、やむを得ず取り除いた養生材は、取付けが終わったのちに、なるべく早く復旧する。
② 建具の取付けは、くさび等で仮止めし、位置及び形状を正確に決め、躯体付けアンカーに溶接または下地金物にねじ等で留め付ける。
③ アンカー位置は、枠の隅より150㎜内外を端とし、中間は500㎜内外の間隔とする。アンカーと差し筋は最短距離で溶接するようにする。

4）枠回りのモルタル充填

① 充填モルタルの砂の塩分含有量については、NaCl換算0.04％（質量比）以下と規定されており、海砂等は除塩する。
② 外部回りの建具では、枠回りにモルタルを充填する際、仮止め用のくさびは、必ず取り除かなければならない。
③ 建具枠周囲の充填には、容積比でセメント１：砂３の調合モルタルを用い、密実に充填する。
④ サッシ回りのモルタルの確実な充填のためには、開口部上部と左右には45㎜程度、下部には75㎜程度のすき間を設け、水切り板とサッシ下枠部に二度に分けてモルタルを詰める。

(c) 鋼製建具

1）性能項目

スイングドアセットの種類による性能項目は、次頁の表の通りである。

用語 スイングドア
両側に開閉するドア

■スイングドアセットの性能による種類及び記号

種類 \ 記号 \ 性能項目		ねじり強さ	鉛直荷重強さ	開閉力	開閉繰り返し	耐衝撃性	耐風圧性	遮音性	断熱性	面内変形追随性	気密性	水密性
普通	m	◎	◎	◎	◎	◎	○				○	○
防音	t	◎	◎	◎	◎	◎	○	◎			○	○
断熱	h	◎	◎	◎	◎	◎	○		◎		○	○
耐震	q	◎	◎	◎	◎	◎	○			◎	○	○

◎印は必須性能とし、○印は選択性能とする。

2）材料

① 特定防火設備は、鉄板（鋼板）の厚さが1.5㎜以上の防火戸または防火ダンパーとする。

② フラッシュ戸の表面板と中骨の固定は、表面からの溶接または構造用接合テープを用いる。

③ 鋼製建具のフラッシュ戸の中骨は、間隔300㎜以下に配置する。

④ フラッシュ戸において、外部に面する戸は、下部を除き三方の見込み部を表面板で包む。また、内部に面する戸は、上下部を除き二方の見込み部を表面板で包む。

⑤ 丁番、ドアクローザーの取り付く箇所の建具枠の裏面には、補強板を取り付ける。

⑥ 枠、くつずり、水切り板等の見え隠れ部には、つなぎ補強板を、両端から逃げた位置から、間隔600㎜以下に取り付ける。

⑦ くつずりの材料は、厚さ1.5㎜のステンレス鋼板とする。仕上げは、ヘアライン仕上げとする。

⑧ 1回目の錆止め塗料塗りは、製作工場において組立後に行う。2回目の錆止め塗料塗りは、工事現場において取付け完了後、汚れ及び付着物を除去して行う。なお、フラッシュ戸の表面板裏側部分、枠の裏面等の見え隠れ部分は塗装しなくてもよい。

⑨ 四方枠に装着する気密材は、合成ゴム（クロロプレンゴム等）または合成樹脂（塩化ビニル等）が使用される。

3）建具の取り付け

① 躯体付け金物（アンカー材等）は、必要な強度が得られるよう、あらかじめコンクリートへの打込み（鉄筋コンクリート造）または鉄骨部材への溶接（鉄骨造）により取り付ける。アンカーの位置は枠の隅より150㎜内外を端とし、中間は600㎜内外の間隔とする。

② 外部に面するステンレス製くつずりは、両端を枠から延ばし、枠の裏面で溶接する。

③ 建具枠の下枠（くつずり、皿板等）の裏面で、後でモルタルの充填が不可能な部分は、破損及び発音防止の目的で、取付け前にモルタルを充填しておく。

④ 鋼製ドアの組立てによる溶融亜鉛めっき鋼面の傷（溶接痕）は、表面を平滑に研磨仕上げし、一液形変性エポキシ樹脂錆止めペイントまたは水系錆止めペイントで補修する。

⑤ 鋼製建具枠の倒れの取付け精度の許容差は、面内、面外とも±２㎜とする。

⑥ 鋼製ドア枠の対角寸法差は、３㎜以内とする。

⑦ 防火戸に用いるドアクローザーは、ストップなしとする。

⑧ 防火戸にがらりを設ける場合は、がらり面に防火ダンパーを設ける。

(d) 木製建具

① フラッシュ戸

かまち・桟・中骨材によって構成され、小口に化粧縁を取り付け、表面に化粧合板等を張ったもの。

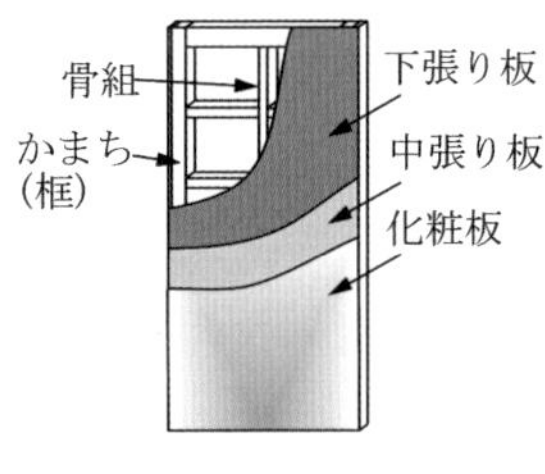

フラッシュ戸

・そり、ねじれ等の狂いが生じないようにかまちや骨組には、含水率が天然乾燥で18%以下、人工乾燥で15%以下の木材を選ぶ。

・フラッシュ戸は、温度・湿度の差で反りや狂いが生じないよう、表と裏の面材は同一のものとする。

・建具の錠前当たりの部分及びドアクローザー当たりの部分には、補強のための増し骨を行う。

・中骨には、杉、ひば、えぞ松、米つが、米ひば等のむく材を用いる。扉の心材を中骨式とした場合、中骨(横骨)の間隔は、150㎜以下とする。

・ホットプレス機を使用する場合は、空気の膨張による建具の膨らみを防止するため、全ての水平材(上下かまち材及び横骨)に3㎜角程度の穴をあける。

② ガラス戸

かまち・桟・組子の間にガラスをはめ込んだもの。

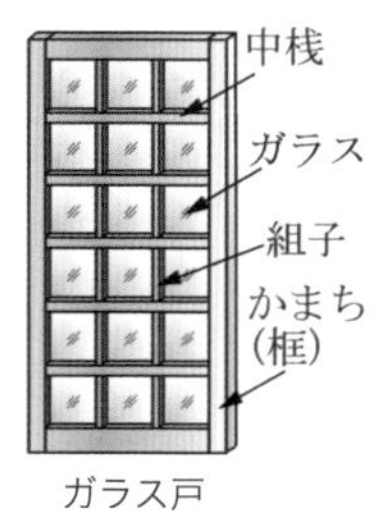

ガラス戸

③ かまち戸

4辺をかまちで組み、鏡板をはめ込んだもの。

④ 格子戸(こうし)

周囲のかまちと桟・縦横に組んだ組子で構成されたもの。

⑤ 障子(しょうじ)

縦横に組んだ組子に和紙を張ったもの。

⑥ 襖(ふすま)

骨組の両面から紙または布を張り、縁と引手を取り付けたもの。

⑦ 戸ぶすま

フラッシュ戸の片側表面と周囲をふすまと同様に仕上げたものであり、フラッシュ戸及びふすまに使用する材料を用いる。

⑧ 鏡板

板戸において、かまちと桟の間にはめ込んで配する一枚板のことである。はぎ目があっても目立たないものは一枚板として扱う。

⑨ 額縁(がくぶち)

窓や出入口の枠と壁の境目を隠すために取り付ける材料のことである。

(e) 建具金物

① 主なキーシステム

■キーシステムの種類

用語	解説
マスターキー	錠が複数個ある場合に、１本の鍵で施解錠するシステム。
逆マスターキー	複数個の異なった鍵のいずれの鍵でも特定の錠だけは施解錠できるシステム。集合住宅の共通の出入口等に使用される。
コンストラクションキー	施工中のみマスターキーとなり、竣工後はシリンダーを取り替えずに、簡単な操作で一般の状態にするキーシステム。
同一キー	限定された錠を同一鍵番号にして、１本の鍵で施解錠できるシステム。この鍵を同一キーと呼ぶ。

② 錠

■錠の種類

用語		解説
シリンダー箱錠	デッドボルト レバーハンドル ラッチボルト	デッドボルトとラッチボルトを有し、シリンダー式の施錠機構の錠。機構を組み込んでいる部分が箱形になっているため、箱錠(ケースロック)という。 モノロックに比べ防犯効果がある点から、外部の錠として有効である。
モノロック	握り玉	外側の握り玉の中心にシリンダー、内側の握り玉の中心には押しボタンが設けられている。
本締り錠	デッドボルト	デッドボルトのみを有し、鍵またはサムターンで施解錠できる錠。
空(そら)錠		ラッチボルトのみを有し、仮締り状態を保ち、ハンドルで解錠できる錠。間仕切戸に使用される。
レバーハンドル錠		取手をレバーハンドルにした錠。
ケースハンドル錠		ハンドルの突出しを極力押さえるため、取手を環状、起倒式とした錠(主に空錠)。 防火戸に使用される。
鎌錠		片引き戸、両引込み戸の突合せかまちに取り付けられ、デッドボルトが鎌状(フック)で、突合せ部分の枠に引っ掛けて施錠する錠。

③　主な吊り金物

■吊り金物類

用語		解説
丁番	丁番　自由丁番	開き戸を支え、その開閉を行う金具。原則として、外部用は軸も含めてステンレスの丁番を使用する。
グラビティーヒンジ		トイレブースの扉に使用する吊り金具で、丁番式と軸吊式がある。 扉側と枠側のヒンジ部にテーパー（勾配）があるため、勾配を利用して常時開または常時閉鎖を設定できる。
ピボットヒンジ		戸を上下から軸で支える機構で、持出し吊りと中心吊りがあるが、一般には持出し吊りが多い。また、下部金物によって床埋込み形と枠取付け形がある。枠取付け形は防水層と取り合う箇所や頻繁に水洗いする箇所に適している。
フロアヒンジ		金属ばねと緩衝油の作用により戸を自閉でき、かつ自閉速度が調整できる床用のヒンジ。重量の大きな建具、かまちのない建具等に用いられることが多い。
ドアクローザー		金属ばねと緩衝油の組合せによって構成されるもので、戸と枠に取り付け、戸を手で開き、自動的に閉じる機能をもつ。取付け方法は、戸を引いて開ける側に取り付ける「標準取付け」と、戸を押して開ける側に取り付ける「パラレル取付け」がある。
オーバーヘッドクローザー		各種クローザーの中で、ドアの上枠や無目等の内部に収納するタイプのクローザー。上枠や無目の寸法、戸の重量等に制約がある。意匠や納まり上、外部に取付けができない場合等に用いる。
戸当り		戸の開閉時に戸が直接壁または建具枠に当たり、壁または建具を傷つけることを防止するために取り付ける緩衝効果を有するゴム、金物を指す。

(f) 重量シャッター

1）材料

① 特定防火設備として使用するシャッターのスラットの鋼板の厚さは、1.5mm以上とする。

② 特定防火設備として使用するシャッターのケースの鋼板の厚さは、1.5mm以上とする。

2）付属装置

① 障害物感知装置は、人がシャッターに挟まれた場合、重大な障害を受けないようにする装置である。障害物に直接接触して作動する接触式と、光電センサー等で障害物を感知して作動する非接触式がある。

② 電動シャッターには、リミットスイッチを設ける。また、電動シャッターには、リミットスイッチが故障した場合に、シャッターを停止させる保護スイッチを設ける。

③ 煙及び熱感知器と連動するシャッターは、挟まれ事故防止のため、障害物感知装置を設ける。

④ シャッターの開口幅が大きくなると、強風時にガイドレールからスラットが外れるおそれがあるので、スラットの端部にフック(スラット外れ止め機構)を取り付ける。

⑤ スラット相互のずれ止めは、スラット端部を折曲げ加工するかまたは端金物を付ける。

3）防火・防煙

① スラットの形式は、防火シャッターはインターロッキング形、防煙シャッターはオーバーラッピング形とする。

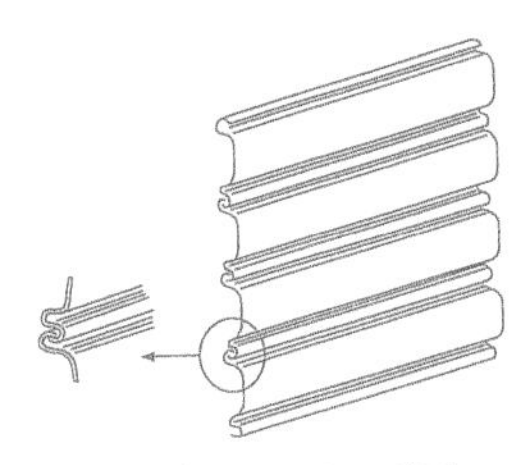

インターロッキング形

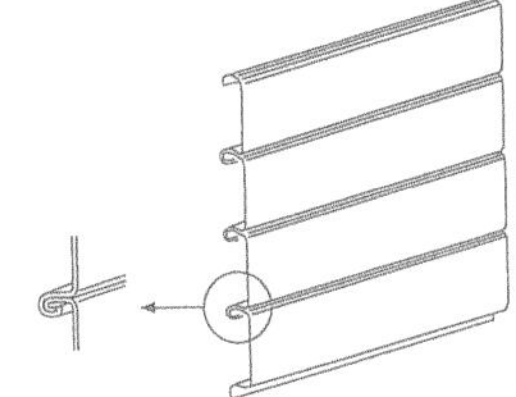

オーバーラッピング形

② 防火区画に設けられるシャッターのうち、階段室等の竪穴(たてあな)区画に設置されるシャッターは、遮煙性を有する構造とする。

4）施工

ガイドレールのアンカーは、シャッターに相応したものとし、両端を押さえ、間隔は600㎜以下とする。

《2》ガラス工事

(a) ガラスの種類

1）フロート板ガラス

① 溶融金属の上に帯状のガラス素地を流し､火造りのままで連続製造される。

② 表面が平滑で、厚さは2 ～ 25㎜である。

2）網入板ガラス

① 製造時に金網を入れたもので、防火性・飛散防止性に優れる。

② 金網には、クロス型と菱型がある。厚さは6.8㎜・10㎜(型・磨)である。

③ 耐風圧強度はフロート板ガラスより小さい。

④ 外部に面する網入板ガラス及び線入板ガラスの下辺小口及び縦小口下端より1/4の高さには、ガラス用防錆(ぼうせい)塗料または防錆テープを用い防錆処置を行う。

⑤ 防火性能を要求される部分には網入板ガラスを用いる。

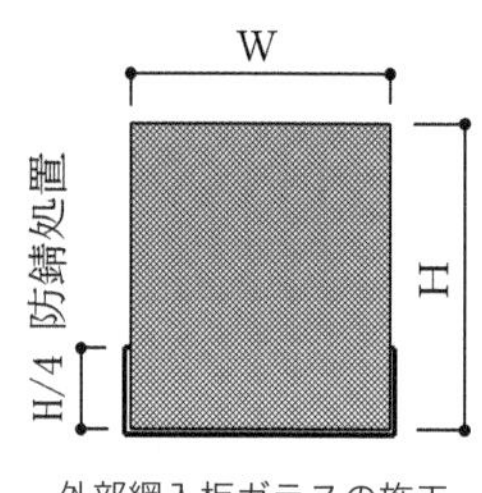

外部網入板ガラスの施工

3）線入板ガラス

① 製造時に金属線を入れたもので、フロート板ガラスに比べ飛散防止性に優れる。

② 防煙垂れ壁には、網入板ガラスまたは線入板ガラスを用いる。

4）型板(かたいた)ガラス

ロールに彫刻された型模様をガラス面に熱間転写して製造された片面に型模様のある板ガラスである。光を柔らかく拡散し、視線を適度に遮る。なお、型模様面は、室内側とする。

5）熱線吸収板ガラス

① 板ガラスの組成の中に微量の鉄・ニッケル・コバルト等の金属成分を加えて着色したガラス。

② フロート板ガラスに比べ日射熱をより多く吸収し、冷房負荷の軽減効果がある。
③ 太陽放射熱を多量に吸収し、熱応力が大きくなり、熱割れを起こしやすいので、切断面はクリアカットとする。

6）熱線反射ガラス

① 表面に金属酸化物を焼き付けたガラスで、日射エネルギーを反射し、冷房負荷を低減する。反射膜コーティング面は室内側とする。
② 可視光線を30～40％反射し、ハーフミラー状になる。
③ 鏡の効果により周囲の景観を建物の壁面に映し出すので、カーテンウォールの全面に使用する場合、ゆがみが少ないように映像調整を行う。

7）高遮蔽性能熱線反射ガラス

① スパッタリング工法(真空容器内に入れ、電圧をかけて金属薄膜を付ける製法)により金属をフロートガラスの表面にコーティングしたガラス。反射膜コーティング面は、室内側とする。
② 可視光線の反射によるミラー効果、日射熱の遮蔽、紫外線の遮蔽等の効果がある。

8）強化ガラス

① フロート板ガラスや熱線吸収板ガラスに熱処理を施し、表面に圧縮、内部に引張応力を生じさせたもので、耐衝撃強度が高い。
② 同じ厚さのフロート板ガラスに比べ、3～5倍の強度がある。
③ 破損すると、破片は鈍角の細かい粒状になる。破損時には全面破砕し、脱落するので、ベランダの腰壁・トップライト等破損時に脱落が許されない場所には使用しない。
④ 強化加工後の切断、穴あけ、面取り等の加工は一切できない。

用語 **熱割れ**
太陽の輻射熱を受ける部分と受けない部分との膨張差によって生じる内部応力のためにガラスが破損する現象。

9）倍強度ガラス

① フロート板ガラスを軟化点まで加熱後、両表面から空気を吹き付けて冷却加工するなどにより強度を高めたガラスである。

② 同じ厚さのフロート板ガラスに比べ、２倍以上の強度がある。なお、熱処理後の切断はできない。

③ フロート板ガラスと同等の割れ方をし、粉々にならないことから破片が落下しにくいので、強化ガラスの使えない、例えば、高層ビルのカーテンウォール等にも使用できる。

10）複層ガラス

① ガラスとガラスの間に密封された空気層を持つ。

② 断熱性能は単板ガラスの約２倍あり、空気層の断熱効果により結露が生じにくい。また、遮音効果もある。

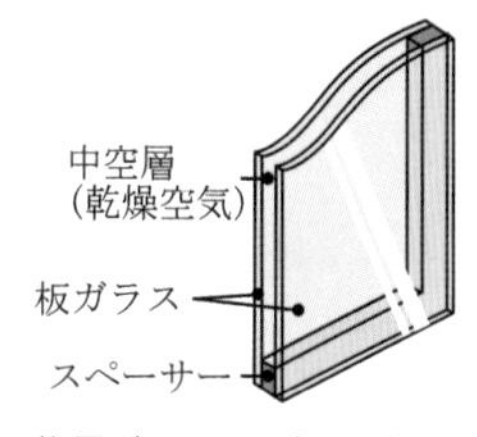

複層ガラス周辺部の断面図

11）合わせガラス

① ２枚または数枚の板ガラスの間に透明で接着力の強いポリビニルブチラールの中間膜をはさみ、熱と圧力を加え密着させたガラスである。

② 飛散防止、耐貫通性に優れ、安全性が高い。

③ 住宅や学校用の安全ガラスのほか、高層階のバルコニーや吹抜け部分等の手すりに用いられる。

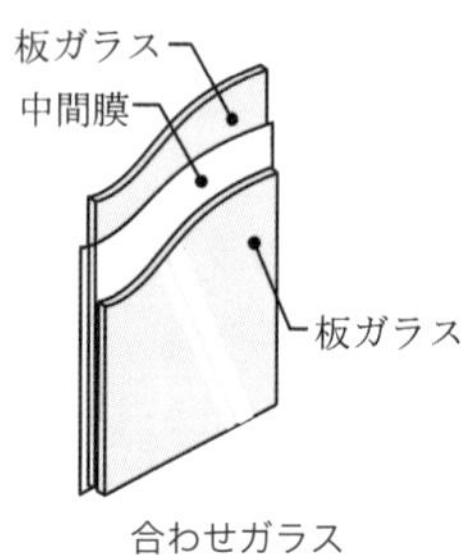

合わせガラス

(b) クリアランス及びかかり代

① 面クリアランス（次頁図中＝a）

② **エッジクリアランス（次頁図中＝b）**

耐震性を確保する（ガラスが破損しない）ためには、所定のエッジクリアランスをとる。

③ **かかり代（次頁図中＝c）**

ガラスの脱落を防止するとともに、切断面の反射を見えなくする。

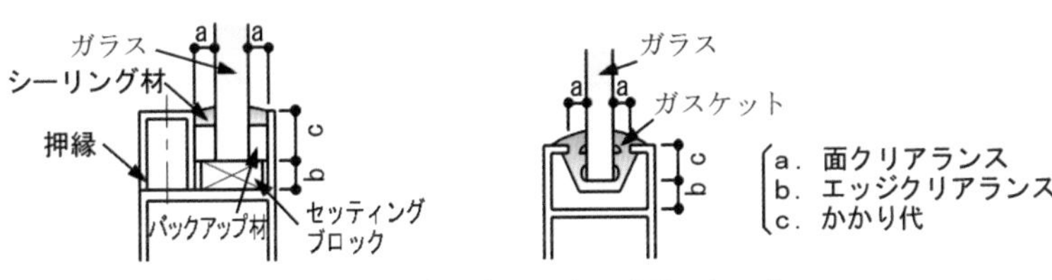

クリアランス及びかかり代

(c) 加工

1) ガラスの切断

ガラスの切断面の欠け等はエッジの強度を著しく低下させるので、切断面はクリーンカット(クリアカット)が望ましい。

2) 表面加工

① サンドブラスト加工とは、ガラス面に砂を吹き付けて細かい傷を付け、光を散乱させ、透視像をぼかす目的で用いる加工である。

② タペストリー加工(フロスト加工)は、サンドブラスト加工を施したものにふっ酸によるエッチング処理を実施したものをいう。

(d) 取付け施工

1) セッティングブロック

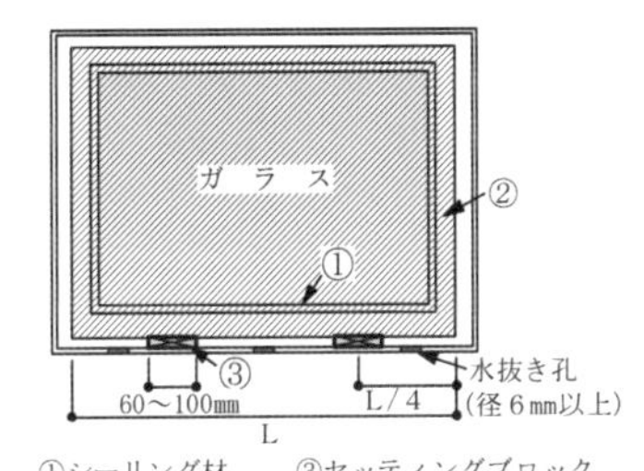

セッティングブロックの位置

① セッティングブロックとは、サッシ下辺のガラスはめ込み溝内に置き、ガラスの自重を支持するものである。一般に厚さ6㎜以上の比較的大きいガラスには、クロロプレンゴム系が、それより軽いガラスには、塩化ビニル系を使用することが多い。

② セッティングブロックは2箇所に設け、設置位置は、ガラスの両端よりガラス幅の1/4のところとする。

2）水抜き孔

外部に面する複層ガラス、合わせガラス、網入(線入)板ガラスを用いるサッシ溝(下辺)には、径6㎜以上の水抜き孔を2箇所以上設ける。セッティングブロックによるせき止めがある場合は、その間に1箇所追加する。

3）ガラスのはめ込み

ガラスのはめ込み方法は、次のとおりである。

■ガラスのはめ込み方法

構法	固定材料	主な用途
①グレイジングガスケット構法	・グレイジングチャンネル	動きの大きい建具に使用
	・グレイジングビード	動きの小さい建具に使用
②構造ガスケット構法(ジッパーガスケット)	・H形ジッパーガスケット	金属フレームへの取付けに使用
	・Y形ジッパーガスケット	コンクリートへの取付けに使用
③不定形シーリング材構法	金属、プラスティック、木等のU字形溝または押縁止め溝にガラスをはめ込む場合に、弾性シーリング材を用いる構法である。	

①　グレイジングガスケット構法

塩化ビニル等で作られたひも状のもので、サッシ枠にガラスをはめ込むときなどに採用される。

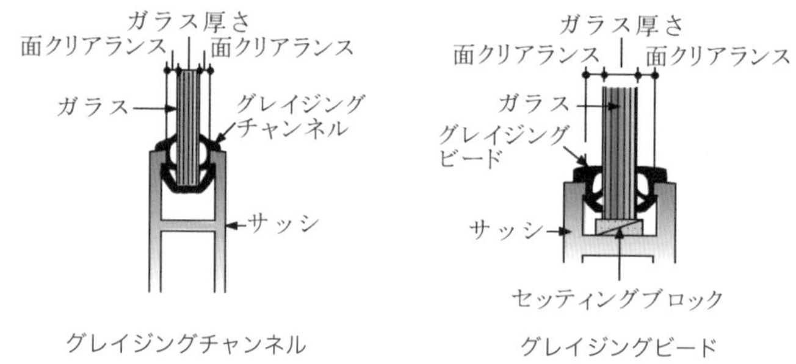

グレイジングチャンネル　　グレイジングビード

用語　**グレイジングチャンネル**

サッシ枠にガラスをはめ込むときに採用される塩化ビニル製のひも状のもので、チャンネル状の形状をしたもの。

・ジョイントは、上枠の中央ですき間が生じないように行う。

・固定する力が弱いため、複層ガラス、厚さ８㎜以上のガラス、合わせガラスには使用しない。一般には、不定形シーリング材構法で留め付ける。

② 構造ガスケット構法

・クロロプレンゴム等によって作られたもので、構造躯体にガラスをはめ込むときなどに採用される。

・H形ジッパーガスケットは、金属フレームへの取付けに使用される。

・Y形ジッパーガスケットは、コンクリートへの取付けに使用される。

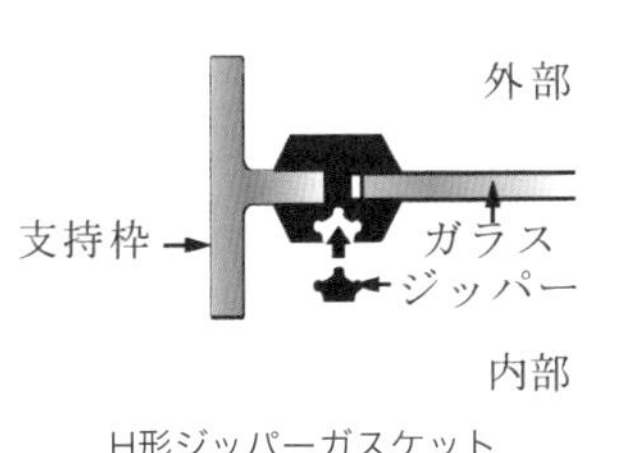

H形ジッパーガスケット

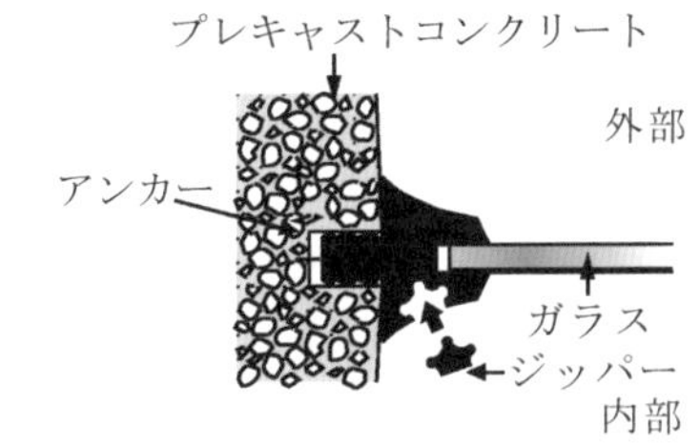

Y形ジッパーガスケット

③ 不定形シーリング材構法

施工時は流動性があり、固まってゴム状となるシーリング材を使用してガラスを固定する構法。

9 塗装工事

《1》用語

① 素（そ）　地（じ）：いずれの塗装工程による行為も行われていない面。

② 下　地：素地に対して何らかの塗装工程による行為が行われて、次の工程の行為が行われようとしている面。

③ シーラー：コンクリートやモルタル下地処理用の下塗り塗装。耐アルカリ性で、素地に対する吸込みを抑え、付着性を高める。

④ パテかい：面の状況に応じて面のくぼみ、隙間、目違い等の部分を平滑になるように塗る。

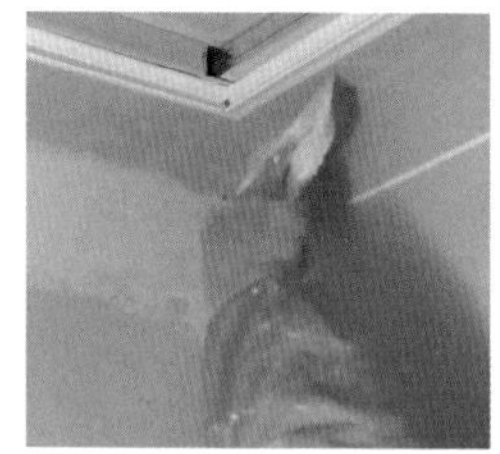
パテかい

⑤ パテしごき：パテかいの後、研磨紙ずりを行い、パテを全面にへら付けし、表面に過剰のパテを残さないよう、素地が現れるまで十分しごき取る。

⑥ 研　磨：素地、あるいは下地面を研磨材料で研ぐこと。

《2》材料の取扱い

① 塗装材料は開封しないままで、現場に搬入する。

② 上塗り用の塗料は、原則として製造所において指定された色及びつやに調整されたものとする。なお、一度に調色することが可能な少量の場合に限って、現場調色としてもよい。

③ 防火材料の指定がある場合は、基材同等の認定を受けた塗料を使用しなければならない。

④ 承認された塗り見本は、傷が付かないように、工事完成まで保存する。

《3》気象及び環境

塗装に好ましくない環境を次に示す。

① 気温が５℃以下の場合。

② 湿度が85％以上の場合。

《4》素地ごしらえ（素地調整）

素地ごしらえ（素地調整）は、素地に対して塗装に適するように行う処理をいい、塗膜の性能等に大きな影響を与える。

1）木部の素地ごしらえ

① 素地の状態は、含水率18％以下とする。

② 油類やアスファルト等の付着物は、皮すき等で取り除いた後、溶剤で拭いて十分に乾燥させる。

③ 節部分や、杉や松等の赤みの部分でやにが出ると思われる部分は、木部下塗り用調合ペイントまたはセラックニスを塗る。セラックニスの工程間隔時間（気温20℃のとき）は、２時間以上とする。

④ 不透明塗料塗りの場合は、節止めの後に、合成樹脂エマルションパテで穴埋め・パテかいを行う。

⑤ 透明塗料塗りの素地面に、仕上げに支障のある甚だしい色むら、汚れ、変色等がある場合は、漂白剤を用いて修正する。

⑥ 素地の割れ目、虫食い穴、打ちきず、すき間、深いくぼみ等は、合成樹脂エマルションパテ（またはポリエステル樹脂パテ）で埋めて平らにする。

⑦ 透明塗料塗りの木部面に、著しい色むらがある場合は、着色剤を用いて色むら直しを行う。

⑧ 合成樹脂エマルションパテは、屋内で水のかからない箇所の下地調整に用いる。

2）鉄鋼面の素地ごしらえ

① 付着したセメントペーストは、スクレーパー、ワイヤブラシ等で除去する。

② 油類の除去

・動・植物油(防錆油等)は、80～100℃に加熱した弱アルカリ性脱脂剤で分解、洗浄して除去する。

・鉱物油(機械油等)は、石油系溶剤等で溶剤洗浄する。

③ 鉄鋼面は、油類除去の後に、錆落しを行う。

④ 黒皮(ミルスケール)の除去は、サンドブラスト、ショットブラストまたはグリットブラスト処理とする。

⑤ 溶接・溶断時のスパッタやスラグの除去は、ディスクサンダーやグラインダー等の動力工具やスクレーパー、ワイヤブラシを用いて行う。

⑥ 赤錆は、ディスクサンダー、ワイヤブラシ等で取り除く。

⑦ りん酸塩化成皮膜処理やブラスト処理をした場合は、処理後ただちに錆止め塗料を塗り付ける。

3) 亜鉛めっき鋼面の素地ごしらえ

① 付着物の除去、油類の除去は、鉄鋼面と同じである。

② 油類の除去後、1種A(工場塗装)の場合は、化成皮膜処理を行う。

4) コンクリート面、モルタル面の素地ごしらえ

① 含水率は、10%以下とする。

② pH(水素イオン濃度)は、9以下とする。

③ 一般に含水率の測定には水分計、pHの測定にはpH試験紙、pHメーター(pHコンパレーター)等が用いられる。

④ 吸込み止めには、一般に合成樹脂エマルションシーラー(クリアタイプ)を使用する。

⑤ 吸込み止め処理は、穴埋めやパテかいの前に行う。

5) ALCパネル面の素地ごしらえ

① 吸込み止めは、合成樹脂エマルションシーラー(クリヤタイプ)を用いる。

② 吸込み止め処理は、下地調整塗りの前に全面に塗布する。

6）石こうボード面の素地ごしらえ

パテかいには、合成樹脂エマルションパテ(一般形)または石こうボード用目地処理材(ジョイントコンパウンド)を用いる。

7）けい酸カルシウム板面の素地ごしらえ

① 吸込み止めには、反応形合成樹脂シーラーまたは弱溶剤系反応形合成樹脂シーラーを用いる。

② 穴埋めやパテかいは、吸込み止め処理の後に行う。

《5》塗料の種類による性能

1）塗料の種類と適用素地

塗装の種類による適用素地の比較を示す。

■塗料の種類と適用素地

素地＼塗料	木部	鉄鋼面	鋼面亜鉛めっき	モルタル面コンクリート面	備考
ステイン	○	×	×	×	木部表面の着色
ウレタン樹脂ワニス	○	×	×	×	木質系部材に対する透明仕上げ(フローリング、しな合板)
クリヤラッカー	○	×	×	×	高湿度環境で塗装すると白化する 木部造作等の透明塗装仕上げ
合成樹脂エマルションペイント	○	×	×	○	水性のため鉄部に適さない
つや有合成樹脂エマルションペイント	○	○	○	○	水系塗料
合成樹脂調合ペイント	○	○	○	×	油性で耐アルカリ性なし

○：適合　×：不適合

2）合成樹脂調合ペイント・合成樹脂エマルションペイント

■合成樹脂調合ペイントと合成樹脂エマルションペイントの比較

	合成樹脂調合ペイント	合成樹脂エマルションペイント
耐アルカリ性	×	○
放置時間	24時間以上	3時間以上
希釈液	乾性油・ボイル油(臭う)	水(無臭)
適用素地	木部・鉄鋼面・亜鉛メッキ鋼面	木部・コンクリート面・モルタル面
温度管理	比較的問題なし	5℃以下で問題あり
耐燃性	×	○

3）木部の塗装

① **クリアラッカー塗り**

- 下塗りにはウッドシーラー、中塗りにはサンジングシーラーが用いられる。
- 着色は、ウッドシーラー塗布前に行う。

② **ステイン塗り**

- ステイン塗りには、建物内部に用いるオイルステイン塗りと、建物内外部に用いることができるピグメントステイン塗りがある。
- 色濃度(色調)の調整は、シンナーによって行う。

③ **木材保護塗料塗り**

- 原液で使用することを基本とし、希釈はしない。

4）その他塗装の重要事項

① 合成樹脂エマルションペイント塗りの工程は、「下塗り→中塗り１回目→研磨紙ずり→中塗り２回目→上塗り」と進むが、天井等の見上げ部分は、研磨紙ずりを省略する。

② アクリル樹脂系非水分散形塗料塗りの下塗り、中塗り、上塗りには、同一材料を使用し、塗付け量はともに0.1kg /m^{2}とする。

《6》塗装

① 素地は、十分に乾燥・調整した状態で塗装を行う。一般に、コンクリート面が塗装可能となるまでの乾燥期間は、次のとおりである。

・夏期 ――― 3週間以上(21日以上)

・冬期 ――― 4週間以上(28日以上)

② 塗料は、十分混ぜ合わせる。

③ 塗膜は薄く、回数を多く塗り分ける。また、下層が十分乾燥してから次の重ね塗りを行う。

④ 中塗り及び上塗りの各層の色を変えること等により、中塗り及び上塗りが全面に均一に塗られていることを確認する。

⑤ シーリング面に塗装仕上げを行う場合は、シーリング材が硬化した後に行う。

《7》塗り工法

1) はけ塗り

① 塗料に適合した毛の種類、長さ、形状のものを用いる。

② はけを用いて、はけ目正しく、たまりや流れ等がないように、一様に塗り付ける。

はけ

2) ローラーブラシ塗り

① 塗料に適合した大きさ、毛の種類のローラーブラシを使用する。モヘアのローラーブラシは、ほとんどの塗装材料に使用できるが、強溶剤系の塗装材料には使用できない。

② 隅、ちり回り等は専用のローラー、小ばけ等で先行して塗っておく。

ローラー

3）吹付け塗り

① 肉持ちが良くなるよう、塗料を所定の粘度に調整する。

- エアスプレーによる吹付け塗りは、塗料を圧縮空気により霧化(むか)させながら吹き付けて塗装する方式である。あまり高い粘度では霧化せず、塗料は低粘度に希釈するため、一般に塗膜は薄い。
- エアスプレーガンの空気圧が低過ぎると噴霧(ふんむ)が粗く塗り面がゆず肌状になり、空気圧が高過ぎると塗料のロスが多くなる。空気圧は、ガンの口径に応じて調整する。
- エアレススプレーによる吹付け塗りは、塗料自体に圧力を加えるもので、空気圧により霧化するため、高粘度、高濃度の塗料が塗装でき、厚膜に仕上げられ、飛散ロスも少なく、効率的な施工ができる。

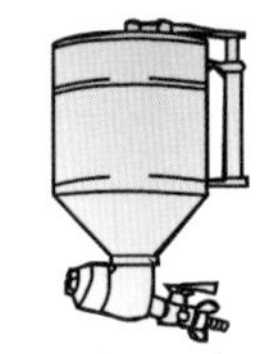

スプレーガン

② スプレーガンは、塗り面に直角に向け平行に動かさなければならない。1箇所に止めて手先だけの運行をすると塗膜が不均一になる。

③ 塗り面から30㎝前後離れた位置から、吹付け幅の約1/3が重なるように吹き付ける。

④ スプレーガンの吹付け距離が近すぎると塗料がたまり、むらになりやすく、遠すぎると被塗面に達するまでに塗料の霧が乾いて塗り面がざらつき、また飛散して塗料のロスも多くなる。

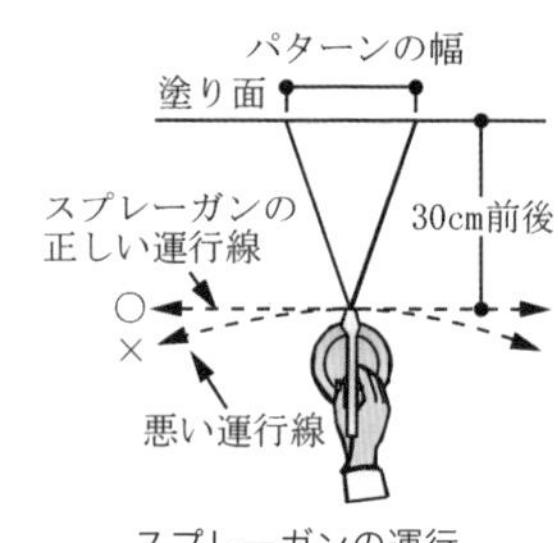

スプレーガンの運行

《8》塗膜厚の検査

工場塗装における塗膜厚の確認は、電磁式膜厚計その他適切な測定器具により行う。

《9》欠陥に対する原因とその対策

■塗料及び塗膜の欠陥に対する原因とその対策

欠陥の種類	原因	対策
色違い	製造ロットによって色が異なる。	塗継ぎ箇所の決定に考慮する。
はけ目	塗料の希釈不足(調合ペイント等)	・十分均一になるようはけを替えて塗り広げる。 ・希釈を適切にする。
だれ	・厚塗りし過ぎる場合 ・希釈し過ぎ	・厚塗りしない。 ・作業性が悪い場合も希釈し過ぎない。
しわ	油性塗料を厚塗りすると上乾きし、表面が収縮する。	厚塗りを避ける。
白化	塗膜から急激に溶剤が蒸発すると、湿度が高いときは塗り面が冷えて水が凝縮し、白化現象を起こす。	湿度が高いときの塗装を避ける。
はじき	素地に水または油、ごみ等が付着していると、塗料が均一に塗れない。	・素地調整を入念にする。 ・はけで十分に塗装すると、はじきの発生率が少なくなる。
色分かれ	混合不十分	十分に混合する。
つやの不良	・下地の吸込みが著しい。 ・下塗りプライマー等の面が粗過ぎる場合、上塗りのつやが低くなる。	・木部の場合、下塗り専用塗料で吸込みを止める。 ・上塗りを塗り重ねる。

10 内装工事

《1》床

(a)(合成高分子系)床タイル・床シート

1)下地の乾燥と接着剤

床タイル・床シートでは接着剤を使用するが、その留意点は次のとおりである。

① 下地は十分乾燥させる。乾燥期間は一般的に、モルタルの場合は14日、コンクリートの場合は28日必要である。

② 室温5℃以下では接着剤が硬化せず、また、材料が割れやすくなるので、室温を10℃以上に保つようにする。

③ 接着剤は、所定のくし目ごて等を用い、下地面に均一に塗布する。

④ 所定のオープンタイムをとり、溶剤の揮発を適切に行い、張り付ける。

⑤ 湿気のおそれのある床には、エポキシ樹脂系接着剤またはウレタン樹脂系接着剤を用いる。酢酸(さくさん)ビニル樹脂系接着剤は、湿気の影響を受けない箇所に用いられる。

2)床タイルの張付け

ビニル床タイル

① 張付けは、ハンドローラー・ゴムづち等を用いて下地になじませ、目違い・浮きのないように行う。さらに45kgローラー等で十分に圧着する。

② ビニル床タイルの張付けにおいて、はみ出した接着剤は早めに削り取り、中性洗剤を含ませた布等で拭き取る。

③ 接着剤は、一般的に下地側に塗布する。ただし、ゴム床タイル張りで、ゴム系溶剤形接着剤を用いる場合は、下地面の清掃を行った後、接着剤を下地及びタイル裏面に塗布し、指触乾燥後張り付ける。

用語 **指触乾燥**
接着剤を塗った面に触れたとき、指先に付着しない状態。

④ ゴム床タイルの張付けは、木づちやゴムづちでたたいて圧着する。

3）床シートの張付け

ビニル床シート

ビニル床シートは、弾性、耐摩耗性、耐水性、耐薬品性に優れているが、熱に弱い。

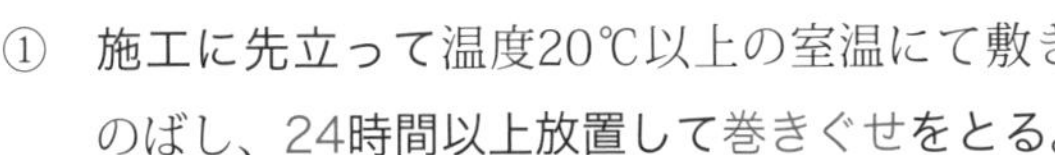

① 施工に先立って温度20℃以上の室温にて敷きのばし、24時間以上放置して巻きぐせをとる。

② 柄模様のシートは、接合部で柄合わせを行いながら接着し、重ね切りして接合する。

③ 圧着は、圧着棒を用いて空気を押し出すように行い、その後45kgローラーで圧着する。

④ 熱溶接工法による床シート間の一体化接合

・溶接棒は、床シートと同じ材質のものを用いる。

・接着剤が完全に硬化してから、継目の溝切りを行う。接合部の溝は、V字形またはU字形とし、均一な幅に床シート厚さの2/3程度まで溝切りする。（JASS26は床シート厚さの1/2～2/3）

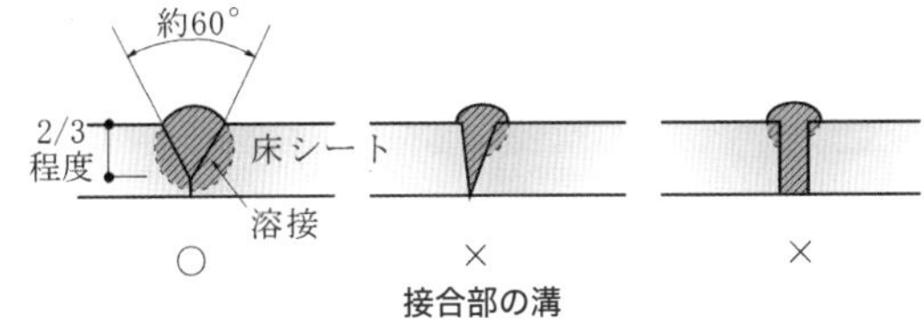

接合部の溝

・溶接作業は、床シートを張り付けた後12時間以上放置してから行う。

・溶接作業は熱風溶接機を用い、床シートの溝部分と溶接棒を180～200℃の熱風で加熱溶融させて、溶接棒を押さえつけるようにして圧着溶接する。

・溶接部が完全に冷却してから余盛りを削り取り平滑にする。

⑤ 床シートを幅木部に巻き上げる場合は、ニトリルゴム系接着剤を選定することが望ましい。

4）ビニル幅木の取付け

① 入隅では、幅木を切り合わせる。

② 出隅では、あらかじめ当たりをとって曲げ加工機による加工をするか、裏側に切込みを入れ加熱してから張り付ける。

5）清掃

① 床タイル・床シートの張付け後、完全に密着するまで１～２週間は水拭きを避ける。

② 汚れのひどいときは、中性洗剤の水溶液をモップに浸して床に薄く塗り、電動ポリッシャーで洗い落とした後、汚れ水をふき取る。

③ ワックス仕上げに水性ワックスを用いる場合は、モップでむらのないように薄く塗り、ワックスが乾いたのちに、電動ポリッシャーで磨いてつや出しをする。

(b) (合成高分子(こうぶんし)系) 塗床

塗床材には、エポキシ樹脂系、弾性ウレタン樹脂系(ポリウレタン)、メタクリル樹脂系等がある。

■合成高分子系塗床材の特徴と主な用途

塗床材の種類	一般的特徴	主な用途
エポキシ樹脂系	・接着性に優れる。 ・機械的性能に優れる。 ・耐薬品性に優れる。 ・耐候性に劣る。 ・低温硬化性(５℃以下)が劣る。	各種工場 研究実験室 倉庫、厨房等
弾性ウレタン樹脂系	・弾力性、衝撃性に優れる。 ・耐磨耗性に優れる。 ・高湿下で発泡しやすい。	一般事務室、廊下 学校、体育館 病院、歩経路等
メタクリル樹脂系	・速硬化性に富む(２時間以内)。 ・耐薬品性に優れる。 ・低温硬化性に富む(－30℃まで可能)。 ・施工時臭気がある。	厨房、歩経路 冷凍倉庫 食品工場等
ポリエステル樹脂系	・耐酸性に優れる。 ・施工時臭気がある。 ・速硬化性に富む。 ・硬化収縮性があるので注意。	化学工場 食品工場
アクリル樹脂系	・速乾性で、鮮明な着色塗膜となる。 ・適度な耐薬品性がある。 ・耐候性に優れる。 ・耐溶剤性に劣る。 ・塗膜厚が薄くなる。	一般事務所 レジャー施設 一般倉庫等

1）共通事項

① 下地面の含水率を定期的に測定し、十分乾燥したことを確認してから施工する。

② 作業前に室内温度または下地温度などを測定し、作業条件を確認する。施工温度は、10℃以上に保つ。

③ 塗床の施工中、直射日光が当たる部分はピンホールが生じやすいので、仮設の日除け設備を設置する。

④ 施工法にはコーティング工法、流しのべ工法、樹脂モルタル工法がある。

■塗床の施工法

種類＼項目	コーティング工法（薄膜型塗床工法）	流しのべ工法	樹脂モルタル工法
概要	樹脂を比較的薄く塗布する。 上塗 下塗 下地 プライマー	骨材を混合したペースト状の樹脂を厚く流しのべる。 上塗 下塗 プライマー（ペースト） 下地	骨材や充填材を混合してモルタル状にした樹脂をこてで厚く塗る。 上塗 樹脂モルタル 下塗 下地 プライマー
厚さ（mm）	0.05～0.2	0.8～2.0	3～10

⑤ コーティング工法、流しのべ工法では、膜厚が薄いため、下地の平滑度を高める。仕上げ厚が薄いため、下地コンクリート床の表面は、金ごて仕上げとする。

⑥ コンクリート下地面は、研磨機でぜい弱な層を除去する。

⑦ コンクリート下地面に、油分等が付着している場合は脱脂処理をする。

⑧ 樹脂における主剤と硬化剤等の練混ぜ量は、通常30分以内に使い切れる量とする。

⑨ 樹脂モルタルのベースコートは、主剤、硬化剤などを先に調合・混合した後、骨材を投入する。

⑩ 塗付けは、ペーストまたはモルタルの所定量を床面に流し、ローラー・金ごて等で平たんに仕上げる。

⑪ 塗継ぎ箇所には、壁面にそって直角または平行に養生用テープを張り見切線をつける。塗継ぎに際しては、既塗面側に養生用テープを張り、最大時間間隔内に塗り継ぐ。

⑫ 立上り部は、硬化前にだれを生じないように、ペーストの粘度を調整した上で塗り付ける。

⑬ エポキシ樹脂系または弾性ウレタン樹脂系は、施工中または樹脂硬化期間内に室温が５℃以下となることが予想される場合は作業を中止する。

2）弾性ウレタン樹脂系（ポリウレタン）塗床

① 弾性ウレタン樹脂系塗床材を施工するコンクリートの土間下には、あらかじめ防湿シートを敷く。

② 下地調整は、プライマーの乾燥後、塗り床材と同質の樹脂にセメントを混合した樹脂パテ等を用いて下地を平滑にする。

③ 厚塗りを避ける。１回の塗付け量は２kg /m^2（塗付け厚さ２㎜）以下とし、これを超える場合は塗り回数を増す。

④ ウレタン樹脂の塗重ねは、層間はく離を起こさないように所定の時間（最大時間間隔）内に行う。

⑤ トップコートは、ペーストの保護を主目的として用いられ、耐候性、意匠性を向上させる。

⑥ 硬化するまでの間に結露が生じると、塗床仕上げ材の白化（はっか）・つやむら・発泡・硬化不良等が生ずる。

3）防滑仕上げ

滑り止めを目的とした仕上げを施す場合、ポリウレタン塗床仕上げは最終仕上げにウレタンゴムの粒または粉を混ぜ塗布する。ポリウレタン以外の塗床仕上げは最終仕上げ一つ前の工程と同時に砂を散布し、硬化後、余剰の砂を除去してから最終仕上げを行う。

(c) カーペット

1) カーペットの種類

■主なカーペットの種類

種類	特徴
だんつう	手織カーペットで、織物カーペットの中でも最高級品である。一般に羊毛が用いられる。ペルシャだんつう、インドだんつう、トルコだんつう、中国だんつう等がある。
ウィルトンカーペット	機械織りで織られたカーペットである。パイルの長さを自由に変えられるので、無地物でも表面のテクスチャーに変化をつけた柄がだせる。
タフテッドカーペット	普及用として考案された機械刺しゅう敷物で、大量生産が可能なため価格が安い。
ニードルパンチカーペット	基部にウェブを積み重ね、かぎのついた針で突き刺してフェルト状とし、裏面に樹脂加工をほどこした床敷物である。
タイルカーペット	タフテッドカーペット等を基材として、裏面を強固に裏打ちしたタイル状カーペットである。OA機器の普及及び発展に伴い、多く使用されるようになった。

2) グリッパー工法

部屋の周囲や柱回りに、釘針(ピン)の出ているグリッパーを打ち付け、これに伸長したカーペットを引っ掛けて固定する工法である。

① グリッパーは、一般に釘打ちによって固定する。

② グリッパーは、壁際からのすき間(張り付けるカーペットの厚さの2/3程度)を均等にとる。

③ グリッパーの内側に下敷用フェルトを敷く。下敷き用フェルトはずれない程度に接着剤で固定する。

グリッパーの取付け

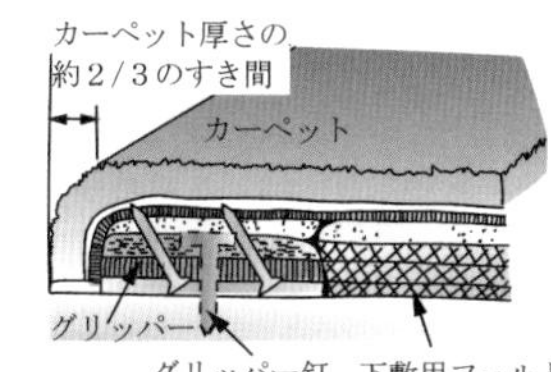

グリッパー工法のカーペット固定

④ 下敷用フェルトは、グリッパーの厚さと同等か、やや厚いものを選択する。

用語 タイルカーペット
約50㎝角に加工された置敷き式のカーペット。ずれにくいがはがしやすい(粘着はく離形の)接着剤で張り付ける。

⑤　下敷用フェルトは、すき間、段差のないように突き付けて敷き込み、端部はグリッパーに重ねてはならない。

⑥　カーペットの伸長作業には、通常、工具としてニーキッカーやパワーストレッチャーが使用される。カーペット張りに接着剤は使用しない。

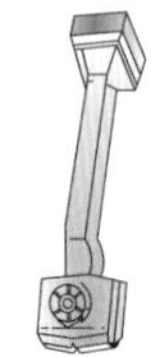
ニーキッカー

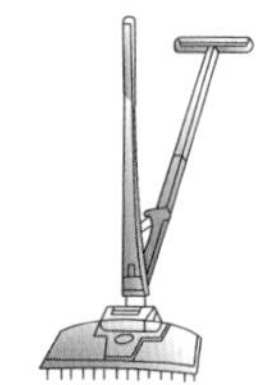
パワーストレッチャー

カーペットの施工

⑦　ウィルトンカーペットの接合部は、織目に沿ってはさみで切りそろえた後、両端を突き合わせて接合部に不自然な線がないことを確認する。

⑧　ウィルトンカーペットの接合部は、切断部分のほつれ止め処置を行った後、ヒートボンド工法または丈夫な綿糸、麻糸または合成繊維糸で手縫いとし、間ぜまにつづり縫いとし、特記がなければ、ヒートボンド工法とする。

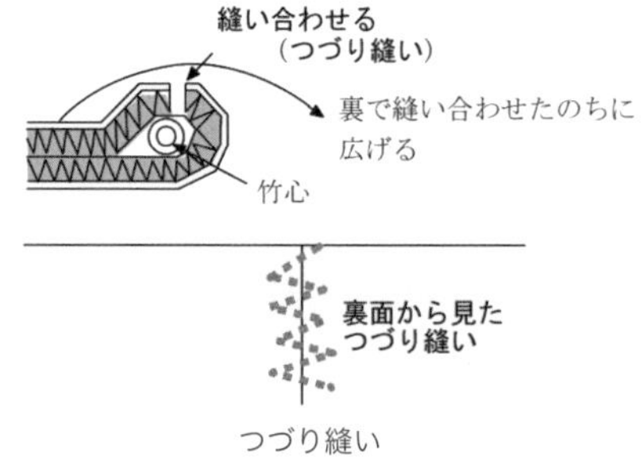

つづり縫い

3）接着工法

接着工法とは、接着剤や粘着テープによって、下地に直接張り付ける工法である。下地全面に接着剤を塗布する全面張り、周囲と継目のみに接着剤を塗布する、または両面粘着テープを張る部分張りがある。

用語　ヒートボンド工法
粘着テープ（シーミングテープ）を用いて、アイロン（160℃程度）で加熱しながら、接合部分のカーペット裏面を、接着はぎ合せをする工法。

4）置敷き

一般に、すでに床仕上げがなされている部屋の一部にカーペットが敷かれる工法である。中敷きやピース敷きと呼ばれる敷き方がある。

5）タイルカーペット張り

タイルカーペットには、使用中におけるメンテナンス、部分補修、あるいはアンダーカーペット配線の変更等への対応のために、施工後にも、適宜交換（入替え）できる機能が求められている。

① 通常は、粘着はく離（簡単にはく離できて、ずれが防止できる性能）形と再接着性（再粘着性）をもつ接着剤が使用される。

② 市松張りを原則とする。その理由は、次のとおりである。
- 色むら、汚れが目立たない。
- 伸縮に方向性があり、全て同じ方向に張るとすき間ができやすい。

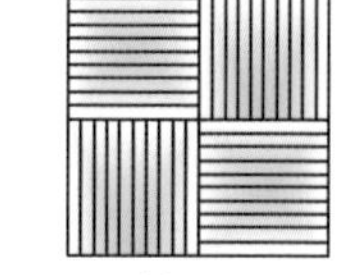
市松張り

③ フリーアクセスフロア下地の場合、タイルカーペットは、パネルの目地にまたがるように割り付ける。

④ 一般的に、フラットケーブルの敷設の前にタイルカーペットを施工する。

6）カーペットの適用工法

■カーペットの適用工法

カーペットの種類	適用工法
だんつう	置敷き
ウィルトンカーペット	置敷き グリッパー工法
タフテッドカーペット	置敷き グリッパー工法 全面接着工法
ニードルパンチカーペット	全面接着工法
タイルカーペット	全面接着工法

用語 **フリーアクセスフロア**
躯体の床の上に脚のついたパネル等を敷き、躯体の床とパネル床の間に配線等を収納した床。配線取出し口の移動等が容易にできる。

7）防炎ラベル

防炎ラベルの表示は、1区画(部屋または廊下)につき1枚以上とする。

(d) 畳敷き

① 等級としては、重いものほど高級品である。

② 畳床は、近年、良質な稲わらの入手が困難になってきたため、代替品として、ポリスチレンフォーム板や繊維板を心材として用いることもある。

(e) フローリング

1）材料

① 単層フローリングは、構成層が1つのものをいい、厚さ1.2㎜未満の化粧単板を張り合わせたものや樹脂をオーバレイしたもの等を含む。その他のものは、複合フローリングとなる。

② フローリングボードは、1枚のひき板を基材とした単層フローリングである。

③ 根太張り用のフローリングボードの板厚は、15㎜とする。

④ 下張り用床板(根太の間隔300㎜程度)は、構造用合板12㎜とし、受材心で突き付け、乱に継ぎ、釘打ちまたは木ねじ留めとする。留付け間隔は、継手部は150㎜程度、中間部は200㎜程度とする。

⑤ フローリングブロックは、ひき板(これを縦継ぎしたものを含む)を2枚以上並べて接合したものを基材とする単層フローリングであって、直張りの用に供することを目的として使用されるものをいう。

フローリングの施工例

用語 乱継ぎ

継手を同じ位置や規則的にならないように配置すること。

2）工法

① フローリング類の割付けは、室の中心から行う。割付けが半端になる場合は、壁際の見え隠れとなる場所で行う。

② 釘留め工法の根太（ねだ）張り工法は、根太の上に直接フローリングを張り付ける工法である。張込みに先立ち板の割付けを行い、継手を乱にし（隣接する板の継手は150mm程度離して）、板そば、さね肩、しゃくり溝等を損傷しないように通りよく敷き並べて締め付け、根太当たりに雄ざねの付け根から隠し釘留めとする。必要に応じて、接着剤を併用し平滑に留め付ける。

③ 直張り工法（根太の上に下張り用床板を張り、その上にフローリングを釘打ちで張り込む工法）において、必要に応じて用いる接着剤は、下地の全面またはビート状（300mm程度の間隔）に塗布し、釘と接着剤との併用で留め付ける。

④ 接着工法の接着剤は、エポキシ樹脂系、ウレタン樹脂系または変成シリコーン樹脂系とする。

⑤ 接着工法において、接着剤は専用のくしべらを用いて均等に伸ばし、全面に塗り残しのないように入念に塗布する。

⑥ フローリング類は木質材であり、湿度の変化によって膨張収縮するので、幅木・敷居等との取合い部ではエキスパンションをとる。

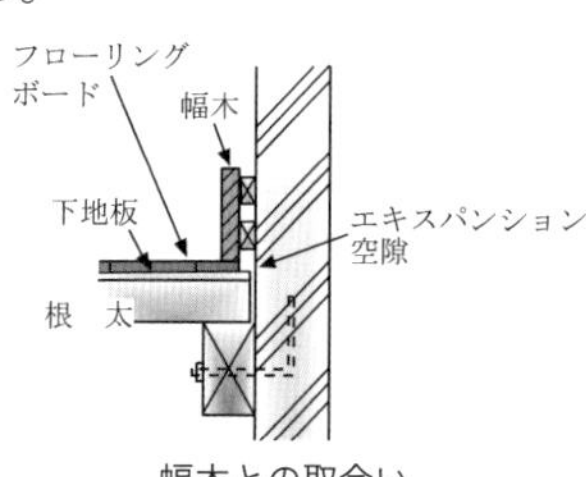

幅木との取合い

⑦ 体育館のフローリングボードは、根太の上に下張り板を張り、隠し釘と脳天釘の併用で接着剤を使用して張り付ける。

⑧ 体育館、武道館等のフローリング張りにおいて、フローリングとコンクリート、その他の材料との取合い箇所は、ゴムパッキン等でクッションを設ける。

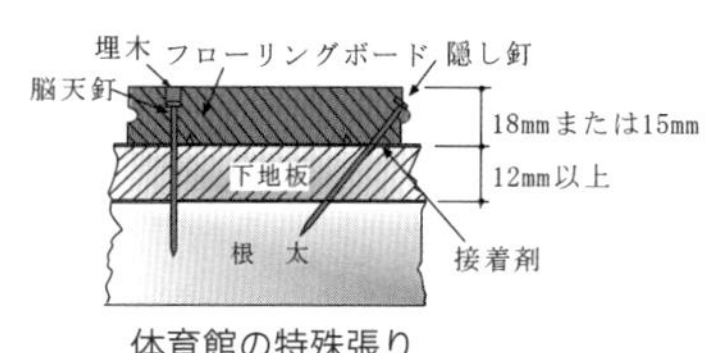

体育館の特殊張り

用語 さね
一方を凸、他方を凹に彫って合わせる板の接合部分。

⑨　ボードに生じた目違いは、養生期間を経過した後、サンディングして削り取る。

⑩　フローリングボード張込み後、床塗装仕上げを行うまで、ポリエチレンシート等を用いて養生を行う。

(f) 電算機室用フリーアクセスフロア

1）一般事項

①　電算機室は、OA機器等の配線ルートであるフリーアクセスフロア（二重床）を利用した床下チャンバー方式で給気する。したがって、下地となるコンクリートスラブ面に防塵塗装を施す。

②　パネル支持脚の鋼材は、電気亜鉛めっきあるいはこれと同等以上の防錆性のある素材あるいは処理を施したものを使用する。

③　独立支柱タイプのものは、仕上げレベルの調整を行うことができる。

④　配線替え等で床パネルを取り外した際、再取付け時の作業を容易にするため、裏面の一部に方位などをマーキングしておく。

⑤　パネルの長さの精度は、各辺の長さが500㎜を超える場合は±0.1％以内とし、500㎜以下の場合は±0.5㎜以内とする。

⑥　隣接するパネル間の高さの誤差は１㎜以内とする。また、パネル上面は間仕切り等に区切られたスパンで５㎜以内、かつ、２ｍで３㎜以内の不陸に納める。

2）各方式の特徴と用途

①　**根太方式**

根太受け、大引、根太で高さ調整の後、パネルを敷き並べる方式。床の支持高さを大きくできることから、床下に作業員が入れる。クリーンルーム等に用いられる。

②　**共通独立脚方式**

高さを調整できる支持脚をパネル四隅の交点に配置し、その支持脚で支持する方式。斜材、根がらみ等の耐震補強材を併用して耐震性を高める方杖タイプと強度の大きい自立する脚を用いる自立タイプがある。電算機室は耐震性を要するため、方杖タイプが用いられる。

③　**脚付きパネル方式**

パネルの四隅や中間に高さ調整のできる支持脚が付いている方式。パネルごとに脚が付いており、床の支持高さは大きくできないことから、低い二重床に向き、事務室等に用いる。

④　**置敷き方式**

高さ調整のできない支持脚の付いたパネルを敷き詰めるだけの方式。高さの調整はフィラー(飼い物)によって行う。

《2》壁・天井

(a) 石こうボード・その他のボード

1）材料

①　**石こうボード**

・石こうを心材として両面をボード用原紙で被覆して成形したものである。

・石こうボードは、防火性に優れている。

石こうボード

②　**ロックウール化粧吸音板**

・吸音性や断熱性に優れているが、耐水性に劣る。

・孔あけ作業は、化粧面から行う。裏面から行うと、化粧面にばり等が出てしまうためである。

③　**シージング石こうボード**

防水加工した石こうボード用原紙で被覆され、かつ、石こう中に適量の防水剤を混入して耐湿性を向上させたボードである。普通石こうボードに比べ、吸水時の強度低下が生じにくいため、屋内の多湿箇所に使用する。

④　**強化石こうボード**

心材にガラス繊維を混入したもので、防火性能を必要とする箇所等に用いられる。

⑤　**フレキシブル板**

セメント、無機質繊維を主原料とし、抄造(しょうぞう)成形後に高圧プレスをかけたも

用語 抄造

調合された紙の原料をすいて紙をつくること。

ので、強度が高く、可とう性がある。

⑥　**けい酸カルシウム板**

石灰質原料、けい酸質原料、繊維等を原料とし、成形後に高温高圧蒸気養生を施したものである。軽量で耐火性・断熱性に優れ、加工性がよい。

⑦　**パーティクルボード**

- 木材小片を樹脂系接着剤を使用して固めたもので、合板と同様にホルムアルデヒドの放散量により等級分けされている。
- 遮音・断熱性に優れ、加工性がよい。

⑧　**繊維版(ファイバーボード)**

木材その他の植物繊維を主原料とし、これらを繊維化してから成形した板状材料である。

⑨　**インシュレーションボード**

繊維板のうち軟質のもので、多孔質のボードである。畳床用、断熱用、外壁下地用として用いる。

⑩　**木質系セメント板**

主原料として木毛(もくもう)・木片(もくへん)などの木質原料及びセメントを用いて圧縮成形して製造した板である。

- 木質系セメント板には、木毛セメント板と木片セメント板がある。
- 木毛セメント板は、軽量で難燃性・断熱性・吸音性に優れるが、遮音性はない。

⑪　**コーナービード**

壁・柱等の出隅部を保護するための棒状の角金物である。

コーナービード

2）ボード張り

①　ボードを下地に直接張り付ける場合のボードの留付け間隔は、次表による。

■ボード類の留付け間隔(単位：mm)

下地	施工箇所	留付け間隔		備考
		周辺部	中間部	
軽量鉄骨下地、木下地	天井	150程度	200程度	小ねじ等の場合
	壁	200程度	300程度	

② ボード周辺部のねじ類での留付けは、端部から10㎜程度内側の位置とする。

③ 軽量鉄骨下地にボードを直接張り付ける場合、ドリリングタッピンねじは、下地の裏面に10㎜以上の余長の得られる長さとし、亜鉛めっきしたものを用いる。ねじの頭はボードに沈むまで十分締め込む。

④ 壁、天井とも、２枚張りの場合は、目違いを起こさないように、上張りと下張りの継目をずらす。また、上張りは縦張りとする。

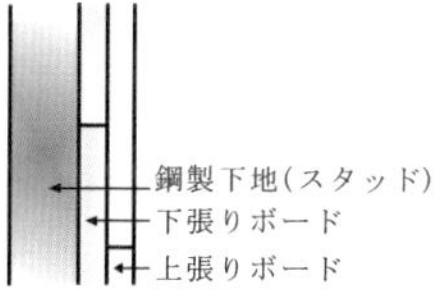

石こうボードの二重張り

⑤ 上張りボードは、接着剤に加えてステープル等を用いて縦・横200 ～ 300㎜の間隔で留め付ける。

⑥ 天井の石こうボードは、室の中央から四周に向かって張る。

⑦ 石こうボードを木製下地に直接張り付ける場合は、ボード厚さの３倍程度の長さのボード釘を用いる。

⑧ ボード張付けの際、床面からの水分の吸上げを防ぐため、くさび等をかい、床面から10㎜程度浮かして張り付ける。

⑨ 特殊表面仕上げボード類(天然木化粧合板)の壁張りは、接着剤が硬化するまで、とんぼ釘で300㎜間隔程度に目地部分を押さえるか、900㎜間隔程度に添え木を流して斜材で押さえる。

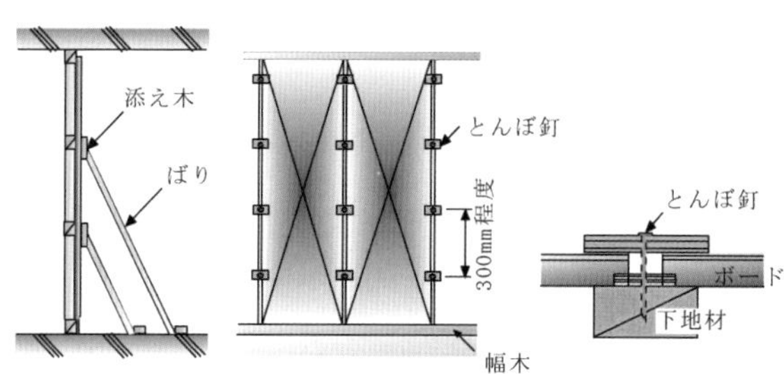

接着剤が硬化するまでの仮固定

3）直張り工法（GL工法）

接着材を下地に一定の間隔で塗り付け、ボードを壁に押し付けるように張り付ける工法である。

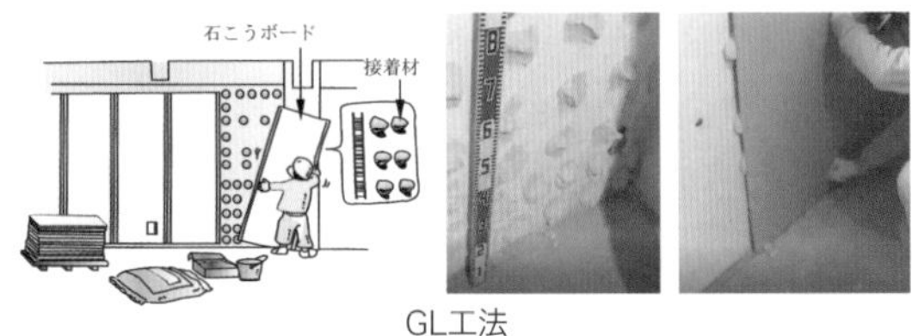

GL工法

① コンクリート等の下地は、石こう系直張り用接着材の製造所が指定するプライマーを塗布し、乾燥させ、直張り用接着材を塗り付ける。

② 断熱材下地の場合は、打込み工法と現場発泡工法があるが、石こう系直張り用接着材の製造所が指定するプライマー処理を行う。

③ ALCパネル面に石こうボードの直張り工法を行う場合には、下地面の吸水調整を行う。

④ 接着材の間隔は、次のとおりとする。

■接着材の間隔

下地	部位	取付け方法	周辺部（mm）	中間部（mm）	
コンクリート ALCパネル コンクリートブロック	壁	接着材	150～200	床上1.2m以下	床上1.2m超える
				200～250	250～300
	梁		100～150	200～250	

⑤ 仕上り面までの標準寸法は、9.5mmボードでは20mm程度、12.5mmボードでは25mm程度とする。

⑥ 接着材の一度に練る量は、1時間以内に使いきれる量とする。

⑦ 接着材の一度に塗り付ける面積は、ボード1枚分とする。

⑧ ボード仕上り面の2倍以上の高さに接着材を盛り上げ、ボード裏面との接着面が直径120～150mm得られるように押さえ付ける。

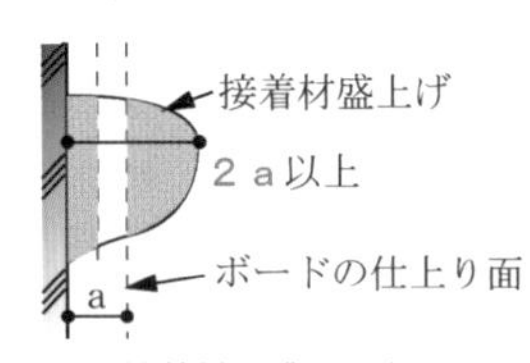

接着材の盛上げ高さ

⑨　ボードの張付けの際、床面からの水分の吸上げを防ぐため、くさび等をかい、床面から10mm程度浮かして張り付ける。

⑩　ボードの不陸調整は、定規でボードの表面をたたきながら行う。

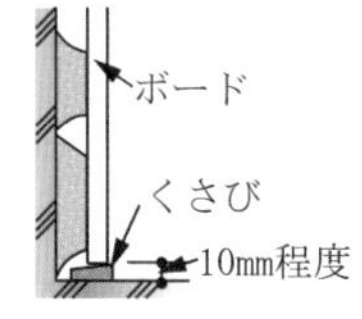

床取合の例

⑪　石こうボード張付け後、仕上げ材に通気性のある場合(布系壁紙等)は7日以上、通気性のない場合(塗装・ビニルクロス等)は20日以上養生期間をとる。

4）継目処理(ドライウォール)工法

①　テーパーボードやベベルボードを用い、ジョイント部を目地なしの平たんな状態にするために、ジョイントコンパウンドとジョイントテープを用いて処理する。

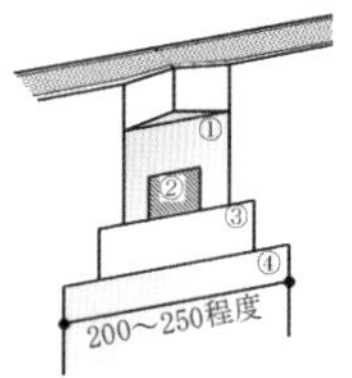

(a) テーパーボードの場合

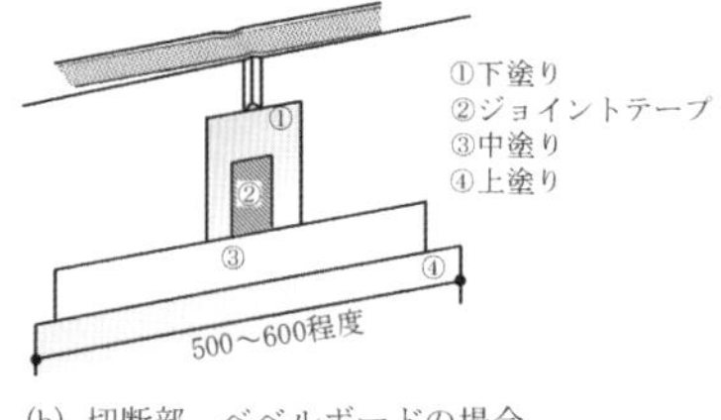

(b) 切断部，ベベルボードの場合

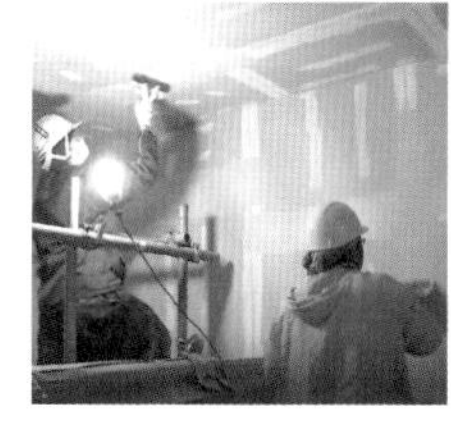

石こうボードの継目処理工法(単位：mm)

②　ジョイントテープにグラスメッシュテープを使用する場合は、ジョイントコンパウンドの下塗りを省略し、ボードに直接テープを張り付けた後、ジョイントコンパウンド塗りとすることができる。

5）目透し工法

目透し工法は、目地を見せてボードの上に仕上げをする場合に適用される。一般的には、スクェアエッジのボードを使用する。

環境工学
構造力学
各種構造
施工共通
法規
躯体工事
仕上げ工事
施工管理

(b) 壁紙・壁布類

1）材料

① 布系壁紙は、高級感がある反面、ほつれや曲がりが生じ、ジョイントが目立ちやすい。

② ビニル系壁紙は、経済的で施工性に優れているが、通気性に劣る。また、一般的にカビが生じやすい。

③ 接着剤は、でん粉系接着剤と合成樹脂系接着剤を混合したものを用いる。

④ 壁紙・壁布類は、下地の防火性能、施工方法、接着剤の使用量等認定条件に従った施工によって、国土交通大臣認定の防火材料となる。

2）施工

① 左官下地は金ごて仕上げとし、十分に乾燥させる。また、コンクリート面に直張りする場合も下地を十分に乾燥させる。

② ボード下地に使われたビスや釘等の頭は、防錆処理を行うとともに、下地面より沈めてパテ付けを行い、硬化後にサンドペーパーで平滑にしてから、シーラーを塗布する。

③ 下地面には、全面にシーラー処理を行う。シーラー塗りには、次の目的がある。

・接着性を向上させる。
・下地のあく等が表面に浮き出るのを防止する。
・張起し等、張り作業が容易な下地面をつくる。
・下地の色違いを修正する。
・張替えの際に、はがしやすい下地をつくる。

壁紙の張付け

④ 壁紙張りにおいて、接着剤は適量の水で希釈し、はけ、ローラーまたはのり付け機を用いて、紙・布類の裏面全体にむらなく塗布する。接着剤の使用量は、15g/m^{2}以上(固型換算量)60g/m^{2}以下とする。

⑤ 下地の石こうボードのジョイントと壁紙のジョイントが、重ならないように張り付ける。

用語 張起し
一度張ったクロスがうまくいかず、はがしてやり替えること。

⑥ 重ね張りする場合は、陰影の生じない方向に10㎜程度重ねる。その場合、強い光の入る側から張り出す。

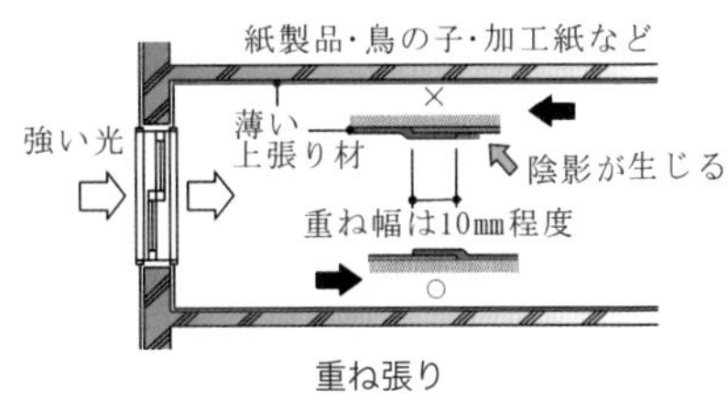

⑦ 壁紙のジョイントは、できるだけ突付け張りとし、やむを得ず重ね裁ちする場合は、下敷きを当てて行い、刃物で下地表面を傷付けないようにする。

⑧ 寒冷期に室温や下地面が5℃以下または接着剤の硬化前に5℃以下となるおそれのある場合は、採暖(さいだん)等の措置を施す。

⑨ 室内の温度や湿度が高い場合には、通風・換気等を施す。

⑩ 張り上げ後、仕上げ面に付着した接着剤は、張り終わった箇所ごとに清浄な湿った布等で直ちに拭き取る。

⑪ 壁紙の張付けを完了した後の室内は、接着剤の急激な乾燥を避けるため、通気を避けた状態とする。

⑫ 防火性能のある仕上げであることを表す施工管理ラベルは、1種類、1区分(室)ごとに2枚以上張り付けて表示する。

《3》カーテン・ブラインド工事

(a) カーテン工事

1) カーテンのきれ地による分類

■カーテンのきれ地による分類

種類	特徴
ドレープ	太い糸で厚く織った重量感のあるきれ地で、豪華で重厚な雰囲気をもっている。厚地のため遮光、遮へい、保温、吸音性等を備えている。
ケースメント	適度な透視性と遮へい性を持つ目の粗い織物で、レースに似た性能があるが、レースより厚手で暖かいムードを持っている。デザイン性が高く、通常一重吊りとする。
レース	織物ではなく編み物で、糸の絡み合いや糸がかりにより、すき間模様を作ったものでやさしさと優雅な雰囲気を持つ。
遮光用	すき間なく織ったものと、さらに裏地を縫い合わせたもの、あるいは裏面に樹脂をコーティングしたものがあり、暗室、映写室、寝室、病室等、遮光を必要とする部屋に用いる。遮へい性だけでなく、保温性や吸音性も備えている。

2）防炎加工

防炎加工されたカーテン生地は、洗濯をすることによって防炎性能が変化するので、洗濯方法と防炎再処理の必要度の違いにより種類分けされている。

3）加工仕上げ

① カーテンの取付け幅及び高さの製作寸法は、現場実測のうえ定める。

② カーテンのきれ地の幅は１m及び1.2mが標準である。なお、１枚のカーテンに対し、きれ地幅１／２以下のはぎれは使用してはならない。

③ カーテン下端は、腰壁のある場合は窓の下端から100～150mm下げ、出入口等の場合は床に触れない程度とし、床面より10～20mm上げる。

④ フランスひだ（三つひだ）を作るためには、取付け幅に対して２倍以上のきれ地を使用する。

⑤ 遮光（暗幕）用カーテンの下端は、窓の下枠より450～500mm長く仕上げる。

⑥ 遮光（暗幕）用カーテンの両端、上部及び召合せの重なりは300mm以上とする。

⑦ ドレープカーテン及び遮光用カーテン等の幅継ぎは、袋縫いとする。

⑧ レースカーテンの上端の縁加工は、ひだのつまみによって決まるので、心地を入れて二つ折縫いとする。

⑨ カーテン上端の折り返し長さは、ひるかんの長さを考慮する。

⑩ カーテンの両脇及びすその縁加工は、伏縫い（ふせぬい）とし、すその折返し寸法は100mm程度とする。

4）カーテンボックス及びカーテンレール

① カーテンボックスの幅は、窓幅に対して片側各々100～150mm伸ばす。カーテンレールがダブル付けのカーテンボックスの奥行きサイズは、180mm以上とする。

② カーテンレールの長さは、間口部幅より両端それぞれ100～150mm伸ばす。

③ ブラケットを使用する場合の取付け間隔は、450mm以下とする。

④ 中空に吊り下げるレールにおいて、レールを吊る位置は、間隔１m程度とし、曲がり箇所及び継ぎ目部分に設置する。

⑤ カーテンレールに取り付けるランナーの個数は、１m当たり８～12個とする。

(b) ブラインド工事

ブラインドの種類及び操作方法は、次のとおりである。

■ブラインドの種類及び操作方法

種類	操作方法		備考
ベネシャンブラインド（横型）	手動	ギヤ式	JIS A 4801（鋼製及びアルミニウム合金製ベネシャンブラインド）
		コード式	
		操作棒式	
	電動式		
バーチカルブラインド	手動	コード式	
		チェーン式	
	電動式		
ロールスクリーン（ロールブラインド）	手動	スプリング式	
		コード式	
	電動式		

《4》断熱工法

1）はめ込み工法

主として木造の断熱工法で、木枠間の空洞部を利用し、フェルト状またはボード状の断熱材をはめ込む工法である。

① はめ込む部分の内法寸法より5～10㎜大きく切断して、根太・間柱等の間にはめ込む。

② グラスウールを取り扱う作業では、目の細かい作業衣、帽子、手袋を着用し、作業時は保護眼鏡やマスク等を用いる。

2）張付け工法

ボード状の断熱材を、接着剤・ボルト・釘等により、壁等に張り付ける工法である。

① 内断熱工法においては、断熱層を貫通する間仕切り壁、隅角部は、断熱補強をする。

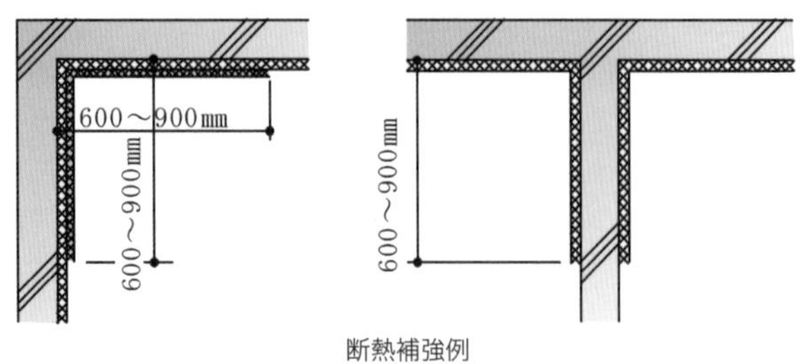

断熱補強例

② 断熱材は、セメント系下地調整塗材を用いてすき間ができないようにしてから、断熱材を全面接着で張り付ける。

3）打込み工法

鉄筋コンクリート造の断熱工法で、ボード状の断熱材を、せき板に取り付けるか、それ自体をせき板としてコンクリートを打ち込むことにより、取り付ける工法である。

① 打込み後のコンクリート面の確認が難しい。
② 断熱材と躯体が密着するため、内部結露やはがれの心配がない。
③ セパレーター等が断熱材を貫通する部分は、断熱材の補修を行う。
④ 断熱材の継目は、コンクリートの流出を防ぐため、テープ張りをする。
⑤ 断熱材の継目は、型枠の継目を避けて割り付ける。
⑥ 開口部の枠回りは、形状が複雑で断熱材打込み工法による施工が困難な場合が多い。そのような箇所は断熱材現場発泡工法で施工する。
⑦ 土間コンクリート下に断熱材を敷き込む場合は、断熱材の下面に防湿層を設ける。

4）吹込み工法

木造の断熱工法で、ばら状の断熱材または現場発泡断熱材を、ホース等で吹き込む工法である。

5）吹付け工法（硬質ウレタンフォーム）

ばら状の断熱材または現場発泡断熱材を、壁面等に吹き付ける工法である。

① 下地コンクリート面を十分に乾燥させた状態で吹付けを行う。

② 下地面の水分、油分、汚れ及びほこり等は、はく離の原因となるので除去する。
③ 接着性(自着性)があるので、接着剤は不要である。
④ 1回の吹付け厚さは30㎜以下を標準とし、所定の厚さがこれ以上の場合は多層吹きとする。
⑤ 平滑な表面が得にくいため、施工技術が要求される。
⑥ 所定の厚さに達していないところは、補修吹きを行う。
⑦ 厚く付きすぎて支障となるところは、カッターナイフ等で表層を除去する。
⑧ 断熱材厚さの測定は、計測針等を用いて行う。

硬質ウレタンフォーム

厚さの確認

6) ロックウール乾式吹付け工法

あらかじめ、工場で配合混和されたロックウールとセメントをノズル先端で噴霧される水と合わせて吹き付ける工法である。

① 配合に用いるセメントは、ポルトランドセメント、高炉セメント及び白色セメントを使用する。
② 下地のコンクリートが乾燥しているとドライアウトのおそれがあるので、水湿しを行って吹き付ける。
③ 下地がALCパネルの場合は、合成樹脂エマルションシーラーで吸込み防止の調整を行い、シーラーが乾かないうちに吹き付ける。
④ プレキャストコンクリート部材で、型枠はく離剤が塗られている場合は、接着力を高めるため、合成樹脂エマルションシーラーで下地処理を行う。
⑤ 吹付け終了後、均一な所定厚さを確保するために、木製の平こてで表面を押さえて仕上げる。
⑥ 発塵防止のために表面を硬化させる場合は、こて押え終了後、表面にセメントスラリーを均一に吹き付ける。

11 木工事

《1》材料

1）乾燥収縮

木材の乾燥収縮の割合は、繊維方向を１とすると半径方向は約５倍、接線方向は約10倍程度である。よって、接線方向＞半径方向＞繊維方向の順に小さくなる。

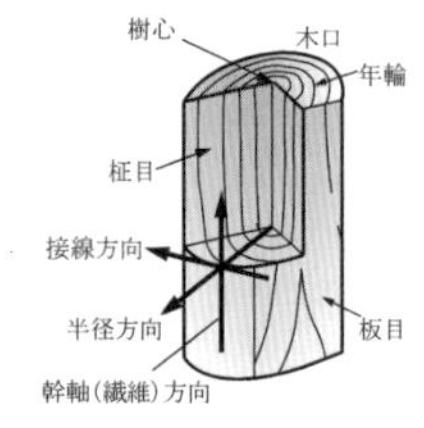

木材の３軸

2）木材の性質

① 繊維飽和点は、木材が含むことのできる水分の割合の上限のことであり、含水率は約30％である。気乾（きかん）状態は、空気中で木材を乾燥させた場合、その木材が生木の状態から徐々に乾燥し、水分の割合が一定となったときの状態であり、含水率が約15％である。

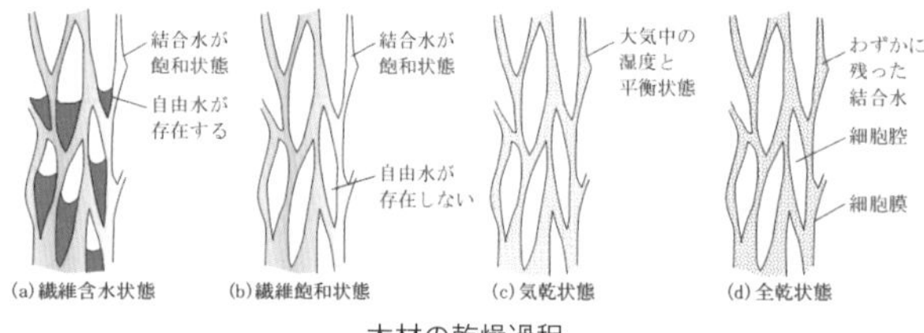

木材の乾燥過程

② 木材の強度は、繊維飽和点（含水率30％程度）以下では、含水率の低下とともに向上する。繊維飽和点以上の含水率では、強度は、ほぼ一定となる。

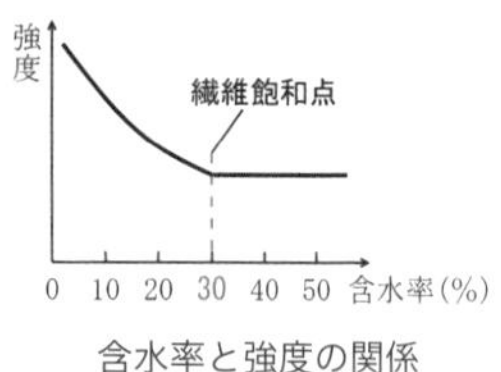

含水率と強度の関係

③ 木材の強度は、繊維方向の方が繊維に直角方向（接線方向、半径方向）よりも大きい。

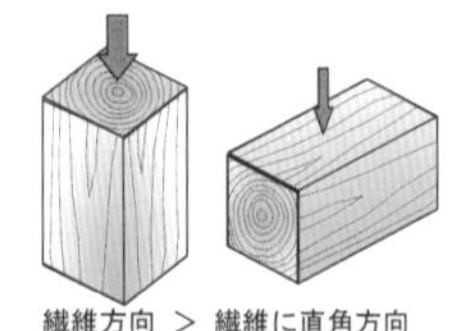

木材の強度

④ 木材の表面部分の辺材は、中心部分の心材に比べ含水率が大きいため、辺材は、心材に比べ乾燥に伴う収縮が大きく、腐朽（ふきゅう）しやすく、耐久性

が乏しい。

⑤ 節(ふし)のある場合は、節のない場合より強度が小さい。

⑥ 針葉樹は、広葉樹に比べて軽量で加工がしやすい。

3）木材含水率

① 構造材の含水率は、20%以下とする。

② 造作材の含水率は、15%以下とする。

③ 床板等広葉樹材の含水率は、13%以下とする。

④ 含水率試験は、木材や防水下地のコンクリート等の含水率の確認に用いられる。一般的に、電気抵抗式水分計または高周波水分計が用いられる。

4）密度他

① 木材の強度は、含水率が同じ場合、比重(密度)が大きくなるほど大きくなる。

② 密度の高い木材ほど、含水率の変化による膨張・収縮が大きい。

③ 木材は、密度が大きい、含水率が大きいものほど熱伝導率も大きい。

5）代表的な材料名

① JAS(日本農林規格)に規定される合板は、単板3枚以上を主として、その繊維方向(木目方向)を、ほぼ直角にして接着したものである。

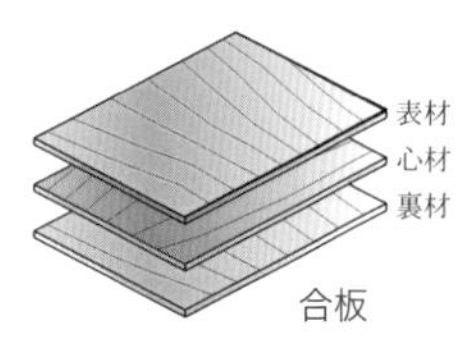

合板

② 単板積層材は、単板の繊維方向をほぼ平行にして積層接着したものである。

③ 集成材は、ひき板、小角材等をその繊維方向を互いにほぼ平行にして、厚さ、幅及び長さの方向に集成接着したものである。

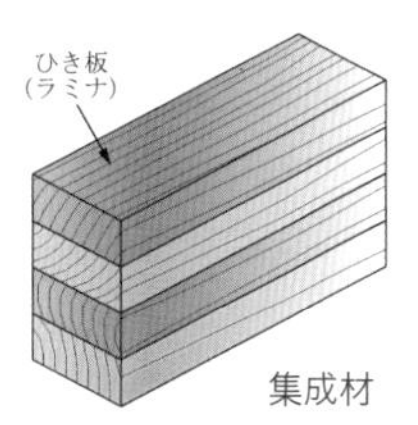

集成材

④ 直交集成板は、ひき板または小角材をその繊維方向を互いにほぼ平行にして幅方向に並べまたは接着したものを、主としてその繊維方向を互いにほぼ直角にして積層接着し、3層以上の構造を持たせたものである。

《2》現場施工

1）釘打ち工法

釘の長さは、板厚の2.5倍以上とする。

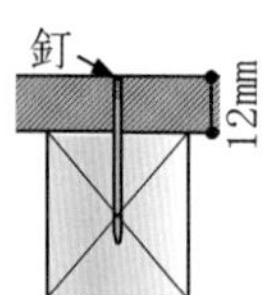

釘の長さは、打ち付ける板厚の**2.5**倍以上。
板厚12mmの場合、釘の長さは12×2.5＝30mm以上。

釘の長さ

2）削りしろとかんな削り

① 削りしろは、両面仕上げの場合は5㎜程度、片面仕上げの場合は3㎜程度とする。

② ボード等の内装材を取り付ける壁胴縁及び野縁の取付け面は、機械かんな1回削りとする。

3）防腐処理

① 構造耐力上主要な部分である柱・筋かい・土台等で地面から1m以内の部分は、防腐処理を講じるとともに、防蟻（ぼうぎ）・虫害処理を施す。

② 防腐剤は、環境に配慮した表面処理用防腐剤を使用し、2回塗りとする。

4）その他施工

① 建入れ直し完了後、接合金物を締め付けるとともに、本筋かい、火打材を固定する。

② 内装下地や造作部材の取付けは、雨に濡れることのないよう、屋根葺き工事が完了した後に行う。

《3》在来軸組工法

軸組材と呼ばれる細長い木材で構造体をつくる工法であり、部材の接合には、わが国の伝統的な技術を基本にした継手・仕口及び金物が用いられる。また、

用語　仕口
部材の側面に他の部材をある角度で接合する部分。

近年、木造構造体の耐震性確保のため、接合部の補強金物の正しい使用の重要性が指摘されている。

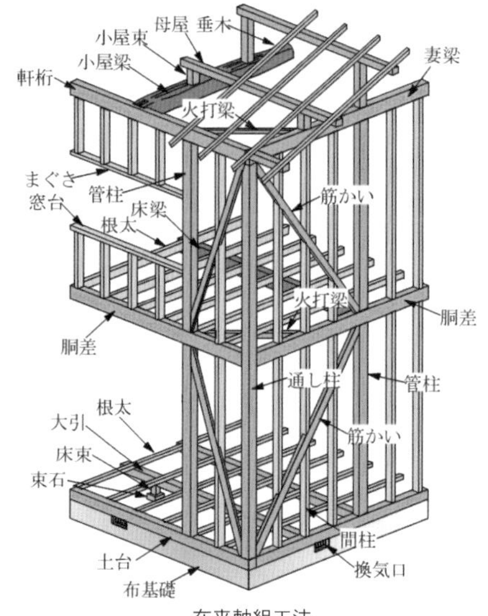

在来軸組工法

① 土台

・土台は、アンカーボルトにより基礎に緊結する。

・土台の据付けは、基礎天端にやり方から移した心墨を基準として行う。

・土台の継手は、腰掛けかま継ぎまたは腰掛けあり継ぎとし、柱や間柱直下及び床下換気孔の位置は避けて継ぐ。また、継手の押え勝手の上木部分は、アンカーボルトで締め付ける。

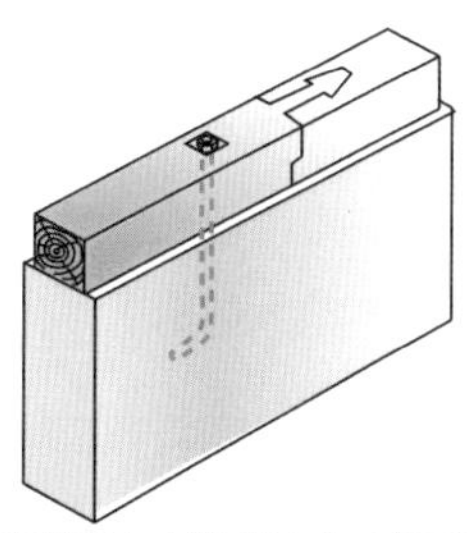
腰掛けかま継ぎ（土台の継手）

② 柱

・隅通し柱（隅管柱）の柱下部の土台への仕口は、土台へ扇ほぞ差しとする。接合金物は、かすがい打ち、かど金物当て釘打ち、山形プレート当て釘打ち、ホールダウン金物当てボルト締めのいずれかとする。

・隅柱以外の柱の仕口は、短ほぞ差しまたは長ほぞ差し込み栓打ちとする。

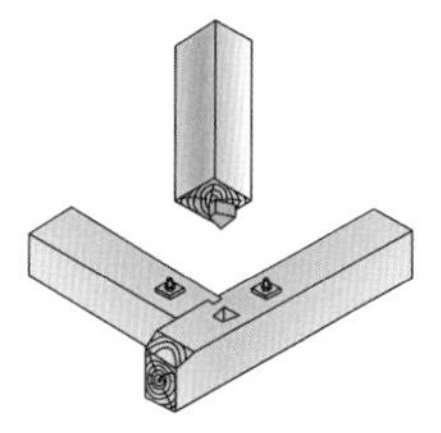
扇ほぞ差し

- 柱に使用する心持ち材(樹心を断面に含む木材)には、表面の割れを防ぐため、背割り(あらかじめ背の部分に樹心まで、切り込みを入れること)を設ける。なお、化粧柱の場合、見え隠れ面(壁などで隠れる面)に背割りを設ける。

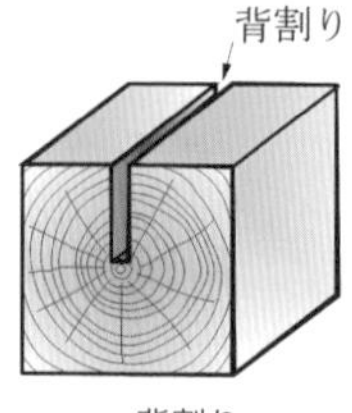

背割り

③ 胴差(どうさし)

- 胴差の継手でせいが異なる場合、梁または上階柱を受ける柱間を避け、柱心より150mm内外持ち出し、腰掛けかま継ぎとし、短ざく金物を当ててボルトで締め付ける。
- 胴差と柱の取合いの仕口は柱へ傾ぎ大入れ短ほぞ差しとする。

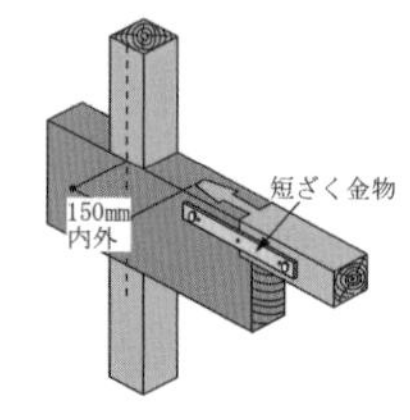

腰掛けかま継ぎ
(せいが異なる胴差の継手)

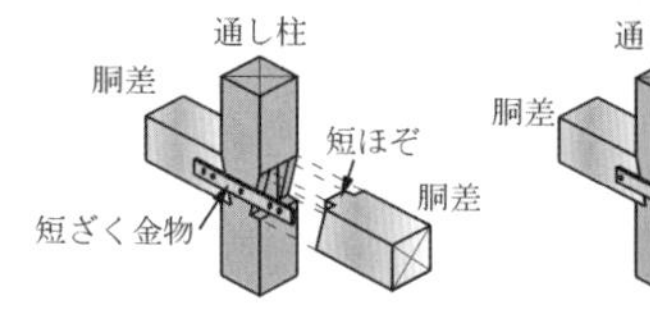

胴差と柱(通し柱)

④ 大引(おおびき)・根太(ねだ)

- 大引の継手は、床束(つか)心から150mm程度持ち出し、腰掛けあり継ぎ、釘2本打ちとする。
- 根太の継手は、乱に大引の心で突付け継ぎとし、釘打ちとする。

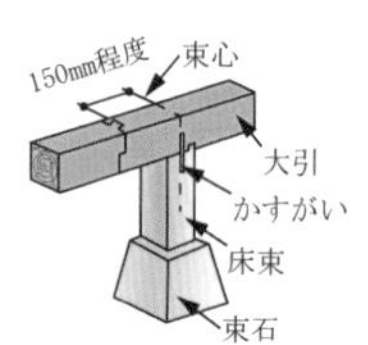

大引の継手の例

⑤ 棟木(むなぎ)・母屋(もや)

- 継手は、小屋束心より150mm内外持ち出し、腰掛けあり継ぎ、両面かすがい打ちとする。
- 垂木の取合いは、棟木・母屋に垂木当たり欠きまたは小返し削りを行い、垂木を受ける。

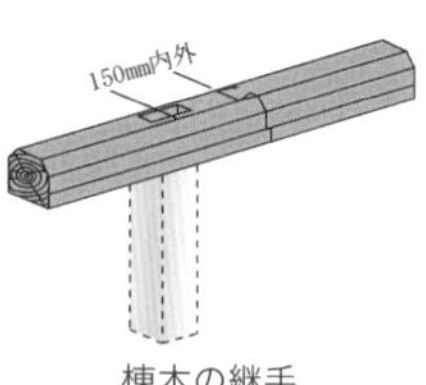

棟木の継手

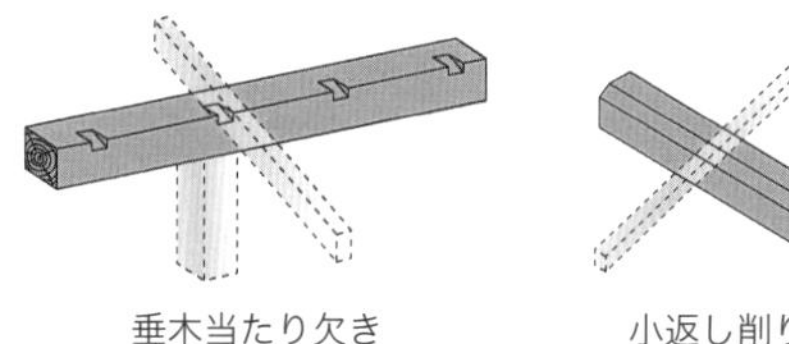

垂木当たり欠き　　小返し削り

・真束と棟木との取合いは、棟木の寸法が真束より小さい場合は、わなぎほぞ差し釘打ち、棟木が真束と同寸以上の場合は、棟木へ長ほぞ差し割くさび締めとする。

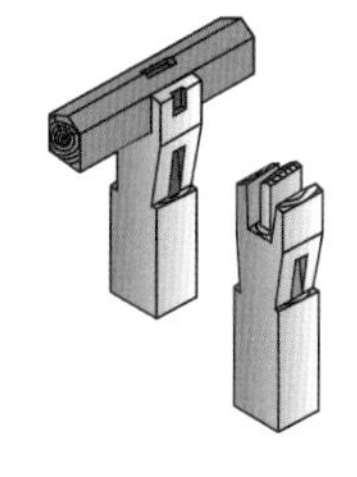

(棟木の寸法が真束より小さい場合)
わなぎほぞ差し

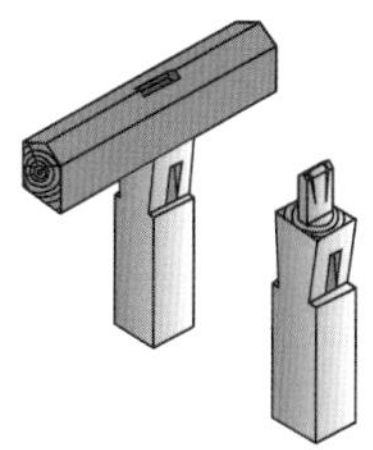

(棟木が真束と同寸法以上の場合)
長ほぞ差し

⑥ 軒桁（のきげた）

軒桁の継手は、柱心より150㎜内外持ち出した位置で、腰掛けかま継ぎひら金物当て釘打ち、追掛け大栓継ぎのいずれかとする。

⑦ 垂木（たるき）

垂木の継手位置は乱に、母屋の上でそぎ継ぎとし、釘打ちとする。

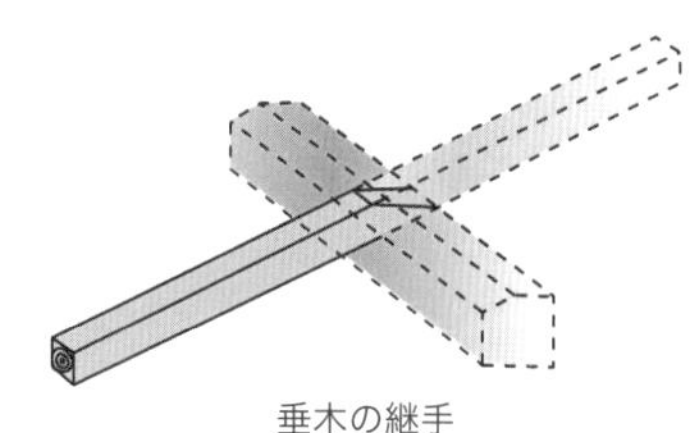

垂木の継手

⑧ 接合金物

建入れ直し完了後、接合金物を締め付けるとともに、本筋かい、火打材を固定する。

⑨　面材耐力壁

耐力壁を設ける場合は、上下階の耐力壁線をそろえる。

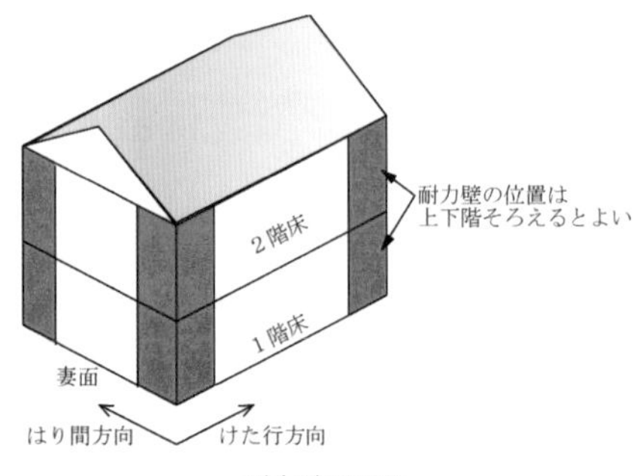

耐力壁の配置

《4》継手

継手とは、部材を同じ方向に継ぐ場合の接合部である。強度上弱点となりやすいため、一般的に継手は、応力(軸方向力、せん断力、曲げモーメント)が小さい箇所に設ける。また、継手が複数となる場合には、同じ位置にならないように乱に配置する。

■継手の種類

①あい欠き継ぎ	接合する両部材を半分ずつ切り欠いて、ボルト・釘等で接合する。大引や母屋等。
②目違い継ぎ	部材片方の木口に突起を設け、それを受ける他材に穴を掘って組み合わせる。大引等。
③そぎ継ぎ	斜めにそぎ落とした木口を突付け釘打ちしたもので、すべり刃継ぎともいう。垂木や根太等。
④鎌(かま)継ぎ	鎌と呼ばれる突起を他部材にくい込ませることで、ずれを防止する。土台や桁等。
⑤添え板継ぎ	部材の木口を互いに突き合わせ、側面に当木をして、ボルト締めあるいは釘打ち等をして継ぐ。陸梁や野縁等。
⑥台持(だいも)ち継ぎ	両部材の木口を互いに斜め方向に加工し組み合わせる。だぼまたは六角ボルトを用いて固定する。通常支持材の真上で用いる。桁梁や小屋梁等。
⑦追掛(おっか)け大栓(だいせん)継ぎ	部材の左右を切り欠いて組み合わせたものに、栓（せん）を打ち込むことにより一体化を図る。曲げを受ける梁(小屋梁)等。
⑧いすか継ぎ	互いにいすか（くちばしの先端がくい違っている鳥の名称）切りした端部を組み合わせて接合する。野縁や根太や垂木等。
⑨腰掛けあり継ぎ	土台や大引等の継手に用いられる。
⑩腰掛け鎌継ぎ	土台等の継手に用いられる。

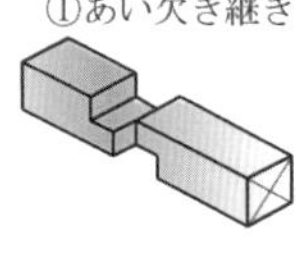

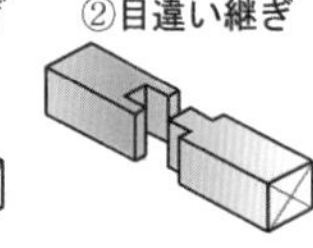

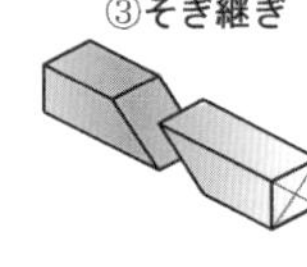

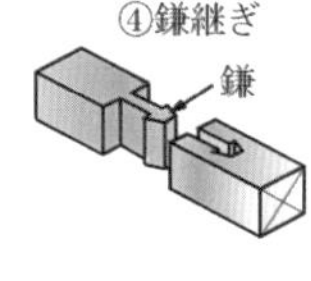

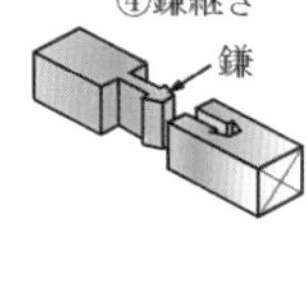

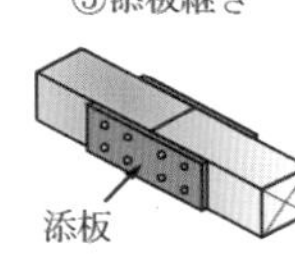

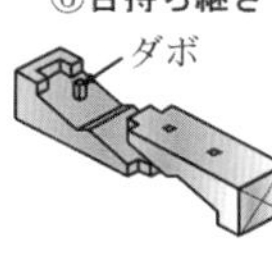

⑦追掛け大栓継ぎ
栓

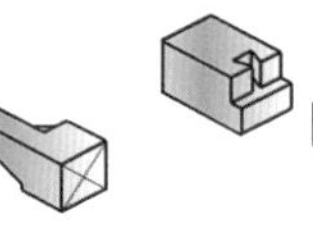

⑨腰掛けあり継ぎ

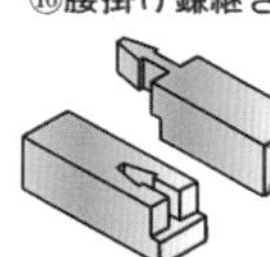

継手

《5》仕口

仕口とは、異なる方向の部材を接合した場合の接合部である。

■仕口の種類

①大留め	部材を直角に接合する場合の仕口で、互いの断面を45°にそぎ落し、継ぎ合わせる。
②あい欠き	接合する両部材を半分ずつ切り欠いて接合する。
③胴付き	小口全面を他の材の側面に接合する。
④渡りあご	直交する上下部材を組む仕口で、両部材を一部切り欠いて合わせる。
⑤傾ぎ大入れ短ほぞ差し	通し柱に胴差の端部を取り付ける場合等に使われる。胴差の端部を斜めに切って大入れにするものである。
⑥大入れあり掛け	土台同士の仕口や梁同士の仕口等に用いられる。

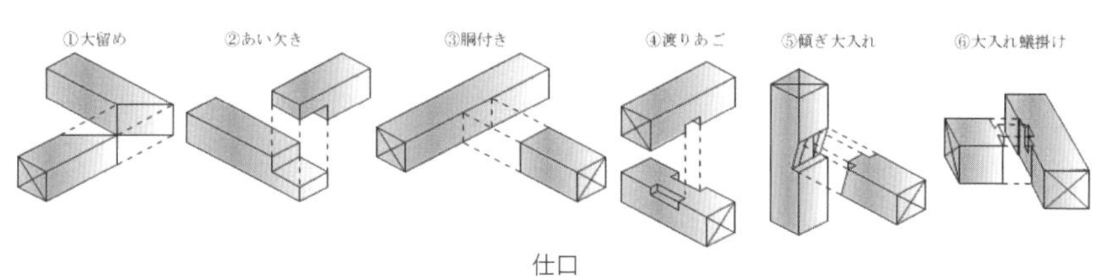

仕口

《6》接合金物

1）代表的な金物

①ホールダウン金物

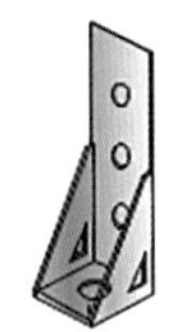

柱と基礎または管柱相互間の接合。

②アンカーボルト

土台と基礎の接合。

③かど金物

隅柱と土台など、引張を受ける柱と横架材の接合。

④山形プレート

柱と横架材の接合。

⑤かね折り金物

通し柱と胴差の接合。

⑥短ざく金物

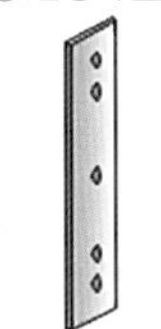

管柱相互や胴差相互の接合。

⑦梁受け金物

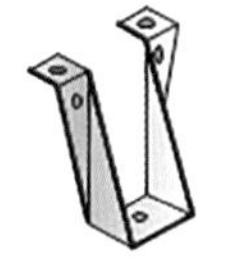

大梁と小梁の接合。

⑧ひねり金物

垂木と軒桁または母屋の接合。

⑨羽子板ボルト

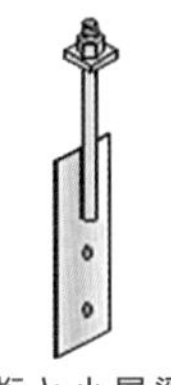

軒桁と小屋梁の接合。胴差・床梁等の横架材相互の接合や柱と横架材の接合にも用いられる。

⑩火打金物

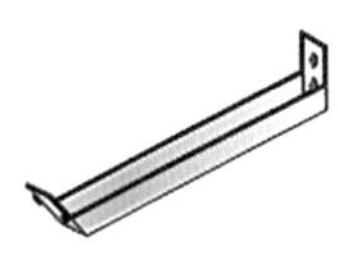

床組及び小屋組隅角部の補強。

⑪筋かいプレート

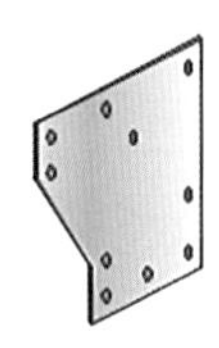

筋かいと柱及び横架材の接合。

⑫かすがい

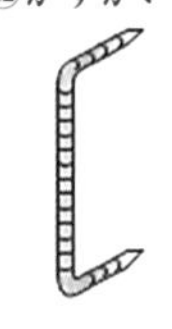

土台または小屋組の隣り合う材の接合。

2）金物の取付け例

ホールダウン金物

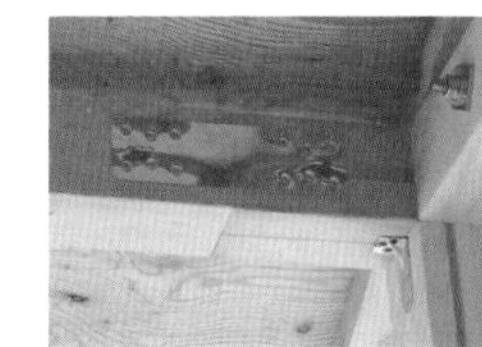

短ざく金物

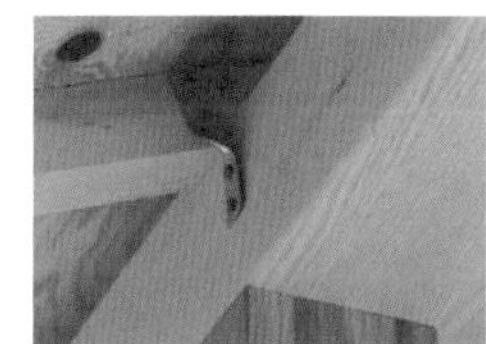

ひねり金物

羽子板ボルト

火打金物

筋かいプレート

《7》内装木工事

1）木(もく)れんが

① 接着工法またはあと施工アンカーで取り付ける。

② 湿気のおそれのあるコンクリート面には、エポキシ樹脂系の接着剤を用いる。

木れんがの取付け

2）転ばし大引

① 大引等に使用するアンカーボルトは、先埋込みが望ましいが、位置、埋込み深さ等が不正確になりやすいので、あと施工アンカーを使用してもよい。

② コンクリートスラブや土間に直接横たえる転ばし大引の継手は、接合する２つの材料の半分ずつを欠き取って接合する相欠き継ぎ釘打ちとする。

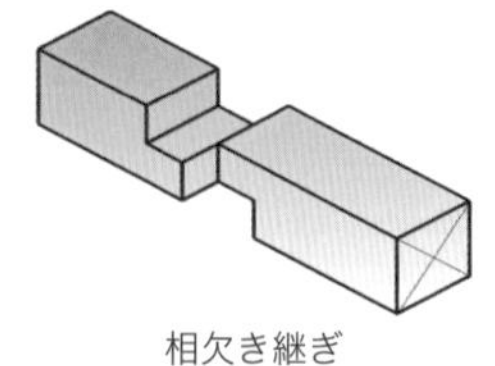
相欠き継ぎ

3）敷居・鴨居の加工

① 敷居・鴨居の溝じゃくりを行う場合は木表(外周に近い側)に溝をつく。木材の性質として、木表は木裏より含水率が大きいので木表側に凹にそる傾向があり、木裏(中心に近い側)にひびが入りやすいためである。

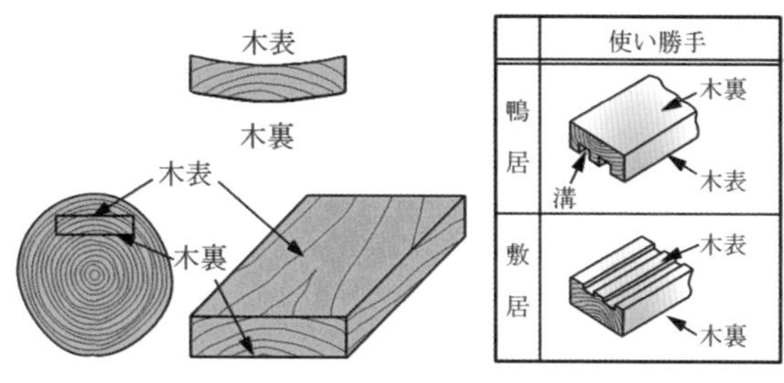

敷居・鴨居の溝じゃくり

② 和室の鴨居と吊束の取合いは、しのを打ち込むことにより密着させる。簡易な工法とする場合は、吊束を鴨居に二枚ほぞ差しとし、目かすがいで吊束と鴨居を緊結したうえで釘打ちとする。

4）三方枠の戸当り

木製三方枠の戸当りは、一般的につけひばたとする。

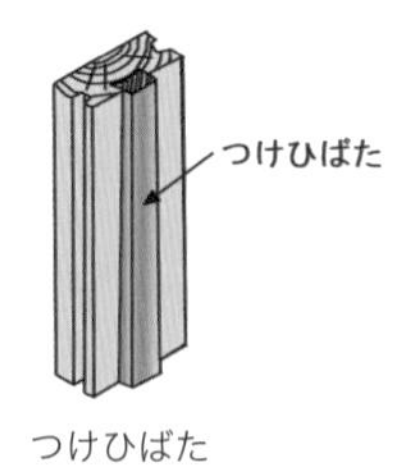

つけひばた

5）幅木の出隅

幅木の出隅は、表面から継手の小口が見えないように見付け留めとする。

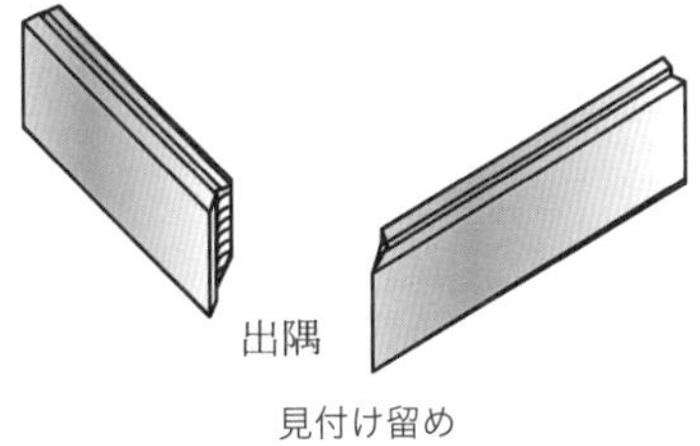

見付け留め

6）さお縁(ぶち)天井

野縁受けを使わずに、杉板やひのき板などの天井板を下からさお縁で支える構造の天井をさす。さお縁天井の天井板は、継手位置を乱とし、さお縁心で突付け継ぎとする。

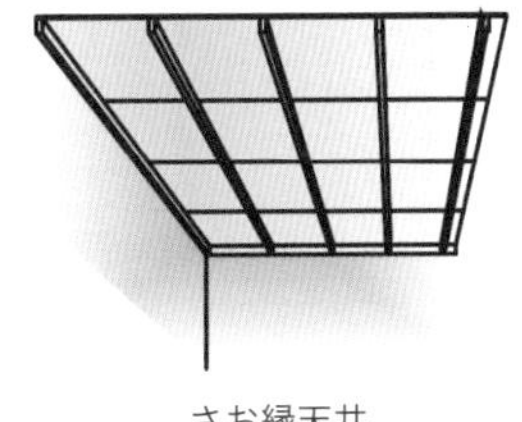

さお縁天井

7）雑巾(ぞうきん)ずり

幅木を付けない場所の板張り床と壁の見切りとして付けるもので、見え掛りが15㎜角程度の細い木材が一般的である。一般に和室の押入などの壁と棚の接合部に見切り材として取り付けられる。押入の雑巾ずりは、柱間に切り込み、塗壁下地または内壁に添え付け、受材当たりに釘打ちとする。

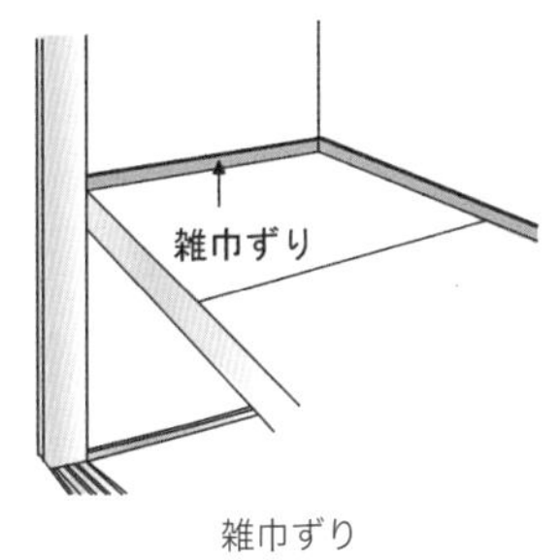

雑巾ずり

12 ALCパネル工事

《1》パネルの施工

1）欠け・損傷の補修

① 使用上支障の無い程度の欠けのパネルは、通常、補修して使用する。

② ALCパネル面についた損傷の補修やパネル取付け用に施した座掘りによるパネルの凹部には、ALCパネル専用の補修用モルタルを用いる。

2）パネルの切断・溝掘り・孔あけ

① パネルの切断・溝掘り・孔あけは、主筋を切断しない等、強度上有害とならない範囲以内とする。

■強度上有害とならない加工

	外壁及び間仕切壁 パネルの加工範囲	屋根及び床 パネルの加工範囲
溝掘り	パネル１枚当たり１本かつ 幅30mm以下、深さ10mm以下 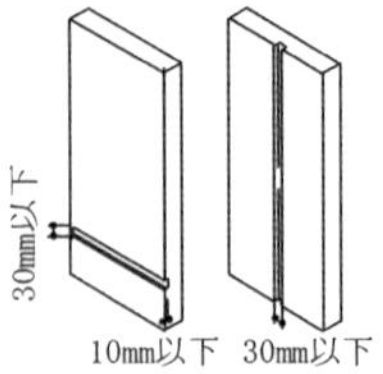 30mm以下 10mm以下 30mm以下	不可
孔あけ	パネル幅の1/6以下 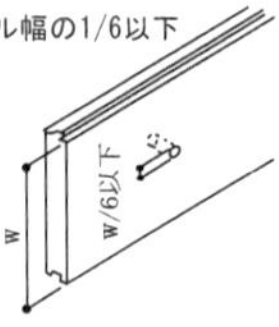 w w/6以下	直径50mm以下 50mmφ以下 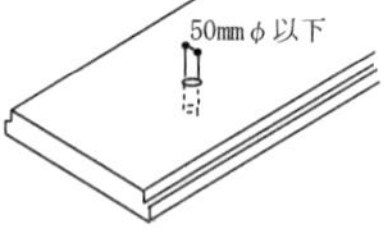

② パネルの加工等により露出した鉄筋には、錆止め塗料を用いた防錆（ぼうせい）処理を行う。

3）壁パネルの取付け

開口補強

① 窓及び出入口等の開口部まわりには、耐力上有効な開口補強鋼材(アングル等)を設ける。

② 下地鋼材及び開口補強鋼材は、錆止め塗料の2回塗りとする。

③ パネルの取付け金物には、防錆処理を行う。

④ 外壁パネルは、表裏で正負の風荷重に対する強度が違うため、短辺小口に書かれているマーキングによりパネルの表裏を確認して取り付ける。

⑤ パネルとコンクリートスラブの取合い部のすき間には、モルタルまたは、耐火材料を充填する。ただし、縦壁ロッキング構法においては、モルタルとパネルの間には、絶縁材を入れる。

4）屋根及び床パネルの敷込み

① 屋根及び床のパネルに集中荷重が作用する部分では、その直下にパネル受け梁を設ける。その際、パネルが3点支持とならないように、パネルの割付けも受け梁上で分割する必要がある。

② 屋根面全体の水勾配は、パネルを支持する受梁でとり、屋根パネルの上面にモルタルを施し、塗り厚を調整して水勾配をとってはならない。ただし、ペントハウス回り及びドレン回り等、部分的に水勾配をとる場合は、モルタルでとることが一般的である。

③ 柱まわり等で床パネルを切り込んで敷き込む部分には、下地鋼材(フラットバー等)を設け、パネルを支持する。

④ パネルは表裏を確認し、主要支点間距離の1/75以上、かつ4cm以上のかかり代(しろ)を確保し、通りよく敷き込む。

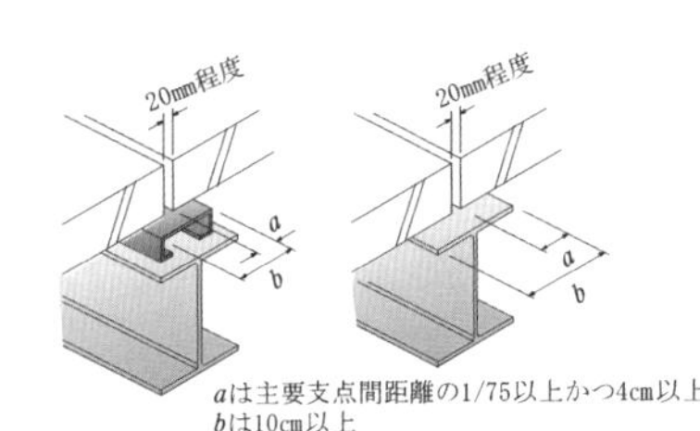

パネルかかり代の基準

用語 かかり代
水平部材の周囲または両端で支持部材に載っている部分の寸法。

⑤ 床用パネルは、原則として持ち出して使用してはならない。屋根用パネルは、長辺方向はパネル厚さの３倍以下、短辺方向はパネル幅の1/3以下であれば、持ち出して使用することができる。

⑥ 長辺は突き合わせ、短辺は20㎜程度の目地を取り、支持梁上になじみよく敷き並べる。

⑦ パネルの長辺目地部には、取付け金物を介して１mの目地鉄筋を金物から両側に500㎜ずつとなるように振り分けて挿入し、モルタルを充填する。

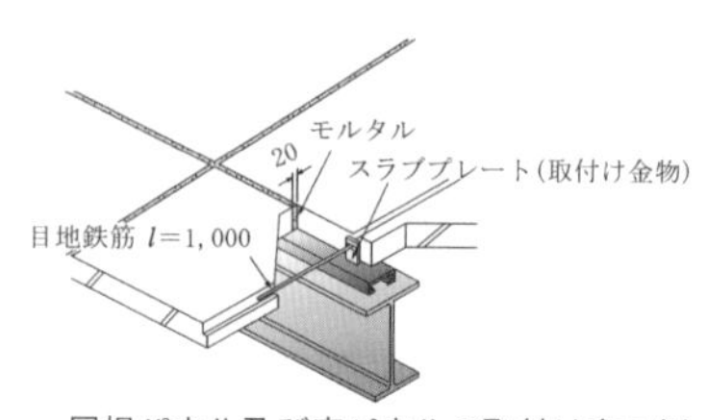

屋根パネル及び床パネルの取付け方の例

《2》構法の概要

1）縦壁ロッキング構法

① パネルは、パネル内部に設けたアンカー位置で、平プレート、イナズマプレートW、ボルトなどの取付け金具により、下地鋼材に取り付ける。

② パネルの重量は、パネル下部短辺小口の幅中央でウケプレートなどの取付け金物で有効に支持する。

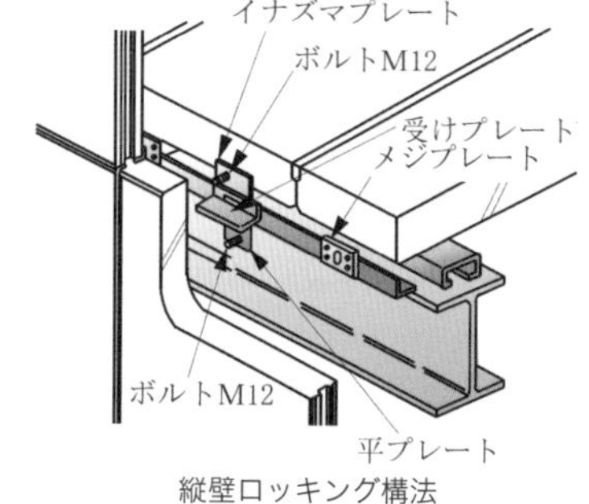

縦壁ロッキング構法

2）横壁アンカー構法

① パネルは、パネル内部に設置されたアンカーにより、ボルトを用いて、イナズマプレートなどの取付け金物により、下地鋼材に取り付ける。

② パネル積上げ段数３～５段以下ごとにパネル重量を支持する自重受け金物を設ける。

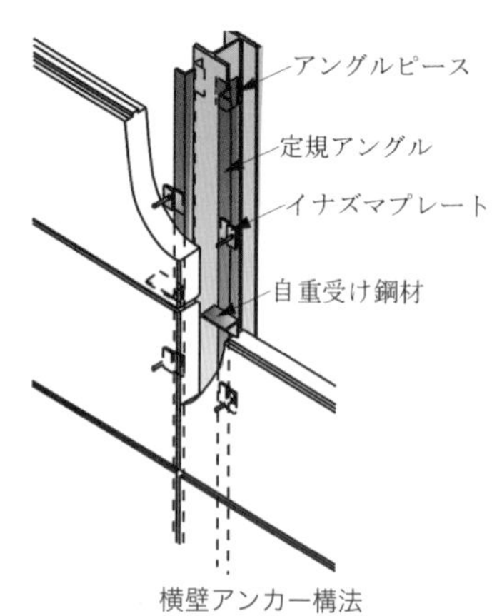

横壁アンカー構法

3）間仕切壁

間仕切りパネルの取付け構法としては、縦壁ロッキング構法、横壁アンカー構法の他に、縦壁フットプレート構法がある。**縦壁フットプレート構法とは、床面に打込みピンで固定したフットプレートによりパネル下部を取り付ける構法**である。

① フットプレート構法では、床面に打込みピン等で固定した**フットプレートによりパネル下部を取り付ける。**

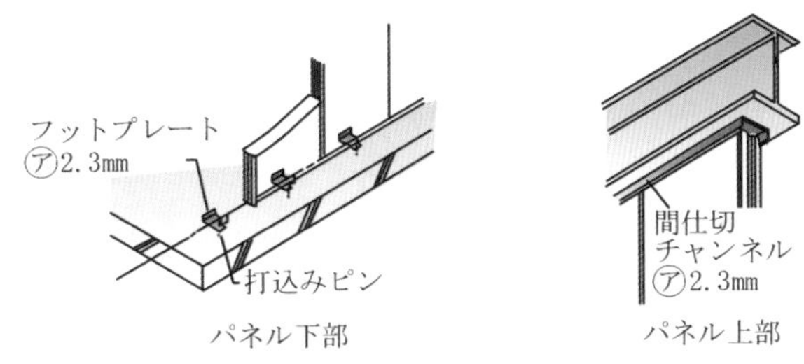

縦壁フットプレート構法

② 縦壁フットプレート構法のパネル上部は、**間仕切りチャンネル及び間仕切りL金物へのかかり代（しろ）を**20㎜**程度確保し、面内方向に可動**となるように下地鋼材に取り付ける。

③ 縦壁フットプレート構法は、パネル上部を支持する部材(梁やスラブ等)の曲げ変形及びクリープ変形等を吸収する目的で、パネル上部は10 ～ 20㎜程度のすき間を設けて取り付ける。

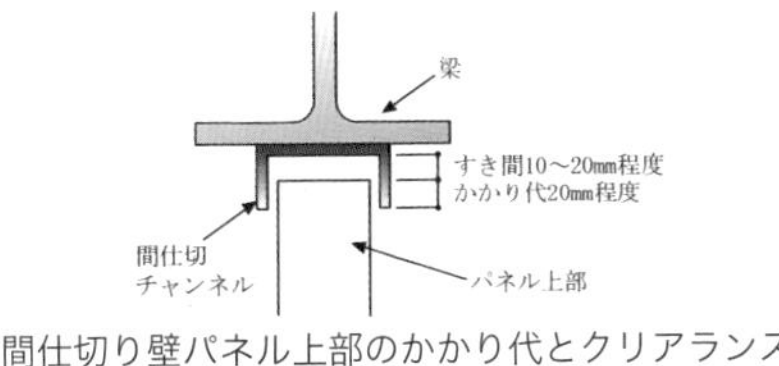

間仕切り壁パネル上部のかかり代とクリアランス

④ **外壁パネルと間仕切りパネル及び出隅・入隅のパネル取合い部には、**10 ～ 20㎜**程度の**伸縮目地**を設ける。**伸縮目地に耐火材を充填する場合は、特記による。

《3》外壁面の仕上げ

① パネル間目地には、シーリング材を充填する。縦壁ロッキング構法、横壁アンカー構法とも、ワーキングジョイントとなるため2面接着とする。

② ALCパネル等の表面強度の小さい被着体には、一般に、アクリル等の低モジュラスのシーリング材を使用する。

③ ALCパネルは吸水性が大きいため、外壁に用いる場合には、適切な仕上げを施し、防水性を確保する。

ALCパネル間目地シーリング

13 押出成形セメント板工事

1）材料

セメント、けい酸質原料及び繊維質原料を主原料として、中空を有する板状に押出成形したもの。

① パネルの形状には、表面を平滑にした「フラットパネル」、表面にリブまたはエンボスを施した「デザインパネル」、表面にタイル張付け用あり溝形状を施した「タイルベースパネル」の３種類がある。

② タイル仕上げを施す場合は、タイル仕上げ用パネル「タイルベースパネル」を用いる。

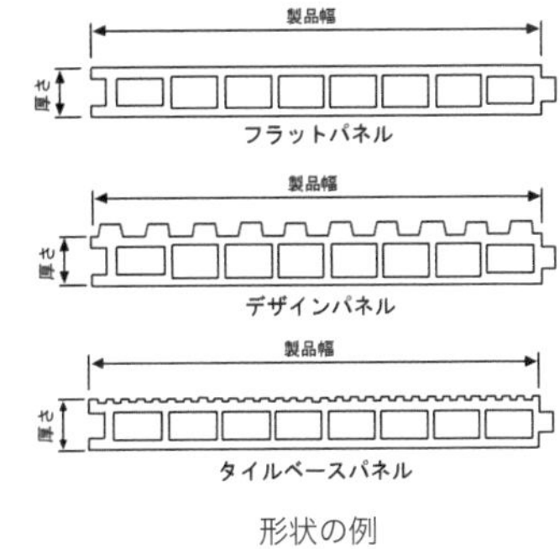

形状の例

③ やむを得ず、パネルに欠込み等を行う場合は、パネル欠込み幅はパネル幅の１／２以下、かつ、300㎜を限度とする。

2）外壁パネル工法

地震時の層間変位に対するパネルの追従を目的として、縦張り工法はロッキングできるように、横張り工法はスライドできるように取り付ける。

■外壁パネル工法

	縦張り工法	横張り工法
工法	パネル四隅の取付け金物で支持部材に取り付け、躯体の層間変位に対しロッキングにより追随させる工法	パネル四隅の取付け金物で支持部材に取り付け、躯体の層間変位に対しスライドすることにより追随させる工法
荷重受け	各段ごとに荷重受け部材が必要	パネル２～３段ごとに荷重受けが必要

① パネル短辺の小口面に表裏が記載されているので、パネルの表裏を確認し、通りよく建て込む。

② パネルは、取付け金物(Zクリップ)で下地鋼材に取り付ける。取付け金物(Zクリップ)は、パネルの両端の上下2箇所、合計4箇所配置する。パネル内のZクリップの取付け位置は、長さ方向では端部から80mm以上の位置とする。

③ パネルへの取付けボトル用の孔あけは、ドリルにより行う。ただし、振動ドリルを用いるとパネルが破損するおそれがあるので用いてはならない。

④ パネルの取付け金物(Zクリップ)は、取付けボルトが取付け金物のルーズホールの中心に位置するように取り付ける。

⑤ パネルの取付け金物(Zクリップ)は、下地鋼材に30mm以上のかかり代(しろ)を確保して取り付ける。

⑥ 縦張り工法のパネル上部に取り付けたZクリップは、クリップの回転防止のため、下地鋼材に溶接する。回転防止のため、溶接長さを15mm以上確保する。

⑦ 縦張り工法のパネルは、各段ごとに構造体に固定した下地鋼材で受ける。横張り工法のパネルは、積上げ枚数2～3段ごとに構造体に固定した自重受け金物で受ける。

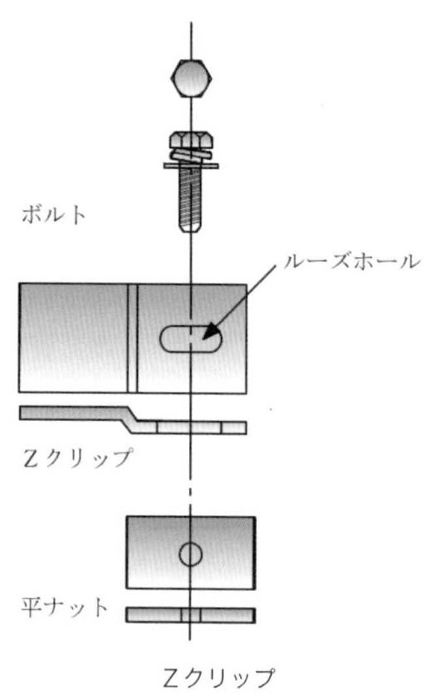

⑧ パネル相互の目地幅は、縦張り工法、横張り工法のいずれの場合も短辺の方が大きな目地幅が必要である。縦張り工法、横張り工法とも、長辺が10mm以上、短辺が15mm以上とする。

⑨ 出隅及び入隅のパネル接合部は、伸縮目地とし、目地幅は15mmとする。

用語 Zクリップ
押出成形セメント板をアングルに取り付ける場合など、アングルの板厚を吸収するため、アングルの厚み分段差をつけて折り曲げられた取付け金物。

14 改修工事

《1》防水改修工事

施工計画を作成するに当たって施工調査を確実に行い、既存防水層等の劣化程度、数量等を的確に把握し、設計図書との差異があれば、具体的な改修方針を作成し、内容を検討する。

(a) 施工一般

降雨、降雪が予想される場合、下地の乾燥が不十分な場合、気温が著しく低下した場合、強風及び高湿の場合、その他防水に悪影響を及ぼすおそれがある場合には、施工を行わない。

(b) 既存防水層の処理

1）既存の保護層及び防水層

① 既存の保護層及び防水層の撤去･非撤去による区分は、次のとおりである。

- ・保護層及び防水層撤去
- ・保護層撤去及び防水層非撤去
- ・露出防水層撤去
- ・露出防水層非撤去
- ・保護層及び防水層非撤去

② 既存アスファルト防水層を残す場合、既存防水層の損傷箇所、継目等のはく離箇所または浮き部分等は、切開し、バーナーで熱した後、溶融アスファルトを充填し、張り合わせる。

③ **既存露出アスファルト防水層の上に、露出アスファルト防水密着工法を行う場合、既存露出防水表面の砂は、既存防水層を損傷しないように、可能な限り取り除き、清掃を行う。清掃後、溶融アスファルトまたはアスファルト系下地調整材を塗布する。**

2）既存防水層等の撤去

① 既存保護層の撤去

既存保護層（保護コンクリート、れんが、モルタル笠木）等の撤去は、ハンドブレーカー等を使用し、取合い部の仕上げ及び構造体等に影響を及ぼさないように行う。ハンドブレーカーは、質量15kg未満のものを標準とする。

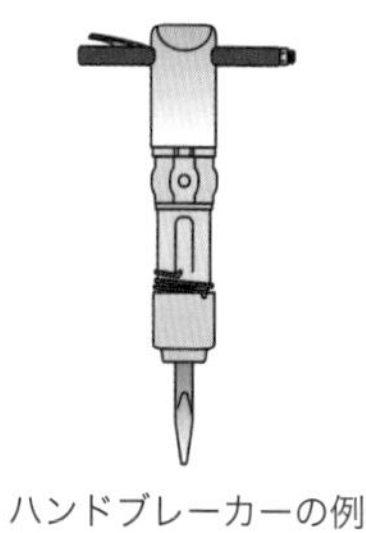
ハンドブレーカーの例

② 既存防水層（平場）の撤去

- アスファルト防水層の撤去は、たがねやケレン棒等で適当な大きさに裁断しながら、下地に損傷を与えないように行う。
- 加硫ゴム系及び塩化ビニル樹脂系ルーフィングシート防水層の撤去は、カッターナイフ等で適当な大きさに裁断しながら、下地に損傷を与えないように行う。

ケレン棒の例

- 平場部の既存防水層を撤去した場合、立上り部及びルーフドレン回りの防水層も残さず撤去し、新たにアスファルト防水層を施工する。

③ 既存下地の補修・処置

既存保護層・防水層撤去後の下地コンクリートのひび割れは、２mm未満のひび割れはアスファルト防水工事用シール材（ゴムアスファルト系シール材）等で補修、２mm以上のひび割れはＵカットの上、ポリウレタン系シーリング材、アスファルト防水工事用シール材（ゴムアスファルト系シール材）を充填する。

3）ルーフドレン回りの処理

① 保護層を残し、改修用ドレン（二重ドレン）を設けない場合は、ルーフドレン回りの新規防水層をスラブコンクリートに直接張り掛けることを考慮して、保護層をルーフドレンの端部から500mm程度の範囲まで撤去した後、

用語 ハンドブレーカー
重機等を用いない振動工具でコンクリートをはがす工事（斫（はつ）り工事）に多く用いられる。

ポイント
アスファルト防水保護層の撤去→ハンドブレーカー
防水層の撤去→ケレン棒（手動）

既存防水層をルーフドレンの端部から300㎜程度まで、いずれも四角形に撤去する。

② 防水層及び保護層の撤去端部は、既存の防水層や保護層を含め、ポリマーセメントモルタルで、勾配1/2程度に仕上げる。

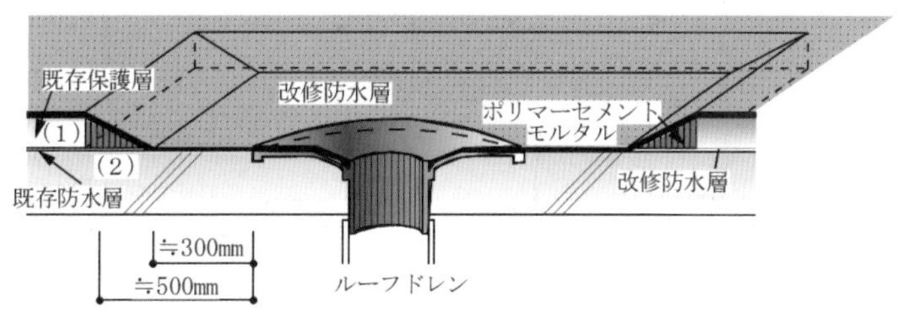

保護層および防水層非撤去の場合のルーフドレン回り納まり
（ルーフドレン回り防水層撤去）

4）シーリング改修工事

ブリッジ工法は、既存シーリングの除去が困難な場合などにおいて、被着体間に橋を架けるようにシーリング材を施すシーリング改修工法である。

《2》外壁改修工事

(a) コンクリート打放し仕上げ外壁の改修

1）ポリマーセメントモルタル充填工法

① 軽微なはがれや比較的浅い欠損部に美観上の観点から、ポリマーセメントモルタルを充填する工法である。

② 欠損は、一般に鉄筋が露出していない軽微な場合を対象としているため、最大仕上げ厚は30㎜程度以下とし、これを超える場合は、エポキシ樹脂モルタル充填工法等を用いる。

2）樹脂注入工法

エポキシ樹脂注入工法は、主に、幅が0.2㎜以上1.0㎜以下のひび割れ改修に適する工法である。長期の耐用年数が、期待できる。

① 自動式低圧エポキシ樹脂注入工法

・注入用器具の取付け間隔は、特記がなければ、200 ～ 300㎜間隔とする。

・エポキシ樹脂の注入完了後は、注入器具を取り付けたまま硬化養生を行う。

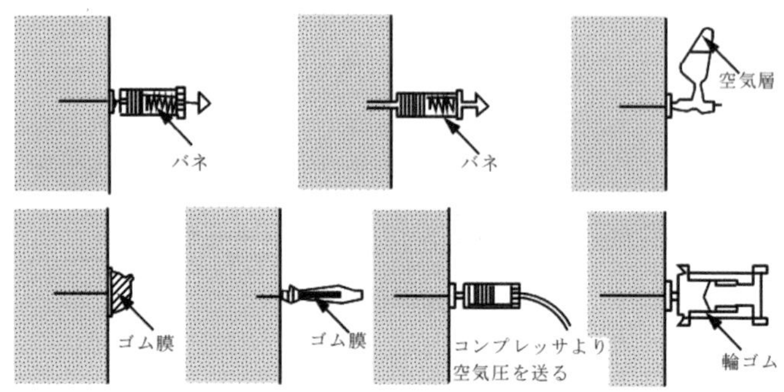

エポキシ樹脂の自動式低圧注入用器具

② 手動式エポキシ樹脂注入工法

垂直方向のひび割れは、下部の注入口から上部へ順次注入する。水平方向のひび割れは、片端部の注入口から他端へ順次注入する。

③ 機械式エポキシ樹脂注入工法

3）Uカットシール材充填工法

① ひび割れ幅が1.0㎜を超え、かつ、挙動するひび割れ部は、シーリング材を使用する。

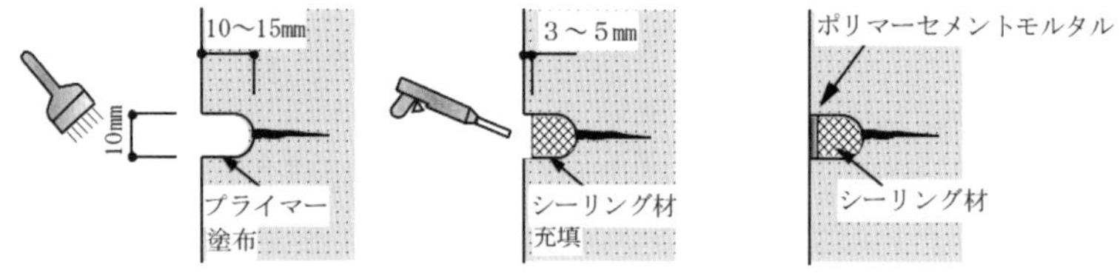

Uカットシール材充填工法（シーリング用材料の場合）

② ひび割れ幅が0.2㎜以上1.0㎜以下の挙動するひび割れ部及びひび割れ幅が1.0㎜を超える挙動しないひび割れ部は、可とう性エポキシ樹脂を使用する。

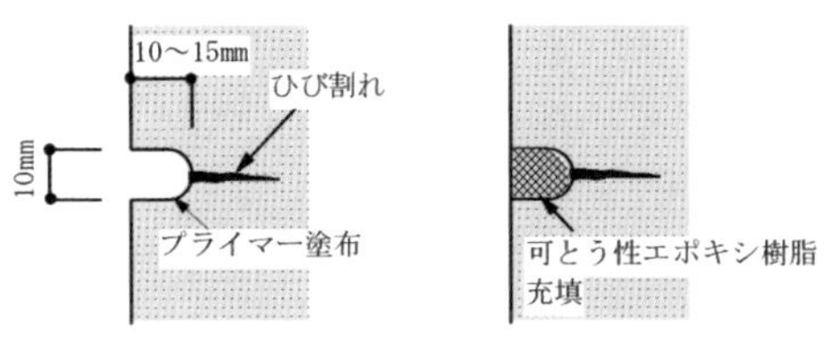

Uカットシール材充填工法(可とう性エポキシ樹脂の場合)

③ ひび割れ部の防水効果は大きいが、耐久性向上効果はエポキシ樹脂注入工法が優れている。

4）シール工法

① ひび割れ幅が0.2㎜未満の場合に適する。
② 一時的な漏水防止処理に適している。
③ 耐用年数は、長期には期待できない。

(b) モルタル塗り仕上げ外壁の改修

1）浮き部改修工事

① 浮き部の補修範囲は、テストハンマー等によりはく離のおそれがある浮き部について確認し、アンカーピンニング等の位置をチョーク等で明示する。

② アンカーピンニング部分エポキシ樹脂注入工法

- アンカーピンニング部分エポキシ樹脂注入工法は、１箇所の浮き面積が0.25m^2未満の浮きに対する工法である。１箇所の浮き面積が0.25m^2以上の浮きには、アンカーピンニング全面エポキシ樹脂注入工法等を用いる。
- 浮き部分に対するアンカーピン本数は、一般部分は16本/m^2、指定部分(見上げ面、ひさしのはな、まぐさ隅角部分等をいう。)は、25本/m^2とする。

用語 アンカーピンニング
外壁のモルタルやタイルの浮きをアンカーピンで固定すること。

用語 まぐさ
出入口または窓などの開口上部に渡す水平部材。

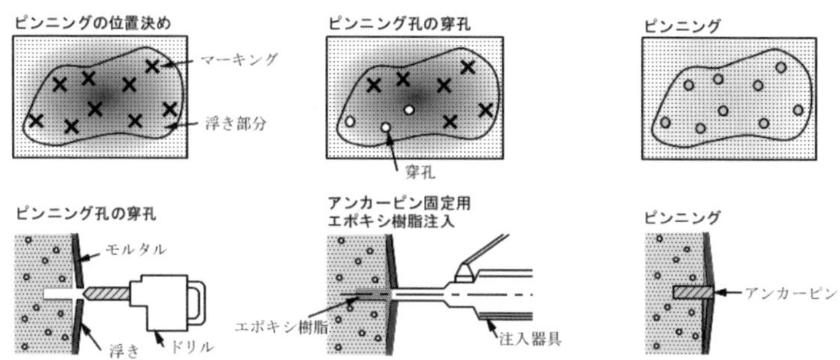

アンカーピンニング部分エポキシ樹脂注入工法

③ モルタルを撤去する場合は、浮き部を中心にモルタルをダイヤモンドカッター等で健全部分と縁切りを行い、斫(はつ)り撤去する。

2) モルタル塗替え工法

総塗り厚が25㎜以上になる場合は、ステンレス製アンカーピンを打ち込み、ステンレス製ラスを張るか、溶接金網、ネット等を取り付け安全性(はく落防止)を確保したうえでモルタルを塗り付ける。

(c) タイル張り仕上げ外壁の改修

1) タイル張り壁面の浮きの調査方法

① 打診法

打診用ハンマー(テストハンマー)等を用いてタイル張り壁面を打撃して、反発音の違いから浮きの有無を調査する方法である。

② 赤外線装置法

外壁タイルが太陽の放射熱によって温められると、健全なタイル張り部分は、タイル面からの熱移動はスムーズにコンクリート躯体に伝達されるが、はく離した部分では、そのはく離界面に熱の不良導体である空気層が介在しているため、熱が伝わりにくく、健全部分に比べタイル表面の温度が高くなる。

用語 穿孔(せんこう)
ドリル等で孔をあけること。

赤外線装置法は、この現象を利用して、赤外線映像装置によりタイル表面の温度を測定し、はく離部分を検出する方法である。

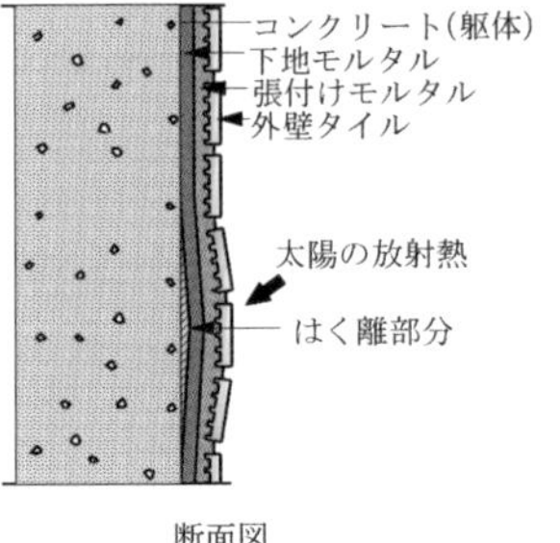

断面図

赤外線による診断

2）タイル張りの撤去

タイル張り仕上げを撤去してひび割れ部を改修する場合は、ひび割れ周辺をダイヤモンドカッター等で健全部分と縁を切って損傷が拡大しないようにタイル目地に沿って切り込む。

3）アンカーピンニング部分エポキシ樹脂注入工法

タイル陶片の浮きがなく、目地モルタルが健全で構造体コンクリートと下地モルタル間に浮きが発生している場合に用いられ、１箇所の浮き面積が$0.25m^2$未満の浮きに対する工法である。

１箇所の浮き面積が$0.25m^2$以上の浮きには、アンカーピンニング全面エポキシ樹脂注入工法等を用いる。

(d) 塗り仕上げ外壁等の改修(既存塗膜等の除去工法)

■工法の特徴

工法	特徴
サンダー工法	素地の脆弱部、部分的な劣化塗膜、シーリング材、素地の補修部分周辺の塗膜、塗膜表面の汚れや付着物等の除去と壁面の清掃に適している。
高圧水洗工法	劣化の著しい既存塗膜の除去や素地の脆弱部分の除去に適している。
塗膜はく離剤工法	有機系塗膜(特に、防水形複層塗材のような弾性塗膜)の全面除去に適している。
水洗い工法	既存塗膜を除去する必要がなく、塗膜表面のエフロレッセンス等の粉化物や付着物等を除去、清掃する場合に適している。上塗りのみの塗り替え等に適している。

補足 浮き面積
(小) $0.25m^2$未満 → 部分補修
(大) $0.25m^2$以上 → 全面補修

用語 高圧水洗工法
高圧水により物理的な力を加え、劣化の著しい既存塗膜の除去や素地の脆弱部分を除去する工法。

環境工学 構造力学 各種構造 施工共通 法規 躯体工事 仕上げ工事 施工管理

《3》建具改修工事

1）かぶせ工法

① 既存建具の外周枠を残し、その上から新規金属製建具を取り付ける工法。

② 既存建具が鋼製建具の場合、枠の厚さが1.3㎜以上残っていることを確認する。枠の厚さが1.3㎜未満であれば、既存枠を補強する。

2）撤去工法

① 既存建具の枠回りを斫(はつ)りまたは油圧工具等によって撤去し、新規金属製建具を取り付ける工法。

② 既存建具の枠の劣化状態は、問わない。

《4》内装改修撤去工事

(a) 有害物質を含む材料処理

① 改修部に石綿(いしわた)、鉛等の有害物質を含む材料が使用されている場合は、監理者と協議する。

② 石綿含有成形板の除去は、原則として石綿を含まない内装材及び外部建具等の撤去にさきがけて行う。

(b) 床改修工事（既存床の撤去）

1）ビニル床シート等の撤去

① ビニル床シート、ビニル床タイルの除去は、カッター等で切断し、スクレーパー等により他の仕上げ材に損傷を与えないよう行う。

② ビニル床タイルの接着剤等は、ディスクサンダー等により、新規仕上げの施工に支障のないよう除去する。ただし、石綿を含有する接着剤

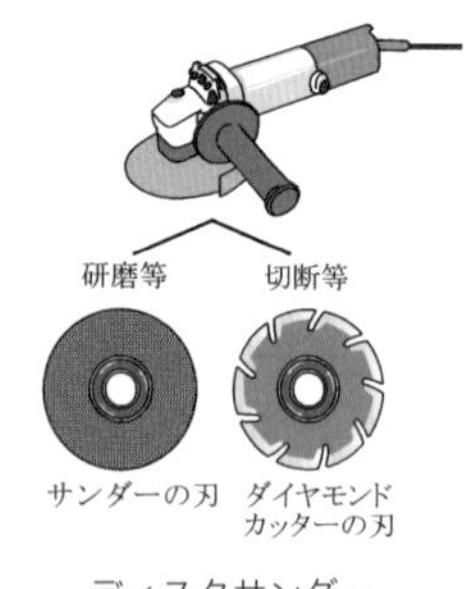

ディスクサンダー

用語 石綿（アスベスト）
現在は、空中に飛散した石綿繊維を大量に吸い込むことで肺ガンや中皮腫の誘因となることも指摘され、使用が禁止されている。

層を除去する場合、通常のディスクサンダーでは、石綿が飛散するおそれがあるので、呼吸用保護具及び作業衣を着用し、皮スキによるケレンまたは集じん機付きディスクサンダーによるケレンを行う。

2）合成樹脂塗床材の撤去等

① 機械的除去工法は、ケレン棒、電動ケレン棒、電動斫（はつ）り器具、ブラスト機械等により除去する。また、必要に応じて、集じん装置付き機器を使用する。除去範囲は、下地がモルタル塗りの場合はモルタル下地共、コンクリート下地の場合はコンクリート表面から３㎜程度とする。

② 既存合成樹脂塗床面に同じ塗床材を塗る場合、既存仕上げ材の表面をディスクサンダー等により目荒しをし、接着性を高め、既存下地面に油面等が見られる場合は、油潤面用のプライマーを用いる。

③ 下地のコンクリートまたはモルタルの凹凸・段差等は、新規仕上げが合成樹脂塗床の場合は、エキポシ樹脂モルタル等により補修する。

3）床タイルの撤去

① 張替え部をダイヤモンドカッター等で縁切りをし、タイル片を電動ケレン棒、電動斫（はつ）り器具等により撤去する。

② 床タイルの撤去は、周囲を損傷しないように行う。

4）フローリング張り床材の撤去

① モルタル埋込み工法によるフローリングは、電動ピック、のみ等によりフローリングとモルタル部分を斫（はつ）り取り、切片等を除去する。

② 乾式工法によるフローリングは、丸のこ等で適切な寸法に切断し、ケレン棒等ではがし取る。

(c) 壁改修工事（既存壁の撤去）

1）コンクリート間仕切壁等の撤去

① 壁面の大半を撤去する大規模な取り壊しは、油圧クラッシャ等を使用し、他の構造体及び仕上げにできるだけ損傷を与えないように行う。

② 開口部等小規模な取り壊しは、所定の位置に両面よりダイヤモンドカッ

ター等で切り込み、他の構造体及び仕上げに損傷を与えないよう行う。

③ 壁内の鉄筋は、撤去面より深い位置で切断する。

2）仕上げ材料等の撤去

壁紙の張替えは、既存の壁紙を残さず撤去し、下地基材面を露出させてから新規の壁紙を張り付けなければ、防火材料に認定されない。

(d) 天井改修工事（既存天井の撤去及び下地補修）

1）天井の撤去

① 既存の埋込みインサートを使用する場合は、吊りボルトの引抜き試験を行い、強度確認のうえ再使用することができる。

② 下地材及び下地張りボード等を残し、仕上材を撤去する場合は設備器具等に損傷を与えないよう行う。

③ 下地材等を含め撤去する場合は、床及びその天井に取り合う壁に損傷を与えないよう養生を行う。

④ 既存天井を撤去中に、石綿含有吹付け材が発見された場合は、直ちに監理者と協議する。

2）照明器具等の割付けが変わる場合

① 既存開口は、周りの下地に合わせて補強したうえで、開口補強を行う。

② 天井点検口等の人の出入りする開口部は、野縁（のぶち）受けと同材で補強する。

③ 新設する照明器具等の開口のために野縁が切断された場合は、野縁または野縁受けと同材で補強する。

④ 天井点検口、照明器具等の開口のために野縁等を切断する場合、溶断では行わない。

用語 溶断

ガスの炎等で、金属の温度を高めて切断すること。

8 施工管理

1 施工計画

設計図書に示された設計品質を施工品質として確保するために、与えられた条件を把握し、工期や経済性、安全性等の点における十分な施工計画の策定が必要になる。

《1》施工計画全般

① 工事の都度、施工条件が異なるため、その工事の条件に最も適した合理的な施工法を立案して、独自の施工計画としなければならない。
② 仮設、工法等の工事を完成する手段や方法については、設計図書に指定のある場合を除き、施工者の責任において決定する。
③ 資材と人員の平準化を図ることが、工程や搬入計画上も有利になる。

《2》施工計画書の内容と構成

施工計画書は、請負者がその工事で実際に施工することを具体的な文書にし、そのとおりに施工すると約束したものである。記載内容は、仮設計画、安全・環境対策、工程計画、品質計画、養生計画等である。元請負業者が作成して監理者に提出する工事全体に対する計画書であり、次のものを含む。

1）基本工程表

主要な工事項目とともに、監理者の検査・承認等の日程を記入し、監理者の承認を受ける。また、工事の進捗に合わせて、月間工程表を作成し、監理者や特定行政庁の検査の日程を記入する。

2）総合施工計画書等

工事の着手に先立ち、次の事項の大要を定めた総合的な計画書を作成し、監理者に提出する。また、品質計画に関する部分は、監理者の承認を受ける。

① 総合仮設を含めた工事の全般的な進め方、主要工事の施工方法

② 品質目標と管理方針、重要管理事項

③ 総合仮設計画図

総合仮設計画図とは、工事がどのような過程で進捗するかを具体的に図面で示すものであり、次の内容等が記載されている。

・仮設資材、工事用機械の配置状況

・材料の運搬経路や主な作業動線

3）工事種別施工計画書

一工程の施工の着手の前に、主要な工事について作成し、必要に応じて監理者に提供する。個々の工事に対する計画書であり、次のものを含む。また、小規模で標準化されているような工事等は省略することができる。

① 工程表

② 品質管理計画書

施工の検査は、品質管理計画書に基づいて、施工者が自主的に実施し、必要に応じて、監理者の立会いを求める。

③ 施工要領書（一般的に下請負業者が作成する）

実行予算書は含まれない。

《3》事前調査

施工計画の策定に先立ち、現場の立地条件の事前調査が必要である。事前調査を行うべき主要項目として次のものがある。

1）敷地条件の確認

① 隣地及び道路境界線の確認を、建築主、設計者、工事監理者、隣地所有者、道路管理者及び工事管理者の立会いのもとに実施し、敷地の形状を確認する。原則として、測量を行うものとする。

② 敷地周辺の電柱や架空線の現状調査を行う（例：総合仮設計画）。

③ 前面道路、周辺地盤や敷地境界の高低の現状調査を行う（例：根切り工事計画）。

④ 周辺道路の交通規制の調査を行う（例：根切り工事計画）。

⑤ 地中障害物の有無の調査を行う（例：根切り工事計画、場所打ちコンクリート杭工事計画）。既存の図面があっても、既存建物の地下躯体、杭、既存山留め壁等が残っている場合があるので、事前に掘削（試掘）調査をすることが望ましい。

⑥ 根切り工事等で地下水を揚水する場合は、周辺の井戸の使用状況も調査する。

⑦ 着工に先立ち、敷地の排水及び新設する建築物の排水管の勾配が、排水予定の排水本管・公設桝・水路等まで確保できるかを確認する。

⑧ 工事用水の供給施設の調査を行う（例：場所打ちコンクリート杭工事計画）。

⑨ 設計時の地盤調査結果に不足があれば、追加の調査（ボーリング、試掘等）を行う。

2）近隣調査

① 地下工事による隣接建物への影響を防止するため、近接建物・工作物の接近状況、基礎及び構造、仕上げの現状を調査する。

② 杭工事、根切り工事及び山留め工事などを行う際は、騒音・振動による公害防止のため、騒音規制及び振動規制、近隣の商店や工場の業種、近接家屋の現状、舗装の状況等を調査する。

③ 竣工後のクレーム対応のため、近隣住民の立会いの上、写真・調査等により現状を記録するとともに、工事中も常時これらの建物等を観察する。

④ 揚重機の設置計画に当たっては、テレビ等の電波障害の影響範囲の調査を実施する。また、必要に応じてそれを軽減する措置を講ずる。

ポイント 鉄骨工事の建方の事前調査
日影による近隣への影響を考慮する必要はない。

3) 道路状況の確認

① 敷地周辺の交通量や交通規制(特に通学路)を調査する。

② 道路幅員(ふくいん)や構造を確認する。

③ 現場までの搬入経路を調査する。

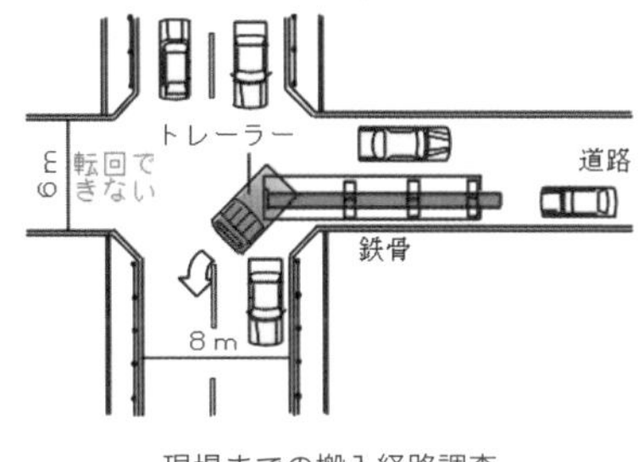

現場までの搬入経路調査

《4》鉄骨建方方式と揚重計画

① 鉄骨の建方には、高層建物によく採用される積上げ方式と、低層・中層建物によく採用される建逃げ方式がある。

(a) **積上げ方式**

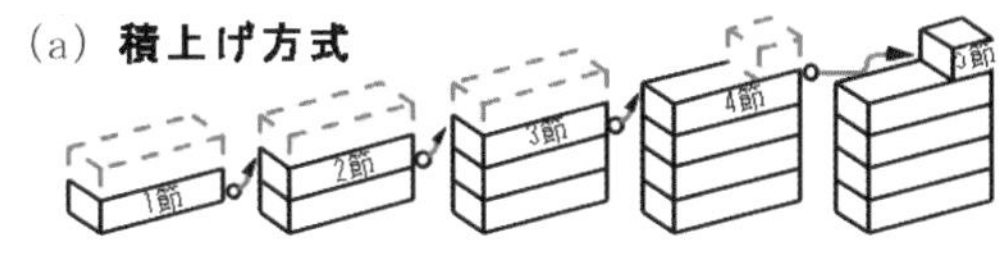

(b) **建逃げ方式**

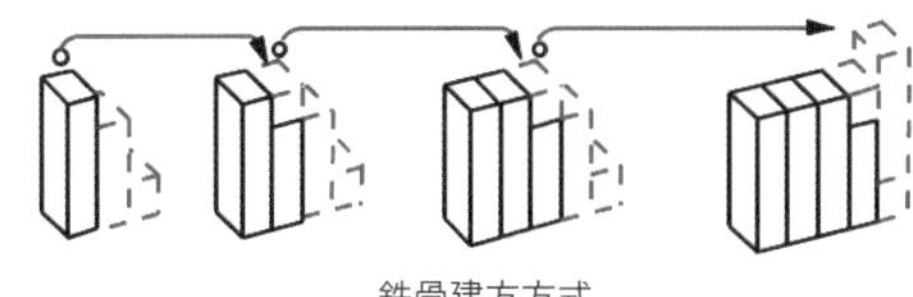

鉄骨建方方式

② 一般に、積上げ方式には固定式タワークレーンが採用され、建逃げ方式にはトラッククレーン等の移動式クレーンが採用される。

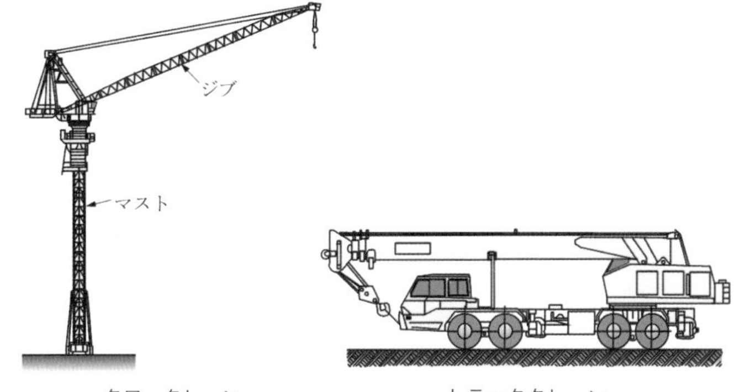

タワークレーン　　トラッククレーン

《5》材料管理

工事用材料は、破損（はそん）、汚損（おそん）することのないように適切な方法で管理し、材質が劣化、変質しないように保管しなければならない。

1）セメント

① 防湿に注意し、通風や圧力は避ける。

② 貯蔵所の床は湿気を入れないために、地表面より30㎝以上高くし、開口部は必要以外には設けない。

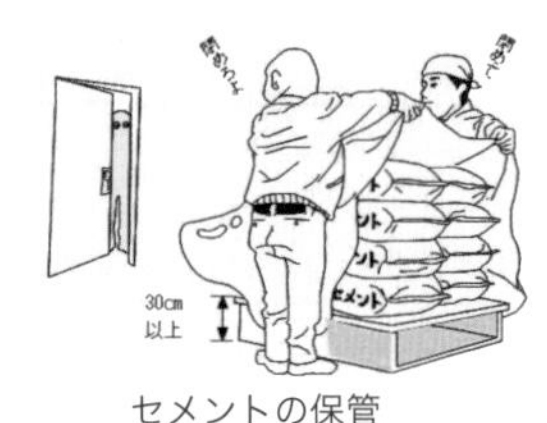

セメントの保管

2）砂・砂利

① 砂、砂利の置場は、泥土等の混入がないように周辺地盤より高くする。

② 砂、砂利の置場は、コンクリート土間とし、水はけをよくするため水勾配をつける。

3）鉄筋

① 種別、長さ別に整理する。

② コンクリートとの付着強度を低下させる原因となる泥・油分等の有害物の付着及び雨露（つゆ）や潮風にさらして有害な錆の発生を起こさないよう、台木を使用して地面から10㎝以上離して保管する。また、必要に応じてシート等で養生する。

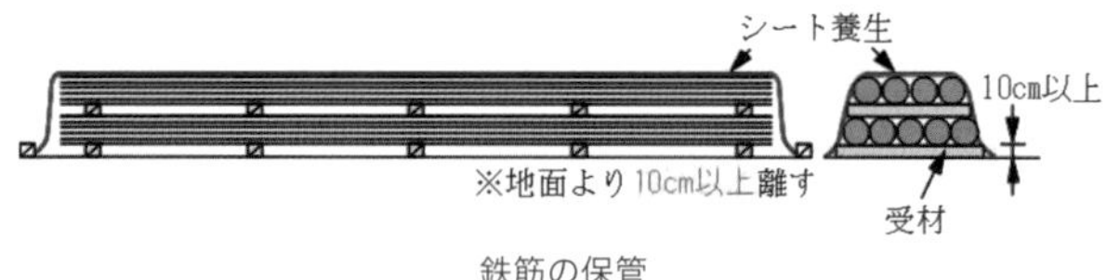

鉄筋の保管

4）せき板

せき板に用いる木材やコンクリート用型枠合板の保管は、通風をよくして乾燥させる。屋内保管が望ましいが、屋外で保管する場合は直射日光が当たるのを避け、濡らさないように注意する。せき板は、直射日光に当てたり濡らしたりすると、木材中の糖分やタンニン質がせき板表面に抽出されて、コンクリートの表面硬化不良の原因となる。

5）溶接棒

溶接棒は、乾燥した状態で使用する。吸湿している場合は、乾燥機に入れて乾燥させてから使用する。溶接棒が吸湿していると、アークの不安定、スパッタの増大、ブローホール及びピットの発生、溶着金属の機械的性質の悪化、耐割性の低下等が起こりやすくなる。

6）ボンベ類

① ボンベ類貯蔵所は、通気をよくするために、壁の一面は開口とし、他の三面は上部に開口部を設ける。

② ボンベは温度を40℃以下に保ち、転倒しないように保持する。

ボンベ類貯蔵所

7）コンクリートブロック

コンクリートブロックは雨掛りを避け、乾燥した場所に縦積みで保管する。積上げ高さは、1.6m以下とする。また、床板上に仮置きするときは、１箇所に集中させてはならない。

8）ALCパネル

ALCパネルは、台木を２本使用し、平積みとする。１単位の積上げ高さは１m以下、総高を２m以下とする。

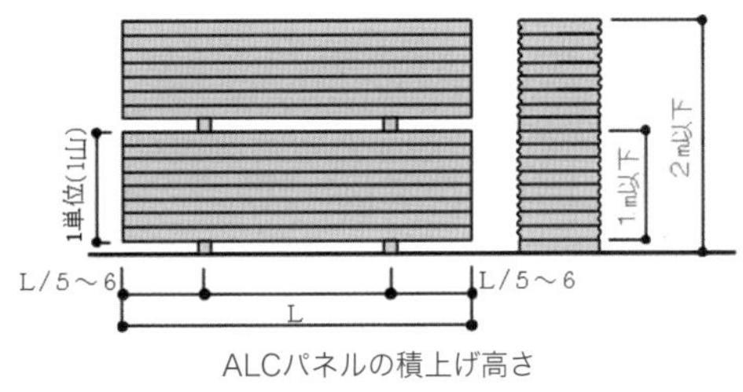

ALCパネルの積上げ高さ

9）袋入りアスファルト

袋入りアスファルトを積み重ねるときは、10段を超えて積まないようにして荷崩れに注意する。

10）アスファルトルーフィング

ルーフィング類は、吸湿すると施工時に泡立ち、耳浮き等の接着不良になりやすいので、屋外で風雨にさらしたり、直接地面に置いたりしてはならない。屋内の乾燥した場所に縦置きにしておく。

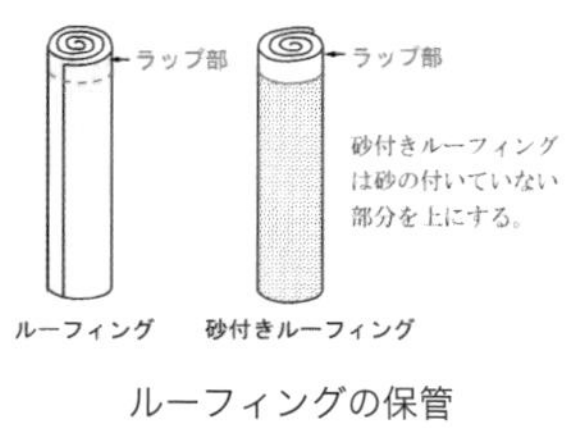

ルーフィングの保管

11）シーリング材

① シーリング材は製造年月日や有効期間を確認して、直射日光や雨露の当たらない場所に密閉して保管する。
② エマルション乾燥硬化形シーリング材は、冬期の低温時に凍結するおそれがあるので保管に注意する。

12）ユニットタイル

ユニットタイルは、雨露や直射日光を避けるため、屋内に保管する。

13）金属製建具

アルミニウム製建具は、搬出時に生じやすいきずの防止及び自重による変形等を防止するため、立置きとする。また、必要に応じ損傷・汚れを防ぐために養生を行う。

14）板ガラス

① 板ガラスの保管は、原則として縦置き（床面との角度85°程度）とし、乾燥した場所に保管する。
② ロープ等で緊結する。
③ 保管中の移動は避ける。

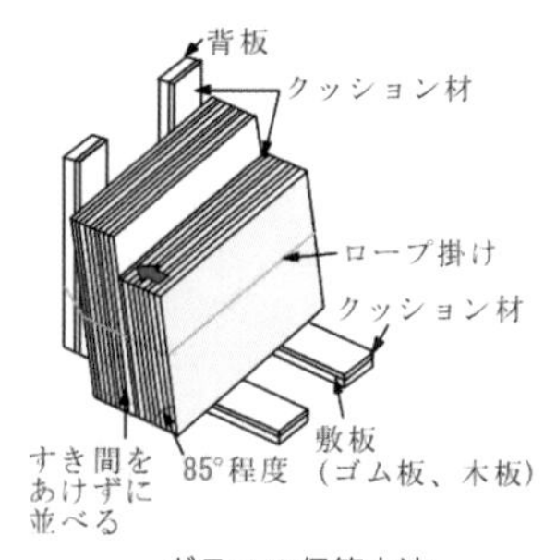

ガラスの保管方法

15) 塗料

① 塗料置場は、不燃材料で造った平屋建とし、周囲の建物から規定どおり離し、屋根は軽量な不燃材料でふき、天井は設けない。建物内に塗料置場を設ける場合は、耐火構造の室を選ぶ。また、十分な換気をはかる。

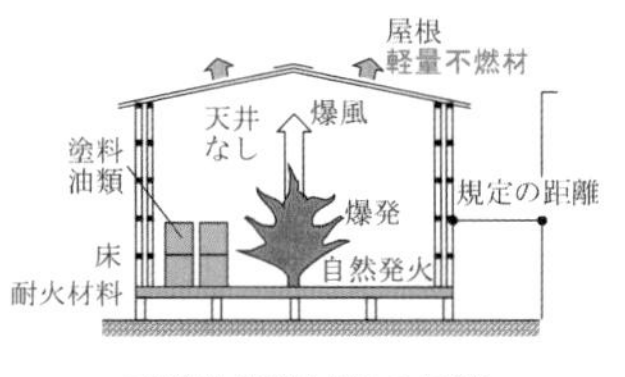

可燃性塗装材料の保管

② 扉には戸締まりを設け、「塗料置場」「火気厳禁」の表示を行う。

③ 塗料が付着した布片等で自然発火を起こすおそれのある物は、塗装材料の保管場所には置かず、水の入った金属製の容器に入れるなどの処置が必要である。

16) 床シート（長尺シート）

乾燥した室内に直射日光を避けて縦置きにする。横積みにすると、重量で変形することがあり、好ましくない。

17) 床タイル、床シートの接着剤

① 溶剤系の接着剤の保管場合は、十分に換気する。

② エマルション系の接着剤は、凍結しないように注意する。

18) フローリング

フローリング類は、木質材のため湿気を含むと変形する。床がコンクリートの場合はシートを敷き、角材を置き、その上に保管する。

19) ロールカーペット

カーペットの保管場所は、直射日光や湿気による変色や汚れ防止のため屋内とし、乾燥した平たんな床の上に保管する。ロールカーペットは縦置きせず、横に倒して、2～3段までの俵積み（たわらづみ）とする。

20) 石こうボード

石こうボードは、屋内の湿気が少なく、水がかからない場所を選定し、パレット等を台として反りやひずみ等が生じないように平積み状態で積み重ねる。

21) 壁紙、壁布

縦置きとする。俵積みあるいは井桁(いげた)積み等の横積みにするとくせがつく。

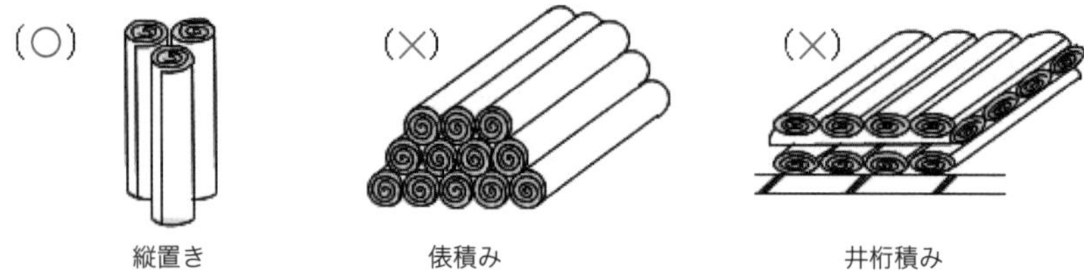

縦置き　俵積み　井桁積み

22) 押出法ポリスチレンフォーム

断熱用の押出法ポリスチレンフォームは、反りぐせ防止のため、平坦な敷台の上に積み重ねて保管する。

《6》申請・届出

1）建築関係一般

申請・届出の名称	提出先	提出者
建築確認申請	建築主事または 指定確認検査機関	建築主
中間検査申請	同上	同上
完了検査申請	同上	同上
建築工事届	都道府県知事	建築主
建築物除却届	同上	施工者

2）公害関係

申請・届出の名称	提出先	提出者
特定建設作業実施届 （騒音・振動）（注）	市町村長	施工者

（注）1日で終わるものは除外される。

3）労働安全衛生法関係

申請・届出の名称	提出先	提出者
特定元方事業者の事業開始報告	労働基準監督署長	特定元方事業者
総括安全衛生管理者選任報告	同上	事業者
安全管理者選任報告	同上	同上
衛生管理者選任報告	同上	同上
建設工事の計画届（注１）	同上	同上
設置届（注２）	同上	同上

（注１）建設工事の計画届を労働基準監督署長に届け出るべき仕事（建築）
① 高さ31mを超える建築物または工作物の建築等（解体も含む）の仕事
② 掘削の高さまたは深さが10m以上である地山の掘削の作業を行う仕事
③ 石綿などの除去、封じ込めまたは囲い込みの作業を行う仕事
（注２）設置届を労働基準監督署長に届け出るべきものの例
① 型枠支保工の設置届：支柱の高さが3.5m以上のもの
② 足場の設置届：つり足場、張出し足場、高さ10m以上の足場で60日以上存続させるもの
③ 架設通路の設置届：高さ及び長さがそれぞれ10m以上で、60日以上存続させるもの
④ クレーン設置届：つり上げ荷重３t以上のもの
⑤ エレベーター設置届（人を乗せることができる）
：積載荷重１t以上のもの
⑥ 建設用リフト設置届（人を乗せることができない）
：ガイドレールの高さが18m以上で積載荷重が250kg以上のもの

4）寄宿舎（きしゅくしゃ）設置届

申請・届出の名称	提出先	提出者
寄宿舎設置届	労働基準監督署長	使用者

5）道路関係

申請・届出の名称	提出先	提出者
道路使用許可申請 （鉄骨建方等短期間）	警察署長	施工者
道路占用許可申請 （仮囲い等長期間）	道路管理者	道路占用者

6）建設リサイクル法関連

申請・届出の名称	提出先	提出者
特定建設資材を用いた 対象建設工事の届出書	都道府県知事	発注者または 自主施工者

※建築主事を置く市町村または特別区の区域内における場合は市町村または特別区の長に提出する。

2 工程管理

《1》工程管理法

工程管理の方法としては、施工計画に基づき各工事の作業手順と工期を定め、総合工程表(基本工程表)を作成し、その総合工程表にしたがって工事の進捗状況を確認しつつ、遅れや手待ち等に対する調整、進度管理をするのが一般的である。工程管理においては、実施工程を分析検討し、その結果を計画工程の修正に合理的に反映させる。

1) 工程計画作成上の留意点

工程計画は、所定の工期内で、所定の品質を確保し、経済的に施工できるよう作成する。

① 労務、資機材の調達能力、工場製作日数。
② 使用揚重機の性能と台数。
③ 労働力の均等化。
④ 長期休暇(年末年始、お盆、GW等)、作業時間、休日(近隣問題、地域特性)。
⑤ 天候、風土、習慣(祭り、催物等)による作業中止の予測。
⑥ 敷地周辺の公共設置物、公共埋設物。
⑦ 前面道路の幅員(ふくいん)、交通規制。
⑧ 休日及び天候等を考慮した実質的な作業可能日数を算出して、暦日(れきじつ)換算を行い作成。
⑨ マイルストーン(Mile Stone＝里程標、工程の節目)の設定
掘削開始日、鉄骨建方開始日、最上階コンクリート打設完了日、屋上防水完了日、サッシ取付け完了日、外部足場の解体完了日等、工程の重要な区切りとなる時点に設定する。軽量鉄骨天井下地取付け開始日は該当しない。
⑩ 動線が交錯(こうさく)しない作業計画。例えば、上下階で輻輳(ふくそう)する作業では、資材運搬、機器移動等の動線が錯綜(さくそう)しないように計画する。
⑪ 並行作業による工期短縮。例えば、工区分割を行い、後続作業を並行して始めることにより、工期短縮が可能か検討する。

2）工程管理の手順

工程管理の一般的手順は、次のとおりである。

① 施工法、施工順序等の基本方針を立案する。

② 工程計画の準備として、工事条件の確認、工事内容の把握及び作業能率の把握等を行う。

③ 各作業の適切な所要日数を求める。所要日数は、工事量を1日の作業量で除して求める。

④ 基本工程を最初に立て、それに基づき、順次詳細工程を決定する。基本工程表は、主要な工事項目とともに、各工事の作業手順と工期などを示したものである。

⑤ 工程計画の立案には、大別して、積上方式(順応型)と割付方式(逆行型)の２つがある。

⑥ 工事の進捗状況に応じて、作業人数及び工法等の見直しを行う。

3）施工速度

工程の計画及び管理にとって、重要基本事項の一つは施工速度である。施工速度は、工期、品質、経済性、安全性の条件を満たす合理的な工程計画が作成できるように設定する。工程、単位施工量当たりの原価、品質の関係は、次のとおりである。

① 極端に工程を遅らせると原価は高くなる。(a)

② 極端に工程を早めると原価は高くなる。(a)

③ 品質の良いものを求めると原価は高くなる。(b)

④ 工程の速度を早めると品質は悪くなる。(c)

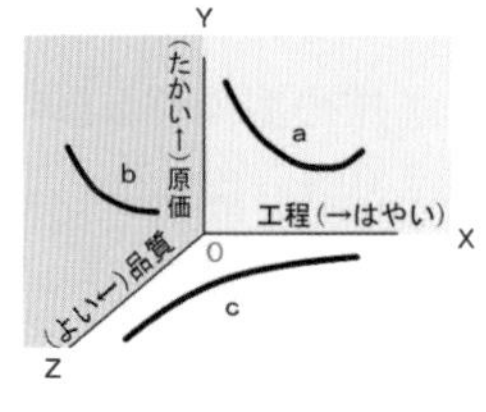

工程、原価、品質の関係

4）作業能率の低下の要因

① 作業員の未熟練(じゅくれん)

② 季節及び天候の不良

特に躯体工事、外部の仕上げ及び外構工事では、風雨あるいは降雪の影響

用語 積上方式
各作業の所要時間を算出し、その合計を工期とする方式。

用語 割付方式
工期が定められており、各作業の所要時間をその工期内におさまるように編成する方式。

を大きく受け、作業員の作業能率の低下の要因となる。

③　施工段取りの不適切

例えば、工区分けをして、型枠なら型枠だけの作業をする。そのような適切な段取りをしないと、作業能率が低下する原因となる。

④　その他

短期間に多数の作業員を集中して投入することは、作業員の作業能率低下の要因となる。人数が多い分、全体の出来高は上がるが、作業性が悪くなり、作業員１人当たりの出来高は低下する。

５）工期短縮の手法

①　**鉄筋先組（さきぐみ）工法を採用する。**鉄筋先組工法は、柱・梁等の鉄筋を工場または現場敷地内であらかじめかご状に組み上げ、クレーンを使用してそれを建て込む工法である。大型の揚重機を必要とするが、作業性のよい場所での鉄筋の組立てが可能なことから、工期短縮につながる。

②　鉄筋工事の省力化のために、床や壁の配筋に**溶接金網や鉄筋格子を用いる。**溶接金網や鉄筋格子は、工場で格子状に組んでくるため、工事現場での配筋・結束等の作業が軽減できることから、工期短縮につながる。

③　床の合板（ごうはん）型枠工法を**デッキプレート型枠工法に変更する。**デッキプレート型枠工法は、コンクリート打込み後の解体が必要ないことから、工期短縮につながる。

④　**床の型枠を合板型枠工法からハーフPC板工法に変更する。**ハーフPC板工法は、床配筋の一部を工場で組み立てられること、コンクリート打込み後の解体が必要ないことから、工期短縮につながる。

⑤　**鉄筋コンクリート造の階段を鉄骨階段に変更する。**躯体に先行して組み立てることができ、仮設階段として使用できる。作業性がよくなることから、工期短縮につながる。

⑥　**内部の塗装下地を、モルタル塗りから石こうボード直張りに変更する。**モルタル塗りと比べて石こうボード張りは、養生期間を短くできることから、工期短縮につながる。

⑦　**浴室をタイル張りの在来工法からユニットバスに変更する。**防水工事、左官工事、タイル工事等、複数の工程を必要とする在来工法と比較して、単

一業者が現場で組み立て、配管をつなぐだけで終了する。現場作業の軽減ができることから、工期短縮につながる。

⑧ 在来工法による天井仕上げをシステム天井に変更する。

《2》工程表

工程表は、工程計画をわかりやすく表示した図表である。部分工事等の開始、終了日時を表すバーチャート工程表(棒工程表)、作業の順序関係を表すネットワーク工程表等がある。

1) バーチャート(Bar Chart)工程表

棒工程表ともいわれるもので、縦軸に工事名(仮設工事、土工事等)、横軸に年月日を記載して、作業の所要日数を横線の長さで表す。各作業の所要日数や施工日程が把握しやすい。

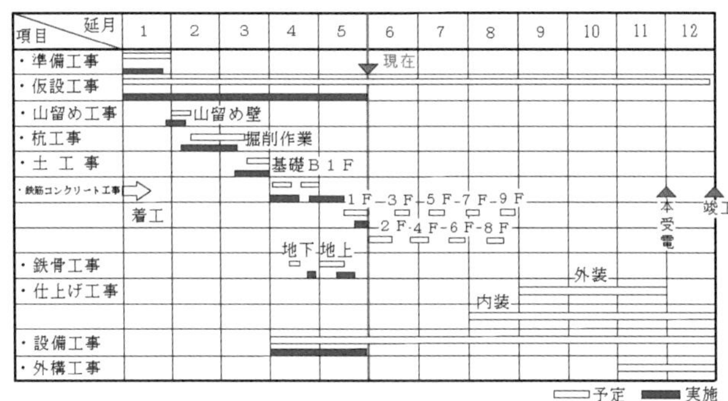

バーチャート工程表

① 縦軸の工事名については、職種や工種ごとにまとめ、関連する作業を把握しやすく配置する。

② バーチャート工程表に配置する作業の数が多くなると、工程の内容を容易に把握することができなくなるため、1枚のバーチャートに多数の作業を示したり、作業を過度に細分化しない。

③ 工事に関連する事項をマイルストーンとして工程表に付加すると、工程の進捗状況が把握しやすくなる。

④ 出来高の累計を重ねて表現すれば、工事出来高の進ちょく状況を併せて把握しやすい。

2）ネットワーク(Network)工程表

作業の流れと工期を網目状の図で表すもので、この手法は、矢線(アロー)で作業を表し、丸印(イベント)で作業の開始や終了等の区切りを表す。各工事の相互関係や工事の進捗状況、発生する諸問題が解決できる。

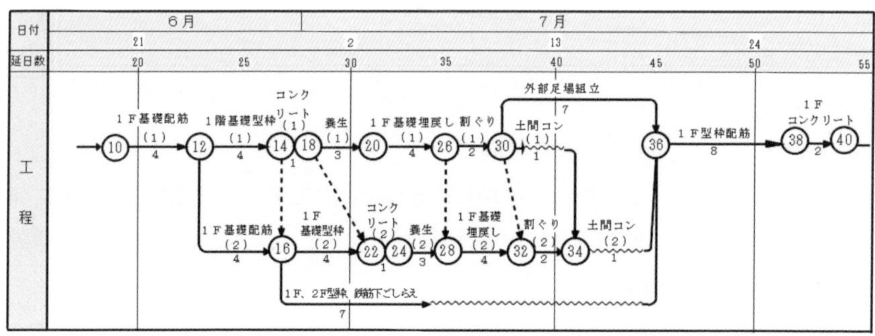

ネットワーク工程表

3）バーチャート工程表とネットワーク工程表の比較

■バーチャートとネットワークの比較

	バーチャート	ネットワーク
作成難易度	容易	難しい
全体の出来高	わかりやすい	わかりにくい
クリティカルパス	わからない (重点管理が難しい)	わかりやすい(重点管理ができる)
工事全体の相互関係	わかりにくい (作業の手順が漠然としている)	わかりやすい (問題点の発見が容易) ⬇ 多くの施工業者が関連する工程調整に使いやすい ⬇ 労務・資機材の合理的な計画ができる

4）ネットワーク手法の用語と意味

■ネットワーク手法の用語と意味

記号	用語	意味
──→	矢印 （アロー）	・個別の作業（アクティビティ）を表し、上段に作業内容、下段に作業日数を記入する。
→○→	結合点 （イベント）	・作業またはダミーを結合する点。工事の開始点または終了点を表す。
- - →	ダミー	・作業の相互関係だけを表示し、実際の作業を含んでいない矢線。
CP	クリティカルパス	・最初の作業から最後の作業に至る最長の（最も時間のかかる）パス。 ・トータルフロートが最小（一番余裕のない）パス。
EST	最早開始時刻	・最も早く開始できる時刻
LFT	最遅終了時刻	・最も遅く終了してよい時刻
F	フロート	・作業の余裕時間
TF	トータルフロート	・作業を最早開始時刻で始め、最遅終了時刻で終わらせて存在する余裕時間。
FF	フリーフロート	・作業を最早開始時刻で始め、後続する作業も最早開始時刻で始めてなお存在する余裕時間。

5）山積（づみ）工程表と山崩（くず）し

労働力や資機材等を有効に割り当てて、平均化して利用することは、労務管理・工程管理・搬入計画上から必要なことである。ネットワークにより定められた労務や資材を有効に利用するために、余裕日数を有効に利用し、平均化する必要がある。

① 労務や資材の必要量を各日数ごとに合計して変化を棒グラフで示したものを山積工程表という。

② この山積みを、余裕日数を使って最早（さいそう）開始時刻から最遅（さいち）終了時刻までの範囲で平準化することを山崩しという。工期短縮に用いられるものではない。

6）出来高工程表

① 工程の進度を的確に把握するため、**工事出来高の累計を**縦軸**に、工期の時間的経過を**横軸**にして表示する**。このグラフの形が英文字の「S」に似ているため、Sチャートと呼ばれる。

② Sチャートは、工事の遅れが一目で速やかに把握でき、施工計画で定めた工程の進捗状況がよくわかる。実績累積値と計画累積値の差異を比較することによって、横軸の差異で日程の進み・遅れの程度を、縦軸の差異で出来高の過不足の程度を示すことができる。

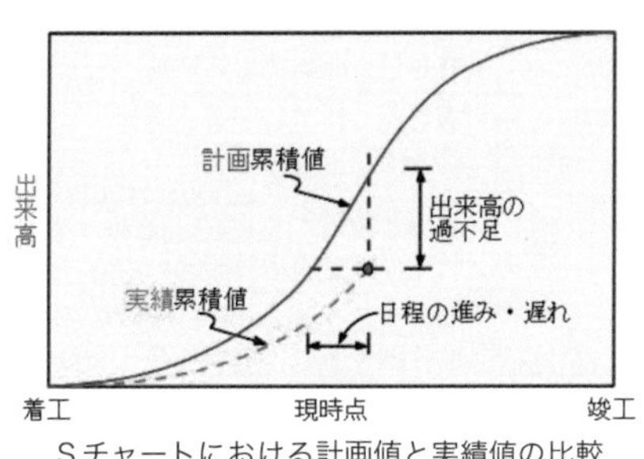

Sチャートにおける計画値と実績値の比較

7）タクト工程

基準階の階数が多い中高層建物等では、各階で同一作業が繰り返し行われる。また、その作業の次工程の作業も同様に繰り返し行われていく。

タクト工程は、直列に連結された作業を各階または各工区ごとに繰り返し行う場合に用いる手法である。

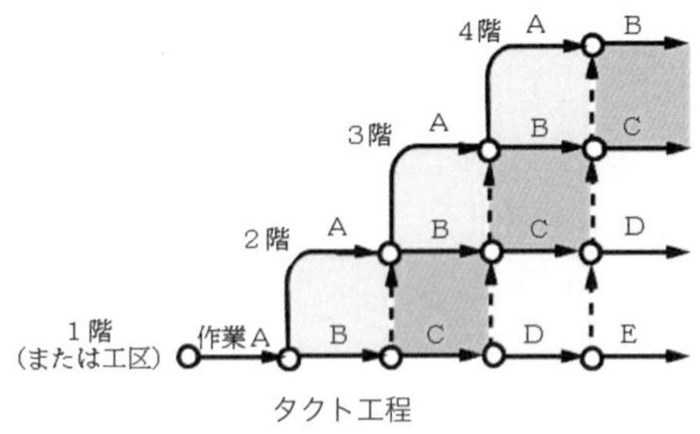

タクト工程

3 品質管理

《1》品質管理の概要

建築工事は工場の量産製品に比べ統計的手法を用いる度合いは少ないが、建築工事では「設計図書に定められた品質を十分満足するような建築物を、問題点や改善点を見出しながら最も経済的に造るために、その施工のすべての段階に統計的手法等を用いて行うこと」となる。

アメリカのデミング博士は、品質管理の活動を「品質を重視する意識」という土台のうえで、計画(Plan)→実施(Do)→検討(Check)→処置(Action)の4段階を経て次の新しい計画に到る回転を繰り返しつつ前進を続けていくこと(デミングサイクル)にたとえている。デミングサイクルを廻せば廻す程よりよい管理ができ、よりよい品質を造り込むことができる。

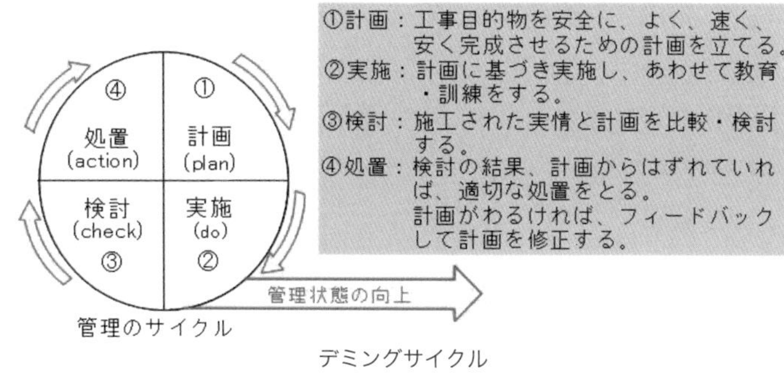

デミングサイクル

《2》建築施工の品質管理

① 品質管理(QC)とは、工事中に問題点や改善点などを見出しながら、合理的、かつ、経済的に施工を行うことである。品質計画に従って試験や検査を行うことではない。

② 品質計画には、施工の目標とする品質、品質管理の実施方法及び管理の体制等を具体的に記載する。

③ 重点管理項目や管理目標は文書化し、現場全体に周知する。

④ 建設業においては、設計者と施工管理者及び専門工事業者の業務分担、責任及び権限を明確にして品質管理を行う。

⑤ 品質管理は、品質管理の目標のレベルに見合った管理を行う。全ての品質について同じレベルで管理を行うことは、優れた品質管理とはいえない。

⑥ 品質管理では、後工程より前工程で重点管理する方がよい。

⑦ 品質管理では、出来上がり検査で品質を確認することよりも、工程で品質を造り込むことを重視する。よい品質を造る手順を確立することが重要である。適切な工程(作業標準)が計画できたら、作業が施工要領書や作業標準どおりに行われているか否かを、施工管理工程表(QC工程表)等でチェックし評価する。

⑧ 施工の検査等に伴う試験は、設計図書に定められた品質や性能を試験によらなければ証明できない場合に行う。

⑨ 施工に伴い欠陥が生じた場合は、その原因を調べ、適切な処理を施し、再発防止処置を行う。

⑩ 施工に伴い検査した結果は、記録を作成し、次の計画や設計にフィードバックする。

《3》ISO 9000ファミリー

1) ISOとは

国際標準化機構(International Organization for Standardization)の略称で、国際的に通用するあらゆる製品、用語等の規格の標準化を推進している国際機関である。

2) ISO 9000ファミリーとは

いかにその企業が顧(こ)客に対してよりよい商品をより合理的に提供できるのかを認証する規格。ISO 9000に基本及び用語(JIS Q 9000)、ISO 9001に要求事項(JIS Q 9001)、ISO 9004にパフォーマンス改善の指針(JIS Q 9004)が定められている。

3) 品質マネジメントシステム

① 完成した製品の検査・試験の方法に留まらず、企業への要求事項に関する規格である。

② 要求事項は、製造業、サービス業、ソフトウェア業等の業種、形態、規模、提供する製品を問わず、あらゆる組織に適用できる。

③ 組織には、品質マニュアルを作成し、維持することが要求されている。

④ 業務のルールを文書化し、業務を実行し、記録を残すことが基本となっている。

《4》データの活用

1) パレート図

不良品、欠点、故障等の発生個数(または損失金額)を現象や要因別に分類し、数値の大きい順に並べてその大きさを棒グラフとし、さらにこれらの大きさを順次累積した折れ線グラフで表わした図である。不良や欠点を改善する重点項目を選定することに使われる。

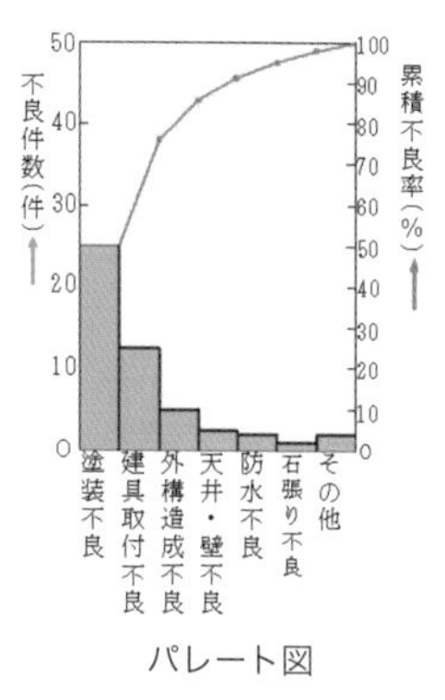

パレート図

2) 特性要因図

問題としている特性（結果）と、それに影響を与える要因（原因）との関係を一目で分かるように体系的に整理した図で、図の形が似ていることから「魚の骨」と呼ばれている。

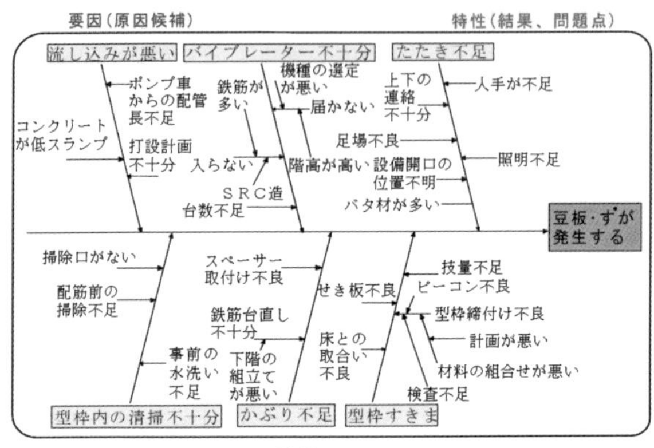

特性要因図

3) チェックシート

不良数、欠点数等、数えるデータ（計数値）を分類項目別に集計、整理し、分布が判断しやすく記入できるようにした記録用のものや、点検すべき項目をあらかじめ決めておき、これに従って作業内容を確認する点検用のものなどがある。

No	工法	場所	測定月日	測定者
1	木質パネル	○○ビル	24.3.21	A

頻度 / 建入精度	頻度グラフ																				
	1	2	3	4	5	6	7	8	9	10	11	12	13	14	15	16	17	18	19	20	21
−10以上																					
−9.5〜−7.5	/	/																			
−7.5〜−5.5	/													目	標	値					
−5.5〜−3.5	/	/	/	/	/	/	/														
−3.5〜−1.5	/	/	/	/	/	/	/	/													
−1.5〜0.5	/	/	/	/	/	/	/	/	/	/	/	/	/	/							
0.5〜2.5	/	/	/	/	/																
2.5〜4.5	/	/																			
4.5〜6.5	/													目	標	値					
6.5〜8.5																					
8.5〜10.5																					
11以上																					

チェックシート

4) ヒストグラム

ばらつきをもつデータの範囲をいくつかの区間に分け、各区間を底辺とし、その区間での出現度数を高さとした長方形(柱状)を並べた図で、柱状図とも呼ばれる。データの分布の形をみたり、規格値との関係をみる場合に用いる。

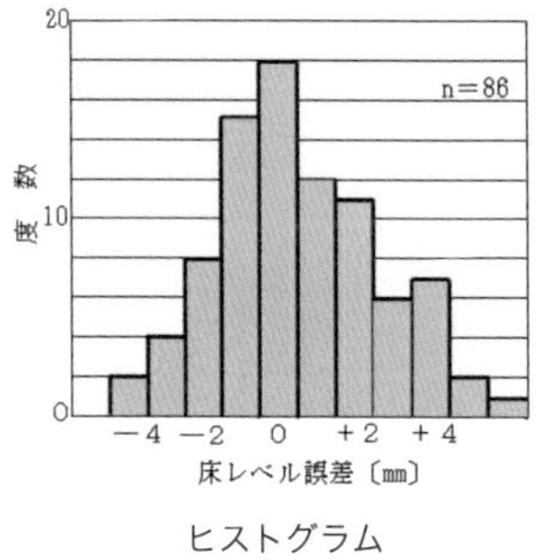

ヒストグラム

5) 散布図

任意の二つの関連するデータの相関性を調べるためのグラフで、縦軸と横軸にそれぞれの要因について目盛をとり、両者の対応する点をグラフにプロットした図である。両者の間に強い相関がある場合には、次図のようにはっきりした正の相関、あるいは逆の負の相関という形になる。

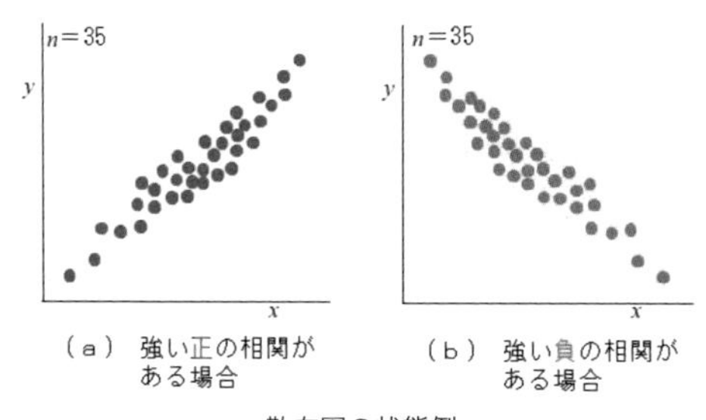

散布図の状態例

6) 管理図

工程が安定状態にあるかどうかを調べるため、または工程を安定状態に保持するために用いる図であり、管理限界を示す一対(上下)の線を引いておき、これに品質または工程の条件等を表す点を打っていき、点が管理限界線の中にあれば工程は安定状態にあり、管理限界線の外に出れば見逃せない原因があったことを示す。

管理図は、通常、次図のような表現をする。中心線CLは、打点された統計量の平均値などを元に設定する。

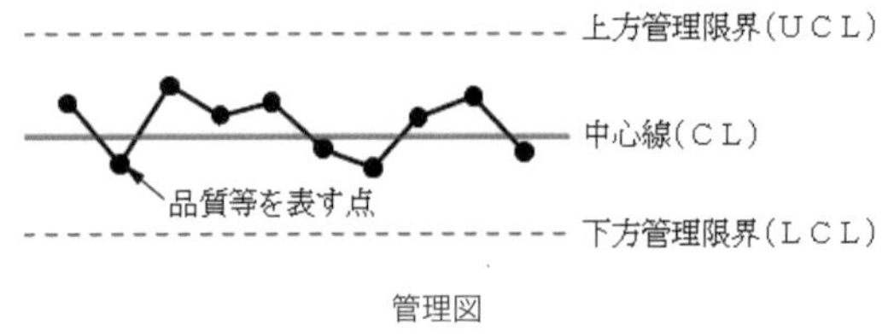

管理図

《5》施工品質管理表（QC工程表）

施工品質管理表（QC工程表）は、工程のどこで、何を、いつ、だれが、どのように管理するかを決め、工程の流れに沿って整理したもので、品質管理の要点を明確にした管理のための標準である。施工品質管理表作成の留意点は、次のとおりである。

① 工種別または部位別とし、一連の作業を工程順に並べる。

② 管理項目は、重点的に実施すべき項目を取り上げる。

③ 検査の時期、頻度、方法を明確にする。

④ 工事監理者、施工管理者、専門工事業者の役割分担を明確にする。

⑤ 管理値を外れた場合の処置を明示する。

《6》作業の標準化の効果

作業の標準化の効果は、次のとおりである。

① 品質の水準の均一化

② 作業能率や安全性の向上

③ 作業方法の指導及び訓練

④ 基本的技術の蓄積

新技術の開発の促進は、標準化の目的には含まれない。

用語 **管理項目**

目標の達成を管理するために、評価尺度として選定した項目をいう。

《7》検査

適切な測定、試験またはゲージ合せを伴った、観測及び判定による適合性評価（性質または状態を調べた結果と判定基準を比較して、良否の判断を下すこと）をいう。検査には抜取り（ぬきと）検査と全数検査があるが、建築工事における材料や施工の検査には、主に抜取り検査が採用される。

1）抜取り検査

対象とするグループからアイテムを抜き取って行う検査であり、建築工事でいえば、ガス圧接の超音波探傷検査等が該当し、次の場合に適用する。

① 破壊検査等のため、全数検査ができないとき。
② 一般に検査対象がロットとして処理できるときに適用される。
③ 一般にある程度の不良品の混入が許せるときに適用される。
④ 一般に試料がロットの代表として公平なチャンスで抜き取れるときに適用される。
⑤ 一般に品質判定基準、抜取り検査方式が決まっているときに適用される。

2）全数検査

選定された特性についての、対象とするグループ内全てのアイテムに対する検査である。建築工事でいえば、ガス圧接の外観検査等が該当し、一般に次のような場合に適用する。

① 検査項目が少ないとき。
② 不良品を見逃すと人身事故のおそれがあったり、または後工程や消費者に重大な損失を与えるとき。
③ 検査費用に比べて、得られる効果が大きいとき。例えば、自動検査機等を使用して、能率よく安定した精度で試験・測定を実行できるとき。

破壊検査の場合は、適用できない。

3）工程内（工程間）検査

工程の途中で次の工程に移してもよいかを判定するために行う。

《8》品質マネジメントシステムの基本用語

① 品質保証(QA)

QAとは、品質保証のことである。quality assuranceの略。品質要求事項が満たされるという確信を与えることに焦点を合わせた品質マネジメントの一部。

② トレーサビリティ

対象の履歴、適用または所在を追跡できること。例えば、コンクリートの打設日、打設時間、天気、呼び強度、数量、プラント名、強度試験の結果、塩化物試験の結果等を記録に残し、後で「何かあったとき」のために履歴が分かるようにしておくこと。

《9》JISに規定する品質管理用語他

① 偏差(へんさ)

測定値から母平均を引いた値。

② 標準偏差

分散の正の平方根(へいほうこん)。平均値からのデータのばらつきの大きさを表す。

③ サンプルレンジ

最大の順序統計量から最小の順序統計量を引いた値。

④ 誤差

試験結果または測定結果から真の値を引いた値。

⑤ ロット

サンプリングの対象となる母集団として本質的に同じ条件で構成された、母集団の明確に分けられた部分。

⑥ ロット品質

ロットの集団としての良さの程度。平均値、不適合品率、単位当たり不適合数等で表す。

⑦ ばらつき

観測値・測定結果の大きさがそろっていないこと。または不ぞろいの程度。製品の品質等には必ず多少の違いがあり、これをばらつきという。また、ばらつきの程度を精度という。

⑧ **母集団の大きさ**

母集団に含まれるサンプリング単位の数。例えば、圧接箇所300箇所から30箇所を抜き取って検査した場合、その300箇所が母集団の大きさとなる。

⑨ **サンプル**

１つ以上のサンプリング単位からなる母集団の部分集合。

⑩ **サンプリング**

サンプルを採り出す、または、構成する行為。

《10》その他の用語

① **ＺＤ(ゼロ ディフェクト運動)**

従業員の努力と工夫により、仕事の欠陥をゼロにすること。

② **見える化**

問題、課題、対象等を、いろいろな手段を使って明確にし、関係者全員が認識できる状態にすること。

③ **５Ｓ**

職場の管理の前提となる整理、整頓、清掃、清潔、しつけ(躾)について、日本語ローマ字表記で頭文字をとったもの。

4 安全管理

《1》労働災害

1）労働災害とは

① 労働災害とは、「労働者の就業に係る建設物、設備等により、または作業行動その他業務に起因して、労働者が負傷し、疾病(しっぺい)にかかり、または死亡すること」である。すなわち、労働者の生命及び身体に係る災害に限られる。

② 労働災害における労働者とは、所定の事業または事務所に使用される者で、賃金を支払われる者をいう。

③ 労働災害における重大災害とは、一時に３名以上の労働者が死傷または罹病(りびょう)した災害をいう。

2）災害発生の程度

① 年千人率

$$年千人率 = \frac{年間の死傷者数}{1年間の平均労働者数} \times 1{,}000$$

労働者1,000人当たりの１年間に発生した死傷者数で表すものである。

② 度数率

$$度数率 = \frac{死傷者数}{延労働時間数} \times 1{,}000{,}000$$

100万延労働時間当たりの労働災害による死傷者数で表すものである。

③ 強度率

$$強度数 = \frac{労働損失日数}{延労働時間数} \times 1{,}000$$

1,000延労働時間当たりの労働損失日数で表すものである。

《2》安全衛生管理体制

安全で快適な作業環境を作るため、元請負業者と下請負業者が一体となって安全衛生管理体制を確立する。安全衛生管理は、現場代理人が責任者となって行う。

1）特定元方事業者の講ずべき措置

① 協議組織の設置及び運営。
② 特定元方事業者と関係請負人との間及び関係請負人相互間における連絡及び調整。
③ 毎作業日に少なくとも1回の作業場所の巡視。
④ 関係請負人が行う労働者の安全または衛生のための教育に対し、場所の提供、資料の提供等の措置。
⑤ 仕事の工程に関する計画及び作業場所における機械、設備等の配置に関する計画の作成。
⑥ クレーン等の運転についての合図の統一と関係請負人への周知。
⑦ 有機溶剤等の容器を集積する箇所の統一と関係請負人への周知。

2）統括安全衛生責任者

① 現場で常時働く労働者が50人以上の場合において、労働災害を防止するため、特定元方事業者が統括的な安全衛生管理を行う者として選任する。
② 統括安全衛生責任者は、元方安全衛生管理者を指揮するとともに、前述の特定元方事業者の講ずべき措置を統括管理しなければならない。

3）元方（もとかた）安全衛生管理者

統括安全衛生責任者を選任した事業者は、元方安全衛生管理者を選任し、その者に技術的事項を管理させなければならない。

4）安全衛生責任者

① 安全衛生責任者は下請負人が選任するもので、下請負人の代理人、職長等がその業者によって選任される。統括安全衛生責任者を選任した事業者は、

安全衛生責任者を置く必要がない。

② 安全衛生責任者は、統括安全衛生責任者と作業員との連絡を行う。

《3》安全管理の用語

① 安全朝礼

作業を始める前に、作業者を集め作業手順や心構え、注意点を周知する活動。

② KYT(危険予知訓練)

身に近づく危険を事前に予測して対策を立てる訓練。

③ TBM(ツールボックス・ミーティング)

職場で開く安全の集い(つどい)(現場において作業前に行う作業手順・安全等に関しての簡単な話し合いのこと)。

④ 安全施工サイクル

安全衛生管理を進めるため、毎日・毎週・毎月ごとの基本的な実施事項を計画を立てた上で定型化し、その実施内容の改善、充実を図り継続的に行う活動。

《4》作業における安全衛生

(a) 作業主任者

① 事業者は労働災害を防止するため、一定の作業について有資格者のなかから作業主任者を選任しなければならない。

② 作業主任者に対しては、その従事する業務に関する安全または衛生のための教育は必要がない。

③ 作業主任者を選任したときは、作業場の見やすい位置に作業主任者の氏名と職務について掲示し、関係労働者に周知する。

ポイント ゼロエミッション

再活用することにより、社会全体として廃棄物の排出をゼロにしようとする考え方。安全管理とは無関係である。

■作業主任者一覧表(建築関係)

名称	選任すべき作業
① 型枠支保工の組立て等作業主任者	型枠支保工の組立てまたは解体作業
② 地山の掘削作業主任者	掘削面の高さが2m以上となる地山掘削作業
③ 土止め支保工作業主任者	土止め支保工の切ばりまたは腹起しの取付けまたは取外しの作業
④ 足場の組立て等作業主任者	つり足場、張出し足場または高さ5m以上の構造の足場の組立て解体または変更の作業
⑤ 建築物等の鉄骨の組立て等作業主任者	建築物の骨組等で高さ5m以上の金属製の部材により構成されるものの組立て解体作業
⑥ コンクリート造の工作物の解体等作業主任者	高さが5m以上のコンクリート造の工作物の解体または破壊の作業
⑦ 木造建築物の組立て等作業主任者	軒の高さが5m以上の木造建築物の構造部材の組立てまたは屋根下地の取付け作業もしくは外壁下地の取付け作業
⑧ ガス溶接作業主任者	アセチレン溶接装置またはガス集合溶接装置を用いて行う金属の溶接、溶断または加熱の作業
⑨ 石綿作業主任者	石綿もしくは石綿をその重量の0.1%を超えて含有する建材等を取り扱う作業

(b) 作業主任者の主な職務

① 作業の方法及び労働者の配置を決定し、作業を直接指揮すること。

② 器具、工具、要求性能墜落(ついらく)制止用器具(安全帯)等及び保護帽の機能を点検し、不良品を取り除くこと。

③ 要求性能墜落制止用器具(安全帯)等及び保護帽の使用状況を監視すること。

④ 仮設の材料について、材料の欠点の有無を点検し、不良品を取り除くこと。

(c) 有機溶剤作業

塗装、防水、接着剤等に使用する有機溶剤を扱う作業をいう。

1) 屋内作業場における有機溶剤業務

① 事業者は、作業にあたって、有機溶剤作業主任者技能講習を修了した者のうちから有機溶剤作業主任者を選任する。

② 事業者は、有機溶剤の区分を作業中の労働者が容易に知ることができるように、指定された色で見やすい場所に表示する。

③ 事業者は、屋内作業場等において有機溶剤業務に労働者を従事させるとき

は、次の事項を、作業中の労働者が容易に知ることができるよう、見やすい場所に掲示しなければならない。

・有機溶剤の人体に及ぼす作用

・有機溶剤等の取扱い上の注意事項

・有機溶剤による中毒が発生したときの応急処置

2）有機溶剤作業主任者の職務

① 作業に従事する労働者が有機溶剤に汚染され、またはこれを吸入しないように、作業の方法を決定し、労働者を指揮すること。

② 局所排気装置、プッシュプル型換気装置または全体換気装置を1ヶ月を超えない期間ごとに点検すること。

③ 保護具の使用状況を監視すること。

(d) 高所作業車を用いての作業

① 事業者は、高所作業車を荷のつり上げ等、当該高所作業車の主たる用途以外の用途に使用してはならない。ただし、労働者に危険を及ぼすおそれのないときは、この限りでない。

② 事業者は、高所作業車を用いて作業を行うときは、あらかじめ、当該作業に係る場所の状況、当該高所作業車の種類及び能力等に適応する作業計画を定め、かつ、当該作業計画により作業を行わなければならない。

③ 事業者は、高所作業車を用いて作業を行うときは、その日の作業を開始する前に、制動装置、操作装置及び作業装置の機能について点検を行わなければならない。

④ 事業者は、高所作業車を用いて作業を行うときは、当該作業の指揮者を定め、その者に作業計画に基づき作業の指揮を行わせなければならない。

《5》安全衛生教育

1）雇入れ教育

雇入れ教育は、作業員を雇い入れた事業者が行う。下請事業者の作業員の雇入れ教育は、下請事業者が行う。

2）新規入場者教育

新規に現場に入場する作業員に、作業所の方針、ルール、作業手順のほかに安全施工サイクルの具体的な内容などの教育を行う。

総合資格学院なら合格が見える!

高い合格実績に裏づけられた学習シス

令和6年度受検

2級建築施工管理

ストレート合格必勝コース
（第一次検定対策+第二次検定対策）

一次対策合格必勝コース

二次対策コース

ライブ講義のノウハウを活かした

映像講義

実際に教壇に立つ講師陣が、ライブ講義で培ったノウハウを活かし、理解しやすい講義を配信!!
基礎となる根幹の知識から本試験レベルの解答法まで、受講生目線でわかりやすく解説します。
本試験の出題傾向や受検生の得点分布、受講生の理解度など、様々な要素を徹底的に分析しているため、
本試験攻略に必要なポイントがしっかり学習できます。

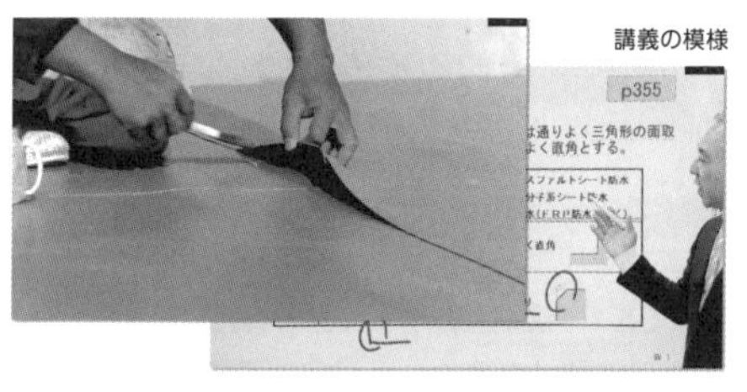

実務映像や図・グラフを用いて、事象や技術の原理・原則から試験で狙われるポイントなどを解説。

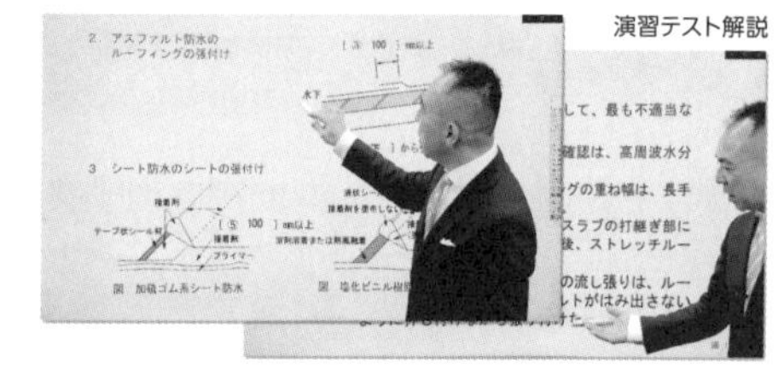

講義後には本試験形式の演習テストで解答力を養成。その後、演習テストの解説を通じて講義内容の再確認を行います。

受講生の状況に合わせてバックアップ

受講生サポートシステム

合格ダイアリー

学習状況を確認し
効果的な学習方法をアドバイス!

教務スタッフ

試験日まで
あらゆる面をサポート!

カウンセリング

的確なアドバイスが
成績に直結!

自習室

快適な
学習環境を提供

令和6年度版

2級建築施工管理技士 第一次検定テキスト

発行日	2023年12月14日
編著	総合資格学院（平賀正樹／加納隆宏／多賀谷典子） 総合資格学院講師（栗原昭一）
発行人	岸 和子
発行	株式会社 総合資格 〒163-0557 東京都新宿区西新宿1-26-2 新宿野村ビル22F
電話	03-3340-6711（内容に関する問合せ先） 03-3340-3082（応募者全員プレゼントに関する問合せ先） 03-3340-6714（販売に関する問合せ先）
URL	株式会社 総合資格 http://www.sogoshikaku.co.jp/ 総合資格学院 https://www.shikaku.co.jp/ 総合資格学院 出版サイト https://www.shikaku-books.jp/
企画・編集	株式会社 総合資格 出版局（金城夏水）
デザイン	株式会社 総合資格 出版局
表紙画像	PIXTA（ピクスタ）
印刷	シナノ書籍印刷 株式会社

ISBN 978-4-86417-523-4

Printed in Japan